Friedrich

Fontanes preußische Welt

Für meine Frau

Gerhard Friedrich

Fontanes preußische Welt

Armee – Dynastie – Staat

SEIT 1789

Verlag E. S. Mittler & Sohn GmbH · Herford

CIP-Titelaufnahme der Deutschen Bibliothek

Friedrich, Gerhard:
Fontanes preußische Welt: Armee – Dynastie – Staat/
Gerhard Friedrich. – Herford: Mittler, 1988
   ISBN 3-8132-0289-5

ISBN 3 8132 0289 5; Warengruppe Nr. 63

© 1988 by Verlag E.S. Mittler & Sohn GmbH, Herford
Alle Rechte, insbesondere das der Übersetzung, vorbehalten
Schutzumschlag- und Einbandgestaltung: Regina Daniel, Vlotho,
unter Verwendung einer Aufnahme
vom Bilderdienst des Süddeutschen Verlages, München
Produktion: Jörn Heese und Heinz Kameier
Satz und Druck: HB-Drucke Brackmann GmbH, Löhne
Bucheinband: Paderborner Druck Centrum
Printed in Germany

Inhaltsverzeichnis

Einleitung

Die Fontanearbeiten der letzten Jahre sind mehr oder weniger deutlich von dem Gedanken ausgegangen, daß Fontane vor allem Gesellschaftskritiker war und sich beinahe zeitlebens in einem natürlichen Widerspruch zu Preußen befunden habe. Fontane und Preußen: darüber, so konnte man meinen, ließ sich nur in Form einer kritikbesessenen Gegenüberstellung reden. Hier dagegen soll versucht werden, Themen aufzugreifen, die, weil der Zeitgeist es so wollte und so will, fast tabu waren. Und wenn man sie doch ansprach, so schienen Nebenbemerkungen zu genügen, um gewisse ›Schwachstellen‹ des Dichters als eigentlich unausstehliche Gegebenheiten abzutun und nach Möglichkeit zu kaschieren. Diese Arbeit nennt schon im Untertitel Armee, Dynastie und Staat als Gegenstände der Untersuchung. Daraus möge nicht auf eine systematische Dreiteilung geschlossen werden. Wer in Preußen von der Armee sprach, sprach immer auch von der Dynastie und dem Staat – und umgekehrt. Preußen hat sich als Militärstaat verstanden, und seine Könige zeigten sich am liebsten in Uniform. Dies eben ist die ›preußische Welt‹, in der der Dichter lebte.

Nun ist nach den Veröffentlichungen der letzten Jahre kein Zweifel, daß sich Fontane bei vielen Gelegenheiten kritisch von Preußen distanziert hat und sich oft voller Empörung und Erbitterung von ihm abwandte. Aber über seiner Kritik ist doch zu oft (nicht immer, wie sogleich eingeräumt werden muß) übersehen worden, daß er sich viel häufiger und sogar durch Jahrzehnte hindurch mit Preußen identifizierte und sich mit Heftigkeit gegen Kritiken verwahrte, die ›sein‹ Preußen verständnislos und von oben herab behandelten. Natürlich ist zuzugeben, daß Preußen es seinen Bürgern nie leicht machte, sich vorbehaltlos in ihm einzurichten und seine Formen und Methoden gutzuheißen. Das Bismarcksche Wort, daß Preußen wie eine Strickjacke sei, daß es kratze, aber warm halte, ist, seiner Doppelbödigkeit wegen, hervorragend geeignet, das Staatsgefühl des preußischen Bürgers zu kennzeichnen. Vielleicht hat sich Fontane viel häufiger gekratzt als warm gehalten gefühlt. Aber wie sehr ihm auch manchmal Mißtrauen, Abneigung und selbst Haß die Feder geführt haben mögen, sein Werk bezeugt, daß er Preuße war und daß er seine Heimat liebte. In England hat er es schließlich trotz äußeren Wohlergehens vor Heimweh kaum ausgehalten, und er war auch froh, als aus seiner Münchner Anstellung nichts wurde, so sehr er in der Not geneigt war, sie zu akzeptieren. Er wußte sehr genau, wo er hingehörte, und so lebte er viel mehr mit und in Preußen als gegen Preußen und im Widerspruch zu seinen Königen und seiner Politik.

7

Das Buch plant also, Fontanes Verhältnis zu Preußen, wie es sich in der Forschung darstellt, in mancher Hinsicht zu korrigieren.

Gottfried Benn hat von ihm gesagt: »er ist vaterländisch, ohne dumm zu sein, er ist märkisch und trotzdem betreibt er das Geschäft der Musen«.[1] Diesem Teil der Überlegungen Benns hätte Fontane sicher zugestimmt, nennt er doch noch seinen letzten Roman »patriotisch« (Ha Br IV/678). Etwas nachdenklich mag man sich fragen, was das Wunderbarere sei, daß ein deutscher Patriot nicht zugleich dumm war oder daß ein Märker das Geschäft der Musen betrieb. Möglich, daß Fontane den zweiten Teil der Aussage relativiert hätte durch den Hinweis auf seine französischen Vorfahren. Es bleibt, am Ausgang des 19. Jahrhunderts, der außerordentliche Fall eines vaterländischen Dichters, der nicht dumm war. Es hat nicht an Versuchen gefehlt, das Patriotische an Fontane als quantité négligeable anzusehen. Zu Unrecht. Selbst wenn man nur die letzten zwanzig Jahre seines Lebens als die ›eigentlichen‹ gelten läßt, finden sich aus dieser Zeit mehr patriotische Äußerungen, als man zur Rechtfertigung von Benns Satz brauchte. Daß Benn an Fontane das Pläsierliche kritisiert, werden wir noch besprechen, und man hat auch schon oft genug daran Anstoß genommen. Erstaunen kann, daß Benn weithin unwidersprochen geblieben ist, wenn er von Fontanes »prussifiziertem Herzen« redet.[2] Reuter erwähnt die Formulierung ebensowenig wie Müller-Seidel, der Benns Kritik sonst wiederholt einbezieht. Daß diese Hinweise fehlen, macht eher die Verlegenheit der Interpreten als die Beiläufigkeit des Satzes bei Benn erkennbar. Daß Fontane sich vielfach von Preußen abwandte, wer könnte es bestreiten. Aber seine kritischen Bemerkungen halten doch immer Maß, ja, sie gelten nur allzu oft dem modernen Preußen, das seiner eigenen Vergangenheit nicht gerecht wird, ohne daß diese Vergangenheit selbst in Frage gestellt würde. Man braucht noch nicht einmal darauf hinzuweisen, daß Fontanes letztes literarisches Projekt nach Beendigung des ›Stechlin‹ eine Arbeit über das Ländchen Friesack und die Bredows werden sollte: eine Rückkehr zum Vertrautesten. Natürlich wäre es ein Wunder, wenn sich nicht auch hier Kritik am Preußentum und seinen Vertretern gefunden hätte; aber die Themenwahl selbst beweist zur Genüge, wie prussifiziert Fontanes Denken war. Es ging nicht nur darum, den ledernen Historiographen der eigenen Zeit zu zeigen, wie man ein solches Thema behandeln müsse, es ging (wie immer) um Form und Inhalt. Er schreibt den ›Stechlin‹ statt der ›Likedeeler‹, und man kann eigentlich nicht daran zweifeln (so hoch wir Fontanes Kreativität auch einschätzen), daß Störtebeker uns den alten Stechlin nicht ersetzt hätte. Es wird unsere Aufgabe sein, dem Fontaneschen Denken immer wieder auf den Grund zu gehen; es kann nicht ausbleiben, daß wir dort auf Preußisches treffen werden. Es soll gezeigt werden, daß Fontane viel preußischer dachte und schrieb, als viele Leser das heute wahrhaben wollen. Ein anderer Fontane also? Diesen Anspruch wird niemand erheben können, der die Fontaneforschung von heute in ihrer ganzen Vielfalt und Breite kennt. Fontane ein wenig anders. Das ist alles, was sich erstreben läßt. Und auch

das nur mit Vorsicht und unter bedachtsamer Anerkennung der Forschungsergebnisse, wie sie während der drei letzten Jahrzehnte vorgelegt worden sind.

Überdies muß jede neue Darstellung von Fontanes Werk oder Leben damit
rechnen, mit des Dichters Lieblingswort des Ben Akiba konfrontiert zu werden:
Alles schon dagewesen. Gleichwohl besteht ein gewisser Nachholbedarf. Der
Zeitgeist hat es gerade in den Jahrzehnten, in denen die Fontane-Forschung ihre
Höhepunkte hatte (man denke nur an die Arbeiten von Charlotte Jolles, Demetz,
Ohl, Schillemeit, Brinkmann, Nürnberger, Reuter, Müller-Seidel, Schober, Erler,
Aust), verhindert, den konservativen Zügen Fontanes nachzugehen, und dies vor
allem dort, wo sein Verhältnis zur Armee berührt war. Zwar finden sich in allen
wichtigen Veröffentlichungen Hinweise auf den Konservativismus Fontanes und
darauf, daß er von Jugend auf einen Sinn für die militärische Seite des preußischen Lebens hatte, aber diese Hinweise sind doch fast verschämt und immer beiläufig, als handle es sich dabei eher um eine (mehr durch die Umstände erzwungene) Jugendsünde Fontanes, der er auch – merkwürdigerweise – in seinen Mannesjahren noch gelegentlich gefrönt habe. Aber so viel Verständnis man heutzu-
tage auch mit Jugendsünden hat, konservativer Natur oder gar militärischer Pro-
venienz dürfen sie nicht sein. Eine so eindeutige Aussage wie die von Schober:
»Fontane war auch in seinem Alter kein Gegner des Militärs«[3] findet sich selten,
man hört lieber auf Reuter, der alle Äußerungen, die Fontane in die Nähe der
Armee oder der Hohenzollern rückten, mit unerbittlicher Strenge verfolgte und
als falsch beklagte. Selbst eine so liebenswürdige, wenn auch ganz im Konventionellen bleibende und herkömmliche Urteile übernehmende Arbeit wie die von
Maync wird nur deshalb mit böser Bissigkeit bedacht, weil Maync den Satz
gewagt hatte, Fontane sei »ein Militarist im besten Sinne« gewesen.[4]

Aber es sei schon hier auf einen Umstand hingewiesen, der zu Mißverständnissen Anlaß geben könnte. Das Thema dieser Untersuchung macht häufig kritische
Auseinandersetzungen mit der Fontane-Biographie Reuters aus dem Jahr 1968
notwendig. Reuter ist von einer strengen, vielleicht allzu strengen marxistischen
Position aus an seine Aufgabe herangetreten. Wenn schon nicht der mittlere Fontane, so sollte doch wenigstens der frühe und der alte Fontane als Exponent einer
radikal-demokratischen Gesinnung vorgestellt werden. Reuter hat mit intellektu-
eller Redlichkeit die Widersprüche, auf die er bei diesem Unternehmen notwendigerweise stoßen mußte, nicht verschwiegen oder unterdrückt; aber er hat sie
doch heruntergespielt oder dialektisch geschickt seiner Konzeption nutzbar
gemacht. Ein solches Verfahren fordert die Kritik heraus. Diese Kritik beabsich-
tigt jedoch nirgends, den Rang von Reuters Biographie zu bestreiten. Vielmehr
fühlt sich dieses Buch Reuter in vieler Hinsicht verpflichtet.

Seine Arbeit ist durch die souveräne Beherrschung des Stoffes, durch den
Reichtum seiner Perspektiven, durch die Präzision seiner detailreichen Ausführungen, die den beiden Bänden die Funktion eines unentbehrlichen Nachschlage-
werks geben, einer der großen Würfe der Fontane-Forschung.

Wir werden freilich Gelegenheit nehmen zu zeigen, daß es bei Fontane nicht nur sozialrevolutionäre und antimilitaristische Tendenzen gibt (wenn auch einige Aussagen von ihm erhalten sind, die sich an politischer Radikalität kaum überbieten lassen), sondern daß er sich bis in sein letztes Lebensjahr als preußisch-deutscher Patriot fühlte und preußisch-deutsche Interessen energisch verfocht, wenn er das Gefühl hatte, ein Außenstehender könnte die Rolle Deutschlands in der Weltpolitik vielleicht doch nicht richtig einschätzen. Aber falsch wäre der Gedanke, Fontane ließe sich von irgendeiner Position aus als politischer Monolith erweisen und könnte als solcher zu verklären sein. Fontanes immer wieder überraschende Lebendigkeit ist ja den zahlreichen Widersprüchen zu verdanken, die er in seinen (vor allem brieflichen) Äußerungen bedenkenlos laut werden läßt. Die ältere Sekundärliteratur hat diese Widersprüche noch dadurch künstlich vermehrt, daß sie Formulierungen aus den verschiedensten Lebensjahrzehnten nebeneinander stellte, ohne der Entwicklung, die Fontane mittlerweile genommen hatte, genug Aufmerksamkeit zu schenken. Fontanes Widersprüche sind aber nur dort wirklich interessant, wo sie zeitlich nahe beieinander liegen und sich die Frage aufdrängt, weshalb sein Denken dem Widerspruch so offen stand. Hier erschließt sich ein weites Feld für den Psychologen, und seine Erläuterungen werden aufschlußreich, aber ihrerseits interpretationsfähig sein. Wer sich jedoch von biographischen Interessen leiten läßt, wird der Widersprüche Herr zu werden versuchen, indem er nach der Kontinuität hinter aller Widersprüchlichkeit sucht. Die Gefahr ist indessen leicht zu erkennen. Nach dem biblischen Motto ›Suchet, so werdet ihr finden‹, sucht und findet auch der Philologe. Aber jeder findet seine eigene, ihm besonders einleuchtende Kontinuität. Und diese Kontinuität, wie zu erwarten, ergänzt sich nicht mit der der anderen, sondern sie schließen einander aus. Die vorliegende Studie wird sich in dieser Hinsicht von den andern kaum unterscheiden. Sie wird ein (wie dem Verfasser scheint) bislang vernachlässigtes Kontinuum darzustellen versuchen, aber vielleicht gelingt es, die Einbrüche aufzuweisen, die in das stetige Fortschreiten des Fontaneschen Lebens eingelagert sind, dergestalt, daß Widersprüche nicht verkleistert oder harmonisierend zugedeckt werden müssen.[5]

Rigorose Moralisten müssen an Fontanes widerspruchsvoller Haltung Anstoß nehmen. Ihnen sind unsichere Kantonisten zuwider. Sie lieben Männer, die möglichst früh im Leben eine möglichst entschiedene Haltung einnehmen und möglichst hartnäckig daran festhalten. Wer sich einen solchen ›Helden‹ wünscht, darf nicht Theodor Fontane zu seinem Studienobjekt wählen. Wer gegen Wandlungen und Anpassungen ist, wer gleitende Übergänge oder sogar ›Seiten‹-wechsel verachtet, wer für das trotzige Festhalten an zeitverhafteten Wahrheiten einsteht, der lasse die Hände von Fontane. »Hier stehe ich, ich kann auch anders!« – unser Dichter hat es zwar nicht gesagt, aber er hat es praktiziert. Nicht, weil er ein Opportunist gewesen wäre, sondern weil ihm schon sehr früh im Leben aufgegangen war, daß man auf eine Frage sehr verschiedene Antworten geben kann, ohne daß notwendigerweise eine davon falsch sein müßte. Insofern ist der Brief des jungen Kersting über seinen Jugendfreund Fontane ein wichtiges Dokument: »Um Wissenschaft kümmert er sich gar nicht, Charakter habe ich noch nicht viel bemerkt, und daher sind seine Grundsätze schwankend, ohne inneren Halt. Er verteidigt nicht selten die niederträchtigsten Maximen, aber nicht eigentlich weil sie die seinen sind, sondern weil es ihm Gelegenheit gibt, seinen Scharfsinn glänzen zu lassen. Von Natur sehr sanft und gutmütig, kommen da bisweilen sehr jugendlich aussehende Widersprüche zum Vorschein, wie überhaupt sein geistiger Habitus viel Schönes, Edles, aber auch noch manches Unreife zeigt.«[6] Aber natürlich kann man daraus nicht ableiten, daß alle Äußerungen Fontanes einen Hang zu espritvoller Unaufrichtigkeit haben. Jede von ihnen wird bestimmt vom Ernst des Augenblicks und des Tages, nur hat das Jahr eben 365 Tage und darunter gelegentlich auch einen unglücklichen. Es mag darunter so unglückliche geben, daß wir wünschen werden, Fontane hätte an ihnen die Feder nicht berührt. Aber wer, wenn er selber ein ganzes Leben schreibend zugebracht, hätte den Mut, den ersten Stein aufzuheben? Angesichts der vielen Widersprüche kann die Aufgabe des Interpreten eigentlich nur darin bestehen, diese Widersprüche auch dort aufzudecken, wo mancher Leser lieber auf sie verzichten würde. Verzichten hieße in solchem Falle fälschen. Das ist so wenig angängig wie der andere (in der Fontane-Forschung nicht selten begangene) Ausweg, eine unbequeme Aussage ›unglaubwürdig‹ zu finden. Wer nur glaubt, wo er sich bestätigt sieht, wird bei Fontane des Ganzen nicht habhaft werden. Lieben wir ihn also in seiner Widersprüchlichkeit, sie ist vielleicht das Beste an ihm, und wenn nicht das Beste, so doch sicher Teil seines Eigentlichsten. Im übrigen werden wir noch darauf zurückkommen, daß diese Widersprüchlichkeit in einem andern, weiteren Horizont gesehen werden muß. Jedenfalls bewahrt sie seine Leser vor selbstgefälligem Stillstand.

Ein Wort sei noch zum Zustandekommen des Buches gesagt. Es verdankt seine Entstehung einer Anregung Walter Müller-Seidels, der den Verfasser bewog, seine Überlegungen zu den Kriegsbüchern Fontanes auf dem Fontane-Symposion in Bad Homburg vorzutragen. Als Arbeitstitel diente damals die Überschrift ›Fontanes Militarismus‹. Militarismus: das sollte zunächst nur provozieren; aber als sich erwies, daß die Fragestellung ein weites Feld eröffnete und gewichtige Ergebnisse zeitigte, war ein provozierendes Element überflüssig. Es zeigte sich, daß Fontanes Verhältnis zu Armee, Dynastie und Staat (an sich ein unerschöpfliches Thema) außerordentlich komplex ist und so differenziert behandelt werden muß wie alles, was über Fontane zu sagen ist. Gleichwohl wird der Leser bemerken, daß die Kriegsbücher und darüber hinaus Fontanes Militärinteresse dem Buch das Gerüst geben. Vielleicht wird man eine allgemeinere Würdigung der Kriegsbücher erwarten, doch das Ziel war, oft Gesagtes nicht unnötig zu wiederholen. Dadurch ergab sich der Zwang zur Beschränkung auf gewisse Perspektiven.

In einem Punkt bittet der Verfasser seine kritischen Leser von vornherein um Nachsicht: die unübersehbar gewordene Literatur macht es dem einzelnen fast unmöglich, alle für sein Thema wesentlichen Arbeiten zu berücksichtigen. Die Begrenztheit des eigenen Überblicks wird also zugestanden. Die Nichterwähnung einer Veröffentlichung bedeutet nicht, daß sie den Verfasser dieses Buches nicht gefördert hätte. Der Fontane-Forschung fühlt sich der Autor dankbar verpflichtet, auch wenn der Bezug nicht ausdrücklich erwähnt wird. Es wird oft genug erkennbar werden, wo diese Studie in Widerspruch oder Zustimmung der Forschung zu danken hat.

Im übrigen aber hat der Verfasser nur seiner Frau zu danken, ohne deren unermüdliche Mithilfe das Buch nie abgeschlossen worden wäre.

1. Kapitel

Fontanes Militärverbundenheit in seinen Kinder- und Jugendjahren

Wer sich heute mit Fontanes Biographie beschäftigt, steht vor einer Vielzahl von Veröffentlichungen, die von der Absicht leben, den Dichter als eine Art Außenseiter der Gesellschaft seiner eigenen Zeit zu verstehen. Sein Verhalten in den Vormärztagen, dann während der Revolution von 1848 und eine Vielzahl von Briefen aus allen Lebensaltern lassen auf einen Mann schließen, der immer der politischen Opposition in Preußen angehörte und nur unter dem Zwang widriger materieller Umstände gelegentlich mit konservativen Kräften paktierte. Wenn man die ideologisch untermauerte biographische Skizze liest, die Helmut Richter seinem Buch ›Der junge Fontane‹[1] als Nachwort beifügt, so gewinnt man den Eindruck, daß Fontane sich im Ganzen seines Lebens eine bemerkenswerte Kontinuität seiner politischen, und das heißt hier demokratisch-sozialistischen Überzeugungen bewahrt hat. Es fällt allerdings auf, daß Richter die Phase bewußten politischen Lebens bei Fontane erst mit dessen Berliner Zeit beginnen läßt; Fontanes autobiographischer Roman ›Meine Kinderjahre‹ wird also für die biographische Erschließung der Jugend des Dichters nicht genutzt, obwohl gerade seine Lektüre einsichtig macht, daß Fontane von seinen Kindertagen an ein Liebhaber und Bewunderer des militärischen Elements des preußischen Staates gewesen ist. Das Vorbild des Vaters kann dabei keine besondere Rolle gespielt haben, denn was Fontane ihn von seiner Teilnahme am Befreiungskrieg erzählen läßt, ist auch dann, wenn man bedenkt, daß der Sohn ihn als »vollkommen unrenommistisch« (NFA 14/13) erscheinen lassen will, eher bescheiden. Die Frage: »Du warst also wohl sehr patriotisch, lieber Papa«, beantwortet der Alte – im Einklang mit dem vom Sohn entworfenen Charakterbild – mit einem ehrlich nüchternen: »Nein, höchstens Durchschnitt. Offen gestanden, ich machte nur so mit.« (NFA 14/12) Ausdrücklich wird hervorgehoben, daß es das Kind ist, das den Vater von diesen Kriegstagen zu erzählen veranlaßt. Der Vater konzediert, daß seine Kriegsfreiwilligkeit (mit sechzehn Jahren!) weniger dem Patriotismus entsprang als der Furcht, das Geschick des jungen Berliner Verkäufers zu teilen, den eine adlige Dame ohrfeigte, weil er lieber seinen Beruf ausübte, als für den König zu kämpfen. Über das ruhmlose Ende seiner Soldatenlaufbahn spricht der Vater nicht (er war einer »Feldlazarett-Apotheke zugewiesen worden«) (NFA 14/14), aber die Brieftasche, in der eine Kugel, die in den Tornister eingedrungen war, steckenblieb, ließ sich der Sohn des öfteren vom Vater zeigen. Und ganz offensichtlich hat sich der kriegerische Sinn des Sohnes auch daran entzündet, daß die Heldentaten Napoleons und seiner Marschälle des Vaters bevorzugtester Gesprächsgegenstand waren, wie denn der Sohn auch mit einer Mischung von Stolz und Grausen auf den Vater blickt, der als alter 1813er das Kommando über die bewaffnete Bürgerschaft führt, die bei der Hinrichtung des Mörderehepaars Mohr das »Schafott« zu umstellen hat, wobei der Vater mit einem kolossalen Schleppsäbel paradiert, »denn als Offizier war es sein Recht und seine Pflicht, nur den Säbel zu führen.« (NFA 14/102) Die Mischung von kindlicher Begeisterung für alles Militärische und späterer Verlegenheit darüber spiegelt sich in der Schilderung des Hauses des Kommerzienrats Krause wider. Der junge Fontane ist entzückt von der Schönheit und Solidität der Einrichtung: »Was aber das Allerwichtigste war und meinem militärischen Enthusiasmus (der sich übrigens – leider – sehr bald wieder von dieser Niederlage erholte) den ersten Stoß versetzte, das war bei Musterung dieser Spielsachen die totale Abwesenheit alles karikiert Martialischen, nichts von Helm oder Tschako, nichts von Trommel oder Säbel. Der feingebildete Sinn des Hausherrn mied solche Gewöhnlichkeiten.« (NFA 14/77 f) Fontane aber geht diesen Gewöhnlichkeiten nicht aus dem Wege. Der sehnlichste Weihnachtswunsch für sich und seinen Bruder sind zwei Korbsäbel, und die Freude wird nur durch das Zusatzgeschenk der Mutter, nämlich eine Lederpeitsche für die Züchtigung der Kinder, getrübt. In jedem Falle aber sind die Geschenke am erwünschtesten, die seinen kriegerischen Neigungen entgegenkommen: »Herbst 31 war mir von einem Berliner Anverwandten eine Kanone als Geschenk verehrt worden, nicht etwa ein gewöhnliches Kinderspielzeug,... sondern eine sogenannte Modellkanone, wie man ihnen nur in Zeughäusern begegnet – ein wahres Prachtstück an Schönheit und Eleganz, die Lafette fest und sauber, das Geschützrohr blitzblank und wohl fast anderthalb Fuß lang. Ich war selig und beschloß alsbald, zu einem Bombardement von Swinemünde zu schreiten.« (NFA 14/150)[2] Man sieht, wie sehr die Vorstellungswelt des Kindes mit militärisch-kriegerischen Elementen besetzt ist. Und wenn auch die Beschießung Swinemündes ein ruhmloses Ende nimmt, so vermindert das doch nicht die leidenschaftliche Vorliebe des Knaben für spektakuläre kriegerische Ereignisse draußen in der Welt. (»Als dann aber die französische Flotte unter Admiral Duperré vor Algier erschien und die Beschießung anhob ... und der Dey mit seinem Harem um freien Abzug bat, da kannte mein Entzücken keine Grenze...« NFA 14/114) So kann es nicht verwundern, wenn der alte Fontane seine Knabenspiele in vollkommen militärischen Kategorien beschreibt: »Es war schon Jahr und Tag, daß ich, modern zu sprechen, auf nichts Geringeres als auf eine Armeeorganisation hinarbeitete. Dublierung meiner Streitkräfte wäre mir natürlich das Liebste gewesen[3], da sich das aber verbot, so war ich auf Neubewaffnung und mit Hilfe dieser auf eine neue Taktik, überhaupt auf ein neues Heer- und Kriegssystem aus« (NFA 14/172), was auf einer weiteren halben Seite beschrieben wird. Krieg, Sieg, Tod im Kampf, davon träumt der Zwölfjährige, und er träumt fast nur davon. Ganz selbstverständlich, daß er der Führer seiner ›Truppe‹ ist, doch ist dabei eine gewisse Angst präsent: »mein Vertrauen zu mir selber war freilich unbegrenzt, ich konnte nur sterben, und sterben war süß – aber meine Truppe! Fritz Ehrlich war ein Heldenjunge, sonst aber war alles foosch.« (NFA 14/175)

Es mutet überraschend an, wie sehr Fontane als Kind nach Maximen handelt, die sich in Goethes ›Wahlverwandtschaften‹ finden, die also wenig mehr als zwei Jahrzehnte vor seinen Kindheitserlebnissen niedergeschrieben sind. Goethes Roman entstand in einer kriegerisch bewegten Zeit, und er konnte sich den Eindrücken nicht entziehen, die seine unmittelbarste Umgebung erschüttert hatten. Er legt seine Thesen einem idealen Erzieher in den Mund und gibt ihnen damit besonderes Gewicht: »Männer ... sollten von Jugend auf Uniform tragen, weil sie sich gewöhnen müssen, zusammen zu handeln, sich unter ihresgleichen zu verlieren, in Masse zu gehorchen und ins Ganze zu arbeiten. Auch befördert jede Art von Uniform einen militärischen Sinn sowie ein knapperes, strackeres Betragen, und alle Knaben sind ja ohnehin geborene Soldaten; man sehe nur ihre Kampf- und Streitspiele, ihr Erstürmen und Erklettern.«[4] Man erkennt unschwer, wie sehr das Zeitalter Napoleons den kriegerischen Sinn gefördert hatte.

Daß für den so gearteten jungen Fontane die erste wirkliche Begegnung mit preußischen Soldaten zu einem Höhepunkt des Erlebens werden mußte, ist begreiflich. So erzählt er mit Anteilnahme vom Einzug eines Bataillons des Kaiser-Franz-Regiments in Swinemünde und vom Rikoschettschießen einer Artillerieeinheit, die für kurze Zeit in Swinemünde stationiert war. Es läßt sich mit Recht von einer Art Militärbesessenheit des Kindes sprechen, die seine Phantasie anfüllt mit Bildern aus den zeitgenössischen Kriegen: »Alle diese ... Guckkastenbilder taten aber, trotz aller ihrer Gröblichkeit und Trivialität oder vielleicht auch um dieser willen, ihre volle Schuldigkeit an mir und prägten sich mir derart ein, daß ich über die Personen, Schlachten und Heldentaten jener Epoche besser als die Mehrzahl meiner Mitlebenden unterrichtet zu sein glaube.« (NFA 14/113)

Welche Gestalten in der Phantasie des Kindes leben, zeigt sich auch, wenn Fontane (ein Lebensalter später!) die Einrichtung des väterlichen Wohnzimmers beschreibt. Hauptstücke sind der »aus Birkenmaser gefertigte Schreibsekretär«, eine alte Gehäuse-Wanduhr (um die es in dem Briefe Fontanes an seinen Schwager Sommerfeldt vom 29. Oktober 1867 [HA Br II/191f] geht und die heute im Heimatmuseum in Neuruppin steht) und unter vielen anderen Bildern, vor allem Buntdrucken, das »Prachtstück aus der Erbschaft meines Großvaters, ein nach dem bekannten Bilde des Malers Cunningham gefertigter großer Kupferstich, der die Unterschrift führte: Frédéric le Grand retournant à Sanssouci après les manoeuvres de Potsdam, accompagné de ses généraux. Wie oft habe ich vor diesem Bilde gestanden und dem alten Zieten unter seiner Husarenmütze ins Auge gesehen, vielleicht meinen Lieblingshelden in ihm vorahnend.« (NFA 14/50) Natürlich ist es richtig, wenn man darauf hinweist, daß der alte Zieten (den Fontane zuerst in seinem Gedicht von 1846 rühmte, was wesentlich zum frühen Ruhm des Balladendichters Fontane beitrug) bereits im Schinkel-Kapitel des ersten Bandes der ›Wanderungen durch die Mark Brandenburg‹ etwas distanziert behandelt wird: »Unter allen bedeutenden Männern, die Ruppin, Stadt wie Graf-schaft, hervorgebracht, ist Karl Friedrich Schinkel der bedeutendste. Der ›alte Zieten‹ übertrifft ihn freilich an Popularität, aber die Popularität eines Mannes ist nicht immer ein Kriterium für seine Bedeutung. Diese resultiert vielmehr aus sei-ner reformatorischen Macht, aus dem Einfluß, den sein Leben für die Gesamtheit gewonnen hat, und diesen Maßstab angelegt, kann der ›Vater unsrer Husaren‹ neben dem ›Schöpfer unsrer Baukunst‹ nicht bestehen.« (NFA 9/97) Aber was besagt diese Distanzierung schon? Natürlich hat Schinkel einen reformatorischen Einfluß auf Preußen ausgeübt, und Fontane spricht in den ›Wanderungen‹ sicher mit Recht »von der umfassenden und geradezu Staunen erregenden Tätigkeit, die Schinkel zunächst innerhalb der Hauptstadt und ihrer Umgebung und im wei-teren im Lande Preußen überhaupt entfaltete.« (NFA 9/106) Indessen scheint er auch Schinkel nicht ohne Vorbehalte gegenübergestanden zu haben, denn wenn er feststellt, daß es diesem gelungen sei, »Berlin in eine Stadt der Schönheit umzu-gestalten«, so schränkt er das bemerkenswerterweise ein, indem er in Parenthese schreibt: »wie seine Verehrer sagen«.[5] Aber wie immer dem auch sein möge: Schinkel war nicht der Mann, Fontanes Liebe zu gewinnen. Dazu bedurfte es anderer Qualitäten. Nicht von ihm, sondern von Zieten sagt der Dichter, daß er als Kind in ihm vielleicht seinen »Lieblingshelden« vorausgeahnt habe. Da offen-bart sich eine tiefwurzelnde Zuneigung zum »Ahnherrn aller Husaren«. (NFA 9/25) Eine Zuneigung, die auch später durch nichts relativiert und geschmälert wird. Wenn er hier von seinem Lieblingshelden spricht, dann sicher nicht nur im Hinblick auf die Ballade, sondern im Hinblick auf die lebenslange Verehrung für den Reitergeneral, dessen Wesen sich für Fontane nicht in seiner tollkühnen Tap-ferkeit erschöpfte; vielmehr bewunderte er ihn, weil er »in strenger Pflichterfül-lung und wahrhafter Frömmigkeit bis an seinen Tod beharrte« (NFA 19/652), so daß er auch erwähnt wird auf dem großen, von Prinz Heinrich errichteten Obe-lisken in Rheinsberg, auf dem ebenfalls nicht nur seiner »heroischen Tapferkeit« gedacht wird: »was ihn über alles erhob, war seine Redlichkeit, seine Uneigennüt-zigkeit und seine Verachtung aller derer, welche auf Kosten der unterdrückten Völker sich bereicherten.« (NFA 19/653) Und auch in dem Gedicht ›An den Märzminister Graf Schwerin-Putzar‹ wird Zieten gefeiert, so daß das ganze Gedicht viel eher ein Zieten- als ein Schwerin-Putzar-Gedicht geworden ist, wes-halb es eigentlich verwundert, daß es Fontane dem Grafen verdachte, daß er sich bei ihm nicht für das Poem bedankte. (Vgl. Brief an Friedrich Eggers, 20. Novem-ber 1858) (Ha Br I/634) Durch eben dieses Gedicht geht Zieten in Fontanes Bal-laden ein als der Mann, der eine blasphemische Äußerung seines Königs souverän zurückwies und jenen zu beschämtem Einlenken brachte: eine Anekdote, die dem König ebenso zum Ruhm gereicht wie dem General. Wie hoch Fontane auch in den Jahrzehnten, in denen sein »eigentliches« Lebenswerk entstand, den Rei-tergeneral einschätzte, geht aus grundsätzlichen Äußerungen ebenso hervor wie aus zufälligen, die vielleicht gerade durch ihre Beiläufigkeit etwas Aufschlußreiches haben. So findet man im Jahre 1884 in einem Brief an Emilie (25. Juni 1884) ein bemerkenswertes Urteil. Er setzt sich darin auseinander mit Metes Vorliebe für reiche Leute und gesteht dabei zwar zu, daß »das Absterben des *Kleinlichen …* eine der großen Segnungen großen Besitzes und großer Verhältnisse« sei (es ist dies überhaupt die Zeit, in der er den später wieder überwundenen naturalistischen Standpunkt vertritt, daß die Verhältnisse den Menschen machen und nicht umgekehrt), aber, an dem Wort ›groß‹ sich festhaltend, fährt er fort: »Das eigentlich Erquickliche, Glückliche, auch *Große,* liegt aber doch wo anders. Unsre großen Dichter, Philosophen, Feldherrn und Staatsmänner waren arme Leute. Was bleibt vom alten Zieten, von Kant und Schiller übrig, wenn man sie mit der Geld-Elle mißt?« (Ha Br III/336) Als Soldat war Zieten für ihn durchaus das, was Schiller als Dichter und Kant als Philosoph waren: absolute Ausnahmeerscheinung.

Was Peter Goldammer in seiner Einleitung zu den ›Autobiographischen Schriften‹ Fontanes, die für eine Ausgabe dieser Art neue Maßstäbe setzt, von den gelegentlichen autobiographischen Bekenntnissen Fontanes sagt, wird man mit derselben Bestimmtheit auch von seinen zwei autobiographischen Hauptwerken sagen können, nämlich, daß er »das ihm jeweils mitteilenswert Erscheinende aus seinem Leben ausgewählt hat«, daß er »von Fall zu Fall in unterschiedlicher Weise, einzelne Tätigkeiten, Ereignisse und Erlebnisse betont, andere nur beiläufig erwähnt, verschleiert oder ganz und gar unterdrückt«.[6] Die Bücher sind mit außergewöhnlicher Bewußtheit komponiert, Auswahl und Abrundung sind zentrale Gestaltungsprinzipien, so daß die Werke der Selbststilisierung ebenso verpflichtet sind wie der eigentlichen Wahrheit; und um so gewichtiger ist es deshalb, wenn Fontane in den ›Kinderjahren‹ den frühen Militärspielen solchen Raum gönnt. Er könnte das alles ebenso gut verschweigen. Aber das hätte denn doch geheißen, die Kindheit um einen Trieb zu verkürzen, dem bestimmt war, im Ganzen des Lebens außergewöhnlich fruchtbar und wirksam zu werden.

Wer die ›Kinderjahre‹ interpretiert, muß aus Gründen der Wahrhaftigkeit der kindlichen Militärliebhaberei des ›kleinen Helden‹ Raum geben. Fontane hatte, wie wir noch darlegen werden, eine ausgesprochene Affinität zum militärischen Geist Preußens. Und schon hier ist die Feststellung nötig, daß dieser Hinneigung zum Militärischen eine konservative Einstellung entspricht. In der Studie ›On Military Ideology‹ schreibt B. Abrahamsson in seinem Beitrag ›Elements of Military Conservatism‹: »One of the most commonly noted characteristics of the military mind is a marked conservatism«,[7] und er beruft sich dabei auf die Untersuchungen von Huntington, Craig und Janowitz. Dies trifft auch für Fontane weitgehend zu. Wir werden gelegentlich Abstriche davon zu machen haben, so vor allem beim spätesten Fontane, aber bis zum Abschluß der Kriegsbücher gilt die These uneingeschränkt und danach immer innerhalb gewisser Grenzen.

Auch in der kurzen Autobiographie, die der Dichter im Jahre 1874 entwirft, spielt seine jugendliche Vorliebe für militärische Ereignisse eine zentrale Rolle: »Erst zehn Jahre alt folgte ich den militärischen Ereignissen jener Epoche mit demselben Eifer, wie vierzig Jahre später unsren Siegeszügen in Frankreich, und auf das kümmerlichste Kartenmaterial gestützt, entwarf ich Skizzen, um mit Hülfe der bekannten punktierten Pfeile mir und andern die Angriffsbewegungen der beiden Parteien klarzumachen. Ich hatte die Dinge so ziemlich am Schnürchen, und die ganze Freundschaft nickte zustimmend, wenn ich auf das bestimmteste erklärte, Geschichte studieren zu wollen.« (NFA 15/436) Zwar versichert Fontane, daß vieles, was er als Junge von Geschichte zu behalten vermochte, »bloßer Zahlen- und Gedächtniskram« war, aber wie sehr sich seine kindliche Einbildungskraft der blutigen Höhepunkte der Geschichte bemächtigt hatte, zeigt der Satz: »doch entsinne ich mich andrerseits deutlich eines Triumphes, den ich feierte, als ich meinen Zuhörern die Schlachten von Crecy und Poitiers ausmalte.« (NFA 15/433) Geschichte, die der junge Fontane studieren will, ist Militär- und Kriegsgeschichte, und deren attraktivste Gipfel sind für ihn die Schlachten.

Sehr auffällig ist dabei, wie früh das Kind sich seiner Bestimmung bewußt wurde. Da ist, bei aller Begeisterung für das Militärische, keineswegs davon die Rede, daß der Junge Soldat werden wolle. Es lebt in ihm das Gefühl, daß seine Sache nicht die Tat ist (wir werden das bei seinem Verhalten 1848 studieren können), sondern die Beschreibung der Taten anderer. Die poetische Umsetzung des Lebens in die Kunst: sie begreift er als seinen Lebensauftrag. Er beschränkt sich dabei selbstverständlich nicht auf den hier vor allem untersuchten Raum des Soldatischen, sondern greift weit über seine Militärverbundenheit hinaus, aber es gibt keinen anderen großen deutschen Dichter des 19. Jahrhunderts, in dessen Werk das soldatische Element in Zustimmung oder Kritik in solcher Selbstverständlichkeit einen so breiten Raum einnähme.

Diese überaus lebhafte Neigung zum Militärischen, zu kriegerischen Aktionen überhaupt, endet natürlich nicht mit Fontanes Weggang vom Gymnasium. Das eindrucksvollste Beweisstück dafür ist sein Aufsatz ›Mein Erstling: Das Schlachtfeld von Groß-Beeren‹.

Die Frage nach dem literarischen Erstling, die Karl Emil Franzos gestellt hatte, läßt Fontane zurückdenken. Er könnte – so deutet er selber an – an vielen Punkten beginnen. Er entscheidet sich für einen Schulaufsatz »nach selbstgewähltem Thema«, den er im 14. Lebensjahr schrieb und für den er von seinem Lehrer Wakkernagel ein Lob empfing. Fast bis auf den Tag genau kann man das Datum bestimmen, denn es sind eben zwanzig Jahre her, daß sich die preußischen Bataillone gegen Groß-Beeren in Bewegung setzten. Zur Verteidigung Berlins befahl der General von Bülow, der damit gegen den Befehl des Kronprinzen Bernadotte handelte, den Angriff auf die Franzosen. Fontane glaubt, daß er schon als Kind, so wenig er sonst von der Schlacht wußte, den martialischen Ausspruch Bülows kannte: »er würde vorziehn, die Gebeine seiner Landwehrmänner vor als hinter Berlin bleichen zu sehn.« (NFA 14/190)[8] Dabei spricht Fontane in voller Kenntnis der Schrecken jener Schlacht, denn seine Mutter war unter den Helfern gewesen, die am nächsten Tag den Verwundeten beistehen wollten, und ein junger französischer Soldat war gestorben, während sie ihm einen Becher mit Wein reichte. Aber dieses Wissen wird verdrängt von dem Bewußtsein, an einer Stelle zu stehen, wo preußische Soldaten siegten. Die militärischen Traditionen waren fest verankert im preußischen Volk, und der junge Fontane zählte zu den willigsten Verehrern dieses Militärkults.

Es ist für den Zusammenhang unserer Erörterung ebenso entscheidend, daß Fontane nicht nur in den 90er Jahren seiner jugendlichen Armeebegeisterung und ihres literarischen Niederschlags gedachte, sondern daß er auch in der autobiographischen Notiz, die er 1854 Storm zukommen läßt, wenn er an seine schriftstellerischen Anfänge denkt, ein preußisch-militärisches Thema erwähnt: »In meinem 15. Jahre schrieb ich mein erstes Gedicht, angeregt durch Chamissos ›Salas y Gomez‹. Natürlich waren es auch Terzinen; Gegenstand: die Schlacht bei Hochkirch.« (NFA 15/433) Das Gedicht Fontanes hat außer der Form nichts mit dem Chamissos gemeinsam. Daß die Geschichte von dem Schiffbrüchigen, der sein langes Leben einsam auf einer Insel verbringt und stirbt, als er schließlich entdeckt wird, Fontane zu einem Gedicht über die Schlacht bei Hochkirch anregt, zeigt, wie wenig es brauchte, um den ersten Anstoß zu liefern zu einem Schlachtengedicht. Die Schlacht war eine der preußischen Unglücksschlachten, auf die Fontane im Laufe seines Lebens immer wieder zurückkam: Eine Niederlage, die Friedrich der Große durch eigenen Leichtsinn verschuldet und die doch, wenn wir die preußische Überlieferung zugrunde legen, wie sie sich in dem Buch Franz Kuglers über Friedrich (1841) spiegelt, weder den Mut des Königs noch den seiner Truppen hatte brechen können: kein tragischer Ausgang also wie in ›Salas y Gomez‹, aber doch dieselbe bewunderungswürdige Standhaftigkeit im Unglück. Daß er dieses Thema nicht ganz ohne Bezug zur eigenen Lebenssituation aufgreift, macht Fontanes überleitender Satz an Storm erkennbar, daß er sich in dieser Zeit (Gewerbeschule) aus »hundert … Gründen unglücklich fühlte.« (NFA 15/433)

Aber selbst aus der Periode, die man heute geneigt ist als Fontanes revolutionärste gelten zu lassen, fehlt es uns nicht an einem Zeugnis dafür, daß er seine Begeisterung für politische Freiheit sehr wohl mit seiner Begeisterung für preußische Schlachten zu vereinigen wußte, wie merkwürdig diese Mischung auch gewesen sein mag. Wiederum hätte Fontane seine Erinnerung daran unterdrücken können, denn so sprunghaft ist das Erzählen vom eigenen Leben, daß niemand dort eine Lücke zu entdecken vermöchte, wo Fontane von seinen Leipziger Schlachtfeldwanderungen aus dem Herbst 1841 berichtet: »als dann aber der Herbst kam, kamen andere Freuden, unter denen für mich das Ausflügemachen auf das Leipziger Schlachtfeld hinaus obenan stand. Historischen Grund und Boden zu betreten, hatte zu jeder Zeit einen besonderen Zauber für mich, und Schlachtfelder werd' ich denn auch wohl in Westeuropa nicht viel weniger als hundert gesehen haben.« (NFA 15/77)[9] Fast 28 Jahre sind seit der Völkerschlacht vergangen, nun zieht er von seinem »Leipziger Mittelpunkt« »Radien«, um an alle Brennpunkte der Schlacht zu gelangen, voller Begierde, sich die kriegerischen Abläufe vergangener Tage zu vergegenwärtigen; denn er ist nicht zu denken als ein Mann, der sich mit dem Ungefähren begnügte. Sein Verlangen nach Genauigkeit und Einzelheiten war unersättlich.

Fontane hat damals Lieder in einem melancholischen Grundton gedichtet, über die er sich nun (1896), sie zitierend, mokiert. Er unterschlägt einige, wo sich Melancholie und Satire zu kunstlos in die Haare geraten:

Doch haben sie (die Gefallenen) den Boden
Mit Blute nur gedüngt,
Daß er – Heil uns! – Kartoffeln
Von seltner Güte bringt.
(NFA 20/419)

Das ist jedoch die Ausnahme, daß er auf dem revolutionären Boden ins Rutschen kommt. Auch in dem Gedicht ›Zwei Preußen‹ (NFA 20/421) aus derselben Zeit, wird der Schlacht von 1813 gedacht:

...ein Totenkopf
Er hatte selbst bei Möckern ihn gefunden,
Wo sich die Preußen mit dem Feind gerauft,
Wo sie mit Blut aus vielen tausend Wunden
Ein Ordenskreuz – die Freiheit nicht erkauft,

und es wird ein Bild der Gesellschaft gemalt, in der Fontane damals verkehrt hat, wobei nicht verwunderlich ist (anders als mancher Biograph glaubt), daß Fontane als Apotheker überhaupt Zugang zu umstürzlerischen Studentenkreisen fand, denn die Apothekergesellen scheinen in der Studentenbewegung von Anfang an als besonders radikale Revolutionäre gegolten zu haben.[10] Die 1819 eingesetzte Untersuchungskommission in Mainz, die den Ursachen der gefährlich erscheinenden Unruhe in Deutschland nachgehen sollte, hatte 1821 den deutschen Höfen mitgeteilt: »Es ergäbe sich mit Evidenz, daß von den Thorheiten der Studenten und den Herzensergießungen der Apotheker-Gesellen und anderer jungen Burschen durchaus keine Gefahr für die Länder zu befürchten wäre.«[11] Das klingt, als habe die Kommission Fontanes dichterische Anläufe um 1840 hellsichtig vorausgeahnt.

Wenn man einerseits auf das Totenkopfgedicht zurückblickt und andererseits die Schlußsätze des Kapitels liest, in dem Fontane seine Gänge über die Felder der Leipziger Völkerschlacht beschreibt, wird etwas von der zerrissenen Gefühlswelt des jungen Dichters bemerkbar:

»Die Schlachtfeldwanderungen im Oktober ’41 waren wunderschöne Tage für mich. Daß die Freiheit noch nicht da war, machte mich weiter nicht tief unglücklich, ja vielleicht war es ein Glück für mich, ich hätte sonst nicht nach ihr rufen können. Immer erst spät abends kam ich von solchen Ausflügen zurück und freute mich, je müder ich war. Mir war dann zu Sinn, als hätt’ ich mitgesiegt.«

(NFA 15/78) Das dürften Empfindungen gewesen sein, die er vor den Freunden sorgfältig verschlossen hielt, denn die hofften zwar auf blutige revolutionäre Auseinandersetzungen, aber Schlachtfeldbesuche mit preußischen Triumphgefühlen waren ihnen sicher nicht geheuer.[12] Überdies befand man sich auf sächsischem Boden, und die Sachsen hatten in eben jener Schlacht auf der falschen Seite gekämpft. (In dieser Hinsicht hatten sie ein eigenartiges Talent.) Fontane pilgerte nach Gohlis, Möckern und Markkleeberg ganz offenkundig in dem freudigen Bewußtsein, an einer großen preußischen Vergangenheit teilzuhaben. Das läßt die Doppelrolle, die er – offenbar besten Gewissens – spielte, deutlich heraustreten: einerseits der revolutionären Freiheitsbewegung eng verbunden, stak er doch andererseits tief in den preußischen Militärtraditionen. Das weist voraus auf die alle Fontane-Forschung immer wieder beunruhigende Widersprüchlichkeit des Dichters. Deshalb mag schon hier die Bemerkung stehen, daß mit dieser Widersprüchlichkeit nicht nur ein Phänomen der Fontaneschen Geisteshaltung beschrieben ist. Man räumt ja ganz allgemein ein, das Fontane zu Standortwechseln neigt und denkt dabei auch an Standortlosigkeit, wobei man wohl den Vorwurf der Charakterlosigkeit vermeiden will. Rudolf Stadelmann hat indessen darauf aufmerksam gemacht (ohne dabei an Fontane zu denken), daß es sich bei diesem Hin- und Hergerissensein, bei diesem ewigen Schwanken zwischen verschiedenen Polen, um ein preußisches Phänomen handelt. Und Fontane hat selbst in den spätesten Tagen gewußt, daß etwa im preußischen Adel konservatives Denken und freiheitliche Gesinnung eine merkwürdige, aber doch dauerhafte Verbindung eingegangen sind. Und das trifft nicht nur zu für Dubslav von Stechlin, von dem Woldemar, indem er das Haus Barby mit dem Stechlinschen vergleicht, in seinem Tagebuch schreibt: »was am verwandtesten ist, das ist doch die gesamte Hausatmosphäre, das Liberale. Papa selbst würde zwar darüber lachen – er lacht über nichts so sehr wie über Liberalismus –, und doch kenne ich keinen Menschen, der innerlich so frei wäre, wie gerade mein guter Alter. Zugeben wird er's freilich nie und wird in dem Glauben sterben: ›Morgen tragen sie einen echten alten Junker zu Grabe‹. Das ist er auch, aber doch auch wieder das volle Gegenteil davon.« (NFA 8/107) Damit ist auch ein Zug am preußischen Adel insgesamt bezeichnet, den Czako an Barby und Stechlin exemplifiziert: »Der alte Graf ist lange nicht so liberal, und der alte Dubslav lange nicht so junkerlich wie's aussieht. Dieser Barby, dessen Familie glaub ich, vordem zu den Reichsunmittelbaren gehörte, dem steckt noch so was von ›Gottesgnadenschaft‹ in den Knochen, und das gibt dann die bekannte Sorte von Vornehmheit, die sich den Liberalismus glaubt gönnen zu können. Und der alte Dubslav, nun, der hat dafür das im Leibe, was die richtigen Junker alle haben: ein Stück Sozialdemokratie. Wenn sie gereizt werden, bekennen sie sich selber dazu.« (NFA 8/192) Und Fontane läßt diese Offenheit im Wesen des preußischen Adels bis in die höchsten Sphären reichen, wenn er selbst bei den Prinzen der Garderegimenter einen »Schimmer von Sozialdemokratie« entdeckt. (NFA 8/19) Rudolf Stadelmann spricht deshalb in dem Kapitel ›Moltke und das Preußentum‹ in seinem Moltke-Buch[13] von dem »unheimlichen Janusgesicht« Preußens. »Es ist zugleich nach vorwärts und nach rückwärts gewandt. Es ist verbissen reaktionär und fast bodenlos modern… Bismarck hat von dieser doppelten Anlage des preußischen Wesens in seiner Außenpolitik virtuosen Gebrauch gemacht. Er hat nach Rußland und Österreich hin immer wieder versichert, daß Preußen seiner inneren Struktur nach der nächste Verwandte der ständisch konservativen Staatsform sei und darum mit den beiden Ostmächten eine gemeinsame Front bilde gegen die revolutionären Prinzipien der Gleichheit, der Plebiszite und der Selbstbestimmung der Völker. Mit derselben Energie – und mit derselben Glaubwürdigkeit – hat Bismarck versucht, Napoleon III. zu überzeugen, daß Preußen und Frankreich als die beiden modernsten Länder Europas aufs engste zusammengehören … und es ist … Tatsache, daß Preußen wirklich zu beidem das Zeug hat: zum Mitspieler des fortgeschrittensten politischen und sozialen Systems in Europa, des Bonapartismus, und zum Bundegenossen der reinen, unwandelbaren Heiligen Allianz.«[14] Der Satz Moltkes, den Stadelmann im Sinne hat und auf den er hinweist, lautet: »Preußen ist von den Demokraten aller Nationen gehaßt, weil es die stärkste Stütze der Ordnung, in den Augen des Petersburger und des Wiener Kabinets aber ist es revolutionär und überhaupt in der ganzen Staatenfamilie als Parvenü, als Sohn seiner Thaten, wenig beliebt; den Kleinstaaten, als herabgekommenen Altadeligen, besonders fatal.«[15] Etwas von diesem Zustand der Teilhabe an den Extremen politischer Gesinnung geht durch das ganze Leben Fontanes. Es rührt her von seiner preußischen Abkunft und beweist sein tiefes Eingelassensein in das Preußische schlechthin.

Noch freilich tendiert Fontane, wieviel Vergnügen ihm seine Schlachtfeldspaziergänge auch gemacht haben mögen, für einige Jahre dahin, in der Armee eine gefährliche Waffe in der Hand des Königs und aller restaurativ-reaktionären Kräfte überhaupt zu sehen; und etliche Gedichte scheinen von der Meinung zu leben, daß man dieser Waffe ihre Gefährlichkeit nehmen könnte, indem man sie der Lächerlichkeit überantwortete.

Hier sei zunächst hingewiesen auf die »Zwei Lieder vom Lederriem« (1843) (NFA 20/433 ff). Eine offizielle Bekanntmachung ist dem Gedicht als Motto vorangestellt: »Se. Majestät der König hat, laut Kabinettsordre, dem zweiten Garderegiment statt des wollenen Bandes zum Tragen der Troddel den früher besessenen Lederriem huldvollst wieder verliehn. Die Freude der Beschenkten ist grenzenlos.« Eine solche Bekanntmachung (wenn es nicht überhaupt eine Mystifikation ist) hat für einen Nichtmilitär das Odium des absolut Lächerlichen. Die so Beschenkten müssen mit ihrer Freude schlechtweg als ›Trottel‹ erscheinen, weil sie nicht zwischen Firlefanz und Notwendigem unterscheiden können. Der Hohn Fontanes trifft eine jener nichtigen Äußerlichkeiten, die zu allen Zeiten dem Uniformträger das totale Unverständnis der Zivilisten sicherten:

Und wenn einst der Pöbel die Kette zerbricht,
Ob Vater, ob Bruder, das kümmert uns nicht,
Wir stürmen hinein in die feindlichen Glieder
Und stoßen und schlagen und schießen sie nieder;
Das sind wir ihm schuldig, das schulden wir ihm:
Dem wiedergewonnenen Lederriem.
(NFA 20/435)[16]

Wer sich wirklich in den Geist der Zeit versetzen will, wird diese Ausuferungen
militärischen Dekorationsdenkens ernst nehmen müssen. Wenn Max Lehmann
in seinem Buche ›Scharnhorst‹ schreibt: »Für Prittwitz-Husaren, ... die sich aller
Orten glänzend geschlagen hatten, ... beantragte die Reorganisations-Commis-
sion eine ganz hervorragende Auszeichnung; der König gewährte sie, indem er
ihnen den Stern des Schwarzen Adler-Ordens auf die Patrontaschen gab und die
beiden aus ihnen gebildeten Regimenter als Erstes und Zweites Leib-Husaren-
Regiment bezeichnete«,[17] so gibt er eines aus einer Vielzahl von Beispielen, die
eine dichte Tradition besaßen, deren scheinbare Verspieltheit nur dem Soldaten
etwas bedeutet, die als wesenhafter Bestandteil der Überlieferung indessen
unverzichtbar sind. Fontane gehört mit seinem Gedicht zu den Kritikern solcher
Traditionspflege.

Als es unter der Regentschaft Wilhelms um wirkliche Aufrüstung ging, stand
Fontane allerdings auf der anderen Seite. Davon sind wir indessen im Vormärz
noch weit entfernt. In ›Preußisches Volkslied‹ (1843) teilt Fontane offenkundig
die Meinung der Rüstungsgegner aller Zeiten, daß jeder Pfennig, der für die
Armee ausgegeben wird, ein Pfennig zu viel ist:

Wo man geht und steht: ›Bezahle!‹
Heißt es, wie nicht recht gescheit;
Wahrlich unsre Generale
Plündern uns in Friedenszeit.
(NFA 20/437)

Originell oder intelligent war das weder damals noch heute, aber es klang einleuchtend. Ein wenig verräterisch scheint, wie leicht es Fontane fällt, ironisch-sa-
tirisch mit der Zunge seiner Gegenpartei zu sprechen, so, als seien deren Argumente seine eigenen. Er vergröbert und übertreibt, um den Gegner verächtlich zu
machen; aber diese in der politisch-satirischen Literatur so oft erfolgreich
benutzte Methode gewinnt bei ihm weder künstlerische Qualität noch politische
Durchschlagskraft. Es soll hier nicht behauptet werden, was gelegentlich von
Fontanes Feldherrnballaden gesagt worden ist, daß seine Stoffwahl unaufrichtig
sei (alle Äußerungen vom Anfang der 40er Jahre bezeugen die Wahrhaftigkeit
von Fontanes revolutionärer Gesinnung), aber niemand wird sagen können, daß
Fontane in den politischen Gedichten dieser Zeit seinen eigenen Ton als Dichter
so klar und überzeugend getroffen habe, wie ihm das in seinen Feldherrnballaden

gelang. Wenn er in seinem Gedicht ›Die Adelszeitung‹, ironisch deren Standpunkt einnehmend, schreibt:

Dem Herwegh macht es ew'ge Schande,
Daß er gezürnt so ungalant; –
Man merkt es, daß er hierzulande,
Ach, leider niemals Schildwacht stand
(NFA 20/436)

so klingt das zwar spöttisch, aber in Wirklichkeit trennt Fontane nicht viel mehr als eine papierene Wand von dem verhöhnten Standpunkt, und wir werden noch hören, daß er sich später auf die Seite derer stellt, die auch größeren Dichtern als Herwegh etwas mehr militärische Haltung wünschen, so daß diese Zeilen eine heiter stimmende Prophetie erkennen lassen. Aber noch ist Fontane jung und freiheitsdurstig genug, seine Vormärzaffekte auch einmal mit antimilitärischen Redensarten zu orchestrieren. Doch er kommt in dieser Zeit über Phrasen und ›Schwabbelei‹ (um seine eigene Terminologie zu benutzen) nicht hinaus. Es ist deshalb nur zu verständlich, daß diese Verse in den späteren Ausgaben seiner Gedichte keine Gnade vor seinen Augen gefunden haben. Das liegt nicht nur in seinen veränderten politischen Anschauungen begründet, sondern auch in seinen höheren Ansprüchen an die eigene künstlerische Leistung.

Der Verdacht liegt nahe, daß Fontanes Drang nach Unabhängigkeit, sein Verlangen nach Freiheit und Ungebundenheit ihn in besonderer Weise für den Militärdienst ungeeignet gemacht hätten. Wer ausschließlich vom Gedanken an soziale Gerechtigkeit beherrscht wird, neigt nach heutigem Verständnis nicht dazu, diese Gerechtigkeit (und sie zeigt sich ja auch als Wehrgerechtigkeit, d.h. als strengste Verbindlichkeit für alle bei der Ableistung des Militärdienstes) für die eigene Person zu akzeptieren. Man mag ähnliche Empfindungen auch bei Fontane vermuten, denn er schob die Ableistung seiner Dienstpflicht so lange wie möglich hinaus. Aber im Frühjahr 1844 war an eine weitere Verzögerung nicht zu denken. Im väterlichen Hause zu Letschin gerade mit dem Gedanken und wohl auch den Vorarbeiten dafür beschäftigt, das Abitur nachzuholen, um studieren zu können, mußte Fontane als Grenadier zum Kaiser-Franz-Garde-Regiment in Berlin einrücken. Es wäre erklärlich, wenn seine Militärfeindschaft, wie er sie in seinen Gedichten eben erst ausgesprochen hatte, nun, da er sich dem Druck und Drill der preußischen Armee unterwerfen mußte, in aller Heftigkeit aufgebrochen wäre. Ein sensibler, für eine gerechtere Welt schwärmender Poet bei der preußischen Garde! Wie hätte das gut gehen sollen? In der ›Eisenbahn‹ hatte Fontane 1842 geschrieben: »Man kann ein freiheitglühend Herz im Busen tragen und vermag es dennoch nicht, unter einer Fahne zu kämpfen, die *Uniformen* verlangt. Ich aber lasse mir meine Gedanken vielleicht noch weniger gern zustutzen und verschneiden wie meine Haare und kleide meine Überzeugungen nicht lieber nach vorschriftsmäßiger Form, als ich in die zu engen oder zu weiten Beinkleider der preußischen Landwehr kriechen würde.« (NFA 19/10f) Ganz

Ähnliches findet sich in einem Gedicht wieder, in dem Fontane seinem gepreßten Soldatenherzen Luft verschafft: »Als Grenadier«

Es krankt, seit des Gefreiten Schere
Mir meine Locken fortgeputzt,
Mein Flügelpferd an einer Schwere,
Als wär' es mit mir zugestutzt.
Je steifer nach dem abgehackten
Kalbfell den Fuß ich setzen muß,
Je steifer wird nach solchen Takten
Auch allemal mein Pegasus.
Jetzt hat man Rock und Helm, den blanken,
Mit all und jedem schon gemein;
Und ging's, man nähte die Gedanken
Auch gern in Uniformen ein.

Es ist ein anspruchsloses Gebilde, das Fontane hier vorlegt. Es ist auch ungedruckt geblieben, und erst Rost hat es 1932 ans Licht gezogen.[18] (NFA 20/446) Der Druck könnte aus Opportunitätsgründen unterblieben sein, denn der ›Soldatenfreund‹, in dem Fontane wenige Jahre später seine Feldherrnballaden veröffentlichte, dürfte ihm für diese zwölf Zeilen kaum zur Verfügung gestanden haben. Vermutlich hätte sich aber auch kein anderes Blatt gefunden, das die drei Strophen gebracht hätte. Es findet sich in ihm kein einziger origineller Gedanke. Man sieht es Zeile für Zeile, daß dem Dichter ein wirkliches Leiden an Zucht, Zwang und Drill erspart geblieben ist. Wer so herkömmlich zu klagen vermag, dem fehlt die echte Betroffenheit, und er vollbringt höchstens eine Pflichtübung. Allenfalls ließe sich mit dem Gedicht argumentieren, daß dem Pegasus ja eben die Flügel gestutzt worden seien, so daß mehr nicht zu erwarten stünde, aber dem echten Pegasus ist doch wohl eigen, daß seine Flügel der Schere des Gefreiten unerreichbar sind. In der Tat hat Fontane auch weiter kein kritisches Wort über seine Dienstzeit verloren. Helmuth Nürnberger hat mit seiner Beschreibung von Fontanes Militärzeit sicher recht: »Von einer harten Ausbildung ist keine Rede, fast hat es den Anschein, als fühle sich Fontane zu glimpflich behandelt, als genüge der Dienst ihm nicht. Vermutlich hätte er sich gegen den unbarmherzigen Drill, dem preußische Rekruten in früheren Zeiten und auch später wieder ausgesetzt waren, empört, wenn er ihn am eigenen Leibe erlitten hätte. Aufgrund dessen, was wirklich gewesen ist und was von dem alten Dichter aufgeschrieben wurde, kann man jedoch nur annehmen, daß Fontane die militärische Disziplin mit einem gewissen Stolz bejahte und daß er nicht ungern Soldat war. Er ist auch darin ein Außenseiter unter den deutschen Romandichtern geblieben.«[19] Wir besitzen zwar keine Briefe von ihm, in denen er von seinen Erfahrungen berichtete, aber die späteren Lebenszeugnisse sprechen eine deutliche Sprache.

Allzu hoch indessen darf man die Klaglosigkeit, mit der Fontane seine Dienstzeit ertrug, nicht einschätzen. Was den Einjährigen damals zugemutet wurde, hielt sich in engen Grenzen. Fontane übergeht mit großer Zurückhaltung die vielen und gewichtigen Erleichterungen, die ihnen gewährt wurden. In der ›Deutschen Militärgeschichte‹ heißt es dazu mit Recht: »Das Allgemeine Kriegsdepartement hat später einmal selbst festgestellt, daß sie (die Einjährigen) nach sechswöchiger Dienstzeit nur dem Namen nach Soldaten waren.«[20] Im übrigen verfolgte Boyen auch in seiner zweiten Amtszeit (die erste hatte 1819 mit seiner Entlassung geendet) das Ziel, die Einjährigen vorzubereiten auf einen späteren Dienst als Landwehroffiziere. Daß Fontane bereits nach ca. einem halben Jahr zum Unteroffizier ernannt wurde, deutet an, auf welchem Wege er sich befand. Allerdings bleibt zu berücksichtigen, daß sich nach 1843 jährlich 1000 Einjährige als Landwehroffizierbewerber prüfen ließen, »von denen rund 600 die Reife zum Landwehroffizier zuerkannt erhielten« – was u. U. zu einem höheren Sozialprestige führte[21] – da aber bei Fontane von einer solchen Prüfung oder auch nur dem Gedanken daran nicht die Rede ist, so ist zweifelhaft, wie sehr ihm an einer persönlichen Verbundenheit dieser Art mit der Armee lag. Ideologisch trennte ihn damals von ihr vermutlich soviel, wie ihn gefühlsmäßig mit ihr verband. Vor einer echt konservativen Gesinnung hätte Fontane mit solchem Verzicht natürlich nicht bestehen können. Wie sehr das Bekenntnis zur Landwehr, mochte sie auch bei den orthodoxen Konservativen kein hohes Ansehen genießen, doch als patriotisches Einstehen für König und Vaterland betrachtet wurde, macht ein Brief deutlich, den Bismarck an Roon (anläßlich von dessen Ausscheiden aus dem Dienst) richtete und in dem er den gemeinsamen Freund Moritz von Blanckenburg hart tadelt: »er hat kein schneidiges Berufsgefühl für die Gesammtinteressen des Landes sonst hätte er nie sein Mandat niedergelegt; es ist das ein Nachhall der Ader, die ihn abhielt, Landwehroffizier zu werden; hätte er jenes vaterländische Gesammtgefühl, so würde er damals und jetzt nicht den ›Acker‹ oder ›fünf Joch Ochsen‹ oder ein ›Weib‹ als Hinderniß gehabt haben.«[22] Irgendeine Scheu hat Fontane daran gehindert, einen Schritt in diese Richtung zu tun. Denkbar wäre, daß er eine zu klare Vorstellung von der Rolle hatte, die die damaligen Landwehroffiziere spielten, und deshalb auf diese Laufbahn verzichtete. Man unterschied streng zwischen Linienarmee und Landwehr, obwohl die Versuche, beide einander anzunähern, nie aufgegeben wurden. Marwitz beschreibt das Nebeneinander von Linien- und Landwehroffizieren so: »Dazu kömmt noch, daß die erste dieser Armeen von gedienten Offizieren geführt wird, die unter der Last des Dienstes und des ewigen Dressirens erliegen und durch die Behandlung die sie erfahren, mißmüthig gemacht werden, – die zweite aber von Bürgern, die ein Jahr gedient haben, die von ihren Nachbarn und Freunden zu Offizieren gewählt werden, bei ihren Untergebenen aber keine Autorität haben, weil sie nichts verstehen, und von denen Viele selber kein anderes Interesse am Dienst und keine andere Liebe zu ihrem Stande haben, als daß sie, weil sie doch einmal exerciren müssen, dies lieber als Offizier thun wollen, als einen Tornister und ein Gewehr zu tragen.«[23]

Daß es bereits um die Autorität der Einjährigen-Unteroffiziere schlecht stand, erfuhr Fontane am eigenen Leibe und verbuchte den Vorgang in ›Von Zwanzig bis Dreißig‹ unter ›militärische Großtat‹ (NFA 15/145), die allerdings nur darin besteht, daß er einen Gefreiten, also einen länger dienenden Soldaten, andonnert und auf seinen Posten weist, der, voll guten Willens, seinem Unteroffizier zu Hilfe eilen will, weil der ganz offenkundig Schwierigkeiten hat mit einem Randalierer, den man ihm auf die Wache geschleppt hat und der dem ›Fähnrich‹ eine Szene macht. Eine Hilfe übrigens, die Fontane deshalb unangenehm ist, weil sie nach dem Motto erfolgt: »Der Freiwillige weiß nicht mehr aus noch ein, da muß ich einspringen«. (NFA 15/146) Daß unter solchen Bedingungen auch dem Offizier, der nur ein Jahr gedient hat und der über keine militärischen Erfahrungen verfügte, keine echte Autorität zugebilligt wird, versteht sich von selbst. Die Klagen darüber finden sich an vielen Orten wiederholt.[24]

Überdies macht Fontane auch die (allen Ehrgeiz lähmende) Erfahrung, daß mit der Beförderung zum Offizier noch nicht die Ebene erreicht ist, die den einzelnen von der in allen Armeen der Welt möglichen schikanösen Behandlung freistellt. Der Wille der Vorgesetzten, die eigene Vorstellung von Disziplin durchzusetzen, krallt sich meist an einzelnen ›Opfern‹ fest, die dann (oft zu Recht, gelegentlich zu Unrecht) als Musterbeispiele militärischer Unfähigkeit oder Unwilligkeit fortgesetzt getadelt werden. Der militärische Vorgesetzte benötigt gleichsam so schwarze Schafe, um seinen Willen zur militärisch-disziplinären Vollkommenheit zu demonstrieren. Fast ins Komische gewendet zeigt das Fontane einmal bei der Beschreibung des Verhaltens seines eigenen Sohnes George, den er in Frankreich 1871 besucht und heimlich, sich im Grase bergend, beim Exerzieren mit seinen Soldaten beobachtete: »Wie gut kannt' ich diese Stimme! Etwas Schnauzbärtiges, das ihr, trotz der Abwesenheit dessen, was diesem Worte zur Voraussetzung dient, immer eigen gewesen war, es kam hier zu vorzüglicher Geltung. Einer, an den sich diese Stimme am meisten richtete, weckte meine besondre Teilnahme. ‹Lohmeier, das is ja gar kein Exerzieren nich›, ‹Lohmeier, Sie fallen wieder vor.› Da lag ich und dankte Gott im stillen, daß ich nicht Lohmeier war.« (NFA 16/194) Gewichtiger aber und exakter beschreibend, von welch prekärer Abhängigkeit auch die Situation des Offiziers sein kann, ist die Darstellung, die Fontane (sich seiner Unteroffizierszeit erinnernd) von der Kritik des Majors von Ledebur an seinem Kompaniechef, einem Hauptmann, nach Abschluß einer Felddienstübung gibt: »Armer Hauptmann! Da stand er nun am rechten Flügel, die Augen zur Erde gerichtet, mit einem Ausdruck von Bitterkeit und Sorge, ja auch von Sorge, weil er, neben dem Tadel, auch noch allerhand anderes Unliebsame mit herausgehört haben mochte. Das furchtbar Schwere dieses so beneideten und auch so beneidenswerten Berufes kam mir in jener Minute zu vollem Bewußtsein. Immer schweigen und sich höchstens an dem Satze ‹Heute mir, morgen dir› aufrichten zu müssen – das ist hart und nicht jedermanns Sache.« (NFA 15/144) Das sind Eindrücke, die einem sensiblen Menschen die Lust an einer dauerhaften Verbindung mit dem Soldatenberuf schon nehmen können. Immerhin ist es gut, sich zu erinnern, daß Fontane in einer Armee diente, in der die Prügelstrafe noch immer nicht abgeschafft war, wenn sie auch nur an Existenzen vollzogen werden konnte, die zu Soldaten zweiter Klasse herabgestuft worden waren. Indessen: Fontane hätte während seiner Dienstzeit doch noch Augenzeuge einer solchen Bestrafung werden können, und dies, obwohl es in Preußen seit den Reformen während der Befreiungskriege kein Söldnerheer mehr gab, sondern die Allgemeine Wehrpflicht, die von der Identität des staatlichen und des staatsbürgerlichen Interesses ausging. Endgültig abgeschafft wurde die Prügelstrafe in der Armee erst am 6. Mai 1848, also unmittelbar nach der Märzrevolution. Daß in der preußischen Armee bis tief ins 19. Jahrhundert geprügelt werden durfte, findet bei Fontane eine historisierende Beurteilung. Er beruft sich im Wanderungsband ›Die Grafschaft Ruppin‹ auf Pastor Heydemann, der seine Einstellung zur Prügelstrafe in dem Satze zusammenfaßt: »Die Rücken waren damals härter.« (NFA 9/197) Fontane stimmt ihm darin zu und erklärt die Härte aus dem Geist der Zeit: »Die Prügelstrafe war allgemein, die Eltern schlugen ihre Kinder, die Lehrer ihre Schüler und wie es beim Nähr- und Lehrstande war, so durfte es ohne viel Aufhebens auch beim Wehrstande sein. Man war an solche Prozeduren gewöhnt und hielt die rauhe Behandlung der Soldaten für ganz in der Ordnung. Ja, die davon Betroffenen sahen es selbst derartig an und versagten ihren Vorgesetzten keineswegs ein gewisses Maß von Zuneigung, wenn sich nur Gerechtigkeit mit der Strenge paarte.« (NFA 9/197)[25] Hervorheben muß man allerdings, daß er diese Zustände mit der Existenz einer Söldnerarmee verknüpft: »In der Tat, unsere nachträgliche Beurteilung all dieser Dinge trifft nicht voll das Richtige, und um so weniger, wenn wir im Auge behalten, aus welchen Elementen sich die damalige Armee zwar nicht ausschließlich aber doch zu sehr erheblichem Teile zusammensetzte: rohe Gesellen, die nicht *eins* der zehn Gebote hielten, verlorene Söhne, deren Moral so weit reichte wie ihre Furcht, und Ausländer, die zu allem andern auch noch das Gefühl gesellten: was uns umgibt, sind Fremde oder Feinde.« (NFA 9/197) Die Lage der Soldaten änderte sich, als nach 1806 die Reformer zum Zuge kamen. Wie selbst in einem konservativen Manne das Bewußtsein, daß in der Behandlung der Soldaten Änderungen eintreten müßten, kämpfte mit der Überzeugung, daß nicht alles Überlieferte bloß seines Alters wegen abgeschafft gehöre, zeigen die Äußerungen von Marwitz: »Die barbarische Strafe des Spießrutenlaufens wurde abgeschafft, was zu loben ist, desgleichen die Stockschläge und Fuchtel, womit, wie mir scheint, etwas zu übereilt vorgeschritten wurde. Es war auch ein Opfer, welches dem allerliebsten Zeitgeist gebracht wurde, welcher weichlich ist, und dem es entsetzlich dünkte, seinen Buckel hinzuhalten, selbst wenn er es vollkommen verdient hatte. Zwar wurden statt der Stockschläge andere Strafen eingeführt, die weit strenger waren, als ein paar sogenannte Jagdhiebe: Arrest und die Latten. Eigentlich war also für den Bestraften nichts gewonnen; es giebt aber Kerls von so fauler Natur und mit so dickem unempfindlichen Fell, daß sie lieber auf den Latten faullenzen, als sich beim Exerciren Mühe geben, wogegen sie durch die Erschütterung von ein paar Hieben, a tempo, augenblicklich aus ihrer Apathie erweckt werden.«[26]

Waren die Einjährigen sowieso schon bevorzugt dienende Soldaten, so hatte Fontane das Glück, an der Spitze aller Privilegierten zu stehen, denn Bernhard von Lepel stand als Leutnant in derselben Kompanie. Beide müssen sich bereits Jahre zuvor kennengelernt haben, denn Fontane wurde noch als Soldat in den Tunnel eingeführt, wo zu dieser Zeit Lepel als ›angebetetes Haupt‹ amtierte. Es ist undenkbar, daß ein solches Verhältnis unbemerkt blieb, und es ist anzunehmen, daß Fontane (wenn er auch kein Wort über diesen Umstand verliert) in den vollen Genuß dieser freundschaftlichen Beziehung kam. Vielleicht ist so auch der vierzehntägige Urlaub leichter verständlich, den man Fontane (beinahe am Anfang seiner Dienstzeit!!) für eine Englandreise einräumte. Er selber macht in seiner Autobiographie zwar preußischere Gründe für die erteilte Reiseerlaubnis geltend, denn er erzählt, daß sein Hauptmann, den er zuerst um den Urlaub anging, ihm riet, bei dem zuständigen Oberst eben den Grund zu nennen, der in dem sparsamen Preußen jedes andere Argument aus dem Felde schlagen konnte: »sagen Sie ihm nur *das*, was Sie *mir* eben gesagt haben, ›daß Sie's umsonst hätten und daß das doch selten sei…‹ Und dann wird er wahrscheinlich ›ja‹ sagen.‹ Herrlicher Mann. Und auch der Oberst sei gesegnet! Denn als ich das schwere Geschütz auffuhr, zu dem mir der Hauptmann als ultima ratio geraten hatte, war auch das ›Ja‹ da…« (NFA 15/130) Wenn man bedenkt, daß Fontane die Reise ohne Köfferchen antrat, seinen Wäschevorrat in ein »paar Zeitungsblätter eingeschlagen« hatte und mit einer Militärhose mit roter Biese bekleidet war, kann man ihn ob so biedermeierlich anmutender Armeezustände nur glücklich preisen. Seine Bemerkung: »Es tut das aber nicht gut, einen Freund und Dichtergenossen als Vorgesetzten zu haben. An ihm freilich lag es nicht; ich meinerseits dagegen machte Dummheiten über Dummheiten…« (NFA 15/126) deutet zwar an, daß die Zeit nicht ohne Spannungen verlief, sollte aber trotz Lepels Großzügigkeit im Herzen Fontanes eine anhaltende Mißstimmung seiner Untergebenenrolle wegen zurückgeblieben sein (er sagt darüber nichts, und als er sein Erinnerungsbuch schrieb, mußte ihm die Ungerechtigkeit eines gegen Lepel gerichteten Vorwurfs längst klar geworden sein), so hätte sie spätestens im Winter 1846 ein Ende finden müssen, denn nun war Fontane des öfteren Gast in Lepels zwei Zimmern in der alten Franz-Kaserne: »wieviel glückliche Stunden hab ich in dieser ganz nach Künstler- und Poetenart ausgestatteten Kasernenstube zugebracht, in der nicht bloß Mitternacht, sondern oft auch der nächste Morgen herangewacht wurde.« (NFA 14/290) Daß in ›Von Zwanzig bis Dreißig‹ Lepels nur mit aufrichtigster Freundschaft gedacht wird, daß die vielen Spannungen in dem Jahrzehnte überdauernden Bund unerwähnt bleiben, das ist mehr als eine generöse Geste. Fontanes Dienstzeit jedenfalls stand unter dem Stern Lepels, so daß man Fontanes relative Schweigsamkeit für das Jahr 1844/45 begreiflich finden wird.

2. Kapitel

Balladentriumphe im Tunnel

Auf den bedeutungsvollen Zug, daß Fontane Soldat war, als er in den Tunnel aufgenommen wurde (er weist selbst auf den Tatbestand hin – NFA 15/161), hat man bislang kaum geachtet. Wenn sein Dienstjahr durch die außergewöhnlich günstigen Umstände, die dabei walteten, wirklich dazu beigetragen hat, sein staatsbürgerliches Bewußtsein als Preuße zu stärken, so wäre das ein glänzender, wenn auch seltener Beweis dafür, daß die Armee sehr wohl Erziehungsschule der Nation sein konnte. Natürlich nicht so, daß Fontane als revolutionswütiger Saulus in die Armee eingetreten und sie als militärfrommer Paulus wieder verlassen hätte. Aber doch so, daß das Eintauchen in den Traditionszusammenhang der Armee sein Empfinden für das militärische Element des preußischen Lebens gefördert und gekräftigt hätte. Ohne daß Fontane expressis verbis dazu Stellung genommen hätte, wird man doch sagen dürfen, daß die einjährige Dienstzeit die in ihm vorhandene militärische Bilderwelt neu belebt hat. Er hatte ein ganzes Jahr in den Anschauungen der preußischen Armee gelebt, und es ist unvorstellbar, daß diese Zeit in seinem Denken und Empfinden keine Spuren hinterlassen haben sollte. Anders gesagt: Es ist alles andere als Zufall, wenn Fontane in dem Jahr, das seiner Dienstzeit folgte, mit dem ›Alten Derfflinger‹ hervortrat und damit die Zeit seiner größten Tunnelerfolge einleitete. Ein solcher Gedanke läßt sich natürlich nicht bis zur Gewißheit erhärten, aber ebenso wenig ist es angängig, ihn unbeachtet zu lassen. Der Zusammenhang ist zu offenkundig, als daß man ihn vernachlässigen könnte, ist es doch notwendig, den plötzlichen Durchbruch zu einer neuen poetischen Welt zu erläutern.

Daß damit nicht die einzige oder auch nur die wichtigste Erklärung für Fontanes ebenso plötzliche wie leidenschaftliche Hinwendung zur preußischen Geschichte gegeben ist, versteht sich von selbst. Aber als auslösendes Moment dafür, einer angestauten Bilderflut freien Lauf zu lassen, kann man die chronologische Entwicklung ohne Zweifel sehen.

Das Wesentlichste blieb natürlich immer Fontanes lebenslange Ausrichtung auf die preußische Geschichte überhaupt. Die aus dem Jahre 1894 stammende Antwort auf die Frage von Karl Emil Franzos nach dem literarischen Erstling ist daher auch für die Bewertung der Heldenballaden aus der frühen Tunnelzeit von ausschlaggebender Bedeutung, zeigt sie doch deutlich, wie noch der Fontane der 90er Jahre die Akzente setzen will. Die Frage (Fontane hatte sie mißverstanden, denn Franzos hatte nach dem gedruckten Erstling gefragt) hätte jede Antwort zugelassen, und der Dichter hätte statt mit seinem Schulaufsatz auch mit seinen ersten Zeitungskorrespondenzen beginnnen können, wenn ihm daran gelegen gewesen wäre, die Permanenz seiner radikaldemokratischen Gesinnung zu veranschaulichen, und er hätte sich auch (denn wer will schon entscheiden, wo Literatur beginnt?) zu seinen Georg Herwegh verpflichteten Gedichten bekennen können, um seinem Werk eine nach Freiheit dürstende Weltanschauung zu unterlegen, oder mit ›Shakespeares Strumpf‹, um seinen andauernden Kampf gegen alles Epigonale zu betonen, um nur einige Möglichkeiten zu nennen. Der Rückgriff indessen auf einen Schulaufsatz, den niemand kannte, macht sichtbar, welches Interesse sich am spontansten und entschiedensten in ihm meldete, als er seinen literarischen Erstling benennen sollte. Primär war er Preuße, und wenn es in seinem Leben einen kontinuierlichen Zug gab (und, wie sich zeigt, es gab ihn), dann war es seine preußische Geschichtsseligkeit.

Von daher sind auch alle Versuche zu beurteilen, seine Feldherrnballaden als frühe Irrungen eines bedeutenden Dichters abzutun, der nicht wußte, was er tat, als er sie schrieb. Es ist nicht so, daß Fontanes Tunneldichtungen in den 40er Jahren Zugeständnisse an den Geschmack der Tunnelfreunde gewesen wären. Man muß Peter Wruck recht geben, wenn er in seiner Arbeit über ›Fontanes Berlin‹[1] der Tunnelzeit des Dichters (der er auf einleuchtende Weise gerecht wird) ein eigenes Gewicht gibt und nicht versucht, eine Art schleifenden Übergangs zu schaffen zwischen der zum Aufruhr tendierenden Leipziger Zeit und der Revolution von 1848. Der Fontane der Tunnelzeit war nicht seinen politischen Interessen hingegeben, sondern der Dichtung und sah mit Bernhard von Lepel Vergangenheit und Gegenwart ausschließlich darauf hin an, ob sie einen Stoff abwürfen oder nicht. Indem Fontane sich bei der Themenwahl abwandte von den passionierten Rufen nach sozialer Gerechtigkeit und politischer Freiheit, fand er zurück zu einem originären Interesse für preußische Helden und preußische Siege. Diese Stoffe brauchte man ihm nicht zu oktroyieren, sie waren Grundbestand seiner frühesten Bildung. Es war alles andere als ein vom Tunnel erzwungener Aufbruch zu neuen, nie zuvor gesehenen Ufern.

Sicher ist es richtig zu sagen, daß Fontane, indem er diese Balladen schuf, nicht daran dachte, damit zugleich sein Einverständnis mit der preußischen Politik jener Jahre zu erklären. Man wird dem Gedanken zustimmen, daß er vielleicht auch glaubte, das fragwürdige Preußen seiner Zeit zu messen an vergangener Größe, daß er den Zuhörern wie den Lesern den Unterschied begreiflich machen wollte zwischen einer längst vergangenen Heldenzeit und einer an ihrer politischen Unbeholfenheit und Unbeweglichkeit erstickenden Gegenwart. Daß aber Fontanes Balladen damals so gesellschaftskritisch verstanden worden wären, dafür besitzen wir keine Zeugnisse. Die teils stürmische, teils moderate Begeisterung, mit der der Tunnel Fontanes Balladen aufnahm, spricht für eine ziemlich rasche, wenngleich nicht in jedem Falle bedenkenlose Identifikation auch mit den Inhalten der Gedichte. Die Zuhörer freuten sich des Bewußtseins, daß hier künstlerisch vergegenwärtigt wurde, was in ihren patriotischen Gemütern ohnehin Gegenwart war. Freilich weist Walter Müller-Seidel mit Recht darauf hin, daß von eigentlicher Heldenverehrung nicht die Rede sein kann, sondern daß diese gebrochen erscheine durch die Verwendung anekdotischer Züge und durch Humor,[2] wobei die Tunnel-Protokolle ausweisen, daß Fontane mit seinem soldatischen Humor durchaus nicht immer auf Gegenliebe stieß. (Und dabei hatte er die Ecken und Kanten dieses Humors, der den Tunnel-Offizieren nicht unbekannt sein konnte, durchaus vermieden!).

Daß Fontane nach der mißlungenen Revolution in ziemlich trüber Zeit der Gedanke kommt, in einer neu zu ordnenden Ausgabe seiner Gedichte unter der Abteilung ›Vaterländisches‹ den fünf besten Gedichten aus ›Männer und Helden‹ noch ›York‹ und ›Der alte Fritz‹ hinzuzufügen, deutet darauf hin, daß er in die so begeistert aufgenommenen Gedichte eine neue Tendenz hineintragen wollte, denn sowohl ›York‹ wie ›Der alte Fritz‹ leben vor allem und fast ausschließlich von der Gegenüberstellung einer tristen Gegenwart mit einer großen Vergangenheit. Der Brief an Friedrich Witte vom 4. Dezember 1852 (Ha Br I/327) gibt der Hoffnung Ausdruck, daß auf diese Weise eine »hübsche Sammlung« entstehen könnte. Ziemlich kleinlaut fügt Fontane indessen hinzu: »Natürlich über gewisse Grenzen, die einem Natur gesteckt, geht's nun mal nicht hinaus.« In der Tat reicht der ›York‹ nicht entfernt an die anderen Gedichte aus ›Männer und Helden‹ heran, verliert sich vielmehr in unfreiwilliger Sprachkomik, so daß es nicht verwundern kann, wenn Fontane das Gedicht nicht veröffentlichte und auf dem Höhepunkt seiner konservativen Tage (1872) dem (erst bei Rost bekanntgemachten) Gedicht mit Bleistift hinzufügt: »In der liberalen Schwabbelperiode geschrieben.« (NFA 20/789) Und mit diesem keineswegs redensartlichen Verdikt trifft Fontane cum grano salis letztlich seine ganze politische Vormärzlyrik. Das damals Gesagte, mag es auch einem »lichtfreundlichen Liberalismus« entsprossen sein, ist durchdrungen von dem Ton, »der mit öden Redensarten das Bestehende zu dethronisieren und eine schönere Zeit heraufzuführen trachtete.« (NFA 22,1/747)[3] In diesem Urteil Fontanes aus dem Jahr 1879 liegt freilich ein gutes Maß an historischer Ungerechtigkeit, aber so viel wird man sagen dürfen, daß die uns erhaltene Freiheitslyrik Fontanes, so ernst sie gemeint war, an künstlerischer Perfektion nicht wetteifern kann mit der vaterländischen Lyrik derselben Zeit.

›Der alte Fritz‹ hat mehr Substanz als ›York‹. Er steht unter den Gelegenheitsgedichten der NFA und ist aus Anlaß der Enthüllung des Rauchschen Friedrich-Denkmals (1851) geschrieben. Aber wenn sich Fontane hier von einem Gefühl bewegt zeigt, dann nicht von dem der Vorliebe für die bürgerlichen Freiheiten seiner Landsleute, sondern von der Vorliebe für die politische Macht Preußens. Am ehesten erklärt sich die hier zutage tretende Stimmung wohl aus der Enttäuschung über die ›Olmützer Punktation‹, wo sich Preußen von Österreich hatte einschüchtern lassen.

Mein war der Mut,
Dies Preußen aufzurichten,

Es tut nicht gut, es tut nicht gut
Solch Zagen und Verzichten.

Ein Gedicht also, das den preußischen König ermutigen soll, sich des großen Vorfahren würdig zu erweisen und, »gilt's mein Volk« (NFA 20/261), sich auf die preußischen Waffen zu verlassen. In diesem Sinn ist Fontanes Bemerkung in einem Brief an Friedrich Witte zu verstehen, daß ›Der alte Fritz‹ »durchaus ein *politisches Gedicht* ist« (Ha Br I/180), womit Wittes kritische Einwände zurückgewiesen werden sollen, die Fontane offensichtlich auf falsche Maßstäbe zurückführte. Auch dieses Gedicht enthält überdies eine Huldigung für Zieten, denn Fontane läßt den König sagen:

He, Zieten, sattl' Er flink,
Wir woll'n mal drunter fahren.
(NFA 20/260)

Von besonderer Friedensliebe zeigt sich wenig, »den Feind beim Schopfe fassen«, das bleibt die ideale Parole. Und um solch soldatisch-kühner Bilder willen hat Fontane damals in Preußen auch eine so breite Wirkung gehabt. Diese Balladen haben ihm durch den Abdruck in Zeitungen, Anthologien und Lesebüchern einen Ruhm geschaffen wie sonst keines seiner Werke. An einem eklatanten Beispiel konnte er erfahren, daß seine Feldherrnballaden gelegentlich die einzigen Gedichte waren, die in seiner Umgebung überhaupt bekannt waren. So berichtet ein Brief an Wilhelm Hertz vom 14. Januar 1882: »Darf ich freundlichst bitten, mir ... ein recht hübsches Exemplar meiner Gedichte schicken zu wollen. Es kam gestern Abend bei Prinz Fr. Karl, der seit einem Vierteljahr mein besondrer Gönner ist, das Gespräch darauf und es ergab sich, daß der Prinz, der meine sämmtlichen Feldherrngedichte vom alten Derfflinger an bis zum Prinzen Louis Ferdinand auswendig wußte, von der Existenz andrer Gedichte von mir keine Ahnung hatte. Selbst die Einzugs-Gedichte schien er nicht zu kennen. Ich hab also vor, ihm unter die Arme zu greifen.« (Ha Br III/174) Kurt Schobers Feststellung: »Der Name des Dichters freilich hat mit der Berühmtheit dieser Gedichte nicht Schritt halten können«[4] bestätigt sich hier sehr eindeutig. Der von Fontane in der Familie oft zitierte Satz: »Dein berühmter Bruder, den keiner kennt!« hat seinen Ursprung in solchen Erfahrungen.

Übrigens fällt dem Leser auf, daß in den vorrevolutionären Freiheitsliedern Fontanes weniger die mangelnde Freiheit beklagt wird als die fehlende Freiheit zur Tat. Wenn in einem der wenigen (auch künstlerisch in etwa gelungenen) Lieder, die die »faulen« preußischen Zustände im Vormärz beklagen (es heißt ›Unser Friede‹ und wurde auch im Cottaschen Morgenblatt abgedruckt), an Auswege gedacht wird, so spielt sogleich auch der Krieg eine Rolle, denn der bot »uns noch immer/Ein offen Feld für Taten.« (NFA 20/255) Dieser Friede schafft ›Genüßler‹ und ›Stockgelehrte‹, und seine Gefahr liegt darin, daß er »Kraft und Männertugend« »längst den Hals« brach. Woran der junge Fontane also vor allem leidet, das ist das Zurückweichen vor der befreienden Tat. In lähmend-zäher Stagnation festgehalten zu werden, statt Heldentaten verrichten zu können, mühsam anspruchslose Apothekerdienste leisten zu müssen, statt für Preußens Größe kämpfen zu dürfen, das machte Fontanes Elend aus. So erklärt sich auch sein übereilter Aufbruch nach Schleswig-Holstein 1850. Nur: mit dreißig Jahren ist der Tatendrang schon gezähmt und gebändigt, und die Lust, sich nach Schills Vorbild das Haupt »in Weingeist« (NFA 20/476) setzen zu lassen, weit geringer, so daß das der Mutter und der Braut gegebene Versprechen, ohne Waffe zu dienen, verständlich wird. Aber daß ihm dieses Versprechen überhaupt abgenommen wurde, beweist, wie sehr seine Umgebung überzeugt war, er suche nicht nur nach Betätigung, sondern nach Taten. Und wenn er später eingesteht, daß ihm die Sache der Schleswig-Holsteiner viel näher ging als das Schicksal des Frankfurter Parlaments, so wird hier mehr vom Fontane der frühen Jahre erkennbar als an allen epigonalen Herwegh-Gedichten. Was ihm in den 40er Jahren ernstes Anliegen ist, nämlich Bürgerrechte und Bürgerfreiheit, das wird bedenkenlos vergessen, wenn sich eine Gelegenheit bietet, mit Gleichgesinnten für die Befreiung Deutscher von fremdländischer Unterdrückung einzutreten. Es scheint fast, als sei Fontanes leidenschaftlich anmutender Kampf für demokratischere Verhältnisse in Preußen-Deutschland nur eine Ersatzbefriedigung gewesen für die fehlende Möglichkeit, den märkischen Helden der friderizianischen Zeit nachzueifern. (Daß er schließlich noch lieber heiratet, ist eine andere Geschichte!) Die Revolutionskämpfe in Deutschland erscheinen ihm schließlich nur noch als »Katzbalgereien« (NFA 15/378), während der unglückliche Ausgang der Schlacht bei Idstedt« (ebd.) ihn völlig »aus dem Häuschen« bringt: »Mein ganzes Herz war mit den Freischaren, mit ›von der Tann‹ und Bonin, und als dann später General Willisen an die Spitze der schleswig-holsteinschen Armee trat, übertrug ich mein Vertrauen auch auf diesen; die Deutschen mußten siegen. Und nun Idstedt! Ich war ganz niedergeschmettert, und etliche Tage danach befand ich mich auf dem Wege nach Kiel, um in eins der regelrechten Bataillone einzutreten.« (NFA 15/378) Die Sprache, die noch der alte Fontane hier in Erinnerung an 1850 führt, scheint durchaus offenzulassen, wie groß seine Entschlossenheit war, sich an das gegebene Versprechen zu halten. Man kann bezweifeln, daß er, der in ›Von Zwanzig bis Dreißig‹ überall dazu neigt, seine innere Anteilnahme an den politischen Kämpfen der Zeit in Frage zu stellen oder gar zu ridikülisieren, gerade hier nach der anderen Seite übertrieben haben sollte.

Alles in allem: es war kein Tunnelkompromiß und keine Tunnelanpassung, wenn er sich preußischen Männern und Helden zuwandte. Er bedurfte keiner neuen poetischen Legitimation, sondern er knüpfte an einen Empfindungs- und Gedankenstrom an, der in ihm nie versiegt war. Schließlich hat sich Fontane in späten Jahren selber dazu bekannt, daß er es dem Tunnel verdankte, wenn er wieder auf jenem Felde zu arbeiten begann, das er als sein eigenstes und genuinstes ansehen konnte: »Dem vielgeschmähten Tunnel verdank' ich es, daß ich mich wieder(!!)fand und wieder (!!) den Gaul bestieg, auf den ich nun mal gehöre.«

(NFA 15/434) Dieses doppelte »wieder« weist deutlich darauf hin, daß Fontane alles, was er später als »Herwegh-Schwindel« abtat (und worunter er Herwegh selbst keineswegs rechnete), als etwas gegen seine eigenste Begabung Gerichtetes ansah. Was ihm gemäß war – in welcher Adaption auch immer –, das war preußisches Leben, preußische Geschichte. Was Fontane in seiner autobiographischen Notiz 1854 für Storm schrieb und mit den Worten ausbaute: »Nur sowie ich die Geschichte als Basis habe, gebiet' ich über Kräfte, die mir sonst fremd sind« (NFA 15/434), das entspricht eindeutig noch seiner vierzig Jahre später geschriebenen Einschätzung des Tunnels: »Ganz allmählich aber fand ich mich zu Stoffen heran, die zum Tunnel sowohl wie zu mir selber besser paßten als das ›Herweghsche‹, für das ich bis dahin auf Kosten andrer Tendenzen und Ziele geschwärmt hatte. Dies für mich Bessere war der Geschichte, besonders der brandenburgischen, entlehnt, und eines Tages erschien ich mit einem Gedicht ›Der Alte Derfflinger‹, das nicht bloß einschlug, sondern mich für die Zukunft etablierte.« (NFA 15/161) Paul Heyse hat in seinem Huldigungsgedicht zu Fontanes 70. Geburtstag besser als irgendein anderer beschrieben, welchen Eindruck Fontane damals auf einen Besucher des Tunnel machte:

> Doch ich, der unter den letzten saß,
> Fragte mich heimlich: Sind sie das?
> Sind das die Tunnelgrößen alle?
> Da ging die Tür, und in die Halle
> Mit schwebendem Gang wie ein junger Gott
> Trat ein Verspäteter, frei und flott,
> Grüßt' in die Runde mit Feuerblick,
> Warf in den Nacken das Haupt zurück,
> Reichte diesem und dem die Hand
> Und musterte mich jungen Fant
> Ein bißchen gnädig von oben herab,
> Daß es einen Stich ins Herz mir gab.
> Doch: *Der* ist ein Dichter! wußt' ich sofort.
> Silentium! *Lafontaine* hat's Wort.[5]

Souverän und superior, anders läßt sich Fontanes Erscheinung und Haltung nicht beschreiben. Mag Heyse auch übertrieben haben, er spricht doch nur aus, was die Literaturgeschichtsschreibung seitdem hundertfach bestätigt hat: er war im Tunnel der Bedeutendste und wurde, sieht man von kleinen Reibereien ab, als solcher anerkannt. Wenn sich der Tunnel auch nie zur Akklamationsmaschine erniedrigt hat, man wußte, was man an Fontane hatte. Auch scheint die Annahme falsch, daß Fontane sich ein politisches Innenleben vorbehielt und nur nach außen Tunnelmaximen vertreten hätte. Er spricht mit großer Unbefangenheit und ohne äußeren Zwang von seinen früheren Überzeugungen, wenn sich ihm die Gelegenheit dazu bietet. In einem Sitzungsprotokoll des Tunnels schreibt er: »Die Opposition gründet auf jede königliche Blähung einen Revolutionsplan; ich habe zur Zeit der Lichtfreundschaft zahmen Versammlungen von 15 Personen beigewohnt, worin jedweder den Sturm in seiner Rocktasche zu haben glaubte, der hinreiche, einen Thron zum Fallen zu bringen. Ich selber träumte mal in Tivoli, die kühle Weiße wie ein Pistol von riesigem Kaliber in der Hand, von einer Entscheidungsschlacht; eben ließ ich Regimenter über die Klinge springen, als das Erscheinen von 12 Gensdarmen der ganzen Versammlung und meinem Traum ein Ende machte.«[6]

Bei Fontane steht kein Wort davon, daß er durch den Eintritt in den Tunnel und das ihm dort Abverlangte auf ein falsches Gleis geraten wäre. Bis zum Ende hat er sich als einen Mann gesehen, der durch seine Arbeit der brandenburgisch-preußischen Geschichte zu ihrem Recht verholfen hat. Was dabei der Tunnel für Fontane bedeutet hat, findet sich bei Helmuth Nürnberger am überzeugendsten formuliert: »Man mag es Zufall nennen, daß Fontane seine ersten persönlichen Beziehungen im Tunnel mit den Konservativen anknüpfte; sicher ist es mehr als Zufall, daß es dabei blieb. Die ganze weitere Entwicklung des Dichters beweist, wie sehr er mit den charakteristisch preußischen Werten und mit den großen Vorgängen der preußischen Geschichte sympathisierte. Der Umgang im Sonntagsverein brachte nur zur Entfaltung, was in Fontane angelegt war.«[7] Und wenn Fontane auch geneigt gewesen sein mag, seine revolutionären Anschauungen von 1848 und davor in ›Von Zwanzig bis Dreißig‹ zu verharmlosen, sein damaliges Denken zu ›ent‹-demokratisieren und seine Aktionen (?) zu bagatellisieren; sub specie vitae hat er uneingeschränkt recht, wenn er sich die revolutionäre Tatkraft abspricht. Seine selbstironische Darstellung davon, wie er sich ebenso verzweifelt wie vergeblich abmüht, einen schon wackligen Wäschepfahl aus dem Boden zu reißen, um mit diesem ›Rammbock‹ eine zwar eisenbeschlagene, aber etwas »altersschwach aussehende Tür« einzurennen (NFA 15/334), weil er die Glocken läuten möchte, hat symbolischen Charakter: schon der erste unsinnige Schritt mißlingt. Ein widerspenstiger Pfahl verhindert die Teilnahme an der großen Revolution: »nachdem ich mich ein paar Minuten lang wie wahnsinnig mit ihm abgequält und sozusagen mein bestes Pulver – denn ich kam nachher nicht mehr zu rechter Kraft – an ihm verschossen hatte, mußt' ich es aufgeben. Mit meinem Debüt als Sturmläuter war ich also gescheitert, soviel stand fest. Aber ach, es folgten noch viele weitere Scheiterungen.« (NFA 15/334)

Wie Fontane den ›Alten Fritz‹ ein politisches Gedicht nannte, so nannte er seine Heldenballaden von Anfang an ›vaterländisch‹. Fontane hat, als er diese Gedichte schrieb, vaterländische Gefühle nicht künstlerisch perfekt vorgetäuscht, sondern auch besessen. Er sah sich als Dichter hier in Übereinstimmung mit den patriotischen Gefühlen auch des kleinen Mannes in Preußen, in dessen Vorstellungen die Helden der preußischen Kriege noch lebten: »Meine Aufgabe beim Niederschreiben aller dieser Gedichte war nur die, den poëtischen Ausdruck für das zu finden, was bereits im Munde des Volkes lebt, und in *diesem* bescheidenen Sinne wag' ich sie volksthümlich zu nennen.« (Ha Br I/34) Diese Volkstümlichkeit konnte sich in Preußen nur in einem soldatischen Raum entwickeln. Allein in diesem spezifisch Militärischen erwachte für Fontane wie für die Preußen das Patriotische zu eigentlichem Leben. Es ist nur von daher zu verstehen, daß aus den weiteren Balladen, die Fontane für seine ›Heldenlyrik‹ plante, nichts wurde. Er dachte an Balladen über Stein, Hardenberg, Scharnhorst, Gneisenau und »ähnliche nicht zu verachtende Kaffern«. (Ha Br I/123) Staats- und Armeereformer, denen die kriegerische Bewährung versagt geblieben ist (Gneisenau bildet eine Ausnahme), sind aber ein spröder Stoff. Und Fontane, der ironisch von sich meinte, daß er in seinen Gedichten »mit der Cavaillerie« Glück zu haben scheint (Ha Br I/34), hat seine Pläne nicht verwirklicht.

Von den Genannten besaß in der Tat auch keiner die Popularität der Generäle der friedericianischen Zeit. Überdies hatten sie alle (von Scharnhorst abgesehen) zur Zeit von Fontanes Kindheit noch gelebt, ihre mythische Patina konnte deshalb nur schwach entwickelt sein, so daß die Hauptvoraussetzung fehlte für eine lyrische Behandlung im Stile der frühen Fontane-Balladen. Vielleicht wären die zahlreichen Heldendichtungen dem Tunnel auch zuviel geworden, denn er begann ohnehin schon bei aller Zustimmung eine gewisse Monotonie zu bedauern, gestattete auch keine distanzierten Nebentöne, wie sie sich Fontane z. B. in dem Gedicht ›Ein letzter Wille‹ erlaubte, wo er von Friedrich Wilhelm I., dem Soldatenkönig, sagt:

Da liegt er, der in Trachten
Und Dichten nie mein Mann
(NFA 20/472),

was der Tunnel (unverdientermaßen, wenn man das ganze Gedicht betrachtet) kritisch ahndete, indem er Fontane mit der Bewertung ›ziemlich‹ abfallen ließ. Ein Urteil, das den im Tunnel inzwischen so verwöhnten Fontane derart ernüchterte, daß er das Gedicht zu seinen Lebzeiten nicht veröffentlichte. Es findet sich erst im Anhang zu Ernst Kohlers Arbeit ›Die Balladendichtung im Berliner ›Tunnel über der Spree«, einer Arbeit übrigens, der man es kaum anmerkt, daß seit ihrer Entstehung beinahe fünfzig Jahre Fontane-Forschung vergangen sind. Nirgends sonst ist so überzeugend formuliert worden, wovon die Forschung heute im allgemeinen ausgeht, wenn man die Rolle des Tunnels bei der Entstehung der Feldherrnballaden zu bestimmen sucht: »Abgesehen von dem unmittelbaren Anteil, den die Kritik der Freunde hatte, wenn Fontane etwa auf ihren Rat hin änderte, zeigt der Charakter der Lieder deutlich, wie schon bei Konzeption und Ausführung dieser Kreis gewissermaßen im stillen mitgearbeitet hat. Gewiß war die Scheu vor großen Worten, die Einkleidung eines warmen, starken Gefühls in einen oft unbeteiligt scheinenden, bisweilen spielerischen Plauderton, der sich selten zu ernster Getragenheit, nie zu überströmendem Ausbruch aufschwingt, war das Humoristische, Drastische, Antithetische, scharf Geformte und Formulierte des Ausdrucks Fontanes eigene, persönliche Art, die sich später nur noch stärker ausprägte. Doch ist auch andererseits ein wesentlicher Anteil der Tunnelatmosphäre mit ihren realistisch nüchternen berlinischen Mißtrauen gegen alles Pathetisch-Überschwängliche, sonor Geschwollene, ja selbst mit ihrem ironisch pointierten Konversationston nicht zu verkennen. So wird der zugleich persönliche und überpersönliche Charakter der Preußenlieder durch dieses Mitwirken des Tunnels gewissermaßen bestätigt.«[8] Die Forschung neigt heute dazu, den überpersönlichen Charakter der Preußenlieder stärker zu betonen als ihren persönlichen, ja man würde Fontanes Anteil am liebsten auf die demokratischen Elemente reduzieren, die diese Gedichte (zum Ruhme des Dichters!) zieren. Kohler selber hat dieser Auffassung entschieden widersprochen, an einer etwas entlegenen Stelle seiner Arbeit: »Die preußisch-patriotische Tendenz sprach sich (im Tunnel) auf mannigfaltige Art aus, in Gedichten an den König und an Mitglieder des Königshauses, in Epen und Dramen, Prosaskizzen und Novellen, hauptsächlich aber in zahlreichen mehr oder minder balladesken Soldatengedichten und -liedern. Gerade hier, wo das parteimäßig Politische von selbst vollkommen zurücktrat, war durch Scherenberg und Fontane bereits in den vierziger Jahren eine Tradition geschaffen worden, die nunmehr von den Militärs und Nichtmilitärs des Tunnels aufgenommen und eifrig weitergepflegt wurde.«[9] Das ist kein Widerspruch, allenfalls eine geringfügige Akzentverschiebung, doch sie schärft den Blick dafür, daß Fontane schon im Tunnel der vierziger Jahre nicht nur der Geschobene und Bedrängte war, sondern daß von seiner dichterischen Kraft die entscheidenden Impulse ausgingen, die das Schaffen im Tunnel bestimmten. Er war nicht das unschuldig-unqualifizierte Opfer intoleranter Aristokraten (wenn man von Lepel, von Merckel und von Mühler als solche bezeichnen will), sondern nahm unter Zustimmung der Freunde einen nie abgerissenen Faden wieder auf. In diesem Punkte wird man sich Fontanes Urteil hinsichtlich der eigenen Produktion der frühen Jahre anschließen können: ganz und gar epigonal sind seine Freiheitsstrophen in der Herweghnachfolge; da ist nichts Originelles, sondern nur An- und Nachempfundenes. Die eigenen Töne – und das ist kein Zufall, sondern entspricht der Natur Fontanes – finden sich erst in der Ballade. Mit dem ›Tower-Brand‹ gewinnt er zum ersten Male die volle Zustimmung des Tunnels, und mit den Feldherrnballaden etabliert er sich. Vom Tunnel her gesehen zu Recht, denn für die Dichtervereinigung wirkt er damit epochemachend, wobei mit der Fabel aufgeräumt werden muß, daß der Tunnel ihn in seiner Anfangszeit ohne rechtes Veständnis gelassen habe; denn wenn man bei Ernst Kohler[10] betrachtet, was Fontane (noch als ›Rune‹, aber auch danach) an ›Spänen‹ vorgelegt hat, wird man sich über die Großzügigkeit des Tunnels hinsichtlich seiner politischen Gesinnung ebenso verwundern wie über die Richtigkeit seiner Urteile. Freilich trat Fontane, wo er sich nicht hinter englischen Autoren, die er übersetzte, verbergen konnte, in seinen politisch angeflogenen Gedichten sehr leise auf (dazu zwangen ihn auch die Tunnel-Statuten), aber alle Tunnelüberlieferungen sprechen dafür, daß den hellwachen Rationalisten im Tunnel nichts wider ihren Willen entging. Es war überhaupt ein merkwürdiger Sonntagsverein: in seiner guten Zeit mit einer staunenswerten Sicherheit und Klarheit des Urteils auf dem selbstgewählten Feld. Fontanes Briefwechsel mit Lepel (hier leider lückenhaft überliefert) spiegelt den Kunstverstand wider, mit dem man zu Werke ging. Peter Goldammer ist vollkommen im Recht, wenn er dem Tunnel bescheinigt, daß er Fontane jener »sach- und fachgerechten Kritik« unterwarf, »die er bisher so gut wie völlig entbehrt hatte«[11] und die weder der Lenau- noch der Platen-Verein oder der Herwegh-Klub zu leisten imstande gewesen waren. Überhaupt ist der Würdigung voll zuzustimmen, die das Autorenkollektiv Gotthard Erler, Peter Goldammer und Joachim Krueger im Erläuterungsband III/2 zu den Autobiographischen Schriften Fontanes in seiner Darstellung dem Tunnel zuteil werden läßt. Was als einleitender Kommentar in Band III/2 zu den Sitzungsprotokollen und Jahresberichten des Tunnel (soweit sie von Fontane verfaßt sind) gegeben ist[12], verzichtet nicht nur auf die Überfrachtung mit Ideologie, die den Leser von Reuters Buch gelegentlich irritiert, sondern wird in historisch angemessener Weise dem Phänomen ›Fontane im Tunnel‹ gerecht. Der Dichter wird, ohne daß darüber viele unnütze Worte verloren würden, in seiner labilen, auf schwieriger Grundlage beruhenden politischen Haltung gezeigt.

Eine Bemerkung scheint mir hier noch am Platz. Wer das letzte Zitat aus dem Brief an Paul Heyse von den »nicht zu verachtenden Kaffern« im Ohr hat, wird sich (selbst unter Berücksichtigung der Tatsache, daß das Wort auch sonst im Briefwechsel mit Lepel auftaucht) verwundert fragen, wie Fontane zu der despektierlichen Bezeichnung der preußischen Reformer kommt. Vielleicht läßt sich von hier aus ahnen, weshalb der frühe Fontane als Dichter so wenig offizielle Anerkennung erfahren hat, weit weniger jedenfalls, als er seiner und unserer heutigen Meinung nach verdient hat. Es scheint, daß eine Äußerung, wie die eben genannte, vermutlich kein Einzelfall gewesen ist. Viel wahrscheinlicher ist, daß der junge Fontane gewohnt war, seiner losen Zunge freien Lauf zu lassen. Das gilt auch für Fragen der Sexualität, wie seine Auseinandersetzung mit Storm bezeugt. Man kann annehmen, daß solche kecken und provozierenden Äußerungen selbst von seinen Freunden weitergetragen worden sind, ohne böse Absicht, eben als beispielhafte Ausbrüche eines hemmungslosen Formulierers. Wen mögen sie auf unaufklärbaren Wegen erreicht haben? Wenn Fontane, dessen Formulierungskünste sich mit den Reiterkünsten von Seydlitz und Zieten gedeckt haben an Keckheit und Spritzigkeit, an Wolfsohn schreibt, er müsse das Erscheinen seiner Feldherrnlieder abwarten, »weil ich vor öffentlichem Verkauf des Dinges dem Grafen Schwerin meine Huldigung auf die Hühneraugen legen möchte« (Ha Br I/101), so wird zu vermuten sein, daß er solche Sätze auch mündlich nicht unterdrückte. Wäre das nicht auch eine Erklärung dafür, daß der Graf sich bei Fontane nicht für das Gedicht bedankte? Man darf sicher sein, daß Fontanes loyale Bekenntnisse (an Lepel), »daß ich Preußen und die Hohenzollern so aufrichtig und so immer wachsend liebe« (so ernst es ihm damit gewesen ist) (23. Februar 1853)[13], ihr Publikum viel weniger rasch erreichten als seine insolenten Bemer-

kungen. Wenn man ihm Anfang der 50er Jahre politische Unzuverlässigkeit nach-
sagte, so dürfte darin wenigstens so viel nachhaltige Verstimmung über seine
Gewagtheiten wirksam gewesen sein wie über seine politischen Meinungen, die
ja schließlich viele Leute mit ihm geteilt und mit ihm geändert hatten.

Daß er sich dieser Schwäche (und der ihm daraus erwachsenden negativen Folgen!) am Ende doch bewußt geworden ist, verdeutlicht ein Brief, den er während
seines zweiten Englandaufenthalts an Emilie 1852 schreibt. Er versucht mit
Bedacht, sie darauf vorzubereiten, daß die monatelange Trennung von ihr nicht
sofort zu der erhofften Veränderung der Verhältnisse führen werde, daß vielmehr
ein Anknüpfen an den bescheidenen Lebenszuschnitt zu erwarten steht. Daran
schließt sich die merkwürdige Mahnung an: »bemüht wollen wir sein in dem
Kreise derer, die theils nach Wahl theils nach Zufall unsren Umgang bilden, unsre
Tadelsucht und unsre Zunge so viel wie möglich im Zaum zu halten.« (Ha Br
I/272) Das junge Ehepaar scheint ein wechselseitiges Vergnügen darin gefunden
zu haben, seinen Mitmenschen durch frank und freie Meinungsäußerungen die
Wahrheitsfindung zu erleichtern.

1855 geht Fontane für dreieinhalb Jahre nach England. Es war für ihn keine
glückliche Zeit, so sehr er sich ursprünglich einen solchen Aufenthalt zur Vervoll-
ständigung seiner Bildung gewünscht hatte. Seine lyrische Produktion, die sich
während der letzten Jahre vor allem am Vorbild der alten englischen Balladen
orientiert hatte, brach fast völlig zusammen. Es war eine Epoche, in der sich der
Dichter vom lebendigen Austausch mit seinen Freunden abgeschnitten fühlte. In
einem der großen Briefe an Merckel akzentuiert er zwar seine Fortschritte und
glaubt, »daß ich aus *dem* heraus bin, was ich mit einem Wort das ›Theodor-Storm-
sche‹ nennen möchte, aus dem Wahn, daß Husum oder Heiligenstadt oder meiner
Großmutter alter Uhrkasten die Welt sei« (Ha Br I/630f), aber ein Brief an die
Mutter, geschrieben in einer sehr erdnahen Sprache, weist dem Aufenthalt in
England einen eher bescheidenen Platz zu: »Was ich hier auf die Dauer nicht
ertragen kann, das ist das Alleinstehn, die geistige Vereinsamung. Wie schön, wie
segensreich könnte dieser Aufenthalt sein und wie wenig ist er es… Kurz und gut,
wir haben hier zu essen und zu trinken, aber es fehlt das geistige Bad ohne dessen
Frische das Gemüth krank wird und verdorrt. Wir sind eine Pflanze im fremden
Boden, es nutzt nichts, daß man alle Sorten von Mist um sie herpackt, sie geht
doch aus weil sie nun mal an andres Erdreich gewöhnt ist und wenn es auch nur
der viel verschriene märkische Sand wäre.« (Ha Br I/621f)[14] Diese völlige
Andersartigkeit des englischen Lebens führt zu Apathie und Lethargie, lähmt
seine Kräfte. Nur der Vorsatz erwacht, eine Erneuerung zu versuchen durch eine
energische Rückwendung zum Märkisch-Preußischen: »Ich will nicht ganz leugnen, daß ich gelegentlich um einen Grad verstimmter sein mag wie mancher
andre, der hier lebt, dazu aber bin ich in gewissem Grade berechtigt. Ich liebe
nämlich das Land, in dem ich geboren wurde, mehr, aufrichtiger, selbstsuchts-
loser als die Mehrzahl meiner hier lebenden Landsleute und fühle, bei meiner

wachsenden Neigung, vaterländisches Leben künstlerisch zu gestalten (Anmerkung Fontanes: ›Wohlverstanden, im allerkleinsten Stil‹), die Trennung vom Vaterlande allerdings empfindlicher als mancher andre. Das ist aber nicht die Hauptsache. Die Hauptsache bleibt das Atmen fremder Luft, das Essen fremder Speise und das Herausgerissensein aus einer Gemeinschaft, mit der man durch tausend Wurzelfäserchen verwachsen war.« (Ha Br I/626f) Betrachtet man unter diesem Gesichtspunkt das Gedicht ›Die Fahne Schwerins‹, so gewinnt es Züge einer anrührenden Gefühlsfülle. Beklagt wird das Schicksal des alten Fahnenstocks, den Schwerin ergriff beim Sturm auf Prag und der nun »Im Arsenal, dem alten,/Zu Petersburg am Dock« (NFA 20/223) steht. Es ist ein unglückliches Leben, das der alte Fahnenstock unter Fremden zu führen gezwungen ist. Als ›zersplittert und zerspalten‹ wird sein Zustand beschrieben. Wer der preußischen Geschichte so ruhmreich verbunden war, der mag ein Leben auf fremdem Boden nicht ertragen, der ist erfüllt von der Sehnsucht nach Berlin und den alten Schlachtenmärschen, dem ›Dessauer‹ und dem ›von Hohenfriedberg‹. Da läßt sich nicht von Zufall sprechen, wenn man erst einmal begriffen hat, aus welchem Fond von Bildern Fontane schöpft, wenn er die Isolierung in der Fremde beklagt. Die Umsetzung der eignen Empfindungen ins Preußisch-Patriotische gelingt auf dem Boden der Erkenntnis, daß das eigene Leben seine Stärke nur gewinnen kann auf heimatlichem Grund. »Stumm und einsam«, »steif-apart« macht die Fremde. Leben aus der innersten Substanz, eigentlich leben kann man nur im Zusammenhang mit Freunden auf heimischem Terrain.

Und auch der ›Prinz Louis Ferdinand‹ ist ein Beweis mehr dafür, wie mitten in der von den Umständen erzwungenen Beschäftigung mit der englischen Kultur die militärisch-patriotische Tradition Preußens lebendig bleibt. Fontane vergißt oder unterdrückt keine der Fragwürdigkeiten, die mit dem Namen des Prinzen verbunden sind (und die auch im ›Schach von Wuthenow‹ wieder auf bedeutsame Weise erwähnt werden), der ein exzentrischer Erotomane war, immer in Schulden, immer in Widerspruch zu den Autoritäten, aber immer auch bewundert und angeschwärmt von Frauen und Freunden, genialisch-musikalisch, einer der Führer der preußischen Kriegspartei, ein Abgott seiner Soldaten. Aber alles Fragwürdige wird verklärt und überhöht in balladesker Raffung und Zuspitzung. Die Zweiteilung des Gedichts ergibt sich mit Notwendigkeit aus der Intention des Dichters, einen Mann darzustellen, der in Leben und Sterben der gleiche bleibt. Er fiel, böser Ahnungen voll, an der Spitze seiner Vorhut bei Saalfeld – noch vor der Schlacht von Jena: »Und Preußen fiel – ihm nach.« (NFA 20/222) Aber seine Tapferkeit, sein Kampfeswille und sein Todesmut blieben unter preußischen Soldaten lebendig, und wenn auch das Gedicht mit seinem Tod endet, für Preußen blieb er der Mann, an dessen großer Gesinnung der Siegeswille der Kämpfer in den Freiheitskriegen eine Stütze fand. Hans Wahl schreibt: »›Der edle Tote‹ konnte die Sieger – nach Scharnhorsts schönem Wort – ›nicht mehr führen‹, aber ›das Beispiel seiner Tapferkeit leuchtete‹ ihnen vor.«[15] Die Ballade ist ein letzter voller Nachklang der preußischen Feldherrngedichte aus der Tunnelzeit, zugleich ein eindrucksvolles Zeugnis für das ungebrochene Weiterleben der preußischen Überlieferung im Dichter in den Jahren der räumlichen Trennung von Preußen. Wie sehr Fontane den alten Ton getroffen hatte, über den immerhin ein Jahrzehnt voller neuer Erfahrungen und Erkenntnisse hinweggegangen war, sagt Heyses Brief vom 1. Dezember 1859: »so viel habe ich mir aus meiner nun zehnjährigen Erfahrung zusammengereimt, daß nur das unverkennbar Eigenartige sich oben erhält, daß man das Einseitigste lieber anerkennt als eine breitere Begabung, für die man das *Wort* nicht findet, das sie von anderen unterschiede. Wie sehr Deine ›Männer und Helden‹ eingeschlagen haben (*hier*, in *Bayern* [!]), habe ich noch neulich wieder erlebt, wo mir der Maler Piloty ganz begeistert davon sprach. Er hatte mich ›Prinz L.F.‹ beim König vorlesen hören; und die Krokodile zehren noch von der Erinnerung an diese Sachen.«[16] Dieses Gedicht wie die andern Feldherrnballaden lebt von Fontanes Vorliebe für volkstümliche Männer, für Draufgängertum und todesverachtende Tollkühnheit. Es wird sich zeigen, daß dies nicht nur die Vorliebe des Balladendichters für ausstrahlende Stoffe ist, sondern daß Fontane noch Jahrzehnte an dieser Liebe uneingeschränkt festhalten wird. Diese Neigung zum gestaltungsfähigen Stoff geht Hand in Hand mit der Zuwendung zu moralisch angeschlagenen Figuren. So wie der Dichter später versichert, daß in seinen Romanen seine besondere Zuneigung den Frauen gilt, die einen ›Knacks‹ weghaben, so teilt er die Liebe des Volkes zu Figuren, die nicht im Ruf der völligen Makellosigkeit stehen. (vgl. NFA 9/122) Prinz Louis Ferdinand hat offensichtlich alle Vorbedingungen erfüllt, die Fontane an seine Balladenhelden stellte. Was die erwünschte Immoralität anbelangte, dürfte er den Durchschnitt sogar um einiges überragt haben: ein Kind seiner Zeit. In den ›Wanderungen‹ heißt es von ihm: »Es hätte (in jener Zeit – G. F.) für Vorurteil, für kleinlich und altfränkisch gegolten, moralische Bedenken zu unterhalten. Erst der Kriegssturm reinigte wieder die Atmosphäre. Die Gestalt des Prinzen Louis Ferdinand wird immer jene Zeit hoher Vorzüge und glänzender Verirrungen wie auf einen Schlag charakterisieren.« (NFA 10/226)

Daß Fontane in England auf preußisch-patriotische Stoffe zurückgreift (bei gleichzeitigem fast völligem Versiegen der übrigen poetischen Produktion), zeigt, daß er jenseits des Kanals nicht in das Schleppnetz des englischen Liberalismus geriet, von dem man auf dem Kontinent so lange geschwärmt hatte. Fontane kam aus England zurück als ein in seinen Überzeugungen gefestigter Konservativer. Das war alles andere als selbstverständlich, denn als er sich Anfang der vierziger Jahre mit englischen Verhältnissen zu befassen begann, stand die soziale Frage für ihn im Vordergrund. Wenn das Ergebnis seines mehrjährigen Aufenthalts darin bestand, daß das »Freiheitsideal, das Fontane im Vormärz aus dem politisch toten Preußen auf die britischen Inseln geführt hatte«, »sich in der Fremde mit einem konservativen Staatsgefühl« verband[17], und wenn man seine schließlich sich artikulierende Kritik an englischen Gegebenheiten damit erklärt, daß »im Hintergrunde ... doch schon ein sehr konservatives Ordnungsdenken« stand, »wie es seinen Sympathien entsprach«[18], so ist damit genug gesagt von seiner konservativen Grunddisposition. Ihre politische Bildung haben damals viele Deutsche in England entwickelt oder modifiziert. Die Resultate waren höchst unterschiedlich. Mag Fontanes amtliche Stellung in London dazu beigetragen haben, sein Blickfeld einzuengen, so verlor er doch keineswegs die Fähigkeit zum unvoreingenommenen Sehen, was immer nur ein Sehen sein kann, das in Übereinstimmung steht mit der eigenen Natur. Seine wichtigste politische Einsicht faßt Fontane im Schlußsatz seines 1860 in Berlin gehaltenen Vortrags über die Whigs und die Tories zusammen: »Sei jeder von uns ein Whig auf dem Wege zu fortschreitender Erkenntnis, aber *in des Herzens Liebe und Treue* (Heraushebung vom Verfasser) ein Tory.« (NFA 19/263)

3. Kapitel

Die Revolution von 1848

Ganz gewiß hat es der junge Fontane (und als solcher läßt er sich bis wenigstens 1855 ansehen, Autodidakt, der er war) schwer mit sich und dem Leben gehabt, das ihm aufgezwungen worden war. Und gar so beckmesserisch genau sollte man bei der Zu- oder Aberkennung moralischer Qualitäten bei ihm nicht verfahren, wenn man seine verschiedenen politischen Kurswechsel in den Revolutionsjahren und davor untersucht. Wer gesellschaftlich und moralisch ungefährdet aufwächst, hat es leicht, anderen, denen es letztlich nur ums Überleben geht, Gesinnungslosigkeit zu bescheinigen. Um der Wahrheit nahezukommen, muß man sehr ungeschminkt sagen, daß die Schwierigkeiten seines Weges vor allem im Elternhaus begründet lagen. Darüber ist schon oft genug gesprochen worden, meistens beschönigend, denn die Forschung hat – wohl aus Pietätsgründen – Fontanes eigene Vorstellung und Bewertung von Mutter und Vater den in Biographien und biographischen Studien vertretenen Auffassungen zugrunde gelegt. Aber Fontane hat nicht immer mit der gleichen Generosität des elterlichen Verhaltens gedacht. Vor allem in den Zeiten, wo ihm das Wasser bis zum Halse stand und Auswanderungsgedanken bei der Suche nach Alternativen ständig erwogen wurden, hat er sich mit größter Erbitterung geäußert. Da ist noch nichts zu erahnen von der späteren tout comprendre c'est tout pardonner Haltung, in die er am Ende auch seine eigenen Eltern einschließt. Der gewichtigste und zornigste Ausbruch, den Fontane gegen seine Eltern richtete, findet sich in einem Brief an Bernhard von Lepel: »Der Egoismus meines Vaters, der immer Geld hatte für Wein und Spiel, und nie für Erziehung und Zukunft seiner Kinder hat schlimme Frucht getragen. Man ließ mich Apotheker werden, weil man das Geld verprassen wollte, was zur Ausbildung der Kinder hätte verwendet werden müssen, und jetzt, wo sich die Reue darüber leise im Herzen regt, ist es zu spät: die Noth ist da, der Bankrutt bricht herein – jetzt kann Niemand mehr helfen. – Ich habe von Haus sehr trübe Nachrichten, die wenig geeignet sind, mich frei und froh in die Zukunft blicken zu lassen.« (5. Oktober 1849) (Ha Br I/86) Sonst hat er seinen Kummer stumm geschluckt, ist den eigenen Eltern über alles verdiente Maß hinaus liebevoll gerecht geworden und hat dem Vater ein literarisches Denkmal gesetzt, das, nach allgemeiner Ansicht, in der Weltliteratur seinesgleichen sucht. Es brauchte schon eine sehr gesunde Natur, um zu überstehen, was die Eltern dem Kinde zumuteten. In einem Alter, in dem er offenbar zu viel von den anhaltenden Familienstreitigkeiten zu verstehen begann, ans Gymnasium abgeschoben (gerechterweise sei hinzugefügt, daß die Notwendigkeit den Eltern zu Hilfe kam, denn Swinemünde bot keine weiteren Bildungsmöglichkeiten mehr, trotz des teilweise außerordentlich fördernden Privatunterrichts, den Fontane im Hause des Kommerzienrats Krause genossen hat, wovon sich erstaunlicherweise in der Biographie von Helmut Ahrens bei sonst genauer Belegung des Schulwegs des Jungen kein Wort findet, obwohl Fontane von diesem Privatlehrer als dem einzigen seiner Lehrer überhaupt sagte: »Ich liebte Dr. Lau ganz aufrichtig, mehr als irgendeinen anderen Lehrer, den ich später gehabt habe…« NFA 14/134), von dort – sicher aus Kostengründen – an die Gewerbeschule weitergereicht, der Fürsorge von Onkel August (einem Kriminellen mittleren Grades) und Tante Pinchen überlassen, jedenfalls auf Dauer von zu Hause ausquartiert, war der Junge geradezu zum totalen Verbummeln prädestiniert. Es hat etwas von einem Wunder an sich, daß er zu sich selber fand, strampelte, kämpfte und, statt als verkrachte Existenz zu enden, ein Leben führte, das in Arbeit, Pflichterfüllung, Zucht und beinahe soldatischer Selbstdisziplinierung gipfelte. Er liefert jedenfalls keinen sehr überzeugenden Beweis für die These, daß die Erziehung bei der Menschwerdung eine ausschlaggebende Rolle zu spielen habe.

Fontane stand bei Ausbruch der Revolution von 1848 auf der Schattenseite des Lebens. Über seine miserable wirtschaftliche und gesellschaftliche Lage (die sich ihm in den langen Jahren seiner Verlobung immer dramatischer darstellte) hatten ihn seine Tunnelerfolge hinweggetröstet. Dort hatte er als ›kleiner Gott‹ die Kompensationen gefunden, um in seiner zukunftslosen Lage als Apotheker (ohne Aussicht auf eine eigene Apotheke und damit zu einem höchst bescheidnen Leben verurteilt) vor sich selbst und den Freunden, nicht zuletzt der Braut, bestehen zu können. Jetzt schien sich seine Situation plötzlich ändern zu wollen. Die Welt geriet in Bewegung – und wie hätte der Dichter nicht hoffen sollen, daß das Chaos auch für ihn neue Möglichkeiten gebären würde? Ganz überraschend schien ein Aufbruch zu neuen Ufern möglich. Schlechter als seine Lage war, konnte sie durch keine Revolution werden. Die persönliche Misere mußte in der allgemeinen Misere ihre Ursache haben. Der Dichter mußte sich notwendigerweise als unterdrückt, benachteiligt und ausgebeutet, jedenfalls an der wahren Entfaltung seiner Kräfte gehindert fühlen. Alles, was in der Vergangenheit an ihm gesündigt worden war, konnte jetzt seine Wiedergutmachung finden. Wir sind zwar über die Zeit vor 1848 besonders schlecht informiert: Emilie Fontane hat die während der Brautzeit geschriebenen Briefe verbrannt, Lepel hat in den entscheidenden Jahren Fontanes Briefe nicht aufbewahrt, und die spärliche Korrespondenz mit Wolfsohn ist völlig unergiebig. Aber es gehört wenig Phantasie dazu, um Fontanes mit elementarer Macht ausbrechende Revolutionswut zu begreifen. Ein vor Ausbruch der Revolution an Wolfsohn gerichteter Brief verdeutlicht seine Berliner Lebensumstände: »so himmlisch ich es mir denke, mit Dir ein Stück Leben zusammen leben zu können, so unmöglich ist es doch: ich bewohne eine Schandkneipe, einen Hundestall, eine Räuberhöhle mit noch zwei andern deutschen Jünglingen und habe keine freie Verfügung über diese Schlafstelle, die viel vor Erfindung dessen, was man Geschmack, Eleganz und Comfort heißt, vermuthlich von einem Vandalen erbaut wurde.« (Ha Br I/40) Um sich aus solcher Lage zu befreien, mußte ihm theoretisch jedes Mittel recht sein, auch das der Gewalt.

Aus all dem läßt sich indessen nicht schließen, daß Fontane aus rein privat bedingter Unzufriedenheit und Verzweiflung auf die Seite der Revolutionäre getreten wäre, aber doch, daß seine privaten Verhältnisse seine vorbehaltlos anmutende Entscheidung für die Revolution begünstigt haben. Ganz lupenrein ist seine revolutionäre Gesinnung jedoch nie gewesen.

Ein Bekenntnis aus ›Meine Kinderjahre‹ (relativ selten zitiert) wirft auf den Fontane des Jahres 1848 ein merkwürdiges Licht, das jeden Interpreten veranlassen muß, bei der ideologischen Ortsbestimmung und bei der Beurteilung revolutionärer Verhaltensweisen Zurückhaltung zu üben. Es handelt sich dabei um eine Konfession, die nicht zu dem Zwecke vorgetragen wird, seine Rolle von 1848 zu verschleiern. Es geht vielmehr um seine grundsätzliche Position dem Staat und der Macht gegenüber. Fontane erzählt da von einer »unbezwingbaren Rührung«, die in ihm aufsteige, wenn er die alten Lieder höre, die ihn an den polnischen »Insurrektionskrieg von 30 und 31« gemahnen. Statt sich nun aber bei solch schöner Gelegenheit rückhaltlos zu Freiheit und Einheit oder Einheit durch Freiheit zu bekennen, versichert er, daß er »die Bemerkung daran knüpfen muß, daß ich vielfach nur mit geteiltem Herzen auf Seite der Polen stand und überhaupt, aller meiner Freiheitsliebe unerachtet, jederzeit (!!) ein gewisses Engagement zugunsten der geordneten Gewalten, auch die russische nicht ausgeschlossen, in mir verspürt habe.« (NFA 14/115) Im Kontext zählt Fontane die Freiheitsliebe zu den »poetischen Empfindungen«, die ihn zwar beherrschten und beherrschen, aber wenn er auch den Freiheitskämpfern seine »herzlichsten Sympathien« entgegenbringt, so »begleite ich (doch) all diese Auflehnungen nicht bloß mit Mißtrauen (zu welchem meist nur zuviel Grund vorhanden ist), sondern auch mit einer größeren oder geringeren, ich will nicht sagen in meinem Rechts-, aber doch in meinem *Ordnungs*gefühle begründeten Mißbilligung.« (NFA 14/116) Freilich spürt man diesen merkwürdigen Sätzen an, daß ihr Verfasser nicht nur die Freiheitskämpfe quasi mißbilligt, sondern mehr noch seine Mißbilligung mißbilligt, aber wer kann gegen seine Natur? Und von Natur aus ist Fontane durchaus kein Revolutionär. Kaum je hat er seinen Lesern so sehr die Ambivalenz seines Innersten offenbart. Freiheitsenthusiasmus einerseits und Sinn und Verständnis für historisch gewachsene Ordnungen andererseits bestimmen sein Denken. Sein Sinn für ›Tatsächlichkeiten‹ mag dabei eine Rolle spielen. Man blickt jedenfalls mit einiger Verwunderung auf die Ratlosigkeit des Dichters, der hier auf einmalige Weise seine Schwäche eingesteht und sich wie hilfesuchend dem Leser anvertraut. Der Abschnitt endet mit den Sätzen: »Ich habe nichts dagegen, dies mich stark beherrschende Gefühl, das mich mehr als einmal von der meine Sympathie fordernden Seite auf die schlechtere Seite hinübergeschoben hat, als philiströs oder subaltern oder meinetwegen selbst als moralisches Manko gekennzeichnet zu sehen, es kommt mir nicht auf Feststellung dessen an, was hier zu loben oder zu tadeln ist, sondern lediglich auf Aufklärung über einen bestimmten inneren Vorgang und demnächst darüber, ob sich solche Gefühlsgänge, sie seien nun richtig oder falsch, auch wohl sonst noch in einer auf freies Empfinden Anspruch machenden Seele vorfinden mögen.« (NFA 14/116) Aber noch ist das letzte Wort nicht gesprochen. Wie zur Bestätigung seiner Unzufriedenheit mit seiner unausreichenden Erklärung fügt Fontane eine lange Anmerkung hinzu, in der er das merkwürdige Phänomen noch einmal in den Griff zu bekommen sucht. Er schweift weit ab (bis zu Friedrich Wilhelms III. Gebot, das Yorksche Korps dürfe am Einmarsch in Paris nicht teilnehmen, weil die Hosen der Soldaten sich in einem zu pitoyablen Zustand befänden), weil ihm denkbar scheint, daß seine Vorliebe für den Stärkeren ästhetische Gründe haben könnte. Verantwortlich wird in der höchst kunstvoll verschlungnen Anmerkung schließlich die Erziehung gemacht. Sie hätte dafür sorgen müssen, daß »wir nach ganz anderen, von der Erscheinung absehenden Prinzipien erzogen werden und es lernen, unter allen Umständen immer nur das Eigentliche, den Kern der Sache zu befragen. Davon sind wir aber vorläufig noch weit ab.« (NFA 14/117) Es ist nicht anzunehmen, daß Fontane von seiner Erklärung befriedigt war, hat sie doch eher neue Rätsel aufgeworfen als die alten gelöst. So bleibt ihm die Verwunderung darüber erhalten, daß er, weit konservativer gesonnen, als er sich das selber eingestehen mag, mit der Hälfte seiner Sympathien auf der Seite der die Ordnung garantierenden Mächte steht. So schwierig ist es im Laufe des 19. Jahrhunderts seit Goethe geworden, auch nur die Ansätze eines konservativen Fühlens vor sich selber zu rechtfertigen; eine Entwicklung übrigens, die etablierte Revolutionäre begrüßen, wenn eine neue revolutionäre Welle droht.[1]

Es gibt in ›Von Zwanzig bis Dreißig‹ eine Stelle, die auf überraschende Weise illustriert, was Fontane in den eben hervorgehobenen Sätzen von sich selbst verrät. Am 19. März 1848 läuft der revolutionär gestimmte und wohl auch nach revolutionären Taten dürstende Fontane – schließlich hatte er sich schon am Vortag am ›Sturm‹ auf das Königstädter Theater beteiligt und dabei sogar einen verrosteten Karabiner mit Feuersteinschloß erbeutet, also etwa den ›Muskedonner‹, den er sich später von Lepel erbat – durch Berlin. Sein Selbstverständnis als aktiver Revolutionär hatte zwar schon einige Stöße erhalten, aber nach gut durchschlafener Nacht (NFA 15/344) ist er doch bereit, »mit dem Strome zu schwimmen« (NFA 15/350) und revolutionäre Heldentaten wenn nicht zu vollbringen, so wenigstens zu betrachten. »In neues Unbehagen« stürzt er indessen, als er »von der einigermaßen an Hinterlist gemahnenden Gefangennahme des alten General von Möllendorff, Kommandeurs der einen Gardebrigade, hörte.« (NFA 15/350) Ein Tierarzt Urban hatte ihn »gefangengenommen«, »unter Assistenz eines vierzehnjährigen Schusterjungen, der dem General von hinten her den Degen aus der Scheide zog. Möllendorff, durch Tierarzt Urban gefangengenommen, das wollte mir schon nicht recht eingehn! Aber was mich direkt empörte, das war, daß man den alten General in das Schützenhaus geschleppt und ihn dort ganz gemütlich vor die Wahl gestellt hatte: Schießverbot an seine Truppen oder selber erschossen werden… Solche Forderung *darf* man nicht stellen, auch nicht in *solchen* Momenten…« (NFA 15/351)[2] Wie denn hat sich Fontane Revolutionen und Bürgerkriege vorgestellt? Sein ausgeprägter Sinn für die Ordnungsmächte verlangte offenkundig die strenge Einhaltung von Anstand, Disziplin und Fairneß. Das offenbart eine in seinem Innersten wurzelnde Gesetzestreue, die er zwar ab und an theoretisch, nicht aber praktisch überwinden kann. Daß Revolutionen nur gelingen können, wenn Gesindel und Lumpenproletariat alle moralischen Hindernisse beiseite gefegt, alle psychischen Hemmungen überwunden und das Chaos entbunden haben, das hat Fontane nicht gewußt. Obwohl er auch davon eine Ahnung hatte. Schon Thomas Mann hat die Sätze zitiert: »Es bleibt aber andrerseits wahr, daß man die wichtigsten Aufschlüsse, Bekenntnisse, Handlungen immer oder doch fast immer den fragwürdigsten Personen zu verdanken hat. Revolutionen gehen zum großen Teile von Gesindel, Va-banque-Spielern oder Verrückten aus, und was wären wir ohne Revolutionen!« (Ha Br IV/302)[3] Seine Revolutionäre sollten sich jedenfalls streng an die Gesetze halten, und mit fühlbarer Zustimmung registriert er, daß beim Sturm auf das Königstädter Theater einer der Führer der Rebellen selbst Verstöße gegen das Eigentumsrecht verhindert: »Nicht anrühren‹, donnerte von hinten her eine Stimme rüber, und ich konnte leicht wahrnehmen, daß es ein Führer war, der da, von seinem Platz aus, nach dem Rechten sah und dafür sorgte, daß das mehr und mehr sich mit einmischende Gesindel nicht aufkomme.« (NFA 15/334) Es spielen sich zwar »unglaubliche Szenen« ab (NFA 15/344), »die sich hier nicht erzählen lassen« (NFA 15/345), aber letztlich kann eine Revolution Fontanes Meinung nach in Preußen nicht gelingen, weil die gesellschaftlichen Zustände ganz einfach keine Revolution verlangen. Er erklärt zwar, daß eine revolutionäre Volksbewegung immer siegreich bleiben werde, selbst gegen die diszipliniertste Truppe (zu dieser Ansicht hatte er sich durchgerungen nach der Lektüre der ›Denkwürdigkeiten aus dem Leben Leopold von Gerlachs‹, nachdem er jahrzehntelang die entgegengesetzte Meinung vertreten hatte), aber eine Revolution braucht andere Voraussetzungen, als sie damals in Preußen gegeben waren. Und Fontane sprach damit nicht nur seine private Meinung aus, sondern bestätigte eine Auffassung, die damals in Preußen allgemein galt. So schreibt Adolf Streckfuß in seiner populären Geschichte Berlins bei der Darstellung der Vorgänge, die zur Märzrevolution führten: »Das preußische Volk war so konservativ, so durchaus antirevolutionär, daß die Regierung sich in der besten Position befunden haben würde, wenn sie sich nur zu einer kleinen Nachgiebigkeit gegen die seit langer Zeit geltend gemachten Volkswünsche entschlossen hätte. Zu einer solchen Nachgiebigkeit aber konnte sich Friedrich Wilhelm IV. nicht herbeilassen.«[4] In voller Übereinstimmung mit diesem antirevolutionären Geist, der in Preußen herrschte, steht, was Fontane bei den

Truppen während seines Ganges durch die Stadt beobachtet: »…ein Wachtmeister, der das Kommando zu haben schien … ein stattlicher Mann voll Bonhomie, mit einem Gesichtsausdruck, der etwa sagte: ›Gott, was soll der Unsinn; … erbärmliches Geschäft.‹ Demselben Ausdruck bin ich auch weiterhin vorwiegend begegnet, namentlich bei den Offizieren, wenn sie das Barrikadengerümpel beiseite zu schaffen suchten. Jedem sah man an, daß er sich unter seinem Stand beschäftigt fühlte. Noch in diesem Augenblick hat die Erinnerung daran etwas Rührendes für mich. Unsere Leute sind nicht darauf eingerichtet, sich untereinander zu massakrieren; solche Gegensätze haben sich hierzulande nicht ausbilden können.« (NFA 15/338)

Überdies spricht der Verlauf der Revolution für sich. Wenn es zu Massakern kam, betraf es vor allem die Revolutionäre, denn die Soldaten schossen, wenn sie den Befehl dazu erhielten. Die Aufständischen dagegen hielten sich in ihrer völlig ungewohnten Rolle sehr zurück. Während der Revolutionstage fielen in den Berliner Straßenkämpfen nur siebzehn Soldaten. Die Berliner erzählten jedoch von ganzen Lastkähnen voll toter Soldaten, die man heimlich die Spree hinabgefahren habe. Es scheint also, daß es noch mehr Aufständische gab, die in ähnlicher Weise ›bewaffnet‹ waren wie Fontane und entsprechende ›Heldentaten‹ vollbrachten. Wenn die Revolution in Berlin triumphierte, so nicht dank des kühnen Kampfes des Volkes, sondern infolge der Unfähigkeit des Königs, klare Entschlüsse zu fassen. Allerdings war das Versagen des Königs für den weiteren Gang der Ereignisse ein Glück. Schlimmstes Blutvergießen wurde den Berlinern erspart, und der Ausgang blieb doch immer zweifelhaft. Daß es zu weiteren Zusammenstößen nicht kam, hatte wesentliche Bedeutung für das Verhältnis zwischen Bevölkerung und Militär. Das spiegelt sich auch in Fontanes Denken und Verhalten. Würde man nur seine autobiographischen Schriften aus den 90er Jahren kennen, so ließe sich vermuten, daß er sich seine Anhänglichkeit an die Armee immer bewahrt habe; doch ein Blick auf den Briefwechsel mit Lepel vom Ende der 40er Jahre widerlegt eine so vereinfachende Behauptung. Fontane läßt seinen Gefühlen hier freien Lauf. In einem höchst maßvollen und freundschaftlichen Brief, in dem Lepel auf Fontanes Verlangen nach einem Muskedonner antwortet[5] und beschwichtigend auf Fontane einzuwirken sucht (Fontane hatte ihm erklärt: »Hätt ich Zeit und namentlich Geld, ich wäre ein Wühler comme il faut, denn alles ist faul und *muß* unterwühlt werden, um im ersten Augenblick die Mine springen lassen zu können« Ha Br I/42), hatte Lepel geschrieben: »Dies sind die Gesinnungen des Offzcps, dem ich angehörte und dessen Echo Du mich nanntest. Gut, nenne mich so; denn Du sagst nichts anderes damit, als daß ich empfänglich bin für Charakter und Bravheit jeder Art, denn nirgends sind diese mehr anzutreffen als in der Armee. Da wird nicht *gewühlt*, nur *offen* gehandelt und Du kannst nicht läugnen, daß das *Wühlen*, dem Du so huldigst, schon an sich Geradheit ausschließt und die Kunstgriffe niedriger Hinterlist voraussetzt. Du zeigst Dich jetzt als Echo Deiner Partei, aber Du wirst es nicht bleiben…«[6] Fontane läßt sich von der geduldig-ausgleichenden Tonart Lepels nicht anstecken, sondern erwidert mit einem neuen Ausbruch: »Denk an Schweidnitz, denke an Mainz und die abgehackten Hände ertrinkender Knaben, — denk an die Scenen im kölnischen Rathhause, denk an die Schüsse die man gegen verwundete und geknebelte Gefangene richtete, denk' an den berühmten Transport nach Spandau, – an das herrliche Benehmen der Gardemänner gegen todesmuthige Freischärler und sage mir dann noch ‹Charakter und Bravheit stecken in der Armee wie nirgends›. Ja, Charakter steckt drin, aber welcher!« (24. September 1848) (Ha Br I/44) Mit gleicher gehässiger Heftigkeit hat Fontane nie wieder von der preußischen Armee gesprochen. Seine wuterfüllte Bemerkung gegen die Armee erklärt sich natürlich aus der allgemeinen Stimmung der revolutionär eingestellten Teile der Bevölkerung, deren Sprachrohr Fontane hier ist. Das Militär galt als feste, im Grunde uneinnehmbare Bastion im Kampf um die Macht in Berlin und im Staat. An der Königstreue der Truppen, an ihrer Entschlossenheit, sich dem König, der Monarchie zu opfern, zweifelte niemand. Diese völlig unangekränkelte, königstreue Armee war für die Revolutionäre eine ständige Herausforderung. Es ist daher nur zu verständlich, daß die Stimmung der Demonstranten (die ohnehin durch das rigorose Auftreten der Truppen an den Vortagen gereizt waren) und der Neugierigen während der nachmittäglichen Kundgebung auf dem Schloßplatz, bei deren Beginn man dem König noch zugejubelt hatte, umschlug, als die bis an die Schloßportale drängende und gedrängte Menge im Schloßhof der Soldaten gewahr wurde. »Die Soldaten fort!« und »Das Militär zurück!«: das waren die entscheidenden Parolen, die vieltausendstimmig weitergetragen wurden. An diesen Worten entzündete sich der revolutionäre Geist der Versammelten, womit der Rahmen einer bloßen Emeute gesprengt wurde. So begreiflich der Zorn auf die Truppen als die Garanten der königlichen Macht war, so verständlich ist andererseits die wütende Reaktion der Soldaten, die sich plötzlich dem Haß der Barrikaden bauenden Berliner ausgesetzt sahen, wobei eine ausschlaggebende Rolle spielte, daß die Soldaten wie ihre Offiziere und der König selber an einen Aufstand der Berliner zunächst nicht glaubten, sondern nur hauptstädtischem Gesindel und ausländischen Emissären gegenüberzustehen vermeinten. Die daraus entstehende Radikalisierung der Soldaten zeigte sich in der Härte der Kampfführung ebenso wie in der brutalen Gefangenenbehandlung. Daß der revolutionswillige Fontane zu einer gerechten Abwägung nicht in der Lage war und sich ganz unkritisch verhielt, zeigt der Brief an Lepel in aller Deutlichkeit.

Wenn wir sagten, daß sich Fontane nie wieder so gehässig über die Armee geäußert hat, so ist diese Feststellung alles andere als selbstverständlich, denn es folgt auf Fontanes militärkritische Äußerung ein Jahr, das im revolutionär gesonnenen Teil Deutschlands nicht dazu angetan war, Sympathien für Preußens Armee zu wecken, vielmehr wurden Haß und Abneigung geradezu provoziert. Im Mai war die preußische Armee beteiligt bei der Niederschlagung des Aufstands in Sachsen, und dann bekämpfte sie unter dem ›Kartätschenprinzen‹ die

Aufständischen in Baden. Wie lange sich die preußischen Militärgerichte mit der Aburteilung der in Baden Gefangenen befaßten, wie lange auch Erschießungen vorgenommen wurden, das alles läßt sich aus Dokumenten zur Zeitgeschichte entnehmen, man denke nur an die Tagebücher Varnhagens. Zu den in Baden standrechtlich Erschossenen gehörte auch Max Dortu, dem Fontane in ›Von Zwanzig bis Dreißig‹ ein Denkmal gesetzt hat (NFA 15/128; in den Anmerkungen dazu auf Seite 510 werden verschiedene Angaben Fontanes richtiggestellt). Die Aufregung, die Deutschland in jenen Tagen ergriff, war ungeheuer. Der Brief,[7] den Ludwig Uhland am 25. September 1849 an den Heidelberger Juristen Karl Mittermaier richtete, welcher der Führer des gemäßigten Teils der badischen Liberalen war, spiegelt etwas von dem allgemeinen Entsetzen wider, das durch das ganze liberale Deutschland ging. Nichts wäre natürlicher, als daß sich in den Briefen Fontanes an Lepel und Wolfsohn (die beiden wichtigsten Briefpartner in dieser Zeit) eine Fülle von Verwünschungen und Haßausbrüchen gegen die preußische Armee fände, denn schließlich waren es Fontanes politische Freunde, die in Baden besiegt und z. T. von den Preußen erschossen wurden bzw. ins Ausland flüchteten. Aber: Fontane bleibt stumm. Kein Wort der Verurteilung, kein heiliger Zorn, kein Racheschwur. Während die preußischen Truppen in Sachsen und Baden mehr oder weniger schnelle Triumphe erringen, schweigt Fontane. Er war mit Hilfe des Pastors Ferdinand Schultz als Apotheker, dem die Ausbildung zweier Diakonissinnen anvertraut wurde, im Krankenhaus Bethanien untergekommen.

Das war im Herbst 1848: »Das war eine ungeheure Freude. Auskömmliches Gehalt, freie Wohnung und Verpflegung, alles wurde mir geboten…« (NFA 15/360) Neben diesen Vorteilen fällt es kaum ins Gewicht, daß er »ein ganz klein wenig bedrückt« wurde dadurch, »daß mir vielleicht ein ›Singen in einem höheren Ton‹ dort zugemutet werden könnte. Sonderbarerweise aber hat es sich für mich immer so getroffen, daß ich unter Muckern, Orthodoxen und Pietisten, desgleichen auch unter Adligen von der junkerlichsten Observanz meine angenehmsten Tage verlebt habe. Jedenfalls keine unangenehmen.« (NFA 15/360)

Schultz war ein Freund der Mutter Fontanes. Von den exaltierten Gemütsaufwallungen ihres Sohnes konnte sie ebenso wenig erbaut sein wie Emilie. Unter Ausnutzung seiner schwächsten Stelle zog man also den Revolutionär aus dem Verkehr, indem man ihn wirtschaftlich sicherstellte. Eine plötzliche Änderung seiner politischen Gesinnung ließ sich damit natürlich nicht erreichen, aber man rechnete nicht falsch, wenn man hoffte, der Dichter würde sich in ein ruhigeres Fahrwasser zurückfinden und sich auch seiner dichterischen Berufung wieder stärker bewußt werden. Wie langsam sich die Umstellung vollzog, läßt sich aus seiner eigenen Erzählung entnehmen, wonach er anläßlich einer ›Tagung der äußersten Linken‹ den Plan gefaßt habe, Ferdinand Freiligrath bei sich in Bethanien – ohne Rücksicht auf den Geist des Hauses – unterzubringen: »Das Komitee war klüger als ich und begriff den Unsinn, einen blutroten Revolutionär – der

Freiligrath damals wenigstens war – ganz gemütlich in Bethanien einquartieren zu wollen. Was ich mir dabei gedacht, ist mir noch nachträglich ganz unerfindlich. Alles in allem ein Musterstück unzulässigster Poetennaivität.« (NFA 15/372) Auch im Briefwechsel mit Lepel finden sich Eruptionen im alten Stil, die nicht auf eine Abkehr von früheren Idealen schließen lassen: »Was die Vorgänge in der politischen Welt angeht, so wird mir's immer klarer, daß wir um die Guillotine nicht drum rumkommen; es muß erst aufgeräumt werden, eh es besser werden kann; die Köpfe, die zu hart sind, müssen fallen; die Pöbelherrschaft ist die Brücke, über die wir fort müssen. Ich ersehne sie nicht, ich rufe sie nicht, aber sie wird kommen, und wir Fortschrittsmänner, die's allezeit gut gemeint haben, und deren Ansichten auch zuletzt die geltenden und dauernden sein werden, wir Ärmsten werden inzwischen von den Septembriseurs als rothe Reaktionäre gehangen werden.« (Ha Br I/65f)

Wie unbekümmert Fontane mit seiner Vergangenheit gebrochen hatte oder doch glaubte, das überwunden zu haben, woran er seit Kindertagen gehangen hatte, wird aus einem seiner Aufsätze erkennbar, die er in der ›Berliner Zeitungshalle‹ am 31. August 1848 veröffentlichte. Dieser Artikel, ganz aus der ungeheuren Erregung der Zeit geboren, griff ein Wort Friedrich Wilhelms IV. auf, der am 21. März 1848 (vgl. NFA 19/830) erklärt hatte: »Preußen geht fortan in Deutschland auf.« Diesem Satz gab Fontane spielerisch eine andere Färbung, indem er, das Ende Preußens proklamierend, verkündet, daß Preußen – anders als Sachsen, Bayern und Schwaben, die eine Stammesgrundlage haben – ein Kunstgebilde sei ohne politische Zukunft: »Jeder andere Staat kann und mag in Deutschland aufgehen; Preußen muß darin *untergehen*.« (NFA 19/45)[8] Und was gerade sein Stolz gewesen und was er bald wieder in das Zentrum seines Denkens und Arbeitens stellen wird, die preußische Geschichte, er erklärt sie für belanglos: »Preußen war eine Lüge, das Licht der Wahrheit bricht an und gibt der Lüge den Tod. Mögen Tausende sich erheben und Preußen eine Wahrheit, mich aber einen Lügner nennen, mögen sie in Ermangelung eines andren Beweises das Paradepferd unserer glorreichen Geschichte reiten – ich antworte ihnen: das *jetzige* Preußen hat keine Geschichte. – Was gilt dem Schlesier die Schlacht bei Fehrbellin, was gilt ihm selbst der Siebenjährige Krieg mit seinem zweifelhaften Recht? Was gelten dem Sachsen, dem Rheinländer unsere Siege bei Dennewitz und Großbeeren? Sie fochten auf feindlicher Seite, als wir den Tempel unseres Ruhms mit Trophäen schmückten.« (NFA 19/45f) Ein merkwürdiger Text, mit dem hier der Tod Preußens verkündet und doch zugleich vom Tempel des Ruhms geredet wird, den sich Preußen durch seine großen Schlachten, die es für seine Befreiung schlug, errichtet hat. Spricht hier mehr der Stolz, daß dieses Land zu allem fähig ist, also auch zur Opferung seiner selbst um eines höheren Zweckes willen, oder spricht hier schon das Bewußtsein, daß da ein Opfer vorbereitet wird, das durch keinen noch so großen Zweck gerechtfertigt werden kann, weil nämlich dieses Preußen einen geheimnisvollen Kern besitzt, der es vitaler und lebensmächtiger, tatendurstiger und siegeswilliger macht, als es irgendein anderer Teil Deutschlands sein könnte, ein Kern, der mit der ihm innewohnenden Dynamik eher ganz Deutschland beseelen, als selber sinn- und nutzlos in ihm untergehen könnte. Selten hat Fontane pathetischer gesprochen als am Ende seines ersten Aufsatzes in der ›Berliner Zeitungshalle‹: »Preußen spricht so gern von seinen Opfern, die es der deutschen Sache gebracht habe; nun denn, so steh' es nicht an, auch das letzte, größte zu bringen. Betrachte es sich als ein Mann, und drücke es sich todesmutig die Speere ins Herz um der Größe des Vaterlandes willen. Ein Tod kann unsterblicher sein als ein ganzes Leben.« (NFA 19/46) So spricht keiner, der im Ernst und für immer seinem Vaterland den Rücken zukehrt. Vielmehr spürt man die unterschwelligen Kräfte, die sich hier zu Wort melden möchten, aber *noch* von einem revolutionären Willen gebändigt werden. Noch behält dieser Wille die Oberhand, aber es wird vernehmbar, wie rasch ein Umschlag erfolgen kann.[9]

Ganz Ähnliches läßt sich bemerken, wenn Fontane, der auf dem Wollboden der Neuen Königsstraße zum Wahlmann gemacht worden war, mit Begeisterung von den Wahlmännerversammlungen im Konzertsaal des Königlichen Schauspielhauses erzählt. Er rechnet »die Stunden, in denen diese Beratungen stattfanden, zu meinen allerglücklichsten.« (NFA 15/358) Auffallend ist, welche Redner ihm über beinahe ein halbes Jahrhundert hinweg im Gedächtnis geblieben sind. Es waren unter ihnen viele »Schwätzer und Nullen«, die er nicht nennen will. Erwähnt werden Jacob Grimm und der alte General Reyher: »So sprach einmal der alte General *Reyher* – Chef des Großen Generalstabes und Vorgänger Moltkes, welcher letztere sich später oft dankbar zu diesem seinen Lehrer bekannt hat – und legte ganz kurz ein politisches, mit Rücksicht auf die Dinge, zu deren Erledigung wir versammelt waren, völlig zweckloses Glaubensbekenntnis ab. Es machte aber doch einen großen Eindruck auf mich, einen alten würdigen General sich freimütig zu seinem König und zur Armee bekennen zu hören. Denn von derlei Dingen hörte man damals wenig.« (NFA 15/358f) Unmöglich kann Fontane damals auf der Seite des alten Generals gestanden haben, aber daß er gerade *seines* Auftretens mit Rührung und Ehrfurcht gedenkt, zeigt doch, was ihn auch in erregendster Zeit unterschwellig am tiefsten bewegte. Er verleugnet seine Betroffenheit auch nach Jahrzehnten nicht. Offensichtlich hielt er es nicht für einen Charaktermangel, daß ihm nicht die von der Revolution an die Oberfläche geschwemmten Tagesgrößen am lebhaftesten im Gedächtnis geblieben waren, sondern zwei bewährte Männer, deren Debattenbeiträge die Versammlung durchaus nicht förderten.

Fontanes Verhalten während der 1848er Revolution trägt also sehr merkwürdige Züge. Wer als Revolutionär angesichts bieder-ratloser Soldatengesichter von einer ein Leben lang anhaltenden Rührung überkommen wird, wer mitten in den Revolutionswirren bei der Gefangennahme eines alten Gardegenerals zuerst an dessen Alter und Würde denkt, dem stecken der Ordnungssinn, der Sinn für militärische Form und soldatische Haltung so tief im Blut, daß ihn nicht nur Zufälle von den Barrikaden fernhalten.

Im zeitigen Frühjahr 1849 traten indessen Ereignisse ein, die ihn für einige Zeit von allem revolutionären Treiben fernhielten. Es war ihm aus Dresden ein Aktenstück peinlichen Inhalts zugegangen: »Denke Dir: ›Enthüllungen No II‹; zum zweiten Male unglückseliger Vater eines illegitimen Sprößlings. Abgesehn von dem moralischen Katzenjammer, ruf' ich auch aus: ›Kann ich Dukaten aus der Erde stampfen usw.‹ Meine Kinder fressen mir die Haare vom Kopf, eh die Welt weiß, daß ich überhaupt welche habe. O horrible, o horrible, o most horrible! ruft Hamlets Geist, und ich mit ihm.« (Ha Br I/62) Er reagiert höchst frivol, spricht auch in einem der folgenden Briefe davon, daß er »eine unglaubliche Leistungsfähigkeit« zeige, »da wo sie füglicherweise zu entbehren wäre« (Ha Br I/67), und sieht sich in ungeheure Geldkalamitäten gestürzt, die ihn zu Korrespondenten- und Übersetzerdiensten zwingen. Eine Reise nach Dresden in dieser Zeit dürfte mit seiner Vaterschaft in Zusammenhang stehen und keinen politischen Grund haben. Diese Bedrängnisse ließen die künstlerische Produktion vorerst einmal versiegen und die politischen Leidenschaften in den Hintergrund treten: »Ich habe seit vier Wochen keine Zeile geschrieben; es ist Mannigfaches, was hemmend auf mich wirkt, doch haben die politischen Kämpfe und Wirren nur geringen Theil daran. Hypochondrische Anfälle, halb melancholisches Brüten halb leidenschaftliches Auffahren, gewinnen immer mehr Macht über mich, so daß ich mitunter überhaupt an mir verzweifle, und an dem Poëten nun schon ganz unbedingt.« (Ha Br I/66)[10] Betrachtet man das Gedicht, das er am Karfreitag 1849 an die ahnungslose Emilie richtet (vgl. Ha Br I/67), kann man, schon der verwendeten Bildersprache wegen, sich gewisser Bedenken nicht erwehren. Um so verständlicher wird sein Verlangen, seine eigenen intensiven Wünsche in einem normalen ehelichen Leben zu kanalisieren: »Ich komme erst wieder zu mir, wenn ich verheirathet bin. Theils ist mir die Liebe eines Weibes wahrhaftiges Bedürfniß für Leib und Seele, theils muß ich der Frage überhoben sein, die ich aus Liebe zu meiner Braut, tagtäglich an mich richte: nun, wie lange dauert's noch? Nimmt dies Warten kein Ende? … Ein Mädchen verlobt sich doch nicht, um eine altjüngferliche Braut zu werden… Ich hätte in der That nicht den Muth auf ein halb Jahr in die weite Welt zu gehn und Stoffe zu sammeln, während das Mädchen, das ich zu lieben vorgebe, das vierte Jahr schwinden sieht ohne dem Ziele näher zu sein wie am ersten Tage. Man muß dann wenigstens gemeinschaftlich tragen; aber zu lachen und Terzinen zu baun, während ein liebendes Herz weint und bricht, das geht nicht.« (Ha Br I/66) Beredter kann man die Zwangslage, in die er sich gebracht hat, nicht schildern. Kein Wunder jedenfalls, daß das Bethanienjahr, das Fontane mit so großen Hoffnungen hinsichtlich seiner künstlerischen Produktion begonnen hatte, ziemlich fruchtlos zu Ende geht. Obwohl der Alkohol gelegentlich Hilfestellung leistet (Ha Br I/63), wird Fontane in diesen Monaten ein Hypochonder, der Lepels Trost benötigt: »Schon wieder Hypochonder? Wer sollte meinen, wenn er irgend eines Deiner frischen Gedichte kennt, daß ihr Verfasser der Hypochondrie fähig sei; ja, wer sollt es meinen, wenn er nur Dein feuriges Auge und Dein dunkles fantastisch ungeordnetes Haar sieht? Auch bist Du's eigentlich nicht; nur hast Du die Manie, es Dir einzubilden, und *wirst* es dadurch. Obwohl ich keineswegs der Mann bin, einen Hypochonder zu heilen, so warst Du es doch nie in meiner Gesellschaft; ich glaube daher, es wäre Dir ganz dienlich, mehr mit mir zu verkehren.« (13. April 1849)[11] Selbst das äußerste Mittel wird in diesem Zeitraum mit einer später nie wiederkehrenden Entschlossenheit ins Auge gefaßt, die Auswanderung nach Amerika: »Dich, mein lieber Lepel, werd' ich nun wohl bald zum letzten Male gesehn haben, und der ersten Aufführung Deines eisernen Friedrich auf der Königl. Hofbühne, dürfte ich schwerlich beiwohnen können. In spätestens acht Wochen denk' ich auf dem Wege nach New-York zu sein… Ich will deshalb mein Glück suchen, find' ich's nicht, so hab' ich wenigstens das Meine gethan. Vor einigen Wochen schrieb ich Dir, meiner Braut halber, würd' ich eine Reise nach Italien ausschlagen; jetzt komm ich in die sonderbare Lage, um meiner Braut willen, aus Liebe zu ihr, den Mississippi besuchen zu wollen. Der Hang nach einem eignen Herde, nach Leid und Freud des Familienlebens, ist es was mich über den Ocean treibt.« (Ha Br I/70) Er stachelt aber mit seinen Herzensergießungen Lepel nur an einzuräumen, daß die Ehe keine Probleme löst, sondern nur neue schafft: »Aber wenn der Trieb nach eigenem Heerd und Familienleben in ihnen so groß ist, daß er mit dem Gesellschaftstrieb identisch wird, wenn sie alle großartigen Entschlüsse aufgeben können, nur um als Besitzer eines Kramladens mit *ihr* ungestört am Mississippi Kinder erzeugen und erziehen zu können – dann kann ich, der ich einen Heerd habe, nur ausrufen: das verfluchte Heirathen ist das Unglück der Welt. Du siehst welches Vertrauen ich zu Dir habe, indem ich Dir unumwunden meine Begeisterungslosigkeit für Dein Vorhaben, ja meine Epistel *dagegen* lese; Vertrauen sag' ich, denn Du wirst finden, daß ich nur Geringes gesagt habe, welches mich nur compromittiren könnte, statt irgend einen Eindruck auf Dich zu machen«. (17. Mai 1849)[12] Zugleich aber macht Lepels Brief erkennbar, daß sich in Fontane offenkundig auch politisch eine Änderung vollzogen hat, daß er seine radikalste Periode hinter sich hat, denn Lepel redet in demselben Brief von seinen »früheren Invektiven gegen Deinen früheren Republikanismus«. Offensichtlich hat Fontane Standpunkte revidiert, ist unsicher und schwankend geworden. Ziemlich gelassen läßt Lepel den Freund gewähren und kommt nur noch einmal spöttisch auf Fontanes Wunsch nach einem Muskedonner zurück: »Willst Du nicht meinen Muskedonner haben, um nach Heidelberg zu gehn? Das Schloß ist entzwei (an meinem Muskedonner nehmlich, nicht das Heidelberger) ich will es Dir machen lassen. Vielleicht befreist Du Mannheim damit.« (21. Juni 1849)[13] Man spürt, daß Lepel an wirklich revolutionäre Aktivitäten Fontanes nicht mehr glaubt. Mittlerweile beginnt Fontane im Juni wieder mit der Arbeit an seiner Tragödie, der Schock des Frühjahrs ist abgeklungen. Über die Revolutionskämpfe in Baden fällt kein Wort, bis Fontane in einem Brief vom September (Ha Br I/83) die höchst merkwürdige Wendung gebraucht: »Die Freude, die ich jetzt bei der Arbeit habe, kann ich Dir gar nicht beschreiben. Ich fühle mich jetzt wie ein Schachspieler, der mit seinem Gegner lange in hartem, heißem Kampf lag; jetzt mit einem mal übersieht er das ganze Spiel: den Springer hier – den Läufer dorthin, matt... Es ist mit meinem Trauerspiel wie mit der Festung Rastatt: der Erfolg ist nur eine Frage der Zeit.« Die Lage von Rastatt war ein Problem des Juli gewesen. Damals war davon gesprochen worden, daß die Übergabe der Festung nur noch eine Frage der Zeit sei. Der »Erfolg«, von dem Fontane hier spricht, war die Kapitulation der Aufständischen, der Sieg der preußischen Armee. Ist Fontane ein Opfer der Sprachregelung der Berliner Presse, oder ist er im Begriff, die Seiten zu wechseln? Wie sich auch seine politische Gesinnung gestaltet haben mag, nur ein Vierteljahr später legt er unumwunden ein Zeugnis davon ab, daß ihm die Armee so nahe steht wie nur je.[14]

Als ihm die ›Dresdner Zeitung‹ im Dezember 1849 seinen Artikel ›Preußen – ein Militär- oder Polizeistaat?‹ zurückschickt wegen »durchgehend altpreußischer Gesinnung«, kommt es in einem Brief an Wolfsohn zu einer heftigen Gegenattacke Fontanes: »Ich bin nun mal Preuße und freue mich, es zu sein... Unseren par force Demokraten zu Gefallen aber mein Vaterland zu schmähen und zu verkleinern, blos um nachher eine vollständige Schweinewirthschaft und in dem republikanischen Flicken-Lappen, Deutschland genannt, noch lange nicht so viel *deutsche* Kraft und Tüchtigkeit zu haben wie jetzt in dem alleinigen Preußen, – um diese Herrlichkeit zu erzielen, mag und werde ich Preußen nicht in den Dreck treten.« (Ha Br I/100) Bekanntlich verurteilt Fontanes Artikel entschieden die preußischen Polizeimethoden, weist aber den Gedanken zurück, daß ein Militärstaat die schlimmste Form eines Polizeistaats sei. Fontane hebt vielmehr an, dem »Militärstaat ein Loblied zu singen«, und will ihn gegen die Anschauung schützen, »als sei er der zu erwartende Höhepunkt unseres gegenwärtigen Jammers. Der Alte Fritz und die Zieten und Seydlitze müßten sich im Grabe umdrehen, wenn mit ihnen und ihrer Zeit in Wahrheit so Spott getrieben werden sollte.« (NFA 19/71) Hier wird der preußischen Armee offen eine bedeutsame Kontinuität zugesprochen. Würde sich nämlich der gegenwärtige Polizeistaat in den alten preußischen Militärstaat zurückverwandeln, wäre alle Kritik hinfällig. Was vom 18. Jahrhundert gilt: »Preußen war Preußen durch seine Armee, nicht durch seinen Wohlstand und Ackerbau« (NFA 19/72), das könnte auch vom 19. gelten. Der Zustand wäre nicht ideal, denn der »Militärstaat ist freilich auch nicht das Ideal einer Staatsform« (NFA 19/71), aber er überträfe die Gegenwart bei weitem. Wenn Seydlitz mit seinem Offizierkorps auf dem Görlitzer Marktplatz Schießübungen veranstaltet, so sind das bei Fontane »die lustigen Streiche großer Männer«, die Gegenwart aber zeigt »die nackten durch nichts entschuldigten Unverschämtheiten einer ebenso ruhm- wie rücksichtslosen Polizei.« (NFA 19/74)

Die Betrachtung der politischen Lage der Berliner zeigt, wovon Fontane spricht. Nach dem Einmarsch der preußischen Armee in Berlin, am 10. November 1848, unter dem Generalfeldmarschall Wrangel, hatten die Truppen die Verantwortung für die Wiederherstellung von Ruhe und Ordnung in Berlin übernommen. Unter den gegebenen Umständen wäre es nur zu begreiflich gewesen, wenn sich die öffentliche Meinung, soweit sie sich überhaupt noch äußern konnte, gegen Wrangel und die Armee gerichtet hätte. Aber Wrangel war ein geschickter Taktiker und seiner volkstümlichen Art wegen bei den Berlinern nicht unbeliebt. (Eine Anekdote berichet, daß er beim Einmarsch in Berlin, als die Demokraten gedroht hatten, für diesen Fall Rache an seiner Frau zu nehmen, zu seinem Adjutanten sagte :»Es soll mir wundern, ob sie ihr hängen werden.‹ Dieser Art von Charme konnte kein Berliner widerstehen![15]) Er verstand es, die Armee im Hintergrund zu halten, während die Polizei unter dem den Demokraten verhaßten Polizeipräsidenten von Hinckeldey die Verfolgung des politischen Gegners zu übernehmen hatte. In den Einleitungskapiteln zu ›Der Schleswig-Holsteinische Krieg 1864‹ (Wrangel kommandierte bei Kriegsausbruch die preußisch-österreichischen Truppen, wurde aber bald abgelöst, weil er der Aufgabe – 80jährig – nicht mehr gewachsen war) charakterisiert Fontane das Verhalten des Generalfeldmarschalls während der Revolution in angemessener Weise: »Sein Benehmen in jenen historisch gewordenen Tagen war fest, klug, taktvoll, getragen, auch unter den schwierigsten Verhältnissen, von jenem Humor, der ihn alsbald zu einer volksthümlichen Erscheinung machte.« (SHK/45)

Die Armee bot also ein Bild, das sich stark von dem unterschied, das Fontane in seinem Brief vom 24. September 1848 an Lepel entworfen hatte. Ihr Verhalten gab so wenig Anstoß, daß Fontane sie wieder unter freundlicheren Vorzeichen in sein Weltbild einzubauen begann. Noch konnte er sich freilich nicht vorstellen, daß Menschen, denen ein guter und gesunder Menschenverstand eignet, der Reaktion dienen können. So heißt es folgerichtig in einer seiner Korrespondenzen an die Dresdner Zeitung, die er weiterführte, weil es eine seiner wenigen sicheren (die einzige?) Geldquellen war, über die er verfügte: »Die pommerschen Regimenter unserer preußischen Armee sind noch unangreifbar in ihrer Dummheit, von der man die armen Kerle glauben macht, es sei eigentlich nicht Dummheit, sondern Treue. Von alledem, was das Volk erregt und bewegt, lebt nichts in den Herzen dieser modernsten Lanzenknechte; sie heißen ein Volksheer und sind doch nur Söldner, sie kennen nur ein Gebot – den Gehorsam. Wäre es möglich, daß sich die Intelligenz des französischen Volkes jemals in seiner Armee verleugnete, die rohe Gewalt, die militärische Disziplin würde dort dieselben Triumphe feiern, wie wir sie hierzulande, im Falle eines voreiligen Konfliktes, mit Wahrscheinlichkeit zu erwarten hätten. Dienstfertige Fäuste leisten nicht *alles* in der Welt, aber sie leisten *viel*.« (NFA 19/103) Wir werden später sehen, daß er auch bei anderer Gelegenheit Dummheit für vermeintliches oder wirkliches Versagen verantwortlich macht.

Daß er davon abgekommen war, die fragwürdige Gesinnung der Truppen gegen die Heldenmoral der bürgerlichen Märzhelden auszuspielen, zeigt die Korrespondenz vom 19. März 1849, in der er zwar darüber klagt, daß es den Berlinern verboten worden war, die Gräber der Märzgefallenen zu schmücken, während die Gräber der damals gefallenen Soldaten »mit Kränzen wahrhaft überdeckt« waren, aber er argumentiert doch nun sehr vorsichtig: »Es sei ferne von mir, die Ausschmückung dieser Soldatengräber mit kläglich-lieblosem Witze verfolgen zu wollen, aber das Sprichwort sagt: ›Was dem einen recht ist, das ist dem andern billig‹«. (NFA 19/107) Im übrigen zeigen Fontanes Berliner Korrespondenzen vor allem zweierlei: er hat verstanden, daß von Preußen eine neue Revolution nicht ausgehen wird. Der erste Schuß, der muß in Frankreich fallen, wenn sich in Deutschland politisch etwas bewegen soll: »Die *Gleichgültigkeit* gegen die politische Bedeutsamkeit und Reife unseres Volkes ist für immer dahin, bestimmte Ziele werden bestimmt verfolgt, nur die Überzeugung lebt in jeder Brust, daß *woanders* der erste Schuß fallen wird und muß, der, die Lawine loslösend, die alten Gewalten unter den Schneesturz begraben und die neue Zeit endlich ins Leben rufen wird.« (NFA 19/106) Und außerdem: entscheidend wäre, daß an der Spitze Preußens Politiker stünden, die zu handeln wüßten. Eine Klage also, die wir bereits aus der Lyrik der vierziger Jahre kennen und bei der sich nun deutlicher denn je zeigt, daß Fontane, wenn schon im Innern außer »zudringlicher Polizeiquälerei« (NFA 19/109) sich nichts rührt, wenigstens nach außen kühne und entschlossene Taten verlangt. Wenige Monate vor seiner Abreise nach Schleswig-Holstein schreibt er nach Dresden: »Kann es etwas Kläglicheres geben wie die Rolle, die Preußen nun fast zwei Jahre lang in Schleswig-Holstein spielt! Das Recht der Herzogtümer ist klar, der Wunsch und Wille der ganzen Bevölkerung hat hundertfach seinen Ausdruck gefunden, Preußen selbst hat, freilich in einer Zeit anderer politischer Grundsätze, Gut und Blut seiner Söhne an das unverkennbare Recht eines deutschen Bruderstammes gesetzt – und nun?! Abwechselnd die blasse Furcht vor England und Rußland erzeugt ein Schwanken, eine Fülle halber, nach allen Seiten hin verletzender Maßregeln, die, feig und unklug zugleich, wahrlich nicht geeignet sind, am Köder ›Nationalstolz‹ die verlorene Volksgunst einzufangen. Unserer Diplomatie fehlt es an Gewandtheit, unserer Regierung an Mut und … Selbstbewußtsein…« (NFA 19/110) Und das wird nicht nur gesagt in der Hoffnung, daß die anderen angesichts der preußischen Entschlossenheit die Segel streichen, sondern die Möglichkeit eines großen Krieges wird in Fontanes Denken selbstverständlich einkalkuliert: »Kaum beginnt England zu denken ›laissez faire‹ und findet es begreiflich und angemessen, *daß deutsch sein will, was nun einmal deutsch ist*, da tauchen russische Noten auf, die nichts von einem Weitergreifen Deutschlands wissen wollen und die Beteiligung Preußens bei Feststellung des guten Rechtes der Herzogtümer zu einem Casus belli machen. – Gut, es sei ein *Casus belli*! Wäre Schlesien je unser geworden, wenn zur Zeit des Großen Friedrich immer und ewig die Furcht das

Zepter zitternd in Händen gehalten hätte? Zeigen wir, daß wir den Krieg nicht fürchten und am allerwenigsten den Krieg mit jenem ungeschlachten, nachbarlichen Koloß, so gerade vermeiden wir ihn... Will Rußland aber den Kampf, könnte es ihn so *gewiß* wollen, wie es ihn *nicht* will, wohlan, so nehme man den Handschuh auf. ... der endliche Sieg könnte so wenig zweifelhaft sein, wie in der Weltgeschichte noch immer der Macht der Idee die rohe Gewalt unterliegen mußte.« (NFA 19/110f) Vor allem der Hinweis auf Friedrich den Großen verdeutlicht, welche Politik er von einem preußischen Staatsmann erwartete und daß es kein Zufall ist, wenn wir ihn unter Wilhelm I. während der Reichsgründung ganz auf Bismarcks Seite sehen.

Noch dreieinhalb Jahrzehnte später überkommt ihn in einer Theaterkritik der Unmut, wenn er an den »stupiden Halbliberalismus« jener Epoche denkt, der »als Paragraph 1 in seinen Kodex eingetragen hatte: ›Jeder Minister ist aus Borneo‹, was in den vierziger Jahren eine beliebte und beinah auch eine geglaubte Witzwendung war. Nach diesem Paragraphen ist denn auch von seiten Hackländers dieser Graf Schönmark geschaffen, von dem wir im ersten Akt erfahren, daß er ›Minister des Auswärtigen‹ werden *will*, und in betreff dessen wir das Haus mit dem Hochgefühl verlassen dürfen, daß er's in der letzten Szene geworden ist. Gesegnet das deutsche Land..., dessen Weltbeziehungen damals durch *diesen* Illustrissimus geleitet worden sind. Alles noch abgrundtief *unter* Bundestag! Draußen auf Platz und Straßen aber sah es schon aus nach Vorbereitung für den ›Ersten April‹ (Bismarcks Geburtstag), und man konnte Gott inbrünstig danken, an Stelle solcher *Hackländerschen* Minister des Auswärtigen jetzt *andere* zu haben.« (NFA 22/2/360f) Noch über Jahrzehnte hinweg gilt Fontanes Verdrossenheit der faden Unbedeutendheit jener Minister, die er am Beispiel des Grafen Schönmark (aus Hackländers ›Magnetische Kuren‹, 1853) als »an der Grenze der Imbezilität« stehend charakterisiert.

Wie radikal Fontane in diesen Korrespondenzen auch auftritt (und man darf ihm glauben, daß Verstellung und Heuchelei dazu nicht nötig waren), so unverkennbar ist, daß er »ein zu verstockter Preuße« ist (NFA 19/83), als daß er preußische Interessen je preisgeben könnte. Das alte Märkertum liegt ihm so sehr im Blut, daß er einräumt, »in schwachen Stunden von ... patriotisch-raubgierigen Gelüsten heimgesucht zu werden« (NFA 19/83), dergestalt, daß er sich »das Aufgehen aller kleineren deutschen Staaten in Preußen als segensreiche, unmittelbare Folge« eines preußischen Triumphs in Erfurt wünscht.(NFA 19/83) Sein Aufbruch nach Schleswig-Holstein ist insofern zu verstehen als Protest gegen die amtliche preußische Politik, die ihm nicht kämpferisch, nicht kriegerisch, kurz, nicht preußisch-patriotisch genug ist. Es bedurfte nur geringer Akzentverschiebungen, um aus dem leidenschaftlichen Republikaner, der den 19. März 1848 als die Stunde Null des preußischen Staats- und Verfassungsleben ansehen wollte (Ha Br I/56), den altpreußischen Patrioten hervortreten zu lassen, denn der war in Fontane, widerspruchsvoll genug, immer zugleich vorhanden,[16] wenngleich er ihn, wie seine Beiträge für die Berliner Zeitungshalle beweisen, in Augenblicken hell auflodernder Empörung vergessen konnte. Die von den Dresdnern wegen durchgehend altpreußischer Gesinnung nicht gedruckte Korrespondenz mit dem dazugehörenden Brief an Wolfsohn vom 11. Dezember 1849 markiert deutlich die Rückkehr Fontanes zu seinem alten Preußenverständnis, für das die Schlachten von Fehrbellin, Dennewitz und Großbeeren eine wichtigere Rolle spielen als revolutionäre Tagesereignisse. Fontanes Geschichtsverständnis ist – beinahe – an seinen Ausgangspunkt zurückgekehrt. Ein Satz in der von der Dresdner Zeitung abgewiesenen Korrespondenz ersetzt viele Kommentare: »Eine einzige gewonnene Schlacht wirkt mehr als eine alexandrinische Bibliothek voll Parlamentsreden.« (NFA 19/71) Einprägsamer läßt sich die militärische Tat vom parlamentarischen Wort nicht abgrenzen. Nirgends wird in den Korrespondenzen und Briefen der Zeit eindrucksvoller erkennbar, was Fontane vorzieht.

Noch auf Jahrzehnte wird der Militärstaat für ihn seinen kriegerischen Glanz behalten. Für ihn sind es Gipfelpunkte in der Geschichte eines Volkes, wenn die gemeinsame Anstrengung den Staat zum Militärstaat verwandelt, ohne daß sich den Bürgern der Gedanke aufdrängt, einem Militärstaat dienstbar zu sein: »wenn die Knaben aus der Schule ins Feld ziehen, wenn Witwen ihren ersparten Groschen zur Kriegskasse tragen, wenn es keinen Bauer und keinen Bürger mehr gibt, wenn alles zur Waffe greift und das ganze Volk wie *ein Soldat* dasteht, dann spricht man von begeisterter nationaler Erhebung, von Kampf und Tod fürs Vaterland, aber das Wort *Militärstaat* kommt über keines Lippe.« (NFA 19/71f) Und doch sind es diese Augenblicke der patriotischen Selbstvergessenheit des einzelnen, die den Militärstaat konstituieren. Erstaunlicherweise verteidigt Fontane im Falle Preußens den Militärstaat auch dann noch, wenn er, obwohl im Kriege begründet und eigentlich nur durch den Krieg gerechtfertigt, auch im Frieden den Zustand festhält, dem er seine Größe verdankt: »Blicken wir speziell auf Preußen, und zwar auf die Jahre sowohl unmittelbar nach dem Siebenjährigen als auch nach dem sogenannten Befreiungskriege, so haben wir es nunmehr leicht, Parallelen zu ziehen zwischen dem Militärstaat der Vergangenheit und dem Polizeistaat der Gegenwart. Wie stand es in den siebziger Jahren des vorigen Jahrhunderts hierzulande? Ja! Da blühte der Militärstaat. Fehlte es an Geld, Kirchen zu bauen, so war es für Kasernen doch zweifellos vorhanden. Fehlte es an Menschen, den Acker zu bestellen, so durfte die Rekrutierung doch nie darunter leiden. Preußen war Preußen durch seine Armee, nicht durch seinen Wohlstand und Ackerbau. Es war die Zeit, wo der Große König die Rangordnung in seinen Landen dahin feststellte: ›Der älteste Geheime Rat *hinter* dem jüngsten Fähnrich.‹ (NFA 19/72f) Diese Sätze leben nicht etwa von einem kritischen Unterton, sondern von beinahe vorbehaltloser Zustimmung. Wer wollte es den Dresdner Demokraten verargen, daß sie diese Korrespondenz unterdrückten? Der Artikel endet zwar mit einer Kritik am Preußen der Gegenwart, in der der Polizeistaat die »Armee zu Polizeiknechten« degradiert (NFA 19/74), aber er endet nicht mit einer Absage an den »militärisch organisierten Rechtsstaat«, sondern mit dessen Lobpreis. Im übrigen hat Fontane den Dresdnern die Verweigerung auch nicht verübelt, aber er hatte begriffen, daß sein Zusammengehen mit der Zeitung »nur ein flüchtiges sein kann«, weil »gerade das, was mich am meisten erwärmt und erhebt, von ihr verworfen werden muß« (an Wolfsohn, 11. Dezember 1849). (Ha Br I/100)

Hinzuzufügen bleibt, daß Fontane während der Revolutionsjahre mit seiner unsicher-zwiespältigen Haltung der Armee gegenüber nicht allein steht. Im Herzen der Preußen lag selbst in den Tagen einer überschäumenden Empörung wegen des brutalen Vorgehens der Offiziere und Soldaten in den Berliner Revolutionstagen immer auch ein rudimentäres Bewußtsein davon, daß Preußen ohne diese Armee nicht länger mehr Preußen sein könne. Und wie weit die Identifikation mit der Truppe gehen konnte, stellt Gordon A. Craig dar, wenn er von der Reaktion der Berliner auf die Ankündigung des Frankfurter Parlaments berichtet, daß Erzherzog Johann als Reichsverweser das Kommando über alle deutschen, also auch die preußischen Truppen übernommen habe. Oberstleutnant von Griesheim (einer der Wortführer der militärischen Reaktion) polemisierte gegen diese Deklaration in aller Heftigkeit in einem Flugblatt ›Die deutsche Zentralgewalt und die preußische Armee‹. Daß in preußischen Augen die formale Übernahme des Oberbefehls nur als unerhörte Provokation empfunden werden konnte – obwohl das natürlich der richtige Weg war, die Frankfurter Ideen in Deutschland durchzusetzen –, und dies von allen patriotischen Preußen, wird an der Erregung in Berlin sichtbar. Zwar verlangte »ein Mitglied der preußischen Nationalversammlung«, Griesheim »wegen Hochverrats und Anstiftung zum Aufruhr zu verhaften. Aber nichtsdestoweniger wurden seine Argumente von allen Schichten der Bevölkerung begeistert aufgenommen und von Zeitungen verschiedenster politischer Färbung aufgegriffen, und Griesheim und seine Kollegen waren wohl zweifellos weitgehend dafür verantwortlich, daß der Beschluß der preußischen Regierung, dem Frankfurter Rundschreiben nicht Folge zu leisten, allgemein gebilligt wurde.«[17] Ein überzeugendes Beispiel dafür, wie wenig die öffentliche Meinung in Preußen noch bereit war, die Verfügungsgewalt über die Armee aus der Hand zu geben. Es hätte dazu der unnachgiebigen Haltung Friedrich Wilhelms IV. gar nicht bedurft. Fontane war also eingebunden in weit verbreitete Empfindungen.

Die Armee hat nach kurzer Irritation den Rang zurückgewonnen, den sie seit Kindertagen bei ihm besaß. Und wie vollkommen er seine Vorbehalte gegen sie vorerst aufgegeben hat, verdeutlicht sein Brief an Friedrich Witte vom 13. November 1850, wo es im Augenblick einer sich zuspitzenden außenpolitischen Krise heißt: »Der Krieg ist vor der Tür. Tausende glauben immer noch nicht daran; ich aber – wenn Österreich nicht nachgibt – bezweifle es nicht länger. Lepel tritt wieder ein, und zwar ins Franzregiment. Sobald der Krieg wirklich und ernstlich da ist, melde ich mich auch wieder – das steht fest.« (Ha Br I/135f)

Ein anderer Umstand verdient es, erwähnt und berücksichtigt zu werden. Der heutige Betrachter, als Kind seiner Zeit, ist geneigt, einen Staat, der so kurz vor dem Ausbruch einer Revolution steht, als ein morsches, verfallendes Gemeinwesen anzusehen. Was der Zeitgenosse spontan miterlebt, gewinnt für den Nachbetrachter Züge der Zwangsläufigkeit. Der Beurteiler revolutionärer Ausbrüche meint, in allen Erscheinungen des öffentlichen Lebens ausschließlich nach Spuren suchen zu müssen, die auf die von ihm schon gekannte Zukunft hindeuten. Vor allem eine Geschichtsbetrachtung, die in allen revolutionären Umbrüchen sinngebende Entwicklungsschübe erkennt, wird dazu tendieren, alles Voraufgehende als Krankheitssymptom zu diagnostizieren. Es unterbleibt dabei meist die Untersuchung der Gesamtverfassung des angekränkelten Staatswesens. Welche Energiereserven trug es in sich? Welche Vitalität steckte noch in der scheinbar dem Untergang geweihten Form? Friedrich Meinecke kommt fast beiläufig zu einem Urteil, das gerade die Fontane-Forschung überraschen muß. In seiner Arbeit ›Boyen und Roon‹ schreibt er bereits 1895: »Das preußische Staatswesen war trotz der noch ungelösten Verfassungsfrage doch so weit schon reformiert und überhaupt so voll gesunden Lebens in seinen Adern, daß solche, deren Denkweise nicht gerade zum Radikalismus neigte, sich wohl zufrieden in ihm fühlen konnten. Man bemerkt an vielen Gliedern des damals heranwachsenden Geschlechts, die später eine Rolle gespielt haben, eine große Frische und Elastizität auch noch in höheren Lebensjahren, eine Fähigkeit, gewissermaßen noch umzulernen für neue Aufgaben, überhaupt eine aufgesparte Kraft.«[18] Die Lage Preußens in den Vortagen der Revolution wird hier mit einem erstaunlichen Gespür für das Unaufdringliche analysiert. Natürlich spielt auch dabei das Bewußtsein des Historikers, der ›Bismarck ante portas‹ sieht, eine Rolle. Schließlich konnte Bismarck nicht mit den Kräften eines todgeweihten Staats eine Entwicklung einleiten, die ein ganzes Jahrhundert in ihren Bann schlug. Aber es hieße Meinecke unterschätzen, wollte man ihm unterstellen, daß er ex post facto schreibe, denn gerade seine Arbeiten über Boyen sind es ja, die ihn instand setzten, die Kräfteverhältnisse in Preußen um die Mitte des Jahrhunderts angemessen einzuschätzen. Und die von uns zitierte Bemerkung macht erkennbar, wie sehr Fontane nicht nur in seiner Zeit stand, sondern in seinem Denken und Fühlen die in Preußen herrschenden Kräfte in sich verkörperte. Obwohl er zum politischen Radikalismus neigte, lebte doch so viel preußische Substanz in ihm, daß er sich während dreier Jahrzehnte mit weit mehr Ernsthaftigkeit dem politischen Konservatismus zuwenden konnte als zuvor dem radikalen Liberalismus.

Im übrigen bleibt noch darauf hinzuweisen, wie rasch sich Fontane von seiner 1848/49 vertretenen Haltung löst. Ein harsches Zwischenurteil über die Revolution findet sich in dem Kapitel ›Long Acre 27‹ aus ›Ein Sommer in London‹ von 1854. Man liest es mit gemischten Gefühlen. Fontanes eigene Revolutionsbegeisterung liegt nur vier Jahre zurück, als er sich durch einen Zufall gezwungen sieht, sich mit deutschen Revolutionären im Exil in einem Londoner Haus für einige

Tage zu arrangieren. Es handelt sich um eine seiner wenigen Entgleisungen als Schriftsteller, wenn er von den Exilanten als einem »Abhub« spricht und ihr Tun als »Jammertreiben« bezeichnet, das keine deutsche Regierung zu schrecken brauche. (NFA 17/17) Er nennt das »Ganze ... widerlich und lächerlich zugleich«, und seine früheren Parteifreunde sind ihm nichts als »verkommene Gestalten«. Zwar lobt er die Fairneß, mit der er in dem Hause behandelt wurde, als er seine altpreußische Gesinnung zu erkennen gab, aber dies erschwert eher das Verständnis für seine Kritik. Daß er sich seiner »Loyalität« berühmt (NFA 17/14), unterstützt indessen die These, daß die 48er Revolution seine Entwicklung hin zum Konservativen nur kurzfristig unterbrochen habe. Auch läßt die rasche öffentliche Verleugnung der eigenen Vergangenheit den Schluß zu, daß er während der Revolutionstage in Berlin wirklich kaum hervorgetreten sein kann, hätte er doch sonst für seine Auslassungen mit öffentlichen Hinweisen auf seine Rolle im März 1848 rechnen müssen.

4. Kapitel

Fontanes Kriegserfahrungen in England

Wenn man erklären will, was der England-Aufenthalt für Fontane im Zusammenhang mit dem hier verfolgten Thema bedeutet, so muß vor allem daran erinnert werden, daß sich England im Kriege befand, als Fontane dort seinen Wohnsitz nahm. Des Krimkriegs wegen hatte sich die preußische Regierung ja auch überhaupt erst entschlossen, einen preußischen Journalisten in amtlichem Auftrag nach England zu senden, um die dortige öffentliche Meinung zu beeinflussen, da diese wegen der preußischen Neutralität im Konflikt der übrigen Großmächte ausgesprochen antipreußisch war. Daß Fontane unter diesen Umständen dem Kriegsverlauf mit gespanntester Aufmerksamkeit folgte (wie ja alles Kriegerische ohnehin auf sein Interesse rechnen konnte), versteht sich von selbst. Er wandte sich dem Kriegsgeschehen mit professioneller Gewissenhaftigkeit zu. Schon der erste Brief, den er, halb amtlich, halb privat, an seinen Berliner Vorgesetzten Dr. Metzel schreibt, ist in dieser Hinsicht voller Beobachtungen: »*England führt Krieg* und dieser Krieg ist es, an den man auf Schritt und Tritt erinnert wird... Es wimmelt hier nämlich von neugeworbenen Soldaten, und ich habe bereits Gelegenheit gehabt, die englische *Linien*-Infanterie in nächster Nähe kennenzulernen.« Diese Begegnungen rufen Erinnerungen wach: »Sonst hatt' ich, als ehemaliger Kaiser-Franz-Grenadier, mit geheimem Neide auf die schottischen Füsiliere, die Coldstream-Garden und vor allem auf die prächtigen Life- und Horse-Guards geblickt, wenn sie in Pracht und Glanz an mir vorüberzogen, und ich hatte dabei das bittre Gefühl nicht loswerden können, daß diese verd... Englishmen doch schöner und muskulöser und martialischer seien als die 15 pommersch-brandenburgischen Grenadiere, die ich selber 'mal kommandiert habe.« (NFA 17/535) Es erheitert zu hören, wie Fontane, dessen Dienstzeit unter einem so glücklichen Stern gestanden hat, doch den Ehrgeiz kultiviert, wenn schon, dann in der besten Armee der Welt gedient zu haben. Ein bemerkenswertes Beispiel dafür, wie der Dienst in der Truppe das Zusammengehörigkeitsgefühl oder doch wenigstens das Gefühl der Zugehörigkeit stärkt.[1] Sein Gefühl von Neid und Eifersucht den englischen Soldaten gegenüber verwandelt sich jedoch ziemlich rasch, denn »schmutzig-rote Uniformen, fippig, schäbig, geschmacklos«, beruhigen ihn alsbald. Ganz ließ sich Fontane vom Schein also nicht blenden, wenn er auch nicht wirklich hinter die Kulissen geblickt hat. Er beschreibt zwar einen Besuch bei englischen Werbern in einer Londoner Kaschemme, was allein schon zugereicht haben müßte, seine Augen zu öffnen (NFA 18/186ff), aber wie traurig es um die englische Armee stand, hat er kaum erfahren. In dem Kapitel ›Not a drum was heard‹ aus ›Ein Sommer in London‹ charakterisiert er allerdings einmal zwei alte Soldaten mit den Worten »Helden im Kriege, Gesindel im Frieden« (NFA 17/97), aber tiefere Einsichten folgen dem nicht. Gerhard Ritter beschreibt die Lage der englischen Soldaten im 19. Jahrhundert so: »Irgendein soziales Mitgefühl für die elende Lage des Söldners,… der in schmutzigen, unhygienischen, slumartigen Schlafhöhlen ohne eigene Eßräume zusammengepfercht wurde bei kümmerlicher Besoldung, Ernährung und Kantinenversorgung, ohne jede geistige Schulung und Anregung, scheint sich bis zum Ende des 19. Jahrhunderts kaum geregt zu haben. Die Friedenssterblichkeit in der Armee … lag hoch über dem Durchschnitt der Zivilbevölkerung. Die Prügelstrafe (bis zu 300 Hieben!) wurde erst 1867 offiziell verboten. Die breite Masse sah mit Mißtrauen auf die Rotröcke, die als Polizeisoldaten der Kapitalistenschicht auftraten, sobald es einen Arbeiteraufstand niederzuschlagen galt. Adel und Großbürgertum aber fühlten sich hoch erhaben über den ›gemeinen Mann‹…, den man keineswegs als waffentragenden Mitbürger und Vaterlandsverteidiger, sondern immer noch als bloßen Soldknecht empfand.«[2] Fontanes Anteilnahme war rein gefühlsmäßig, orientierte sich am Schein – und an dem, was er von der preußischen Armee wußte.

Er sah nicht, daß diese Armeen auf sehr unterschiedlichen Voraussetzungen aufbauten. Auf die vielen Einzelheiten seines Engagements kann hier nicht weiter eingegangen werden, aber wie leidenschaftlich der Anteil war, den er an den Kämpfen nahm, die das victorianische Zeitalter aufwühlten,[3] macht schon sein maßloser Gefühlsausbruch erkennbar, zu dem er sich im Tunnel hinreißen ließ, als Lepel sein Gedicht ›Jessie Brown‹ vortrug und damit Fontane, der sich selber mit dem Stoff beschäftigte, tief verletzte: »Ich konnte mich nicht mehr halten, und während die Tunnel-Philister in pflichtschuldiges Entzücken ausbrachen, ging ich wie ein Rasender gegen Lepel los und hieb um mich … wenn man im Sonnenbrand eine Palme fächeln lasse, so sei das noch nicht Indien, und wenn man den Dudelsack spielen lasse, so sei das noch nicht das Regiment Campbell, und wenn irgendeine Jessie Brown à tout prix ein fideler Knopp sein wolle, so sei das noch nicht das Mädchen von Lucknow. Das Mädchen von Lucknow sei eine Balladenfigur ersten Ranges, fast größer als die Lenore, hellseherisch, mystisch-phantastisch, gruselig und erhaben zugleich, alle Himmel täten sich auf, und da käme nun unser ›Schenkendorf‹…, um solche großartige Person am Abschlusse furchtbar durchlebter Belagerungswochen mit einem Unteroffizier einen Schottischen tanzen zu lassen… Alles war baff nach dieser Philippika.« (NFA 15/293) Fontanes Betroffenheit von den Kämpfen der Engländer wird hier erkennbar. Daß aber sein Herz nicht für die englische Armee schlug, wenn sie gegen die aufständischen Inder focht, verdeutlicht ein Brief an Henriette von Merckel vom 20. September 1857: »Indien … ist wirklich ein interessantes Kapitel; aber ich kann mich durchaus nicht bis zur Entrüstung erheben und bin sehr froh, daß unsre Regimenter nur Staub zu schlucken anstatt Hindublut zu trinken haben. Ich lese die Schilderungen« und »bleibe kühl und nüchtern dabei.« Wie in vielen Fällen bewährt sich auch hier Fontanes Gerechtigkeitssinn: »Man hat ein Volk, das ... Anspruch auf unsre Sympathien, auf Bewunderung« seiner »hohen Geistesgaben hat, oft mit Brutalität, immer aber mit stupider Selbstüberschätzung niedergetreten, und ich freue mich stets, wenn in Fällen solcher oder ähnlicher Unbill der Rückschlag kommt und wenn die getretene Schlange siegreich nach jener Stelle zischt, wo die überlegene, aber rohe Kraft verwundbar geblieben ist.« Und Fontane erweitert seine Kritik zu einer grundsätzlichen Abrechnung mit der englischen Kolonialpolitik: »Mein Herz jubelt stets, wenn ein getretnes Volk ... seine Bedrücker niederwirft. Ich verkenne auf der andern Seite nicht, daß Männer und Völker ihre großartig mörderischen Missionen haben. Ich sympathisiere mit dem Widerstand der alten Sachsen, aber ich habe gleicherzeit Respekt vor jenem Kaiser Carol, der mit Blut und Feuer taufte. *Das war eine Mission.* Diese englische Kattun-Mission aber mit etwas spackem Christentum und Unzucht und Opiumkiste mag auch ein Werkzeug in der Hand des Höchsten sein, aber ich kann mich ebensowenig dafür begeistern wie für die Taten des Schweinetreibers und Quartanerhelden Pizarro.« (Ha Br I/594f)

Aber wie lebhaft die inneren Vorbehalte Fontanes den englischen Kriegsanstrengungen gegenüber auch gewesen sein mögen (und an seinen Einwänden gegen die vorgeschützten Motive zur Verteidigung einer imperialistischen Politik hält er ja bis an sein Lebensende fest), es läßt sich doch ebenso wenig bezweifeln, daß ihm die englische Machtentfaltung im ganzen wie der kriegerische Geist im einzelnen Bewunderung abnötigte. Aus der Intensität seines Miterlebens erklärt sich seine Neigung, Parallelen zu ziehen zwischen dem englischen Offizierkorps und dem preußischen, oder besser: seine englischen Erfahrungen machten ihm Mut zu Urteilen, zu denen ihn nichts anderes berechtigte als seine Welt – (sprich England)-Kenntnisse, die man freilich 1863 bei keinem Durchschnittsbürger oder Edelmann in Preußen erwarten konnte, wie man denn bei allen Urteilen Fontanes berücksichtigen muß, daß er unter den großen deutschen Dichtern des 19. Jahrhunderts der welterfahrenste war und sich dieser Sonderstellung auch bewußt gewesen sein dürfte. Unter diesem Aspekt ist ein Abschnitt aus dem Wanderungskapitel ›Tamsel‹ zu lesen, in dem sich Fontane sehr unbefangen über die Ausbildung bzw. Bildung des preußischen Offiziers äußert: »Seit hundert Jahren ist bei uns ›die Armee‹ die hohe Schule für die Söhne unserer alten Familien geworden, und so unleugbar der große politische und nationale Fortschritt ist, der in dieser Wandlung der Dinge liegt, so fraglich erscheint es doch, ob dem gegenwärtig Gültigen auch nach der Seite der weltmännischen Bildung hin der Vorzug gebührt. Jene edelmännische Erziehung, die Hans Adam von Schöning erhielt, erweiterte den Blick, während unsere jetzige nur allzusehr geeignet ist, den Blick zu beschränken. Wie vorzüglich auch das sein mag, was daheim gehegt und gepflegt wird, die Isolierung hindert die Wahrnehmung, ob draußen in der Welt nicht vielleicht doch noch ein Vorzüglicheres entstanden ist. Wir haben diesen Fehler einmal in unserer Geschichte schwer gebüßt. Die Armee müßte nur die eine Hälfte unserer adeligen Erziehung sein, und die andere Hälfte, nach Vorbild dessen, was früher Sitte war, folgen. Der Eintritt aus des Vaters Edelhof in die Armee und der Rücktritt aus der Armee in den Edelhof – das genügt nicht mehr. Es ist dies einer der Punkte, wo das Bürgertum den Adel, wenigstens den unsrigen, vielfach überholt hat.« (NFA 10/307) Man kann die Sicherheit, mit der Fontane seine These vorträgt, in der Tat nur gerechtfertigt finden, wenn man sich den vollkommenen Unterschied vergegenwärtigt, der zwischen englischen und preußischen Offizieren notwendigerweise bestehen mußte. Das englische Offizierkorps rekrutierte sich so gut wie das preußische aus dem Adel des Landes, nur handelte es sich in England um den nicht-erbberechtigten und titellosen ›Adel‹, dem das Vorhandensein eines Weltreiches und der dieses Weltreich schützenden Armee und Flotte die Möglichkeit gab, das Vermögen zu erwerben, das sonst dem ältesten Bruder vorbehalten blieb. Was es in Preußen nach gewonnenen Kriegen an Dotationen gab, blieb auf die höchsten Rangstufen beschränkt und erfüllte noch nicht einmal dort die gehegten Erwartungen, wie man am Zorn Yorks studieren kann, der sich daran entzündete, daß Blücher und Hardenberg mehr erhielten als er.[4] In England verdiente man sein Vermögen in Übersee, und es wird gewesen sein wie in Preußen: wenn es nur recht viel war, fragte niemand, wo es herkam. (vgl. NFA 4/309, NFA 8/149) Nur das durch Handel und Arbeit erworbene Vermögen galt nicht als vornehm, wie man bei Jane Austen studieren kann. Auf jeden Fall hatte in den Augen Fontanes der englische Offizier den Vorteil, daß sein Blick nicht auf die englischen Verhältnisse beschränkt blieb, sondern weltweite Interessen umfaßte. An diesem Gedanken von der Überlegenheit eines Offiziers, der eine reiche Weltkenntnis erworben hat, über jenen, der innerhalb der engen Grenzen seines Vaterlandes aufwuchs, hat Fontane auch nach den Einigungskriegen festgehalten, obwohl sich der preußische Offizier doch glänzend bewährt hatte. In seinem Fragment ›Allerlei Glück‹ kommt Fontane auf die Frage zurück, welche Art von Bildung einem Manne zu wünschen sei. Zunächst entwickelt er seine Vorstellung ganz unabhängig von dem Beruf, den der einzelne ausübt: »Vielgereiste, sprachensprechende, kosmopolitisch geschulte Menschen, die sich von dem Engen des Lokalen und Nationalen von Dünkel und Vorurteilen freigemacht haben, Mut, Sicherheit, Wissen und freie Gesinnung haben. Das sind meine Lieblinge…« Dann aber engt er den Kreis seiner Betrachtungen ein und vergleicht (vor allem) den Offizier mit dem Kaufmann: »Welch Unterschied zwischen einem Kaufmann und einem Offizier. Wenn der Offizier aber, nachdem er Militärattaché war, in japanische Dienste tritt, und über San Franzisko und Newyork nach Europa zurückkehrt, so wird er in der Gesellschaft viel mehr Ähnlichkeit … mit einem Yokuhama-Kaufmann haben, als daheim mit seinen Kameraden, die heute den Rekrutentransport erwarten und morgen zum Großherzog geladen sind… In diesen Dingen, mehr als in allem andern, wurzelt die Überlegenheit der Engländer und Amerikaner über die Mitglieder der andern Nationen.

An Schulbildung stehen sie zurück, an Weltbildung, die für mich alles bedeutet, sind sie allen überlegen.« (NFA 24/164) Das verdeutlicht die Ansprüche, die nach Meinung des Dichters an den Offizier zu stellen sind. Fontane deutet nicht an, wie eine Lösung des Problems für Preußen hätte aussehen können. Er weist nur auf die Vergangenheit zurück, auf die nach-friedericianische Zeit, wo Preußen schon einmal die Entwicklung versäumt hatte und erst durch die bittere Niederlage von 1806 gezwungen wurde, im Geschwindschritt nachzuvollziehen, was Frankreich seit 1760 eingeleitet hatte.[5] Berenhorst, Bülow, Scharnhorst, sie hatten zwar schon vor 1806 die militärische Führung aus ihrer Selbstzufriedenheit und Lethargie aufzuschrecken gesucht und hatten dabei auch die Unterstützung Friedrich Wilhelms III. gefunden, aber die Zeit war zu knapp gewesen, um die Armee aufzurütteln und ihr eine neue Gestalt zu geben. Gordon A. Craig schreibt dazu: »Weitaus mehr Ansehen genossen die militärischen Theorien Salderns, Venturinis und Massenbachs, die die Kriegführung als durchdachtes Manövrieren und mathematisches Berechnen darstellten, die großes Gewicht auf das alte Paradeexerzieren legten und die immer noch die von Friedrich berühmt gemachte Lineartaktik und den Seitenangriff priesen. Der alte Feldmarschall von Möllendorff, ein Held des Siebenjährigen Krieges, brachte es fertig, alle Reformvorschläge mit den Worten abzutun: ›Das ist vor mir zu hoch.‹«[6] Und dabei war Möllendorff Leiter der 1795 berufenen Immediat-Militär-Organisationskommission, die Vorschläge erarbeiten sollte für neue Organisationsformen der Armee, wie sie vor allem nach den politischen Teilungen, die ja auch einen neuen Zustrom von Rekruten brachten, notwendig geworden waren. So konnte es also nicht bleiben, daß preußischen Offizieren ›zu hoch‹ war, was mit Notwendigkeit von der Armee aufgegriffen und angeeignet werden mußte.[7] Eine neue Vorstellung von einer volksverbundenen Armee und einem gebildeten Offizierkorps war damals die Antwort gewesen, wobei die Wunschvorstellung von einem gebildeten Offizier, wie sie die Reformer in Preußen durchzusetzen suchten, nicht nur als Folge des verlorenen Kriegs von 1806 anzusehen ist, sondern sie wächst heraus aus der Gedankenwelt der Aufklärung.[8] Wie weit man dabei dachte, zeigen die 1795 gemachten Vorschläge des später viel gescholtenen, charakterlich fragwürdigen Obersten von Massenbach, der im Feldzug von 1806 eine traurige Rolle spielte, der aber andererseits u.a. die »Schulung preußischer Generalstabsoffiziere durch regelmäßige Auslandsreisen, zeitweilige Dienste in fremden Heeren und Mitbeteiligung am diplomatischen Dienst« forderte.[9]

Mit seiner Auffassung von der mangelnden Bildung des preußischen Offizierkorps erregte Fontane Aufmerksamkeit schon bei seinen zeitgenössischen Rezensenten in Berlin. Es war Adolf Stahr, der die ›Einsicht‹ Fontanes heraushob – ganz in Übereinstimmung mit seiner dem Bürgertum verbundenen Geisteshaltung. Die vorbildlich kommentierte und dokumentierte Ausgabe der ›Wanderungen‹ im Aufbau-Verlag macht das deutlich. Stahr wirft Fontane vor allem vor, daß er sich zu sehr mit der Vergangenheit der Mark und ihrer großen Familien befasse, statt »etwas von dem Leben und Treiben des Volks von damals und heute«[10] zu zeigen. In diesem Zusammenhang scheint ihm Fontanes Kritik am Bildungsweg des preußischen Offiziers geradezu ein Lichtblick in der Darstellung des Dichters, dem er zwar zubilligt, »keine eigentliche Tendenzschrift« vorzulegen, »sich vielmehr in einer Art von Objektivität zu halten«,[11] dessen Adelsliebe aber trotz der partiellen Kritik überall zutage trete, am auffälligsten bei der Behandlung von Friedrich August Ludwig von der Marwitz. Fontane war zu dieser Zeit noch viel konservativer und adelsgeneigter als Stahr wußte. Er hatte freilich auch keine Vorstellung davon, aus welcher Quelle Fontanes Bildungskritik stammte. Fontane glaubte, selber das Bürgertum zu verkörpern, das den Adel, »wenigstens den *unsrigen*, vielfach überholt« hat, nämlich an Weite des Blicks, wie er ihn in England erworben hatte.

Aber: Fontane irrte sich. Als er 1863 seine kritischen Bemerkungen niederschrieb, befand sich die preußische Armee in einem wesentlich anderen Zustand als vor 1806. Seit der Prinz von Preußen als Wilhelm I. König geworden war, fühlte sich das konservative, royalistische Offizierkorps in seiner Haltung gestützt und bestärkt. Wilhelm war in der Armee groß geworden, er war zum Soldaten erzogen worden und hatte lange nicht geglaubt, daß er seinem kinderlos gebliebenen Bruder auf dem Thron folgen würde. Durch Jahrzehnte hindurch hatte er sich infolgedessen ausschließlich mit der Armee beschäftigt, ihr seine ganze Fürsorge zugewandt und mit Umsicht und Sachkenntnis für ihre Verbesserung gesorgt. Den preußischen Königen war es selbstverständlich gewesen, daß sie sich »als Offiziere fühlten«.[12] Aber man ist geneigt zu sagen, daß Wilhelm, noch über diese Tradition hinaus, ganz einfach Berufssoldat war. Die Armeereorganisation, die zugleich eine geistige Regeneration war und die als Voraussetzung für die Siege in den Einigungskriegen angesehen werden muß, geht auf seinen Willen zurück. Wohl bedurfte er Roons und Bismarcks und manches anderen Helfers, um seine Vorstellungen gegen das Parlament durchzusetzen, aber es waren *seine* Vorstellungen, und es war *seine* Politik. Seine Entschlossenheit und Unbeugsamkeit in der Heeresfrage war die erste Grundlage für Bismarcks Aktivität. Und daß das Heer sich als wichtigsten Pfeiler der Monarchie begreifen durfte, machte es willig zu jedem Opfer, das der König von ihm forderte.

Von *dieser* Wende, die aus der 1848 gedemütigten Armee, die nur langsam zu ihrem Selbstvertrauen zurückfand, das selbstbewußteste Heer der zweiten Jahrhunderthälfte machte, wußte Fontane offenbar nichts. Seine persönlichen Lebensumstände in dieser Zeit machen verständlich, daß er dem Geist der Armee wenig Aufmerksamkeit schenken konnte. Sein an den englischen Verhältnissen geschulter Blick hatte zwar die dürftige Enge preußischer Zustände und die daraus resultierende Eingeschränktheit des Weltverständnisses des preußischen Offiziers richtig begriffen, aber er hatte nicht voraussehen können, daß die Militärleidenschaft des Königs so unmittelbar auf Offizierkorps und Truppe durchschlagen und sie zu solchen soldatischen Bravourleistungen befähigen würde, wie er ja auch nicht voraussehen konnte, daß den Preußen mit Roon ein Armeeorganisator, mit Moltke ein Stratege und mit Bismarck ein Politiker erwachsen würde, die aus den naturgegebenen Nachteilen der preußischen Dürftigkeit ebenso viele natürliche Vorteile machen würden.

Als »geschlagene Truppe« aus England zurückgekehrt, hatte er nur mit Mühe in Preußen wieder Fuß gefaßt, und um sein beschädigtes Selbstbewußtsein wieder aufzubauen, neigte er dazu, seine Weltläufigkeit zu beweisen, indem er alles Preußische mit allem Englischen verglich und beides aneinander maß, nicht aber den Dingen in ihrem Eigenwert und ihrer Eigenart gerecht werden wollte, wobei man freilich absehen muß von der ihn beinahe auschließlich in Anspruch nehmenden Arbeit an den ›Wanderungen‹, die, zumindest in ihren Anfängen, das Produkt reiner Heimatliebe waren.

5. Kapitel

Überlegungen zu den
›Wanderungen durch die Mark Brandenburg‹

Daß die herausragendsten Leistungen auf lyrischem Gebiet während der englischen Zeit preußischen Stoffen galten, verdeutlicht, daß es alles andere als Zufall war, wenn Fontane noch in England den Plan für die ›Wanderungen durch die Mark Brandenburg‹ entwickelte. Das Thema kam ihm allerdings in mehrfacher Hinsicht entgegen, denn so ganz selbstverständlich ist dieser Griff nach Geschichte und Landschaft der Mark natürlich nicht, vor allem, wenn man bedenkt, daß Fontane sich doch zuvörderst als Dichter verstand. Insofern ist es aufschlußreich, daß er die Ursache für den Griff zum ›Kleinen‹ weniger in sich als in den allgemeinen Verhältnissen suchte. Ganz in Übereinstimmung damit schreibt er in einem Bericht zur Berliner Kunstausstellung von 1860: »Es scheint mir charakteristisch für die gesamte geistige Entwicklung der letzten fünfzehn Jahre, daß die Dichter und Künstler aller Arten und Grade anfangen, die Neigungen des Publikums, *besonders aber auch ihre eigenen Kräfte,* richtiger und bescheidener zu berechnen. Es gibt in diesem Augenblick wenig Größen in Deutschland, die Lust hätten, es auf gut Glück mit einer *Tragödie* zu versuchen; man begnügt sich, eine Novelle, eine Ballade, eine historische Skizze zu schreiben, weil man in gleichem Maße fühlt, daß das Kleinere dem eigenen Können mehr entspricht und das Publikum eine Voreingenommenheit gegen das hat, was sich als ein allergrößtes verkündigt.« (NFA 24/633) Es liegt also eine Art vernünftiger Selbstbeschränkung vor, wenn Fontane, seine Rückkehr aus England als Erlösung betrachtend, als Dichter nicht sofort nach den Sternen zu greifen sucht (schließlich war Freund Lepel eben mit seinem ›Herodes‹ gescheitert), sondern nach einer Zwischenlösung tastete, die zu allem den Vorteil hatte, daß er in der alten Umgebung wieder heimisch werden konnte.

Entscheidend für die Entstehung der ›Wanderungen‹ blieb seine Reise durch das geschichtsmächtige Schottland. Im Laufe seines Lebens ist Fontane mehrfach darauf zurückgekommen, daß dort sein Plan entstand, die Mark Brandenburg zu neuem Leben zu erwecken. Es sei hier, abkürzungshalber, nur der relativ späte Brief an Mathilde von Rohr zitiert, der Fontanes Zielsetzung, alte Vorsätze neu umschreibend, entwickelt: »Jetzt sind es 30 Jahre,... daß ich mit Lepel die Reise machte, eine der schönsten in meinem Leben, jedenfalls die poetischste, poetischer als Schweiz, Frankreich, Italien und alles was ich später sah. Das interessanteste Blatt für mich ist das mit dem Douglasschloß im Kinroß-See, zu dem ich mit Lepel im Boot hinüberfuhr und als wir zwei Stunden später, nach Besichtigung von Schloß und Insel, über denselben See hin die Rückfahrt machten und ich dabei an Rheinsberg und den Rheinsberger See dachte, stand es in meiner Seele fest, die Mark Brandenburg und ihre Schlösser und Seen beschreiben zu wollen.« (Ha Br III/605) Freilich bleibt in dieser Darstellung undeutlich, wie patriotisch Fontane seine Aufgabe angesehen hat. In der Sekundärliteratur ist oft genug herausgearbeitet worden, daß sich Fontanes Einstellung zu seiner Arbeit im Laufe der Jahrzehnte geändert hat (und schließlich hat er an diesen märkischen Wanderungsstoffen beinahe vier Jahrzehnte festgehalten, so daß eine permanent bewahrte Grundeinstellung beinahe ein Wunder wäre), und es ist nur zu verständlich, wenn dabei am häufigsten der Satz zitiert worden ist, der am eindeutigsten kenntlich macht, wie sich die Distanz Fontanes zu den dargestellten Helden ständig vergrößert hat, so daß das Lieblingszitat derer, die sich mit den Wanderungen beschäftigen, Fontanes Satz aus dem Briefe an seine Frau ist: »ich habe überall liebevoll geschildert, aber nirgends glorificirt, nicht einmal meinen Liebling Marwitz. Ich habe sagen wollen, und habe wirklich gesagt: ›Kinder, so schlimm wie *ihr* es macht, ist es nicht‹ und dazu war ich berechtigt; aber es ist Thorheit, aus diesen Büchern herauslesen zu wollen: ich hätte eine Schwärmerei für Mark und Märker. *So* dumm war ich nicht.« (Ha Br III/198)

Als Fontane die Arbeiten an den ›Wanderungen‹ begann, benutzte er eine Sprache mit deutlich anderen Akzenten, so daß es begreiflich scheint, daß im Publikum der Verdacht auftauchte, Fontane habe die ›Wanderungen‹ im Auftrag der Kreuzzeitungspartei geschrieben. Vor allem Adolf Stahr hatte sich in diesem Sinne in seinen Rezensionen ausgesprochen, und Fontane hatte sich in mehreren Briefen an Hertz dagegen gewehrt: »Ich beschreibe den Adel und dazu habe ich als Bürgerlicher ein gutes Recht; er ist mir Objekt, weiter nichts; mein Buch zeigt nirgends eine *unwürdige* Gesinnung und es ist mindestens unpassend mir mehr oder weniger direkt eine servile Verbeugung vorzuwerfen. Ich fürchte, daß Sie ein klein wenig (vielleicht auch mehr als ein klein wenig) die Stahr'schen Ansichten über Fontane und sein Buch theilen.« (Ha Br II/112) Der Verdacht, daß Fontane das Lied derer singe, deren Brot er aß, lag um so näher, als er viele der allmählich entstehenden Aufsätze in der Kreuzzeitung vorabdrucken ließ. Und es kann auch keinem Zweifel unterliegen, daß Fontanes erste Wanderungskapitel ganz aus dem Geiste der Kreuzzeitung heraus entstanden sind. Sehr bestimmt äußert sich der Dichter dazu in einem Brief an Kossack vom 16. Februar 1864: »Ich schreibe diese Bücher aus reiner Liebe zur Scholle, aus dem Gefühl, und dem Bewusstsein... dass in dieser Liebe unsere allerbesten Kräfte wurzeln, Keime eines ächten Conservatismus. Dass uns der Conservatismus, den ich im Sinne habe, noth thut, ist meine feste Überzeugung... Ich kann nicht ... die Geschichte unsrer Provinz auf den Kopf stellen. Wir haben ... doch immer einen Adel gehabt, der was *gethan* hat; die Schulenburgs, die Königsmarcks, die Zietens, die Schwerins, gehören der Geschichte an... Mit dem Bürgerthum aber hat es hierlandes immer kümmerlich gestanden...«[1] Reuter hat der Tendenz nach durchaus recht, wenn er den ersten Band der ›Wanderungen‹ »Fontanes preußischstes Buch«[2]

nennt – obgleich er die Kriegsbücher dabei offensichtlich aus dem Auge verliert. Andere Briefe sprechen Fontanes Tendenz noch klarer aus: »Detailschilderung behufs bessrer Erkenntniß und größrer Liebgewinnung historischer Personen, Belebung des Lokalen und schließlich Charakterisirung märkischer Landschaft und Natur, – das sind die Dinge, denen ich vorzugsweise nachgestrebt habe.« (31. Oktober 1861)[3] »Liebesweckung für das Ganze« – so formuliert er sein Ziel an anderer Stelle. (Ha Br II/115) *Liebgewinnung, Liebesweckung,* das sind die Vokabeln, die den Geist von Fontanes frühen Wanderungen bestimmen. Und Einschränkungen, die er selber macht, sind nur scheinbar; so etwa, wenn er am 24. November 1861 an Hertz schreibt: »ich hatte einfach vor, *ohne jegliche Prätension von Forschung, Gelehrsamkeit, historischem Apparat* etc. meinen Landsleuten zu zeigen, daß es in ihrer nächsten Nähe auch nicht übel sei und daß es in Mark Brandenburg auch historische Städte, alte Schlösser, schöne Seen, landschaftliche Eigenthümlichkeiten und Schritt für Schritt tüchtige Kerle gäbe.« (Ha Br II/51) »Auch nicht übel« – das ist eine Wendung, die in Lepels Schatz an Redensarten eine große Rolle spielt, von Fontane häufig angewandt wurde und einen absolut positiven Grundzug, keineswegs aber eine Einschränkung bezeichnet.

Zweifellos wollte Fontane ursprünglich loskommen von dem Klischee, das alle Veröffentlichungen zur brandenburgischen Geschichte damals beherrschte. Er hat seine Absicht, in den ›Wanderungen‹ die herkömmlichen Elemente der preußischen Geschichtsschreibung zu überwinden, ausdrücklich betont: »Die letzten 150 Jahre haben dafür gesorgt, daß man von den Brandenburgern … mit Respekt spricht; die Thaten die geschehn und die Männer die diese Thaten geschehen ließen haben sich Gehör zu verschaffen gewußt, aber man kümmerte sich um sie mehr *historisch* als *menschlich.* Schlachten und immer wieder Schlachten, Staatsaktionen, Gesandtschaften – man kam nicht recht dazu Einblicke in das private Leben zu thun… Eine Folge davon war, daß die Schauplätze, auf denen sich unser politisches Leben abgesponnen, auf denen die Träger eben dieses politischen Lebens thätig waren, relativ unbelebt blieben… Man wußte allenfalls: ‹hinter diesen Mauern hat der und der gelebt› aber man wußte nicht *wie* er gelebt hatte und mußte sich mit zwei extremen Arten von Mittheilungen begnügen, mit seiner Betheiligung an Schlachten und Staatsaktionen und mit allertrivialstem Klatsch. Das schön-menschliche blieb todt.« (an Hertz, 31. Oktober 1861)[4] Sein Ziel ist also, das Schön-Menschliche aus seinem Dornröschenschlaf zu wecken, lange Versäumtes nachzuholen. Aber in der Realität fiel das außerordentlich schwer. Der Staat, dessen Kernzelle die Mark Brandenburg darstellte, war das Königreich Preußen, und dieses Königreich verdankte seine Entstehung seiner Armee. Preußen war, um einen hundertfach zitierten Satz des Grafen Mirabeau zu wiederholen, nicht ein Staat mit einer Armee (was normal gewesen wäre), sondern eine Armee mit einem Staat. Und wer sich die Eigentümlichkeiten und die Schönheiten der zentralen Provinz dieses Staates erwandern will, wird nolens volens immer und überall auf die Zeugnisse der militärischen Vergangenheit dieses Landes stoßen. Nach Fontanes Vorstellung hat der preußische Staat, in dessen Kontinuität er sich stehen sieht, seine Grundlegung in einer Schlacht erfahren, der von Fehrbellin, der sich die unbekanntere von Warschau an die Seite stellt, wie denn, seiner Auffassung nach, am Anfang jeder bedeutenden staatlichen Entwicklung Akte der Gewalt stehen: »Denn es geht durch das Leben aller Völker wie ein Gesetz hindurch, daß überall da, wo Tüchtiges und Dauerhaftes sich bilden soll, der Stamm oder der Staat, der in die Geschichte eintritt, zunächst seine *physische* Kraft beweisen und mit ausgestreckter Faust sich Respekt verschaffen muß. Alles andere findet sich nachher, die Kraft aber ist die erste Bedingung des Lebens.« (NFA 19/613 f) So fällt helles Licht auf den Großen Kurfürsten und den brandenburgischen Feldmarschall Otto Christoph von Sparr: »Sparr stand an der Spitze einer *ersten* brandenburgischen Armee, und er war der *erste,* der diese Armee zum Siege führte; er war der *erste* brandenburgische Feldmarschall, der *erste,* der ein Held und Liebling des Volkes wurde, der *erste,* der sich, was seitdem so oft als verdienter Lohn unseren Generalen zuteil geworden ist, Güter und Vermögen durch glänzende, treu geleistete Kriegsdienste erwarb…« (NFA 19/589) Von geradezu magischer Kraft jedenfalls bleibt für Fontane immer die Schlacht von Fehrbellin – so sehr, daß er sich geradezu als Mann von Fehrbellin versteht. In einem Brief an Emilie vom 1. September 1869 wird das überaus klar: »Letztrer (eine neue Bekanntschaft) ist … der ‹Landschaftstiger› dieser Gegenden. Wie ich Linum und Fehrbellin, so hat er das Hirschberger Thal in Entreprise genommen; was für mich Sparre oder Derfflinger ist, ist für ihn Rübezahl.« (Ha Br II/237)

Wenn man das Vorwort zur zweiten Auflage des ersten Bandes der ›Wanderungen‹ liest, so versteht man, daß Fontane mittlerweile überzeugt war, seinen Lesern die ›historische Landschaft‹ nur vermitteln zu können, indem er ihre Aufmerksamkeit hinlenkte auf die Leistungen der preußischen Armee.[5] Er erläutert dort, daß die Landschaft stumm bleiben muß für den, der der preußischen Geschichte unkundig ist: »Wer, unvertraut mit den Großtaten unserer Geschichte, zwischen Linum und Hakenberg hinfährt, rechts das Luch, links ein paar Sandhügel, der wird sich die Schirmmütze übers Gesicht ziehn und in der Wagenecke zu nicken suchen. Wer aber weiß, hier fiel Froben, hier wurde das Regiment Dalwigk in Stücke gehauen, dies ist das Schlachtfeld von Fehrbellin, der wird sich aufrichten im Wagen und Luch und Heide plötzlich wie in wunderbarer Beleuchtung sehen.« (NFA 9/8) Zur Bekräftigung sei nochmals darauf verwiesen, daß er seine Schriftstellerlaufbahn beginnen läßt mit der Beschreibung des Schlachtfelds von Großbeeren, weil er darin die erste seiner Wanderungen durch die Mark erkennt. Und wenn er sich im 1881 geschriebenen Schlußwort zum vierten Band der ›Wanderungen‹ Rechenschaft ablegt, womit er diese ›Wanderungen‹ denn angefangen habe, so verweist er auf das erste Kapitel des ersten Bandes, d. h. auf Zieten. Reuter sagt, daß das zwar ideologisch richtig, aber philologisch falsch sei,[6] und man wird ihm darin nicht widersprechen können, denn Fontanes Interesse gilt in der Tat vor allem den militärischen Aspekten des preußischen Lebens, so sehr er sich zusehends stärker bemüht, das Militärische nicht überwuchern zu lassen. Wenn Reuter aber ohne weiteren Kommentar auf den kleinen Aufsatz ›Ein Stündchen vor dem Potsdamer Tor‹ verweist, der den eigentlichen Beginn der Arbeit an den ›Wanderungen‹ markiere (entstanden im Juli 1859), so unterstreicht er durch diesen Hinweis nur die militärischen Tendenzen in Fontanes frühen Ansätzen, denn Fontane beschäftigt sich dort mit dem Aufbruch der Berliner Landwehr anläßlich der Mobilmachung Preußens 1859. Teilweise übrigens eine beinahe humoristisch angeflogene Darstellung, in der das spätere Wort vom »inneren Düppel der Ehe« aus ›Frau Jenny Treibel‹ (NFA 7/105) im voraus paraphrasiert wird: »Hier und da an den Wagenschlägen standen weinende Frauen und blickten halb fragend halb vorwurfsvoll in die Gesichter ihrer Ehegatten, die so gemütlich und befriedigt vor sich hinstarrten, als begrüßten sie diese Stunde als den Moment ihrer Freiheit. Was sind alle Wechselfälle des Krieges gegen die sichren Niederlagen daheim!« (Ha Wanderungen III/471)

In welcher Richtung Fontane auch zu seinen Wanderungen durch die Mark aufbrach, das Ergebnis mußte immer aufs neue erweisen, daß Preußen ein Militärstaat war, seine Eigenart in seiner alles staatliche Leben dominierenden Armee besaß und daß es, um in Fontanes Terminologie zu bleiben, die dort versammelten Dienstknüppel waren, denen Preußen seine Machtstellung verdankte. Und da seit den Zeiten Friedrich Wilhelms I., erst gezwungen, dann mehr und mehr freiwillig den Dienst suchend, der Adel das Offizierkorps dieser Armee gestellt hatte, mußte Fontane bei seinen Schloß- und Kirchenbesuchen notwendigerweise überall auf die Zeugnisse der Armeetradition treffen. Gelegentlich fand er zwar auch noch das Selbstbewußtsein derer, die ›schon vor den Hohenzollern dagewesen waren‹, aber im ganzen stieß er doch auf einen Adel, der stolz darauf war, schon bei Fehrbellin seinen Mann gestanden zu haben. Der Adel hatte seine Rolle in Preußen akzeptiert. Theodor Schieder schreibt über die Anfänge: »Die Stellung des Adels als eine Art Kriegerkaste war in fast allen europäischen Staaten der frühen Neuzeit als ein Relikt der Vergangenheit erhalten geblieben, doch sie ist nirgends mit so eiserner Konsequenz in eine neue Form einer staatlich disziplinierten Militäraristokratie verwandelt worden wie in der Monarchie Friedrich Wilhelm I. und Friedrichs des Großen.«[7] Dem Adel war also die Hauptrolle zugefallen: »Der Adel sollte eben durch den ihm innewohnenden Korpsgeist die Gewähr für die unbedingte Leistungskraft einer Armee bieten, deren Truppen durch keine sonstigen Bindungen und nur zum Teil durch ein rudimentäres Vaterlandsbewußtsein zusammengehalten waren. Friedrich hat daher mit rigoroser Strenge auf eine möglichst vollständige gesellschaftliche Isolierung, eine Trennung von den nichtadligen, bürgerlichen Schichten gesehen.«[8] Eine solche, mehr oder weniger erzwungene Rolle im Staatsapparat hätte kaum vermocht, Fontanes Bewunderung zu wecken; entscheidend war für ihn, daß er Beweise dafür fand, daß sich während der drei Schlesischen Kriege der Adel nicht mehr nur mit seiner dienenden Rolle abgefunden hatte, sondern sich den Appellen des Königs an seine ›Ehre‹ aufschloß und freiwillig seine Aktivität im Dienste der Armee und des Staates entwickelte. Geschont wurde er dabei nicht. Auf seinen Wanderungen fand Fontane genug Beweise in den Grüften der Kirchen und auf den Friedhöfen der Mark für den rückhaltlosen Einsatz der großen Familien im Dienst des Staates. Die Statistik läßt erkennen, welche Opfer dem Adel zugemutet wurden. In den ersten vier Jahren des Siebenjährigen Krieges, die freilich die opferreichsten, blutigsten Kämpfe brachten (danach waren die Kräfte aller kriegführenden Staaten zu verbraucht, als daß sie noch Entscheidungsschlachten hätten anstreben können), fielen in preußischen Diensten 33 Generale, unter ihnen zwei Feldmarschälle, Schwerin bei Prag, Keith bei Hochkirch.

Daß auch der Adel selber in seinem Eintreten für Friedrich ein Ruhmesblatt seiner Geschichte sah und aus der dort bewiesenen Selbstlosigkeit eine z. T. unbewußte Rechtfertigung seiner privilegierten Existenz ableitete, das verdeutlicht eine Äußerung von Ludwig von der Marwitz: »in der Tat hat es niemals eine Institution gegeben, in welcher das Ritterthum ähnlicher wieder aufgelebt wäre, als in dem Offizierstande Friedrich's des Zweiten. Dieselbe Entsagung jedes persönlichen Vortheils, jedes Gewinnstes, jeder Bequemlichkeit, – ja, jeder Begehrlichkeit, wenn ihm nur die Ehre blieb! Dagegen jede Aufopferung für diese, für seinen König, für sein Vaterland für seine Kameraden, für die Ehre der Preußischen Waffen! Im Herzen Pflichtgefühl und Treue, für den eigenen Leib keine Sorge. Welcher andere Stand, wie viele überhaupt in jetziger Zeit können sich gleicher Gesinnung rühmen?«[9] Das Maß, das Marwitz hier anlegt an seinen Stand und vor dem dieser so glänzend besteht, hat bei dem Fontane der ›Wanderungen‹, der dazu freilich nicht der Lektüre von Marwitz bedurfte, immer Zustimmung gefunden.

Es war die Leistung Friedrichs gewesen, im Adel ein Gefühl echter Verbundenheit mit dem Staat zu erwecken. Man tat nicht nur pflichtmäßig seinen Dienst in der Armee – was vielen verarmten Adelsfamilien den Vorteil brachte, die Söhne standesgemäß unterbringen zu können – sondern man identifizierte sich mit dem Staat, dessen König es auch nicht versäumte, sein Charisma zur Geltung zu bringen, um die Offiziere sowohl an seine Person wie an Armee und Staat zu binden. Die Loyalität des märkischen Adels, seine treue Ergebenheit gab dem König ein Offizierkorps, das, oftmals der Menschenverachtung des Königs zum Trotz, jeder Belastung gewachsen war. Die Ansprache vor der Schlacht von Leuthen läßt erkennen, mit welcher Geschicklichkeit der König seinen Einfluß nutzte. Auch daß darüber hinaus Teile der bäuerlichen Bevölkerung für die Armee gewonnen wurden, ist der legendären Ausstrahlung Friedrichs zuzuschreiben.

Wie Fontane selber die Bindung der Soldaten an den König gesehen hat, darüber gibt das Gedicht ›Erstes Bataillon Garde‹ (1780) Auskunft. Wir zitieren nur wenige Zeilen:

Wir dürfen frech sein und schimpfen und schwören,
Weil wir selber mit zugehören,

Wir dürfen reden von Menschenschinder,
Dafür sind wir seine Kinder;
Potsdam, o du verfluchtes Loch,
Aber *Er,* er ist unser König *doch,*
Unser großer König. Gott soll mich verderben,
Wollt' ich nicht gleich für Fritzen sterben.«
(NFA 20/219)

Wieviel daran auch Überhöhung und stilisierte Legende sein mag, es spiegelt sich darin Fontanes Einstellung.

Es kann keinem Zweifel unterliegen: Als Fontane seine Wanderungen durch die Mark begann, da tat er es zunächst in dem Bewußtsein, Liebe erwecken und gewinnen zu wollen für die ruhmreiche Vergangenheit des preußischen Staates. Mögen sich später die Akzente verschoben haben und mag auch das Schlußwort zum vierten Band ahnen lassen, wie kompliziert für Fontane das eigene Verhältnis zu den ›Wanderungen‹ geworden war, erste Antriebskraft war ein starkes patriotisches Gefühl gewesen, das seine weiterwirkende Kraft aus einer kaum je verleugneten Zuneigung zur Armee nahm.

In einem später ausgeschiedenen Kapitel über das Schlachtfeld von Fehrbellin stellt Fontane eine der lokalen Feierlichkeiten dar, mit der die Erinnerung an die Schlacht von 1675 im Volke lebendig gehalten wird. Er fährt dann fort: »Man wirft unserem norddeutschen Leben vor, daß es nüchtern sei und des poetischen Schwunges entbehre. Das ist in gewissem Sinne wahr. Es fehlt uns das Bunte der Kostüme und das Coulissenwerk einer Wald- und Bergnatur, und weil wir dieser Requisiten entbehren, mag bis zu einem gewissen Grade die Lust und die Fähigkeit in uns verkümmert sein, ein Schauspiel im großen Stile aufzuführen. Es fehlt uns außerdem die katholische Kirche, die große Lehrmeisterin der Festzüge und Prozessionen. Zugegeben das. Aber ein neues Volk, wie wir sind, dessen Traditionen über den Tag von Fehrbellin kaum hinausreichen, hat sich hierzulande eben alles abweichend von dem sonst üblichen gestaltet, und mit einem ganz neuen Lebensinhalt ist eine neue Art von Volkspoesie, mit dieser Poesie aber eine neue Art von Volksfesten geschaffen worden. *Das Soldatische hat sich zum poetischen Inhalt unseres Volkslebens ausgebildet* (Hervorhebung durch Fontane). Wir feiern Dennewitz und Großbeeren, und wenn wir an malerischem Effekt und an gutem Humor hinter den Volksfesten des Rheins und der Donau zurückbleiben mögen, so haben wir vielleicht einen bestimmteren Inhalt, einen geistigeren Mittelpunkt vor ihnen voraus.« (Ha Wanderungen III/411) Der so nachdrücklich herausgehobene Satz: »Das Soldatische hat sich zum poetischen Inhalt unseres Volkslebens ausgebildet« hat erhebliche Bedeutung für die Wanderungsbände insofern, als in ihnen der Versuch unternommen wird, Kern und Eigenart des märkischen Volkslebens in Geschichte und Gegenwart zu gestalten, wobei das Soldatische notwendig zum Zentrum werden mußte. Noch einmal sei gezeigt, wes Geistes Kind Fontane war, als er sich anschickte, die Mark Brandenburg zum Gegenstand seiner erzählerischen Bemühungen zu machen. In dem Kapitel ›Von Edinburg bis Stirling‹ in ›Jenseit des Tweed‹ heißt es: »Jedes Land und jede Provinz hat ihre *Männer*, aber manchem Fleck Erde wollen die Götter besonders wohl… Ein solcher Fleck Erde ist das beinah inselförmige Stück Land, um das die Havel ihr blaues Band zieht. Es ist der gesunde Kern, daraus Preußen erwuchs, jenes Adlerland, das die linke Schwinge in den Rhein und die rechte in den Njemen taucht. Wohl ist es deutungsreich, daß genau inmitten dieser Havelinsel jenes Fehrbellin liegt, auf dessen Feldern die preußische Monarchie gegründet wurde… Auf dieser Havelinsel und jenem schmalen Streifen Land, der nach außen hin sie umgürtet, liegen die Städte und Schlösser, darin der Stamm der Hohenzollern immer neue Zweige trieb; liegen die Städte, darin drei Reformatoren der Kunst das Licht der Welt erblickten: Winckelmann, Schinkel und Schadow (von denen der zweitgenannte eine Kasernenstadt in eine Stadt der Schönheit umwandelte); liegen die Herrensitze, darin Zieten, Knesebeck und die Humboldts geboren wurden, *Zieten,* der liebenswürdigste und volkstümlichste aller Preußenhelden, und Knesebeck, der in winterlicher Einsamkeit den Gedanken ausbrütete, ›die Macht Napoleons durch die Macht des Raumes zu besiegen‹.« (NFA 17/285) Hier werden zwar auch Winckelmann, Schinkel und Schadow genannt, aber wer wollte verkennen, wo hier die Akzente gesetzt sind. Nirgends in den ›Wanderungen‹ erzählt Fontane teilnahmsvoller, bewegter und natürlicher als in den Partien, die den großen Tagen der preußischen Geschichte gelten. Fehrbellin und die Hohenzollern, Zieten und Knesebeck, das sind die Schlüsselworte, die bei Fontane einer ganzen Provinz ihr Leben geben.

Lieblingsthema schlechthin bleibt dabei immer Friedrich der Große. Hinweise auf ihn finden sich in allen Wanderungsbänden; und man spürt die Genugtuung des Dichters, wenn er zu den Kenntnissen, die jeder Gebildete von Friedrich besaß, neue Details hinzufügen konnte, wie etwa im Katte-Kapitel des Wanderungsbandes ›Oderland‹. Es trifft die Sache durchaus, wenn Fontanes Vater in dem letzten vom Dichter überlieferten Gespräch in den ›Kinderjahren‹ sagt: »Du schreibst ja auch so viel über die Hohenzollern.« (NFA 14/159) Die vier Bände ›Wanderungen‹ gipfeln in Hohenzollern-Anekdoten und Berichten. Und keiner findet über alle Bände hinweg eine so verehrungsvolle Würdigung wie Friedrich II. Jedes der Kapitel, so wird der unvoreingenommene Leser empfinden, erhält, wo irgend möglich, seine besondere Weihe erst durch die Bezugnahme auf den Bedeutendsten der Hohenzollern und seine kriegerischen Taten. Wenn irgend jemand, dann ist er der eigentliche Held der ›Wanderungen‹.[10] Dies macht ein Brief außergewöhnlich deutlich, den Fontane dem Hauptmann Paul Becher schreibt, der ihm für eine Neuauflage des Wanderungsbandes ›Ruppin‹ die Auswertung eines nur im Manuskript existierenden Aufsatzes ›Kronprinz Friedrich in Ruppin‹ überlassen wollte: »Auf den mir gütigst zugesagten, bisher nur im Manuskript existierenden Aufsatz: ‹Kronprinz Friedrich in Ruppin› freu ich mich sehr und danke Ihnen aufrichtigst, daß Sie mir denselben zur Benutzung überlassen wollen. Der Druck des Buchs ist zwar bis dicht an die betr. Stelle vorgeschritten, es liegt mir aber *so* viel an dem Besitz gerade dieses Aufsatzes (denn alles auf den großen König Bezughabende bleibt doch schließlich immer das Beste), daß ich auf der Druckerei gern Halt blasen lasse und geduldig bis Mitte des Monats warte.« (Ha Br III/210)[11] Dabei werden vornehm die Schwächen des Königs übergangen, mit Nachdruck seine Stärken hervorgehoben. Wobei, um Mißverständnissen vorzubeugen, freilich einzuräumen ist, daß es wenig zeitgenössische Bücher gibt, in denen auch der einfache Märker eine so realistisch-vorurteilslose Darstellung erfährt wie in den ›Wanderungen‹. Es gibt echte Kabinettstücke kunstvoll überformter Plaudereien (man denke nur an die Unterhaltungen mit dem Fuhrmann Moll), die sehr wohl erweisen, wie volksnah Fontane dachte und schrieb, aber was dem Gericht insgesamt seine Würze gibt, das sind die Beiträge zum Leben Friedrichs des Großen. Jede Statistik, jedes Register zu den ›Wanderungen‹, unter welchem Gesichtspunkt sie auch angelegt sein mögen, zeigt, daß keine andere Einzelfigur unter so vielfältigen Aspekten betrachtet wurde. Jede Zeile bezeugt die Vertrautheit mit dem König, und man wird es kaum für eine Übertreibung halten dürfen, wenn sich Fontane anheischig macht, einen Essay über Sanssouci zu schreiben, dem keiner anmerken solle, daß der Verfasser damals nicht dabei gewesen sei. (vgl. Ha Br III/553) Und wenn man auch zugestehen kann, daß die großen Familien des Landes natürlich auch um ihrer selbst willen dargestellt werden, so läßt sich doch nicht übersehen, daß sie ihre Würde und Bedeutung vor allem empfangen durch die Dienste, die sie den Hohenzollern und insbesondere Friedrich dem Großen geleistet haben.

Es ist zur Erhellung des persönlichen Umfelds Fontanes interessant, sich an dieser Stelle seiner Beziehungen zu einem Manne zu erinnern, der zu jener Zeit mehr noch als Fontane selber dazu beigetragen hat, die Hohenzollern in Preußen populär zu machen.

In der Zeit, da Fontane die entscheidenden Schritte in die Welt der ›Wanderungen‹ tat, verfaßte er auch eine Kurzbiographie Adolf Menzels. (NFA 23,1/429 ff) Sie zeigt, wie früh sich Fontane dem Maler schon verwandt fühlen konnte. Der Anfangsruhm beider stammt aus demselben Jahrzehnt und gründet sich auf denselben Gegenstand, die Geschichte Friedrichs des Großen. Hatte Fontane in seinen Feldherrnballaden letztlich den großen König umkreist und sich damit zum Mittelpunkt des Tunnels gemacht, so hatte Menzel wenige Jahre zuvor mit den Illustrationen zu Franz Kuglers Friedrich-Buch die Grundlagen für seinen Ruhm gelegt. Wenn Fontane dieses frühe Werk Menzels beschreibt, so kann man sich angesichts der Fülle der genannten Details des Eindrucks nicht erwehren, daß er selbst in seinen ›Wanderungen‹ eine ebenso dichte und reiche Darstellung der Welt und Umwelt Friedrichs des Großen mit schriftstellerischen Mitteln anstrebte: »Dies Buch, das seinen Ruhm begründete, war die Frucht dreijähriger Arbeit und Mühen. Es besteht aus Text, von Franz Kugler herrührend, und Menzelschen Illustrationen… Diese Kompositionen (Holzschnitte) fesseln durch einen unendlichen Reichtum an Originalität, Witz und gutem Humor, und der Beschauer schwankt, was er mehr bewundern soll, das dramatische Kompositionstalent, das in den Gestalten lebt, oder die historische Treue, die aus der gewissenhaftesten Beobachtung der Kostüme spricht. Alle Fürsten und Helden, alle Staatsmänner und merkwürdigen Personen, der ganze Apparat von Krieg und Frieden, die Schaubühne jener Zeit: Schlösser, Straßen, Schlachtfelder – alles ist entweder nach der Natur gezeichnet oder mit sorgfältigem Fleiße nach gleichzeitigen Gemälden, Büsten und Medaillen kopiert. Besonders interessant ist es, den Helden des Buchs, den Großen König selbst, von Seite zu Seite durch alle Stadien des Alters und der Erscheinung zu verfolgen, vom vierten Lebensjahre an bis zu den letzten Greisestagen.« (NFA 23,1/429f) Das klingt fast wie eine Charakterisierung der ›Wanderungen‹, und diese Parallelisierung des Menzelschen Werks mit dem Fontanes gilt auch für Menzels Bemühungen, die Grundlagen zu schaffen für eine historisch exakte malerische Darstellung der Soldaten der fridericianischen Zeit: »So kam es (was jetzt zwanzig Jahre *nach* dem Auftreten Menzels fast unglaublich scheint), daß man die Großtaten der Garde du Corps bei Zorndorf oder den Siegessturm des Dragonerregiments Ansbach und Bayreuth bei Hohenfriedberg sehr wohl kannte, ohne genau zu wissen, wie jene Garde du Corps oder diese Dragoner eigentlich ausgesehen hatten. Das wissen wir jetzt aufs bestimmteste; aber *daß* wir es wissen, daß die Kostümfrage jener Epoche ein für allemal erledigt ist, daß wir ein malerisches Gesetzbuch haben, das alle Streitfragen in Zukunft schlichten wird, das ist das alleinige Verdienst Adolf Menzels und jener unermüdlichen Studien, deren Resultate er in dem großen Bilderwerk ›Die Armee Friedrichs des Großen in ihrer Uniformierung‹ niedergelegt hat. Das Werk ist das Produkt fünfzehnjähriger, fast unausgesetzter Arbeit (von 1842 – 57) und wird, zusammen mit dem Friedrichs-Buch und einem dritten Bilderwerk, das den Titel ›Die Soldaten Friedrichs des Großen ‹ führt, ein unentbehrlicher Ratgeber für alle diejenigen Künstler werden, die vorhaben, der friderizianischen Epoche mit Ernst und Eifer sich zuzuwenden.« (NFA 23,1/431f) Von diesen Studien Menzels lebte jener Teil seiner Malerei in der zweiten Hälfte des 19. Jahrhunderts, der sich mit der preußischen Geschichte beschäftigte. In ganz ähnlicher Weise entwickelte sich Fontanes Romanwerk aus den Studien, die er in der Zeit der ›Wanderungen‹ am preußischen Adel betrieben hatte. Bei ihm kamen dann die Kriegsbücher noch hinzu. Es ist dabei natürlich nicht nur an ›Vor dem Sturm‹ und ›Schach von Wuthenow‹ zu denken, wo der Zusammenhang mit Händen zu greifen ist, sondern an das gesamte Romanwerk, dessen Figuren (vom Landadel über die Landpastoren zu den Lehrern) ja auch ohne die (die Romane jahrzehntelang vorbereitenden) Objektstudien in den ›Wanderungen‹ in solcher künstlerischen Vollendung nicht möglich gewesen wären.

Unzweifelhaft war unter den Künstlern, deren persönliche Bekanntschaft Fontane machte, Menzel der bedeutendste. Es überrascht daher nicht, daß eines der besten Gelegenheitsgedichte, die aus der Feder Fontanes stammen, Menzel (zu dessen 70. Geburtstag) gewidmet ist. Daß es darüber zu einer Verstimmung kam, weil Fontane in völliger Verkennung von Menzels (schließlich erfülltem!) Wunsch nach besonderer Langlebigkeit dessen verbleibende Lebenszeit auf »Ein Jahrer zehne« (NFA 20/275) befristet hatte, stimmt Nachgeborene eher heiter, noch heiterer freilich eine Formulierung Fontanes, die beweist, daß er sich, ohne je Aufhebens davon zu machen, als Künstler durchaus nicht niedriger einschätzte, als Menzel das für seine Person tat. Die humoristische Formulierung wird Friedrich dem Großen in den Mund gelegt, denn Fontane tat den außergewöhnlich glücklichen Griff, seine Huldigung für Menzel unter den Stern der gemeinsamen Verehrung für den großen König zu stellen: eine schlichte Bezugnahme von höchster Aussagekraft. Im Gedicht erkundigt sich der König bei dem Schriftsteller Fontane nach dem Maler Menzel; da müsse er schließlich Auskunft geben können, denn »Federvieh und Borste/ Wohnt auf demselben Hof und hält Gemeinschaft«. (NFA 20/274) Vielleicht war der empfindliche Menzel auch von dieser Formulierung nicht sonderlich beglückt, aber Fontane war es auf diese Weise gelungen, ebenso viel von seinem Selbstgefühl zu offenbaren wie von seiner Überzeugung, daß, verglichen mit den bildenden Künstlern, die Schriftsteller in Preußen allzeit schlecht behandelt wurden, läßt er doch den König, nachdem er sich ihm als Schriftsteller und Versemacher vorgestellt hatte, sagen:

›Nun hör Er, Herr,
Ich will's Ihm glauben; keiner ist der Tor,
Sich dieses Zeichens ohne Not zu rühmen,
Dergleichen sagt nur, wer es sagen muß,
Der Spott ist sicher, zweifelhaft das andre.
Poète allemand! Ja, ja, Berlin wird Weltstadt.‹
(NFA 20/274)

Immerhin hatte Fontane (wenn ihm dabei auch unheimlich wurde) die Genugtuung, in seinen letzten Jahren noch lesen zu können, »daß es nur noch drei große Männer in Deutschland gäbe: Bismarck, Menzel und Fontane«. (Ha Br IV/522) Ein besseres Dreigestirn ließ sich nicht denken, denn in ihm ist in der Tat die gesamte geistige Überlieferung des 19. Jahrhunderts in Preußen präsent: politisch, literarisch, bildnerisch. So ganz einseitig wörtlich wird man deshalb Fontanes Versicherung, er blicke zu Menzel und Turgenjew als seinen »Meistern und Vorbildern« auf (Ha Br III/441), nicht nehmen dürfen, denn er besaß (wie ja auch seine Kritiken an Turgenjew zeigen) Selbstgefühl genug, um zu wissen, daß er über Qualitäten verfügte, an denen sich Turgenjew hätte ein Beispiel nehmen können.

Und wenn er Menzels spezielle Lebensführung in Berlin beschreibt, die, seiner Meinung nach, Voraussetzung ist für die Bewältigung einer immensen künstlerischen Aufgabe, so spürt man doch sein Wissen darum, daß sich sein persönlicher Lebensstil, soweit er Arbeitsstil ist, nicht sehr von demjenigen Menzels unterscheidet: »Einige wenige Personen brauchen ihrem Berufe nach die große Stadt, das ist zuzugeben, aber sie sind *doch* verloren, speziell für ihren Beruf verloren, wenn sie nicht die schwere Kunst verstehn, in der großen Stadt zu leben und wiederum auch *nicht* zu leben. Ad. Menzel ist beispielsweise ein Meister in *dieser* wie in seiner eigentlichen Kunst. Gewiß war ihm Berlin eine Nothwendigkeit (Menzel 50 Jahre lang in Filehne wäre nicht Menzel mehr) aber wie hat er auch in Berlin gelebt? Von 9 bis 9 ein Einsiedler in seinem Atelier, und dann erst, wenn andre zu Bette gehn, geht er mit seinem Ordensband zu Hof oder mit seinem Klapphut zu Huth. Er war zeitlebens ein Meister in der Kunst der *Concentration* und hat deshalb eine Kunst-Carrière gemacht, ohne je ein Carrièremacher gewesen zu sein. Aber das alles ist Ausnahmefall. Als Regel steht es mir fest, die große Stadt macht quick, flink, gewandt, aber sie verflacht und nimmt jedem der nicht in Zurückgezogenheit in ihr lebt, jede höhere Produktionsfähigkeit.« (Ha Br III/369) Es mag dahingestellt bleiben, ob Reuters Formulierung, daß Fontanes »Verehrung für den ‹Rütlionen› Adolph von Menzel« »im Alter zu einer kokett-geheimen Identifizierung mit dem Künstler« führte,[12] sehr glücklich ist, sicher ist, daß beide dasselbe Feld bebauten und daß, wenn überhaupt jemand vermag, Preußen und seine Überlieferungen in anschaulicher Lebendigkeit zu vergegenwärtigen, Fontane und Menzel die Berufensten sind. Wenn Fontane sich in seinem Menzel-Gedicht zu Friedrich dem Großen sagen läßt:

Am liebsten aber (und mir schwoll der Kamm,
Ich war im Gang, ‹jetzt oder niemals› dacht’ ich),
Am liebsten aber gibt *die* Welt er wieder,
Die *Fritzen*-Welt, auf der wir just hier stehn,
(NFA 20/275)

so spiegelt sich darin auch die eigene Leidenschaft wider, mit der er in den Wanderungsjahren den Spuren Friedrichs durch die Mark folgte.

Als Menzel 80 wird, greift Fontane noch einmal zur Feder. Menzel war der viel Berühmtere, was aus Fontanes Brief an Freund Zöllner deutlich wird, indem er eine Begegnung mit Menzel in Bad Kissingen beschrieb: »Die Menzelei war vergleichsweise von einer hervorragenden Liebenswürdigkeit, und es wäre schändlich, wenn ich hier mäkeln und nörgeln wollte, fiel doch ein Abglanz von ihm auch auf mich, der ich gewürdigt wurde, halbe Stunden lang und länger mich mit dem kleinen Mann und der großen Berühmtheit auf der Promenade herumzuzieren.« (Ha Br III/711) In der letzten großen Würdigung, die Menzel aus seiner Feder erfährt, stellt Fontane den Maler in eine andere, uns nicht weniger vertraute Tradition. Er feiert nicht nur den Künstler Menzel, sondern stellt dessen menschliche Qualität noch über die des Künstlers. Es war die Zeit der ›Umsturzvorlage‹[13], und Fontane hatte sich anheischig gemacht, Menzel zur Unterschrift unter eine gegen die Vorlage gerichtete Petition zu bewegen. (Ha Br IV/427) Es war eine Herausforderung des Kaisers, denn jedermann wußte, wem zu Gefallen das Gesetz erlassen werden sollte. Und Menzel – unterschrieb. Fontane läßt es sich nicht nehmen, seine Laudatio auf Menzel in Hardens ›Zukunft‹ mit dem

Hinweis auf diesen Vorgang abzuschließen und preist Menzels Mut: »Dieser Mut ist seine vielleicht schönste und größte Seite. Nie schwankend, wo's gilt, nie blo-ßer Lebensklugheit nachgebend, ist ihm innerhalb der moralischen Welt alles Marchandieren fremd. Und nun gar erst Fahnenflucht! Von Kopf zu Fuß loyal, allem Utopistischen abgeneigt, ist er doch zugleich durch und durch ein Mann der Freiheit und als solcher immer da zu finden, wo von alter Zeit her die richti-gen Preußen, die Leute von festem Rückgrat, gestanden haben. Und diese haben – Gott sei Dank – vordem wie heute noch immer ihre Widersacher überdauert. Als der alte General von der Marwitz vor Friedrich Wilhelm dem Dritten stand, um sich, und zwar nach Verbüßung seiner Strafe, wegen einer Opposition, deren Heftigkeit ihn auf die Festung geführt hatte, respektvollst zu rechtfertigen, ant-wortete ihm sein gnädiger König: ›Weiß schon, weiß schon,… immer Überzeu-gungen gehabt haben‹, und als unser Menzel, unser heut' achtzigjähriger Jubilar, eben seinen Namen unter eine gegen die geplante Umsturzvorlage sich richtende Petition gesetzt hatte, lud ihn, als Antwort darauf, sein junger Kaiser nach Sans-souci hinauf, um hier, bei einer … Friedrichs-Festlichkeit, die große Zeit vor dem Auge dessen heraufsteigen zu lassen, der, mehr als irgendwer, zu des Königshau-ses und des preußischen Volkes Ruhm eben diese Zeit darzustellen und zu ver-herrlichen gewußt hat.« (NFA 23,1/519) Zum letzten Male bekennt sich Fon-tane zu dem zweiten Helden seiner Wanderungsjahre: Friedrich August Ludwig von der Marwitz, dessen außergewöhnliche Bedeutung wir noch erörtern wer-den, und neben ihm steht Menzel – als ein Mann, der sich unerschrocken zu sei-ner Meinung bekennt, statt der Bequemlichkeit nachzugeben und andere den Kampf für Fortschritt und Freiheit führen zu lassen. Als Harden sich später über die Menzel-Feier (wir kommen auf sie zurück) lustig macht, verteidigt Fontane den alten Freund und Vertrauten: »der Gefeierte selbst aber hat eine große Feier verdient … das Schöne war nie seine Sache. Dennoch halte ich ihn … für den größten lebenden Maler. Was wir in Deutschland haben, reicht nicht an ihn heran und die besten Nummern der drei romanischen Völker, die im Einzelnen ihn übertreffen (mitunter sehr) haben doch keine Spur von der Allumfassendheit des kleinen Mannes. Bedenken Sie seine Spannweite: links Hochkirch und *Leu-then* (dies, unfertig im Atelier, ganz besonders großartig) rechts Hühner, Hähne und weiße Pfauen, letztre – mehr als seine Weiblichkeiten – von einer geradezu erobernden Schönheit. In unsren ›Feierungen‹ halten wir leider nie Maß und wo kein Maß ist, ist keine Schönheit.« (Ha Br IV/511f) Hochkirch und Leuthen – außer für die Hunnenschlacht von Kaulbach hat sich Fontane, der ein exceptio-neller Kenner von Schlachtenbildern war, wohl nur für eines wirklich begeistert, eben für das Hochkirchbild von Menzel: »einzelne Stimmen … fühlen sich ver-sucht, das Hochkirch-Bild am höchsten zu stellen, weil es, neben dem, was allen Menzel-Bildern eigen ist, auch noch ein Maß von Kraft und Leidenschaft zum Ausdruck bringt, das, über die bloß künstlerische Befriedigung hinaus, zugleich noch das Innerste, die Seele des Beschauers, mit fortreißt. Die aus der Tiefe heraufkletternden Vordergrundsgrenadiere mit ihrem schon an der Hand verwundeten alten Major an der Spitze..., die schräg durch das Bild hin im Schatten stehende Feuerlinie mit dem Sponton-Unteroffizier am linken Flügel, endlich der König selbst, wie ein Rasender aus der Dorfgasse herausjagend, ohne Hut, das Haar im Winde – welch ein Bild!« (NFA 23,1/517) Über Fontanes frühe Hochkirch-Begeisterung sprachen wir bereits – so schließt sich ein Ring.

Es ist ein erstaunliches Zeichen für die Lebenskraft des preußischen Staates, daß die zwei bedeutendsten Künstler des 19. Jahrhunderts, die in Berlin ihr Lebenswerk schufen, von den Anfängen ihrer künstlerischen Bemühungen an ihre Gegenstände der preußischen Geschichte entnahmen. Man erinnert sich der berühmten Sätze Goethes: »Der erste wahre und höhere eigentliche Lebensgehalt kam durch Friedrich den Großen und die Taten des Siebenjährigen Kriegs in die deutsche Poesie. Jede Nationaldichtung muß schal sein oder schal werden, die nicht auf dem Menschlich-Ersten ruht, auf den Ereignissen der Völker und ihrer Hirten, wenn beide für *einen* Mann stehn. Könige sind darzustellen in Krieg und Gefahr, wo sie eben dadurch als die Ersten erscheinen, weil sie das Schicksal des Allerletzten bestimmen und teilen, und dadurch viel interessanter werden als die Götter selbst, die, wenn sie Schicksale bestimmt haben, sich der Teilnahme derselben entziehen. In diesem Sinne muß jede Nation, wenn sie für irgend etwas gelten will, eine Epopöe besitzen, wozu nicht gerade die Form des epischen Gedichts nötig ist.«[14] Menzel wie Fontane zeigen, wie lange der große König die Phantasie seiner Landsleute beschäftigte und wie lebendig seine Taten in ihrem Gedächtnis geblieben waren. Für den Maler wie für den Dichter gibt Friedrich der Große die ersten und zugleich entscheidenden Impulse.

6. Kapitel

Die ›Wanderungen‹ – ohne die Befreiungskriege?

Der große König, seine Feldherrn, Offiziere und Soldaten sind ganz augenscheinlich das erzählerische und ideologische Zentrum der ›Wanderungen‹. Ihr soldatisches Ethos beflügelt den Dichter und läßt seine Liebe zum Soldatentum wachsen. Man wird deshalb auffallend finden müssen, daß sich Fontane bei seinem leidenschaftlichen Interesse für den preußischen Soldaten doch kaum irgendwo in den ›Wanderungen‹ mit der Bedeutung der Armeereformer nach 1806 intensiv befaßt hat. Stein, Scharnhorst, Gneisenau, Boyen, Grolman, um nur die wichtigsten zu nennen, werden zwar gelegentlich respektvoll erwähnt, aber nur schwer läßt sich erkennen, daß Fontane voll bewußt gewesen wäre, mit welcher Intensität diese Männer darum gerungen haben, Volk und Armee und, im Rahmen dieser Armee, Adel und Bürgertum miteinander auszusöhnen und damit die Voraussetzungen dafür zu schaffen, daß sich Preußen 1806 bis 1815 in den schwersten Stunden seiner Geschichte behaupten und schließlich, mit Glück der völligen Auflösung und Vernichtung entgangen, eine glänzende moralische und militärische Auferstehung erleben konnte. Wenn Droysen in seiner Biographie Yorks feststellte: »Die eigenthümliche Wendung, welche die Verhältnisse Preußens, namentlich seit den Carlsbader Conferenzen, nahmen, waren der Erinnerung jener großen Zeit nicht eben günstig« und »Die innere Geschichte Preußens aus dieser Zeit ist wenig aufgeklärt«,[1] so wird man sagen können, daß sich in allem, was Fontane über die preußische Geschichte zu Anfang des Jahrhunderts schrieb, etwas von den Unterlassungen spiegelt, die gewolltermaßen von der offiziellen konservativen preußischen Vergangenheitsbewältigung hinsichtlich der Armeereformer zwischen 1806 und 1813 ausgingen.

Die Frage bleibt also zu beantworten, weshalb Fontane in den ›Wanderungen‹, aber auch sonst in seinem Werk den Befreiungskriegen so reserviert begegnet ist. Es gibt zwar, wie wir sehen werden, auch einige wenige positiv zu bewertende Stellungnahmen, aber alles in allem überwiegt große Zurückhaltung. Typisch dafür ist eine Äußerung aus ›Von Zwanzig bis Dreißig‹, wo es heißt: »Rußland hatte uns gerettet, bei Existenz erhalten. Nicht bloß von Anno 6 bis 12, auch noch 13 und 14. Unerträglich ist es, immer noch in so vielen Büchern und Artikeln der naiven Vorstellung zu begegnen, als habe die Provinz Ostpreußen oder das Yorksche Korps oder die pommersche Landwehr den Kaiser Napoleon besiegt. Durch dies unnatürliche Heraufpuffen hat man – von dem Häßlichen der Unwahrheit ganz abgesehn – nur Ärgerlichkeiten und Torheiten geschaffen, die sich später gerächt haben. Es war nicht so, wie's in den Klippschulen vorgetragen wird. Die

Macht der beiden Kaiserstaaten, Rußland und Österreich, so wenig enthusiastisch sie vorgingen, hatte doch schließlich den Ausschlag gegeben, *nicht* der Todesmut Preußens, der diesem, in allem übrigen, ein unbestrittener Ruhmestitel bleibt.« (NFA 15/239f) Allzu gering scheint hier der Anteil veranschlagt, den preußische Waffen an den Siegen der Alliierten über Napoleon hatten, den kriegerischen Impetus noch nicht einmal mitgerechnet, der vom preußischen Hauptquartier während des Feldzugs 1813 bis 1814 ausging. Clausewitz hat die Rolle der Schlesischen Armee viel gerechter gesehen, wenn er feststellt, daß die Armee Blüchers »die Spitze von Stahl in dem schwerfälligen eisernen Klotz« war, »womit man den Koloß spaltete.«[2] Und auffällig ist bei dieser knappen Würdigung der Freiheitskriege durch Fontane auch die Tatsache, daß er das Jahr 1815 einfach unterschlägt, obwohl doch gerade in diesem Jahr Napoleons Untergang besiegelt wurde – ohne daß die beiden Kaiserreiche in den Entscheidungskampf hätten eingreifen können. Es blieb Preußen und Engländern vorbehalten, die letzte Schlacht zu schlagen, und der preußische Anteil daran war alles andre als ruhmlos. Die Engländer haben damals wenig dazu beigetragen, die preußischen Verdienste am Sieg zu würdigen, obgleich sie die Schlacht ohne Preußens Hilfe verloren hätten. Gleichwohl haben die Engländer – so Fontane – den Sieg immer nur als einen Sieg der englischen Waffen angesehen, und es gab Zeiten, wo sich Fontane über diese englische Anmaßlichkeit offenkundig empört hat. In der Besprechung eines Bildes von Horace Vernet, das die Alma-Schlacht darstellt, heißt es: »Der Pariser Korrespondent des ‹Globe› ist außer sich darüber, daß auf dem großen, eben jetzt wieder ausgestellten Bilde Horace Vernets, das die Alma-Schlacht darstellt, die gesamte englische Heeresmacht und Mitwirkung durch *einen* verwundeten Hochländer vertreten ist. Ich könnte mich verpflichten, dem Horace Vernet für diese Lektion, die er dem englischen Dünkel gibt, drei Stunden lang Farben zu reiben. Es ist gut, wenn die Engländer mal fühlen, wie solche eitle Überhebung eines andern tut. Es gibt hier noch immer Hunderttausende, die von den Preußen bei Waterloo nichts wissen (heut am 18. Juni ist es angetan, daran zu erinnern) und in dem berühmten Walter Scottschen Siegeshymnus auf die Schlacht, den ich erst vor kurzem kennenlernte, ist der Preußen und der Deutschen auch nicht mit einer Silbe gedacht. Horace Vernet hat doch wenigstens *einen* Hochländer gemalt, wie eine Abschlagszahlung auf historische Gerechtigkeit.« (NFA 23,2/222) Daß einzelne Engländer die englisch-preußische Waffenbrüderschaft nicht vergessen haben, macht Fontane deutlich in seiner Besprechung des Bildes ›Die Begegnung Blüchers und Wellingtons am Abend von Belle-Alliance‹ von Daniel Maclise. Aber auch hier, das Gegenteil vor Augen, verzichtet er nicht darauf, den Engländern die fehlende Herzlichkeit ihres Dankes vorzuhalten: »von rechts her rücken die Preußen mit fliegenden Fahnen an, begierig, den schwer errungenen Sieg zu verfolgen; links gruppieren sich die Engländer, und hohe Freude fliegt über die ermatteten Gesichter. Man lobt an dem Bilde besonders diesen Gegensatz: die Frische und Freudigkeit der anrückenden Preußen und den Ausdruck des Ernstes, der Ermattung und der Dankbarkeit in den Köpfen der Engländer. Schade, daß die *Herzen* der nachgebornen Engländer so wenig von diesem Danke wissen.« (NFA 23,1/435) Trotz dieser seiner Entrüstung hat Fontane später nicht besonders viel getan, um den preußischen Waffenruhm bei Waterloo ins rechte Licht zu rücken. Dem strategischen Konzept der Kämpfe bei Ligny und Waterloo hat er nur wenige Zeilen gewidmet, und dies in einer sehr unselbständigen, in der Hauptsache aus Zitaten bestehenden Arbeit über Neidhart Graf von Gneisenau im Rahmen der ›Vaterländischen Reiterbilder aus drei Jahrhunderten‹: »Nach der Schlacht bei Ligny faßte er den bedeutsamen und rettenden Entschluß, den Rückzug auf Wavre zu richten, wodurch allein der Sieg bei Belle-Alliance ermöglicht wurde.« (NFA 19/679) Wenn man weiß, mit welcher Sorgfalt und Liebe Fontane sonst über die militärischen Erfolge der Preußen geredet hat, so ist die Sparsamkeit seiner Mitteilungen über diese Feldzüge geradezu staunenerregend.[3]

Offenbar waren die Freiheitskriege für ihn nicht, was sie vor allem für die liberale Geschichtsschreibung des 19. Jahrhunderts gewesen waren: glanzvolle Bestätigung des kriegerischen Geists eines Volkes, das, bis dahin in politischer Abhängigkeit gehalten, in diesen Kämpfen bewiesen hatte, daß es, zur Tat aufgerufen, aus sich heraus vollbringen konnte, was bis dahin nur unter der Führung des Königs und des Adels gelungen war. Das Volk und seine Armee waren über sich hinausgewachsen. In ihnen hatten die Reformer die Kräfte wecken können, die in der preußischen Armee gefehlt hatten, als sie bei Jena und Auerstädt in demütigender Weise unterlag und zerbrach.

Fontane war Preuße genug, das Große nicht zu verkennen, das sich in jenen Jahren ereignet hatte, aber er mochte doch nicht vorbehaltlos einstimmen in den Jubelchor der traditionellen Lobredner. Daß er seines eigenen Urteils nicht ganz sicher war oder zumindest nicht liebte, damit hervorzutreten, läßt sich an der Kritik erkennen, die er Alexis' Roman ›Ruhe ist die erste Bürgerpflicht‹ widmete. Als Aufgabe des Romans erkennt er »die Darstellung jener Epoche politischer Unfähigkeit, hohlen Dünkels und sittlichen Falls.« Er fährt fort: »Daß ich persönlich über jenen ganzen Zeitabschnitt *viel* milder denke und es außerdem bestreite, daß unsre Niederlage, uns sittlichend, eben *dadurch* unsre Wiedergeburt erzeugte (diese Wiedergeburt erfolgte aus ganz anderen Ursachen) dies alles habe ich füglich außer Spiel zu lassen. W. Alexis sah die Dinge so an; Hunderttausende mit ihm; die große Geschichtsschreibung nicht minder. Ich habe also bei Beurteilung des Romans *seiner* (Alexis) politischen Anschauung zu folgen, nicht meiner.« (NFA 21,1/196) Ganz ähnlich äußert er sich zehn Jahre später, als er mit Wilhelm Friedrich in Verbindung steht wegen der Buchausgabe des ›Schach von Wuthenow‹, wo noch unentschieden ist, welchen Titel der Roman schließlich tragen soll. Verschiedene Möglichkeiten werden erwogen, und dann heißt es: »›Gezählt, gewogen und hinweggetan‹ ist auch gut, aber etwas zu lang, etwas zu feierlich und etwas zu anmasslich. Namentlich dies Element der Anmasslichkeit, nicht der persönlichen sondern der *Zeit*anmasslichkeit, möcht ich vor allem vermeiden. Denn schliesslich war die Zeit lange nicht *so* schlecht wie sie gemacht wird, und die ganze Geschichte läuft au fond darauf hinaus, dass die Landwehrrüpel und die dummen Jungen, die lieber Held spielen als Regeln lernen wollten, mehr Glück gehabt und hinterher auch noch die Geschichtsschreibung besorgt haben, wobei sie dann natürlich nicht zu kurz gekommen sind.« (Ha Br III/216 f)

An einer wichtigen Stelle seines Buchs über den ›Krieg gegen Frankreich‹ hat Fontane noch einmal wiederholt, wie wenig er einverstanden war mit der negativen Bewertung der friedericianischen Armee, die bei Jena unterlegen war, und dem dagegenstehenden Lobpreis für die Truppen, die 1813 an der Völkerschlacht von Leipzig beteiligt waren und nach Paris vorrückten. Es scheint ihm, daß alles Urteilen letztlich erfolgsabhängig ist: »Jede geschlagene Armee wird verurtheilt, die siegreiche auf ihre Kosten erhoben. Was einfach ein Gottesgericht oder der Sieg eines zum Leben bestimmten neuen Gedankens war, es wird der Waffe, dem Mittel, dem System zugerechnet, das bestimmt war, jenes Gericht zu vollziehen oder diesem Gedanken zum Siege zu verhelfen. Wir haben in unserer eigenen Geschichte die Beispiele dafür. Die Armee von Anno 13 war der von Anno 6 schwerlich überlegen, aber die eine vertrat ein zum Leben, die andere ein zum Sterben Bestimmtes, und so haben sich Ruhm und Ehre auf die eine gehäuft, während die andere unter Verachtung vom Schauplatz getreten ist. Ihr Verbrechen war, daß sie unterlag.« (KF I/88) Von der inneren Umkehr in Preußen, die die Siege von 1813 bis 1815 erst ermöglichte, ist nicht die Rede.

Wie unwillig Fontane war, wenn es darum ging, den Männern der Freiheitskriege Gerechtigkeit widerfahren zu lassen, zeigt sich auch an seinem Verhältnis zu Scharnhorst. Die liberale Geschichtsschreibung (eben jene ›dummen Jungen‹, die die Freiheitskriege gewonnen hatten) sah in ihm und Gneisenau die Männer, die gemeinsam mit Stein (der ja keineswegs nur für den zivilen Sektor verantwortlich gewesen war) das Volk zu einem neuen Bewußtsein seiner Kraft geführt, die ein volksnäheres, ‹demokratischeres› Zeitalter hatten inaugurieren wollen. Sie waren dabei auf vielfältige Hindernisse gestoßen und hatten sich gegen den zähen Widerstand eines privilegienbewußten Adels nur z.T. durchsetzen können. Und ihr Kampf war um so schwerer gewesen, als sie auch beim König auf Halbherzigkeit und Widerstreben getroffen waren.

Daß Fontane Scharnhorst so unbeachtet gelassen hat, ist um so unbegreiflicher, als dieser eine phänomenale Karriere gemacht hatte (sein Vater war nur Wachtmeister in Hannover gewesen) und sich im Sinne der Fontaneballaden aus der Tunnelzeit in hervorragender Weise als Volksheld hätte präsentieren lassen. (Man denke nur an die Schneidervergangenheit des alten Derfflinger!) Wenn ihm auch Siege als Schlachtenlenker versagt geblieben waren, er hatte schließlich die Grundlagen für den Wiederaufbau der preußischen Armee gelegt.

Erst in einem 1881 geschriebenen, relativ kurzen Wanderungsaufsatz mit dem Titel ›Der Scharnhorst-Begräbnisplatz auf dem Berliner Invalidenkirchhof‹ wird erkennbar, daß Fontane von den Spannungen innerhalb der Führungsspitze Preußens und vor allem der preußischen Armee sehr viel mehr gewußt hat, als die ›Wanderungen‹ verraten.

Nach dem Tode Scharnhorsts, der bei Groß-Görschen verwundet wurde und am 28. Juni 1813 in Prag gestorben war, schrieben Gneisenau und Clausewitz einen Nachruf auf den Reorganisator der preußischen Armee, in dem es u. a. hieß: »Was er dem Staate gewesen ist und dem Volke und der ganzen deutschen Nation, *mögen viele oder wenige erkennen, aber es wäre unwürdig, wenn einer davon gleichgültig bliebe bei dem traurigen Todesfall.*« (NFA 12/362f)[4] Das Verlangen, diesen Nachruf staatlich-offiziell zu veröffentlichen, stieß im Hardenbergschen Kabinett auf Widerstand. In der Tat war Scharnhorsts Stellung nie unumstritten gewesen, und die im Nachruf erwähnte »Freiheit von Vorurteilen des Herkommens, die stolze Gleichgültigkeit gegen äußere Auszeichnungen« kann ihm unter seinen soldatischen Zeitgenossen, die den erst kurz nach der Jahrhundertwende geadelten Mann als Außenseiter betrachteten, nicht nur Freunde gemacht haben. Die alte Generalität, die noch unter dem großen König ihre Prägung erfahren hatte und die in Jena und Auerstädt eine Art Betriebsunfall, nicht aber eine in fehlender Kriegskunst wurzelnde Niederlage sah, stand ihm feindselig gegenüber, weil er sich anschickte, scheinbar bewährte und zudem in Jahrzehnten gewachsene Strukturen zu zertrümmern, und die jungen Subalternoffiziere werden für sein asketisches Soldatentum schon deshalb keine besondere Begeisterung empfunden haben, weil er ihnen ihre Pferde nahm und sie mit der Truppe marschieren ließ. Darüber hinaus zählte auch die mächtige französisch gesonnene Partei zu seinen Feinden, wofür die Namen Kalckreuth, Zastrow und Ancillon stehen mögen.[5]

Reinhard Höhn faßt die Absichten Scharnhorsts bei der Reorganisation des preußischen Heeres so zusammen: »Er ändert die Zusammensetzung des Offizierkorps mit dem Ziel, durch Einströmen der Kräfte der ganzen Nation in den bisher dem Adel vorbehaltenen Stand die Versöhnung zwischen Adel und Bürgertum herbeizuführen und an Stelle des Geburtsadels die Voraussetzungen für die Entstehung eines Leistungsadels zu schaffen. Ein neues Ausleseprinzip soll die ganze Armee durchdringen, insbesondere im Avancement volle Geltung besitzen, hier das Anciennitätsprinzip beseitigen und als Leistungsprinzip die Könnerschaft einer neuen militärischen Führung gewährleisten.«[6]

Diese Sätze machen deutlich, wie revolutionär Scharnhorsts Wehrpolitik seinen militärischen Zeitgenossen erscheinen mußte. Wenn damals der Kammerpräsident von Vincke ausführt, für ihn sei die Verkündung der allgemeinen Wehrpflicht »die Verkündung eines ›Schrecknisses, besonders unter den gebildeten Ständen‹, das ›Grab aller Kultur, der Wissenschaften und Gewerbe, der bürgerlichen Freiheit und aller menschlichen Glückseligkeit‹, die Rückkehr ›in die Barbarei‹«, so läßt sich ahnen, welches Potential an Kritik sich in Preußen gegen Scharnhorst aufstaute.[7]

Auf die Einwände des Staatsministeriums gegen die Veröffentlichung des Nachrufs antwortete Gneisenau: »Allgemein gefühlt und anerkannt ist Scharnhorsts Verdienst keineswegs. Und wenn es nicht allgemein anerkannt ist, warum dies nicht sagen? Jeder große Mann hat seine Freunde und seine Verunglimpfer, und gerade darin, daß er es nicht darauf anlegte, jedermann zu gefallen, liegt seine Größe. So etwas muß daher bei einem solchen Tode gesagt werden.« (NFA 12/363)

Auch Fontane kann sich nicht entschließen, die damaligen Kontroversen über Scharnhorst und seine Armeekonzeption mit aller Offenheit darzulegen. In einer Anmerkung zu dem Vorgang erweist er sich als überaus vorsichtiger Beurteiler, indem er schreibt: »In dem Punkte, daß man im Kabinett eine gewisse Bestrittenheit der Scharnhorstschen Verdienste wegleugnen wollte, hatte man gewiß unrecht, aber darin andererseits gewiß recht, daß es mindestens ›unopportun‹ war, in solcher Zeit auf solche Meinungsverschiedenheiten oder auch Schlimmeres hinzuweisen.« Noch gewundener kann man sich nicht ausdrücken, wenn man die Anti-Scharnhorst-Affekte im damaligen offiziellen Preußen offenbar machen will. Aber auch seinerseits fehlt es Fontane noch siebzig Jahre später an dem Freimut, sich zu der ›demokratischen‹ Substanz in Scharnhorsts Entwürfen zu bekennen: »Man mag sich zu dieser Kontroverse stellen wie man will, eines erhellt daraus: ein Vorhandensein von Antagonismen und Gereiztheiten, über deren Ursachen ich mich an dieser Stelle nicht weiter verbreiten mag (!). Es war eben eine ›Gegenströmung‹ da, das war unzweifelhaft, und diese dauerte fort, als einige Jahre später von seiten der Scharnhorst-Freunde der Plan angeregt wurde, seine irdischen Überreste von Prag her nach Berlin zu schaffen und ihm daselbst ein Denkmal zu setzen. ›Anfangs‹, so schreibt Minutoli, ›flossen die Beiträge reichlich; aber die Wahrheit erfordert, einzugestehen, daß sich beim Einsammeln auch Teilnahmlosigkeit, Engherzigkeit, ja sogar Mißgunst zu erkennen gab.‹« (NFA 12/363 f)

Fest steht, daß der Armee immer daran gelegen war, Scharnhorst als einen der ihren erscheinen zu lassen, ihn in eine Reihe zu stellen mit den großen preußischen Soldaten, die sich Verdienste erworben hatten um die Erhaltung ihres Vaterlandes. Aber man verlor nie das Gefühl dafür, daß er ein fremdes Element in die homogene Masse der preußischen Armee gebracht hatte. Man vermied es daher, seine großen reformatorischen Leistungen aus zu großer Nähe zu betrachten. Man begnügte sich lieber damit, ihn von weitem zu bewundern, wobei die Details weniger zur Geltung kamen. Wie anders ließe es sich erklären, daß der preußische Generalstab, als Droysen seine York-Biographie beendet hatte, ihm für seine geplante Scharnhorst-Biographie das Material, das er zu Forschungszwecken benötigte, nicht zur Verfügung stellte? Droysen nahm also Abstand von seinem Plan.[8]

Es wäre immerhin auch denkbar, daß die Bedenken, die Fontane ohne Zweifel gegen Scharnhorst hatte, auch darin wurzelten, daß Scharnhorst zu seinem Teil dazu beigetragen hatte, die Preußen zu einem ›Examensvolk‹ zu machen, und man weiß, wie sehr Fontane zeitlebens darunter gelitten hat, daß man sich in Preußen, wollte man auch nur einen winzigen Schritt auf der sozialen Leiter nach oben steigen, erst einem Examen unterwerfen mußte. Und Scharnhorst war kühn genug gewesen, sogar dem Adel ein solches Examen zumuten zu wollen, weil er sich keinen Offizier vorstellen konnte, der ohne bestimmte Bildungsvoraussetzungen imstande gewesen wäre, seinen Führungsaufgaben gerecht zu werden. Bis dahin hatte sich der preußische Adel ganz selbstverständlich im Besitz jener Führereigenschaften gefühlt, die einem preußischen Offizier in Krieg und Frieden notwendig waren. Bei Reinhard Höhn heißt es dazu: »In der Verbindung von Bildung und Avancement liegt der entscheidende Vorstoß gegen das Führungsmonopol des adligen Offizierkorps. Die bisher als selbstverständlich betrachtete Führerqualität adligen Herrentums wird damit erstmalig ernsthaft in Frage gestellt. Das Bildungsproblem des Offiziers wird von der Substanz seines militärischen Wissens und Könnens aufgerollt. Adliges Führertum allein ohne ein qualifiziertes militärisches Wissen wird als für den Staat bedrohlich betrachtet. Bürgerliche Maßstäbe, insbesondere das ›Examen‹, müssen in Zukunft im Offizierkorps angelegt werden, um festzustellen, inwieweit die bisher als selbstverständlich angenommene Führerqualität des adligen Offiziers für die modernen Bedürfnisse ausreicht. Dadurch sprengt Scharnhorst die Einheit des Standes und unterstützt den Einbruch der bürgerlichen Welt ins Heer.«[9] Fontane war ein geschworener Feind dieser Examensmanie und hielt bis ans Ende seines Lebens wenig von Qualifikationen, die man durch Examina erwirbt. Und auch in der Armee selber erfreute sich das Examinieren zu keiner Zeit besonderen Ansehens. So gilt denn Dubslavs Lebenslauf durchaus als typisch: »Des alten Schloßherrn Lebensgang war märkisch-herkömmlich gewesen. Von jung an lieber im Sattel als bei den Büchern, war er erst nach zweimaliger Scheiterung siegreich durch das Fähnrichsexamen gesteuert...« (NFA 8/8) Die Unbekümmertheit, die sich in der Verachtung solcher Examensweisheit ausspricht, ist also eher ein Zeichen gesunden Menschentums.[10] Daß Fontane andererseits für den ungebildeten Offizier nur Ironie übrig hatte, macht das Gespräch in ›Cécile‹ deutlich, zu dem sich eine Reihe von Frondeuren in St.Arnauds Haus versammelt. Wenn dort der General von Rossow sagt: »Der Chef, trotz altem livländischen Adel, der hingehen mag, ist, von meinem Standpunkt aus, ein homo novus, der der unglückseligen Anschauung von der geistigen Bedeutung der Offiziere huldigt. Alles Unsinn. Wissen und Talent ruinieren nur, weil sie bloß den Dünkel großziehen« (NFA 4/245), so ist damit keineswegs Fontanes Meinung ausgesprochen, sondern die Anmaßung eines vergreisten Generals, über den die Zeit hinweggeschritten ist, wird bloßgestellt.

Nach der Niederlage der Reformer hatte der preußische Staat offiziell wenig getan, die von ihnen gegebenen Anstöße für die Befreiung des Vaterlandes zu würdigen. Triumphiert hatte in der preußischen Armee des 19. Jahrhunderts ein ganz und gar monarchisch gestimmter Konservatismus, und Fontane zögert, längst gefallene Entscheidungen neu zu diskutieren. Opportun wäre es auch nicht gewesen, denn die von Roon organisierte und von Moltke geführte Armee, die nicht die Armee Scharnhorsts war, hatte eben drei Bewährungsproben bestanden, die eine Erörterung der konzeptionellen Grundlagen des Heeres nicht nahelegten. Es spricht aber auch für die schwer überwindbare Konservativität von Fontanes Natur, daß er die alte Scharnhorst-Kontroverse mit solcher Zurückhaltung behandelt.[11]

Die Gründe für Fontanes Vorbehalte gegen die Männer der Freiheitskriege waren vielschichtig. So ist zu berücksichtigen, daß Fontane, als er die ›Wanderungen‹ schrieb, ein Konservativer war und dies, im *Hinblick auf die Armee,* bis ans Ende seines Lebens – zum mindesten mit einigen Regungen seines widerspruchsvollen Denkens – auch blieb. Nun war zwar auch der konservative Fontane noch vorurteilsfrei genug, um zu erkennen, daß das, was die Reformer gewollt hatten, groß gedacht war und allein dem Nutzen Preußen-Deutschlands hatte dienen sollen, aber als Konservativer konnte er das Zugeständnis nicht machen, daß die Reformer die richtigen Wege beschritten hatten. Und schließlich: als politisch Handelnde waren sie gescheitert, und zwar 1819, im Geburtsjahr Fontanes. Was von ihrem Werk blieb, war vor allem die Allgemeine Wehrpflicht: Relikt einer Zeit, die die Kriege gegen Napoleon 1813 bis 1815 als Volkserhebung gedeutet und die geglaubt hatte, daß man den Staat nur dadurch retten könne, daß man aus Untertanen freie Bürger machte, deren erste Pflicht Mitverantwortung und nicht mehr ›Ruhe‹ sein sollte. Die Offizierslaufbahn wurde auch dem gebildeten Bürger eröffnet; aus einem Söldnerheer war ein Volksheer geworden. Die Gleichgültigkeit der Bürger dem Staat gegenüber, wie sie sich nach der Niederlage von 1806 gezeigt hatte, sollte sich ebenso wenig wiederholen wie ihre Schadenfreude gegenüber der Arroganz des adligen Offizierkorps, dem man seine Demütigung durch Napoleon gönnte.[12] Die Armee hatte einige Zeit gebraucht, um diese frühen Spuren der Mitbeteiligung des Volkes an der Armeegestaltung zu verwischen. Gordon A. Craig hat recht mit seiner Feststellung, »daß die Reformer eine tiefe Bresche in das alte System geschlagen hatten.«[13]

Der erste große Schritt dazu war getan worden nach der Schlacht von Groß-Görschen, als es Scharnhorst gelungen war, den König dazu zu bewegen, »für die durch Tod oder Verwundung erledigten Offizier-Stellen der Feld-Armee« »die freiwilligen Jäger, die im Feuer gewesen«, »als Subaltern-Offiziere bei der Linie wie bei der Landwehr« heranzuziehen. »…erst die freiwilligen Jäger, welche zu Hunderten in das preußische Offizierkorps eingedrungen sind, haben dessen Charakter in Scharnhorsts Sinne umgestaltet.«[14] Eine der wichtigsten Folgen davon, daß ›Bildung‹ eine der Voraussetzungen für die Offizierslaufbahn wurde, war die, daß es »nun nicht mehr für vornehm« galt, »sein Benehmen am Muster des Alten Dessauer auszurichten.«[15] Besonders große und dauerhafte Verdienste hat sich der spätere General von Grolman um die Förderung des Bildungsstands

der Offiziere erworben. Über ihn schreibt Boyen: »Diesen vielfachen Übelstän-
den bei Besetzung der Offizierstellen sollte nun gründlich abgeholfen werden…
Der Major von Grolman arbeitete mit seinem ausgezeichneten praktischen Blick
alle über diesen Gegenstand erschienenen Verordnungen aus und hat so das
große Verdienst, zu einer besseren Bildung des Offizierkorps den Grund gelegt
zu haben.«[16]

Es ist erstaunlich, wie wenig Aufmerksamkeit Fontane diesen Vorgängen
geschenkt hat. Man könnte meinen, daß ihn insgesamt organisatorische Fragen,
auch wo sie ideologische Hintergründe hatten, weit weniger interessierten als
funktionale.

Wenn Fontane den Großen Kurfürsten und seine Generale so überschwenglich
lobt als Begründer des preußischen Staates und vor allem Friedrich den Großen
feiert als den bedeutendsten der Hohenzollern, so muß sein scheues Zurückweichen vor den Helden der Befreiungskriege erstaunen, denn die militärischen
Taten der Feldherrn von 1813 bis 1815, die unter nicht weniger harten Opfern
und Entbehrungen erkämpft wurden, halten jedem Vergleich stand mit dem, was
die Feldherrn Friedrichs II. geleistet haben, sicherten sie doch nicht weniger als
jene den Bestand des Staates, dessen Besonderheit es war, daß es in jedem Krieg,
in den er verwickelt war, immerzu um seine ganze Existenz ging. Es war eigentlich ein Gemeinwesen, das sich eine große Niederlage der geringen Ressourcen
wegen nicht leisten konnte. Vergleicht man die drei Schlesischen Kriege mit den
Freiheitskriegen, so war natürlich der große König kein Vergleichsmaßstab für
Friedrich Wilhelm III., insofern gewinnen die Schlesischen Kriege, weil sie von
einem König geführt wurden, der alle seine Zeitgenossen aus dem militärisch-po-
litischen Bereich überragte, einen besonderen Glanz. Aber nachdem, in Fontanes
Worten, mit Friedrich dem Großen das »ungeniale Land« »sich mit einem Male
von Genie durchblitzt« gesehen hatte (NFA 8/252), machte sich nach ihm eine
polierte Düsternis breit, als deren Repräsentant bei Fontane der Rittmeister von
Wuthenow angesehen werden kann. Aber Jena war nicht das letzte Wort der
preußischen Geschichte. Eine Epoche der eifrigsten moralischen Aufrüstung
folgte. Die Reformer bewirkten die innere Umkehr Preußens. Welche Leistung
sie vollbrachten, wird glänzend bewiesen durch die Niederlagen von Groß-Görschen und Bautzen: die zweimal geschlagene Armee fiel nicht auseinander wie
1806, sie blieb intakt und begann wenig später einen Siegeszug, der sie zweimal
nach Paris führte.

Ein großes Fühlen wurde geboren (vgl. Ha Br II/163), aber der, an dem Fontane den Geist dieser Zeit demonstrierte, war nicht einer der Männer, deren
exemplarische Wirksamkeit die innere wie äußere Erneuerung von Staat und
Armee herbeiführten, sondern Ludwig von der Marwitz, der zwar ebenso leidenschaftlicher Patriot und von derselben persönlichen Tapferkeit und Lauterkeit
war wie Stein, Gneisenau und Scharnhorst, der aber, befangen in Standesvorur-
teilen, nur weniges bewegte und bewirkte. Gleichwohl wendet Fontane gerade ihm

und dem Feldmarschall York (wenn man das aus seiner besonderen Vorliebe für Droysens Biographie schließen darf) seine Neigung und sein Interesse zu. Aber beide, York wie Marwitz, sind Aristokraten reinsten Wassers und alles andere als Freunde der Reformer. So äußerte York beim Sturze Steins: »Ein unsinniger Kopf ist schon zertreten, das andere Natterngeschmeiß wird sich in seinem eigenen Gift selber auflösen.«[17] York wurde als Mitglied des Perponcherschen Kreises einer der schärfsten Gegner der Reformer. E. von Conrady sagt dazu: »Es entstand damals ein tiefer Riß zwischen ihm und den Männern, welche das Vertrauen des Königs zum Aufbau des Staates berufen hatte, ein Riß, der selbst in den kommenden Jahren großartigster Erhebung des Vaterlandes nicht ausgefüllt werden sollte.«[18] Fontane hat in dieser Auseinandersetzung unverkennbar Partei ergriffen. Während er sich in seinen ›Wanderungen‹ mit Friedrich August Ludwig von der Marwitz ausführlich beschäftigte, finden die Reformer (mit Ausnahme Scharnhorsts, über den bereits gesprochen wurde) kaum eine Berücksichtigung. Und das liegt nicht nur an der geringeren Zahl der Lebenszeugnisse, die von jenen Männern auf dem Boden der Mark Brandenburg erhalten geblieben waren. Auch ist es nicht so, daß sich Fontanes Vorliebe für Marwitz nur in der kurzen Zeit ausspräche, während der er an dem Wanderungsband ›Oderland‹ arbeitete, sondern noch in einer brieflichen Äußerung an Emilie aus dem Jahr 1882 nennt er Marwitz seinen ›Liebling‹. (Ha Br III/198)

Und dieser Marwitz war im ersten Drittel des 19. Jahrhunderts einer der entschiedensten Wortführer des alten agrarisch-konservativen Preußen. Allerdings fehlte ihm nach Fontanes Darstellung ein großes, in die Zukunft weisendes Programm, aber er wollte mit seinen Reformen doch dort einsetzen, wo auch Fontane die Schwächen der alten Gesellschaftsordnung am deutlichsten wahrgenommen hatte: »der Egoismus sollte ausgefegt, die Zugehörigkeit zum Staat und das Bewußtsein davon neu geboren werden. An die Stelle des Schlendrian und der Laxheit sollten Umsicht, Pflichtgefühl und Rechtsbewußtsein, an die Stelle der Frivolität eine frische Glaubenskraft treten.« (NFA 10/210) Als er das Portrait von Marwitz entwarf, stand Fontane in seiner konservativsten Phase und bekannte sich nachdrücklich zum ›Konservatismus‹, dessen Prinzip »von jedem Denkenden anerkannt« ist: »Wir wünschen uns frischen und freien Wind in den Segeln unseres Staatsschiffs, aber wir brauchen auch den rettenden Anker, der uns auf tiefem Grunde mit seinem Eisenzahne festhält, wenn die frische Brise zum Sturme zu werden droht. Und ein solcher Anker war unser Marwitz.« (NFA 10/203) Fontane hat das Lebens- und Charakterbild dieses unbequemen Konservativen aus keiner der späteren Auflagen der ›Wanderungen‹ getilgt, möchte er sich auch von den politischen Anschauungen des Generals entfernen, als Charakter bleibt er unangezweifelt. Friedrich Wilhelm III. verabschiedete diesen Mann, der sich den Reformen Hardenbergs so entschieden widersetzt hatte, daß man ihn zur Abschreckung auf die Festung schickte, und der doch bei jedem neuen Feldzug wieder unter die Fahnen geeilt war, mit den Worten: »Mir sehr wohl bekannt, immer nach Grundsätzen gehandelt, und in allen Verhältnissen gut gedient haben.«[19]

Marwitz vertritt für Fontane recht eigentlich den preußisch militärischen Geist, der die Voraussetzungen dafür schuf, daß Adel und bäuerliche Bevölkerung eine Einstellung bewahrten, mit deren Hilfe Preußen 1815 seine verlorengegangene Großmachtstellung in Europa zurückgewinnen konnte. Stein, Scharnhorst, Gneisenau – wo bleiben sie in den ›Wanderungen‹? Es scheint, daß Fontane zumindest hinsichtlich Steins und Scharnhorsts das Urteil von Marwitz wenn nicht übernommen, so doch innerhalb gewisser Grenzen gutgeheißen hat. Und gerade gegen sie richtet sich Marwitz' Abneigung. Er rückt sie, unter negativen Vorzeichen, ganz eng aneinander. Von Stein heißt es: er »brachte uns die Revolution ins Land, deren Resultate uns so viel gekostet haben, daß die Erpressungen Napoleons dagegen verschwinden… Er sammelte einen Haufen Ideologen, Nichtstuer und Maulhelden um sich, die sich und andere durch ihre Redensarten erhitzten, Europa eine andere Gestalt geben, deshalb Napoleon vertreiben, vor allen Dingen aber selbst dabei profitieren und zu Reichtümern und Macht gelangen wollten. Dies war der *Tugendbund*.«[20] Damit ist das Stichwort gefallen, das er dann bei Scharnhorst wieder aufgreift, wenn er von ihm sagt: »Da er sich immer zu der liberalen Partei, zu Stein und nachher Hardenberg, hielt, und stark in dem Tugendbund steckte, so haben ihn die Ideologen und Philosophanten viel zu sehr gepriesen, als sei er der größte Held gewesen, und als habe er allein den preußischen Staat gerettet! Das ist zu viel gesagt. Ein Held war er nicht, nicht einmal ein ausgezeichneter Generalstabschef einer Armee im Felde…«[21] Freilich wäre es ungerecht zu behaupten, er habe die Bedeutung Scharnhorsts völlig verkannt. Alles von ihm über Scharnhorst Gesagte bezeugt ebenso viel Gehässigkeit wie Hochachtung. Wenn er ihm auch in gewohnt hochmütiger Weise vorwirft, er habe ausgesehen »wie ein alter, nachdenklicher Schreiber« und habe keineswegs »eine solche prächtige Normal-Lende« gehabt, wie sie die Rauchsche Bildsäule zeige, »sondern Schenkel gemeiner Art«, so räumt er schließlich doch ein: »Indessen war es doch ein wahres Glück für das Land, daß er um den König und ans Ruder der militärischen Angelegenheiten kam, denn alles Dauerhafte und Wesentliche, was zwischen 1807 und 1813 eingerichtet ist, rührt von ihm her.«[22]

Aber für die eigentlichen Antriebskräfte der Armeereorganisatoren hatte er kaum Verständnis. Fontane sieht ihm nach, daß er im Bürgertum seinen eigentlichen Feind und im Grunde auch den eigentlichen Schuldigen an der preußischen Niederlage sieht: »jenes Pack, was man jetzt die *Gebildeten* nennt, taugt gar nichts und ist gar nicht zu gebrauchen.«[23] Es ist ein »nichtswürdiger gebildeter Mittelstand«[24]; alles war verloren, als aus »einzelnen Gelehrten und Gebildeten« »eine mächtige Partei geworden« war, der sich »alle Schlechten und alle Schwachen … angeschlossen« hatten.[25] In allem sieht Marwitz den Einfluß der Französischen Revolution: »Überhaupt verbreitete sich die Französische Unsitte und Verderbtheit unter dem Adel und dem Bauernstande beinahe gar nicht, unter den

Bürgern – und vorzüglich unter den *Gebildeten* – auf eine Schrecken erregende Weise. Diese waren den pseudo-philosophischen Gleichheits-Grundsätzen schon an sich hold, und daher mit dem Feinde leicht vertraut. Sie lebten förmlich wie Freunde miteinander... Bei dem Adel und den Bauern, also auf dem Lande, blieb hingegen immer eine Spannung und Haß: man vergaß nicht, daß es Feinde waren.«[26] Wie hätte er unter diesen Verhältnissen zustimmen können, wenn gerade diese Gebildeten Zugang finden sollten zur Offizierslaufbahn in der Armee? Überhaupt war seiner Ansicht nach der ganze Ansatz der Militärreform falsch. Höchst prägnant faßt Erich Marcks den Kern der Marwitzschen Überzeugung zusammen: »der charaktervoll herbe, an Geist und Ideen reiche L. v. d. Marwitz vereinigte glühende Liebe zu Friedrichs des Großen Person und System mit leidenschaftlicher Verteidigung einer vertieften ständischen Weltansicht.«[27] Und dieses fridericianische System hatte sich keineswegs überlebt, sondern es mußte neu belebt werden. Gegen die Überlegung der Reformer, daß der Wehrwille der Bevölkerung essentiell von der Vaterlandsliebe getragen werden müsse, stellt Marwitz fest: »Die Masse der Eingebornen wird bei den Fahnen erhalten *durch den gewohnten Gehorsam gegen den Landesherrn...* Die Masse dient allemal ungern und nur die unruhigen Geister unter ihr, und die, welche gar nichts zu verlieren haben, sind es, welche gern Soldat werden, und bei diesen ist es begreiflicherweise ganz gleichgültig, wo sie geboren wurden. Der Gehorsam, die Disziplin, die Ehre und treue Vorsorge der Vorgesetzten halten sie ihr Leben lang zusammen, und sie finden auch nirgends ein angemesseneres Unterkommen für ihre Gewöhnung und Gemüthsart. – Ist es nun nicht weit besser, diese Art Menschen Soldat seyn zu lassen, als daß sie im Lande herumlaufen und vagabundiren? und diejenigen bei ihrem Eigenthum, oder bei ihrem stillen Fleiß zu lassen, die nicht gern Soldat sind? – Wo aber die Ideologen herrschen, da soll ein Jeder (sie selbst ausgenommen) aus seinen Verhältnissen herausgerissen werden, und eine möglichst kurze Zeit das Vaterland vertheidigen, und alle Die, welche frühere Verhältnisse nicht wieder anknüpfen können, mögen im Lande umherlaufen und betteln und stehlen, wenn nur die Idee aufrecht erhalten wird.«[28] Nun hat sich Fontane zwar dagegen gewehrt, die Marwitzsche Antibürgerlichkeit gutzuheißen, er bezichtigt ihn in dieser Hinsicht sogar des Irrtums: »Daß ihm das damalige, von Revolutionsideen erfüllte Bürgertum, das wenigstens hier und dort die Niederlage von Jena mit Befriedigung vernommen hatte, wenig sympathisch war, war ebenso begreiflich wie berechtigt, aber er verharrte in dieser Abneigung auch noch, als die Ereignisse des Jahres 1813, und zwar nicht nur die Erhebung des Volks, sondern ganz speziell die Begeisterung der ›Gebildeten‹, ihm den Beweis geliefert hatte, daß auch ein Bücherwurm und Wissenschaftler für eine gute Sache zu fechten und zu sterben verstehe. Er selbst gab diese Dinge im einzelnen zu, aber dem ganzen Stande gegenüber blieb ihm das aristokratische Vorurteil. Der Adel nahm in seinen Augen nicht nur politisch und gesellschaftlich, sondern auch moralisch eine überlegene Sonderstellung ein; seine Gesinnung war besser, ebenso seine

Haltung, und soviel Wahrheit und partielle Berechtigung, namentlich angesichts unseres märkischen Spießbürgertums, in dieser Auffassung liegen mochte, so führte dieselbe doch gelegentlich zu den allerbedenklichsten Konsequenzen.« (NFA 10/220f) Aber diese Verteidigung des Bürgertums klingt doch recht halbherzig. Zwar wird jeder Fontane-Leser bei dem Satze: »daß auch ein Bücherwurm und Wissenschaftler für eine gute Sache zu kämpfen und zu sterben verstehe« an Othegraven und Hansen-Grell erinnert werden, die als Opfer des Vitzewitzschen Angriffs auf Frankfurt fallen, aber wenn sich Fontane hier auch, anders als Marwitz, zum Haltungs- und Gesinnungswandel des preußischen Bürgertums bekennt, ein Wort uneingeschränkter Zustimmung zur Armeereform ist uns aus seiner Feder nicht erhalten.

Irgend etwas muß Fontane im Innersten an den Freiheitskriegen und der sie tragenden innerpreußischen Bewegung mißfallen haben. In einem Brief an Friedlaender vom 5. April 1897, also einem der letzten, die er dem Freunde schrieb, nimmt er ein Lob für Wilhelm II. zum Anlaß, mit der Erhebung von 1813 abzurechnen: »In gewissem Sinne befreit er (Wilhelm II.) uns von den öden Formen und Erscheinungen des alten Preußenthums, er bricht mit der Ruppigkeit, der Poplichkeit, der spießbürgerlichen Sechsdreierwirthschaft der 1813er Epoche...« (Ha Br IV/642) Diese rigorose Verurteilung einer Zeit, die sich durch allgemeine Opferbereitschaft und die Größe nationaler Gesinnung besonders auszeichnete, läßt ihres aggressiv-ungerechten Tons wegen aufhorchen. Wir werden sehen, daß sich Fontane schließlich selber noch als ein spätes Opfer dieser tiefeingewurzelten ›Pfennigfuchserei‹ betrachtete, aber als Begründung dafür, daß er eine große Ära preußischer ›Militärherrlichkeit‹ ablehnte, läßt sich solche persönliche Verstimmung allein nicht verantwortlich machen.

Waren ihm die Reformer zu unpreußisch? Dafür spräche, daß er in einer Anmerkung zu seinem Aufsatz ›Märkische Kriegsobersten während des Dreißigjährigen Krieges‹ zu den Namen Blücher, Scharnhorst, Gneisenau ausdrücklich hinzufügt: »alle drei keine geborene Preußen« (NFA 19/613), aber wenn man auf seine friedericianischen Helden blickt, so sieht es bei der Mehrzahl der Generale, denen er seine Balladen widmete, hinsichtlich ihrer preußischen Herkunft mindestens ebenso zweifelhaft aus. Ein gewichtiges Argument für Fontanes auffälliges Abrücken von den Militärreformern mag freilich deren kühles Verhältnis zur friedericianischen Epoche gewesen sein. Ihre gesamte Militärpolitik ist eine einzige entschiedene Absage an die Armee Friedrichs des Großen. Die militärischen Maßnahmen, die Stein, Scharnhorst und Gneisenau initiierten, waren vom französischen Vorbild der ersten Revolutionsjahre beeinflußt, ja bestimmt. Max Lehmann gibt einen in der Zeit weit verbreiteten Eindruck wieder, wenn er den Wunsch Metternichs, Scharnhorst möge nicht nach Wien kommen, sondern sich (1813) mit Schwarzenberg und Radetzky in Prag treffen, mit der Vermutung erklärt: »Nicht unmöglich, daß ihm der Gedanke widerwärtig war, das Haupt der preußischen Jakobiner zum zweiten Male in der Hofburg zu sehen.«[29] Hierher gehört auch die oft zitierte Äußerung des Zaren Alexander, daß die Zeit kommen könne, wo man dem preußischen König gegen seine eigene Armee zu Hilfe eilen müsse.

Kurzum, welche der Reformen der Armee man auch untersuchen mag, sie brechen mit aller nur denkbaren Rigorosität mit dem fridericianischen System, das seine Mängel in den Schlachten von Jena und Auerstädt offenbart hatte. Und wenn Marwitz als Konservativer das auch nicht wahrhaben wollte, Scharnhorst hatte begriffen, daß man den Staat und die Armee auf andere Kräfte begründen mußte, als sie zur Zeit des großen Königs gefragt gewesen waren. Wenn man bei Max Lehmann die Beschreibung des Zeitgeistes liest: »Im Kreise derer, die es gut meinten mit Deutschland, nahm die bitterste Stimmung gegen den großen Preußenkönig überhand. Er sei, sagte der eine, der verruchteste aller Menschen gewesen; nie habe er die Treue, den Glauben, den Tiefsinn seines Volkes erkannt, sondern mit fremder Eitelkeit und Verruchtheit gebuhlt; daher sei seine Größe Deutschland zum Verderben und sein Gedächtniß dem deutschen Volke zum Fluch geworden«,[30] so muß man sich natürlich sagen, daß sich Fontane in seinen zwei ganz und gar konservativen Jahrzehnten auch nicht ansatzweise einer solchen Auffassung annähern konnte.

Der antifridericianische Elan Scharnhorsts war nicht angetan, Fontanes Liebe zu erringen. Mochte sich Scharnhorst auch bemüht haben, seine revolutionären Militärreformen wieder und wieder dem ewig zaudernden König Friedrich Wilhelm III. dadurch schmackhaft zu machen, daß er durch ›historische Beweise‹ den Zusammenhang seiner reformatorischen Ideen mit der preußischen Tradition aufzeigte. Fontane kannte sich in der preußischen Geschichte zu gut aus, als daß er Scharnhorsts Beweisführung hätte akzeptieren müssen. Er konnte nicht übersehen, daß Scharnhorst ein großer Soldat war, aber ebenso wenig konnte er verkennen, daß Scharnhorst in die Entwicklung der preußischen Armee ein Element eingebracht hatte, das, vom konservativen Gesichtspunkt aus gesehen, die Armee der Notwendigkeit eines jahrelangen Selbstreinigungsprozesses unterwarf. Dieser Prozeß war erst vollkommen abgeschlossen, als der Generalfeldmarschall Wrangel mit seinen Truppen im Spätherbst 1848 in Berlin einrückte. Volk und Armee waren nun wieder säuberlich getrennt, die große Chance der Freiheitskriege, Volk und Armee zu versöhnen, war vertan, die preußische Armee war wieder, was sie immer gewesen war, ein Staat im Staate. In diesem bedeutsamen Augenblick aber stand Fontane (wie wir gesehen haben: mit Einschränkungen) auf der Seite der Revolution, d.h. der Gegner der Armee, und offenbar war in diesen dunklen Stunden sein historisches Bewußtsein so getrübt, daß er sich nur am Rande dafür interessierte, welche Entwicklung die Armee nahm. In seinen Augen wird sie zum Instrument der Unterdrückung des Volkes; und das war eine Aufgabe, die ihr nach Scharnhorsts Reform am wenigsten zugedacht gewesen war. Als es im Zuge der Einigungskriege von 1864 bis 1871 allmählich zu einer neuen Annäherung zwischen Volk und Armee kam, ja, das Volk sich hingerissen mit der siegreichen Armee identifizierte, geschah das in einem ganz anderen Geiste als 1815. Hatten Stein und Scharnhorst (in welcher Kombination und unter welchen Bedingungen auch immer) den König nur mit Mühe bewegen können, seinem kriegsbereiten Volke nachzugeben und um die verlorengegangene Freiheit zu kämpfen, so waren in den Einigungskriegen Volk und Armee in zunehmender Geschlossenheit und innerster Übereinstimmung für Preußen-Deutschland eingetreten. Und diese Armee war weit stärker am fridericianischen Vorbild orientiert als an Scharnhorsts Idealen. Freilich hatte diesmal auch ein anderer König geführt, nicht ein so entschlußschwacher, zu kühnem Handeln nur selten zu überredender wie Friedrich Wilhelm III.; Wilhelm I. hatte sich zwar Bismarcks politischer und Moltkes militärischer Führung anvertraut, war aber, wie alle Augenzeugen berichten, immer darauf bedacht gewesen, an allen großen Entscheidungen mitringend beteiligt zu sein. In diesen glorreichen Zeiten hatte Fontane beinahe vergessen, daß auch eine andere Armee denkbar war als die, die von dem Dreigestirn Wilhelm, Roon und Moltke geprägt war.

Ein anderer Grund, der Fontane bewogen haben könnte, den Freiheitskriegen und den Männern, die jene Kriege vorbereiteten, ja durch ihren leidenschaftlichen Einsatz für die preußische Sache diese Kriege erst möglich machten, mit Vorbehalten zu begegnen, könnte darin zu suchen sein, daß sich diese Kriege gegen die Franzosen richteten. Mehr noch, jedes Quellenstudium mußte ihm zeigen, daß die führenden Militärs in den Franzosen nicht nur den militärischen Gegner sahen, sondern diesen Gegner mit heftigem Haß verfolgten. Das gewaltsame, mit immer neuen Rechtsbrüchen verbundene Vorgehen Napoleons gegen Preußen schürte den Haß dieser Soldaten zur hellen Flamme. Ob Stein, Blücher, Scharnhorst, in ihnen allen lebte eine wilde Erbitterung gegen die französischen Unterdrücker. Sie wollten sich nicht nur für die Niederlage von Jena und Auerstädt rächen, wie ja die Rache für Roßbach auch bei den Franzosen 1806 eine gewisse Rolle gespielt hat, sondern sie wollten dem zum Bösen schlechthin hochstilisierten Napoleon und seinen Armeen einen blutigen Untergang bereiten. Fontane hat in ›Vor dem Sturm‹ ein Gedicht (aus seiner Feder, denn es findet sich dann in seinen ›Gedichten‹ wieder) aufgenommen, das auf volkstümliche Weise der schließlich in Berlin herrschenden Stimmung Ausdruck gab:

Warte
Bonaparte,
Warte Kujon,
Andre Woche, wir kriegen dich schon.
Ja der Russe, ja der Russ'
Hat uns gezeigt, wie man's machen muß:
Im ganzen Kremmel
Nicht eine Semmel,
Und auf den Hacken
Immer nur Hunger und Kosaken,

Ja der Russ'
Hat uns gezeigt, wie man's machen muß.
Hin ist der Blitz
Deiner Sonne von Austerlitz,
Unterm Schnee
Liegen alle deine Corps d'Armee.
Warte
Bonaparte,
Warte Kujon,
Andre Woche, wir kriegen dich schon.
(NFA 20/222)

Dabei scheint es wichtig herauszuheben, daß es die Franzosen selber gewesen sind, die in den an die Revolution anschließenden Kriegen dem Haß zwischen den Völkern eine neue Qualität gaben, wie sie uns seitdem nur zu vertraut geworden ist. Gerhard Ritter stellt in seinem Werk ›Staatskunst und Kriegshandwerk‹ fest: »Das ist der Kampfstil einer neuen weltgeschichtlichen Epoche – doch wohl das wichtigste, jedenfalls das dauerhafteste Erbe der großen Revolution an die moderne Staatenwelt. Diese neuartige Dynamik des politischen Kampfwillens hat sich sehr rasch durchgesetzt, unbekümmert um alle girondistisch-liberalen Freiheitsideale, und hat deren europäische Geltung bis heute ungeschwächt überdauert. Ihr gegenüber erscheint die Kriegführung der alten Kabinette wie ein bloßes Kreuzen von Rokokodegen ohne letzten Ernst, nach wohlabgezirkelten Spielregeln.«[31] Ganz anders also als Fontane das Verhältnis der Preußen zu Napoleon und den Franzosen gesehen haben wollte, stellt es sich für den historischen Betrachter der Befreiungskriege dar. Was Gerhard Ritter schreibt, trifft die Realität von 1806 bis 1815 viel mehr als Fontanes idealisierende Sicht, die seinem haßfreien Denken ein schönes Zeugnis ausstellt, aber wirklichkeitsfremd ist. Bei Gerhard Ritter heißt es: »Der militärische Tatendrang des Blücherschen Hauptquartiers verbündete sich mit stärkster moralischer Entrüstung nicht nur über den Tyrannen Napoleon selbst, den ›Feind der Menschheit‹, sondern zugleich über die Franzosen, seine Landsleute und Helfershelfer, diese ‹unreine, unverschämte und unzüchtige Rasse voll ekelhafter Gier›, wie Stein sich ausdrückte. So ging es diesen Patrioten auch nicht um die Wiederherstellung eines Gleichgewichts der großen Mächte, sondern zunächst und vor allem um Freiheit der Völker von der Tyrannei – und um Rache.«[32] In Fontane war die Fähigkeit zu hassen nur schwach entwickelt, wie er denn überhaupt eine Neigung hatte, auszugleichen und zu versöhnen, ja, wenn möglich, sich alle Streitigkeiten vom Halse zu halten oder zu schaffen. Selbst Ärger war ihm unangenehm, gleichgültig, ob in der Familie oder im Beruf: »Aerger ist mir das allerfatalste«. (Ha Br III/61) Dem entsprach sein mangelndes Verständnis für alle Tendenzen, die auf Radikalisierung und Fanatisierung zielten. Es gibt einige Ausnahmen, vor allem aus der 48er Revolutionszeit, aber im allgemeinen gilt doch, daß er Meinungskämpfe eher vermeidet als sucht. Nach einer Rütlisitzung stellt er einmal fest: »Die erste halbe Stunde … verlief gekniffen, und die zweite in allerschärfster Debatte. Das wird sich wohl jetzt öfters wiederholen, bis es sich zuletzt nicht mehr wiederholen *kann*. Ich will diesen liberalen Erhabenheitston, der zu gleicher Zeit höchst illiberal ist, nicht länger geduldig hinnehmen. Ich habe den Kampf bisher vermieden, gestern hab ich ihn sehr energisch aufgenommen und ich werd ihn fortsetzen. Ein paarmal stand das Gespräch furchtbar auf der Wippe. Meist hab ich dann hinterher ein Mißbehagen, gestern hatte ich eine Befriedigung.« (Ha Br III/68) Das ist die Ausnahme. Auseinandersetzungen hinterlassen normalerweise Mißbehagen. Und dabei bleibt es, ganz einfach weil Streit der Arbeit nicht günstig ist. Und es kann nicht verwundern, wenn man beobachtet, daß Fontane die Neigung, über alles Unangenehme, Strittige, Fragwürdige hinwegzukommen, auf andere Menschen überträgt. So wenig er der Mann der Vorurteile, der dauernden Feindseligkeit, des fortgesetzten Hasses ist, so wenig kann er sich Menschen vorstellen, die im zähen Festhalten an solchen Ressentiments Charakterfestigkeit und Stärke sehen wollen. Das hartnäckige Insistieren darauf, dem Feinde Feind zu bleiben, erlittenes Unrecht zu rächen, böse Taten mit Bösem zu vergelten, das scheint ihm unnatürlich. Natürlich ist es, sich mit Gegebenheiten abzufinden, zu leben und leben zu lassen, statt sich in Bitterkeiten zu verrennen. So steht er letztlich auch nicht auf der Seite derer, die es nach 1806 aus Patriotismus ablehnten, mit dem Feinde zu fraternisieren. Er vermag noch nicht einmal zu glauben, daß Land und Volk beherrscht gewesen seien von einem gehässigen Grimm gegen die Franzosen. Seine Quellen berichteten ganz anderes: »Ein jeder wird glauben müssen ‹es sei alles so ernst und düster und fanatisch gewesen›, ich *selbst* würd’ es glauben, wenn ich ein Fremder wäre; meine Eltern aber und die gesammten Swinemünder Honoratioren (unter denen ich meine Jugend-Eindrücke empfing) haben mir immer nur erzählt, *wie* kreuz fidèl man damals gewesen sei, alles *entente cordiale* mit den lieben, kleinen Franzosen, alles verliebt und alles lüderlich. Was Alexis schildert, existirte auch, aber es war die Ausnahme.« (Ha Br III/80) Das Menschlich-Allzumenschliche triumphiert im Alltäglich-Gewöhnlichen über die starre Fixierung auf ein unüberwindbar scheinendes Freund-Feind-Verhältnis. In seine Dichtung hat Fontane dieser Liederlichkeit keinen Eingang gewährt. Sucht man in ›Vor dem Sturm‹ nach dem Repräsentanten einer angemessen würdigen Haltung dem Feinde gegenüber, so sieht man sich vor allem auf Lewin von Vitzewitz verwiesen. List und Heimtücke sind ihm gleich verhaßt, Haß und Rachsucht haben in ihm keinen Platz. Sein Verhältnis zum Feinde ist das des Edelmanns, der zwar dem Staate seine Macht und dem einzelnen seine Freiheit wiedergewinnen will, der aber alle unfairen Mittel auf dem Wege dazu verschmäht. Es ist jene Haltung, die den General York beseelte, wenn er sich in Frankreich von seinen Soldaten in die Hand versprechen ließ, alle Plünderungen zu unterlassen.

Dem Haß auf die Franzosen stand indessen auch Fontanes Erziehung entgegen. Man erinnert sich der zugleich aufrichtigen und ernüchternden Antwort, die

Fontanes Vater dem Sohn gab, als der ihn fragte, ob er wohl sehr patriotisch gewesen sei (NFA 14/12). Von diesem Manne war nicht zu erwarten, daß er dem Sohn ein Gefühl des Unrechts vermittelte, das Preußen damals erleiden mußte, daß er Emotionen in ihm weckte, die ihn in Napoleon und seinen Marschällen Gestalten der Hölle, in den preußischen Reformern dagegen die wahren Patrioten und Helden sehen ließen. Von seinem Vater schreibt der Dichter: »Ja, Napoleon und die Marschälle! Das Wissen meines Vaters nach dieser Seite hin war geradezu stupend, und ich verwette mich, daß es damals keinen Historiker gab und auch jetzt nicht gibt, der, was französische Kriegs- und Personalanekdoten aus der Zeit von Marengo bis Waterloo angeht, auch nur entfernt imstande gewesen wäre, mit ihm in die Schranken zu treten.« (NFA 14/94f) Es ist undenkbar, daß dieser Napoleonschwärmer, der mit seinem Sohn Anekdoten dieser Zeit szenisch vergegenwärtigte (vgl. NFA 14/125), diesen Sohn, der voller Liebe zu eben diesem Vater aufblickte, unbeeindruckt und unbeeinflußt gelassen haben sollte. Wie preußisch der Sohn auch denken und fühlen mochte, des Vaters Helden waren eben nicht Blücher, York und Gneisenau gewesen, sondern Ney, Rapp, Duroc, Nansouty, Cambronne, Friant, Lannes. Die emotionale Gewichtung der kämpfenden Parteien bis 1815 stellte sich für Fontane also ganz anders dar, als es für die Zeit der friedericianischen Kriege der Fall gewesen war. Napoleon und seine Marschälle waren Gegenstand der Heldenverehrung des Vaters gewesen, an der der Sohn teilgehabt hatte, und wenn sich auch auf die Dauer nicht leugnen ließ, daß es eine staunenerregende Leistung gewesen war, die Herrschaft dieser Eroberer abgeschüttelt zu haben, so erwies es sich doch als unmöglich für den Dichter, über die Schatten seiner Kindheit zu springen und diejenigen als die eigentlichen Helden zu feiern, die die Heroen des väterlichen Geschichtsbildes gestürzt hatten. So gibt es zwar das unveröffentlichte York-Gedicht aus Fontanes jungen Jahren, es gibt ein Schill-Gedicht, aber die Pläne, die großen Reformer der Freiheitskriege in Gedichten zu preisen, blieben unverwirklicht. Gedichte über die französischen Marschälle der Napoleonischen Kriege gibt es natürlich auch nicht, aber welche erstaunlichen Spezialkenntnisse Fontane während der eigenartigen Unterrichtsstunden seines Vaters erworben hatte, das bezeugt ein Brief an seinen Sohn Theo noch aus dem Jahr 1885, in dem er beschreibt, wie er in Krummhübel im Verlauf einer Konversation »einen erheblichen Triumph« feiern kann, weil er den Herzogtitel des Generals Kellermann kennt (Ha Br III/417), wobei man erfährt, daß der Sohn Theo seinerseits, also in der dritten Generation, die »französische Marschallkenntnis« zu seinem Steckenpferd gemacht hat.

Wie sorgfältig Fontane in späteren Jahren bemüht war, alles zu unterlassen, was (auch und gerade eben für das Zeitalter der deutschen Erhebung) an Franzosenfeindlichkeit erinnern könnte, zeigt ein Beispiel aus ›Vor dem Sturm‹. Wie fast alles das, was an dem Roman Handlung ist (es ist wenig genug), auf Marwitz zurückgeht, der in seinem ›Nachlaß‹ den Plan eines Überfalls auf Frankfurt andeutend behandelt – er kam nicht zur Ausführung –[33] so hat auch das Vitzewitz-Duell in ›Vor dem Sturm‹ seine Entsprechung bei Marwitz. Dieser hatte in seinem Haus Schwierigkeiten mit dem Leutnant Bottu (Marwitz' Frau war bereits 1804 gestorben), der Quartieransprüche stellte, denen Marwitz nicht nachkommen konnte oder wollte. Die Lage spitzte sich so zu, daß ein Duell zu erwarten war. Als Marwitz seine Forderung abschicken wollte, warnte ihn ein französischer Kreole; er beschwor ihn, »es zu unterlassen. Das Offiziercorps sey versammelt gewesen und habe sich verabredet, wenn ich den Rüpel forderte, beim Duell gegenwärtig zu seyn, über mich herzufallen, und mich zu zerprügeln.«[34] Es zeigt sich, daß Fontane nicht gewillt ist, der Erzählung von Marwitz in diesem Falle Raum zu geben. Er leitet zwar den Tod von Vitzewitz' Frau Madeleine aus einem Duell ab, das Bernd von Vitzewitz gegen ihren Beleidiger auszufechten hat, aber die Ehre des französischen Offizierkorps bleibt unangetastet, kein Schatten fällt darauf: »Partei ergreifend für den beleidigten Gemahl, steckten sie draußen im Park den Platz ab, wo der Handel auf der Stelle ausgemacht werden sollte. Berndt, ein Meister auf den Degen, verwundete seinen Gegner schwer am Kopf, und die Franzosen, in der ihnen eigenen ritterlichen Gesinnung, beglückwünschten ihn, ohne die geringste Verstimmung zu zeigen, zu seinem Triumph.« (NFA 1/25) Nun äußert zwar auch Marwitz Zweifel, daß französische Offiziere so ehrvergessen sein könnten, ihn zu verprügeln, statt ihm Genugtuung zu verschaffen, aber er traut schließlich doch seinem Warner, d.h. er hält, ganz befangen im Denken und Fühlen der Zeit, jede Ehrlosigkeit seitens der Franzosen für denkbar. Aus vielen zeit- und kunstkritischen Äußerungen Fontanes wissen wir nun zwar, daß er alles für möglich hielt, aber ebenso gewiß war ihm, daß in der Kunst nicht der Grenz- und Ausnahmefall dargestellt werden solle, sondern der typische Fall. In Marwitz' Aufzeichnugnen konnte er hier aber nichts Typisches entdecken, und so erklärt er zwar Vitzewitz' Haß »gegen alles, was von jenseits des Rheines kam«, u.a. mit dem Duell, das ihn sein Glück gekostet, aber er läßt ihn doch nicht in den elementaren, undifferenzierten Haß verfallen, der damals auch edle Geister in Preußen bewegte: es »war ein Unterschied in dem, was er gegen den Machthaber und gegen die französische Nation empfand. Für diese letztere, deren Mut, Begeisterung und Opferfähigkeit er so oft gepriesen, so oft vorbildlich hingestellt hatte, hatte er, wie fast alle Märker, im tiefsten Herzen eine nicht zu ertötende Vorliebe, und aller Haß, den er dieser Liebe zum Trotz, stark und ehrlich zur Schau trug, war vielmehr Absicht und Kalkül, als unmittelbare Empfindung.« (NFA 1/25)[35]

Auch in späteren Jahren hat Fontane keine Gelegenheit ausgelassen, die gutartig-ritterliche Seite des französischen Soldaten herauszuheben, selbst dann, wenn die Umstände eher eine feindselige Behandlung der französischen Verhaltensweisen nahelegten. So erwähnt er in der Routine-Arbeit über ›Das Zietensche Husarenregiment von 1730 bis 1880‹ (das man 1806 unter dem Namen ›Das brandenburgische Husarenregiment‹ neu formierte) den Tod des preußischen Leutnants Abraham, der zum Offizierskader der zwei unglücklichen Schwadronen des

Regiments gehörte, die von den Franzosen zur Teilnahme am Marsch nach Moskau gezwungen wurden: »Inmitten eines Gefechts durchstach ihn ein französischer Offizier von hinten, weil er ihn für einen *russischen* Husaren (deren Uniform der unsrigen sehr ähnlich war) gehalten hatte. Als er seinen Irrtum erkannte, war er untröstlich, bat ihn auf den Knien um Vergebung und trug ihn auf seinen Schultern in eine benachbarte Wassermühle. Umsonst. Abraham starb. Das Ganze, nach der *guten* Seite hin, sehr charakteristisch für französisches Empfinden.« (NFA 24/603) Rücksichtsvoller und wohlwollender kann man über einen von hinten geführten Todesstoß nicht berichten.

Eben dies also, daß den Reformern als den Trägern der Freiheitskriege jede mildernde Herabstimmung ihres Hasses fremd war, daß sie ihren Haß geradezu pflegten – man denke nur an die Haßorgien Kleists in der ›Hermannsschlacht‹ –, das muß Fontane abgestoßen haben. Ein Krieg, der ihn anziehen sollte, mußte andere Züge tragen. Er hält es mit Lewin von Vitzewitz, der sich seinem Vater verweigert, als der einen blutigen Guerilla-Krieg entfesseln will. Lewin kann erst aufatmen, als der Alte ihm schreiben kann: »wir werden einen *ordentlichen* Krieg haben, Lewin, und ordentliche Fahnen. Hörst Du: ordentliche, preußische, königliche Fahnen. Du sollst mit mir zufrieden sein. Bin ich doch mehr in Dein Lager übergegangen als Du in das meine.« (NFA 1/398) Es ist ein Krieg, dem nichts an blutigem Ernst fehlt, der aber den Sinn für Ehre und Ritterlichkeit nicht zu den überflüssigen Tugenden zählt. Und noch der blutigste Krieg hat für Fontane seine unumstößlichen Gesetze, die nicht Erzeugnisse des Hasses sind, sondern der Achtung für den Feind.

Es mag in diesem Zusammenhang erlaubt sein, noch einen Blick zu werfen auf das Buch von Friedrich Meinecke ›Das Zeitalter der deutschen Erhebung‹, denn Meinecke spricht dort einen Gedanken aus, der Fontanes Urteil beeinflußt haben könnte bei der Betrachtung der Freiheitskriege. Stein ebenso wie Scharnhorst und Gneisenau, die eigentlichen Vordenker der Kriege von 1813 bis 1815, waren damals nicht willens, das politisch-militärische Verhalten Preußens an die Gesetze einer moralischen Kriegführung zu binden. Letztlich galt für ihre Überlegungen der Satz Steins: »Soll es dem Kaiser Napoleon allein erlaubt sein, an die Stelle des Rechts Willkür, der Wahrheit Lüge zu setzen?«[36] Jedes Mittel sollte ihnen recht sein, wenn es nur tauglich wäre, die verhaßte Fremdherrschaft abzuschütteln. Stein und Scharnhorst gingen so weit, dem König 1807 und 1808 vorzuschlagen, »sich völlig in Frankreichs Arme zu werfen«,[37] obgleich »sie in Napoleon den Feind aller Freiheit sahen.«[38] Scharnhorst wiederholte seinen Rat noch 1810, und Meinecke bemerkt: »Es wäre eine dämonische Politik gewesen, mit Haß im Herzen sich in die Arme des Feindes zu werfen, wieder stark werden zu wollen durch die Dienstbarkeit, die man ihm widmete, und auf die Stunde der Rache zu harren.«[39]

Maßloser Haß ist die Triebfeder der großen Reformer, die sich die Wiedergewinnung der Freiheit nur durch den Einsatz der äußersten Mittel denken konnten: »Sie verschrieben, wie man treffend gesagt hat, Gift dem verzweifelten Zustande des Staates. Sie selbst waren ihrer sicher, daß sie das Gift vertragen würden, aber der Körper des Staates war anders organisiert als der Körper eines willensstarken Individuums. Hier, wenn irgendwo, überflog das Individuum den Staat und zeigte sich das Unpreußische und Überpreußische in der Denkweise der großen Reformer.«[40] Wenn Fontane diesem Geist begegnete, konnte er ihm Raum geben in sich? Es war in der Substanz Geist von jenem Geiste, der ihn selber in den 40er Jahren anfallsweise beseelt hatte, dem er aber in sich selber kein dauerndes Wohnrecht eingeräumt hatte. Was Scharnhorst und Gneisenau wollten, berührt andere Bereiche als die in der friderizianischen Kriegsvorstellung angelegten. Meinecke verweist auf das am 21. April 1813 erlassene Landsturmedikt, »das über alle Uniformen und Dressur hinweg einen ›Kampf der Notwehr, der alle Mittel heiligt‹, vom Volke verlangte. Seine Bestimmungen erregten den Schrecken der vereinigten Bureaukraten und Feudalen und weckten die Erinnerung an den französischen Wohlfahrtsausschuß.«[41] Von der Entfesselung elementarer Volkskräfte zum Zwecke eines Insurrektionskriegs in Norddeutschland, wie er den Reformern eine Zeitlang vorschwebte, hielt Fontane in seiner konservativen Zeit so wenig wie Lewin von Vitzewitz. Und Gneisenaus radikale Ideen, unter Zertrümmerung der verräterischen Rheinbunddynastien zum Siege über Napoleon zu eilen und den Adel abzuschaffen, soweit er sich nicht im Kriege aufs neue bewährte,[42] konnten damals nicht die Zustimmung Fontanes finden, der erst nach den in Frankreich gesammelten Erfahrungen von 1870/71 dem Gedanken eines Volkskriegs, wie ihn Gambetta einzuleiten versucht hatte, wieder nahetrat. Verglichen mit der Urkraft Gneisenaus war die Kraft, die Marwitz repräsentierte, doch eher konventionelle Loyalität – bei aller Härte. Er stand auf einer politisch-militärischen Ebene, die Fontane zugänglich und vertraut war. Man möchte mehr als einen Zufall darin erkennen, daß Fontane sich eben zu der Zeit an die Konservativen anlehnte, als Marwitz' Nachlaß erschien und damit ein Ausblick freigelegt wurde auf die Gedankenwelt eines Mannes, der, anders als die Reformer – denen er gleichwohl verbunden war – das eigentlichste Preußen, die Mark Brandenburg vertrat.

Das Aufgreifen des Marwitz-Stoffes in den ›Wanderungen‹ ist also durchaus eine politisch-ideologische Entscheidung Fontanes gewesen. Er sieht die Befreiungskriege aus einem ganz und gar konservativen Gesichtswinkel. Nicht die Reformer sind für ihn die Hauptpersonen, sondern ein märkischer Gutsbesitzer, der in sich die altpreußische Tradition verkörpert und dessen Einstehen für König und Vaterland die Befreiungskriege in eine preußisch-konservative Kontinuität stellt. Diesem bodenständigen Junkertum gegenüber scheinen die Stein-Scharnhorst-Gneisenau ein Wellengekräusel an der Oberfläche. Ihre Hektik beherrscht die Stunde, vielleicht auch einmal, wenn Not am Manne ist, den Tag und das Jahr. Aber auf die Dauer gefragt ist nur ein Mann wie Marwitz; politisches Urgestein, an dem die Brandung einer verworrenen Zeit sich bricht.[43]

Geht man von der mehr oder weniger offenkundigen Abneigung Fontanes gegen die Freiheitskriege aus, so darf man doch nicht die Augen davor verschließen, daß er sehr wohl einen Sinn hatte für das Menschlich-Schöne, das sich im Umfeld dieses Krieges offenbarte. Waren die Kriege Friedrichs des Großen der Idee nach so geführt worden, daß die Bürger in den Städten von eben diesen Kriegen unbetroffen bleiben sollten, denn es war ausschließlich die (aus bäuerlichen Landeskindern und geworbenen Söldnern – in der überwiegenden Mehrzahl Gesindel-bestehende) Armee, die diese Kriege für den König führte, so waren die Freiheitskriege die ersten preußischen Kriege, in denen das Volk in seiner Gesamtheit aufgerufen war, diesen Krieg zu seiner eigenen Sache zu machen und jedes nur denkbare Opfer für König und Vaterland zu bringen, um den Sieg erringen zu helfen. Das Volk hatte seine Opferbereitschaft bewiesen, und die bildenden Künste hatten es sich während des ganzen Jahrhunderts nicht nehmen lassen, diese erstmals geforderte und erstmals gewährte Hilfe darzustellen. Kein Bild dieses Motivkreises hat Fontane stärker berührt als das Gemälde Graefs ›Vaterlandsliebe im Jahre 1813‹. Ihm widmete er eine der längsten Einzelbesprechungen in seinen Aufsätzen zur bildenden Kunst. Obwohl ihm der Gegenstand für die malerische Darstellung nicht geeignet erschien, mußte er einräumen, daß dem Maler diese »Aufgabe« »delikater Natur« (NFA 23/1/180f) zu lösen vorbildlich geglückt war: »unsere vaterländische Kunst ist um ein schönes, vielleicht makelloses Bild reicher«. (NFA 23/1/181) Dargestellt wird ein Mädchen, das, in Ermanglung anderer Reichtümer, sein Haar geopfert hat: »Sie ist nicht so schön, daß ihre äußerliche Schönheit uns von der Schönheit ihrer Tat abzöge; sie ist nicht so jung mehr, daß das, was sie getan, uns als Aufwallung oder Jugendübermut, und nicht so alt, daß es uns umgekehrt als Alte-Jungfer-Marotte erscheinen könnte. So dezent ist *alles* erwogen, Großes und Kleines. Das schöne blonde Haar liegt auf dem Tisch; aber der schlichte Wellenscheitel über der Stirn ist geblieben, wie er war; sie hat sich ihres Schmuckes entkleidet, aber sie hat sich *nicht* entstellt.« Diese Würdigung ist typisch für Fontanes Bilderverständnis überhaupt. Das *Was* der Malerei ist ihm so wichtig wie das *Wie*, entscheidend ist die unmittelbare Betroffenheit, die das Bild mit seinem geheimnisvollen Ineinander von Form und Inhalt hervorzurufen vermag: »Wir gratulieren dem Maler, der Ausstellung und uns selbst zu diesem Bilde. Es ist ein Triumph innerlichen, echten Künstlertums über das Machenkönnen, das jetzt so hoch im Preise steht. Ob der Maler sich auf dieser Höhe halten wird – wir wünschen es.« (NFA 23/1/181) Indessen: im ganzen bleibt es, bei aller Zustimmung zu den Details und Begleiterscheinungen jener Kriege bei Fontanes vorsichtiger Zurückhaltung. Seine Liebe gewannen jene Kriege nicht.[44]

Eine gewisse Abschwächung des früheren Urteils und eine vorsichtige Annäherung an die so lange mit Zurückhaltung und Mißtrauen betrachtete Zeit wird in dem Aufsatz ›Die Märker und die Berliner und wie sich das Berlinertum entwikkelte‹ erkennbar. Es ist zwar nur beiläufig von der Armee jener großen Tage die

Rede, aber man spürt, wie Fontane an der Rehabilitierung der Epoche arbeitet, wie ihm das frühere Verdikt nicht mehr genügt und er Raum zu schaffen versucht für ein neues Verständnis jener Periode: »Was die herüberklingende (Französische) Revolution nicht vermocht hatte, die Herstellung eines bis dahin ungekannten Volkstums, das vermochte nun die gemeinsame Not, und der Aufruf vom Frühjahr 1813, der sich an alle Klassen und Stände richtete, riß mit einem Male alle die Geister trennenden Schranken und beinahe auch die gesellschaftlichen nieder. Die Befreiungskriege mit ihrem einheitlichen Fühlen und Denken besiegelten dann das Geschehene, ganz speziell in der Hauptstadt. Und wie's war, so blieb es, was in einem ganz besonderen Glücksumstande – der die gegenteiligen, in General v.d. Marwitz (Bruder von Alexander) gipfelnden hochtoryistischen Bestrebungen zunichte machte – seinen Grund hatte. Dieser Glücksumstand war der ausgesprochen bürgerliche Charakter Friedrich Wilhelms III., der nicht bloß durch Beispiel und Anordnung einen Rückfall in alte Scheidungszustände zu hindern, sondern auch überall hin neue Verbindungsbrücken zu schlagen wußte.« (NFA 19/752)   In Folge davon vollzieht sich auch eine Umwertung von Ludwig von der Marwitz. Seine Politik wird unter dem Begriff »hochtoryistisch« begriffen. Friedrich Wilhelm III. erscheint als sein Gegenpol durch den bürgerlichen Charakter seines Verhaltens. Er ist nicht mehr der Mann, der Preußens politische Entwicklung jahrzehntelang blockierte, sondern derjenige, der durch sein patriarchalisches Wohlwollen in Preußen eine Atmosphäre schuf, die (man vermag es am Verhalten Fontanes 1848 zu studieren) revolutionären Anschauungen und Aktivitäten unbewußt entgegenarbeitete. Ihm verdankt Preußen – und Fontane steht hier an der Schwelle neuer Einsichten – mehr, als Fontane dies in seiner ungeduldigen, intoleranten Jugendlichkeit hatte auffassen können. In ›Von Zwanzig bis Dreißig‹ widerruft Fontane alte Vorurteile. Nachdem er die »illoyale Begeisterung« erwähnt hat, die in Preußen beim Tod Friedrich Wilhelms III. geherrscht und die er geteilt hatte, fährt er fort: »Jetzt denk' ich freilich anders darüber und bekenne mich mit Stolz und Freude zu einer beinah schwärmerischen Liebe zu diesem lange nicht genug gewürdigten und verehrten Könige. Während meiner märkischen Arbeiten … bin ich der Eigenart dieses Königs … viele hundert Male begegnet, und in immer wachsendem Grade habe ich dabei den Eindruck gehabt: Welch ein herrlicher Mann!« (NFA 15/11f)

Damit ist der Weg frei für den bedeutendsten Schritt: Es gewährt dem heutigen Leser Befriedigung, wenn Fontane in seinem letzten Roman den Freiheitskriegen und den Männern, die diese Kriege zu Volkskriegen machten, ein Denkmal setzt. Er überläßt es dem alten Fridericus-Rex-Verehrer Dubslav von Stechlin, ein Schlußwort zu einem Thema zu sprechen, das Fontane so erkennbar vorsichtig behandelt hat. Es geschieht dies in dem Gespräch Dubslavs mit dem Grafen Barby, dem der Leser mit besonderen Erwartungen entgegensieht, weil er sich von ihm gleichsam eine ‹summa› der Lebenserfahrungen beider verspricht. Und hier sagt Dubslav – und zwar offensichtlich unter Zustimmung Barbys und zu dessen Freude, weil er den Alten anders eingeschätzt hat: – »In seiner innersten Seele rief er (Friedrich der Große) uns eigentlich genau dasselbe zu, wie den Grenadieren bei Torgau. Wir waren Rohmaterial und wurden von ihm mit meist sehr kritischem Auge betrachtet. Alles in allem, lieber Graf, find ich unser Jahr dreizehn eigentlich um ein Erhebliches größer, weil alles, was geschah, weniger den Befehlscharakter trug und mehr Freiheit und Selbstentschließung hatte. Ich bin nicht für die patentierte Freiheit der Parteiliberalen, aber ich bin doch für ein bestimmtes Maß von Freiheit überhaupt.« (NFA 8/283) Das klingt wie ein Widerruf des den Alten charakterisierenden Satzes vom Anfang des Romans: »er lebte ›comme philosophe‹ nach dem Wort und Vorbild des großen Königs, zu dem er jederzeit bewundernd aufblickte. Das war sein Mann, mehr als irgendwer, der sich seitdem einen Namen gemacht hatte.« (NFA 8/9) An Friedrich dem Großen hatten sich während des ganzen 19. Jahrhunderts die Geister geschieden, soweit man sich nicht einfach in patriotisch-naiver Heldenbegeisterung erging. Die Reformer und mit ihnen die Romantiker hatten mit dem Zusammenbruch des fridericianischen Staates auch den ›Alten-Fritz-Mythos‹ dahinschwinden sehen; mit der neuen Akzentuierung während der Restauration hatte sich auch eine neue Welle der Verehrung für den großen König gebildet, von der sich Fontane sein ganzes Leben hindurch tragen ließ, bis er im ›Stechlin‹ zu einer gewissen Modifizierung gelangte, was seinem Verständnis für die Reformer zugute kam, für deren große Zeit er vordem nur in seiner revolutionären Phase Worte begeisterter Zustimmung gefunden hatte, so in dem schon zitierten Brief zum preußischen Militärstaat vom Dezember 1849. (NFA 19/71 f) Er hatte diese Zeit in ihrer Bedeutung für die Geschichte Preußens zwar nie verkannt, hatte sie aber in den ›Wanderungen‹ aus einer gewissen konservativen Befangenheit heraus nicht mit demselben Engagement gewürdigt wie die Zeit der Schlesischen Kriege Friedrichs des Großen.

Jetzt, ganz am Ende, im ›Stechlin‹, läßt er jene Zeit in einem Glanz erscheinen, der noch die fridericianischen Kriege überstrahlt. Wenn Lorenzen Melusine mit seinem Bild der preußischen Geschichte vertraut macht und bei seiner Dreiteilung ›Soldatenkönig – Friedrich der Große – Freiheitskriege‹ auf diese Kriege zu sprechen kommt, tut er das mit fast pathetischem Schwung: »Und dann kam die dritte Zeit. Nicht groß und doch auch wieder ganz groß. Da war das arme, elende, halb dem Untergange verfallene Land nicht von Genie, wohl aber von Begeisterung durchleuchtet, von dem Glauben an die höhere Macht des Geistigen, des Wissens und der Freiheit.« (NFA 8/252) »Von Begeisterung durchleuchtet«: Fontane bedient sich zur Kennzeichnung der Zeit eines Wortes, das für die Militärs jener Zeit ein Reiz- und Zauberwort zugleich war. Bis hin zur Schlacht von Jena und Auerstädt hatte die Begeisterung oder, wie man damals sagte, der Enthusiasmus bei der Motivation der Truppen keine Rolle gespielt. Friedrich der Große und seine Nachfolger hatten sich auf den Zwang verlassen: die Soldaten, denen es an Mut und Kampfeslust gebrach, wurden mit dem Stock in die Schlacht geprügelt, und von dieser Methode hatte man noch bei Jena und Auerstädt reichlich Gebrauch gemacht.[45] Die französischen Truppen waren dagegen von einem Enthusiasmus, einem Geist der Hingabe an die Ideale der Revolution und für ihren militärischen Führer beseelt, der alle Zwangsmaßregeln unnötig erscheinen ließ. Diesem Enthusiasmus hatte die alte fridericianische Armee nur ihren esprit de corps entgegenzustellen; aber es zeigte sich, daß dieser vielbeschworene Geist, der den gemeinen Soldaten ohnehin nur am Rande einschloß, nicht ausreichte. Und die größte Leistung Scharnhorsts und der Männer, die er um sich versammelte, lag darin beschlossen, daß er den preußischen Soldaten, als Äquivalent gegen den revolutionären enthusiasme der Franzosen, mit einer schönen Begeisterung zu erfüllen vermochte, einer Begeisterung, die Gott, dem König und dem Vaterland galten. Er schuf die erste preußische Armee, die sich aus vaterländischer Begeisterung mit außerordentlicher Bravour schlug. Und wieviel sich auch nach 1819 ändern mochte, die neue Armee, die, wie begrenzt auch immer, auf der Allgemeinen Wehrpflicht basierte, hielt den Geist fest, auf den Scharnhorst sie eingeschworen hatte.

Ein Schlußwort Fontanes zum Thema Scharnhorst findet sich leider nicht, obwohl die zeitgenössischen Auseinandersetzungen das sehr nahegelegt hätten, standen doch die fortgesetzten leidenschaftlichen Kontroversen zwischen der Sozialdemokratie und der Armee auch im Zeichen Scharnhorsts, den die Sozialdemokratie, zur Empörung der Armee, die darin eine Einmischung in ihre ureigenste Tradition sah, als Kronzeugen für ihre Wehrkonzeption in Anspruch nahm. Verstrickt in den Widerspruch, einerseits den politischen Umsturz zu betreiben, andererseits die Bereitschaft zu bekennen, Deutschland in einem Zweifrontenkrieg verteidigen zu helfen, bekannte sich die Sozialdemokratie zu Scharnhorst: so wie jener das Bürgertum an die Armee herangeführt und in sie eingegliedert hatte, so hätte es jetzt eines Mannes bedurft, der, die Verteidigungsbereitschaft des vierten Standes nutzend, die Arbeiterschaft mit der Armee versöhnt hätte. Diese Möglichkeit, wie sie sich seit den 90er Jahren (zunächst undeutlich) abzeichnete, wurde versäumt. Die Folge war die unzureichende Armeestärke von 1914.[46]

Dem rein Militärischen an den Freiheitskriegen, jenseits aller ideologischen Beschränktheit, hat Fontane, wenn er es nur ohne jede begrenzende Bedingtheit erleben konnte, immer begeistert zugestimmt. Ein preußischer Sieg blieb immer ein preußischer Sieg. Und so liest man denn ohne Verwunderung in dem Bericht Fontanes zur Berliner Gemäldeausstellung 1863: »Wir treten nun an *Bleibtreus* ‹Schlacht bei Großbeeren› heran… Das, was Bleibtreu vor allen Schlachtenmalern … voraus hat, das ist das Element der Bewegung und zwar rapider Bewegung. Den Schlachten-*Sturm* hat bisher niemand in ähnlich glänzender Weise zur Anschauung gebracht. Man fühlt sich wie miterfaßt; der Enthusiasmus einer großen Zeit weht, wieder neu, durch alle diese Bilder und reißt Herz und Sinne mit sich fort. Wie man Lust kriegt, mitzumarschieren, wenn bei voller Musik die

Truppen durch die Straßen ziehen (!!), so überlaufen auch, angesichts dieser Bleibtreuschen Bilder, die süßen Schauer von Kampf und Sieg jedes noch nicht ganz verknöcherte Herz. Diese Bilder sind wie Trompetenklang; die Augen werden größer und das Herz schlägt höher. Es ist alles Poesie, Leben, Feuer, ‹Zug›.« (NFA 23,1/174)

Geschrieben sind diese Zeilen kurz vor Ausbruch des Krieges gegen Dänemark. Es ist leicht zu erkennen, wie sehr Fontane prädisponiert war, zum Historiographen der Einigungskriege zu werden.

7. Kapitel

Die Kriegsbücher

Betrachtet man die ›Wanderungen‹ unter den hier hervorgehobenen Gesichtspunkten, wird deutlicher als bisher, wie zwanglos und selbstverständlich sich für Fontane der Übergang zu den drei Kriegsbüchern, die ihn von 1864 bis 1876 in Anspruch nahmen, ergab. Er tat zwar einen Schritt von der Geschichte in die Gegenwart, aber der Gegenstand änderte sich nicht. Natürlich ist es nicht angängig (und insofern fordert diese Darstellung zum Widerspruch heraus), die Welt der ›Wanderungen‹ zu verkürzen um das in Fülle vorhandene Nicht-Militärische; die zahlreichen Aspekte, auf deren Erwähnung hier verzichtet worden ist, sollen in ihrer Bedeutung für die ›Wanderungen‹ insgesamt nicht geschmälert werden. Man wird aber auch sagen dürfen, daß Fontane sein Ziel, den Leser der ›Wanderungen‹ von der Vorstellung abzubringen, ein aufmerksamer Blick auf Brandenburg und seine Geschichte zeige nichts als »Schlachten und immer wieder Schlachten« (an Hertz, 31. Oktober 1861)[1], nicht ganz erreicht oder doch zeitweise aus den Augen verloren hat. Es ist darüber hinaus auch sinnlos, bestreiten zu wollen, daß Fontane als Preuße die Militärgeschichte seines Landes und deren Exponenten als sein eigentliches Arbeitsfeld betrachtete, demgegenüber alle anderen Aspekte mit vollkommener Selbstverständlichkeit zurücktraten, vielleicht mit Ausnahme von Gestalten und Vorgängen, die vom Anekdotischen her lebten, wobei jenes Anekdotische die Präferenz erhielt, das ein Humoristisches, Skandalöses oder Espritvolles streifte oder umfing. Das wird erkennbar an einer Rezension Fontanes aus dem Jahre 1888, die dem Buch ›Unter den Linden. Bilder aus dem Berliner Leben‹ von Julius Rodenberg gilt. Rodenberg hatte etwas »Kultur- und Literaturhistorisches an Stelle des einfach Historischen geboten«,[2] und Fontane räumt die Berechtigung seines Vorgehens ein: »*daß* er das tat, daran hat er recht getan, künstlerisch und ästhetisch gewiß, und vom *praktischen* Standpunkt aus angesehen, zweimal gewiß. Denn es ist unzweifelhaft – und daran haben selbst Bismarck und Moltke nichts Wesentliches ändern können –, daß sich der Berliner, ja vielleicht der Großstädter überhaupt, für das außerhalb der historisch-politischen Sphäre Liegende mehr erwärmt als für seine staatlichen oder selbst militärischen Größen, wenn diese nicht zufällig mit dem ‹Riesenmaß der Leiber (und Gott sei Dank auch der Geister) über das Menschliche hinausragen›. Das ist aber sehr der Ausnahmefall.«[3] Mit sicherer Hand bezeichnet Fontane die Geschmacksrichtung des Publikums: »Staaten lenken und Schlachten schlagen ist gewiß wichtiger, wer möchte das bestreiten, aber wenn dies Wichtigere zu bestimmten und meist rasch vorübergehenden Zeiten geschehen ist, so tritt gleich das für den Alltag Interessantere wieder in sein Recht, und das Interessantere heißt Oskar Blumenthal oder Possart oder Barnay oder Fräulein Schwartz oder die kleine Conrad. Und das alles wußte Rodenberg, als er sein ›Unter den Linden‹ schrieb und uns statt von Wrangel und der geborenen v. Below lieber von Schiller und Goethe in Berlin, von Hoffmann und Devrient, von Heine und Meyerbeer, von Börne und Gutzkow unterhielt.«[4] Zugleich aber nimmt er doch die Gelegenheit wahr zu betonen, wie ganz anders er verfahren wäre, hätte er doch (wie er von Rodenberg sagt) »das Brot genau von der entgegengesetzten Seite her angeschnitten«: »Referent, wenn ihm der beneidenswert glückliche Gedanke gekommen wäre, solches Buch zu schreiben und, Unter den Linden flanierend, die Häuser auf ihre Geschichte hin anzusehn, hätte ganz andere Geschichten herausgelesen und würde sich nur hier und da mit dem Herrn Verfasser begegnet haben. Ich hätte…mit dem General *Rohdich*schen Hause, dem jetzigen Gardeoffizierkasino, angefangen und hätte dabei vom alten General Rohdich und seinen Grenadierblechmützen – die das 1. Garderegiment z. Z. noch trägt – ausführlich erzählt, um dann zum General Wrangel überzugehen, zu Wrangel und seiner Gemahlin, der geb. v. Below, die während der denkwürdigen 48er Zeit das Rohdichsche Palais gemeinschaftlich bewohnten. ›Soll mir wundern, ob sie ihr gehangen haben.‹ Dann hätt ich mich dem Nachbarhause zugewandt, dem *Arnim*schen Palais, das ›im unruhigen Jahre‹, wenn ich nicht irre, der damalige Minister v. Arnim, der mit König Friedrich Wilhelm IV. am 19. März durch die Straßen ritt, und dann später Harry von Arnim bewohnte. Zum dritten dann, nach Erledigung der Arnimfrage, wär ich beim Redernschen Palais angekommen, bei Graf Redern, der fast 20 Jahre lang Generalintendant war, eine Bildergalerie samt 10 verschuldeten Rittergütern besaß und eine Hamburger Millioneserin heiratete (›Womit handelte doch Ihr Herr Vater?‹ – ›Mit Verstand‹), um die gestörte Gütersache wieder in Ordnung zu bringen. Was auch glückte. Von Graf Redern wär ich dann zu Major Blesson, dem Blücheradjutanten und 48er Bürgerwehrkommandanten, von Major Blesson zu dem reichen Grafen Blanckensee, Dichter und Freund des Malers Wilhelm Hensel, von Graf Blanckensee zu Gräfin Lichtenau, von der Lichtenau zum Prinzen Louis Ferdinand und vom Prinzen Louis Ferdinand zum Feldmarschall Schomberg (im späteren kronprinzlichen Palais) und zuletzt zum alten Prinzen Heinrich, Bruder Friedrichs des Großen, übergegangen und hätte meine Schilderung vielleicht mit einer Redoutenbeschreibung im Prinz Heinrichschen Palais, dem jetzigen Universitätsgebäude, beschlossen.«[5] Man sieht, welche Fülle typisch Fontanescher Stoffe in dieser Aufzählung wiedererscheint und wie wenig also der unvoreingenommene Leser das Empfinden entwickeln wird, es werde hier eine Nebensache zur Hauptsache gemacht, wenn das Militärgeschichtliche der ›Wanderungen‹ in den Mittelpunkt gerückt wird. Und das Bewußtsein davon muß ja auch bei denen lebendig gewesen sein, die Fontane den Auftrag gaben, eine Darstellung des Schleswig-Holsteinschen Krieges zu schaffen. Als patriotischer Militärschriftsteller war Fontane ausgewiesen durch die ›Wanderungen‹ und durch nichts sonst, wenngleich er keine Gelegenheit ausgelassen hat, auch in nur beiläufigen Bemerkungen seinen Sinn für soldatischen Geist hervortreten zu lassen. So heißt es z.B. in einer Besprechung des Buches ›Aus dem deutschen Soldatenleben‹ von Rudolf von Kanitz: »Die Liebe zum soldatischen Metier und zum Vaterlande, die hohe Freude an den Großtaten der Väter, der Schwung, der volle Herzschlag, der ritterliche Sinn – das sind die Züge, die diesem Buch sein Publikum…erobern werden« (NFA 24/578), womit zugleich eine Art Selbstportrait gegeben ist. Selbstverständlich verraten auch seine Englandbücher ein waches Interesse und einen scharfen Blick für die militärischen Auseinandersetzungen, die schließlich zur Entstehung des Vereinigten Königreichs geführt haben, aber weit darüber hinaus bekunden doch nur die ›Wanderungen‹ in ihrer ersten Konzeption jenen freudigen Patriotismus und jene altpreußisch-fridericianische Gesinnung, die unentbehrliche Voraussetzung für die Arbeit an den Kriegsbüchern waren. Fontane erhielt den Auftrag nicht, weil er sich irgendwo in der Welt einen Namen als Kriegsberichterstatter gemacht hätte, sondern man konnte bei ihm davon ausgehen, daß er sich unter strengster Wahrung der Loyalität wie der Unabhängigkeit seines Urteils mit ebensoviel Wahrheits- wie Vaterlandsliebe der gestellten Aufgabe unterziehen würde. Mochte er auch später seine Liebe zur Mark Brandenburg zum Mißverständnis erklären, so spricht doch rein gar nichts dafür, daß er seiner Natur Gewalt antun mußte, als er den Vorschlag akzeptierte, ein populäres Kriegsbuch aus preußischer Gesinnung heraus zu gestalten. Viel eher wird man seinen ersten Äußerungen anmerken, daß er der selbstbewußten Überzeugung war, in sich alle Vorzüge zu vereinigen, deren es bedurfte für die Bewältigung der zu erwartenden Probleme. Der Einstieg in das Tun des Kriegshistorikers erfolgte ohne Vorbehalte und mit besonderer Eile. Er reist schon im Mai 1864 nach dem Norden, immerhin so früh, daß er als »Zeichen des Dabeigewesenseins« die Düppel- und Alsenmilitärmedaillen empfängt. Wie er dann seine Mission, den dänischen Krieg darzustellen, empfand, zeigt ein Brief an Alexander von Pfuel, in dem es heißt, er könne seine ›Wanderungen‹ nicht fortsetzen, »da ich auserlesen worden bin, eine populäre, dabei umfangreiche und reich illustrierte Darstellung des schleswig-holsteinischen Krieges zu schreiben.« (Ha Br II/137) Mag das Wort »auserlesen« auch mit einem Blick auf den Empfänger des Briefs gesagt sein, im Grunde spiegelt er doch Fontanes Einstellung wider. Er betrachtet die Aufgabe als Auszeichnung und nimmt sie als Herausforderung an.

Zudem verfügen wie noch über einen anderen Beleg dafür, wie ›Wanderungen‹ und Kriegsbücher bis 1876 ineinanderwachsen. Im Frühjahr 1873 führte Fontane den Plan aus, in den ersten Band der ›Wanderungen‹ dem Ruppin-Kapitel eine Geschichte der Ruppiner Garnison hinzuzufügen. Es geht um das Regiment Prinz Ferdinand Nr. 34, das bis 1806 in Ruppin gelegen, am 29. Oktober 1806 bei Pasewalk kapituliert hatte und deshalb nicht neu begründet wurde, und das Regiment Mecklenburg-Schwerin Nr. 24, das 1813 errichtet wurde und dessen Geschichte

Fontane bis 1873 verfolgt. Die Regimentsgeschichte wird unversehens zur Zeitgeschichte, und der Leser wird für Augenblicke zweifeln, ob er in den ›Wanderungen‹ oder einem der Kriegsbücher liest, so auswechselbar erscheint der Text.

Wer sich als Leser den Kriegsbüchern Fontanes nähert, wird sich Rechenschaft geben müssen, warum diese Bücher überhaupt geschrieben, aus welcher Gesinnung heraus sie geschrieben worden sind und welche Bedeutung sie für die Laufbahn Fontanes als Schriftsteller gewonnen haben. Wer nur den ›eigentlichen‹ Fontane kennt und anerkennt, wird Mühe haben, sich mit den Entscheidungen, die der Dichter für seine Lebensplanung während der 60er und 70er Jahre traf, einverstanden zu erklären. Alles deutete darauf hin, daß Fontane, von den ›Wanderungen‹ kommend, als nächstes die Arbeit an seinem Roman aufnehmen würde. Nimmt man eine briefliche Äußerung Fontanes vom 22. August 1874[6] wörtlich, so war er seit Mitte der 50er Jahre mit der Konzeption von ›Vor dem Sturm‹ befaßt. Er hat sich aber erst 1876 entschließen können, das Schreiben dieses Romans allen anderen Unternehmungen vorzuziehen. Dabei mag sein Mißtrauen in die eigenen Fähigkeiten ebenso eine Rolle gespielt haben wie sein Mißtrauen gegen die Gattung Roman, denn er schreibt an Emilie: »Seit 20 Jahren redet man auf mich ein: ‹schreibe deinen Roman›; ich will froh sein, wenn er nicht schlechter wird als dieser (gemeint: Parisius, ›Pflicht und Schuldigkeit‹, 1871), und doch läßt sich's nicht leugnen: es ist wie ein in den Teich geworfener Stein. Plumps, ein paar Ringe, und nach fünf Minuten ist alles wieder still und glatt. Was gibt mir ein Recht anzunehmen, daß ich es besser machen oder mehr Glück haben werde! Meine ›Wanderungen‹ haben den einen großen Vorzug, als etwas relativ Originelles dazustehn, während Romane, selbst gute, im Dutzend verschwinden.«

Aber das Haupthindernis auf dem Wege zum Roman oder auch der Hauptvorwand, zuerst anderes tun zu müssen, waren doch die Kriegsbücher. Zwölf Jahre lang widmet Fontane ihnen seine Arbeitskraft. Ein Aufwand, der nach der Meinung der meisten Fontane-Leser einer besseren Sache würdig gewesen wäre. Was also drängte Fontane zu dem Entschluß, den Kriegsbüchern die Priorität vor dem Roman zu geben? Sein Brief an Hertz vom 17. Juni 1866 beweist doch, wie klar seine Vorstellungen vom Roman bereits waren. (Ha Br II/162f) Man kann dabei auch nicht von dem Gedanken ausgehen, er sei wider Willen in diese Arbeit hineingeschlittert, weil etwa das eine Werk das andere notwendigerweise nach sich gezogen habe. Er hatte vielmehr immer erneut die Freiheit der Wahl. Finanzfragen mögen eine Rolle gespielt haben, vor allem beim 70er Kriegsbuch. Nachdem er zum Jammer Emilies eben seine Kreuzzeitungsstelle aufgegeben hatte, mußten ihn, obwohl er bereits als Theaterkritiker bei der Vossischen Zeitung angestellt war, die mit dem Kriegsbuch verbundenen Nebeneinnahmen locken, denn ein voller Ersatz waren die 600 Taler der Vossischen Zeitung nicht gegen die 1000 Taler der Kreuzzeitung, wobei zu bedenken ist, daß die vier Kinder 19, 14, 10 und 6 Jahre alt waren. Es muß also noch anderes eine Rolle gespielt haben.

Denn schließlich: wie sicher war sich Fontane seiner Fähigkeiten als Romancier? Als er 1862 an Emilie schrieb: »Den Roman anfangen, dazu hab' ich nicht innerliche Ruhe genug, auch ist die Frucht noch nicht reif; es können noch Jahre vergehn eh' ich ihn anfange«,[7] hatte er offensichtlich erhebliche Selbstzweifel; und davon zeigen sich noch Reste in dem Beschwichtigungsbrief von 1870, als er Emilie über seine möglichen zukünftigen Einnahmen zu beruhigen sucht und dabei auf den Roman verweist: »und nur das eine verbliebe noch: *den Roman auch zu schreiben.* Dies unterschätz ich nun keineswegs.« (Ha Br II/309) Wie er zurückweicht vor dieser Aufgabe, zeigt auch sein Brief an Hertz vom 11. August 1866, in dem er sich dafür zu rechtfertigen sucht, daß er die Arbeit am Roman erneut liegenläßt. Er versichert zwar, daß er »diese Arbeit als ein eigentlichstes Stück Leben von mir« ansehe und daß keine Unterbrechung seinen »Eifer erlahmen« oder die »Ausführung alteriren« könne (Ha Br II/168f), aber: das Kriegsbuch hat den Vortritt: »einmal weil ich das Schleswigholstein Buch dadurch erst zu einem rechten Abschluß bringe, zweitens weil ich eine Lust und ein gewisses Talent für solche Arbeiten, drittens weil ich einen erheblichen pekuniären Vortheil davon habe.« Zugleich aber bestimmt er den Stellenwert der Kriegsbücher: »die Sache ist *mir keine Herzenssache.*« Und er fügt hinzu, Kriegsbuch und Roman gegeneinander abwägend: »Wird das (Kriegs)Buch geschrieben – gut, wird es nicht geschrieben – auch gut; es geht der Welt dadurch von meinem Eigensten, von meiner Natur…nichts verloren; der Roman aber darf nicht ungeschrieben bleiben. Die Welt würde es freilich verschmerzen können, *aber ich nicht.* So liegt die Sache. Ich möchte das Kriegsbuch schreiben, weil der Roman, wenn Gott mich leben läßt, doch *unter allen Umständen* geschrieben würde.« In dieser Selbstauslegung sind also Lust an der Sache und Talent für die Sache neben dem pekuniären Aspekt die wichtigsten Triebfedern für Fontanes Kriegsarbeiten. »Lust« als Benennung seines Gefühls ist allerdings eine sehr gedämpfte Bezeichnung für die Leidenschaft, mit der ihn das Kriegsgeschehen erfüllte. Er betont ausdrücklich an anderer Stelle, daß er dem Krieg in Frankreich mit derselben passionierten Anteilnahme gefolgt sei wie als Kind dem Aufstand der Polen gegen Rußland. (NFA 15/436) Die zu Anfang des Krieges in ihm auflebenden Bedenken und Vorbehalte werden angesichts der unerwartet großen deutschen Siege rasch abgebaut. Sein anfänglicher Widerwille gegen den Krieg, der nachschwingt in der Schlußzeile des Einzugslieds von 1871:

»Bon soir, Messieurs, *nun ist es genug*«
und der ihn im Briefe an seine Frau von dem »ewigen Gesiege«[8] reden läßt, soll nicht unterschlagen werden: »Das ganze wirkt auf mich wie eine kolossale Vision, eine vorüberbrausende Wilde Jagd… Eine durch Eisenbahnen regulierte Völkerwanderung, organisierte Massen, aber doch immer *Massen,* innerhalb deren man selbst als ein Atom wirbelt, nicht draußen stehend, beherrschend, sondern dem großen Zuge willenlos preisgegeben. Es ist, wie wenn es in einem Theater heißt: ‹Es brennt›; fortgerissen einem Ausgange zu, der vielleicht keiner ist, mitleidslos

gedrückt, gestoßen, gewürgt, ein Opfer dunkler Triebe und Gewalten… ich bin zu künstlerisch organisiert, als daß mir wohl dabei werden könnte.« Und in einer Nachschrift vom Nachmittag desselben Tages fragt er nach dem Sinn des Geschehens: »Wozu das alles? um nichts! Blos damit Lude Napoleon festsitzt oder damit der Franzose sich ferner einbilden kann, er sei das Prachtstück der Schöpfung – um solcher Chimäre willen den Tod von Tausenden!« (Ha Br II/326f) Von dieser Ängstlichkeit angesichts der mitreißenden Kraft historischer Ereignisse gibt es aus jener Zeit keine weiteren Zeugnisse Fontanes, wenn wir von dem an anderer Stelle zitierten Brief über die preußischen Verluste absehen.

Später beschreibt er das vom Kriegshistoriographen zu Leistende am Beispiel Rudolph Lindaus, dessen Buch ›Die preußische Garde im Feldzug 1870/71‹ er für seine Darstellung des Krieges gegen Frankreich benutzte: »Rudolph Lindaus Schreibweise, von Nüchternheit und Phantasterei gleich weit entfernt, ist die Schreibweise des *Historikers*. Er stellte sich damit die schwierigste Aufgabe. Das Ereignis der Stunde, während unser Herz noch bangt oder jubelt, historisch zu behandeln, liegt fast jenseits menschlicher Kraft.« (NFA 19/767f) Fontane fühlt sich als Historiker gefordert.[9] Es kann kein Zweifel sein, daß er die als künstlerische Aufgabe verstandene Darstellung der Zeitereignisse einem jubelnden und bangenden Herzen abgerungen hat. Sein innerstes Fühlen ist in diesen Kriegsbüchern überall präsent, aber es bestimmt nicht die Darstellung. Wohl ist das entschiedenste und unbedingteste Gefühl der Zugehörigkeit zur Armee Voraussetzung dieser militärschriftstellerischen Arbeit, aber der, der hier schreibt, hat sich die Maßstäbe der Geschichtsschreibung des 19. Jahrhunderts zu eigen gemacht. Allein die Sache soll sprechen. Wie betroffen, erregt oder erschüttert der Verfasser auch sein mag, nötig ist, daß er selbst seine allerpersönlichsten Erlebnisse und Erfahrungen einem unpersönlichen ›Man‹ unterordnet. Gerade deshalb wird Rudolph Lindau gelobt: »der Verfasser« verzichtet »auf das so verlockend sich ihm darbietende Wörtchen ›Ich‹.« (NFA 19/773)

Ganz sicher hatte Fontane keine Vorstellung von den Schwierigkeiten, die ihn bei diesem Unternehmen erwarteten. Er konnte nicht ahnen, welche Hindernisse allein bei der Quellenbeschaffung zu überwinden sein würden, was Hermann Fricke in seinem Aufsatz ›Theodor Fontanes ‹Der Deutsche Krieg 1866› und seine militärgeschichtlichen Helfer‹[10] gezeigt hat, wobei er besonders auf General von Zychlinski hinweist (Schwager des Fontane-Freundes Scherz), der sich die liebevollen Erwähnungen Fontanes in seinen Briefen an Mete[11] und an Friedländer (Ha Br IV/221) redlich verdient hat. Aber in einem Punkte war Fontane seiner selbst von Anfang an sicher: seine präzisen Kenntnisse preußischer Geschichte wie seine patriotische Gesinnung ließen ihn als prädestiniert erscheinen für die Aufgabe, die der Verlag von Decker ihm stellte.

Man wird sagen können, daß die Kriegsbücher für den Fontane der 60er Jahre die ideale Zwischenlösung waren, die man freilich nicht zur Notlösung verkümmern lassen darf, denn dazu gewinnt diese Epoche im Leben Fontanes ein zu großes Eigengewicht. Als Richard Sternfeld ihm 1895 Heinrich von Treitschkes Festrede ›Zum Gedächtnis des Großen Krieges‹ sendet, antwortet er ihm: »Ich habe bei ihrer Lesung meinen Tag von Damaskus gehabt… Es ist ganz wundervoll in jedem Anbetracht, und ich habe einen großen Eindruck davon gehabt, der mich über das gegenwärtige patriotische Tagesblech hinaus in die höhere Sphäre hineingehoben hat… Wahrscheinlich hat die Rede in der ganzen Welt keinen so begeisterten und keinen so verständnisvollen Leser gefunden wie in mir. Denn ich zweifle, – selbst beste Generalstabsoffiziere nicht ausgeschlossen – daß irgendwer in der *ganzen* Geschichte so beschlagen ist wie ich. Zwölf Jahre lang von 1864 bis 1876 habe ich nur in dieser Zeit- und Kriegsgeschichte gelebt.« (Ha Br IV/466) Diese Äußerung verrät etwas von dem Selbstbewußtsein, mit dem Fontane auch nach zwanzig Jahren noch auf die geleistete Arbeit zurückblickt. Er hatte in der Tat ein volles Recht, sich unter den Schriftstellern seiner Zeit als militärischer Fachmann zu fühlen; und er hat auch nicht die Bedenken geteilt, die von Seiten des Militärs gegen seine militärwissenschaftlichen Arbeiten erhoben worden sind. Wir sind darüber aus einem Exkurs, der in ›Meine Kinderjahre‹ eingefügt worden ist, unterrichtet. Die Zeilen sind oft zitiert worden, wenn auch meist unter Hervorhebung der Aussage: »Alle diese Dinge liegen mir jetzt weit zurück, und der Wert oder Unwert dessen, was ich damals über unsre Kriege geschrieben habe, bedeutet mir nicht viel mehr.« (NFA 14/118 f) Es ist indessen falsch, die sich hier aussprechende Selbstbescheidung so aufzufassen, als ob Fontane mit diesen Sätzen den Unwert seiner Bücher einräume, vielmehr kommt es im folgenden Abschnitt zu einer aufschlußreichen Auseinandersetzung mit jenen Leuten, die einem ›Péquin‹, also einem militärischen Laien, das Recht absprechen wollen, sich zu militärischen Fachfragen zu äußern. Fontane ist zwar so konziliant zu versichern, »daß ich, auf jedem Gebiete, für Autoritäten bin, also, was so ziemlich dasselbe sagen will, das Urteil von Fachleuten bevorzuge.« Aber er schränkt das damit verbundene Zugeständnis entscheidend ein: »Es gibt konventikelnde Leineweber, die die Predigt eines Oberkonsistorialrats sehr wohl beurteilen können…« und geht dann entschlossen auf die Militärschriftstellerei ein: »Es liegt auf militärischem Gebiet nicht viel anders, wenn es überhaupt anders liegt, dessen sind die Revolutionskriege…ein beredter Zeuge. Heute noch Kellner oder Friseur und nach Jahr und Tag ein Schlachtenlenker. Und was in praxi hundertfältig geleistet wird, das kann doch auch auf theoretischem Gebiete nicht zu den Unmöglichkeiten zählen…« Er gesteht den Laien sogar »Vorzüge« zu bei der Behandlung militärischer Fragen: »größere Freiheit und unbefangeneres In-Rechnung-Stellen außermilitärischer Faktoren, vor allem der sogenannten Imponderabilien. Im letzten ist Kriegsgeschichtsschreibung doch nichts anderes als Geschichtsschreibung überhaupt und unterliegt denselben Gesetzen.« Und so endet der Abschnitt folgerichtig mit einer selbstbewußten Analyse der damals übernommenen Aufgabe und des dafür mitgebrachten Talents: »Auch die Darstellung des Kriegshistorischen ist zu sehr wesentlichem Teile Sache literarischer und nicht bloß militärischer Kritik. Ordnen und Aufbauenkönnen ist wichtiger als ein reicheres Wissens- und Erkenntnismaß, und alles in allem kann ich nicht einsehen, warum es leichter sein soll, über den Charakter Wallensteins als über den Gang der Schlacht bei Großbeeren ins klare zu kommen.« (NFA 14/119) Das ist zugleich eine Zusammenfassung dessen, was Fontane als seine eigentliche Leistung bei der Darstellung der drei Kriege anerkannt wissen wollte: Ordnung und Aufbau. Man wird sich freilich fragen müssen, ob er seine eigene Leistung richtig eingeschätzt hat. Von den wenigen kritischen Lesern heute wird diese Frage verneint. Und zu Recht. Fontane hat zwar über Fehlschläge, die er mit den Kriegsbüchern hatte, geklagt, aber der Mißerfolg war vorprogrammiert. Zunächst war es sein Mißgeschick, daß Krieg auf Krieg folgte. Hermann Frickes Chronik macht deutlich, wie sich das jeweilige Erscheinen der großen Bände fast über-schneidet mit dem Ausbruch des nächsten Krieges. Am 23. April 1866 überreicht George Hesekiel das 64er Kriegsbuch dem Prinzen Friedrich Karl, am 14. Juni beginnt der 66er Krieg. Anfang Juli 1870 gewährt Wilhelm I. für die Überrei-chung des zweiten Halbbandes des 66er Krieges Fontane eine Belohnung, und zwar noch ehe dieser zweite Halbband oder gar der erst 1871 erschienene zweite Band überhaupt in die Öffentlichkeit kam. Und dabei enthielt der zweite Band die Darstellung des Kriegs in Süddeutschland, der gegen Truppen geführt worden war, die inzwischen im Krieg gegen Frankreich Verbündete waren und unter preußischem Kommando standen. Natürlich zog der sich vorbereitende und schließlich ausbrechende Krieg die gesamte Öffentlichkeit in seinen Bann. Wo konnten Zeit und Lust bleiben für die literarische Aufarbeitung des eben vergan-genen Krieges? Und was konnte weniger in die Zeit passen als die ausführliche Darstellung der Kämpfe gegen die jetzt Verbündeten?

Eine zweite Schwierigkeit trat hinzu. Fontane hatte vom ersten Kriegsbuch an darauf geachtet, von den Kriegshandlungen nicht nur einen großen Überblick zu geben, sondern die Rolle zu beschreiben, die in diesen Kämpfen die einzelnen Regimenter, Bataillone und Kompanien, ja in Ausnahmefällen sogar einzelne Züge gespielt hatten. Eine durchaus erfolgverheißende Methode, solange die Zahl der eingesetzten Truppenteile gering blieb. Beim Sturm auf die Düppeler Schan-zen und beim Übergang nach Alsen waren etwa 16 000 Mann beteiligt, die noch nicht einmal alle zum Einsatz kamen. Bei solchen Kämpfen war es angängig, selbst die Namen der Einzelkämpfer zu nennen, die sich durch besondere Tapfer-keit ausgezeichnet hatten. Fontanes Aufgabe erwies sich als wesentlich schwerer bei der Darstellung des 66er Krieges, und zwar nicht nur wegen der größeren Zahl der Truppenteile, sondern auch des Moltkeschen Feldzugplans wegen, der das völlig getrennte Vorgehen dreier Armeen nach Böhmen vorsah, die sich erst auf dem Schlachtfeld von Königgrätz vereinigten, deren verschiedene Wege und Kämpfe aber, der einmal eingeschlagenen Methode zufolge, dargestellt werden mußten, so daß der Leser, glücklich darüber, mit der ersten Armee nach vielen Gefechten Königgrätz erreicht zu haben, dort ›Kehrt marsch!‹ machen muß, um sich nun erst mit der zweiten Armee erneut auf den Weg dorthin zu begeben. Damit noch nicht genug, bedurfte es einen zweiten Bandes, um den Krieg gegen die übrigen süd- und westdeutschen Armeen darzustellen. Und dann folgte der 70er Krieg. Neben die preußischen Armeen traten die der anderen deutschen Staaten, und allen mußte der ihnen zustehende Anteil an den Kämpfen mit größter Gerechtigkeit zugemessen werden. Und wohl dem Leser, wenn es bei der Schlacht von Sedan und der erfolgreichen Belagerung von Metz, Straßburg und Paris (mancher kleineren, die noch nicht einmal bei Fontane erwähnt sind, zu geschweigen) geblieben wäre. Stattdessen stampfte Gambetta eine Nord-, West- und Südarmee aus dem Boden, denen allen entgegengetreten werden mußte, in Armeen, Divisionen, Regimentern und Kompanien. Und dazwischen noch der alte Freiheitskämpfer Garibaldi (mit seinen Söhnen!), der Fontane anzog und der gebührenden Raum verlangte. Hätte man den Ersten oder gar den Zweiten Weltkrieg mit dieser Methode beschrieben, es wären einige hundert chaotische Bände entstanden, die unlesbar wären. Was für den Krieg gegen Dänemark und auch noch – mit einigen Einschränkungen – für den Krieg gegen Österreich methodisch brauchbar war, mußte sich angesichts der Vielfalt und Zersplitterung der Kämpfe gegen Frankreich als ein unüberwindbares Hindernis für den Verfasser erweisen. In Anbetracht des sich ganz anders entwickelnden Krieges hätte sich Fontane zu einer ganz neuen (wie immer gearteten) Konzeption entschließen müssen. Um der Übersichtlichkeit und Lesbarkeit willen hätte er lernen müssen, auf Details zu verzichten. Die Aufgabe, wie er sie in seinem 64er Kriegsbuch gelöst hatte, war nicht derart, daß sie für das 70/71er Kriegsbuch von einem einzelnen zu vollbringen gewesen wäre. Fontane aber wollte oder konnte sich nicht umstellen. Daß er – bei solcher Stoffmasse – das Aufbauen und Ordnen, kurz die Komposition als eine Leistung ersten Ranges betrachtete, ist nur zu verständlich. Und dies um so mehr, als er sich nicht auf Vorgänger stützen konnte, sondern in mühsamster Kleinarbeit seinen eigenen Weg finden mußte. Kein Wunder, daß der Dichter von den Grundsätzen abweichen mußte, die seine Darstellung so anziehend machen: Wie entschieden er sich sonst auch für die historische Anekdote ausgesprochen haben mag, weil er glaubte, daß sich in ihr der Geist einer Epoche erhellender offenbare als in langen Erklärungen und Erörterungen, in den Kriegsbüchern tritt Anekdotisches von Mal zu Mal stärker zurück. Es ging, je länger ihn die Arbeit in Anspruch nahm, nicht mehr um eine auch der Unterhaltung dienende Darstellung des Krieges (man denke nur an den Satz aus dem an Rudolf von Decker gerichteten Brief vom 23. Dezember 1870: »Es muß sich lesen wie ein *Roman*… Interesse wecken wie eine Räubergeschichte«), sondern in erster Linie um die reine Bewältigung des riesenhaften Stoffs an sich. Dem Urteil Nürnbergers wird man – zumindest was die Darstellung der Kriege gegen Österreich und Frankreich anbelangt – nicht widersprechen können: »es verrät doch eben auch die Grenzen seiner Methode, daß er gerade in den Werken, in denen er mit dem Anspruch auftrat, Historiographie zu liefern, in den Büchern über die Kriege von

1864 bis 1871, die künstlerische Gestaltung des Stoffes, die ihm so am Herzen lag, nicht zu leisten vermochte, sondern in der Fülle der Vorlagen und der Details steckenblieb. Die Häufung der Einzelheiten und der Einzelfunde nährt das Interesse auf die Dauer nicht, sondern ermüdet es und wirkt aktenmäßig.«[12] Aber: die Arbeitsleistung war enorm. Um sie vollbringen zu können, mußte der gesellschaftliche Verkehr stark eingeschränkt werden: »Die Abende sind nämlich deshalb die Hauptsache, weil sie eine Art Endlosigkeit haben, man kann sie bis 2, 3 Uhr ausdehnen und das Gefühl was einem aus der Vorstellung erwächst: Du hast jetzt, wenn Du willst, 7 Arbeitsstunden vor Dir, ist außerordentlich angenehm und förderlich. An solchen großen Arbeiten, wie ich sie beständig vorhabe, wo man auf verschiedenen Tischen 10 Karten und 20 Bücher aufgeschlagen hat, kann man nicht viertelstundenweis herumbasteln; dazu sind die Vorbereitungen zu groß.« (An Mathilde von Rohr, 26. März 74) (Ha Br II/457)

Aber so ungeheuer die Arbeit, so klein der Erfolg. Zwar bedankten sich der Kaiser, Bismarck, Moltke, doch der Widerhall in der Öffentlichkeit war nur gering. Fontane hatte gemeint, für seine kriegsgeschichtlichen Arbeiten – und er hatte recht damit – eine neue Methode entwickelt zu haben. Voller Stolz hatte er an Kletke geschrieben, daß ihm »ein gelegentliches kurzes Hervorheben des *Prinzips,* nach dem das Buch geordnet und gebaut ist, angenehm wäre. Der eine oder andre merkt doch auf. Selbst meine *Freunde* (ja diese oft am wenigsten) haben keine Ahnung davon, was es mit diesem Buche eigentlich auf sich hat, und daß ich mir, gerade wie in meinen ›Wanderungen‹, eine Behandlungsart erfunden habe, die vorher einfach nicht da war. Ich fordre jeden auf der kann, mich zu widerlegen. Es soll ihm schwer werden.« (29. August 1870) (Ha Br II/331) In der Tat hat Fontane, im 70er Kriegsbuch noch mehr als in den vorangehenden, die Darstellung der Kriegsereignisse untermauert durch Rückgriffe auf die internationale Presse und andere ausländische Quellen, durch Augenzeugenberichte und Briefe[13] und schließlich durch alle nur denkbaren Darstellungen vom Anteil der verschiedenen Truppeneinheiten an den Gefechten. Er hat alle ihm erreichbaren Quellen benutzt, um das Geschehen in aller Vollständigkeit wiederzugeben. Mehr Abrundung und weniger Vollständigkeit hätte vor allem dem 70er Kriegsbuch gutgetan. So, wie es erschien, teilte es das Schicksal vieler Werke Fontanes aus der früheren und mittleren Zeit: »es fiel in den Brunnen«, um den Tatbestand fontanegemäß zu formulieren.

Wenn Fontane, wie wir zeigten, an seinen Kriegsbüchern vor allem Ordnung und Aufbau hervorgehoben, ja gelobt sehen wollte, so mag dieses Verlangen den Laien deshalb merkwürdig dünken, weil er glauben muß, diese Schwierigkeiten erledigten sich von selbst, wenn der Verfasser sich nur exakt an die Chronologie der Ereignisse hielte. Aber diese scheinbare Einfachheit ist nicht einmal als Arbeitshypothese nützlich. Man braucht sich nur die Mühe zu machen, die in einer Tageszeitung von 1870/71 angehäuften Kriegsberichte zu lesen, um die völlige Verwirrung zu begreifen, in die ein Militärhistoriker gestürzt werden mußte, dem nach Abschluß des Krieges nicht nur alle denkbaren Tageszeitungen des In- und Auslands, sondern auch eine unübersehbare Menge von Mitteilungen der an den Kämpfen beteiligten Soldaten und dazu die höchst unergiebigen offiziellen Verlautbarungen zum Ablauf der Operationen zur Verfügung standen. Hier reihte sich förmlich Widerspruch an Widerspruch: »das Goethesche

›Die Welt ist voller Widerspruch

Und sollte sich nicht widersprechen‹

scheint in Vorahnung von Regimentsgeschichten geschrieben zu sein. – Heute hab ich endlich Uettingen, nebst Kissingen das stolzeste Kapitel in der Main-Campagne, beendet… Aber welche Widersprüche auch hier! Die beiden vorzüglichen Berichte von Brandenstein und Rohrscheidt weichen untereinander ab und mit dem officiellen Bericht im Militair-Wochenblatt haben sie beide kaum eine Aehnlichkeit.«[14] Und diese Widersprüche waren kaum oder nur mit größter Vorsicht aufzulösen, weil die jeweiligen Verfasser – oftmals im besten Glauben – dazu neigten, ihre eigene Rolle und die der von ihnen befehligten Soldaten hervorzuheben, errungene Vorteile herauszustreichen und begangene Fehler zu verkleinern oder zu verschweigen. Dazu kam, daß Entscheidungen, die auf höherer oder gar höchster Ebene getroffen worden waren, aus Gründen der Diskretion und der Loyalität weder kontrollierbar noch kritisierbar waren, ganz abgesehen davon, daß jede Möglichkeit fehlte, militärische Sachverhalte auf ihren Wahrheitsgehalt zu überprüfen. Unter diesen Umständen mußte bei der Darstellung krisenhaft zugespitzter Situationen jeder Satz einen Kompromiß enthalten. Im großen und ganzen sind die Untersuchungen zum Ablauf der Kämpfe während der drei Einigungskriege heute abgeschlossen. Damals, nach dem Ende der Operationen, erschien von Tag zu Tag eine sich ständig vergrößernde Zahl von Augenzeugen-berichten, Regimentsgeschichten, Generalstabswerken, so daß Fontane mit Recht von seiner »andauernden Beschäftigung mit vielen 1000 Details, die ich …beständig gegenwärtig habe«[15] schreiben oder sagen kann: »Der Stoff ist aus 100 Schriftstücken entlehnt, aus tausend Notizen zusammengetragen.«[16]

Was Fontane unter den so beschaffenen Umständen geleistet hat, ist wahrhaft bewundernswert. Das läßt sich in seiner Bedeutung erst dann richtig ermessen, wenn man untersucht, welches Echo seine Kriegsbücher fanden. Von militärischer Seite ließ man sich kaum auf eine Diskussion ein, und der Dichter empfand diese Zurückhaltung schmerzlich. In Wahrheit ist dieses Schweigen der Militärs die schönste Anerkennung, die Fontane zuteil werden konnte, denn sie bewies, daß niemand an seinen Darstellungen Anstoß nahm, weil offenkundig alles von der größten Gewissenhaftigkeit zeugte. Ein Vorgang, von dem Georg Hiltl in seinem Buch ›Von der Elbe bis zur Tauber‹ berichtet, macht sichtbar, mit welchen Bosheiten ein Schriftsteller rechnen mußte, der sich in die esoterischen Bezirke der Militärschriftstellerei begab. Hiltl schreibt: »Dieses Buch…hat vor seiner vollständigen Veröffentlichung mannigfaltige Schicksale erlebt. Man hat durch die widersinnigsten Drohungen zuerst die Fortsetzung desselben zu verhindern gesucht, und als diese Drohungen natürlich erfolglos blieben, hat man allerhand Punkte ohne Zusammenhang herausgesucht – daraus Beleidigungen gegen hochgestellte preußische Militärpersonen…gemacht und solche der Staatsanwaltschaft denuncirt. – Und als der betreffende Gerichtshof diese Denunciation zurückgewiesen hatte, schickte man dem Verfasser auf officiellem Wege die menschenfreundliche Warnung zu, daß auf *gewisse* Veröffentlichungen nach dem Strafgesetzbuche die Kleinigkeit von *fünf bis zwanzig Jahren Zuchthaus* stände.«[17] Natürlich hätte Fontane solche Vorgänge, hätten sie ihn betroffen, nicht unerwähnt gelassen. Er ist von Verfolgungen dieser primitiven Art also verschont geblieben. Alles in allem scheint es so, daß er kaum begriffen hat, zu welchem Tanz auf dem Vulkan er mit seinen Büchern angetreten war. Nicht-Kritik war angesichts der Flut von Veröffentlichungen das Äußerste, was er erwarten konnte. Als der preußische Generalstab 1868 daran ging, unter Moltkes Aufsicht und Mitarbeit das Kriegsgeschehen von 1866 aufzuarbeiten, wandte sich der General Edwin von Manteuffel beschwerdeführend an Moltke, weil er in der Generalstabsdarstellung seine Rolle nicht genug gelobt fand, und Moltke erklärte tatsächlich, er wolle »den betreffenden Druckbogen allerdings in 13 000 fertigen Exemplaren, cassiren und den fraglichen Passus streichen lassen.« Er tat dies freilich nicht, ohne den eigensinnigen General mit den Schwierigkeiten der Kriegsgeschichtsschreibung vertraut zu machen: »Will man überhaupt Kriegsgeschichte schreiben, so müssen auch die Fehler hervortreten, ebenso wie die richtigen Maasnahmen, ohne daß weder ein directer Tadel noch ein Lob ausgesprochen wird; ganz besonders letzteres ist dem Leser zu überlassen. Ich halte es für das Verdienst der kriegsgeschichtlichen Abteilung, daß sie die Thatsachen in denen sich nun einmal nichts ändern läßt, nicht nur wahrheitsgetreu, sondern auch so zusammengestellt hat, daß jeder sachverständige Miltair sich sein eigenes Urtheil bilden kann. Ein andres Verfahren würde auch zu nichts helfen, denn unsre Gegner schreiben auch Geschichte, und werden nicht ermangeln, die ungünstigen Momente umso heller zu beleuchten.«[18] Er stellt dies fest, nachdem er Manteuffel versichert hat, daß man, falls die von ihm gewollten Methoden befolgt würden, über den Prinzen Friedrich Karl, den Kronprinzen, ihn selber (Moltke) und den General von Falckenstein Kriegsgericht hätte halten müssen, weil ihnen auf dem Schlachtfeld Fehler unterlaufen seien. Hätte Fontane sich nicht mit so beispielloser Vorsicht durch die Fülle seines Stoffs bewegt, auf wie viele Einsprüche der beteiligten Kommandeure hätte er sich gefaßt machen müssen? Es mag für ihn schlimm gewesen sein, daß man seine Bücher überhaupt kaum rezensierte, aber daß er keinen totalen Verriß erlebte, läßt seine militärhistoriographischen Fähigkeiten in hellem Licht erstrahlen.

Fontane stand mit seinen Kriegsbüchern in schärfster Konkurrenz zu den Militärs, die sich dem gleichen Stoff widmeten, und vielen anderen Amateur-Historikern. Dies konfrontierte ihn nicht nur mit der Notwendigkeit immer neuen Quellenstudiums bei gerechtester Abwägung des Quellenwerts der vielen Veröffentlichungen, sondern er sah sich unausgesetzt vor die Frage gestellt, welchen Sinn und welche Funktion der eigene Beitrag angesichts der Überfülle allgemeiner und spezieller Darstellungen des Kriegsgeschehens denn noch haben konnte. Nun stand zwar mit dem Verlag von Decker (Verlag der Königlichen Geheimen Ober-Hofbuchdruckerei) hinter Fontane eine mächtige und finanzstarke Firma, aber wie groß die Hindernisse von Anfang an gewesen sind, zeigt bereits die Geschichte der Herausgabe des ersten Buchs über den Krieg gegen Dänemark. Hatte sich Fontane noch im Februar 1865 geehrt gefühlt, »auserlesen« worden zu sein für die Beschreibung des Krieges gegen Dänemark, so verrät ein an den Verlag von Decker gerichtetes Schreiben vom 26. Juli 1865, daß die ursprüngliche Planung, die ermöglicht werden sollte durch »höhren Orts« bewilligte Mittel, die dann nicht in dem erwarteten Maße flossen, nicht durchzuhalten war: »Was ich Ihnen nun…unter diesen Umständen ans Herz legen möchte, ist die Frage: ‹täten wir nicht gut, uns von der ursprünglichen Idee (die nun doch mal unausführbar geworden ist) so viel wie möglich zu emanzipieren und etwas relativ Neues an die Stelle treten zu lassen?› Knapsen wir von dem ursprünglich als Prachtwerk gedachten Buche 7/8 ab, so macht das übrig bleibende Achtel den Eindruck einer heruntergekommenen Größe…, während wenn wir die Prachtwerk-Idee *ganz* fallen lassen und einfach ein *Buch* geben, das Feld noch mit Ehren behauptet werden kann.«[19] Zwei Monate später halten Burger, der Illustrator des Buches, und Fontane das Ganze bereits für verspätet. Der Kernsatz des Briefes, gesperrt geschrieben, lautet: »Die Freude an dem Unternehmen ist allerseits längst dahin«, und Fontane fährt fort: »weder der Herr Minister, noch Herr von Decker, noch Sie, noch Burger, noch ich, hängen wohl irgend länger noch an dem Buch und die Frage: ‹ob es überhaupt noch erscheinen soll› scheint mir allerdings, wenn nicht die Deckersche Firma über den Absatz günstiger denkt als der Illustrator und der Schriftsteller, eine wohl aufzuwerfende.« (Ha Br II/146) Das ganze Vorhaben wird in diesem Briefe »ein vor der Geburt schon gescheitertes Unternehmen« genannt. Indessen liegt Fontane daran, seinen eigenen Anteil nicht zu verkleinern. Der kritische Brief wird erst geschrieben, als der Verfasser betonen kann, daß »die Arbeit selbst…im Wesentlichen mit Ernst und Eifer vollendet wurde.« (Ha Br II/146) Es besteht auch kein Grund, Fontanes militärhistorischem Erstling »Ernst und Eifer« abzusprechen. Hätte der Verleger den geringsten Zweifel an Fontanes Qualifikation als Militärschriftsteller gehabt, wären die Folgeaufträge (auch abgesehen von der Rolle des zuständigen Ministers) für den 66er und den 70er Krieg nicht so selbstverständlich erteilt worden. Mißstimmungen, die gelegentlich auftraten, betrafen im Grunde nur Nebensächliches, erwiesen sich als Plänkeleien um Geldprobleme.

Nun war Fontane kein schneller Arbeiter. Er war gewissenhaft und fleißig, aber er war nicht der Mann, mit jenen Militärschriftstellern zu konkurrieren, die ihre Bücher schon drucken ließen, während die Schlachten noch geschlagen wurden. Auch die von Anfang an geplante Ausstattung der Bücher (»umfangreiche und reich illustrierte Darstellung«) (Ha Br II/137) verhinderte jede hektische Verfahrensweise. Dazu gesellte sich Fontanes Bedingung, durch eigenes Bereisen der Schlachtfelder genauere Eindrücke zu gewinnen. Noch im Jahre 1898 bekennt sich Fontane vorbehaltlos zu der von ihm damals eingeschlagenen Methode: »Ich sollte den Krieg beschreiben, und wer dabei nicht bloß, auf seinem Drehstuhl reitend, auszugsweise mit der Papierschere vorgehen will,... um hinterher sein Bild zu malen, der hat den Beruf, sich die Sache anzusehn.« (NFA 15/391) Ähnlich hatte er schon 1871 argumentiert, als er Emilie von seiner zweiten Reise aus Frankreich schrieb: »Solche Reisen macht man, weil man sie, mit Recht oder Unrecht, für nötig hält, und *dafür halte ich sie noch.* Das Büchermachen *aus Büchern* ist nicht meine Sache.«[20] So geriet er mit seinen Büchern in eine Art mittlerer Distanz zu den Kriegsereignissen. Er konnte vom Kriegsgeschehen nicht aus eigener Anschauung berichten (wenn man von seiner Zeit als Kriegsgefangener absieht), konnte aber auch nicht die amtliche militärhistorische Forschung abwarten, sondern er sah es als seine Aufgabe an, möglichst frühzeitig eine abgeschlossene Darstellung der kriegerischen Operationen zu liefern, die einerseits mit Hilfe von Augenzeugenberichten größtmögliche Lebendigkeit besitzen, andererseits durch intensive Recherchen Klarheit, Übersichtlichkeit und Abrundung in eine unübersehbare Stoffülle bringen sollte. Eine briefliche Äußerung Fontanes aus dem Jahre 1872 an Otto Baumann vom Decker-Verlag faßt seine Intentionen zusammen; eine Äußerung, die um so mehr Gewicht beanspruchen darf, als hinter ihr die Erfahrungen stehen, die Fontane mit zwei abgeschlossenen militärhistorischen Werken gesammelt hatte: »Eine Legion von Büchern über diesen Krieg ist bereits da, ganz zuletzt ist nun auch noch das erste Heft des Generalstabswerkes erschienen. Wenn wir nun kommen, die wir doch beiderseits, Firma und Schriftsteller, für unser Renomee aufkommen müssen, so will das Publikum auf den ersten Blick vorausfühlen *wodurch wir uns von allem andern bis dahin erschienenen unterscheiden;* denn nur darin liegt unsre Berechtigung, *überhaupt* noch zu kommen und uns einerseits neben das dem *ersten Bedürfnis,* andererseits neben das der *militärischen Gelehrsamkeit* Dienende zu stellen. Unser Zweck muß also dahin gehn, durch ein bloßes Aufschlagen des Buches, durch ein bloßes Überfliegen des Inhaltsverzeichnisses den Leser erkennen zu lassen: ah, da liegt's. Diese Gruppierung des Stoffs im Ganzen wie im Einzelnen, bei Aufbau des Buches überhaupt wie bei Schilderung jeder einzelnen Schlacht, hat nur das F'sche Buch; durch Übersicht und Klarheit unterscheidet es sich von allen andern 70er Kriegsbüchern, durch lebensvolle Darstellung und Fülle der Details von dem großen Generalstabswerke. Um all dies erkennbar zu machen, dazu sind aber Schnitzelchen, und wenn sie auch 10 Bogen umfaßten, vollständig außer Stande...« (Ha Br II/412f) Diese Äußerung widerholt, was Fontane in vielen Briefen zum gleichen Thema gesagt hat, sie ragt hervor durch ihre Bestimmtheit und die Klarheit der Bewertungskriterien.

Natürlich fragt man sich angesichts solcher Sicherheit, ob Fontane die selbstgesteckten Ziele erreicht hat. Folgt man seinem eigenen Urteil, so wird man die Frage uneingeschränkt bejahen können. Freilich war ihm bewußt, daß dem Buche trotz seines Wertes nicht unbedingt auch Erfolg beschieden sein mußte. Denn: mit wievielen kompetenten Lesern konnte man rechnen? Fontane machte sich darüber bescheidene Illusionen. Vergeblich wartete er nach dem Erscheinen des ersten Bandes des 66er Krieges auf substantielle Kritiken; als sie ausblieben, gab er sich in einem Brief an Emilie Rechenschaft über die Gründe: »Es liegt ja auf der Hand, daß überhaupt nur ganz wenig Menschen im *Stande* sind über den Werth oder Unwerth eines solchen Buches ein Urtheil abzugeben und von den wenigen, die dazu im Stande sind, thut es vielleicht nicht einer. Selbst was die militair. Fachblätter über ein solches Buch sagen, ist in der Regel bloßes Gesäure. Nicht einmal auf den militairischen Theil gehen sie ernsthaft ein, das Militairische ist ja aber unter allen Umständen nur *eine* Seite des Buches; das Wichtigste daran ist der Aufbau, der Grundriß, die Klarheit der Anlage und es muß einer schon eine gute Künstler-Ader im Leibe haben, um dies Eigentlichste sofort zu erkennen und sich dran zu erfreun. Viele Leser haben es *instinktiv weg*, daß die Dinge so sind wie sie sind, sie freuen sich während des Lesens an einem gewissen etwas, das ihnen wohlthut, das angenehm wie Licht auf sie wirkt, aber sie können sich über dies angenehme Gefühl nicht eigentlich Rechenschaft geben. Wenn ich viele *solche* Leser habe, so bin ich zufrieden und leiste auf kritisches Geschwätze Verzicht.« (Ha Br II/280f) Fontane mußte in der Tat auf einsichtsvolle, urteilsfähige Kritiker verzichten – aber alles in allem blieben auch die Leser aus. Darin hatte sich Fontane verschätzt, denn zunächst hatte er ja sogar auf einen internationalen Erfolg seines Buchs über den 66er Krieg gezählt, was so unbegreiflich nicht war, wenn man das Aufsehen bedenkt, das die raschen militärischen Erfolge der Preußen in Europa erregt hatten. Überall hatte man mit einer sich lange hinziehenden kriegerischen Auseinandersetzung gerechnet, an deren Ende Napoleon III. als Vermittler den erschöpften Gegnern den Weg zum Frieden hätte weisen können. Statt dessen hatten wenige Wochen genügt, um in Mitteleuropa neue Machtverhältnisse zu schaffen. Wie hätte sich Europa, ja selbt Nordamerika nicht für die preußischen Blitzsiege interessieren sollen? In einem Brief Fontanes an Rudolf von Decker heißt es dazu: »Die englischen und französischen Zeitungen fangen jetzt an, kurze freundliche Besprechungen über unser Buch zu bringen; das alles hat aber keine rechte Bedeutung, solange dem Concert der tiefe Bass fehlt. Es wäre wichtig, wenn das ›Journal des Débats‹, vor allem wenn die ›Times‹ sprächen, *nicht* in 10 Zeilen, sondern wenigstens in zwei Columnen. Das Buch macht es einem etwaigen Kritiker ja ganz leicht; er blättert über 10 oder 20 Seiten weg und wird dann immer eine Stelle finden, die…wie zum Übersetzen und zugleich zur Empfehlung des Buches geschaffen ist. Daran knüpfe ich nun im Weiteren die Frage: Wie denken Sie überhaupt in Betreff einer Übersetzung des Werkes? Soweit ich die Verhältnisse zu kennen vermeine, würde der Erfolg in Frankreich ein respektabler, in der angelsächsischen Welt (England und Nordamerika) ein *enormer* sein.« (Ha Br II/290) Die Frage nach einer Übersetzung tauchte auch beim 70er Kriegsbuch noch einmal auf, aber eine Vereinbarung kam nicht zustande. Obwohl Fontane auf die Nachricht von einer solchen Möglichkeit zunächst euphorisch reagiert hatte, setzte sich bald die Resignation durch: »Vielleicht mit Ausnahme von fünf Minuten hab ich an das Zustandekommen dieser Übersetzung nie geglaubt.«[21]

Man kann nicht sagen, daß Fontane sich bei Mit- oder Nachwelt mit seinen Kriegsbüchern viele Freunde geschaffen habe. Schon die Zeitgenossen gaben ihr Votum ab, indem sie sich dem Kauf der Bücher versagten. Und für die Nachwelt waren die vielen tausend Seiten eine ewige Verlegenheit. Die Interpreten machten sich die Sache leicht: entweder man schwieg die Kriegsbücher tot, oder man behandelte sie als die Skurrilitäten eines Mannes, der seine eigentliche Aufgabe noch nicht gefunden hatte. Die zu bewältigende Aufgabe wäre (zumindestens in den Jahrzehnten der Fontane-Renaissance) sehr viel leichter gewesen, wenn sich Fontane in diesen Büchern als Kriegsgegner, Preußenhasser und Hohenzollernverächter präsentiert hätte. Aber von all dem findet sich in den sechs Bänden bzw. Halbbänden keine Spur. Wie genau man diese Werke auch lesen mochte, Fontane bejahte diese Kriege als notwendig, er bekannte sich freudig als Preuße, auch wo es inopportun schien (vgl. NFA 16/351), und verehrte die Hohenzollern. So revolutionär er sich 1848 geriert hatte, so gesellschaftskritisch die Tendenz seiner Romane nach 1880 war, die Kriegsbücher, ja selbst die im Ton freieren Kriegsbegleitbücher, waren durchdrungen und getragen von einem loyalen Patriotismus, in dem man zwar zu gern etwas Selbstverleugnerisches gesehen hätte, an dem sich aber im Ernst nicht deuteln ließ. Es ist verständlich, daß dieser Tatbestand eine Herausforderung par excellence für die Fontane-Forschung war. Nach dem Motto, daß nicht sein kann, was nicht sein darf, klopften die wenigen Interessierten die Kriegsbücher auf patriotische Schwachstellen ab, um Fontane für eine ›fortschrittliche‹ Gegenwart zu retten. Aber alle diese Bemühungen sind vergeblich gewesen. Was immer auch Fontane *nach* den zwölf Jahren intensiver Arbeit an den Kriegsbüchern darüber gedacht und gesagt haben mag, während der zwölf Jahre hat er sich, von unbedeutenden mißlaunigen Unmutsäußerungen abgesehen, nachdrücklich hinter seine Arbeit gestellt und daran geglaubt, nach Interesse, Begabung und Gesinnung dafür geeignet zu sein. Und möglich waren diese Bücher nur, weil Fontane zeit seines Lebens den Krieg nicht als etwas Widernatürliches betrachtete, von dem sich ein humanes Gemüt mit Grausen und Entsetzen abwenden müßte, sondern als etwas Selbstverständliches. Schließlich hatte man in Europa immer Kriege geführt, und so schrecklich das für den einzelnen sein mochte, es ließ sich kein Umstand erkennen, der zukünftige Kriege als undenkbar oder gar unmöglich erscheinen ließ. Es gab Fragen, von denen man sich einfach nicht vorstellen konnte, daß sie ohne den Einsatz von Waffen zu lösen wären (die Frage der deutschen Einheit zählte dazu), und wenn das deutsche Volk seine Einheit gewinnen wollte (und warum sollte gerade den Deutschen versagt bleiben, was jedes andere europäische Volk als sein Grundrecht ansah?), so ließ sich absehen, daß ein solches Ziel ohne Krieg nicht zu erreichen war. Und einen Krieg zu solchem Zwecke hat Fontane niemals abgelehnt, im Gegenteil, er hat ihn gelegentlich herbeigewünscht. Das bedeutet nicht, daß ihm die Fragen nach der Verantwortung und der Schuld, die einem Staatsmann zufallen, der durch seine Politik den Krieg auslöst, völlig fremd gewesen wären. Er geht in keinem seiner Kriegsbücher der Schuldfrage aus dem Wege, stellt vielmehr einem Kapitel seines ›Deutschen Krieges‹ ausdrücklich die Frage voran: »Wessen ist die Schuld?«, wie denn die Einleitungen zu seinen Kriegsbüchern allesamt, mit keineswegs erheucheltem Nachdruck, um die Frage nach der Schuld kreisen. Aber einerseits machte es Bismarck seinen Landsleuten leicht, an ihres Staates Unschuld zu glauben, denn wenn in seinen Augen die kriegerische Lösung aufgehäufter Streitfragen unausweichlich wurde (wobei Präventivkriege in seinen Erwägungen nie eine entscheidende Rolle spielten), so verstand er es immer, dem Kriegsgegner vor der Weltöffentlichkeit die Verantwortung zuzuschieben, und andererseits war für Fontane die Schuldfrage keine Lebensfrage.[22] Er wußte zu genau, daß sich die Entstehung weltgeschichtlicher Auseinandersetzungen nicht (oder nur ausnahmsweise) aufhellen läßt durch die Beantwortung der Frage nach Schuld oder Unschuld der Beteiligten. Angesichts von internationalen Spannungen, in die England 1896 verwickelt war, schreibt Fontane an James Morris: »Die Friktionen der letzten Woche *mußten* kommen und wenn sie jetzt (vielleicht) beglichen werden, so kommen sie mit Sicherheit wieder, mit so großer Sicherheit, daß es ganz gleichgültig ist, ob es jetzt los geht, oder nach 1 Jahr oder nach 10 Jahren. Von *Schuld* ist dabei gar nicht zu sprechen; das sind historische Notwendigkeiten.« (Ha Br IV/527 f) Drei Wochen später erläuterte er diesen Gedanken, den Morris offensichtlich mißverstanden hatte: »Aber meine falsch verstandene Briefstelle! Ich hatte mit dem, was ich sagte, nicht einen kriegerischen *Wunsch,* sondern nur eine kriegerische *Situation* – als nun mal leider vorhanden – ausssprechen wollen. Daß diese ‹Situation› da ist, steht mir allerdings fest. Daran können weder wir zwei beide noch die Zeitungen noch die Regierungen irgendwas ändern. Die Schicksale nehmen ihren Lauf, und etwa am Säkulartage von Trafalgar oder nicht sehr viel später werden wir einen großen Krach haben.« (Ha Br IV/529) Sicher war es ihm angenehm, Preußen entlastet und die anderen mit Schuld beladen zu sehen, aber er weitete eine solche Schuldzuweisung niemals zu einer moralischen Verurteilung aus, die die Grundlage dafür hätte bilden können, den Kriegsgegner zu disqualifizieren und für politisch vogelfrei zu erklären. Wie schuldbeladen der Feind auch in den Krieg eintreten mochte, diese Schuld nahm ihm nichts von seiner Ehre und nichts von seiner menschlichen Würde. Fontane ist in allen seinen Kriegsbüchern davon ausgegangen, daß die sich gegenüberstehenden Staaten integer in ihren Gesinnungen waren. Sie waren bei Fontane Opfer unentrinnbarer Entwicklungen geworden, oftmals Gefangene übermächtiger Zeitströmungen (Eiderdänen, Napoleon III.) –

aber niemals frivole Anstifter vermeidbarer Kriege. Und was dem Feind mit so souveränem Gerechtigkeitssinn eingeräumt wurde, das wurde der eigenen Führung nicht vorenthalten. Fontane hat Jahrzehnte später sehr wohl gewußt, daß er Bismarcks Politik beim Ausbruch der drei Einigungskriege nicht richtig eingeschätzt und durchschaut hatte; aber eine politische Verurteilung baute er darauf nicht auf. Mochte er die Kriege heraufbeschworen oder zum wenigsten nichts oder zu wenig zu ihrer Verhinderung getan haben, seine Größe als Begründer des Deutschen Reiches hat er ihm deshalb nie bestritten. Den modernen Leser mag all dies höchst unbefriedigend dünken, hat er doch nichts lieber als Lippenbekenntnisse zum Frieden und stammten sie von Ramses III. Indessen: unser Verhältnis zum Kriege (der, bräche er aus, die Menschheit vernichten müßte oder doch wenigstens unsere Zivilisation) muß notwendigerweise ein anderes sein als das Fontanes – und seiner Zeitgenossen. Denn Fontane ist mit seinem Denken, Wollen und Wünschen ganz ein Kind seiner Zeit. Er ist zwar beinahe singulär in seiner immer um Verständnis bemühten Haltung gegenüber dem Feind (und ein gut Teil der Interpreten erschöpft sich darin, seinen Gerechtigkeitssinn als Grundzug seiner Kriegsdarstellungen zu feiern, und wir gedenken ihnen darin nicht nachzustehen), aber er war kein Mann, der in seiner Zeit und für seine Zeit an die Abschaffbarkeit der Kriege geglaubt hat. Ein Staat mußte willens sein, zur Verteidigung seiner Interessen Krieg zu führen. In der geistig-politischen Welt des 19. Jahrhunderts gehört dieser Selbstbehauptungswille zu den Selbstverständlichkeiten. Fontane unterscheidet sich hierin mitnichten von seinen Zeitgenossen. Absolute Kriegsgegnerschaft, womöglich ideologisch fixiert, konnte es nur bei Außenseitern geben. Marx und Engels gehörten jedenfalls ebenso wenig zu ihnen wie Fontane und seine Freunde. Selbst die »avancirtesten Liberalen«, die Fontane im Einleitungskapitel (›Die Vorgänge in Berlin‹) seines ›Krieges gegen Frankreich‹ zu Worte kommen läßt, versichern: »Mag man den Krieg im Allgemeinen mißbilligen (und wir sind stolz, zu denen zu gehören, die dies thun), in einem Moment, wo ein übermüthiger Nachbar ohne jeden Grund Unbilliges und Demüthigendes von unserer Regierung verlangt hat, bleibt nur Eins übrig: ihn mit dem Schwerte in der Hand zur Vernunft zu bringen und so die Existenz und die Ehre des Vaterlandes zu sichern.« (KgF I/39) Es ist also vergebliche Mühe, aus den Einleitungen der Kriegsbücher oder anderen Äußerungen Fontanes eine grundsätzliche Opposition gegen die preußische Politik oder die Hohenzollern herauslesen zu wollen. Es kann die Frage im einzelnen unbesprochen bleiben, ob Fontanes Formulierungen immer vorausnahmen, was in den Nachkriegsjahren zur offiziellen Sprachregelung gemacht wurde. Er hat sicher nicht immer das peinliche Vollmaß preußisch-patriotischer Gesinnungstüchtigkeit getroffen, und wir werden auf gewisse, geringfügige Abweichungen von den offiziellen Lesarten zu sprechen kommen, aber wenn Fontane auch immer Fontane blieb, seine Schriften allen patriotisch-chauvinistischen Überschwang vermissen ließen, wie er sich in den emotionalen Auswüchsen der Zeit manifestierte und der in Frankreich nicht weniger gepflegt wurde als in Deutschland, an der prinzipiell patriotischen Einstellung Fontanes kann kein Zweifel bestehen. Seine Bücher entstehen auf dem Boden der totalen Identifikation mit der preußischen Armee und ihren kriegerischen Leistungen. Die ebenso totale Unabhängigkeit seines Urteils bleibt davon unberührt. Und wenn Fontane auch, wie wir zeigten, versichert hat, daß diese Bände ihm keine Herzenssache gewesen seien, so ist es doch undenkbar, daß er zwölf Jahre seines Lebens freiwillig an eine Aufgabe gesetzt hätte, die ihm zuwider war. Dieses fast unbegreiflich langdauernde Engagement ist, wenn sich zum Ende hin die Zeichen der Ermüdung auch unbestreitbar vermehren, nur aus einem echten und völlig ungeheuchelten Interesse an der Sache zu erklären. Hatten schon den etwa 20jährigen die Wanderungen über das Schlachtfeld von Leipzig mit einem (den damaligen Freunden geheimzuhaltenden) Glück erfüllt, so sind seine Wanderungen über die Schlachtfelder von Dänemark, Böhmen und Frankreich Ausdruck loyalster Gesinnung und leidenschaftlicher Anteilnahme an den Siegeszügen der preußisch-deutschen Armeen. Schließlich erkämpften diese Soldaten, was der Generation Fontanes Wunschtraum gewesen war, dessen Verwirklichung sie sich zu Zeiten anders gedacht hatten: die Errichtung eines einigen Deutschen Reiches. Daß sich der als Künstler immer anspruchsvoller werdende Dichter je länger desto weniger einverstanden fühlen konnte mit den opportunistischen ›Deutschland, Deutschland über alles-Darstellungen‹ seiner Nachfolger im Amte des Kriegshistoriographen, ist verständlich. Es geht aber nicht an, die Gesinnung, aus der heraus diese Bücher entstanden sind, mit den Maßstäben zu messen, die Fontane (vielleicht) am Ende seines Lebens angelegt hätte. Die Bände bezeugen in eindrucksvoller Geschlossenheit und Fülle den Geist, dem sie ihre Entstehung verdanken.

8. Kapitel

Der Schleswig-Holsteinsche Krieg

Man darf annehmen, daß Fontane die im ›Stechlin‹ dem Schulzen Kluckhuhn in den Mund gelegte Meinung, daß der 64er Krieg der bedeutsamste gewesen sei, wichtiger also als der 66er und der 70er, geteilt hat: »Ja, vierundsechzig, Kinder, da fing es an. Und aller Anfang ist schwer. Anfangen ist immer die Hauptsache; das andre kommt dann schon wie von selbst.« (NFA 8/154) Nach beinahe einem halben Jahrhundert des Friedens sahen sich die Preußen plötzlich vor eine kriegerische Bewährungsprobe gestellt. Sie hatten zwar schon 1848 gegen die Dänen gekämpft, aber der Kampf war halbherzig geführt worden. Man hatte sich, matt und kraftlos infolge der Nachwirkungen der Märzrevolution, in einen schimpflichen Rückzug gefügt und die Schleswig-Holsteiner sich selbst überlassen. Diese Niederlage zusammen mit der Punktation von Olmütz hatte die Preußen viel von ihrer alten Reputation als Militärmacht gekostet. Daß Fontane zu Beginn des Krieges der alten Schmach eingedenk ist, verrät sein Satz, mit dem er das glücklose, aber ein Fanal setzende Gefecht bei Missunde kommentiert: »Wie ein elektrischer Schlag ging die Nachricht vom ‹Tag von Missunde› durch ganz Deutschland. Man hatte jetzt den Beweis in Händen, daß es Ernst sei.« (SHK/64) Eben diesen letzten Ernst hatten die Preußen 1848 vermissen lassen und damit ihre militärische Glaubwürdigkeit verloren. Aber 1864 regierte ein neuer Geist die Truppe. Wilhelm I., ein wirklicher Soldat als König, ließ an seinen Zielen keinen Zweifel. Johannes Kunstmann zitiert in seinem Aufsatz ›Mußhelden› Theodor Fontanes‹ den Prinzen Kraft zu Hohenlohe-Ingelfingen, den Flügeladjutanten Wilhelms I., der dem König die Lage folgendermaßen darstellte: »Man halte Düppel allgemein für eine durch Feldschanzen befestigte Stellung, es sei aber eine starke Festung… Ich halte es daher für viel leichter und unblutiger, ganz Jütland zu besetzen. Dann bliebe dem Feind so wenig Land und so wenige Mittel, daß er Frieden schließen müsse.« Wilhelm habe das abgelehnt: »Er habe es aber nötig, der Welt zu zeigen, daß die preußischen Truppen noch imstande seien, Festungen zu stürmen. Damit ganz Europa Respekt vor den preußischen Armeen habe, dazu brauche er Düppel.«[1] Hier tritt deutlich hervor, welche Ziele der preußische König im Krieg gegen Dänemark eigentlich verfolgte und in welchem Geiste er diesen Krieg führte. Es war der Geist unbedingtester Aggressivität. Wer in diesem Krieg Ruhm und Ehre erringen wollte, für den konnte es nur eine Devise geben: Angriff. Die Fälle sind selten, wo die Preußen auf einen Angriff verzichten, weil etwa der Gegner eine militärisch weitaus bessere Stellung innehat und ein Sturm mit übermäßigen Verlusten verbunden wäre. Missunde, erster Gefechtsort für die

Preußen in diesem Krieg, ist das erwähnenswerteste Beispiel für eine die Truppe schonende Taktik. Hier wird der Rückzugsbefehl gegeben, als sich herausstellt, daß der Feind gewillt ist, seine Position zu behaupten. Im großen und ganzen ein Ausnahmefall. Gefragt ist nicht der Truppenführer oder Befehlshaber, der behutsam und bedacht vorgeht, der alle Risiken einkalkuliert, sondern der, der angreift, mag sein Angriff auch wider alle Vernunft sein und wider alle Einsicht. In diesem Zusammenhang ist bereits der erste Einsatzbefehl des Feldmarschalls Wrangel erwähnenswert: »In Gottes Namen drauf.« Der schlichte Geist dieses alten Haudegens wird in diesen wenigen Worten ebenso erkennbar wie der leidenschaftliche Angriffswille der Preußen – freilich auch ihr naives Gottvertrauen. Dieser Kriegführung entspricht in der Darstellung Fontanes ein Satz, im dem sich widerspiegelt, welcher Geist die Truppe beseelte, und der sich in den verschiedensten Variationen wiederholt: »Nichtsdestoweniger wurde der Angriff sofort beschlossen.« (SHK/335) Was immer auch gegen den Angriff sprechen mag – Zahl, Stellung, Bewaffnung des Feindes – der Angriff ist die einzig denkbare Form der Aktion, und das gilt nicht nur für den Krieg gegen Dänemark.

Es ist unvorstellbar, hier zu versuchen, zwischen dem Berichterstatter Fontane und der Truppe eine (wie immer beschaffene) Distanz erkennen zu wollen. Fontane identifiziert sich völlig mit den Hoffnungen, Erwartungen und Wünschen der Soldaten. Er spricht (obwohl man nicht oft genug wiederholen kann, daß er besessen ist von einem kaum je versagenden Gerechtigkeitssinn) nicht als neutraler Beobachter, der sich nach besten Kräften darum bemüht, einen objektiven Bericht zu erstatten, sondern er geht, weit stärker als in den folgenden Kriegsbüchern, davon aus, daß ihm sein Amt erlaubt, ja daß es ihn verpflichtet, als Preuße zu empfinden, mit preußischen Augen zu sehen und für Preußen zu schreiben. Dieses Engagement wird z. B. erkennbar, wenn es für ihn wie für die Truppen eine »bange Frage« wird, ob die »Dänen stehen« werden, ob sie in den Düppeler Schanzen »aushalten« (SHK/191), ob sie gar sich dem preußischen Angriff entgegenwerfen werden oder ob sie, wie zuvor schon am Dannewerk, zu nächtlicher Stunde heimlich abrücken und dem Gegner eine leere und für ihn wertlose Stellung überlassen werden. Fontane fürchtet mit den Truppen und ihrer Führung das Ridikül und die hassenswerte Schadenfreude der Gegner Preußens, wenn die Sturmkolonnen zu einem Angriff auf eine verlassene Stellung angesetzt hätten. Weder bei ihm noch bei der Truppe wird die Frage nach den vielen Opfern gestellt, die beim Sturm auf die für uneinnehmbar gehaltenen Schanzen zu bringen sind. Da zählt nur der heißersehnte Triumph über den militärischen Gegner. Die Gefahr war nämlich groß gewesen, daß die wochenlangen anstrengenden Vorbereitungen, die Schanzen zu belagern und schließlich zu stürmen, sich als vergeblich herausstellten. Zunächst hatten sich die Dänen mit aller Entschiedenheit auf eine Verteidigung der strategisch außerordentlich günstigen Düppeler Stellung eingerichtet, hatte sie doch schon im Krieg 1848/49 »viel Blut gekostet; die Soldaten nannten Düppel das ›Blutloch‹.« (SHK/105) Seitdem hatten die

Dänen die Stellung ausgebaut und hätten sie ohne schwerste psychologische Rückwirkungen auf ihre Armee wie auf die Bevölkerung nicht räumen können. Im Kapitel »Broacker« umschreibt Fontane in diesem Sinne auch die Stimmung der Dänen, indem er die fünf hübschen Töchter des Pfarrers von Broacker sagen läßt: »diese Schanzen werden euch die halbe Armee kosten, und ihr werdet sie *doch* nicht bezwingen.« (NFA 18/267) Aber schließlich: die Dänen hatten das Dannewerk geräumt, warum sollten sie sich angesichts der preußischen Vorbereitungen zum Sturm nicht auf ihre Insellage besinnen? Sie mußten längst begriffen haben, daß die Preußen die Entscheidung vor Düppel suchten und dabei so kühn und angriffslustig wie möglich verfahren wollten. Fontane vertritt mit der preußischen Führung den Standpunkt, daß der unerbittliche Angriff (innerhalb der erkennbaren Gegebenheiten) die eigene Truppe am meisten schont: »Preußischerseits hatte diese rasche Wegnahme von Rackebüll zwei Verwundete gekostet. Wieder hatte es sich, wie bei allen früheren Gefechten der Brigade Goeben, bewährt, daß das kräftigste Draufgehen den geringsten Verlust herbeiführte.« (SHK/141) Der preußische König wollte den Sieg, wenn möglich den triumphalen Sieg. Er hatte seine Armee (in heftigen politischen Auseinandersetzungen) nicht verdoppelt, um sie vor Düppel ein fröhliches Lagerleben führen zu lassen. (vgl. SHK/175ff) Und seine Offiziere und die Mannschaften teilten (sicher nicht nur nach Fontanes Auffassung) sein Verlangen nach ehrenvoller Bestätigung alten preußischen Waffenruhms.

Wären die Dänen reaktionsschneller und reaktionssicherer gewesen, wäre der preußische Schlag am 18. April ins Leere gegangen: die Armee hätte überlistet und düpiert vor einem maliziösen Europa gestanden. Sie hätte noch nicht einmal des Mitgefühls der Österreicher sicher sein können, denn obwohl diese spektakulärere Erfolge erfochten hatten, so hatten sie doch das Dannewerk nicht erobern können. Der kluge General de Meza hatte es aufgegeben und so dem dänischen Staat seine Armee gerettet.

Es ist kein Zweifel, daß der Schleswig-Holsteinsche Krieg einen Fontane zeigt, der ganz auf den Kampfgeist und den Siegeswillen der preußischen Armee eingeschworen war. Im Einklang mit seiner Natur bricht er angesichts der preußischen Erfolge nicht in chauvinistische Lobeshymnen aus, er wahrt in vollstem Maße seine Urteilsfähigkeit, aber die Art, wie er die Fakten anordnet, zeigt doch, welche Freude er z.B. über den Düppeler Sieg empfand. Bei jeder Schanze, die erstürmt werden mußte, wird die Entfernung angegeben, die die Sturmkolonnen von der letzten Parallele aus überwinden mußten; bei jeder Schanze wird der Mann genannt, der sie zuerst stürmend betrat, und wer es war, der zuerst die preußische Fahne aufpflanzte. Wenig mehr als zehn Minuten dauerte es, bis die wichtigsten Schanzen in preußischer Hand waren, und der dänische Befehlshaber General du Plat (er fiel wenig später) erfuhr vom preußischen Sturm erst, als die Befestigungen schon genommen waren. Wie hätte Fontane hier zögern können, Wort für Wort und Satz für Satz zu bezeugen, wie ihn der Triumph mitriß. Wohl zum einzigen Male auf den vielen tausend Seiten seiner Kriegsbücher wird sogar etwas wie Lokalpatriotismus in ihm lebendig: ein wenig eng, vielleicht ein wenig kleinlich. Er erwähnt zwar, wie der Militärgeistliche Simon die polnisch sprechenden preußischen Soldaten während des Sturms »durch feurige Zurufe in polnischer Sprache in ihrem Siegeslaufe ermunterte« (SHK/237), so daß, wenn auch nur in einer Anmerkung, der Siegesanteil der polnisch sprechenden Soldaten nicht verschwiegen wird, aber bei der Darstellung des Sturms auf die Schanze IV ist Fontane doch geneigt, bei der Frage, wer die erste Fahne dort aufrichtete, einem Deutschen den Vorzug zu geben: »wer pflanzte die erste Fahne auf? Die Brigade Raven…nimmt diese Ehre zunächst für sich in Anspruch und theilt sie alsdann einem Füsilier des 18. Regiments zu, der zuerst, von Schanze III aus vordringend, die rechte Flanke von Schanze IV erklettert habe. Die vierte Sturmkolonne (53. Regiment) verhält sich abwehrend gegen diese Ansicht und erkennt die strittige Ehre einem westphälischen Landsmann zu, dem Unterofficier Grote vom *westphälischen* Pionier-Bataillon (Nr. 7). Wir finden dies in der Ordnung; Westphalen hatte nur diese *eine* Schanze – freilich den Schlüssel der Stellung – zu stürmen und es kann ihm, ohne die zwingendsten Gründe (die am Ende fehlen) nicht zugemuthet werden, die Ehre, um die es sich hier handelt, an einen polnischen Füsilier der nachbarlichen Sturmkolonne abzutreten.« (SHK/210) Wenn Anspruch so deutlich gegen Anspruch steht, sähe es der heutige Leser lieber, Fontane hätte die Frage unentschieden gelassen, doch er schlägt sich entschlossen auf die Seite des Westfalen. Dem polnischen Füsilier wird noch nicht einmal die Ehre der Namensnennung zuteil, die doch sonst so viele in diesem ersten Kriegsbuch erfahren haben.

Zum berühmtesten Einzelnen unter den preußischen Soldaten, die die Düppeler Schanzen stürmten, wurde der Pionier Klinke. Er hat als erster durch seine Tat das Maß gesetzt, an dem sich alle späteren messen lassen mußten. Ihm war es zu danken, daß in die dänischen Palisaden eine Lücke gesprengt wurde, durch welche die preußischen Truppen zum Siege stürmten. Klinke fand dabei den Tod. Er sprengte sich mit in die Luft, um die Bresche zu öffnen. Diese Selbstaufopferung eines einzelnen schuf die Voraussetzung für den Erfolg des Ganzen. General von Canstein hob Klinkes Tat ausdrücklich hervor: »Die 4. Pionier-Compagnie unter Hauptmann Daun sprengte einen Durchgang durch die Palisaden des Grabens, wobei der Pionier Klinke, *der seine Aufopferung vorher ausgesprochen,* den Heldentod fand.« (SHK/204) Für die Zeitgenossen war Klinke die Verkörperung des preußischen Soldatentums, das in jenem einzelnen gipfelt, der unter bewußter Dransetzung des eigenen Lebens dem Siegeslauf der anderen die Bahn frei räumt. Eine mythische Figur also, ein preußischer Winkelried, und für den Schulzen Kluckhuhn der »eigentliche Held aller drei Kriege.« (NFA 8/154) Fontane hat Klinke in seinem Gedicht ›Der Tag von Düppel‹ ein Denkmal gesetzt:

Palisaden starren die Stürmenden an,
Sie stutzen; wer ist der rechte Mann?

Da springt von achten einer vor:
‹Ich heiße *Klinke*, ich *öffne* das Tor!› –
Und er reißt von der Schulter den Pulversack,
Schwamm drauf, als wär's eine Pfeif' Tabak.
Ein Blitz, ein Krach – der Weg ist frei –
Gott seiner Seele gnädig sei!
Solchen *Klinken* für und für
Öffnet Gott selber die Himmelstür.
(NFA 20/229)

Es ist dabei völlig unerheblich, ob sich Klinke mit seinem Pulversack wirklich in die Luft gesprengt hat oder ob er, bei seiner Tat nur verletzt, beim weiteren Sturm tödlich getroffen wurde. Fontane läßt in seinem Bericht Raum für beide Möglichkeiten, fügt aber hinzu: »Welche Lesart aber auch immer die richtige sein mag, das Volk wird sich seinen ‹Klinke› ebenso wenig nehmen lassen wie seinen ‹Froben›. Mit der historischen Aufhellung – die ohnehin höchst mißlich ist und oft noch mehr vorbeischießt als die Dichtung – ist dem Bedürfniß des Volkes nicht immer am meisten gedient.« (SHK/204) Das Volk braucht den opferwilligen Einzelnen, es will in ihm die besten Züge seiner selbst entdecken, in ihm sich selbst bestätigt fühlen. Und diesem Bedürfnis des Volkes entspricht das Bedürfnis des Staates, der den tapferen Einzelnen braucht als Vorbild für die vielen. Das Motiv der Heldenverehrung vermischt sich mit dem der Heldenerziehung. In der freudigen Hingabe des Lebens für die Sache des Vaterlands, im bewußt vollzogenen Opfer manifestiert sich für Fontane preußisches Soldatentum. Bedenkt man den Siegeslauf der preußischen Soldaten bei Düppel, so enthält die Legende von dem Pionier Klinke mehr Wahrheit als die bloße Wirklichkeit. Der Fontane der Kriegsbücher ist an der Wahrheit interessiert, nicht an einer prosaischen Wirklichkeit, die ›nur‹ einen Pionier zeigt, der trotz Gesichtsverbrennungen weiterstürmt und dabei fällt.

Indessen: der Tag von Düppel brachte doch keinen so vollständigen Sieg, wie er angestrebt worden war. Die dänische Armee wurde nämlich nicht vernichtet, wie es durchaus möglich gewesen wäre: »Daß der Rückzug – und zwar ohne den totalen Verlust aller diesseits des Alsensundes befindlichen Streitkräfte – dennoch schließlich ausgeführt wurde, gereicht den Dänen zu nicht geringem Ruhme.« (SHK/226) Natürlicherweise suchte man preußischerseits nach einem Schuldigen für den Mißerfolg und fand ihn (nach Fontane) in dem General von Canstein. Er hatte mit seinen Reserven in einem kritischen Augenblick eingegriffen und dort die »Rettung und die – Entscheidung« (SHK/229) gebracht. Aber offenkundig war er preußischem Selbstverständnis nach nicht energisch, nicht ›ungestüm‹ genug (dies letztere ein Lieblingswort Fontanes, wenn es um die Beschreibung preußischer Kampfmoral geht) vorgegangen. Der entscheidende Abschnitt bei Fontane lautet: »Der charakteristische Zug des 18. April war unaufhaltsames Vordringen, weit über die gestellte Aufgabe hinaus. Dieser Zug ist allen einzelnen

Momenten des Tages so entschieden aufgeprägt, daß gelegentlich die Forderung eines *durch Nichts zu hemmenden Vorgehens* darauf basirt worden ist.« Dieser etwas pythisch anmutende Satz besagt, in den Zusammenhang des Abschnitts ›Die Wegnahme des Brückenkopfs‹ (SHK/238ff) gestellt, nichts anderes, als daß von Canstein ohne Rücksicht auf die Opfer, die seine Truppe zu bringen gehabt hätte, den Befehl zum bedingungslosen Angriff hätte geben müssen: »Angesichts so vieler Bravourstücke dieses Tages« seien diese Forderungen verzeihlich, meint Fontane, aber »sie waren… unausführbar.« (SHK/239) Er gesellt sich also nicht zu den Kritikern des Generals, sondern verteidigt ihn: »Es war eine Situation, die äußerste Vorsicht erheischte, wenn man nicht die Erfolge dieses Tages ernstlich gefährden oder doch durch einen einzelnen Mißerfolg dem Glanz des Tages einen Flecken geben wollte.« (SHK/240) Die Argumentation Fontanes mußte preußischen Ohren befremdlich klingen. Angesichts eines geschlagenen Feindes handelte der General vorsichtig, bedächtig, zögernd. Er war »bereit, im rechten Moment auch gegen dies letzte Bollwerk vorzudringen.« Er konnte »hoffen, daß dieser ‹rechte Moment› bald gekommen sein werde.« (SHK/240) Wo alle anderen in kühnem Ungestüm »weit über die gestellte Aufgabe hinaus« vorgedrungen waren, wartete von Canstein auf den rechten Moment. Er wartete zu lange. Als er endlich den Befehl gab vorzurücken, hatten die Dänen ihren Rückzug abgeschlossen und kühne Draufgänger wie Leutnant Graf Schulenburg waren in verwegenem Handstreich bereits in den Brückenkopf eingedrungen. Daß Fontane, der in seinem Buch den Geist dieses Krieges und der folgenden so ganz begriffen hat, sich auf Cansteins Seite schlägt und dem Zaudernden zustimmt, der sich nicht dem Schlachtenglück anzuvertrauen wagte, zeigt, daß der Siegesrausch ihn nicht alle Vernunft vergessen ließ.

Im übrigen war auch der König Soldat genug, um zu wissen, daß der schneidigste und risikofreudigste Angriff nicht immer der beste ist. Er kennt die Verantwortung des Truppenführers für das Wohl der Soldaten, die ihm anvertraut sind. Wer den Befehl zum Angriff erteilt, muß Vorsorge treffen, daß unnötige Opfer vermieden werden. Fontane gibt dieser Auffassung bei der Darstellung des Sturms auf die Düppeler Schanzen entscheidendes Gewicht, indem er von einer maßgeblichen Initiative des Königs berichtet, der durch ein Handschreiben unmittelbar in die militärische Planung eingreift, und zwar so, daß »alle Anordnungen des commandirenden Generals gutgeheißen« werden; aber es wird »zur Erwägung anheimgegeben«, ob man »zur Vermeidung größerer Verluste« mit der Sappe nicht näher an die Schanzen herangehen sollte, ehe man stürmte, und ob die Sturmtruppen nicht verstärkt werden sollten, wie es die Erfahrungen Wellingtons gelehrt hätten: »Die Folge war, daß unmittelbar nach Empfang dieses Handschreibens die Aushebung einer *dritten Parallele* angeordnet und die *Verstärkung* der Sturmkolonnen beschlossen wurde.« (SHK/190) Ohne Zweifel sind durch diese Maßnahmen (mit denen eine Verschiebung des Angriffs um vier Tage verbunden war) die Verluste der preußischen Truppen verringert worden, wurde doch, wenn man Fontanes Angaben folgt, der von den Sturmkolonnen zu über-windende Weg bis zu den Schanzen um fast die Hälfte verkürzt. Ein wichtiger Umstand, wenn man bedenkt, daß die Besatzungen der Schanzen, »als der Sturm begann, zum Theil auf größere Distancen im Rücken der Schanzen« lagen (wo sie Schutz vor dem Geschützfeuer gesucht hatten) »als die preußischen Sturmkolon-nen in Front derselben.« (SHK/193)

Aber diese vorsichtigere Gangart war nicht die Regel. Ein elementarer Angriffsgeist beherrschte die Truppe, und man war sicher, daß man dabei letzt-lich im Einklang mit der Führung handelte. Die Offiziere wußten, was von ihnen erwartet wurde, und selbstverständlich gab es unter ihnen keinen, der nicht durch Schneid, Tapferkeit oder Tollkühnheit glänzen wollte. Der Leutnant Graf Schulenburg, der vor allen anderen in den Brückenkopf gegenüber Sonderburg eingedrungen war, rief einem jungen Unteroffizier zu, der sich »durch Bravour besonders hervorgethan«: »nun müssen wir aber noch einen besondern Coup aus-führen« (SHK/241), aber es bleibt doch festzustellen, daß die Truppen einer besonderen Anfeuerung durch ihre Offiziere gar nicht bedurften. Alle Truppen-teile wollten sich durch besonders schneidige Aktionen auszeichnen, und es kam zu regelrechten Wettbewerben zwischen Regimentern, die bereits im Feuer gestanden und sich bewährt hatten, und denen, die zur Ablösung vorrückten und hinter den Bravourstücken ihrer Vorgänger nicht zurückbleiben wollten. (SHK/163) So berichten die von Fontane zitierten ›Militärischen Blätter‹, daß die Dänen ein von den Preußen eingeleitetes Vorpostengefecht für den allgemei-nen Sturm hielten: »Es ist dieser Widerspruch eben nur durch den *Ungestüm des Angriffes* zu erklären, bei welchem die einzelnen Companien und Züge über dem Wunsche, um jeden Preis an den Feind zu kommen, sich um die für das Ganze gesteckten Ziele wenig kümmerten...« (SHK/163) Unter diesen Umständen scheint es weniger unglaublich, daß die preußischen Truppen die Schanzen inner-halb von Minuten einnahmen und ohne jede weitere Planung von sich aus weiter vorwärtsdrängten und stürmten, bis selbst die im Feuerschutz von Alsen liegen-den Brückenköpfe erobert waren.

Bis zu welchem Grad an kriegerischer Vermessenheit man sich steigern konnte, das wird in Fontanes kurzem Kapitel ›Der Krieg zur See‹ erkennbar. Zwar wird zunächst eingeräumt, daß seit dem Krieg 1848/49 auf dem Gebiet des Flottenbaus in Preußen kaum Fortschritte gemacht worden sind: »Eine preußische Flotte war innerhalb 15 Jahren allerdings ins Leben gerufen...« (SHK/294), aber diese Flotte war »nicht stark genug, die See klar zu fegen und den heimischen Handel zu schützen.« Die Überlegenheit der Dänen zur See war also unbestritten, und sie war riesengroß. Das hinderte aber den Befehlshaber der wenigen preußischen Kriegsschiffe nicht, den Angriff zu befehlen. Sein Verband – er bestand schließ-lich immerhin aus drei Schiffen – entdeckte in der Nähe von Rügen einen däni-schen Verband von sechs Schiffen: »Trotz der ungeheuren Übermacht der Dänen, nah an 200 Kanonen gegen 43, ließen sich die Preußen nicht einschüchtern...«

(SHK/296) Selbst Fontane läßt durchblicken, daß schon das bloße Auslaufen des preußischen Geschwaders wider alle Vernunft war: »Ohne langes Besinnen – denn jedes Besinnen hätte abgemahnt – verließen ›Arkona‹ und ›Nymphe‹ den Hafen.« Und wiederum ohne jedes Besinnen beschloß Kapitän Jachmann »mit mannhafter Energie vorzugehen« und den Kampf zu beginnen. Zwar nehmen beide Parteien für sich in Anspruch, das ›Engagement‹ angefangen zu haben, aber man wird doch eher der preußischen Quelle glauben, daß die ›Arkona‹ das Feuer eröffnete, während vermutlich die Dänen dem preußischen Kamikaze-Unternehmen staunend zusahen. Man weiß nicht, ob man das Vorgehen des preußischen Kapitäns noch mit Schneid oder Bravour bezeichnen kann, jedenfalls war es eine Art Tollkühnheit, die aber offenbar von den Besatzungen mitgetragen wurde, denn Fontane zitiert einen der Schiffsoffiziere: »In jedem Manne des Geschwaders brannte der Wunsch…sich mit dem Feinde zu messen, denn uns allen wohnte die Überzeugung inne, daß der Tag gekommen war, an dem die Marine zeigen mußte, daß sie des preußischen Namens würdig sei.« (SHK/296) Zwar gebietet die Skepsis, ein Fragezeichen hinter die Worte »jeder Mann« zu setzen, aber der Verlauf des gesamten Krieges läßt die Bedenken des heutigen Lesers doch als sehr modern erscheinen. Wie dem auch sei: ein Krieg besteht nicht nur aus Glücksfällen und Wundern. Nach der ersten dänischen Breitseite sucht Kapitän Jachmann das Weite: ganz unpreußisch. Er verliert sechs Tote und sieben Verwundete, aber er erreicht den rettenden Hafen, und dafür, daß er das Gefecht »mit so viel Muth und Umsicht geleitet« hat, wird er zum Contre-Admiral befördert. Offenkundig also hat der Kapitän in völliger und unbezweifelter Übereinstimmung mit den Erwartungen und Wünschen gehandelt, die die Staatsführung an ihn hatte. Und Fontane? Nun, er meldet seinen Zweifel nur sehr leise an: »…jedes Besinnen hätte abgemahnt.« Er hat offensichtlich Verständnis dafür, daß sich die preußische Marine ihres Namens würdig erweisen wollte. Zu einem Mehr an Kritik hat er sich nicht verstanden.[2]

Wenn der preußische König den übrigen europäischen Großmächten beweisen wollte, daß seine Soldaten auch gewillt seien, gegen stärkste Kräfte anzugehen, so hatte er sein Ziel erreicht. Die Preußen hatten den im Siebenjährigen Krieg erworbenen und 1813–15 bestätigten militärischen Glanz zurückgewonnen, den eine entschlußschwache politische Führung seitdem verspielt hatte. Selbst Friedrich Engels, der ursprünglich der Meinung war, »daß die Preußen ihre Armee so famos eingerichtet und abgerichtet haben, daß sie notwendig geschlagen werden müssen«[3], korrigiert unter dem Eindruck der preußischen Triumphe sein negatives Urteil: »Daß eben die Preußen in zwanzig Minuten die sechs ersten Schanzen nahmen, und dann in zwei Stunden…die ganze Halbinsel incl. des Brückenkopfes nahmen und den ca. 13 000 Dänen einen Verlust von 5000 Mann beibrachten, ist mehr, als man den Burschen zutrauen durfte.«[4]

Einer solchen Truppe unnötige Verluste zu ersparen, dazu bedarf es eines kühl kalkulierenden Truppenführers wie des Generals von Canstein. Die Neigung zum raschen, bedingungslosen Eingreifen stellt jedenfalls eine Schwachstelle dar in der Führungsstruktur, die zu Krisen führen konnte, wenn Befehlshaber, durch Übereifer und Ehrgeiz getrieben, selbstgesteckte Ziele zu bravourös erreichen wollten. Fontane hat nicht gewagt, das Befehlsgebaren eines preußischen Offiziers zum Gegenstand seiner Kritik zu machen. Er hat an einem Dänen demonstriert, welche verhängnisvollen Folgen ein unbedacht gegebener Befehl für die Truppen haben kann. Es geht dabei um ein Infanteriegefecht bei Lundby in der Nähe von Aalborg. Der Oberstleutnant von Beck ermöglichte hier durch seine unsinnigen Befehle den Preußen, ein Blutbad unter dänischen Soldaten anzurichten. Fontane läßt bei der Darstellung dieses Treffens für den genannten Offizier keinen Entschuldigungsgrund gelten, sagt vielmehr nur: »Es wäre interessant zu erfahren, welche Grundanschauung den Oberstleutnant von Beck…bei diesem tollkühnen Unternehmen leitete.« (SHK/351)

Will man überhaupt möglichst große Sicherheit darüber gewinnen, mit welchen Vorstellungen und Erwartungen Fontane bei seinen Urteilen über das Verhalten der Truppen gearbeitet hat, so wird sich die Notwendigkeit ergeben, auch darauf zu achten, wie er den militärischen Gegner betrachtete. Auszugehen ist von Fontanes Überzeugung, daß sich der preußische Erfolg nicht mit unbedingter Sicherheit voraussehen ließ. Als die Preußen sich im Sundewitt versammelten und die Dänen begreifen mußten, daß die Entscheidung des Krieges hier fallen würde, befand sich die preußische Armee in der Unterzahl. Die Lage forderte dänische Gegenaktionen geradezu heraus. Aber die dänische Truppenführung, von ihrer Regierung behindert, tat nichts, um den Preußen die Initiative zu entwinden. Sie vertraute wohl zu sehr auf Großmachthilfe von außen, als daß sie gewillt gewesen wäre, von den eigenen Truppen Angriffs- und Opferfreude über das Mittelmaß hinaus zu verlangen. Fontane beschreibt die dänische Passivität einem energisch andrängenden Feind gegenüber kritisch: »Wir hoben eben schon hervor, daß es unter anderm auch die Gefahr eines Ausfalls, beziehungsweise eines Ueberfalls von Seiten der Belagerten war, was eine solche mehr zurückgelegene Aufstellung unerläßlich machte. Diese Gefahr war keineswegs eine Fiktion, und es wird immer verwundersam bleiben, daß die Dänen von all den Chancen, die ihnen ein Ausfall (auch trotz der getroffenen Vorsichtsmaßregeln) bot, so wenig Gebrauch gemacht haben. Sie waren nämlich – ganz abgesehen davon, daß der Eingeschlossene oder Belagerte es immer in der Hand hat, mit überlegenen Kräften sich auf diese oder jene schwache Stelle des Gegners zu werfen – den belagernden Preußen numerisch *beträchtlich überlegen*, all der Vortheile zu geschweigen, die ihnen außerdem noch die schwer armirten Schanzen, die Panzerschiffe und die Wasserverbindung gewährten.« (SHK/126) Nach den Berechnungen Fontanes standen den 22000 Dänen von Düppel zunächst nur 16000 Preußen gegenüber. Mit der einzigen Ausnahme des 17. März, wo es die Dänen mit einigen Bataillonen unternahmen, den preußischen Belagerungsring aufzubrechen (SHK/140ff), hatten sie den Preußen kaum ernsthaften Widerstand geleistet, hatten den Belagerern vielmehr gestattet, Parallele um Parallele anzulegen, sich näher und näher an die Schanzen heranzuschieben, statt durch kühne Handstreiche, immer neue Ausfälle und Gegenstöße den Belagerer in wachsende Bedrängnis zu bringen. Wenn Fontane dieses Verhalten kritisiert, so spricht aus ihm sicher die Stimme der preußischen Offiziere, die mit einem so unbeweglichen Gegner nicht gerechnet haben dürften. Wenn die Dänen Düppel nicht aggressiv verteidigen wollten, wenn sie sich allein auf ihre Insellage und ihre Überlegenheit zur See verlassen wollten, dann mußten sie Düppel – jedenfalls nach Fontanes Verständnis – spätestens nach dem 17. März räumen. Sie waren an diesem Tage von einem etwa gleichstarken Gegner an allen Punkten geschlagen oder doch zurückgedrängt worden, und Fontane zitiert einen gefangenen dänischen Offizier, der die Ergebnisse dieses Tages so begriff: »vom 17. März ab war unsre (die dänische) Armee moralisch gebrochen und jede Aussicht auf einen glücklichen Ausgang des Kampfes geschwunden.« (SHK/149) Der Sieg kann nur dem gehören, der, bei gewissenhafter Abwägung der Gesamtlage, soweit sie ihm erkennbar wird, so kühn und angriffsfreudig wie möglich verfährt. Wohl mag die Feststellung in dem Band ›Preußischdeutsche Kriege von 1864 bis 1871‹ von Heinz Helmert und Hansjürgen Usczeck stimmen, daß die »große Zahl der Werke…zur Zersplitterung der Kräfte« führte und »ihre ausreichende Besetzung…so viel Truppen« erforderte, »daß keine mehr für die Gegenstöße verblieben«[5], aber dies allein reicht zur Erklärung der dänischen Defensivhaltung nicht aus. Natürlich ist, wie Moltkes Lieblingssatz lautete, ›im Krieg alles gefährlich‹, aber ohne Risikobereitschaft wird sich kein Feldzug gewinnen lassen. Eine solche Haltung vermißte Fontane auch bei der Verteidigung Alsens. Selbst wenn man akzeptiert, daß die Dänen ihre eigentliche Hauptaufgabe in der Verteidigung Fünens sahen und dort ihre Streitkräfte konzentriert hatten, so bleibt es doch für sie blamabel, daß die Preußen nur wenige Stunden brauchten, um sie von der Insel und damit aus dem letzten besetzten Teil Schleswigs zu vertreiben. Fontane beurteilt die dänische Leistung mit unnachsichtiger Strenge: »Daß es den Bataillonen, die den ersten Stoß zu parieren hatten, an Zahl, an numerischer Stärke gebrach, dieser Vorwurf trifft den Commandirenden. Daß es aber diesen selben Bataillonen, bez. Compagnieen, die eben bereit sein mußten, sich zu opfern, an dieser energischen Hingebung gebrach, das trifft den speziellen Truppentheil, dem, im Vertrauen auf solche Hingabe, die Vertheidigung anvertraut worden war. Also: weder der Commandirende, Generalmajor Steinmann, (der das Anerbieten General Gerlachs: ‹ihm eine weitere Brigade, von Fühnen aus, zur Disposition stellen zu wollen›, eigensinnig ablehnte) noch das 4. Regiment, sind von Schuld völlig frei zu sprechen.« (SHK/340) Freilich ist zu berücksichtigen, daß eine Armee, die von Niederlage zu Niederlage getrieben wird, an innerer Widerstandskraft verliert. Moltke wußte, warum er wiederholt versicherte, daß ihm als Feldherr der höchste Ruhm vorenthalten geblieben sei, der darin bestehe, eine geschlagene Armee zum Siege zu führen. Fontane relativiert deshalb auch sein

Urteil über die dänischen Verteidiger von Alsen: »Das absolut Höchste ließ sich vermissen, aber es trat nicht das Gegentheil an die Stelle. Was geleistet wurde, war Mittelgut, jenes Mittelgut, über das hinaus seine Erwartungen zu spannen, oder gar seine Berechnungen zu machen, immer mißlich bleiben wird. Und so kommen wir denn der Wahrheit vielleicht am nächsten und üben Gerechtigkeit gegen Freund und Feind, wenn wir hier noch einmal den schon zu Beginn dieses Kapitels, wenn auch mit anderen Worten ausgesprochenen Satz wiederholen, den Satz: daß Alsen *nicht* durch die Fehler, oder die Feigheit der Vertheidigung, *sondern durch die sich jeder Berechnung entziehende Kühnheit des Angriffs verloren ging.*« (SHK/341) In einer Anmerkung verrät sich Fontanes Realismus noch deutlicher. Sie ist deshalb interessant, weil Fontane hier zum ersten Male mit deutlicher Skepsis vom Heldentum des einzelnen Soldaten spricht: »Das Regiment stand, in kleinere Gruppen aufgelöst, am Strande hin, oder in der Nähe desselben. War jede dieser Gruppen von einem Heldenfeuer beseelt, so geriethen unsere ersten Bataillone, noch eh sie den Fuß aufs Trockne setzen konnten, allerdings in eine höchst mißliche Lage,… die verhängnißvoll werden konnte. Aber auch das tapferste Regiment ist außer Stande, den Gesammtgeist, der es beseelt und zu hohen Thaten befähigt, auf alle seine Einzel-Bruchstücke zu übertragen. In dieser Zerbröckelung erlischt der Corpsgeist und der Geist des Einzelnen wird bestimmend. Der Einzelne aber ist nur ausnahmsweise ein Held. Führerlose Haufen, im Halbdunkel von einem gar nicht zu übersehenden Feinde angegriffen, sind verloren, wenn eben nicht jeder Einzelne gewillt ist, sein Leben in die Schanze zu schlagen. An diesem Opfermuth jedes Einzelnen gebrach es, aber dieser Opfermuth ist nie zu *fordern.* Wenn er da ist, freue man sich seiner, aber man erwarte ihn nicht.« (SHK/341)   Aber diese Relativierung ist nicht sein letztes Wort im Schleswig-Holsteinschen Krieg. Wohl ist er vertraut mit der menschlichen Natur und kennt deren Schwäche und Hinfälligkeit. Aber in den Kriegsbüchern bleibt doch der Hinweis, daß Heldentum die Ausnahme sei, Grogresultat oder Produkt einer Zwangslage (und wie die späteren Erkärungen alle lauten), ganz singulär. Fontane wußte, was von einem Soldaten erwartet wurde. Der militärische Ehrenkodex war ihm vertraut. Nach seiner Meinung fehlte es den Dänen einfach an Aggressivität, Zähigkeit und leidenschaftlichem Siegeswillen. Sie hatten offenkundig (sich früherer Erfahrungen erinnernd) an den Ernst der preußisch-österreichischen Absichten nicht geglaubt, hatten sich auf fremde Hilfe verlassen und den Krieg ohne die notwendige materielle und psychologische Vorbereitung begonnen; offensichtlich auch ohne Kenntnis von der Wiedergeburt des militärischen Geistes in Preußen. Jedenfalls zeigt die Beschränkung der Dänen auf die Defensive einen Kleinmut und eine Halbherzigkeit, die sie sich nach der Verletzung des Londoner Protokolls (mit wie guten Gründen auch immer) nicht leisten konnten.

Wie Fontane, der sich ja nicht die Aufgabe gestellt hat, die dänische Niederlage, sondern den preußischen Sieg zu erklären, die dänische Kriegführung insgesamt beurteilt, wird vielleicht an seiner Darstellung der Rolle des dänischen Kriegsschiffs ›Rolf Krake‹ am deutlichsten sichtbar. Dieses Schiff war nicht nur militärisch, sondern auch psychologisch eine der großen Trumpfkarten der Dänen. Die Preußen hatten diesem gepanzerten Schiff nichts annähernd Gleichwertiges entgegenzustellen. Die Wirkung, die von diesem Schiff auf die preußischen Soldaten ausging, macht der Schulze Kluckhuhn erkennbar. Für ihn ist, noch Jahrzehnte nach dem dänischen Krieg, ›Rolf Krake‹ der eigentliche Gegenspieler und Rivale des Pioniers Klinke. Kluckhuhn, der seinen Spitznamen ›Rolf Krake‹ mit Stolz trägt, meint: »Dieser *eine* Rivale (Klinkes) stand aber drüben auf Seite der Dänen und war überhaupt kein Mensch, sondern ein Schiff und hieß Rolf Krake.« (NFA 8/154) In ihm manifestierten sich (und nicht nur für Kluckhuhn!) die Macht des Feindes und die Unwägbarkeiten kriegerischer Abläufe. Im Gespräch mit Melusine gesteht Kluckhuhn, daß ihm der ›Rolf Krake‹ noch immer im Traum erscheine und nennt ihn ein »richtiges Gespenst«. (NFA 8/244) Eine Konzentration des Unheimlichen also, und Fontane muß von den Erzählungen der betroffenen Soldaten her eine Vorstellung von der eindrucksvollen Bedrohung, die mit diesem Schiff verbunden war, gehabt haben. Er verknüpft deshalb die Erinnerungen an das Schiff mit einem der zentralen Themen des Romans: Kluckhuhn vergleicht alles zur Sozialdemokratie Gehörige mit dem schwarzen Ungetüm im Alsensund: »Ich sage euch, was sie jetzt die soziale Revolution nennen, das liegt neben uns wie damals Rolf Krake; Bebel wartet bloß, und mit eins fegt er dazwischen.« (NFA 8/155) So wie von Bebel die soziale Revolution ausgehen kann, so hätte im Krieg gegen Dänemark die militärische Gefahr und der Umschlag im Kriegsablauf von ›Rolf Krake‹ ausgehen können, jedenfalls den Empfindungen der preußischen Soldaten nach und nach Fontanes eigenen Ideen. Das Schiff war den preußischen Soldaten deshalb so unheimlich, weil sich an Bord keine Menschenseele zeigte. Die gesamte Besatzung war hinter dicken Panzerplatten geborgen, und der Schiffsleib schien der Beschießung durch die preußischen Küstenbatterien mühelos zu trotzen. Wenn die Feuerkraft des Schiffes auch nicht allzu groß war, seine vermeintliche Unverletzbarkeit erlaubte ihm Operationen in Küstennähe, was die psychologische Wirkung steigerte. Fontane setzt sich in einer eigenen Anmerkung (ihre Wichtigkeit erhellt schon daraus, daß es im ganzen Buch keine ausführlichere gibt) mit der Rolle ›Rolf Krakes‹ auseinander. Sein zentraler Satz: »So geneigt wir sind, die Dänen und ihre Haltung an diesem Tage, wenigstens bis zu einem gewissen Grade in Schutz zu nehmen, so können wir doch die Ansicht nicht unterdrücken, daß, wenn getadelt werden soll, ›Rolf Krake‹ am meisten Anspruch auf Tadel hat.« (SHK/327) Was wirft Fontane der Schiffsführung vor? Erstens war sie zu langsam, zweitens mußte sie »rücksichtslos gegen die vom Ufer her drohende Gefahr, wie ein Sperber unter die Tauben fahren«, drittens zeigte sie zu viel Vorsicht: »so viel steht fest«, daß sie »eben Vorsicht zeigte, wo nur die Geneigtheit sich selber zum Opfer zu bringen, ein großes Resultat hätte herbeiführen können.« (SHK/328) Daß der Kommandant fürchtete, die Preußen könnten sein Schiff entern, zeigt, daß er ohne jede Vorstellung war von dem Eindruck, den seine (gleichsam mannschaftslose) schwimmende Festung auf die preußischen Soldaten machte. Aber ob er nun richtig operierte oder falsch, er blieb weit hinter dem zurück, was Fontane als Beobachter an wagemutigem Einsatz von ihm erwartete, ja verlangte. Mag sein, daß dänischerseits ein Stück Heldentum nicht zugereicht hätte, kriegsentscheidend war, daß man weder dieses Stückchen und noch viel weniger einen ganzen Heldenmut in die Waagschale warf. Man wollte siegen, aber das Risiko vermeiden, Opfer bringen zu müssen. Dabei ist nicht daran zu denken, daß Fontane den dänischen Soldaten zu nahe treten wollte. Zwar bleibt zuzugeben, daß er sie in ihren militärischen Tugenden niedriger einstuft als später die unter den österreichischen und französischen Fahnen kämpfenden Truppen; aber er nimmt sie doch in Schutz, wo er das Gefühl hat, man tue ihnen Unrecht. So kam es bei der Erstürmung der Düppeler Schanzen vor (Fontane nennt die Schanzen II und III), daß die preußischen Sturmkolonnen so rasch durch die Schanzen hindurchstürmten, daß die Dänen, die sich zunächst ergaben und ihre Waffen wegwarfen, die Waffen wieder ergriffen und erneut Widerstand leisteten. Fontane weist den preußischerseits erhobenen Vorwurf zurück, hier offenbare sich die »Tücke des dänischen Charakters«. (SHK/206)   Seine Beurteilung, gewissermaßen als Entschuldigung vorgetragen, ist indessen wenig schmeichelhaft und bleibt in Fontanes Kriegsbüchern ein Einzelfall: »Man hat dies Wegwerfen und Wiederergreifen der Waffen auf die *Tücke des dänischen Charakters* zurückführen wollen, anstatt den Grund dafür vorzugsweise in einer mangelnden geistigen Begabung zu suchen. Der gemeine Mann in Dänemark, wie er langsam und unanstellig ist, ist vor allem auch *beschränkt*… Eine beschränkte Natur folgt…einem bloßen Impuls, anstatt einer *Ueberlegung* zu folgen. Die Gefahr ist da, – er unterwirft sich ihr; die Gefahr scheint beseitigt, – er erhebt sich wieder. Dies ist nichts Tückisches, sondern nur ein roher Naturzustand. Wo der Soldat intelligenter ist, erkennt er auch mit entsprechender Sicherheit, ob er Chancen hat oder nicht und läßt sich nicht auf ein Spiel ein, das ihm den Hals kostet, wenn er sich (wie die Dänen jedesmal) verrechnet hat.« (SHK/207)   Dem Text ist nicht zu entnehmen, welche Art von Verärgerung Fontane hier die Feder geführt hat. Was er sonst über Dänemark und die Dänen geschrieben hat, läßt weder auf Vorurteile noch besondere Gereiztheit schließen. Die Vermutung liegt nahe, daß er die Meinung preußischer Offiziere wiedergab. In seinen nächsten Kriegsbüchern wird er fremde Urteile nicht mehr übernehmen.

9. Kapitel

Der deutsche Krieg

Bemerkungen Fontanes, die sich wie kritisch-bedenkliche Kommentare zum 66er Krieg gegen Österreich anhören, sind nicht überliefert. Man kann also annehmen, daß er dem Krieg nicht mit besonderen Vorbehalten gegenüberstanden hat. Äußerungen des Unbehagens, wie wir sie 1870 von ihm kennenlernen werden, als es um den Krieg gegen Napoleon ging, existieren von 1866 nicht. Vielleicht spielt hier sein besonderes preußisches Bewußtsein eine Rolle. Von den kriegerischen Leistungen Friedrichs des Großen von Jugend an beeindruckt, sah er in ihm den Schöpfer der Großmacht Preußen, und wenn irgendein Land im 19. Jahrhundert Preußen daran gehindert hatte, wenigstens in Deutschland eine führende Rolle zu spielen, so war es Österreich. Die Tage der Punktation von Olmütz lagen noch nicht lange zurück, und seitdem war in Preußen die Überzeugung stärker und stärker geworden, daß der Weg zu einem einigen Deutschland und zur dominierenden Stellung Preußens in diesem Deutschland nur über Österreich führen konnte. Das dualistische Nebeneinander der beiden deutschen Großmächte, die sich wechselseitig beengten und lähmten, mußte zu einem Ende kommen. Das hätte nicht unbedingt eines kriegerischen Austrags bedurft (man weiß ja, um nur drei Exponenten zu nennen, daß Wilhelm I. den Krieg nicht wollte, daß Moltke in Österreich viel eher den möglichen Verbündeten sah und daß Bismarck sich immer den Weg zu anderen Lösungen offenhielt), aber eine Entscheidung mußte fallen. Was 1740 so glorreich begonnen worden war, das wartete nun auf seine Erfüllung. Es kann nicht zweifelhaft sein, daß Fontane deshalb ganz auf der Seite derer stand, die den Krieg bejahten, als er sich abzeichnete. Ja schon in der Phase der Vorbereitungen läßt sich seine Zustimmung erkennen. So erbittet er Henriette von Merckels Fürsprache bei ihrem Bruder, dem Minister von Mühler, damit jener sich bei Roon dafür einsetze, daß den Schlachtenmalern Bleibtreu und Burger gestattet werden möge, sich den preußischen Truppen als »künstlerische Attachés« (Ha Br II/159) anzuschließen. Selbstverständlich ist dabei Eigennutz im Spiele, denn Burgers Illustrationen für das Fontanesche Kriegsbuch bei Decker müssen gewinnen, wenn der Maler unmittelbare Eindrücke auf den Schlachtfeldern sammeln kann. Aber das läßt doch die Annahme nicht zu, daß die propagandistischen Gründe, die Fontane anführt, nur Vorwand sind: »Die Sache ist, wie ich glaube hinzufügen zu dürfen, nicht bloß von künstlerischer, sondern auch von *politischer* Bedeutung. Die Österreicher waren uns 1864 nach dieser Seite hin sehr überlegen und die Folge war, daß zu Beginn des Krieges (eh Düppel genommen wurde) unsre Position in den Augen aller Welt sehr unten durch war.« (Ha Br II/160) Er stellt sich nicht nur dar als der Mann, der darum kämpft, mit künstlerischen Mitteln die Öffentlichkeit patriotisch zu beeinflussen und ein angemessenes Bild von den Taten der preußischen Truppen noch über die Grenzen Preußens hinaus zu liefern, sondern er *ist* der Mann. Es gibt keinen Riß zwischen der offiziellen preußischen Politik und Fontanes Auffassung. Auch in dem am 21. Mai 1866 an Paul Heyse geschriebenen Brief gibt es keinen Anhaltspunkt dafür, daß er dem sich abzeichnenden Krieg gegenüber kritisch eingestellt wäre: »We are drifting into war now; in 8 Tagen kann's los gehn; Gott sei mit uns und bewahre uns vor den Croaten. *Lepel führt seit 3 Tagen wieder eine Compagnie,* worüber wir alle sehr glücklich sind; es ist doch was. – Herrn Hertz, den ich eigentlich heute erwartete…habe ich seit 14 Tagen nicht gesehn. Er ist sehr anti-kriegerisch, was ich ihm nicht verüble. Für Geschäftsleute sinds schwere Zeiten, aber ich hoffe daß alle diese Opfer nicht umsonst gebracht sein werden.« (Ha Br II/161ff) Dieser Brief spiegelt deutlicher als das ganze 66er Kriegsbuch, das schließlich post festum geschrieben wird, Fontanes persönliche Meinung wider. Er steht ganz und gar auf der Seite der Kriegspartei, und Hertz entgeht Fontanes Unwillen nur, weil er Geschäftsmann ist und deshalb dem Krieg nur mit Sorge begegnen kann. Wäre er frei in seinem Denken und in seinen Entschlüssen, würde Fontane eine wesentlich andere Haltung von ihm erwarten. Und Fontane steht, wie noch zu zeigen sein wird, mit dieser Einstellung gegen ganz breite Teile der preußischen Öffentlichkeit, die diesen Krieg nicht will, der ihr aufgezwungen wird. Daß Hertz also auch andere als geschäftliche Gründe für seine Kriegsgegnerschaft haben könnte, wird nicht erwogen. So werden die geschäftlichen Motive als die gravierendsten angesprochen, oder Fontane (was wahrscheinlicher ist) konnte Hertz andere Beweggründe nicht zubilligen.

Daß Heyse, seit Jahren in Bayern ansässig, politisch eine ganz andere Linie vertreten könnte, bleibt unberücksichtigt. In aller Naivität setzt Fontane voraus, daß sich Heyses Wünsche mit den seinigen decken, und bezieht ganz unbekümmert die Haltung der gemeinsamen Freunde in den Brief mit ein: Lepels Kompanieführerschaft wird doppelt kommentiert: alle sind darüber »sehr glücklich« und »es ist doch was«. Darin spricht sich nicht nur Fontanes alte Unzufriedenheit mit Lepels Lebensführung aus, die den Freund, der ewig zögerte und nie Entscheidungen traf, ins Abseits geführt hatte, sondern auch das freudige Bewußtsein, daß der Freund endlich einen Weg ging, auf dem er zu allgemeiner Anerkennung gelangen mußte.

Daß Fontane das Anti-Kriegerische der Hertzschen Einstellung betont, läßt den Schluß zu, daß er selber den Krieg wünscht; und wenn man die Einleitung zum ›Deutschen Krieg‹ liest, so ist keine Täuschung möglich: Fontane sah im Krieg gegen Österreich eine Notwendigkeit. Der Satz im Heyse-Brief: »Gott sei mit uns und bewahre uns vor den Croaten« läßt zwar erkennbar werden, daß Fontane an eine Niederlage immerhin gedacht hat, wie dies auch sein Satz verrät:

»denn wer mochte (im Kriegsfall) für den Erfolg bürgen« (DK I/44), aber im ganzen sind seine Äußerungen doch von Zuversicht geprägt. Daß Preußen nicht nur eine Schlacht, sondern den Krieg verlieren könnte, das blieb außerhalb seiner Überlegungen. Seine Kriegswilligkeit konnte in der Tat nur wachsen, wenn sich österreichische Zeitungen, wie von ihm im ›Deutschen Krieg‹ zitiert, mit den provozierenden Sätzen vernehmen ließen: »Preußen muß unschädlich gemacht werden; das Intermezzo Friedrichs des Großen muß aufhören.« (DK I/33) Das war ein Schlag gegen Fontanes Preußenverständnis, wie er aggressiver nicht geführt werden konnte. Friedrich der Große ein Intermezzo, also etwas, das rückgängig gemacht werden sollte? Eine »Episode« – und sie »muß ihr Ende erreichen« (DK I/52): bei allem Verständnis für Österreichs Lage, solche Hybris ließ nur eine Antwort zu: den Krieg. Dies war auch die Meinung Wilhelms I., den Fontane in diesem Zusammenhang zitiert: »Ich bin ein alter Mann und bald 70 Jahr, wie soll ich jetzt noch an Krieg denken, ich will nichts mehr, als meinem Volke den Frieden lassen, wenn ich sterbe. Ich weiß auch, daß ichs vor Gott und meinem Gewissen verantworten muß. Ich kanns bezeugen vor Gott, ich hab Alles gethan, gebeten hab ich den Kaiser, *gebeten,* wie man nur bitten kann; ich will auch keinen Fuß breit Landes; ich will Alles zugestehen, was ich mit der Ehre Preußens vereinen kann. Ich habe viel angeboten, aber sie wollen ja den Krieg; sie wollen es so wieder haben, wie es vor dem siebenjährigen Kriege war, und das geht doch nicht, dann ist ja Preußen nicht Preußen mehr.« (DK I/45) Wer das Geschehen zwischen 1864 und 1866 *so* auffaßte, dem blieb in der Tat kein Ausweg.

Natürlich gehen viele Interpreten davon aus, daß Fontane die offizielle Lesart der Vorgeschichte der Kriege nicht geglaubt habe, und sie suchen deshalb in seinen Kriegsbüchern nach Anspielungen auf seinen Unglauben und eine daraus resultierende Distanzierung. Man wird sagen können, daß eine solche Suche vergeblich sein dürfte. Natürlich würde man Fontane unterschätzen, wollte man ihm unterstellen, daß er, vor allem bei der Kriegsschuldfrage, nicht den Mut einer eigenen Meinung und eines eigenen Urteils gehabt habe. Gerade bei der Darstellung der Vorgeschichte des Kriegs gegen Österreich wird man seine Versuche, zu einer objektiven Bewertung der Vorgänge zu kommen, bewundern müssen. Reuters Intentionen, ihm hier wenigstens Fragmente einer oppositionellen Gesinnung zu unterschieben, sind, auch wenn man die großartig-weitgespannte Konzeption sonst anerkennen wird, geradezu peinlich. Er zitiert Fontane: »Aber *das formale Recht,* wie nicht geleugnet werden soll, war, zu Beginn des Konfliktes, auf seiten des Bundes« und fügt in Klammer hinzu: »d.h. der Österreicher und der deutschen Mittelstaaten.«[1] An solcher Stelle kann man nur vermuten, daß Reuter, der in Fontane-Texten genauer Bescheid wußte als sonst einer, den Leser, der kaum geneigt sein mochte, den Tatbestand durch die Lektüre der damals schwer zugänglichen und überdies schwer lesbaren Texte zu überprüfen, hinters Licht führen wollte. Was Fontane in seiner Einleitung auch immer sagen mag, er sagt gerade nicht, daß das formale Recht auf seiten der Österreicher gewesen sei und die Preußen somit die formale Alleinschuld am Kriege trügen. Nach Fontane lag das formale Recht beim Deutschen Bund, aber Österreicher und Preußen hatten sich gemeinsam am formalen Recht vergangen, an dem nur der Bund festgehalten hatte. Die absolut schlichte und geradlinige Beweisführung Fontanes wird von Reuter also verfälscht. Es kann überhaupt nicht davon die Rede sein, daß Fontane mehr als einen Schatten von Schuld auf Preußen fallen läßt. Wenn gegen das formale Recht von Preußen verstoßen wurde (und der Verstoß wird zugegeben), so hat die Geschichte längst gutgeheißen, was damals Rechtsverstoß war: »Dieses Unrecht – wer, den nicht kleinere Interessen verblenden und beschränken, wollte die Augen dagegen verschließen – ist längst als politisches Recht, als nationale Pflicht, als ein Heil und Segen erkannt worden…« (DK I/42) Und das in diesem Satz folgende Eingeständnis einer Mitschuld Preußens am Krieg gegen die Bundesstaaten ist rein rhetorisch zu verstehen, denn der 1866 ausgetragene Krieg wurde nach Fontanes Überzeugung »in erster Reihe nicht als *Bundeskrieg*« geführt: »Es ist aber bekannt, … daß *Oestreich* – der Bundesgenosse Preußens, sein Mitsieger und Mitbesitzer – diesen Krieg einleitete, an den sich dann gewisse Mittel- und Kleinstaaten als eben so viele selbständige Staaten anschlossen, nicht um das *bundesbrüchige* Preußen, sondern um das mit Oestreich rivalisirende Preußen zu strafen, ein Preußen, das in seiner Fehde mit *Oestreich* im allerbesten Rechte war.« (DK I/42) So läßt Fontane keinen Zweifel daran, daß Österreich Schuld hat am Krieg: »Ueber den Krieg selbst aber war entschieden, als Feldmarschalllieutenant v. Gablenz die Einberufungsordre für die holsteinschen Stände veröffentlichte. *Dies* war der Handschuh. Oestreich hatte ihn hingeworfen; Preußen nahm ihn nur auf. Für uns ist die Frage entschieden: wer ist schuld?« (DK I/46)[2]

Und es ist auch sinnlos, Fontane zu unterstellen, daß er, besser als Wilhelm I. und die große Mehrzahl der Zeitgenossen, das kluge diplomatische Spiel Bismarcks durchschaut habe und, wie Reuter es ebenfalls tut, die widersprüchlichen Urteile Fontanes über Bismarck an den Anfang des Kapitels über die Kriegsbücher zu stellen, um dem Leser zu insinuieren, daß Fontane Bismarcks Machtpolitik immer abgelehnt habe. Das Gegenteil ist richtig. Keines der vielen Urteile Fontanes über Bismarck spricht aus, daß Fontane der Reichsgründungspolitik des Kanzlers auch nur in Ansätzen kritisch gegenübergestanden habe. Als Staatengründer war Bismarck für ihn ausschließlich der Mann der Vorsehung, und wenn er später Kritik anmeldete, dann hat das nichts damit zu tun, daß die »Behandlung der schleswig-holsteinschen Frage« durch Bismarck ihm mißfallen habe.[3] Fontane war selber das Musterbeispiel eines preußischen Annexionspolitikers; man erinnere sich nur an seine Korrespondenz für die Dresdner Zeitung vom 1. Februar 1850, also aus seiner ›demokratischen‹ Zeit. Was er da (doch wohl schlechten Gewissens) in jugendlicher Radikalität wünschte (»das Aufgehen aller kleineren deutschen Staaten in Preußen« – NFA 19/83), hatte er 1866 in Fülle. Und es ist nicht überliefert, daß er die Hannoveraner, Schleswig-Holsteiner oder später die Elsaß-Lothringer bemitleidet hätte, weil sie von Preußen annektiert bzw. zum Reichsland erklärt worden waren. In der Hinsicht konnte sich Bismarck auf Fontane verlassen.

Im ganzen genommen: Fontane erörtert zwar in seiner Einleitung die Rechtsprobleme, die aufgeworfen worden waren, und er stellt die Frage, die heute noch weit stärker als früher die Gemüter bei einem Kriegsausbruch bewegt: Wer ist schuld? Aber man sollte von seinen Einlassungen und Untersuchungen nicht zu viel erwarten, neigt er doch, bei aller dem Zeitgenossen möglichen Akribie, dazu, das durch die kriegerischen Entscheidungen Sanktionierte mit dem geschichtlich Notwendigen zu identifizieren und dies geschichtlich Notwendige wiederum, vor allem wenn es sich auch noch mit den preußischen Interessen deckt, in aller Unschuld als neue Rechtsgrundlage zu akzeptieren. Nur so läßt sich der erste Abschnitt der Einleitung zum ›Deutschen Krieg‹ erklären. Beide deutsche Großmächte hatten nach dem siegreichen Krieg gegen Dänemark die gemeinsame Verantwortung für das Herzogtum Schleswig-Holstein übernommen: »Ein Nebeneinander-Regieren war auf die Dauer unmöglich, der Moment einer Auseinandersetzung mußte kommen. Es fragte sich nur, in welchem Geiste die ‹Condomini› an diesen Versuch herantreten würden. Der Natur der Verhältnisse nach mußte der nördliche Großstaat, als beinah unmittelbarer Nachbar, andere Ansprüche erheben, als der entfernt gelegene, südliche Mitbesitzer; alles hing davon ab, daß Oestreich das, was natürlich war, auch als natürlich auffaßte und daß Preußen durch Entgegenkommen es Oestreich leicht machte, das Natürliche auch als natürlich anzusehen. Geschah dies, so war ein friedlicher Ausgleich möglich. Aber – wie vorauszusehn – es geschah *nicht*. Möglich, daß es Preußen an dem Vollmaß freundlichen Entgegenkommens fehlen ließ, gewiß, daß Oestreich der Höhe der Anschauung entbehrte. Es erkannte nicht scharf genug, daß Preußen keine Wahl hatte, daß es *mußte*, daß es vor einem nunc aut nunquam stand. Seine Forderung war keine Laune, seine Forderung war eine Frage seiner Existenz. Dies würdigte Oestreich nicht voll. Es konnte aus seinem alten Eifersuchtsgefühl nicht heraus. So entstand der Krieg.« (DK I/4) Es läßt sich nicht verkennen, daß in dieser Analyse der Ausgangssituation von 1866 Rechtsfragen als irrelevant behandelt werden. Natürlich wußte Fontane so gut wie alle Welt, daß Österreich durch den gemeinsam mit Preußen geführten Krieg gegen Dänemark in Schleswig-Holstein Rechtsansprüche hatte. Und daß Fontane diese Rechtsansprüche ausdrücklich einräumte, setzte ihn keinesfalls, wie manche Beurteiler meinen, irgendeinem Tadel aus. Er tat nichts anderes als z.B. Moltke, der in einem Schreiben vom 2. Juli 1865 an Edwin von Manteuffel, das dieser dem König vorlegte, zu Verhandlungen mit Wien riet, bei denen Preußen nicht mit »leeren Händen« erscheinen solle: »Die Östreicher haben nun einmal ein wohlbegründetes Recht und werden es für ein Linsengericht nicht fortgeben. Für Preußen handelt es sich um einen Erwerb, nicht so groß aber ebenso wichtig wie der, für welchen der große König drei Kriege führte.«[4] Da Österreich auf das Herzogtum Lauenburg gegen eine Geldentschädigung verzichtet hatte, lag der Gedanke nicht fern, für die übrigen österreichischen Ansprüche auch nach adäquaten Gegengaben zu suchen. Für Fontane jedenfalls stand fest, daß Preußen sich die Gelegenheit, seine Macht in Norddeutschland auszudehnen, nicht entgehen lassen durfte. Der mögliche Machtzuwachs rechtfertigte die Mittel. Ein Unrechtsbewußtsein spricht aus keinem der Sätze Fontanes.

Es ist sogar besonders auffällig an Fontanes Einleitung zum ›Deutschen Krieg‹, daß er auf die Wünsche der Schleswig-Holsteiner mit keinem Wort eingeht. Es wird zwar erkennbar gemacht, daß die Schleswig-Holsteiner Augustenburgisch gesonnen sind und daß nach der anfänglichen Begeisterung über die Befreiung von den Dänen sich zwischen der preußischen ›Besatzungsmacht‹ und den Einheimischen ein sich von Monat zu Monat verschärfendes Spannungsverhältnis entwickelte, aber Fontane stellt sich uneingeschränkt auf den preußischen Standpunkt, demzufolge der dänische König Schleswig-Holstein an den österreichischen Kaiser und den preußischen König abgetreten habe und damit eine neue, für alle verbindliche Rechtsgrundlage geschaffen sei. Der Gedanke an eine Art Selbstbestimmungs- oder Mitspracherecht taucht bei Fontane gar nicht auf, obwohl die Franzosen eine Volksabstimmung in den umstrittenen Gebieten vorgeschlagen hatten; ein Vorschlag, auf den Preußen eingehen wollte. Das war jedoch am wenigsten im Sinne Österreichs, denn wo immer in Europa diese Idee zur Sprache gekommen war, war sie von den Österreichern am entschiedensten zurückgewiesen worden, weil der Gedanke, einmal anerkannt, den österreichischen Vielvölkerstaat am gefährlichsten bedroht hätte. Für Fontanes ganz an den politischen Realitäten ausgerichtete Auffassung existierte als Grundlage für die Gestaltung der Zukunft Schleswig-Holsteins der Friedensvertrag von Wien und sonst nichts. Dieser Vertrag wurde, ohne daß die Schleswig-Holsteiner gefragt wurden, weiterentwickelt im Vertrag von Gastein (1865), durch welchen den Österreichern Holstein, den Preußen Schleswig zufiel. Und wenn die Preußen daran gegangen waren, sich in den eroberten Gebieten häuslich einzurichten und Fontane sich genötigt sieht zuzugestehen, »daß (ungesucht) in dem preußischen Auftreten etwas Provocatorisches lag« (DK I/11), so werden in seinen Augen allein die Österreicher, nicht aber die Schleswig-Holsteiner provoziert. Ihr Schicksal ist festgeschrieben durch den Wiener Vertrag zwischen den kriegführenden Mächten von 1864.

Fontane stand mit dieser Anschauung (wenn man sein beredtes Schweigen so interpretieren darf) nicht allein. Wenn man unter den großen Zeitgenossen Umschau hält, so fällt vor allem seine Übereinstimmung mit Moltke auf, der von Anfang an »an die Einverleibung in Preußen gedacht«[5] – schon aus militärischen Gründen, denn er traute dem Augustenburger eine selbständige Verteidigung seines Landes nicht zu, vermutete vielmehr, daß »hinter dem letzten preußischen Füsilier der tappere Landsoldat (1864 übliche Bezeichnung für den dänischen Soldaten. – G.F.) wieder anmarschiert kommt.«[6] Diese Unfähigkeit zur Selbstverteidigung war ja auch ein Grundgedanke der preußischen Politik. Dazu tritt bei Moltke wie bei Fontane die Verankerung im 18. Jahrhundert. So wenig wie Fontane jemals nach den Wünschen der Schlesier gefragt hat, als Friedrich der Große sie seinem Staate zuschlug, so wenig fragt Moltke nach den Wünschen der Schleswig-Holsteiner. Wenn er an eine Entschädigung für die Österreicher dachte (er zog sogar die Abtretung der Hohenzollerschen Lande in Erwägung, was der König strikt ablehnte), so lebte in ihm der alte Gedanke weiter, »daß man Land und Untertanen beliebig ‹tauschen› könnte, der aus dem absolutistisch-rationalistischen 18. Jahrhundert stammte und mit den Prinzipien der Nationalität und Selbstbestimmung des 19. Jahrhunderts allerdings unvereinbar geworden war.«[7]

Überdies geht Fontane in seiner Betrachtung der Schleswig-Holstein-Frage noch einen Schritt weiter. Noch Jahrzehnte später schreibt er an James Morris: »Gewisse Dinge... braucht ein Staat, um weiter zu leben, und *solche* Dinge müssen auch die rivalisierenden Staaten ihrem Nebenbuhler ruhig gönnen. So brauchten wir Schleswig-Holstein. Wir mußten es haben, und wir haben es gekriegt. England wird sich Ägypten *nicht* nehmen lassen, und es tut recht daran.« (Ha Br IV/635) Hier wird der Erwerb von Schleswig-Holstein zur historischen Notwendigkeit erklärt, zur unabdingbaren Voraussetzung von Preußens weiterem Aufstieg. Schleswig-Holstein erhält eine Schlüsselrolle zugesprochen, und man spürt, daß da für Fontane mehr im Spiel ist als bei anderen Annexionen Preußens davor oder danach. Wenn er die Bedeutung Schleswig-Holsteins für Preußen mit der Ägyptens für England parallelisiert, dann kann das nur heißen, daß Preußens Selbstbehauptung im Kreis der Großmächte, eine Sicherung seiner Machtposition überhaupt nur durch die Besetzung Schleswig-Holsteins möglich war, mochten die Schleswig-Holsteiner davon halten, was sie wollten. Ohnehin konnte Fontane sie nicht leiden. Schon am 19. Juli 1861 schreibt er an Hertz: »Heitre Tage in Hamburg, guten Hummersalat und möglichst wenig Schleswig-Holsteiner. Das Genießbarste an diesen letztren sind doch immer ihre Austern.«[8] Auf die Auseinandersetzungen mit Storm, die ja auch einen Stammeshintergrund haben, soll hier nicht weiter eingegangen werden. Sicher ist, daß Fontanes Abneigung gestärkt wurde durch das Verhalten der Schleswig-Holsteiner nach dem 64er Krieg. Er charakterisiert das kurz im ›Deutschen Krieg‹: »die Volksredner und die Zeitungen der schleswig-holsteinischen Seite wurden nicht müde gegen die ‹preußischen Bataillone› zu eifern und der Moment konnte nicht mehr fern liegen, wo sichs zeigen mußte, wer der Stärkere sei. Bei mehr Mäßigung auf Seiten der Vereine hätte die Sache sich hinziehen können, aber die mehr und mehr herausfordernde Haltung, die sie einnahmen, beschleunigte den Zusammenstoß. Preußische Truppen wurden verhöhnt, Schildwachten insultirt und die Kinder unsrer Offiziere (in den Schulen die sie besuchten) sahen sich Schimpfreden und Thätlichkeiten ausgesetzt. Volksredner sprachen von ‹Preußenpack›, von ‹hungrigem Volk, das Niemand gerufen habe›; hier und da fiel das Wort: ‹lieber dänisch als preußisch›. Wie mußte diese Sprache in Berlin berühren!« (DK I/13) Vermutlich war Fontane nicht weniger unangenehm davon berührt. In einem Brief an Hertz aus dem Jahre 1879 macht sich die alte Verstimmung noch einmal bemerkbar: »Ueber die Schleswig-Holsteiner denken wir gleich, auch in *den* Fällen, wo sie sich das Ansehen geben, liebenswürdig sein zu können. Nie wird sich die Frage entscheiden lassen, ob die Dänen mehr zu bedauern waren, daß sie mit den Schleswig-Holsteinern leben mußten, oder umgekehrt.« (Ha Br III/18) Es ist dies zwar eine jener pointierten Bemerkungen Fontanes, von denen er unter anderen Umständen auch das Gegenteil gesagt haben könnte, aber sie ist doch auch nicht denkbar ohne die preußischen Erfahrungen nach 1864.

So wenig wie ein anderer Historiograph hat Fontane verschwiegen, daß Preußen 1866 alles andere als kriegslüstern oder kriegslustig war. So sehr Fontane persönlich die Kontinuität der geschichtlichen Vorgänge von 1740 bis 1866 betonen mochte, für viele andere, die Geschichte mit Verständnis erlebten, war die glorreiche Waffenbrüderschaft mit den Österreichern im Kampf gegen Napoleon, wie sie sich soeben im Kampf gegen Dänemark zum Nutzen Deutschlands bewährt hatte, ein viel echteres Element ihres Denkens und Fühlens als die im Kampf um die Vorherrschaft in Deutschland geborene Feindseligkeit gegen einen Staat, dem man doch durch eine fast tausendjährige Geschichte verbunden war. Der Bruderkrieg war also keineswegs populär. Soviel man sich auch auf Friedrich den Großen berief, dessen Werk in Gefahr sein sollte, Preußens Bevölkerung war nicht kriegswillig. Dabei spielte auch eine Rolle, daß viele »der Schlagfertigkeit unsrer Armee mißtrauten«. (DK I/64) Die Österreicher besaßen zudem Kriegserfahrung, und wenn auch ihre letzten Feldzüge in Italien nicht mit Siegen geendet hatten, so hatten sie doch gekämpft, und Benedek, der Führer der österreichischen Nordarmee gegen Preußen, hatte sich dabei sogar mit Bravour gegen die Franzosen behauptet. Demgegenüber hing den Preußen in ganz Europa der Ruf der ewig Zurückweichenden an: weder hatte man sich am Krimkrieg beteiligt, noch hatte man 1850 die österreichische Herausforderung angenommen, sondern sich kleinlaut dem russischen Druck gefügt. Schließlich kannte Fontane natürlich auch die innenpolitische Lage Preußens: »Diese Dritten im Lande sahen die Gefahr nicht in Oestreich, … sondern einzig und allein in der ‹inneren Fehde›, in der Zersplitterung der eignen Kraft, in dem unausgeglichenen Budgetstreit, in der Unpopularität derer, die im Bewußtsein dieser Unpopularität doch den Krieg zu unternehmen gedachten. Diese Dritten wollten den Krieg, den sie für gerecht und für nothwendig hielten, aber sie wollten ihn selber führen. Nur das politisch-zufriedengestellte, nur das liberale Preußen war dieser Kriegsaufgabe gewachsen. Unter den gegebenen Verhältnissen aber war der Krieg unmöglich; ein Bismarcksches Preußen durfte man diesen Existenzkrieg nicht führen lassen.« (DK I/65)

Alle diese Umstände ließen es ratsam scheinen, auf einen Krieg zu verzichten. Kein Wunder also auch, daß die Österreicher vor einem zweiten Olmütz zu stehen meinten, denn die Bedingungen, unter denen Preußen diesen Waffengang wagte, deuteten auf einen bösen Ausgang. Ganz offensichtlich aber hat Fontane an all diesen pessimistischen Spekulationen keinen Anteil genommen. In seinem Kriegsbuch stellt er diesen trüben Erwartungen einen Geist der Zuversicht und der Treue zum König entgegen. Es ist vor allem dieses Verhältnis zum König, aus dem er die Haltung der Truppen, ihren leidenschaftlichen Kampfeseifer und schließlich ihre Siegeszuversicht erklärt: Die Österreicher »machten die Rechnung ohne den Wirth; sie brachten nicht die das ganze preußische Wesen durchdringende *Disciplin* in Ansatz, die bei ‹innerlichem Raisonniren› (worin volle Freiheit herrscht) in einer gewissen dienstbegeisterten Freudigkeit gehorcht, so bald der König ruft. Es ist dies etwas *specifisch-preußisches* und konnte sich nur in einem Lande ausbilden, wo seit anderthalb Jahrhunderten das Königthum dem Volke in Pflichterfüllung vorangeht und wo, trotz gelegentlichen, übrigens nicht tief gehenden Schmollens und Grollens, jene Patriarchalität fortbesteht, die den schlichten Mann auf seiner Hufe fühlen läßt: ‹mein König ruft mich nur, *wenn er mich braucht.*›« (DK I/65) Um seine Thesen zu erhärten, führt er mehrere konkrete Beispiele an, die, an und für sich rührend, doch keineswegs das Odium der Sentimentalität tragen. Das gilt vor allem für den Brief eines preußischen Reservisten, der mit vielen anderen aus Rußland zurückeilt, weil der ›König ruft‹. Dieser Brief vermittelt eine Ahnung von dem Geist, der die Armee 1866 und 1870/71 beseelte. Er überzeugt durch die naive Ungebrochenheit seines patriotischen Gefühls. (DK I/67)[9]

Man geht sicher nicht fehl in der Annahme, daß Fontanes eigenes Gefühl von dem des Briefschreibers (von der Naivität abgesehen) nicht weit entfernt war, was vor allem für das Verhältnis zum König gilt, das sich in späteren Jahren so abrupt ändern sollte. Und doch, wenn man der Frage auf den Grund kommen will, was Fontane an den Kriegsbüchern festhielt, reicht ein Hinweis auf seine patriotischen Gefühle, wie stark sie auch immer gewesen sein mögen, nicht aus. Es hat auch im Krieg selbst etwas gelegen, was Fontane tiefer und tiefer in seine Aufgabe verstrickte. Der Gedanke mag zunächst Befremden erregen: Fontane hatte eine poetische Neigung zum Krieg, Schlachten besaßen für ihn eine poetische Anziehungskraft. Dieser Aspekt ist entscheidend für jeden Leser, der sich darum bemüht zu verstehen, was einen Schriftsteller vom Rang Fontanes veranlassen kann, zwölf Jahre lang – mit einer Hartnäckigkeit ohnegleichen – an der Beschreibung dreier Kriege zu arbeiten. Natürlich hat man sich bewußt zu halten, daß es Fontanes konservativste Phase ist, in der er die Aufgabe übernimmt, daß er sich also ganz im Einklang fühlen konnte mit der Politik, die zu diesen Kriegen führte; Kriege überdies, die seine Zustimmung auch insofern finden mußten, als sie ein einiges Deutsches Reich schufen, das ein Jugendtraum (zu Zeiten: ein liberaler Jugendtraum) Fontanes gewesen war. Gar nicht zu sprechen von seinen persönlichen Lebensumständen, die ihn auf einen zusätzlichen Broterwerb verwiesen, und auch nicht zu sprechen von seinem Interesse für kriegerisches Geschehen, seiner Begabung, militärische Operationen aller Größenordnungen verstehen und nachzeichnen zu können. *Letzten* Ausschlag gibt dies alles nicht.

Fontane hat zu keiner Zeit aufgehört, sich als Dichter zu verstehen, selbst in den Zeiten nicht, in denen er sich, wie in den 60er Jahren, als Journalist und ›Wanderer‹ betätigte. Und er hätte sich dem ihm erteilten Auftrag vermutlich niemals zugewandt, wenn er darin nicht auch eine künstlerische, eine dichterische Aufgabe gesehen hätte. Im Krieg lag für ihn ein poetischer Zauber, und zweifellos hat er seine Aufgabe darin erblickt, das Poetische des Krieges, die Poesie des Kampfes erlebbar zu machen. Nun war das keine Erfindung Fontanes, denn schon die Ilias oder das Nibelungenlied, um nur die zwei größten Beispiele zu nennen, leben von der Poesie des Kämpfens und des Tötens. Und so kreist denn auch schon Fontanes ganze Balladendichtung um die Poesie von Liebe und Tod. Die Frage, auf die Fontane bereits sehr früh stieß, war dann freilich, ob sich denn auch im ›modernen‹ Krieg dieser poetische Zug entdecken ließ. Waren nicht die neuentwickelten Waffen derart, daß sich eine Poetisierung des Kampfes einfach verbot? Waren diese Schlachten nicht Abschlachtungen? Fontane hat darüber schon im ›Schleswig-Holsteinschen Krieg‹ gesprochen, und zwar anläßlich des Infanteriekampfes bei Lundby, wo sich die schrecklichen Wirkungen des Zündnadelgewehrs zum ersten Male exakt studieren ließen: »Der Kampf am Südrande des Dorfes hatte höchstens 20 Minuten gedauert. Seine Resultate – gleichgültig, wie sich von selbst versteht, für den Verlauf des Krieges – waren militair-wissenschaftlich höchst merkwürdig durch den erzielten *Feuererfolg*. Es hat freilich zunächst etwas dem Gefühle Widerstrebendes, in die entsprechenden *Berechnungen* einzutreten. Der Kampf wird seiner poetischen Glorie entkleidet, wenn er in gewissem Sinne zu einem Scheibenschießen wird, bei dem die Treffer nicht nur entscheiden, sondern auch noch mit arithmetischer Nüchternheit berechnet und aufgezeichnet werden. Dennoch ist es Pflicht, dieser ersten Empfindung, die von solchen Berechnungen nichts wissen will, Herr zu werden... Der Krieg ist längst zu einer ‹*Wissenschaft* des Tödtens› geworden und die Erfolge, beispielsweise der verbesserten Schußwaffe, müssen dementsprechend mit nüchtern-wissenschaftlicher Genauigkeit festgestellt werden, wie wenig diese Art von Wissenschaftlichkeit unserer Empfindung entsprechen mag.« (SHK/348)   Hier steht nicht mehr Hektor gegen Achill oder Rüdiger gegen Gernot; hier werden auf immer größere Entfernungen immer mehr Menschen erschossen und immer Schrecklicheres zeichnet sich ab. »Der Kampf wird seiner poetischen Glorie entkleidet« – Fontane hat es gewußt – und doch hat er (der paradoxerweise den Krieg unmittelbar nur als Kriegsgefangener erlebte) daran festgehalten, daß auch im modernen Krieg ein poetisches Element enthalten sei.[10] In einem höchsten Sinne wurde ihm dies erkennbar bei Moltkes Schlachtenplänen, die, wahrer Kriegs*kunst* entsprungen, im Betrachter Bewunderung erregten: »Sedan ist die herrlichste Schlacht, die in neuerer Zeit geschlagen worden ist; selbst das Auge eines Laien entzückt sich an der Sicherheit der Bewegungen, an dem poetischen Schwunge der Linien; aber superiore materielle Kräfte mußten doch auch gleichzeitig dem superioren Gedanken zu Diensten sein, sonst scheiterte er trotz alledem. Dies tut der Bewunderung keinen Abbruch. Der große Feldherr, der diese Schlacht im Geiste aufbaute, wußte eben genau, mit welchen Faktoren er rechnen durfte, immer deckte sich bei ihm das Gewollte mit den Mitteln dazu, und bei anderen Mitteln würde eben das Gewollte ein ganz anderes gewesen sein. Andere Kombinationen würden an die Stelle getreten sein, deren Resultat äußerlich vielleicht ein minder glänzendes, deren strategischer Kalkül aber von gleicher Bedeutung gewesen wäre.« (NFA 16/366) Hier, im Walten der Kriegskunst, wo größere Massen denn je gegeneinander geführt wurden und wo die langfristige Planung mit den präzisesten und adäquatesten Entschlüssen, die der Augenblick forderte, zusammenstimmte, wird in der Vollkommenheit von Plan und Verwirklichung das Poetische erkennbar.

Es verdient hervorgehoben zu werden, daß dies eine der theoretischen Äußerungen Fontanes zu einem Teilaspekt des Krieges ist. Es soll deshalb noch einmal betont werden, wie sehr Fontane bei allem Schreiben von der ganz konkreten Anschauung ausging. Die reine Theorie war nicht seine Sache, auch dort nicht, wo sie sich mit seinem eigenen Arbeitsgebiet eng berührte. So haben wir z. B. keinen Hinweis darauf, daß Fontane sich je mit Clausewitz' Schriften ernsthaft auseinandersetzt hätte. (Das hatte er mit Bismarck gemeinsam.) Daß er kein Freund der Philosophie war (seine Teilnahme an den Schopenhauer-Abenden bei dem Hofprediger Windel ändert daran nichts)[11], verrät sein Brief an Friedrich Paulsen vom 1. Juni 1898. Er gesteht unumwunden das Scheitern seiner Kantstudien ein und nennt sich einen »ganz unphilosophischen Kopf«. (Ha Br IV/722) So war er auch ohne Interesse für die ›reinen‹ Kriegswissenschaften, aber er nahm lebhaften, ja leidenschaftlichen Anteil an den Umsetzungen der Theorie in die Praxis. Nur hier eröffneten sich ihm adäquate Erlebens- und Verstehensräume. Das schafft natürlich auch die Möglichkeit, sich mit Clausewitz zu treffen, etwa dort, wo es um den Einfluß des Zufalls auf den Gang einer Schlacht geht. Aber wo Clausewitz grundsätzlich nachdenkt, bleibt Fontane im Konkreten des Vorgangs stehen. Wenn Clausewitz lehrt: »Die Kunst des Strategen strebt eine Beherrschung der entfesselten Kräfte durch den vernünftigen Willen an, d. h. eine Einschränkung der Zufallskomponente«[12], so sagt Fontane nur, daß im deutsch-französischen Krieg oft genug alles an einem seidenen Faden gehangen habe, und geht auf Moltkes Verdienste in diesem Kampf gegen den Zufall nicht weiter ein. Er durchschaut die operativen Bewegungen der Armeen, aber das Geschehen besitzt für ihn die überzeugende Kraft des Faktischen und wird nicht aus den höheren Notwendigkeiten der Erfordernisse des Krieges erklärt. Bei Clausewitz wird ein System von Begriffen entwickelt, bei Fontane findet sich von einer so ausgefeilten Begrifflichkeit fast nichts. So sehr Fontane dazu neigte, zu generalisieren und aus den unscheinbarsten Ereignissen weitreichende, espritvolle und oft zutreffende Folgerungen zu ziehen, auf dem militärischen Sektor gab er dieser Neigung nicht nach. Ganz sicher nicht nur, weil das lächerlicher Besserwisserei gleichgekommen wäre, sondern weil er von der absoluten Einmaligkeit des jeweiligen kriegerischen Geschehens überzeugt war und aus dem Erlebten keine allgemeineren Folgerungen zu ziehen wagte. Darüber hinaus hat Fontanes Wort, daß er ein »ganz unphilosophischer Kopf« sei, auch insofern seine Richtigkeit, als es seinem Denken an abstrahierender Kraft mangelt. Aber das ist nicht zu verstehen als Grundlage für kritische Bemerkungen, weil es überhaupt nur dadurch auffällig wird, daß Fontane über das Gebiet der Romankunst als Militärschriftsteller hinausgreift, wobei dann, wenn man Clausewitz' Maßstäbe anlegt (an sich schon ungerecht), die dünne Decke seiner Begrifflichkeit offenbar wird.

Fontane steht natürlich mit seiner Bewunderung für die Sedan-Pläne Moltkes nicht allein, sondern teilt die Eindrücke, die sich allen Kriegsbeobachtern damals aufdrängten. Auch Gustav Freytag, der im Gefolge des preußischen Kronprinzen die Schlacht von Sedan und die Anfänge des Krieges in Frankreich miterlebte, greift mit seinem Vokabular ins Große: »Wer das Walten der ewigen Vernunft auf einem Schlachtfelde geschaut hat, wie das von Sedan ist, der wird ein frommer Mann, und ich hoffe, ein fester Mann. Die furchtbarste und gewaltigste Kraftentfaltung zweier Nationen, die blutige Arbeit der kämpfenden Massen, ein Chaos von Ereignissen, die sich in den Raum weniger Stunden zusammendrängen, und doch der Sieg zuletzt die Folge eines einfachen Gedankens unserer Feldherren! Ihre planvolle Thätigkeit, welche Hunderttausende durch gehäuften Tod zum wohlbedachten Ziele führte, ist ein Triumph deutscher Kraft geworden und ein Fortschritt unseres Volkes, größer und folgenschwerer, als ihn die kühnste Phantasie ahnte. Das sind die erhebenden Betrachtungen, welche über dem Pulverdampf und den Leichenhügeln dieser Schlacht aufsteigen. So arbeitet unser Gott durch die Kriegsheere, den Siegern im Kampfe Preise austeilend: ein großes Erdendasein und neue Aufgaben...«[13]

Vergleicht man die Stellungnahme Fontanes mit der Freytags, so wird das Fachmännische an der Aussage Fontanes ersichtlich. Er verzichtet auf große Worte, an denen in der zeitgenössischen Literatur, wenn von Sedan die Rede ist, kein Mangel herrscht, und beschränkt sich ganz sparsam auf Moltkes geniale Führungskunst. Sie hat es vermocht, der Schlacht eine Durchsichtigkeit, eine Luzidität zu verleihen, die das Entzücken des Betrachters sind. Die Schlacht von Königgrätz kommt dem nicht gleich. Ebenso großartig angelegt, mißlang dort das Größte: die Einkesselung und Vernichtung des feindlichen Heeres. Die Armeeführer waren zu eigensinnig, Moltke noch zu unbekannt. Zwar hatte er seit dem 2. Juni 1866 das Recht »im Namen des Königs selbständig Befehle an die Führungs- und Kommandoorgane zu erteilen«,[14] aber die Anekdote von dem preußischen General, der bei Königgrätz eine Ordre von Moltke empfing und ausrief: »Alles schön und gut, aber wer ist General Moltke?« verdeutlicht zur Genüge (gleichgültig, ob erfunden oder nicht), daß erst der Krieg gegen Österreich Moltke die Autorität sicherte, die seine Operationen im Krieg gegen Frankreich aller militärischen Kritik entzog.

Noch im Sommer 1896 hat der Dichter an Mete geschrieben: »Ich glaube, daß ich in jeder Schlacht, auch unter furchtbarster Angst, immer ein Stückchen Held gewesen wäre...« (Ha Br IV/579) Die Äußerung zeigt, wie Fontane auch noch in den letzten Jahren nachhaltig beeindruckt blieb von der Haltung derer, die in den Einigungskriegen gekämpft hatten. Weit von aller Renommisterei entfernt (wann hätte er je renommiert?), bekennt er sich – mit aller Vorsicht – zu dem kriegerischen Kern seines Wesens; ein Eingeständnis, das er nicht gemacht hätte, wenn er seiner selbst nicht sehr sicher gewesen wäre. Zwar verblaßt nun allmählich der alte Glanz, der den Mut und das Heldentum durch Jahrzehnte hin bei Fontane umgeben hatte. Aber was da im spätesten Lebenswerk verdämmert, das war von zäher Lebenskraft gewesen. Kampf und Krieg waren für den jungen Fontane und den der Kriegsbücher nichts, was nur Angst und Schrecken erregt hätte und mit Entsetzen zu betrachten gewesen wäre. Feldzüge und Schlachten bieten ihm vor allem Möglichkeiten zur Bewährung männlichen Heldenmuts. Sich angesichts des Todes zu behaupten (wenn auch vielleicht »unter furchtbarster Angst«), das macht den Soldaten aus.

Über dieser Selbstbehauptung des Menschen im äußersten Einsatz liegt für Fontane immer der Schimmer des Poetischen. Kämpfe, seien es Niederlagen, seien es Siege, werden nicht um ihrer selbst willen beschrieben, sondern der Poesie wegen, die in ihnen freigesetzt wird, und es fällt Fontane schwer, von der mit jedem Kampf verbundenen poetischen Glorie abzusehen.

Freilich ist es ihm nicht bei allen Schlachtenbeschreibungen gelungen, den poetischen Aspekt sichtbar zu machen, ganz abgesehen davon, daß nicht jede Schlacht die gleiche Fülle von Poesie zu entwickeln vermag. Aber man darf als sicher annehmen, daß es der Balladendichter Fontane als seine Aufgabe betrachtete, wie in seinen Balladen so in seinen Schlachtenschilderungen die poetischen Elemente des blutigen Geschehens so anschaulich wie möglich zu gestalten. Nur so ist zu erklären, daß der Dichter in seinen Anfängen als Kriegsberichterstatter weit in der geschichtlichen Vergangenheit liegende Balladenstoffe in seine Feldzugsberichte einbaut, wie etwa bei der Darstellung des Gefechts von Missunde, wo die Preußen in einer Art Handstreich vergeblich versuchten, die dänischen Schanzen zu nehmen, was Fontane benutzt, um die Geschichte der feindlichen Brüder König Erich und Herzog Abel zu erzählen, wie sie sich in der Nacht des 9. August 1250 (!!) abspielte. Die Masse des in den nächsten Kriegsbüchern zu bewältigenden Stoffes ließ ihm für solche Abschweifungen keine Zeit und keinen Raum mehr.

Als das extremste Beispiel einer poetischen Schlacht erscheinen Fontane offenbar die Kämpfe bei Kissingen vom 10. Juli 1866, wo Preußen und Bayern aufeinanderstießen. Selbst in Szenen, die für den heutigen Leser das Tragikomische streifen, erkennt Fontane balladeske Züge, so etwa im ausführlich beschriebenen Tod eines bayrischen Soldaten, der sich als letzter Überlebender seiner Gruppe mit dem Rufe: »ich will keinen preußischen Pardon!« mit dem Bajonett todeswütig auf die preußische Übermacht stürzt und den Tod findet. »Sein Heldenmuth hatte sich die Achtung seiner Feinde erzwungen«, heißt es lapidar. (DK II/112) In einer Anmerkung fügt Fontane hinzu: »Als wir im Jahre 1867 sein Grab auf dem Kissinger Kirchhof sahen, war es, wie das eines volksthümlichen Helden, mit Blumen, Inschriften und Gedichten geschmückt.«

Von keiner anderen Schlacht hat Fontane so schwärmerisch gesprochen. Sie »hatte etwas von einer großen Action, deren zahlreiche Einzelmomente sich alle durch ein gewisses poetisches Kleid, durch eine besondre dramatische Lebendigkeit auszeichnen. Überall runden sich die einzelnen Situationen zu den malerischsten Schlachtenbildern ab. Die Scenerie trägt das Ihrige dazu bei.« (DK II/153) Und nun folgt eine Zusammenfassung der schon ausführlich dargestellten einzelnen Kampfszenen, deren poetischer Wert erhellt werden soll: »Die verbarrikadirte Steinbrücke mit ihren zwei Zwölfpfündern, ... der Lindelsmühl-Steg, über dessen Gebälk die Westphalen klettern und springen, die Gradirhäuser, hinter deren schützendem Schirm die bairischen Jäger, eben hervortretend, wieder verschwinden, der Kurgarten, zwischen dessen Bäumen und Pfeilern die Schützen ihren tiraillirenden Krieg führen, der mit Kapellen und Monumenten geschmückte Kirchhof, durch dessen Portal die Unsren eindringen und zwischen den Grabsteinen fechten, endlich unsre in breiter Front anstürmenden Bataillone... – welche Fülle von Bildern! Das Ganze ein beinah heitres Seitenstück zu dem großen, ernsten Schlachtendrama von Königgrätz. So recht ein Kampf um *volksthümlich* zu werden und in Liedern und Legenden fortzuleben von Kind auf Kindeskind. Ein Ding, das bekanntlich nicht immer zutrifft. Auch Schlachten haben ihre Schicksale. Die blutigsten Kämpfe, wenn ihnen ein poetisches Etwas fehlt, werden vergessen; der Kissinger Kampf aber wird dauern im Gedächtniß wie die Sendlinger Bauernschlacht und wie die Gefechte am Berge Isel.« (DK II/153f)[15] In dieser Bewertung hat sich Fontane geirrt; Kissingen konnte es nie aufnehmen mit Sendlingen und dem Berge Isel; nicht weil es ihm an poetischer Kraft und Farbigkeit gebrach (was immer man mit Fontane darunter verstehen mag), sondern weil es ihm an geschichtlicher Bedeutung fehlte, weil alle Opfer sinn- und nutzlos waren, denn die kriegsentscheidende Schlacht von Königgrätz war bereits eine ganze Woche zuvor geschlagen worden und die wenig später erfolgende Gründung des zweiten deutschen Reiches ließ es ohnehin als völlig inopportun erscheinen, die Erinnerung an Schlachten zwischen Deutschen zu pflegen. Gleichwohl: wenn es in einem Kriege nicht nur auf das siegreiche Ende ankommt, sondern auch darauf, daß der Weg zu diesem Ziel mit Siegen und Triumphen reich ausgelegt sein muß – und das Beispiel Kissingen und viele andere zeigen, daß Fontane dieser Ansicht zuneigte –, so wird man Fontanes Vorstellungen von der Poesie kriegerischer Auseinandersetzungen – vielleicht – begreiflich finden.

Wie ernst es ihm mit dieser Auffassung ist, wird erkennbar an einer Beschreibung der Kissinger Schlacht, die Emil Knorr im Rahmen seines Buches ›Feldzüge des Jahres 1866 in West- und Süddeutschland‹ gibt. Zwei Dinge sind besonders interessant. Erstens mißt Fontane die Darstellung Knorrs an der Frage, ob es ihm überhaupt gelungen ist, den Besonderheiten jener Kämpfe gerecht zu werden, und er verneint das: »Ein gewisses *historisch-novellistisches* Element – das uns nicht unter allen Umständen verpönt erscheint – hätten wir gern anstelle vielleicht allzureichen militärischen Details gehabt. So kommt es, daß wir beispielsweise über den so poetischen Kampf um den Kissinger Kirchhof weiter nichts erfahren, als daß ‹hartnäckig gekämpft› wurde…« (NFA 24/584) Knorr hat die Möglichkeiten, die in den Umständen der Schlacht lagen, nicht ausgenutzt. So bleibt es bei der Darstellung einer »endlosen Schachpartie, in der die Kompanien als ‹Bauern› hin und her geschoben werden«, statt daß der Versuch unternommen würde, das Spezifische und Einmalige dieser Kämpfe aufzuspüren. Das zweite Problem ist für Fontane ebenso wichtig. Es geht um den auch für ihn entscheidenden Vergleich mit dem inzwischen erschienenen Generalstabswerk über diesen Krieg. Hat der Generalstab mit seiner alles beherrschenden Autorität erst gesprochen, welchen Sinn können dann andere Kriegsdarstellungen noch haben? Und die Lage wird dadurch erschwert, daß inzwischen das preußische sowohl als auch das bayerische Generalstabswerk vorlagen. Knorr hat beiden genügen wollen, indem er die Schlacht erst aus der preußischen, dann aus der bayerischen Perspektive behandelte. Nach Fontanes Überzeugung fehlt dem Ganzen ein historisch-novellistisches Element, oder besser: ein poetisch-künstlerisches. Die Ungeschicklichkeit des Nacheinander-Erzählens hätte beseitigt werden müssen durch eine Verschmelzung auf höherer Ebene. Damit ist zugleich gesagt, welche Forderung Fontane in den Kriegsbüchern an sich selbst stellt. Sowohl über die Luzidität des Generalstabswerks wie über den Detailreichtum des Einzelberichts hinaus müssen weitere Darstellungen sich auszeichnen durch die Erweckung menschlichen Interesses: vollbracht durch künstlerische Abrundung und Verdichtung. Der Kriegshistoriker muß zugleich Dichter sein, wenn sein Tun einen Sinn haben soll. Ganz offensichtlich hat Fontane geglaubt, daß nur eine für Poesie empfängliche Seele die Poesie der Schlachtfelder zu empfinden und das poetische Element im Aufeinanderprallen der kriegerischen Kräfte zu gestalten vermag. Es ist bemerkenswert, daß Fontane dieselben Maßstäbe an die Schlachten- und Historienmalerei anlegte. Das wird an seiner Kritik des Bildes von van Severdonck ›Die Schlacht bei Gravelingen‹ besonders einsichtig. Auch hier genügt ihm nicht die Fülle der Details, er verlangt vielmehr einen »Mittelpunkt für unser Interesse« oder, ersatzweise (weil einzelne Maler auf diesem Sektor Hervorragendes geleistet haben, wie z. B. Menzel mit dem ›Überfall bei Hochkirch‹), »die poetische Fülle einzelner Gruppen«. Statt dessen bietet Severdonck »ein Bild von den Dimensionen einer Hauswand, Platz für ganze Schwadronen. Die Maler bewundern auch hier wieder das Leben, das Drunter und Drüber, den Ausdruck der Köpfe, die Lebens- und kunstgerechten Stellungen und Verrenkungen, die Proportionen – alles erfreut sich einer begeisterten Anerkennung der Leute von Fach. Ich kann darin nicht einstimmen. Das Bild ist langweilig bis zum Exzeß… Wir sehen eine Menge kämpferischer Figuren, aber zu keiner einzigen fühlen wir uns hingezogen, da ist nicht eine, die den Wunsch in uns weckt, ihre Geschichte kennenzulernen. Unsere … Schlachtenmalerei ist auf Abwegen. Es sind Tableaux, denen nur noch das Feuer fehlt, aber es sind keine Bilder mehr. Die großen Schlachtenmaler im ersten Viertel dieses Jahrhunderts verstanden das besser. David, Steuber, Vernet hätten niemals solche Pferdestücke für Schlachtenbilder ausgegeben.« (NFA 24/641 f) Demgegenüber wird (mit Einschränkung) Bleibtreu gerühmt, den Fontane des öfteren als Beispiel dafür nennt, daß er einen den Beschauer mitreißenden Angriffsgeist zu gestalten weiß. Er hat (zu der hier besprochenen Ausstellung) ein Katzbachbild beigesteuert: »Man sieht das Heer der Sieger wie eine anschwellende Woge hereinbrechen, vor der kein Widerstand mehr möglich… Wir fühlen uns von dem Siegeswahn angenehm berührt, fast wie mit fortgerissen, aber hieran müssen wir uns genug sein lassen… im einzelnen bietet das Bild wenig oder gar nichts, keine Köpfe, keine Gruppen, die irgend imstande wären, unser Interesse in Anspruch zu nehmen.« (NFA 24/643) Seinen Anforderungen wird letztlich nur ein Bild von Camphausen gerecht, das den ›Rheinübergang der schlesischen Armee bei Kaub, am Neujahrsmorgen 1814‹ darstellt. Es ist nicht nur das patriotische Motiv, das ihn in Bann schlägt, sondern es sind, neben einer Generalsgruppe, in der man Blücher und Gneisenau erkennt, »zwölf oder zwanzig Landwehrmänner im Vordergrunde, unter die sich die ländliche Bevölkerung der Nachbarschaft, Männer und Frauen, allergemütlichst gedrängt haben… Ein halbes Dutzend Gestalten sind von einer hinreißenden Liebenswürdigkeit; namentlich ist ihm die Abstufung des geistigen Ausdrucks in den verschiedenen Köpfen, vom Assessor und Regierungsrat an, der nun die Landwehruniform trägt, bis herunter zum Großknecht oder Kossätensohn aus der Nähe von Glogau, ganz vorzüglich gelungen. Man sieht hier auf einen Blick den *Volkskrieg,* die Beteiligung *aller* am Kampfe gegen den Erbfeind… Ein Tambour, der Zahnschmerzen hat und…daneben ein anderer…, den ganz ersichtlich nur noch der Aßmannshäuser beschäftigt…, zählen zu dem Liebenswürdigsten, was man sehen kann.« (NFA 24/643 f) Dem Maler muß es gelingen, mit und in einem historischen Augenblick den Geist einer Zeit einzufangen, und zwar in einer menschlich anrührenden Weise. Der Begriff der Liebenswürdigkeit taucht zweimal auf und besagt ja wohl nichts anderes, als daß das Historische nicht um seiner selbst willen dargestellt ist, sondern daß in ihm zugleich ein Menschliches eingefangen ist, das den Betrachter bewegt. »*Es berührt unser Herz*« (NFA 24/640), sagt Fontane von einem anderen Bild und spricht damit eine seiner Grundforderungen an die Malerei aus, und zwar nicht nur an die Genremalerei, sondern auch an die Historien- und Schlachtenmalerei.

Vieles von dem, was bei Fontane einer Schlacht den Zauber der Poesie verleiht, führt der Dichter auf die jeweilige Lokalität zurück. So kommt er während der Arbeit an dem Reisebuch ›Aus den Tagen der Okkupation‹ noch einmal auf Kissingen zurück: Er meint, die Phantasie des Betrachters bedürfe der »Anlehnepunkte« (NFA 16/224) ebenso wie sein Interesse. Deshalb werden Kissingen und Le Bourget fortleben in der Erinnerung: »Ein meilenweites Blachfeld z.B., auf dem laut Sage und Geschichte 100000 Mann aneinander gestoßen sein sollen, macht gar keinen Eindruck auf uns, während wir durch einen Engpaß…mit einer gewissen Andacht und Gehobenheit schreiten. Es gibt einzelne Musterstücke der Art. Kissingen mit seinen Gradierwerken, seiner Lindelsmühlbrücke und seinem Kirchhof wird hundert andere Kämpfe bloß schon aus *dem* Grunde überdauern, weil es solche bestimmte, faßbare … Lokalitäten aufzuweisen hat. Und so auch Le Bourget… Im *Lokalen* steckt in drei Fällen von vier jene *poetische* Bedeutung, die schließlich, über alles andere hinaus, den Ausschlag gibt.« (NFA 16/224f)

Diese Hinweise auf das Poetische an den kämpferischen Auseinandersetzungen treten nicht vereinzelt auf, sondern kehren mit einer gewissen Regelmäßigkeit wieder. Es finden sich höchst illustrative Beispiele für das Phänomen. Eines betrifft die Kämpfe bei Gitschin, die um die Freimachung des Weges nach Nordböhmen geführt wurden. Es handelte sich um blutige Kämpfe, die auf beiden Seiten hohe Verluste verursachten. Auch hier orientiert sich Fontane nicht am schließlichen Erfolg. Es sind beinahe unwägbare Komponenten, die zusammentreffen müssen, um dem Kampf eine Qualität zu geben, die ihn des Epithetons ›poetisch‹ wert machen. Bei Gelegenheit dieses Kampfes heißt es zusammenfassend bei Fontane: »Gleichviel indeß in wie weit der Bravouract…über den Ausgang des Gefechtes entschied oder nicht, die Action selbst wird immer zu den glänzendsten, auch zu den poetischsten Episoden dieses Krieges zählen. Und so darf es denn nicht Wunder nehmen, wenn mehr als *ein* Lied das ‹2. Bataillon vom pommerschen Königs-Regiment› gefeiert hat.

> Und näher rückt das Bataillon,
> Es sieht dem Feind ins Auge schon,
> Groß ist die Ueberzahl;
> Fünf gegen eins, fast ist's zu schwer,
> Es stutzt und sieht nach Hülf' umher,
> Nur Feinde überall.
> Da knien sie nieder ‹Gott, Herr Gott,
> Hilf Vater, hilf in dieser Noth
> Und wär's durch Tod zum Sieg!›
> Und nun in Gottes Namen drauf
> Und weithin schallt's im Sturmeslauf:
> ‹Hilf Gott, durch Tod zum Sieg.›

Unter den Gefallenen waren ein Massow, ein Borcke, ein Dewitz, Träger von drei der ältesten pommerschen Namen. Sie ruhen in einem Grabe.« (DK I/197f) Das Ende erinnert an die Sätze, die Fontane an Liliencron richtete: »Für mich sind Namenaufzählungen kein bloßer Ballast, im Gegentheil, operirt man geschickt damit, so wird eine große Wirkung erzielt.« (Ha Br III/638) Das gelingt auch hier.

Das zweite Beispiel, das hier noch erwähnt werden soll, bezieht sich auf die Kämpfe, in denen Oberstleutnant von Gaudy vom Kaiser-Franz-Garde-Grenadierregiment (in dem Fontane gedient hatte) bei Alt-Rognitz fiel. Gaudy hatte seit 1851 zum Tunnel gehört, sein Tod wird bei Fontane mehrfach erwähnt. Umstritten war in der zeitgenössischen Literatur, ob die hier eingeleiteten Kämpfe überhaupt notwendig gewesen seien. Fontane versucht, eine vermittelnde Stellung einzunehmen, aber man spürt doch zwischen seinen Zeilen, daß er den großen Einsatz nicht für zwingend hielt. Trotzdem heißt es bei ihm: »Wie immer aber auch das Urtheil der Eingeweihten sich zu ‹Rudersdorf und Alt-Rognitz› stellen mag, das Empfinden des Volks hat längst seine Stellung genommen, und unbekümmert um den militärischen Werth oder Unwerth dieses Kampfes, das Stück lebendiger Poesie gewürdigt, das er vertritt. Die versereiche, etwas Roth in Roth gehaltene Ballade von den ‹Franz-Grenadieren bei Alt-Rognitz› mit ihrem volksthümlichen Refrain:

Wie viele seid ihr noch? sag' an, sag' an mein Sohn!
‹220 Mann vom 2. Bataillon.›

ist seit dem Sommer 1866 zu einem Lieblingsstück auf Straßen und Höfen geworden, und der tapfre Führer (v. Gaudy), der seinen Namen für immer mit dem Tage von Alt-Rognitz verwoben hat, hat auch im *Liede* den Lohn gefunden, der ihm und seiner Treue gebührt.« (DK I/418 f)

Es läßt sich freilich auch zeigen, daß Fontane mit seiner Vorstellung von der Poesie des Krieges an eine Grenze gestoßen ist, die ihm als unüberwindlich erschienen sein muß. In dem kurzen Kapitel ›Gottfried Heller‹ (NFA 16/467 ff) erzählt er, wie er einen jungen Mann, den er während seiner Kriegsgefangenschaft im Militärgefängnis zu Lyon kennengelernt hatte, in der lothringischen Festung Bitsch sucht und ihn unter bedrängten Umständen wiederfindet. Die Festung Bitsch war von den Deutschen belagert und z. T. zerstört worden. Zerschossen wurde auch das Haus der Familie Heller: »Der Krieg, wie ein feuriger Besen, war über sie hinweggegangen; *alles* war zerstört, *alles* verloren. Vierzig Jahre lang ein Besitztum, Haus und Hof, und nun, am Ende ihrer Tage – ein Mietezimmer.« (NFA 16/470) Für Fontane ist das ein Anlaß, der vielen Unheilsmeldungen zu gedenken, die während des Krieges an das Ohr der Menschen schlugen, ohne sie im Innersten zu treffen. Jetzt erfährt er am konkreten Beispiel, wie schrecklich die Wirklichkeit sein kann: »Mit einem gewissen höllenpoetischen Grauen pflegt auch der Beste von uns zu lesen: ‹150 Häuser zerstört. 30 Tote; die weiße Fahne aufgesteckt!› Was das alles in *Wahrheit* besagen will, empfindet man erst, wenn einen ein Beteiligter an solchen Trümmerhaufen führt und tonlos, mühsam die Worte spricht: ‹Dies war unser Haus.›« (NFA 16/471) *Ein höllenpoetisches Grauen* – überkommt es nicht auch den Leser dieser Kriegsbücher angesichts der unzähligen Opfer, die in Sieg und Niederlage gebracht werden müssen? Es hieße Fontanes Absichten völlig verkennen, wollte man ihm auch nur die dunkle Ahnung unterstellen, er könnte mit seinen Kriegsbüchern selbst eine Art Höllenpoesie geschaffen haben. Wenn er auch einmal bei der Beschreibung der Schlacht von Königgrätz vom »poetischen Graus dieser Vorgänge« (DK I/526) spricht, die Bände sind gedacht und ausgeführt als patriotisch loyale Lesebücher für ein patriotisch loyales Publikum. Für den Besuch in Bitsch bleibt deshalb nur eine Nische im Kriegsbegleitbuch ›Aus den Tagen der Okkupation‹.

So sehr Fontane danach strebte, die preußischen Waffentaten zu feiern und die Überlegenheit der preußischen Soldaten herauszustellen, er hat doch auch gewagt, wo es ihm um der Wahrheit willen geboten schien, soldatisches Versagen ohne Rücksicht auf die beteiligten Personen aufzudecken und zu kritisieren. Er steht damit unter seinen Zeitgenossen ziemlich allein. Zwar debattierte man in der militärischen Fachliteratur alle Aspekte des Einsatzes der Armee im allgemeinen und von Infanterie, Artillerie und Kavallerie im besonderen, wobei der Vergleich mit den entsprechenden österreichischen Einheiten eine zentrale Rolle spielte. Aber in der für eine breitere Öffentlichkeit bestimmten Literatur hütete man sich, den so erfolgreichen Militärs kritische Fragen zu stellen. Zum großen Vorbild für eine vorsichtige und sich auf Allusionen beschränkende Kritik der Militärs wurden die Generalstabswerke, die in den Jahren nach dem Abschluß der kriegerischen Operationen herausgegeben wurden, von denen Moltke selbst sagte, sie seien »für die große Menge der Leser zu detaillirt und fachmännisch geschrieben«,[16] was nur bedeuten konnte, daß der militärisch nicht vorgebildete Leser die darin verborgene Kritik an verschiedenen von Armeeführern und Unterführern getroffenen Entscheidungen nicht verstehen konnte. Aber Moltke ist in seiner Darstellung des Krieges gegen Frankreich mit derselben Nachsicht zu Werke gegangen wie der Generalstab unter seiner Federführung.

Deshalb ist es in höchstem Maße staunenswert, wie nachdrücklich Fontane als militärischer Laie seine Kritik an der mangelhaften Führung eines preußischen Armeecorps vorträgt. Es geht um das I. Corps der kronprinzlichen (zweiten) Armee, dem die Aufgabe gestellt war, über Trautenau den Weg nach Nordböhmen zu öffnen. Als die Historiographen des Krieges gegen Österreich sich an die Arbeit machten, waren die Kämpfe (dank der militärischen Führung Moltkes und der auf Ausgleich sinnenden Politik Bismarcks) bereits abgeschlossen. Wenn man im Auge behält, daß sowohl die Österreicher als auch die Preußen ihre Erfolge bzw. Mißerfolge, ihre Hoffnungen und Enttäuschungen an ihren letzten Waffengängen von 1756 bis 1763 maßen, so kann man begreifen, in welchem Siegestaumel die gesamte preußische Armee sich befand, als der Feldzug gegen Österreich (wenn man von dem Vorspiel, der raschen Besetzung Sachsens, absieht), der am 22. Juni mit dem Einmarsch in Böhmen begann, bereits mit der Schlacht von Königgrätz am 3. Juli faktisch beendet war. Verständlich, daß sich diese Begeisterung auf Fontane übertrug, der ja seinerseits als Verehrer Friedrichs des Großen dessen Kämpfe im Auge hatte und für den deshalb diese Blitzsiege etwas Erregendes haben mußten. Unter den obwaltenden Umständen konnte eigentlich niemandem daran gelegen sein, eine Niederlage, die im Ganzen der Operation keine entscheidenden Folgen hatte, sondern in den überwältigenden Triumphen der Armee unterging, nachträglich literarisch aufzubereiten und kritisch zu beurteilen. Es durfte dies um so weniger erwartet werden, als der betroffene General (von Bonin) eine glänzende militärische Karriere hinter sich hatte und die Gunst des Königs genoß. (Übrigens behielt er die Zuneigung des Königs, der sich ohnehin ungern von neuen Gesichtern umgeben sah; im Krieg gegen Frankreich ohne Truppenkommando, wurde er doch im August 1870 Generalgouverneur von Lothringen und nahm nach dem Krieg sein Amt als Generaladjutant des Königs wieder auf.) Es ist nicht klar erkennbar, was Fontane dazu veranlaßt hat, die sonst allenthalben geübte Zurückhaltung bei der kritischen Beurteilung von Truppenführern aufzugeben und den General (der unter der internen Kritik seiner Standesgenossen genug gelitten haben mag) seinerseits mit einer für seine Bücher beispiellosen Schroffheit bloßzustellen. Wenn man in seinem Text nach einer Begründung sucht, bleibt nur die Annahme, daß es sein ausgeprägter Gerechtigkeitssinn war, der ihn zu dem scharfen Tadel an Bonin führte; denn offensichtlich ist in der Öffentlichkeit die Leistung Bonins mit der von Steinmetz verglichen worden, ohne daß Steinmetz' Leistung (nach Fontanes Überzeugung) den unbedingtesten Vorzug erhielt. Fontane schreibt am Ende seines Trautenau-Kapitels: »Das Schweigen über Dinge, die, milde ausgedrückt, viel zu wünschen übrig ließen, oder wohl gar der Hang solche Vorgänge zu beschönigen, ist alles andre eher als patriotische Pflicht. Eine Darstellung, die bei der Zähigkeit der ostpreußischen Regimenter mit Vorliebe verweilend, lediglich um dieses zähen Aushaltens willen den Tag von Trautenau neben Nachod und Skalitz setzen und für jede dieser Actionen das gleiche Maß von Anerkenntniß haben will, begeht eine große Ungerechtigkeit gegen den ruhmreichen Führer des V. Corps, der, mit sichrem Auge und fester Hand jedes neu eintreffende Bataillon wie einen Pfeil auf den Bogen legte und sein Ziel zu treffen wußte. Das Alles-gleich-machen-wollen verwirrt das Urtheil, nimmt der wirklichen Kraft die Freudigkeit der Action und bringt uns um Vorbilder wahrer Heldenschaft. Der Tag von Trautenau ging für uns verloren. Und was das Beklagenswertheste bleibt: ‹ohne daß er verloren zu gehen *brauchte*.›« (DK I/385) Der General von Bonin hatte mit seinem Armeecorps eine schwere Niederlage erlitten, und dies mit Soldaten, denen man größere Leistungen zutraute als denen anderer Truppenteile: »Das I. Armeecorps galt stets für eines der besten in der Armee. Die Einheitlichkeit seiner Zusammensetzung, die Kernigkeit der Stämme, aus denen es sich rekrutirte, die Vorzüglichkeit seiner Pferde ließen es jederzeit als eine Elite-Truppe erscheinen. Die Bravour und Zähigkeit, womit sich die ostpreußischen Regimenter während der napoleonischen Kriege, namentlich auch während des unglücklichen Feldzuges von 1806/7 geschlagen hatten, lebten noch in Traditionen fort. Volk und Armee erwarteten viel von der Haltung dieses Corps.« (DK I/357) Und Fontane läßt auch keinen Zweifel daran, daß die eingesetzten Truppen das ihnen geschenkte Vertrauen voll rechtfertigten, während die Führung – und allein die Führung – versagte.

Es mag dahingestellt bleiben, ob Bonin allein der Schuldige war; in der Darstellung Fontanes erscheint er jedenfalls als solcher: »Was aber die Führung angeht, so wird sie von dem Vorwurf nicht freizusprechen sein, daß es ihr mannigfach gebrach. Die vorhandenen Mittel wurden nicht ausgenutzt; viele Bataillone kamen gar nicht zur Action, andere zu spät. Es fehlte an Ueberblick, an Raschheit; wo Bewegung herrschen sollte, herrschte Stagnation; nirgends *Entwicklung* der Kräfte. Wo wenig benöthigt war, standen Regimenter, wo Regimenter nöthig waren, standen einzelne Compagnieen. Ganz besonders gilt dies vom linken Flügel. Von den 12 Bataillonen, die hier operirten, kam nicht die Hälfte *ernsthaft* an den Feind. Und doch attakirte dieser mit ganzen Brigaden. Woran es lag, daß nichts rechtzeitig sich entfaltete, – erst eine spätre Zeit wird darüber urtheilen können.« (DK I/382) Fontane ist vorsichtig genug, seine Kritik abzusichern durch ein langes Zitat aus dem Generalstabswerk über den Krieg von 1866, dem er zugesteht, daß es »überall maßvoll und gehalten im Ausdruck« sei (DK I/383), was man von seiner Darstellung hier nicht sagen kann. Was er vor allem bemängelt, ist der sich »hinzögernde Charakter« des Gefechts (DK I/372), die fehlende Entschlußkraft. Er zitiert einen militärischen Gewährsmann: »Man verlor aber lieber das Gefecht, als einige Geschütze.« (DK I/373) Statt eines alle Kräfte zusammenfassenden Angriffs, statt ungestümer Aggressivität, wie Fontane sie erwartet, zeigt sich Bedenklichkeit, übergroße Vorsicht, ein gefährlicher Mangel an Risikobereitschaft.

Im übrigen läßt sich bei dieser Gelegenheit ein Blick hinter die Kulissen von Fontanes Arbeit tun, denn da es ihm darauf ankommen muß, dem Generalstabswerk gegenüber nicht als Scharfmacher zu erscheinen, läßt er *danach* noch einen jüngeren Offizier zu Worte kommen, der »allem Anschein nach, mit im Gefecht gewesen« (DK I/383) (und für dessen Berolinismen er sich entschuldigt!). Die kritischen Kernsätze druckt Fontane gesperrt: »Vierzehn Bataillone und fast die gesammte Artillerie unseres Corps thaten keinen Schuß« (DK I/384), und »Jedermann glaubte nun, wir würden die Höhen nördlich von Trautenau besetzen, welche eine fast uneinnehmbare Defensiv-Stellung gewährten, allein es ging bis über die Grenze rückwärts. Ein Rückzug war aber durch nichts geboten; im Gegentheil mußte der Commandirende Alles aufbieten, den bereits errungenen Erfolg: das Vordringen durch die Defilés nach Böhmen, zu sichern.« (DK I/384 f) Um keinen Zweifel daran aufkommen zu lassen, daß es sich dabei nicht um die ad hoc Kritik eines beliebigen Offiziers geht, fügt er ausdrücklich hinzu: »Das sind scharfe Worte, aber wohl kaum zu scharf.«[17]

Diesem ziemlich kläglichen Versagen gegenüber steht die wahre Heldenschaft Steinmetz'. Fontane hat ein Äußerstes getan, um die Niederlage des I. Corps hinter den vorangestellten glorreichen Kämpfen und Siegen des V. Corps verschwinden zu machen. Steinmetz erkämpfte mit seinem V. Corps (nach Meinung der Fachleute: eine bunte Truppe) drei Siege, und zwar bei Nachod, Skalitz und Schweinschädel; Erfolge, die um so schwerer wogen, als sie gegen jeweils andere feindliche Corps errungen wurden. Damit war die Moral der österreichischen Armee erschüttert, das Selbstbewußtsein der Preußen dagegen unerhört gestärkt.

Auch hier ist die Komposition Fontanes von Interesse. Er gibt dem Steinmetz-Kapitel einen dreifachen Schluß. Zunächst findet sich ein Brief, in dem Steinmetz aus der Perspektive eines seiner Offiziere gezeichnet wird. Anekdote reiht sich an Anekdote, wobei der Schildernde sich für die Wahrheit nicht verbürgen mag, aber die »Stimmung ist echt, aus der sie erwachsen.« (DK I/352) Alles dient dazu, das Bild eines volkstümlichen Soldaten zu entwerfen, der durch Mut und Uner-schrockenheit seine Truppen begeistert und mitreißt, dem aber auch die Fähig-keit gegeben ist, in kritischsten Augenblicken das rechte Wort zu finden, dem sich kein Soldatenherz zu entziehen vermag: »So ritt er an unsrem Bataillone vor-bei. Viele hatten sich Deckungs halber niedergeworfen. Er schüttelte den Kopf. ‹Füsiliere, rief er, heut gehen wir alle in den Tod. Aber wir wollen auch hinein *gehen*. Eher soll keiner am Boden liegen, als bis er gefallen ist.› Im Nu stand alles kerzengerade.« (DK I/352) Von der Haltung des Generals ist auch der König beeindruckt. Seinen Brief an Steinmetz schließt Fontane an die Darstellung an, die der Offizier von seinem Kommandierenden gibt. Der König lobt Steinmetz für seine »selbständig gelieferte zweitägige Schlacht« und fährt fort: »Nur Ihrer Energie und Ihrer Einwirkung auf Ihre braven Truppen ist es zuzuschreiben, daß dieselben durch ihre Ausdauer und Tapferkeit täglich frischen und überlegenen feindlichen Corps die Stirne bieten konnten und jedesmal siegten.« (DK I/353) Die Verleihung des Schwarzen Adler Ordens zusammen mit dem Großkreuz des Roten Adlers mit Schwertern schließt sich an: die erste Verleihung des Ordens auf dem Schlachtfeld seit den Befreiungskriegen. Fontanes Kommentar trifft die Sache genauer, als Fontane voraussehen konnte: »Preußen hatte einen York mehr.« (DK I/353) Nur: Steinmetz war noch Yorkscher als York selber, bei dem er als junger Leutnant in den Befreiungskriegen seine Laufbahn begonnen hatte. Schon York hatte sich durch extremen Eigensinn als höchst unbequemer Unter-gebener erwiesen. Steinmetz, von unnachgiebiger Härte, von übersteigertem Selbstbewußtsein, war schließlich als Untergebener untragbar und wurde wäh-rend des Krieges gegen Frankreich abgelöst. Aber als Führer des V. Armeecorps im Krieg gegen Österreich, und damit schließt das Kapitel, wurde er zum Volks-helden, und das Volk feierte ihn in dilettantischen Versen von rührender Schlichtheit. Fontane gibt seiner Würdigung einen Schlußsatz, der beweist, daß es ihm, bei aller künstlerischen Bewußtheit, nicht nur um ein kompositorisch abgerundetes Kapitel geht, sondern um das Bild eines Mannes, der seine Sympa-thien genießt; und dies nicht nur, weil er so gut wie alle Anforderungen erfüllt, die an einen Balladenhelden zu stellen sind (der er – vielleicht – geworden wäre, wenn er unter Friedrich dem Großen gefochten hätte), sondern der in Kategorien denkt, die auch diejenigen Fontanes sind: »Das Glück hat mich demüthiger gemacht, als es wahrscheinlich das Unglück vermocht hätte.« (DK I/354)

Erstaunen mag, daß Fontane dem unglücklichen Bonin so wenig Anteilnahme gönnt. Dieselben Tage, die Steinmetz die glückliche Erfüllung seines Soldatenlebens schenken, sie sind Tage des Unglücks für Bonin, dem Fontane zwar zubilligt, daß die »ursprüngliche Disposition, die Vertheilung der Kräfte in den großen Zügen« »untadlig« war (DK I/382), dem er aber kein Mitleid schenkt. Was seine späteren Romane zu Zeugnissen einer alles – oder doch vieles – verstehenden und verzeihenden Menschlichkeit macht, es fehlt in den Kriegsbüchern weithin. Das Kriegsglück allein spricht das Urteil, und abgetan ist, wem Fortune versagt bleibt. Für den Fontane der Kriegsbücher ist der kriegerische Erfolg eine Art Gottesurteil.

Übrigens begegnet man dem Namen des Generals Adolf von Bonin noch einmal bei Fontane. Er erwähnt ihn viele Jahre später in ›Meine Kinderjahre‹. Als er das Haus des Geheimrats Krause, des ›Königs von Swinemünde‹, beschreibt und von den Besuchen des Prinzen Adalbert bei dessen Sohn Eduard berichtet, fügt er hinzu: »Den überaus liebenswürdigen Prinzen…ebenso wie zwei, drei seiner Adjutanten, darunter Hauptmann von Bonin, den späteren Führer des Ersten Armeekorps 1866, habe ich aus jenen Tagen her noch deutlich im Gedächtnis.« (NFA 14/76) Wenn man Fontane kennt, so ahnt man, daß die Bemerkung so etwas wie eine späte Wiedergutmachung für den längst verstorbenen General enthält. Die Erinnerung verklärt das Andenken des Mannes, dem das Schlachtenglück abhold war.

Es sei hier, um Fontanes Verfahrensweise bei der Beurteilung von Offizieren in den Kriegsbüchern genauer zu erläutern, noch hingewiesen auf seine Darstellung des Verhältnisses zwischen den Generälen Vogel von Falckenstein und Edwin von Manteuffel. Es wird dabei sichtbar, daß die rigoros-eindeutige Stellungnahme (wie im Falle Bonin) die Ausnahme bildet. Vogel von Falckenstein, der sich schon während des Feldzugs gegen Dänemark ausgezeichnet hatte (er war der Vorgänger Moltkes als Generalstabschef bei den in Dänemark eingesetzten preußischen Truppen), widerfuhr das Unglück, daß er als Führer der preußischen Main-Armee von General von Manteuffel, der ihm bis dahin formal unterstellt gewesen war, abgelöst wurde. In den Augen der Öffentlichkeit, besonders aber in den Augen seiner Soldaten hatte von Falckenstein seine Truppen mit außerordentlichem Erfolg gegen die Reichsarmee und die süddeutschen Truppen geführt. Er verlor zwar zunächst die Schlacht von Langensalza gegen die Hannoveraner (wobei er persönlich kaum involviert war), hatte sich dann aber durch eine ebenso umsichtige wie kühne Führung ausgezeichnet und trotz zahlenmäßiger Unterlegenheit – der ihm gegenüber stehende Feind war fast dreimal so stark – die preußischen Truppen bis über den Main hinaus von Sieg zu Sieg geführt. Auf dem Höhepunkt seiner Triumphe erreichte ihn die Abberufung, die Moltke beim König durchgesetzt hatte. Bei diesem Vorgang ergreift z.B. Georg Hiltl in seinem viel gelesenen Buch ›Von der Elbe bis zur Tauber‹ entschlossen Partei und schlägt sich ohne Einschränkung auf die Seite Vogel von Falckensteins (zu dessen militärischen Fähigkeiten auch Fontane nur Lobendes sagt). Er läßt sein Buch ausklin-

gen mit einem Trinkspruch, den der Generalmajor Freiherr von Wrangel aus-
bringt: »Dieses Glas ihm, welchem die Brigade ihre schönsten Lorbeeren verdankt – dem die Main-Armee hauptsächlich zu danken hat, daß sie hier ist – dem
fern von seiner Main-Armee weilenden Führer – dem General der Infanterie…
unserem Falckenstein! – Er lebe hoch!!!«[18] Und Hiltl beendet schließlich sein Werk
mit einem an ihn persönlich gerichteten Brief Vogel von Falckensteins – offensichtlich zu keinem anderen Zweck, als um klarzustellen, daß jenem alles Verdienst gebührt und nur er als der wahre Sieger des Mainfeldzugs zu respektieren
ist.

Fontane verfährt demgegenüber viel vorsichtiger. Zwar weiß auch er, daß es
für einen siegreichen Heerführer nichts Schrecklicheres geben kann, als seine
Armee im Augenblick des Sieges verlassen zu müssen, und er gibt auch seinem
Mitgefühl Ausdruck: »Das war ein harter Schlag. Nach so viel Erfolgen eine Niederlage. Eine allerempfindlichste. Es giebt keine Stellung, wie hoch sie sei, die
einem siegreichen Führer den einen Platz ersetzen könnte, an dem sein Herz
hängt, den Platz an der Spitze seiner *durch ihn* zum Siege geführten Armee. Wie
wohlwollend, wie gnädig, wie ehrenvoll abgefaßt (die Abberufung – G.F.), – ein
Ton nachsichtsvollen Tadels klang hindurch. Wie die oft erfahrene Königliche
Milde auch bemüht sein mochte, den Schlag minder fühlbar zu machen, er wurde
doch empfunden. Vielleicht um so schmerzlicher.« (DK II/186) Aber die Demütigung, die der alte Soldat erfahren hat, läßt Fontane nicht auf einem Auge blind
werden. Er kennt (wie Hiltl auch) die heftige Rivalität zwischen den beiden
Generälen während des Feldzugs und kennt auch die Verdienste Manteuffels,
denen er überall gerecht wird. Für seine Tendenz, eine vermittelnde Position einzunehmen, spricht, daß er Falckensteins Absetzung als das Ergebnis einer
unglücklich verlaufenden Nachrichtenübermittlung ausgibt. (DK II/186) Dafür
spricht, daß der König alles tat, um den tief gekränkten General zu versöhnen. Er
ernannte ihn zum Generalgouverneur von Böhmen und empfing ihn höchst
ehrenvoll in Nikolsburg. Aber die Zukunft sollte erweisen, daß Moltke dem
General seine Eigenwilligkeiten nicht verzieh, worüber Fontane stillschweigend
hinweggeht. Sein Buch über den Mainfeldzug erscheint erst 1871. Ein Vergleich
der Karriere beider Generale im 70er Krieg lag also nahe. Vogel von Falckenstein
erhielt 1870 kein Frontkommando, sondern durfte als Generalgouverneur der
deutschen Küstenlande die Küstenverteidigung organisieren. Manteuffel dagegen
erfreute sich der Gunst Moltkes. Er schlug die sich in Nordfrankreich bildenden
französischen Entsatzheere und übernahm schließlich den Befehl über die
Armee, der es am Ende des Krieges gelang, die französische Südarmee unter
Bourbaki zum Übertritt auf Schweizer Boden zu zwingen. Risikoreiche Unternehmungen, die Moltke veranlaßten, auch einen Fehlschlag einzukalkulieren.
Fontane zitiert das von Graf Wartensleben überlieferte Moltke-Wort: »daß diese
Operation eine äußerst kühne und gewagte sei, welche aber zu den größten
Resultaten führen könne. Falls General v. Manteuffel einen Echec erleide, dürfe

man ihn nicht tadeln, denn um *große* Erfolge zu erreichen, müsse etwas gewagt werden.« (KF II/982) Manteuffel hatte Vogel von Falckenstein also weit hinter sich gelassen, aber Fontane deutet darauf nicht mehr zurück.

Wer Fontanes Kriegsbücher liest, wird leicht davon zu überzeugen sein, daß er hier auf Schritt und Tritt einem Schriftsteller begegnet, der ganz in der Tagesgeschichte aufgeht. Es mag deshalb gut sein, daran zu erinnern, daß Fontane bei aller Intensität der Auseinandersetzung mit dem Hier und Heute doch das Augenmaß nicht verlor und im Zu-sich-selbst-kommen des preußischen Staates nicht schon die Erfüllung eines weltgeschichtlichen Prozesses sah. Als er 1866 seine Reise nach den böhmischen Kriegsschauplätzen unternimmt, wird seine Superiorität seiner Umgebung gegenüber deutlich, die über die jüngsten Erfolge der preußischen Armee schwadroniert: »Das Gespräch (auf dem Weg nach Prag – G.F.) drehte sich natürlich um Krieg, man sprach von Podoll und Podkost, von Sobotka und Gitschin, und während der Meinungsaustausch immer heftiger lärmte, dachte Niemand daran, daß wir inzwischen die Felder passirten, auf denen (1426) die große Hussitenschlacht geschlagen wurde, die vielen Tausend ‹Meißnern› das Leben kostete. Das war ein Tag, so wichtig, so folgenreich, fast wie der Königgrätzer Tag von heute. Und doch – vergessen!« (NFA 24/1074) Ein merkwürdiges Dokument aus Fontanes Feder. So hingebungsvoll er sich bemüht, preußische Überlieferungen am Leben zu erhalten, sein historisches Bewußtsein ist zu ausgeprägt, als daß ihn nicht die Frage bedrängte, was von den großen Erfolgen eines kühn emporstrebenden Preußen dem Augenblick und was der Dauer gehört. Vergessen sind die großen Hussitensiege – sollten die preußischen Siege wirklich so viel mehr zukunftsmächtige Kraft in sich tragen? Fontane auf Abwegen? Er war der Wahrheit niemals näher als mit diesem Aperçu, das dem Zufall seine Entstehung zu verdanken scheint. Die Relationen werden zurechtgerückt.

10. Kapitel

Der Krieg gegen Frankreich

So wenig wie bei dem Krieg gegen Dänemark oder dem gegen Österreich kann es im folgenden darum gehen, Fontanes ›Krieg gegen Frankreich‹ in toto zu untersuchen und zu würdigen. Die Aufgabe besteht darin, bei der Betrachtung dieses Werkes Aspekte herauszuheben, die in der bisherigen Fontane-Literatur kaum oder viel zu wenig berücksichtigt worden sind. Im ›Krieg gegen Frankreich‹ mehr noch als in den vorangehenden Kriegsbüchern wird der Geist sichtbar, der Fontane die Feder führte.

Alle Interpreten, zeitgenössische sowohl als moderne, haben hervorgehoben, daß sich Fontanes Kriegsbücher auszeichnen durch eine ganz und gar vorurteilslose, gerechte und ausgewogene Beurteilung der Kriegsgegner. Er brachte für die Bewertung fremder Völker und Völkerschaften die günstigsten Voraussetzungen mit. Sein Englandaufenthalt hatte seinen Blick für die Unterschiede zwischen den Völkern geschärft. Ein frühes Beispiel für sein Bemühen, das in der Fremde Gesehene unvoreingenommen zu bewerten, bietet der Brief an den Vater vom 19. Oktober 1856, wo er, auf des Vaters Wunsch, Paris und London miteinander vergleicht, sich zunächst für London entscheidet, um in einer Nachschrift sein Urteil zu Gunsten von Paris (und damit auch der Pariser) zu relativieren oder sogar zu revidieren. (Ha Br I/536)

Seine Tendenz zu strenger Sachlichkeit, zu beinahe wissenschaftlich zu nennender Nüchternheit ist natürlich auch beeinflußt von Moritz Lazarus, dem jüdischen Gelehrten und Begründer der Völkerpsychologie, der in Fontanes Freundeskreis (er war Mitglied von Ellora und Rütli) eine herausragende Rolle spielte, sich auch um die Freilassung Fontanes aus französischer Kriegsgefangenschaft bemühte (seine Verbindung zu dem französischen Justizminister Cremieux spielte allerdings keine entscheidende Rolle) und durch sein Arbeitsgebiet völkerpsychologische Themen im Freundeskreis heimisch gemacht hatte. Seine Auslandserfahrungen, seine völkerpsychologische Vorbildung und seine natürliche Neigung zu generalisierenden Betrachtungen machten Fontane besonders geeignet für eine objektive Darstellung der an den Einigungskriegen beteiligten Völker.

Das alles schuf die Grundlagen für seine viel gelobten und bewunderten Aussagen über die slavischen Völkerschaften (Wenden), die in Brandenburg ansässig gewesen waren, und das findet seine Fortsetzung in der gerechten und zugleich wohlwollenden Darstellung der Böhmen in seinem Buch über den Krieg gegen Österreich. Es verdient höchste Anerkennung, wie er in seinen Briefen vom

Kriegsschauplatz Deutschen und Tschechen gerecht wird: trotz der vielen Gerüchte über Verbrechen, die von den Bewohnern Böhmens an den preußischen Soldaten begangen worden sein sollten. In bemerkenswerter Gelassenheit stellt Fontane allen einseitig-bösartigen Urteilen seine eigenen Erfahrungen als Reisender über die Kriegsschauplätze gegenüber und kommt, immer eigene Erlebnisse zum Vergleich heranziehend, nur zu freundlichen Erklärungen. Und dasselbe gilt von der Bewertung der am Kampf gegen die preußischen Truppen beteiligten Soldaten der österreichischen Armee. Alles zeugt von einer natürlichen Hochschätzung des Gegners und ist mit Noblesse geschrieben.

Bei der Beschreibung der umstrittenen Umstände der Reiterkämpfe bei Stresetitz am Ende der Schlacht von Königgrätz sagt Fontane: »Wir sind uns bewußt, ohne alle Voreingenommenheit an diese Frage herangetreten zu sein; wenn aber doch, so mit einer gewissen Präokkupirtheit zu Gunsten unsres Gegners. Das Unglück und die Tapferkeit dieser ausgezeichneten Regimenter... – Alles stimmte uns *für* Österreich in dieser wie in mancher andern Frage.« (DK I/621)[1] Was hier zunächst wie die Stellungnahme zu einer entlegenen Separatfrage aussieht, ist in Wirklichkeit Teil des methodischen Vorgehens Fontanes. Er weiß, daß Parteilichkeit nicht zu vermeiden ist. Aber gerade deshalb bemüht er sich bei Streitfragen, zunächst die Position des Kontrahenten einzunehmen, wohl wissend, daß nur ein Höchstmaß an Einfühlungsvermögen in die Psyche des Gegners der darzustellenden Kontroverse ein adäquates Niveau erhalten kann. So vermeidet er leichtfertige, vorschnelle Urteile. Fontane läßt auch keine Möglichkeiten aus, die kriegerischen Tugenden der Feinde hervorzuheben. Und nirgends wird der Leser das Gefühl haben, das geschehe nur, um die Leistungen der preußisch-deutschen Truppen desto glänzender erscheinen zu lassen. Diesen primitiven Trick der Kriegsberichterstattung verschmäht Fontane durchaus. Lob wie Tadel sind immer in der Sache, d.h. dem Verhalten der Truppe selbst begründet. Fontane sagt von sich selber, er besitze »eine angeborne Neigung, jedes Recht und jeden Vorzug zunächst auf Seite des Gegners zu suchen«. (DK I/621)

Er brachte dem Feind ein Verständnis entgegen, wie man es sonst bei zeitgenössischen Autoren vergeblich suchen wird. Er steht von Natur aus auf der Seite der Schwächeren und Unterlegenen, obwohl man sich so viel bequemer tut, wenn man sich den stärkeren Bataillonen zugesellt. Tapferkeit im Unglück, Todesmut in der Niederlage: das sind Tugenden, die Fontanes Herz gewinnen. Man spürt seine Anteilnahme, wenn er den Heldenmut der besten österreichischen Regimenter nach der bereits besiegelten Niederlage von Königgrätz beschreibt: »Das Regiment Gyulai sah sich von drei Seiten umringt, aber sämmtliche Mannschaften des Regiments hatten sich vor Beginn des Kampfes das Wort gegeben, lieber zu sterben, als um Pardon zu bitten, und sie hielten ihr Versprechen. Das Kleinod dieses Regiments, die Fahne, fiel nicht in die Hände des Siegers, sondern wurde von Hand zu Hand gereicht, bis sie auf der Spitze eines Hügels angelangt war, von wo aus man sie in Sicherheit brachte.« (DK I/626) So findet auch der ungarische Soldat Anerkennung, der sein Gewehr auf seinen Obersten richtete, weil der in aussichtsloser Lage den Rückzug befahl: »Die Disciplin war gebrochen, nicht der Muth.« Und schließlich: »Einen erschütternden Eindruck machten bei dem schrecklichen Durcheinander zwei Musikbanden, die, seitwärts des sich auf der engen Straße dahinwälzenden Menschenknäuls auf einer Wiese, in Front des Eisenbahndammes, stehend, die Nationalhymne und den Radetzky-Marsch spielten, um die Fliehenden zu ermuthigen und zur Ehre zurückzurufen.« (DK I/626)

Was Fontane den Österreichern an Hochschätzung vorab einräumte, wird bei weitem übertroffen von dem, was er den Franzosen zugute hielt. Das Bewußtsein, selber französische Ahnen zu haben, mag dabei ebenso eine Rolle spielen wie die ererbte Franzosenfreundlichkeit des Vaters, wie der Respekt vor einem Volk, das wie kein zweites die europäische Kultur mitgeprägt hat. Wenn Frankreich in Haß oder Liebe, in Zu- oder Abneigung auch niemals so starke Empfindungen in Fontane erregte wie England. Sein Kriegsbuch und seine beiden Kriegsbegleitbücher reden überall dieselbe Sprache der Wertschätzung und der Sympathie.

Dabei hat die Kriegsbekanntschaft mit den Franzosen ausgesprochen unglücklich begonnen. Wie Fontane bei seiner ersten Frankreichreise von 1870 in Domrémy, dem Geburtsort der Jeanne d'Arc, festgenommen wurde, weil man ihn als Spion ansah, hat er in dem Buch ›Kriegsgefangen‹ erzählt. Das Bändchen verdankt seinen damaligen Erfolg und seinen bis heute anhaltenden Nachruhm der leidenschaftslosen und völlig vorurteilsfreien Darstellung, die Fontane von dem im Krieg stehenden Frankreich und seiner Bevölkerung gibt. Daß er mit seinen Schilderungen den Erwartungen und Wünschen seiner preußischen Leser entsprochen hätte, wird man füglich bezweifeln. Am häufigsten wird bei der Bewertung des Buchs der Satz zitiert, mit dem Fontanes Sohn George, der als Leutnant in Frankreich stand, zu dem Vorabdruck in der Vossischen Zeitung Stellung nahm: »Ich muß Dir, lieber Vater, und auch im Namen aller unserer Herren, einen kleinen Vorwurf machen, weil Du die Franzosen in Deinen Schicksalen zu sehr herausstreichst.«[2] Fontane gehörte nicht zu den Frankreichreisenden, die durch den Krieg dazu gebracht wurden, alles Französische in Bausch und Bogen zu verurteilen und den Toren das Wort zu reden, die mangels eigener Begabung das Fremde verkennen und dem Feinde unterstellen, es sei »alles Bande«, der gegenüber die beste Maxime sei: »Man muß ihnen den Daumen aufs Auge drücken.« (NFA 16/349) Natürlich führt die Begegnung zweier Völker im Krieg immer zu Mißverständnissen, denn wie sollte Zuneigung oder auch nur Respekt entstehen, wenn Dummheit auf Dummheit trifft. (Fontane beschreibt das am Beispiel seines Kutschers, der ihn über das Schlachtfeld von St. Quentin begleitet und sich durch eine mangelhafte Unterhaltungsgabe auszeichnet, was freilich nicht ihm allein anzurechnen ist, denn er hat seine »Unterhaltungsform ausgebildet« im Umgang mit »drei Masuren und fünf Oberschlesier(n)«, »diesen letzten Ausläufern des Staates der Intelligenz«.) (NFA 16/334) Sicher spielt dabei auch eine Rolle, daß Fontane, der an den Kampfhandlungen nicht unmittelbar beteiligt war, ein echtes Feindgefühl (jenes Schaurige ›Ich oder Du‹) nicht zu entwickeln brauchte, sondern seiner ganz auf Ausgleich und Anerkennung angelegten Natur folgen konnte. Aber er gibt doch auch Beispiele dafür – sie finden sich vor allem unter den Gebildeten –, daß deutsche Offiziere zu enthusiastischen Franzosenschwärmern werden. So versichert ihm ein junger Jägeroffizier: »Ich darf sagen, mit allen Familien, in deren Mitte ich länger als acht Tage gelebt habe, habe ich Freundschaft geschlossen. Unter Tränen bin ich von meinen letzten Quartiergebern (er kam aus der Normandie) geschieden; mit mehreren meiner früheren Wirte stehe ich in Korrespondenz. Ich bin nun neun Monate in Frankreich, und *noch bin ich keiner einzigen Unhöflichkeit begegnet,* wohl aber Zartheiten und Aufmerksamkeiten aller Art.« (NFA 16/349) Den jungen Offizier, der im Zuge nach Sedan so zu ihm spricht, warnt der Dichter allerdings: »Ich…sagte dann lachend: ‹Es wäre mir interessant, einem Landsmanne zu begegnen, der denn doch noch erheblich über das hinauszugehen scheine, was *ich* gelegentlich auszusprechen mich unterfinge›, eine Äußerung, an die ich zugleich die Anempfehlung knüpfte, *daheim* etwas vorsichtiger operieren zu wollen. ‹Glauben Sie mir›, so schloß ich, ‹man *will* dergleichen nicht hören, und – vielleicht hat man recht. Es gibt Zeiten…, in denen auch strikte Gerechtigkeit zu einem Fehler werden kann. Der Deutsche war zu allen Zeiten nur allzu geneigt, in diesen Fehler zu verfallen.«

Ein Blick auf die dichtenden Kollegen Fontanes zeigt, was die Leserschaft damals erwartete und wie bereitwillig die Korrespondenten diese Erwartungen erfüllten. So schrieb Gustav Freytag: »Gegen unsere Knaben, die Blüthe unserer Nation, die vom Fürstensohn bis zum Erben des Bauernhofes ihr Blut vergießt – …steht ein französisches Heer, welches immer noch viel von einem Landsknechtsheere hat. Darunter schnödes, widerwärtiges Banditengesindel aus Afrika. Wer die Horden dieser Gefangenen, von unsern wackern Niederschlesiern bewacht, vor dem Hauptquartier kauern sah, schmutzige Halbaffen, darunter viele mit den ärgsten Galgenphysiognomien, und dies Völkchen mit den rothbäckigen Gesichtern unserer strammen Landsleute verglich, der mußte sich sagen, daß eine der Folgen dieses Siegs sein müsse, daß diese fremde Froschbrut nicht wieder gegen christliche und civilisirte Heere gestellt wird.«[3] Das war der Stil, in dem das preußisch-deutsche Heer seine Superiorität bestätigt sehen wollte, und hinter solchen Ansprüchen blieb Fontane weit zurück. Zu hart sollte man Freytag seiner gehässigen Bemerkungen wegen nicht tadeln. Festzuhalten bleibt vielmehr, daß Fontane unter den Zeitgenossen eine beinahe singuläre Stellung einnimmt, die aus einer festen Entschlossenheit resultiert, in Zweifelsfragen das Ungenügen oder die Schuld zunächst bei der eigenen Truppe, dann erst beim Gegner zu suchen. Will man einen Eindruck gewinnen von den Schwierigkeiten, die dem Schriftsteller bei der Gestaltung eines objektiven Feindbildes entgegenstehen, so tut man gut, sich die Darstellung des Krieges von 1870/71 in dem Roman ›La Débâcle‹ von Zola anzusehen. Zolas Buch ist 1892 erschienen, also zwei Jahrzehnte nach dem Untergang des französischen Kaiserreichs. Man sollte glauben, daß dieser Zeitraum genügt haben müßte, den Dichter aus den allzu beengenden Verstrickungen in die Haßgefühle der kriegführenden Parteien zu befreien. Aber man sucht bei Zola ganz vergeblich nach dezidierten Versuchen, auch dem Feind gerecht zu werden. Es kommt freilich vor, daß z.B. ein bayerischer Soldat, der sich bei Bazeilles durch besondere Grausamkeit hervortut und die Heldin Zolas, Henriette, aus den Armen ihres Mannes reißt, der unmittelbar darauf als Franctireur erschossen wird, daß eben dieser Bayer also im Leiden und Sterben gewisse menschliche Züge zugesprochen erhält, aber im großen und ganzen bleiben solche Vorgänge die Ausnahme. Dies läßt sich auch nicht damit rechtfertigen, daß Zola aus der Perspektive der Helden seines Romans erzählt, denn die Erfindung einer Person mit humanerer Perspektive in diesem figurenreichen Werk war in seine Hand gegeben. Er hat davon keinen Gebrauch gemacht. Seite um Seite begegnet dem Leser dieselbe Abneigung und Unversöhnlichkeit, der immer gleiche Haß. Der lumpigste französische Bauer, der den deutschen Soldaten verdorbenes Fleisch verkauft und ihren Tod in Kauf nimmt, erfährt, bei aller zugegebenen Lumpenhaftigkeit, immer noch mehr Sympathie als irgendein deutscher Soldat. Verständnis für etwas Deutsches, Verständigung mit irgendeinem Deutschen sind so gut wie ausgeschlossen. Natürlich schiebt Zola die Schuld am Untergang des Kaiserreichs nicht einfach den Deutschen zu. Er macht schon die innere Zersetzung und Morbidität des Napoleonischen Regimes verantwortlich, aber daraus erwächst kein Wort der Entlastung für die Deutschen, noch nicht einmal dort, wo von den eindeutigen Aggressionsabsichten der Franzosen die Rede ist, so etwa, wenn bei Beginn des Krieges an die französischen Offiziere zwar Karten von Deutschland, nicht aber von Frankreich verteilt werden, die Zielsetzung also erklärtermaßen offensiv ist. Kurz, eine Welt trennt Fontane von Zola – und Freytag, der damit auf die Ebene eines Mannes wie Zola gelangt, dem er als Künstler nicht das Wasser reichen kann; aber er kommt ihm gleich, was die Verranntheit und Verbohrtheit oder wenigstens die Einseitigkeit seines Feindbildes anbelangt. Wie anders Fontane. Zeile um Zeile spürt man die Liebe und den Respekt, mit dem er das Nachbarland betrachtet. Man würde es sich bei weitem zu einfach machen, wollte man seine Zuneigung aus einer hugenottischen Herkunft erklären und seinen Weg nach Frankreich als eine Rückkehr ins Land der Vorfahren, in heimatliches Gefilde verstehen. Zwar wird das Bewußtsein des eigenen Ursprungs nicht unterdrückt, ja, es bricht sich mit fast gewaltsamer Überraschung Bahn, als er in einem der Gefängniswärter während seiner kurzen Kriegsgefangenschaft seinen Vater zu erkennen meint (NFA 16/16), aber das alles ist doch nur sekundär gegenüber dem grundhumanen Offensein für alles Französische, für alles Fremde. Mit gleicher Einfühlsamkeit hat Zola nicht einen Blick auf das Deutsche und die Deutschen geworfen. Jenseits des Rheins beginnt in diesem Roman das Land der Barbaren. Er ist zu ausschließlich mit der Entschlüsselung französischer Verhältnisse und Emotionen beschäftigt, als daß er auch nur für einen Augenblick innere Ausgewogenheit des Urteils erringen könnte. Es ist alles dies nicht mit dem mindesten Vorwurf gesagt für den großen Franzosen. Es lag ihm nicht daran, Wege für ein gerechteres Verständnis zwischen den beiden Völkern zu eröffnen. Auch ist zu berücksichtigen, daß es leichter ist für den Sieger als für den Besiegten, seinen Großmut und seine Sympathie zu zeigen. Aber selbst wenn man die Verschiedenartigkeit der Voraussetzungen berücksichtigt, unter denen beide urteilen, zeigt sich Fontane von seiner überlegensten Seite. Die Freiheit seines Blicks und seine Vorurteilslosigkeit bewähren sich glänzend; der facettenarme Chauvinismus der Helden Zolas vergilbt neben dem urbanen Patriotismus Fontanes, der weder den eigenen Ruhm vergrößern will durch den Lobpreis des Gegners, noch (und am allerwenigsten!) die Niederlage des Feindes benutzen will, um preußisch-deutschen Überlegenheitsgefühlen freien Lauf zu lassen. Verständlich wird allerdings angesichts seiner Leistung die Hartnäckigkeit, mit der er an seinem Verlangen, Frankreich noch in den Tagen der Okkupation zu besuchen (trotz des anfänglichen Fehlschlags von Domrémy) festhält. Er hatte durchaus recht, sich nur auf das selber Wahrgenommene zu stützen. Nur seine eigenen Beobachtungen und Erfahrungen geben den Kriegsbüchern wie den Begleitbüchern das Eigengewicht und die Anschauungsfülle, die sie bis heute lebendig erhalten. Sie sind aus einem Geist geschrieben, den nicht Haß und Bitterkeit, auch nicht Hochmut und Triumphgefühle bestimmen, sondern das Wissen um das die Völker verbindende Menschliche, das ein viel zu kostbares Gut ist, als daß sich nationaler Übereifer und aufgeregter Patriotismus daran versündigen dürften. Das Beste bei Zola ist am Ende das Gefühl des Mitleids, das sich im Leser angesichts des Elends eines sich selbst zerfleischenden Volkes anhäuft, die Deutschen sind letztlich eine quantité négligeable, mehr verachtet als gehaßt in ihrer brutalen Simplizität. Das Mitleid Fontanes dagegen fließt aus der freudigen Verehrung für ein Volk, das sich durch seine Haltung und seine Leistungen in der Vergangenheit einen bleibenden Anspruch auf ein freundlich-verständnisvolles Urteil erworben hat.

Der Wille Fontanes, dem Gegner unter allen nur denkbaren Umständen gerecht zu werden, darf indessen nicht dazu verleiten, seine Parteilichkeit zu unterschätzen. Mag er dem Feinde – seinem Mut wie seiner Feigheit, den Motiven seines Selbstbewußtseins wie seines Inferioritätsgefühls – noch so weiten Raum geben und ihm so gerecht werden wie keiner seiner Kollegen in Sachen Kriegsberichterstattung, trotz aller Verständniswilligkeit und allen Einfühlungsvermögens: der Feind blieb ihm der Feind. An einem vaterländischen Schauspiel von Felix Dahn ›Deutsche Treue‹ rühmt er, »daß dem Dichter, als eine Frucht ernster historischer Studien, die Gabe zufiel, auch im Parteiergreifen noch Gerechtigkeit zu üben.« (NFA 22/1/515) Die Formulierung stammt von Ende Oktober 1876, als Fontanes zweiter Halbband des ›Krieges gegen Frankreich‹ eben erschienen war; er wußte also, wovon er sprach. Und er wußte auch, daß der Historiograph bei aller zu übenden Gerechtigkeit die Parteinahme nicht vermeiden kann. Und: er wollte sie auch nicht vermeiden. So selbst- und preußenkritisch er sein konnte, für seine Preußenkritik gilt doch immer das Ethos der fridericianischen Gardesoldaten:

Wir dürfen frech sein und schimpfen und schwören,
Weil wir selber mit zugehören.
(NFA 20/219)

Wenn er auch scharf kritisiert, seine Zugehörigkeit steht außer Frage. Scharfsichtig und scharfzüngig, wie seine Kritik auch sein mag, sie entspringt niemals einem Geist der prinzipiellen Abkehr vom Preußentum oder dessen totaler Negierung. Noch der Brief an Friedlaender, der die schärfste Kritik an Wilhelm II. enthält (5. April 1897), kommt nicht aus ohne die Versicherung, daß er sich »doch von Illoyalität frei weiß und für vieles, was an ›oberster Stelle‹ beliebt wird, nicht blos Verständniß, sondern auch eine Dankbarkeit habe.« (Ha Br IV/642) Und was für die letzte Lebenszeit gilt, wieviel mehr trifft es zu für die Zeit der Identifikation mit Preußen und seiner Armee. Schon der Begleitband ›Aus den Tagen der Okkupation‹ bringt ein vielsagendes Beispiel dafür, wie entschieden Fontane verfährt, wenn es gilt, im Lande des Feindes als Preuße Flagge zu zeigen. Es war damals üblich geworden, daß die Bevölkerung unterschied zwischen den Preußen, denen man die Alleinschuld an allem Unheil anlastete, und den Truppen aus dem übrigen Deutschland, denen man (gegenüber dem barbarischen Charakter der preußischen Kriegshorden) ein höheres Maß an Kultur unterstellte. Wer mit einem Franzosen ein Gespräch beginnen wollte, tat also gut daran, sein Preußentum zu verleugnen und sich in einem unbestimmbaren Deutschtum zu verbergen. Fontane verschmähte diesen billigen Ausweg. Obwohl überall geneigt, Gespräche anzuknüpfen, tat er dies doch nicht auf Kosten seiner preußischen Gesinnung. Selbst wenn ihm an einer Auskunft gelegen war, in Frankreich blieb er Preuße: »Ich wollte mich eben mit der Bitte um Aufschluß an mein vis-à-vis wenden, als dieser mir mit der freilich auf einem anderen Gebiete liegenden Frage: ‹Vous êtes Allemand?› zuvorkam. Ich erwiderte ‹Prussien›, wiewohl ich seine gute Absicht erkannte und im voraus wußte, daß meine Umwandlung des ‹Deutsch› in ‹Preußisch› gleichbedeutend sein würde mit Stillbegräbnis jeder weitern Konversation. Denn die Franzosen machten, wie sich alle meine Landsleute sehr wohl erinnern werden, zwischen jenen zwei Wörtern einen scharfen Unterschied, betrachteten nur den ‹prussien› als einen durch und durch verabscheuenswerten Gegenstand und transponierten den ‹Preußen› von Höflichkeits wegen jedesmal in einen ‹Deutschen›, wenn jener, aus dem einen oder andern Grunde, ihnen ein flüchtiges Interesse oder Teilnahme oder Nachsicht eingeflößt hatte.« (NFA 16/351) Die Vorstellung also, daß Fontane seine Reise über die Schlachtfelder unter dem Schutz der Maske eines ›guten Deutschen‹ gemacht habe, bedarf der Revision. Fontane bekennt sich als Preuße, wo immer das nötig ist. Einer Interpretation, die nach einem Schriftsteller fahndet, der sich vorsichtig um sein Preußentum herummogelt, fehlt jeder Spielraum.

Ja, Fontane geht so weit, daß er jenen deutschen Mitstreitern Preußens in Frankreich kritisch begegnet, die – in Scherz oder Ernst – sich bemühen, die Mißgunst der Franzosen auf die Preußen abzuleiten: »Ein halbes Dutzend französische Mädchen scherzten mit einigen sächsischen Jägern, die hierher verschlagen waren, und riefen ihnen schelmisch zu: ‹Vous êtes Prussiens.› Das wollten sich die Sachsen aber nicht gefallen lassen. Einer trat ehrpußlich vor und sagte: ‹Non, non; non-Prussien, mais, mais – Allemagne.›« (NFA 16/454) Das »ehrpußlich« Fontanes bezeichnet eine anbiederisch-kleinbürgerliche Haltung, die Würde und Stolz vermissen läßt und deshalb der Lächerlichkeit preisgegeben wird. »Mais, mais, Allemagne« – das Lautlesen dieses Satzes läßt die Sachsen schlechter wegkommen, als ihnen das sonst bei Fontane geschieht.

Bei aller Weltoffenheit, die Fontane hier wieder und wieder beweist, einen Zweifel an seiner nationalen Gesinnung läßt er nicht aufkommen. Er geht durchweg davon aus, daß es Zeiten gibt, in denen ein Gefühl allgemein menschlicher Verbundenheit zurückzutreten hat hinter dem Bewußtsein, daß der einzelne zunächst einer Nation angehört und erst dann Mensch sein darf. Das mag gelegentlich schwerfallen, aber die Vernunft gebietet für den Augenblick, das Bekenntnis zum verbindend Menschlichen hintanzustellen und dem Nationalen den Vortritt zu lassen. Ein Beispiel findet sich beim Besuch des Grabes von Alexandre Dumas in Neuville. Der Besuch demonstriert zur Genüge, wie sehr sich der Dichter Fontane dem Dichter Dumas verbunden weiß. Er preist die Liebenswürdigkeit des Franzosen, die alle seine Schwächen übersehen läßt: »die Liebenswürdigkeit, wenn sie eben mehr ist als eine gesellschaftliche façon de parler, wurzelt allemal in der Liebe selbst. Die Liebe aber ist gütig und demütig. Und was gütig und demütig ist, gefällt.« (NFA 16/317) Aber er weiß doch ebenso sicher, daß das Nationale den Vorrang hat, wenn sich die Völker gerade erst im Waffengang gegenübergestanden haben, und daß es für den Sieger wie für den Besiegten gilt, freundlichere Zeiten abzuwarten, in denen sich die wechselseitige Sympathie wieder ohne den leisen Schimmer von Peinlichkeit aussprechen läßt. Vom Besuch beim Grab Dumas' heißt es: »Ich nahm eine Karte und schrieb einen deutschen Vers darauf, um beides, Vers und Karte, unter die übrigen (am Grabe befindlichen – G.F.) einzureihen. Aber ich besann mich wieder; – es gibt Zeiten, wo das Persönliche schweigen muß neben dem Nationalen. So zerriß ich die Karte und streute die Schnitzel in den Wind.« (NFA 16/317)

Wie durchdrungen Fontane von dem Gedanken ist, daß der Mensch sich in solcher Zeit nicht ohne Gesichtsverlust seiner Zugehörigkeit zur eigenen Nation begeben kann, ergibt sich auch aus seiner Beschreibung eines Gesprächs mit einem Franzosen im Zug von St. Denis nach Amiens. Sein Gesprächspartner stellt sich ihm mit der Versicherung vor, »‹daß er Kosmopolit sei›.« (NFA 16/252) Er wirkt auf Fontane so unglaubhaft und seine Haltung so unwürdig, daß er seine sonst geübte Zurückhaltung aufgibt und den Sprecher, der sich auf seinen Kosmopolitismus beruft, mit der Bemerkung abtut: »Er konnte sich mir nicht schlechter empfehlen.« (NFA 16/252) Es gibt keine Flucht aus der Zugehörigkeit zu einem Staatswesen. Jedenfalls lassen sich Achtung und Respekt nicht erringen durch den Verzicht auf das Bekenntnis zur eigenen Nation, wie das die französische Wirtin zeigt, die sich der wegen ihres Essens nörgelnden preußischen Offiziere zu erwehren weiß: »Die Beschaffenheit der Mahlzeiten hatte begreiflicherweise im Laufe der voraufgegangenen Wochen mehr als einmal Beanstandungen erfahren, bis eines Tages die in ihrer Ehre und Nationalität gleich hart angetastete Wirtin mit einem riesigen Küchenmesser in das Offizier-Speisezimmer eingedrungen war und unter beständigem Messerfuchteln sich verschworen hatte: ‹Fünfhundert Frauen wie *ich,* und kein Preuße hätte je den heiligen Boden Frankreichs betreten!› Unter allgemeiner Heiterkeit war ihr zugestimmt und die eigentliche Streitfrage (das Essen) seitdem nicht wieder berührt worden.« (NFA 16/325f) Hier offenbart sich Fontanes sympathisierende Anteilnahme in vollem Maße. Aber es ist auch gewiß, daß er von sich selber mit der gleichen Entschiedenheit das komproßmißlose Eintreten für Preußen-Deutschland verlangt.

Wie fraglos und selbstverständlich sich diese Identifikation zu Zeiten ausgesprochen hat, dafür gibt es erstaunliche Beispiele. Am befremdlichsten berühren die Sätze, in denen sich Fontane zu dem äußert, was man als die dunkelsten und grausigsten Kapitel jedes Krieges ansehen kann: die Kriegsverbrechen. Nur ganz selten nimmt Fontane davon Kenntnis: Im Kampf gegen die Truppen Garibaldis, der sich der französischen Republik für ihren Krieg gegen die deutschen Invasoren zur Verfügung gestellt hatte, hatten preußische Soldaten einen gefangengenommenen französischen Unteroffizier »gefesselt, auf eine Leiter gelegt« und verbrannt, »Stroh und Petroleum dienten dazu.« (KF II/979) Fontane versucht nicht, den Vorfall in Abrede zu stellen: »Durch Vertuschungen oder Anzweiflungen... verschlimmert man die Dinge nur... wo... einfach Verabscheuenswerthes vorliegt, da gebe man diesem Abscheu auch Ausdruck.« (KF II/979) Er stellt sich also nicht einfach unwissend; aber seine Sätze bekunden auch nicht gerade blankes Entsetzen. Zutage tritt vielmehr eine (auf den Leser verstörend wirkende) Distanz dem Vorfall gegenüber. So, als solle zu verstehen gegeben werden, daß im Krieg auch das Ungeheuerlichste nicht undenkbar ist. Grausamkeiten liegen in der Natur des Menschen, wenn der gewaltsame Tod ständig präsent ist.

Für Fontanes Realismus in dieser Hinsicht gibt es ein weiteres, höchst aufschlußreiches Dokument. Zu jedem Krieg gehört die Verteufelung des Gegners. Nach dem uralten Motto ›Du bist dir alter hun‹, mit dem schon Hadubrand seinen Vater Hildebrand und sich selber in Wallung zu bringen versuchte, versetzt sich jede Partei in jene aggressive Stimmung, in der Schießen und Töten erst möglich werden. Dazu kommt, daß die Öffentlichkeit vom Unrecht der Gegenpartei überzeugt werden muß. Diesem Zwecke diente ein Zirkular des Grafen Chaudordy, Vertreter des Ministers des Äußeren in Tours, in dem eine Reihe preußischer Kriegsverbrechen angeprangert wurde. Die Vossische Zeitung hatte das Zirkular gedruckt und eine offizielle Zurückweisung der erhobenen Vorwürfe hinzugefügt. Fontane nahm dieses Dementi zum Anlaß, der Zeitung eine Notiz zur Verfügung zu stellen, in der er sich in aller Offenheit gegen das preußische Dementi wandte: »Tatsachen bleiben Tatsachen. Zu bezweifeln gibt es auf diesem Gebiete nichts mehr; es ist alles furchtbare Wirklichkeit, und wenn eine einzelne Geschichte…an Übertreibung leidet oder vielleicht ganz erfunden ist, so mögen Sie sicher sein, daß daneben hundert andere existieren, die sich nicht wegdisputieren lassen.« (NFA 24/586) Hat man bis zu diesem Punkt das Gefühl einer unerhörten Aufrichtigkeit, eines alle Grenzen sprengenden Wahrheitsfanatismus, so belehrt der Fortgang der Notiz, daß Fontane ganz anderes im Sinne hatte. Nachdem er sich auf Hunderte von Gesprächen berufen hat, die er mit deutschen Soldaten über dieses Thema führte, fährt er fort: »Alles was geschieht, furchtbar wie es sein möge, ist nur Repressalie. Frankreich hat…ein System der Wegelagerung, der Embuskaden und nächtlicher Überfälle inauguriert, …es hat dem Kriege seine schlimmste, gehässigste Gestalt gegeben und es muß nunmehr die Folgen davon tragen…so…haben wir ein Recht, uns durch jedes Mittel, durch jede Repressalie gegen eine solche Kriegführung zu schützen… Die Atrocités sind da, aber indem wir sie zugeben, fügen wir in aller Ruhe hinzu: ›tu l'as voulu‹.« Von der Richtigkeit seiner Argumentation, die sich immerhin gegen ein offizielles preußisches Dementi richtete, war Fontane so sehr überzeugt, daß er einen Vermerk für den Druckereileiter hinzufügte: »Für den Fall, daß keiner der Herren Redakteure mehr zugegen ist, nehmen Sie wohl noch die einliegende Notiz mit in die Zeitung für morgen früh mit hinein. Von der völligen Unverfänglichkeit der Notiz werden Sie sich leicht überzeugen.« (NFA 24/994) Nun, entweder einer der Herren Redakteure war noch anwesend oder der Druckereileiter war zu gewissenhaft, denn die »unverfängliche Notiz«, mit der Fontane gegen das offizielle Dementi anrennen wollte, blieb ungedruckt. Es verwundert dabei weniger die journalistische Ahnungslosigkeit Fontanes als die Radikalität seiner Anschauung, die Unerbittlichkeit, mit der das Prinzip Auge um Auge, Zahn um Zahn vertreten wird. In der ganzen Zuschrift lebt nicht eine Spur von Mitgefühl mit den Opfern, schwingt kein noch so kleiner Glaube mit an die Kraft des Menschlichen (um nicht zu sagen die heilende Kraft der Humanität), wird nicht appelliert an die Menschlichkeit des Menschen, an die Großmut des Siegers, an die Vernunft des Verlierers. Noch mehr verwundert auf den ersten Blick, daß Fontane an den oberen Rand seiner Notiz schrieb: »Keinesfalls meinen Namen nennen.« Was als Flucht in die Anonymität angesehen werden könnte, ist indessen eine Sache des Takts. Fontanes Notiz stammt nämlich vom 14. Dezember 1870; er verfaßte sie also zehn Tage nach seiner Rückkehr aus der französischen Gefangenschaft, an deren Ende er sich hatte verpflichten müssen, nichts gegen Frankreich zu sagen, zu schreiben, zu tun.[4] Die Notiz beweist, wie stark Fontane bei seiner Rückkehr aus der Gefangenschaft noch unter dem Eindruck der Berichte stand, die ihm die deutschen Kriegsgefangenen von Oléron gegeben hatten. Eine andere Quelle ist nicht denkbar; denn als Fontane selber in Gefangenschaft geraten war, hatte der von ihm beschriebene hinterhältige Kampf der Franctireure eben erst begonnen. Da er in seiner Zuschrift einen Anspruch auf Allgemeingültigkeit erhebt, können die vielen Gespräche mit deutschen Soldaten nur in Oléron stattgefunden haben, und Fontane verarbeitete deren Erfahrungen. Zehn Tage später begann die Vossische Zeitung mit dem Vorabdruck von ›Kriegsgefangen‹, dem immer wieder wegen seiner Objektivität und Fairneß bewunderten Buch. Fontane hatte guten Grund, des Feindes mit aller nur denkbaren Sympathie zu gedenken, denn sein leichtsinniges Verhalten – so sehr sein ›Vorstoß‹ nach Domrémy ihn als Poeten ehrt – fand in Langres und Besançon ebenso milde wie souveräne Richter, denen er es verdankte, daß er nicht zwischen die Mühlsteine wechselseitiger Repressalien geriet, für die er in seiner Zuschrift an die Vossische Zeitung so viel Verständnis zeigte.[5]

Von diesem Vorgang her fällt auch ein Licht auf den Brief, den Fontane am 23. Dezember 1870 an seinen Berliner Verleger von Decker gerichtet hat: »Noch Ende September, als ich meine Reise antrat, blickte ich auf das neue Buch wie auf eine *schwere Arbeit*. Jetzt blicke ich darauf wie auf eine *freudige*, den Schreiber selbst erhebende Aufgabe. Die Dinge haben sich so gestaltet, der Stoff ist so *überreich*, daß wie von selber ein Werk entstehen wird, das mit den beiden vorhergehenden wenig Ähnlichkeit haben wird. Es muß sich lesen wie ein *Roman*. Es muß nicht bloß fleißig und ordentlich werden, nicht bloß Klarheit in einen chaotischen Stoff bringen (*dies* Verdienst nehme ich auch für das 66er Buch in Anspruch), es muß fesseln, Interesse wecken wie eine Räubergeschichte. Etwas davon ist es ja auch leider.«[6] Es ist bemerkenswert, wie sehr die moderne Forschung bei Fontane nach Spuren einer antipreußischen Gesinnung auch dort sucht, wo sie nicht vorhanden sind. So charakterisiert John Osborne in seinem Aufsatz ›Theodor Fontane und die Mobilmachung der Kultur: Der Krieg gegen Frankreich 1870–1871‹ den letzten hier zitierten Satz mit der Bemerkung: »In einem späteren Brief an Decker wird seine kühnste Bemerkung – echt Fontanesch – durch seine unschuldige Beiläufigkeit beinahe verdeckt«.[7] Diese Auslegung insinuiert dem Leser, Fontane so zu verstehen, als habe er die preußische Armee im Kriege gegen Frankreich als eine Horde von Räubern angesehen, die ausgezogen war, den westlichen Nachbar das Gruseln zu lehren. Nur bei diesem Verständnis des Satzes rechtfertigt sich der Superlativ »kühnste Bemerkung«. Aber abgesehen davon, daß nach Fontanes Auffassung nicht die Preußen den Franzosen den Krieg aufdrängten, sondern umgekehrt, und daß Frankreich Rache für Sadowa wollte und das linke Rheinufer sein erklärtes Kriegsziel war,[8] abgesehen davon also, würde diese Auslegung Fontanes auch dem Kontext des Briefes nicht gerecht, in dem sich Fontane ausgesprochen patriotisch darstellt, wie das ja auch in seinem etwa eine Woche älteren Leserbrief geschieht. Überhaupt scheint der Begriff ›Räubergeschichte‹ wenig geeignet, zum Kern von Fontanes preußischem Denken und Fühlen zu dieser Zeit und später vorzudringen. Dietmar Storch hat in seinem Buch ›Theodor Fontane, Hannover und Niedersachen‹[9] gezeigt, wie entschieden Fontane zu jeder Zeit die Besetzung und Einverleibung des Königreichs Hannover durch Preußen verteidigte.

Höchst empfindlich reagierte er jedenfalls, als es nach der Thronbesteigung Wilhelms II. zu Auseinandersetzungen mit der ihm unsympathischen Kaiserin Friedrich kam, der er in einem Brief an Friedlaender vom 7. Januar 1889 »Hoch- und Landesverrätherei, ganz frisch, fromm, fröhlich und frei« vorwirft und versichert: »Sie sehen, ich steh im *Letzten* ganz auf Bismarcks Seite, es ist um die Wände 'rauf zu gehn, von dem Tag an, wo die Gräfin Reventlow ungestraft von ›Euer Großvater, der Räuber-König‹ sprechen durfte…« (Ha Br III/674) Die Gräfin Reventlow war die Obergouvernante des Kronprinzenpaares. Und wenn Fontane noch 1889 so allergisch auf die Bemerkung der Reventlow reagiert, kann man sich vorstellen, wie wenig er 1870 geneigt sein konnte, die preußischen Truppen mit ›kühnsten Bemerkungen‹ zu desavouieren.

Es ist, wenn man die Zuschrift an die Vossische Zeitung liest, klar, daß ihm der dunkle und blutige Untergrund bekannt war, der diesem Krieg wie allen Kriegen seine grausam-finstere Tönung gab. Nur: in seine offiziellen Kriegsbücher hat dieser Aspekt des Krieges keinen Eingang gefunden. So intensiv man damals auch den Kampf gegen die Franctireurs diskutierte (es geht in etwa um den Partisanenkrieg des Zweiten Weltkriegs), bei Fontane finden sich davon nur Andeutungen, so in dem von ihm veröffentlichten Brief, den Ricciotti Garibaldi an den Prinzen Friedrich Karl richtete. Garibaldis Anklage lautete: »Seit Beginn dieses Krieges, ist, im Widerspruch mit Logik und Humanität, den Franctireurs die eigentliche Soldatenschaft abgesprochen worden. Sie sind dadurch gewisser Rechte und Vorzüge verlustig gegangen. Mit tiefem Schmerze haben wir sehen müssen, wie unsre Gefangenen hingeschlachtet, unsere Verwundeten den schmählichsten Qualen unterworfen wurden, Roheitsakte, für die es der französischen Sprache an dem entsprechenden Worte gebricht.« (KF II/674) Fontane meint, das Schreiben werfe »ein nicht ungünstiges Licht auf seinen Verfasser.« Es sei wahrscheinlich »ohne Antwort geblieben«, aber nicht ohne Wirkung: »Man bekehrte sich diesseits allmälig zu der Anschauung, daß die uniformentragenden und eben dadurch sich offen als Gegner kennzeichnenden Freicorps, auch als *Soldaten* zu behandeln seien, und verzichtete darauf, sie in gleiche Reihe mit jenen heuchlerischen, die Friedlichkeit der blauen Blouse heimtückisch ausnutzenden ›Paysans‹ zu stellen, die uns innerhalb des Dorfes bewirtheten und außerhalb desselben niederschossen. Man fing an, besser zu unterscheiden.« (KF II/675) Damit läßt es Fontane bewenden. Seine Zurückhaltung, seine Resignation sind nur zu verständlich, ja berechtigt. Entzieht sich schon der Krieg allen moralischen Kategorien, so folgt der Partisanenkrieg sowieso seinen eigenen Gesetzen. Fontanes Kriegsbuch-Sprache verfügt nicht über das Vokabular für ›Atrocités‹, sein ritterlicher Sinn versagte sich den Blick auf das Furchtbare.

Es gab zudem noch andere Gründe, die es Fontane schwer machten, zum Franctireur-Krieg in Frankreich Position zu beziehen. Die preußische Armeeführung betrachtete jeden Zivilisten, der hinter der Front mit der Waffe in der Hand angetroffen wurde, als Verbrecher und behandelte ihn entsprechend. Das Generalstabswerk zum Krieg gegen Frankreich sagt zwar nicht, daß ein Befehl ergangen sei, bewaffnete Zivilisten hinzurichten, doch in Anbetracht der Tatsache, daß überall so verfahren wurde, läßt sich als sicher annehmen, daß ein solcher Befehl bestanden haben muß. Es geschah dies auch durchaus in Übereinstimmung mit dem Kriegsrecht, das keinem Zivilisten erlaubte, eine Waffe zu führen oder gar zu benutzen. Es war kein Umstand denkbar, der eine Ausnahme von dieser Regel zugelassen hätte. Natürlich konnte man auch nicht nach der Gesinnung fragen, die hinter dem bewaffneten Widerstand von Zivilisten stand. In den meisten Fällen handelte es sich um opferfreudige Männer, die dem Unglück des Vaterlandes nicht tatenlos zusehen wollten. Zola hat in ›Der Zusammenbruch‹ eindrucksvoll Gebrauch gemacht von der Tragik, die darin liegt, daß ein besonders patriotischer Mann, der in der Not des eigenen Volkes selbstvergessen zur Waffe greift und gefangengenommen wird, standrechtlich erschossen wird. Je reiner die Gesinnung, um so größer die Tragik. Bei Fontane kam hinzu, daß er an einem Roman arbeitete, in dem gerade der Widerstand im Rücken der kämpfenden Truppe verherrlicht wurde. Sollen die Bauern, die sich unter dem Kommando des Majors von Vitzewitz zusammenfinden, um die französische Garnison in Frankfurt auszuheben, sollen sie als Verbrecher anzusehen sein? Wäre man ihrer habhaft geworden, sie wären erschossen worden. Und Fontane ist sich darüber klar, daß ihnen damit kein Unrecht geschehen wäre. So rührend der Brief Turganys über den tapferen Tod Othegravens berichtet, die Franzosen werden nicht als Barbaren oder Untermenschen abgestempelt, weil sie ihn hinrichten – was Zola ohne Bedenken mit den Deutschen tut, die in Bazeilles einen Zivilisten erschießen, der nach Kriegsrecht verurteilt wurde als Franctireur. Fontanes vornehme Anerkennung kriegsrechtlicher Notwendigkeiten (er charakterisiert den General Girard, der die Erschießung befiehlt, mit den Worten: »Ein echter Franzos, menschlich und von edler Gesinnung«) (NFA 1/586) steht hier in wohltuender Distanz zu Zolas zelotisch aufgeregtem Deutschenhaß. Fontane jedenfalls hatte über die Theorie der Volksbewaffnung im Zusammenhang mit seinem Roman zu lange nachgedacht, als daß er jetzt das französische Franctireurwesen in Bausch und Bogen hätte verurteilen können. Außerdem wußten natürlich auch die gebildeten Militärs, daß das, was die Franzosen taten, sich in nichts von dem unterschied, was Gneisenau geplant hatte, als Napoleon Mitteleuropa besetzt hatte. Es handelt sich hier in der Tat um einen unauflöslichen Widerspruch von Kriegsrecht und Patriotismus. Beide haben recht, doch für den Unterlegenen gilt es, in Würde die bitteren Konsequenzen zu tragen, wie das Othegraven und der Franzose Weiß tun. Daß Vitzewitz, Kniehase und Othegraven im Sinne Fontanes bestes Preußentum verkörpern, ist nicht zu bezweifeln. Aber ebensowenig läßt sich die lautere Gesinnung der vielen Franzosen in Frage stellen, die die deutschen Truppen auf ihren rückwärtigen Verbindungslinien bedrohten.[10]

Als übrigens das Thema zum ersten Male diskutiert worden war, nämlich bei dem sogenannten ›Verrat von Trautenau‹, wo österreichische ›Civilpersonen‹ auf preußische Soldaten geschossen haben sollten (DK I/380ff), hatte sich Fontane in seinem Kriegsbuch bemüht, die aufgewühlte Stimmung zu beruhigen, und – er hatte erstaunlich verständnisvoll reagiert: »*Solche Scenen wiederholen sich immer wieder.* Wer jemals Straßenkämpfen beiwohnte (hier spricht der alte 48er!), wird Zeuge davon gewesen sein. Kritiklos, aller Klarheit beraubt, nur einem dunklen Drange, einer zitternden Erregung preisgegeben, glaubt der Einzelne in einer Mischempfindung von Heldenthum und Hinterlist, von Opfermuth und Rachedurst *es wagen zu können,* und blind gegen die Folgen, wirft er den Stein oder feuert sein verrostetes Gewehr ab. Es ist nicht nöthig, daß sich solche Scenen jedesmal ereignen, aber *wenn* sie sich ereignen, sind sie in ihrer Art natürlich. Dabei (unter Umständen) vom patriotischen Standpunkt aus sehr wohl zu rechtfertigen. (Hier spricht der Schöpfer des Berndt von Vitzewitz. – G.F.) Wir glauben, daß Trautenau der Schauplatz solcher Scenen gewesen ist.« (DK I/382)

In der deutschen Presse wurden die Franctireurs meist als ›Meuchelmörder‹ bezeichnet, und in der Tat fällt es schwer, die »gehässigste Gestalt« des Krieges ohne Anwendung moralischer Kategorien zu beschreiben. Fontane ist dieser Versuchung nirgends erlegen. Aber es gilt doch, seine Auffassung fern aller Sentimentalität zu bestimmen. Der hinterhältige Überfall, der zum Mord führt, bleibt der moralischen Verurteilung ebenso entzogen wie die standrechtliche Erschießung, die sich mit Notwendigkeit anschließt. Othegravens Tod setzt hier die Maßstäbe: nach beiden Seiten.

In der Sekundärliteratur wird gelegentlich versucht, dem Leser zu suggerieren, Fontane sei auf seinen Wegen über die Schlachtfelder Frankreichs immer nur der Mann mitleidiger Anteilnahme mit den Opfern des Krieges gewesen. Des öfteren wird ein Satz zitiert, der den Kriegsberichterstatter ›als einzig fühlende Brust unter so vielen Larven‹ zeigt. Dieser Satz fällt bei Gelegenheit eines Besuchs im Theater von St. Denis. Der Vorgang zeigt Fontane nicht ganz auf der Höhe seiner selbst, denn er mag es nicht unterlassen, die ›sachgerechte‹ Bemerkung eines Dragoneroffiziers wiederzugeben, der, nach scharfer Beobachtung durch den Kneifer, angesichts einer überschlanken Primaballerina »mit vollendetem Hoppegarten-Akzent seinem Nachbar und Regimentskameraden« zuruft: »Schade, etwas schwach im Oberschenkel«. (NFA 16/217) Der heutige Leser wird darin vielleicht eine Mischung von Takt- und Geschmacklosigkeit, von Arroganz und pubertärem Kasinoton finden; aber Fontane will keineswegs den Gardeton verächtlich machen oder ridikülisieren, denn das ganze Kapitel wird eingeleitet mit einer anerkennenden Zustimmung zur »gefälligen Leichtigkeit des Gardetons« (NFA 16/211), aber was Fontane mit der Wiedergabe der ›witzig‹ herabsetzenden Bemerkung auch pekziert haben mag, es wird in den Augen des heutigen Lesers wiedergutgemacht durch die nach dem Theaterbesuch fallenden Sätze: »Ins ›Café‹ riefen jetzt zwanzig Stimmen. Vom Mont Valerien her aber rollten die

Kanonenschüsse dumpf durch die regenschwere Luft. Gewohnheit ist alles. Ich glaube, ich war der einzige, der diesen Donner noch hörte.« (NFA 16/217) Die Abgestumpftheit der anderen kontrastiert mit Fontanes Feinfühligkeit, die sich hier wie so oft in seinem Werke zeigt.

Von dieser Sensibilität verliert der Schriftsteller nach wochenlangen Reisen über die Schlachtfelder Ost- und Nordfrankreichs einiges. So heißt es ziemlich selbstkritisch beim Besuch von Ste. Marie aux Chênes und St. Privat: »An der Stelle, wo gehungert und gedurstet, geblutet und gestorben war, gedachte ich es mir gut schmecken zu lassen. Ich und viele andere mit mir. ›Denn aus Gemeinem ist der Mensch gemacht.‹ Heldengräber um uns her, Gräber, ohne deren furchtbare Realität wir alle, die wir da saßen und schwatzten und lachten, diese ›gemütliche Fahrt über Land‹ nie und nimmer hätten machen können, bedankten wir uns bei ihnen durch nichts andres als durch gedoppelten Appetit.« (NFA 16/448) Das selbstironische Motto über dem Kapitel gewinnt von hier aus etwas Beklemmendes:

> Es hat noch lange keine Not,
> Ich lebe ja, und du bist tot.

Und dies an einer Stelle, wo auch Fontane Anlaß genug sah, über die Richtigkeit und Angemessenheit des Stils der preußischen Kriegführung nachzudenken. Es geht um den Angriff der Garde auf St. Privat. Fontane hat die Vorgänge sowohl in ›Aus den Tagen der Okkupation‹ als auch in seinem eigentlichen Kriegsbuch behandelt, und zwar ausführlich, so daß seine Betroffenheit deutlich wird. Der kommandierende General des Gardekorps, August Prinz von Württemberg, hatte der Garde den Befehl zum Frontalangriff auf St. Privat gegeben, obwohl das sächsische Korps, das St. Privat, die Garde unterstützend, von Norden her umfassen sollte, sich noch auf dem Marsch befand und mit seinem baldigen Eingreifen nicht zu rechnen war. Unter entsetzlichen Verlusten blieb der zu früh unternommene Angriff auf freiem Felde liegen. Die Garde verlor »ein Viertel ihres Bestandes; 8000 Mann sanken in ihr Blut, darunter Hunderte von Offizieren.« (NFA 16/450) Fontane wagt eine Kritik, vor allem in seinem Buch ›Aus den Tagen der Okkupation‹: »stumm, ohne einen Schuß zu tun, rückten die Bataillone weiter hügelan – nur das Kommandowort der Offiziere und das beschwörende ‹vorwärts, vorwärts› lief durch die Reihen. Aber was half's; noch dreihundert Schritt und die preußische Garde hätte aufgehört zu sein; halt riefen die Signale; und – man stand. Eine andre Phase in der Gesamtentwicklung des Kampfes mußte abgewartet werden. Man harrte jetzt dieser. Was man auch sagen mag – es war *mehr* als ein Wagnis, die furchtbare Position in der Front nehmen zu wollen, eh' die Flanke durch die Sachsen wirklich angegriffen war. Alles erklärbar, alles begreiflich, aber…keine Sophistik wird dies ‹aber› völlig hinwegdeuten können. Wozu war die Umgehung angeordnet? Ging es ohne dieselbe, so konnte man den Sachsen füglich den Marsch ersparen. Genug davon.« (NFA 16/452f) Weiter konnte sich Fontane als Nicht-Militär mit seiner Kritik nicht wagen. Und schließlich geht es ihm im ganzen der Darstellung nicht anders als bei der Bewertung der Schlacht von Düppel. So sehr er auf der einen Seite unter den Blutopfern leidet, die die Feldzüge fordern, so sehr ist er doch auch armeebegeisterter Preuße und betrachtet die erfochtenen Siege als unvergängliche Ruhmesblätter, auf die spätere Generationen mit ebenso viel Stolz und Rührung blicken werden wie auf die Siege Friedrichs des Großen. Auch konnte er sich der preußischen Mentalität insofern nicht entziehen, als Jena im öffentlichen Bewußtsein unvergessen geblieben war. Es hatte sich um die letzte Schlacht gehandelt, in der sich Preußen und Frankreich allein gegenübergestanden hatten, und Napoleon hatte damals über ein Preußen triumphiert, das sich als europäische Großmacht begriffen und von dem Satz gelebt hatte, daß keine Schlacht verloren sei, ehe nicht das Regiment Garde du Corps angegriffen hat. Napoleons Niederwerfung war europäische Gemeinschaftsaufgabe gewesen. Von Leipzig bis Waterloo waren es alliierte Armeen gewesen, die die entscheidenden Siege erkämpft hatten. Jetzt war die eigentliche Stunde der Vergeltung gekommen, und wenn die preußische Garde bei St. Privat angriff, so lebte in jedem einfachen Soldaten wie in jedem General der Ehrgeiz, den napoleonischen Übermut zu strafen – und das am liebsten ohne fremde Hilfe. Solche Überlegungen waren Fontane vertraut. Schmerz der Opfer wegen, Stolz und Triumph der Siege wegen halten sich die Waage.

Es mag an dieser Stelle eine Bemerkung ihren Platz finden, die für alle Kriegsbücher Fontanes von Wichtigkeit ist und die richtig einzuordnen dem heutigen Leser schwerfällt. Es ist nämlich zu bedenken, daß der Dichter vom Soldatentod ganz anders dachte, besser: denken konnte, als man das heute in Deutschland vermag. Das Verhältnis der Deutschen zum Krieg und damit zum Soldatentod hat durch den Zweiten Weltkrieg eine tiefgreifende Änderung erfahren. Den Toten des Ersten Weltkrieges galten noch Trauer und Stolz ihrer Familien und ihres Volkes. Es gab (man kann das bei Ernst Jünger am eindrucksvollsten nachlesen) so etwas wie einen Totenkult: die Toten sollten nicht umsonst für Deutschland gefallen sein. Dagegen gelten die vielen Opfer des Zweiten Weltkrieges als Verführte, die im Dienste von Verbrechen und Wahnsinn standen. Es bedarf eines weit größeren Abstands zur deutschen Geschichte dieses Jahrhunderts, um diesen Toten ihre Würde zurückzugeben. (Der Bundeskanzler kann sich mit Mitterand in Verdun zu einer Totenfeier treffen; der gemeinsame Besuch mit Reagan auf dem Soldatenfriedhof von Bitburg löst Stürme der Empörung aus.) Für Fontane ist der Soldatentod noch Heldentod, wenigstens, so lange er an den Kriegsbüchern arbeitete, doch hat er auch in späteren Jahren die in den Einigungskriegen gebrachten Opfer nie für entbehrlich gehalten. Natürlich macht er Rangunterschiede. Wir lernen aber erst im ›Stechlin‹, daß nicht jeder, der fällt, ein Held ist: »Wenn ein Bataillon 'ran muß un ich stecke mitten drin, ja, was will ich da machen? Da muß ich mit. Und baff, da lieg ich. Und nu bin ich ein Held. Aber eigentlich bin ich keiner. Es ist alles bloß ›Muß‹, und solche Mußhelden gibt es viele.« (NFA 8/244) Aber da ist noch der Pionier Klinke mit seinem Pulversack, wie wenig historisch er auch sein mag. Als Beispiel für ein anderes Heldentum bleibt er unvergessen, und Fontane denkt auch nicht daran, in seinem Roman an diesen Mythos zu rühren. Klinke opfert sich (einer falschen Überlieferung nach, die Fontane als solche kennt) für seine Kameraden und offenbart damit sein wahrhaftes Soldatentum. In der Tat gibt es für Fontane so etwas wie eine Berufung zum Soldaten. Er hat die Biographien vieler großer Soldaten studiert und wußte, daß es eine originäre, mit leidenschaftlicher Lebendigkeit ergriffene Neigung zum Beruf des Soldaten gab. Er kannte natürlich auch die Verführung, die für junge Offiziere vom Sozialprestige ausging, das eine immerzu erfolgreiche Armee ihnen verlieh. Aber weder in diesen Opportunisten noch in den nur aus Familientraditionen heraus Dienenden sah er die wirklichen Soldaten. Wie er sich den echten Soldaten dachte, wird aus wenigen Zeilen in seinem Fragment ›Allerlei Glück‹ erkennbar, wo er das Schicksal eines Mannes beschreibt, der *den* Soldaten schlechthin repräsentiert: »Der junge Frossauer (eine Nebenfigur) fällt vielleicht am Besten in der Schlacht, als Opfer seiner militär. Passion, aber glücklich, daß es so kommt, wie es kommt. So zu leben und zu sterben war *sein* Glück.« (NFA 24/766) Sein Leben erfüllt sich im Soldatentod. Nicht eine erfolgreiche militärische Karriere erweist ihn als Soldaten von Geblüt, sondern der freudig ergriffene Tod, der deshalb glücklich hingenommen werden kann, weil er das Verlangen eines Menschen erfüllt, der – wo und wie auch immer – nichts wollte als dienen. Es ist ganz sicher kein Zufall, daß der Dichter in den Kreis derer, die ihr Glück finden, einen Soldaten stellt, dem seine militärische Passion noch im Tod Befriedigung schenkt: Dienen in einer seiner höchsten und schönsten Formen; Pflichterfüllung, die sonst immer auch Selbstverleugnung und Unterwerfung zu fordern scheint, in wunderbarer Übereinstimmung von innen und außen. Die eigene Natur verlangt hier nichts, als was die Welt wünscht und braucht. Und dem Vollzug dieser Übereinstimmung gibt der Tod seinen Stempel und schafft damit Vollendung. Auch das ist, wennschon nur in einem Nebenzug, Fontane: Verklärung des Soldatentums – nicht für alle und nicht an und für sich, aber doch im Einzelfall.

Daß sich nach St. Privat in Preußen kritische Stimmen rührten, ist verständlich, aber sie konnten sich nicht durchsetzen. Moltke selbst deckte den Befehl, der damit allzu kritischen Erwägungen entzogen war. Und wenn man heute in den modernen militärgeschichtlichen Darstellungen über jene Kämpfe nachliest, wird man zumeist vergeblich nach einem verurteilenden Wort suchen: »Gegen 17.15 Uhr griff das Gardekorps auf St. Privat an, wo man jetzt den rechten französischen Flügel vermutete. Sein Stoß traf auf die Front des Gegners, auf das 4. und 6. Korps, und blieb im gegnerischen Feuer liegen.«[11] Danach wird nur noch darauf hingewiesen, daß »das Hauptquartier von allen Kommandeuren« verlangte, »die taktischen Lehren des 18. August zu beachten und die verlustreichen Frontalangriffe in geschlossenen Gefechtsformationen künftig zu vermeiden.«[12]

Es scheint freilich auch, daß Moltke sich einen gewissen Schuldanteil an den schweren Verlusten selbst zurechnete. Die Darstellung von Eberhard Kaulbach verdeutlicht, daß er die Schlacht gegen Bazaine begann, ohne dessen Konzeption durchschaut zu haben: jener wollte eine Verteidigungsschlacht liefern, die die preußisch-deutschen Truppen so schwächen sollte, daß »die eigene Handlungsfreiheit...zu gewinnen war.«[13] Die deutsche Führung war der Überzeugung, daß Bazaine im Begriffe stand auszuweichen, nicht aber, sich zu schlagen: »Die Konsequenzen solcher Fehlbeurteilung waren gewichtig: Aus der ›geplanten‹ großen Entscheidungsschlacht wurde eine von taktischen Zufällen abhängige, fast ungelenkte Schlacht, deren Ausgang durchaus am seidenen Faden hing. Aus einer von Moltke vorgesehenen Umfassungsschlacht wurde eine der blutigsten Frontalschlachten...«[14]

Fontanes Zeitgenossen, denen an einer allgemeineren Wirkung lag, hielten sich mit ihrem Urteil zurück, am erkennbarsten Rudolph Lindau in seinem Buch ›Die preußische Garde im Feldzug 1870/71‹, das Fontane unter seinen Quellen nennt. Lindau läßt die Gründe unerörtert, die den Prinzen bewogen hatten, den Angriff zu befehlen.

Fontane bleibt bei bloßer Kritik nicht stehen. Der Eindruck, den das Vorgehen der Garde in Deutschland und Europa gemacht hatte, war zu überwältigend gewesen, als daß er sich auf die unheroische, um Menschenleben feilschende Argumentation von Philanthropen hätte zurückziehen können. In einem Kriegsbuch mußte mit anderen Maßstäben gemessen werden.

So unternimmt es Fontane hier, dem Kampf unter ganz anderen Gesichtspunkten gerecht zu werden. Im ›Krieg gegen Frankreich‹ zitiert er einen Augenzeugen, der zunächst die hohen Verluste des Offizierkorps erklärt: »Sämmtliche Generale und Stabsoffiziere blieben zu Pferde an der Spitze ihrer Truppen, um das Gefecht besser leiten zu können: Aber ihnen sämmtlich war nach kürzester Zeit das Pferd unter dem Leibe erschossen. Erschrecklich war das massenhafte Feuer. Bis auf 1500 Schritt war der ganze Umkreis der feindlichen Stellung mit Bleigeschossen förmlich übergossen.« (KF I/322) Einen zweiten Augenzeugen läßt Fontane das Sterben der Garde noch deutlicher beschreiben: »Bis zu 500 Schritt in Front von St. Marie waren Einzelne gefallen, vielleicht auch Hunderte schon; erst über diese Stelle hinaus begann das große Sicheln. In ganzen Garben sanken sie dahin, die großen, schönen Gardeleute; unerbittlich mähte Schnitter Tod. Oben auf der Höhe von St. Privat aber standen die französischen Offiziere (wenn man uns recht versichert hat) und folgten kopfschüttelnd, in Thränen und in Bewunderung, dem großartigen Schauspiele, das hier Mannesmuth und Vaterlandsliebe, Disciplin und Ehrgefühl vor ihren Augen aufführten. Ganze Sectionen stürzten; aber die zerrissenen Linien schlossen sich wieder...« (KF I/322f) Was so heroisch begonnen hatte, endete schließlich in einem Gemetzel: »Das Blatt hatte sich gewandt und ein furchtbares Gericht brach jetzt über die Tapfern herein, die hier oben hatten aushalten *wollen* – oder aber hatten aushalten *müssen*.« Den Rest läßt Fontane wieder einen Augenzeugen berichten: »Hinter den niedrigen Mauern

...lagen sie und feuerten bis zuletzt. Meine Leute vom 4. Garde-Regiment standen plötzlich zwischen und hinter ihnen. Da sah ich, wie die wüthenden Grenadiere, um ihrem Zorn ein volleres Genüge zu thun, die losen Feldsteine der Mauer packten und die unten noch im Anschlag liegenden Franzosen mit diesen Steinen niederschmetterten. Es war wieder jener Momente einer, wo das Menschenherz nur noch das *Elementare* will, den Stein, die Keule, und Zündnadel und Chassepot wie bloße Nippsachen bei Seite wirft.« (KF I/326)

Diese Äußerungen beeindruckten Fontane so sehr, daß sie sich sowohl in ›Aus den Tagen der Okkupation‹ als auch im Kriegsbuch selbst finden. Ein ungeheuer blutiges Ringen hatte mit dem Siege der Preußen und der daraus resultierenden Einschließung Bazaines in Metz sein Ende gefunden. Für den Schriftsteller Fontane ließen sich die bei St. Privat gebrachten Opfer sicher nicht nur rechtfertigen mit dem Hinweis auf das siegreiche Ende. Das wäre die Kapitulation vor dem Satz gewesen, daß der Zweck die Mittel heilige. In der Schlacht geht es aber gerade um die Frage nach der Angemessenheit der Mittel. Und an der Tatsache, daß der Angriff ganz einfach um einundeinhalb Stunden zu früh befohlen worden ist, läßt sich nicht deuteln. Aber eine Erklärung bleibt offen: »Unter allen Motivirungen, die wir bis jetzt gehört, hat uns ein einfaches Citat aus der ‹Iphigenie›, das nicht taktisch, sondern nur *poetisch* das Unternommene zu rechtfertigen strebt, immer am besten gefallen:

‹Was nennt man groß? Was hebt die Seele schaudernd
Dem immer wiederholenden Erzähler,
Als was mit unwahrscheinlichstem (!) Erfolg
Der Muthigste begann?›

Diese eine Rechtfertigung mag gelten.« (KF I/320) Es hieße Fontane falsch einschätzen, wollte man glauben, hier solle mit Hilfe eines großen Zitats eine sonst unüberwindbare Schwierigkeit gemeistert werden. St. Privat war ein großer Tag, und Fontane spricht von »beispiellos«em »Opfer«, aber auch davon, daß der Kampf »nach der Seite der Bravour hin« eine »unübertroffene Action« gewesen sei. (KF I/328) Hier spricht kein Schriftsteller, der Krieg und Tod verabscheut, sondern ein Balladendichter, für den der Tod schon immer eine besondere Anziehungskraft besaß und der, schrecklicher Einzelschicksale wegen, die Größe der Tat nicht durch den Gedanken an den erbrachten Blutzoll geschmälert sehen will.

Und ähnlich wie die Kämpfe um St. Privat beurteilt Fontane die (wesentlich unbedeutenderen) Gefechte von Le Bourget, vor allem das vom 30. Oktober 1870. Auch hier verlangte der kommandierende General mehr, als – auch nach den Zeugnissen der kämpfenden Soldaten – die Lage erforderte, denn Le Bourget lag eigentlich vor den preußischen Linien und eine militärische Notwendigkeit, es zu besitzen oder wiederzugewinnen, bestand nicht. Der Angriff auf den verlorengegangenen Ort wird trotzdem befohlen. Und Fontane, nachdem er die für den Angriff geltend gemachten Begründungen zurückgewiesen hat, erklärt diesen folgendermaßen: »...wir begnügen uns, unsere abweichende Ansicht einfach dahin auszusprechen, daß das hier treibende Agens muthmaßlich dasselbe war, wie bei St. Privat: *Ehrenpunkt*. Bei St. Privat bestand der Ehrenpunkt darin, eine große Aufgabe *allein*, ohne Unterstützung anderer Truppentheile lösen zu wollen, bei Le Bourget darin, das einmal Besessene nicht in andere Hände übergehen zu lassen.« (KF II/275) Fontane hätte sich, um die Richtigkeit der preußischen Maßnahmen zu bestätigen, auch auf das von Rudolph Lindau zitierte Werk ›Die Belagerung von Paris‹ von F. Sarcey berufen können, der die moralische Wirkung der französischen Niederlage auf die Pariser Bevölkerung »unermeßlich groß« nennt;[15] aber Fontane benutzt diesen bequemen Ausweg nicht, und zwar nicht etwa deshalb, weil er die das Leben der Soldaten aufs Spiel setzende Haltung der führenden Militärs kritisieren will, sondern weil ihm der Vorgang Gelegenheit gibt, mit Nachdruck seine eigene, den Kampf befürwortende Einstellung geltend zu machen: »Das Wagniß lockte und mit ihm zugleich die Vorstellung, daß dem Kühnen meist der Erfolg und immer der Ruhm zur Seite stehe. Von diesem Standpunkt aus angesehen, waren der vorzeitige Sturm auf St. Privat und das consequente Ausharren in Le Bourget in gleicher Weise zu rechtfertigen. Aus einem solchen ›zu viel‹ erwachsen eben jene Thaten, die besungen und bewundert, von Geschlecht zu Geschlecht forterben und die moralischen Kräfte lebendig erhalten; aber die den Volksgeist stählende Großthat und das strategische Gebot, sie decken sich nicht notwendig einander. Eine *Nicht*-Besetzung Le Bourgets würde unsere Kriegsgeschichte, speziell die Geschichte unseres Garde-Corps, um zwei glänzende Blätter gebracht, aber die Sicherheit unserer Cernirungs-Linie schwerlich ernsthaft gefährdet haben.« (KF II/275) Die Interpretation dieser Sätze führt schnell zu Mißverständnissen. Der heutige Leser wird sich eifernd an den letzten Satz halten und versuchen, Fontanes kritische Haltung zum preußischen Militärstil zu demonstrieren. Schließlich gibt es aus den letzten Jahrzehnten keine Veröffentlichung zu Fontanes Kriegsbüchern, die nicht des Schriftstellers Schreckensbriefe vom Anfang des Krieges zitierten, in denen von den preußischen Verlusten die Rede ist: »Welche Siege, welche Verluste! Lepel, der gestern eine Stunde bei uns war, sagte sehr richtig: noch zwei solcher Siege und – wir sind ruinirt. Menschen giebt es noch, auch noch Generale, aber – keine Offiziere… Erfreuen wir uns an der einen großen Thatsache, daß wir wenigstens gesiegt haben und daß wir auf Feindes Land stehn. Ein zweites wiegt kaum minder schwer: heiter und singend ziehen Tag und Nacht immer neue Tausende hinaus, um die entstandenen Lücken zu füllen. Ohne einen gewissen Leichtsinn wäre es jetzt gar nicht auszuhalten.« (Ha Br II/330 f) Aber der Fontane der Kriegsbücher ist nicht der Mann, sich seinem Schmerz und seinem Mitleid hinzugeben. Sicherlich weiß er, daß eine behutsamere und schonendere Krieg- und Menschenführung möglich gewesen wäre, aber Kriege werden anders entschieden, nämlich vom Geist der Armee und des Volkes. Und gerade angesichts der Verluste hat sich dieser Geist zu bewähren: »Der kommende Geschichtsschreiber dieser Entscheidungstage, wenn er den Geist kennen lernen will, der damals im preußischen Volke lebendig war, er wird ihn nirgends lebendiger, großartiger und ergreifender ausgesprochen finden, als in den Inseratenspalten jener Zeitung.«[16] Und in der Tat wäre es verwunderlich gewesen, wenn ein Schriftsteller, der 25 Jahre lang den ruhmreichen Wegen der preußischen Armee, den großen Taten ihrer Soldaten und Offiziere nachgegangen ist, der besser als irgendein anderer über die Schlachten, die preußische Heere seit den Tagen des Großen Kurfürsten geschlagen hatten, orientiert war, wenn der angesichts dreier Kriege, in denen Preußen Mal auf Mal triumphierte und alle Träume seiner Geschichte aufs glänzendste realisierte, wenn der lamentiert hätte über Opfer und Kosten dieser Kriege. Es lebt in ihm eine frische, ungebrochene Zuneigung zu den Soldaten, die während des Feldzugs nicht nur ihre Pflicht taten, sondern mit enthusiastischem Schwung ihre Aufgabe erfüllt hatten und denen daraus ein gesteigertes Bewußtsein ihres Soldatentums erwachsen war. Im Kapitel ›Dieppe‹ aus dem Kriegsbegleitbuch ›Aus den Tagen der Okkupation‹ gibt er seiner Freude über die Begegnung mit einer Truppe Ausdruck, die von der glänzend bestandenen Feuerprobe geprägt ist: »Die Kapelle war die des tapfern 40. Regiments (Kölner), das diesen Krieg als eine recht eigentliche ‹Wacht am Rhein› begonnen hatte. Jedem einzelnen sah man an, daß er das Bewußtsein davon hatte. Es ist wunderbar, wie ein solches ‹Regimentsgefühl› bis auf den letzten Mann durchdringt und ihn in Erscheinung, Gang, Haltung auf eine höhere Stufe hebt. Es war eine Freude, unter diesen Gestalten zu wandeln.« (NFA 16/308) Hier wie überall zeigt sich, daß Fontane sich nicht (wie das die immer wiederholten Hinweise darauf, daß die Kriegsbücher ›nur‹ Auftragsarbeiten waren und nicht der eigentlich dichterischen Natur ihres Verfassers entsprangen, vermuten lassen könnten) dazu zwingen mußte, dem kriegerischen Geist und den kriegerischen Leistungen der preußisch-deutschen Truppen nachzuspüren; die ihm gestellte Aufgabe traf vielmehr in ihm auf eine elementare Prädisposition, die ihm die Bewältigung des Auftrags leicht machte: trotz aller sich auftürmenden Schwierigkeiten und der schließlich einsetzenden Ermüdung. Es scheint, daß Oberstleutnant Jähns, früheres Tunnelmitglied und einer der bekanntesten Militärschriftsteller der Zeit, mit seiner Charakterisierung Fontanes aus dem Jahr 1877 durchaus das Richtige trifft: »Fontane ist nicht Berufssoldat; doch er ist Soldat mit dem Herzen und mit dem Auge; er hat das volle Verständnis zum Wesen preußischen Kriegertums, denn er hat es seit seiner Jugend studiert und geliebt.«[17] Und offenbar hatte nicht nur das Denken Fontanes etwas Militärisches, sondern auch seine Haltung. Mario Krammer gibt mit seinen Worten wohl den Eindruck vieler Zeitgenossen Fontanes wieder: »Wer ihn später durch die Potsdamer Straße spazierengehen sah und nicht kannte, hielt den hochgewachsenen Mann mit dem starken weißen Schnurrbart eher für einen General a. D. als für einen Dichter.«[18] Es soll auch nicht verschwiegen werden, daß die militärkonforme Erscheinung Fontanes, die dem Kenner doch nicht so ganz konform erschienen sein mag, den Spott seiner Freunde herausforderte. Im Hause Zöllners unterhielt man sich eines Abends darüber, »wofür

man den und den halten würde, wenn man ihm im Coupé stumm gegenüber-
säße.« Auch Fontane wurde, wie er an Emilie schreibt, unter die Lupe genommen:
»Offizier a. D., der sich wegen Kopfrheumatismus das Haar hat lang wachsen lassen.« (Ha Br II/254) Fontane kann nicht umhin, Zöllner für seinen Einfall zu
loben: »Vorzüglich, besonders die Motivierung der langen Perrücke. Natürlich
vom Chevalier.« Geschrieben wurde der Brief 1869. Wenn man bedenkt, daß
Zöllners Bemerkung der Beobachtung von Krammer um Jahrzehnte vorausgeht,
so erkennt man, wie lange Fontanes Erscheinungsbild unverändert blieb. Und an
der Art, wie er Emilie von Zöllners launigem Aperçu erzählt, wird spürbar, daß
ihm der Satz nicht contre coeur war, daß er sich vielmehr mit selbstironischer
Genugtuung so charakterisiert sah. Konrad Burdach dürfte freilich etwas schärfer
beobachtet haben, wenn er Fontane so beschreibt: »Die ganze Erscheinung in
Haltung, Kleidern, Barttracht eine Mischung von Lässigkeit und soldatischer
Straffheit: eine Vereinigung scheinbarer physiognomischer Gegensätze.«[19]
Es ist verständlich, daß sich ein Mann wie Fontane nicht mit einer im Äußer-
lichen verbleibenden Darstellung von Schlachtenabläufen begnügen konnte. Er
war zum Augenzeugen einer der größten Epochen der preußischen Geschichte
geworden, hatte auch Tiefpunkte dieser Geschichte miterlebt, und es muß als
selbstverständlich erscheinen, daß er sich daran machte, die Ursachen für die phänomenalen Erfolge der preußischen Politik und der preußischen Waffen zu
untersuchen. Seine Urteile und Einsichten wechseln, wenn er den preußischen
Triumphen nachforschte: »Worin liegt diese in militärischen Dingen immer wieder und wieder bewiesene preußische Superiorität? Die Tatsache dieser Überlegenheit ist da, sie wird zugegeben von Freund und Feind, aber sie berührt mich
immer wieder wie ein Mirakel. Offiziere haben mir dasselbe versichert. Die 66er
›Zündnadel‹-Erklärung ist längst hinfällig geworden, und den berühmten ›Schulmeister‹ werden wir am Ende gut tun, nun auch auf seinen Lorbeeren ruhen zu
lassen. Es muß noch andres zur Geltung kommen. Es muß ein *Zusammenwirken*
von Kräften da sein, das in seiner Totalität noch von niemandem voll und ganz
erfaßt worden ist.« (NFA 16/176) Fontanes Kriegsbücher sind nichts anderes als
der Versuch, der Totalität dieser Kräfte, die so Ungeheures bewirkt hatten, auf
die Spur zu kommen. Es gehört zu seinen außerordentlichen Leistungen als
Schriftsteller, daß er diese Nachforschungen betreiben, die preußischen Siege
beschreiben konnte, ohne in nationalistischen Überschwang zu geraten. Kein
chauvinistischer Mißton, keine Arroganz zeigen sich in seinem Werk. Fontane
wußte sehr wohl, worauf es für den Verfasser eines Kriegsbuchs ankommt. Im
Kapitel ›Moulins‹ in ›Kriegsgefangen‹ erzählt Fontane, wie ihm durch Zufall
Rabous Werk ›La Grande Armée‹ in die Hände fällt (NFA 16/68) und wie er
einige Kapitel daraus liest: »›Solche Bücher‹, sagt’ ich mir, ›schreibst du selbst.
Sind sie *ebenso*, so taugen sie nichts. Die bloße Verherrlichung des Militärischen,
ohne sittlichen Inhalt und großen Zweck, ist widerlich.‹ Damit klappte ich das
Buch zu und sah wieder auf die Kathedrale hinüber.« (NFA 16/69) Die Aufga-

benstellung ist damit deutlich ausgesprochen, und wenn man auf die Kriegsbücher zurückblickt, wird man sagen können, daß Fontane nirgends der Gefahr einer bloßen »Verherrlichung des Militärischen« erlegen ist. Ist es ihm aber auch gelungen, das seiner eigenen Meinung nach alles Militärische erst Rechtfertigende, den »sittlichen Inhalt und großen Zweck« darzustellen? Er hat sich zumindest darum bemüht. Wäre ihm sein Vorhaben geglückt, hätte er die Kriege Wilhelms I. wirklich in den Rang der großen Epopöe des Zweiten Reiches heben können, die Bände wären nicht so schnell von der Bildfläche verschwunden: »Ich habe mich redlich angestrengt und bin so fleißig gewesen, wie wenige, aber es hat nicht Glück und Segen auf meiner Arbeit geruht. Ein Buch wie dies 70er Kriegsbuch wäre sonst nicht *spurlos* vorübergegangen.« (Ha Br II/556)

Fontanes Intention war, über die detailreiche Darstellung der großen Kriegshandlungen hinaus diese Kriege auf ihren sittlichen Inhalt und großen Zweck hin durchsichtig zu machen. Folgerichtig geht sein Bemühen dahin, den Leser zu überzeugen, daß Preußen-Deutschland durch seine Kriege einer großen Idee gedient habe. Diesen Glauben an die ideelle Begründung aller preußischen Politik hat er bis in sein Todesjahr festgehalten. In diesem Sinne schreibt er an James Morris: »das nehme ich auf den Diensteid, daß der Große Kurfürst, der sogenannte ›Soldatenkönig‹…und der Alte Fritz nicht bloß famose Kerle gewesen sind, sondern daß ihr Tun, weit über alles Selbstische hinaus, auch im Dienste großer Ideen…gestanden hat.« Überraschenderweise nennt er als eine dieser Ideen die »Bekämpfung des Katholizismus«, doch ist dies nur zu begreifen als ein Zugeständnis an Morris, den er auf die Zustimmung gerade Englands zu einer so verstandenen Politik Preußens hinweist. Er ist sich dieser Sache aber so unsicher, daß er auf dieser Argumentation nicht besteht, sondern, nachdem er seine persönliche Ablehnung jeder antikatholischen Politik ausgesprochen hat, sein Beispiel vollends diskreditiert, indem er fortfährt: »falsch oder richtig, war immer eine *Idee* da, nach der die Hohenzollern zwei Jahrhunderte lang ihre Politik getrieben haben…« (Ha Br IV/697) Und Kriegsbücher und Kriegsbegleitbücher machen über jeden Zweifel klar, daß Fontane auch für die von ihm beschriebenen Kriege an die bestimmende Macht der Idee geglaubt hat, ja, daß er die Superiorität der preußischen Armee aus ihrem ideellen Bestimmtsein erklärt hat. Man gerät freilich in Schwierigkeiten, wenn man diese Kriegsbücher auf eine griffige Definition dieser Idee untersucht. Er hat diese Idee inhaltlich nicht bestimmt. Er wäre denselben Hindernissen begegnet wie in dem Brief an Morris. Das macht u. a. auch die Lektüre seines Fragments ›Die preußische Idee‹ von 1894 deutlich. Dieses Fragment, zuletzt in den Fontane Blättern von Peter Wruck vorzüglich interpretiert,[20] zeigt am Lebenslauf des Adolf Schulze, Geheimrat in Berlin, zu welchen Anpassungsverrenkungen ein preußischer Beamter, so er nur alt genug wurde, im 19. Jahrhundert gezwungen war. (Die Auseinandersetzung mit Elementen des eigenen Lebenslaufs ist in dem Entwurf unverkennbar.) Statt also diese Idee zu erläutern, ist es dem Dichter offenbar lieber, wenn er die greifbaren

Gründe für die preußisch-deutschen Siege namhaft machen kann: »Was hatte unsererseits gesiegt?« Das ist die entscheidende Frage. Und um nicht von vornherein den Hinweis auf die Schwäche des Gegners zu provozieren, versichert Fontane vorwegnehmend: »Summa: es war eine so gute Armee, wie sie Frankreich nur je ins Feld gestellt hatte; das *zweite* Kaiserreich hatte jedenfalls nichts Ähnliches bis dahin unter seinen Fahnen versammelt. Die Armeen, die in der Krim, in Italien, in Mexiko gefochten hatten, verschwanden neben dieser.«[21] Was also hatte gesiegt: »in etwas die *Zahl*, noch mehr die *Führung*, am meisten das *moralische Übergewicht*.« (KF I/89) Um dieses moralische »Übergewicht« zu begründen, gibt Fontane umfangreiche Auszüge aus den Berichten des Barons Stoffel an Napoleon III., von denen er allerdings annimmt, daß Napoleon sie überhaupt nicht gelesen habe, denn man fand sie »uneröffnet in den Tuilerien.«[22] Den genannten Vorzügen (überlegene Zahl, Führung, Moral) fügt Fontane zwei weitere hinzu, um die Superiorität der preußischen Armee und des preußischen Soldaten zu begründen: »zur moralischen Überlegenheit hatten sich zwei neue Kräfte gesellt: nationaler Enthusiasmus und Zorn über erfahrene Unbill.« (KF I/94) Aber dort, wo Fontane sonst zu beschreiben sucht, welche Ideen denn die preußische Armee beseelt und sie zu solchem Siegeszug befähigt habe, nimmt er Zuflucht zu dem Ausweg, Franzosen und Deutsche zu vergleichen und aufzuzeigen, was den Franzosen gefehlt habe. Das ermöglicht ihm, jedes Eigenlob und jede Rodomontade zu vermeiden. Die Aufzählung der französischen Mängel läßt die preußisch-deutschen Vorzüge hervortreten: »dieses schöne, bevorzugte, verfallende Land, wenn es wieder empor will aus diesem Verfall..., bedarf es der *selbstsuchtlosen Hingabe an eine große Idee*. An die Stelle eitler Erregung muß wieder ein echter Enthusiasmus treten, eine Begeisterung, die hebt und heiligt, statt lächerlich macht, die gibt, statt bloß zu nehmen, und die mit dem Satze bricht, daß das Sparkassenbuch das Buch aller Bücher ist.« (NFA 16/281) Er benutzt die Gelegenheit, mit der Vergangenheit abzurechnen, der Französischen Revolution und ihren Idealen, und erinnert sich dabei vielleicht auch an das eigene, jetzt als Irrtum deklarierte Denken: »Einmal begonnen damit, werden der Neid und die Phrase hinfallen und mit der Phrase zugleich jene *Lügentrinität*, die die Freiheit in die Zerstörung des Überkommenen, die Gleichheit in die Herabsetzung alles Höheren und die Brüderlichkeit in die Verachtung der Sitte setzt.« (NFA 16/281) Und er läßt sich alle diese Mängel der Franzosen in einem Gespräch mit einem französischen Partner, der allerdings eine kindlich-kindische Wesensart offenbart, bestätigen: »Nous n'avons pas de grands hommes; nous n'avons pas des idées. Des idées, voilà la cause de votre supériorité. Nous avons – Jules Favre, nous avons – Trochu; l'un intéressé, l'autre imbécile.« (NFA 16/253)
Wenn man der Frage nachspürt, wo Fontane die wirklichen Gründe für die französische Unterlegenheit 1870/71 gesehen hat, ist es hilfreich, sich zu vergegenwärtigen, daß der Dichter durch seine unglückliche Gefangennahme in Domrémy den ›Feind‹ aus viel größere Nähe erlebt hat und bei dieser Begegnung exi-

stentiell viel unmittelbarer betroffen und bedroht war als irgendwann in seinem Leben. Die Verhaftung brachte ihn in Todesgefahr, mithin in eine Lage, die geeignet war, ihm ebensoviel Selbsterkenntnis zu schenken wie Einsicht in das Wesen des Kriegsgegners. »Bei uns wären Sie erschossen worden«, war die einhellige Meinung der preußischen Offiziere, denen er von seinem Mißgeschick erzählte. (Ha Br IV/350) Fontane entging diesem Schicksal nur knapp. Erst jüngste Forschungen haben wieder gezeigt, wie gefährlich seine Lage war, und zwar auch noch zu einem Zeitpunkt, wo Fontane selber das Schlimmste überstanden glaubte.[23] Fontane hat den alles entscheidenden Augenblick nach Langres verlegt. Hier verkündete ihm sein Wärter den schicksalsschweren Satz: »Demain matin, Mr. le Général, en présence des autorités civiles et militaires, *décidera votre sort.*« (NFA 16/24) Eine Nacht folgte, in der Fontane nicht in Hoffnungslosigkeit und Verzweiflung stürzte, sondern um Fassung rang, mit Erfolg. Seine Selbstdarstellung gehört zum Bewegendsten, was er von den Tagen der Gefangenschaft zu berichten hatte: »Man hatte Waffen bei mir gefunden. Das rote Kreuz, das an meinem Arm prahlte, war ich nicht befugt zu tragen, wenigstens nicht nach Anschauung unserer Feinde. Meine Legitimationspapiere, die alle mehr oder weniger auf Anrufung der preußischen Militärautoritäten zu meinem Schutz und zu meiner Unterstützung hinausliefen, sprachen mehr gegen als für mich. Wie federleicht wogen dagegen die paar Aufzeichnungen meines Notizbuches, die alles waren, was ich direkt und unverzüglich zu meiner Verteidigung beibringen konnte! Ich sah nur schwarze Kugeln in die Urne fallen und – mon sort *fut* décidé. Eine halbe Stunde lag ich so, oder vielleicht länger, ich weiß es nicht. Dann hatt' ich mich mit der Gewißheit meines Schicksals auch wieder gefunden. Eine Fassung kam über mich, deren ich mich nicht für fähig gehalten hätte. Ich war fertig mit allem und bat Gott, mich bei Kraft zu erhalten und mich nicht klein und verächtlich sterben zu lassen. Genug davon. War es Erschöpfung, oder war es die Ruhe vollster Ergebung, – ich schlief wieder ein.« (NFA 16/24) Am nächsten Tag und an eben diesem Ort verfaßte Fontane jenes lange Memoire in französischer Sprache, mit dem er seine Unschuld bewiesen zu haben glaubte: »Den Beweis meiner Nichtmilitärschaft hatte ich bis zur Evidenz geführt. Woher mir in einer fremden Sprache, die ich stets über Gebühr vernachlässigt hatte, die Möglichkeit kam, ohne Diktionär oder sonstiges Hilfsmittel, ein solches Memoire zu schreiben, weiß ich nicht. Oder sag' ich lieber: ich weiß es.« (NFA 16/25) Ganz ähnlich heißt es in einem Brief an Emilie: »Tout que se fait, est par la volonté du Dieu« (Ha Br II/339) oder deutlicher und in beinahe übereinstimmendem Wortlaut mit dem Text von ›Kriegsgefangen‹: »ich habe in diesen drei Wochen mehr Französisch gelernt als sonst in einem Jahr… Wo die Kräfte herkommen, weiß ich nicht. Alles Gnade Gottes.« (Ha Br II/347) Und noch deutlicher und auffälliger beweist ein weiterer Brief an Emilie aus Besançon vom 24. Oktober 1870, wie religiös gestimmt Fontane in diesen Tagen höchster Lebensgefahr war: »Ich habe gestern (Sonntag) früh, als ich eine halbe Stunde allein im

Gefängnis war, Gott angerufen und habe das Gefühl, er wird es wohl machen.«
(Ha Br II/342f) Da werden Töne und Zwischentöne hörbar, nach denen man in
dem umfangreichen Briefwerk sonst vergeblich sucht: ein vollkommener Ausdruck für sein Gefühl, daß ihm die Bestimmung seines Schicksals ganz und gar
aus den eigenen Händen genommen ist und er sich einem Andern anvertrauen
muß. Es scheint nicht angängig, in solchen Sätzen nur den Versuch zu sehen,
Emilie zu trösten und dabei vom eigenen Verschulden, das ihn in diese prekäre
Lage brachte, abzulenken und alles in die Verantwortung eines Höheren zu stellen. Daß sich seine Empfindungen hier beinahe bis zum Gedanken der Gebetser-
hörung steigern, macht die absolut einmalige Verfassung seines Innern sichtbar.
Daß auch den Freunden dieser Zustand nicht verborgen blieb, geht aus einem
Tagebucheintrag Henriette von Merckels hervor: »Am Weihnachtsabend konnte
Fontane den Weihnachtsbaum für seine Kinder wie sonst anstecken; als ich her-
überkam, sagte ich aus tiefster Seele: Gott sei gedankt, daß er sie wieder zurückgeführt hat! Und ich weiß, daß diese glückliche Errettung einen tiefen Eindruck
auf ihn gemacht hat.«[24] Für keinen Augenblick seines Lebens hat sich Fontane je
wieder so erkennbar einer überirdischen Macht nahe gefühlt, nie wieder hat er in
Brief oder anderem Selbstzeugnis so deutlich bekundet, wie sehr er anderer als
menschlicher Hilfe bedürftig gewesen und teilhaftig geworden ist. Es ist die
frömmste Äußerung, welche jemals die Not dem Dichter abgepreßt hat. Für die
Darstellung des Krieges gegen Frankreich blieb sie nicht ohne Bedeutung. Wenn
wir vorhin zitierten, daß Frankreich mit dem Satze brechen müsse, »daß das Sparkassenbuch das Buch der Bücher« sei, so weist dieser Satz ganz selbstverständlich
hin auf die Vorstellung, daß letztlich die Bibel das Buch der Bücher ist. Folgerichtig nimmt Fontane wiederholt Anstoß an dem krassen Materialismus und dem
Unglauben der Franzosen: »Das unbedingt Häßlichste, dem ich in Frankreich
begegnet bin, ist diese Devotion vor dem Golde. Arme Kerle; sie haben keinen
Gott und keinen Glauben mehr und knixen vor la France und Rothschild.« (NFA
16/424) Fontane ist überzeugt, das Heil für Frankreich könne nur aus der
Reinthronisierung der alten christlichen Werte erwachsen: »Es ist nicht nötig, daß
diese Wiedergeburt (wenn sie erfolgt) unmittelbar aus einer der bestehenden
Glaubensformen heraus erfolgen muß, es ist nicht nötig, daß aus der *Kapuze* hervor das erlösende Wort gesprochen wird, aber irgendein ›Dieu le veut‹ muß es
sein, und so kann denn, wenigstens mittelbar, das Heil nur aus der Kirche kommen, weil ihr allein noch, weit über alle *Glaubenssätze* und ihren Tagesstreit hinaus, die *Lebenssätze* angehören, die das Heil umschließen.« (NFA 16/281f)[25] Wer
nur den Romancier Fontane kennt, wird erstaunt über solche Sätze sein. Im
Zusammenhang mit dem Kriegsbuch ›Der Krieg gegen Frankreich‹ sind sie aber
keineswegs die totale Ausnahme. So gewinnen auch scheinbar beiläufige Sätze
eine Bedeutung, die ihnen auf den ersten Blick nicht anzumerken ist. Wenn z.B.
Fontane, wie wir bereits zitierten, die bloße Verherrlichung des Militärischen
widerlich nennt und den Abschnitt mit den Worten schließt: »Damit klappte ich

das Buch zu und sah wieder auf die Kathedrale hinüber« (NFA 16/69), dann will dieser Satz eben nicht nur neben das bloß militärische Interesse ein kunsthistorisches stellen, sondern mit der Kathedrale wird – in aller Vorsicht und ganz ohne sichtbaren großen Anspruch – der Ort bezeichnet, von dem allein aus alle militärischen Aktionen einen Sinn gewinnen können. Immerhin wäre an dieser Stelle noch ein Spiel des Zufalls denkbar. Aber wenn Fontane von seinem Besuch in dem Maison blanche von Bazeilles berichtet, läßt sich seine Haltung nicht mehr allein mit seinem guten Herzen und seinem Mitleid mit geschundenen Kreaturen erklären. Drei Kinder treten ihm dort gegenüber, die ihm »das Furchtbare des Krieges« wieder anschaulich machen. (NFA 16/386) Die Kleinen dürfen dem Dichter und dem Curé, der zum Führer Fontanes über das Schlachtfeld von Bazeilles geworden ist, ein Lied vorsingen: »eine einfache, nur wenig Töne umfassende Weise, darin sie die Fürbitte der Jungfrau Maria anriefen – die beiden Blonden in hohem Sopran, die Dunkle in einer Art Alt. Dabei wurden die Augen der Bronzefarbenen immer größer. Der Refrain blieb mir im Ohr:

›Toi, je prie,
Toi, chérie
Vierge, pleine de grâce, Marie.‹

Nie war mir ein Gesang so in die Seele gegangen; ich faltete die Hände, und meine Tränen fielen. Als die letzte Zeile verklungen war, nahm ich die Hand der kleinen Mulattin, streichelte sie und schüttete aus meiner Geldtasche alles hinein, was an kleinen Silbermünzen drin enthalten war. Es war nicht viel, was mir noch diesen Augenblick leid tut.« (NFA 16/386f) Bloße Sentimentalität? Wer kann mit Sicherheit sagen, was in dem Dichter vorgeht und warum er die Hände faltet?

Wie wenig dieses tiefe, aber unbestimmte Gefühl von Frömmigkeit einer bloßen Laune entspringt, erhellt schon daraus, daß es an vielen Stellen der Kriegsbücher erscheint. Es sei hier noch auf ein Kapitel hingewiesen, das, ›Der letzte Sonntag‹ genannt, noch einmal in Fontanes Gemütsverfassung während seiner Gefangenschaft Einblick gewährt. Der Dichter weiß bereits, daß ihm die Heimkehr offensteht; nur zwei Tage trennen ihn noch von der ersehnten Abreise. Alles scheint dazu angetan, den Sonntagvormittag in übermütigem Jubel hinzubringen oder doch wenigstens die Fröhlichkeit der anderen gelten zu lassen, und wenn schon nicht einzustimmen, dann doch zumindest gewähren zu lassen. Aber Fontane, der so sehr geneigt ist, der französischen Lebensart und dem französischen Lebensverhalten gerecht zu werden, ja sie gelegentlich in ihrer Überlegenheit anzuerkennen,[26] beginnt zu tadeln oder doch Anstoß zu nehmen. Er stellt fest, daß ihn »die gewöhnliche Sonntagsmorgenmusik…störte. Ich hätte sie *heute* weggewünscht, und wenn mich an den Sonntagen vorher die Cachucha, die George Brown-Arie aus der Weißen Dame und einige Piècen aus dem Trovatore, die gerade während der Kirchzeit gespielt wurden, nur etwas sonderbar berührt hatten, so berührten sie mich heute unangenehm. Die große Trommel, der Triangel und das Zusammenschlagen der Becken, das den Kastagnettenschlag ersetzen sollte, wollten mir heut nicht passen. Sonntag früh 9 Uhr, wo wir gewohnt sind, die Glocken zu hören! Meine Stimmung kam hinzu.« (NFA 16/143) Natürlich ist von Kirchgang nicht die Rede, und jede fromme Betrachtung wird vermieden. Der Dichter weiß zu genau, daß Äußerungen einer strengen Frömmigkeit seine Glaubwürdigkeit nicht steigern würden. Aber der Klang der Glocken ist ihm von zu Hause vertraut, bedeutet ihm weit mehr als eine akustische Störung seiner Sonntagsstimmung. Es verrät sich eine an den Grenzen des Bewußtseins angesiedelte Frömmigkeit, die sich nachdrücklich zur Geltung bringt und doch die Umsetzung in die Sprache scheut. Wenn überhaupt, so spricht sich Fontanes Religiosität auf sehr verhaltene Weise aus. Weit mehr Allusion als Bekenntnis, und doch, bei aller Unaufdringlichkeit, unüberhörbar.

Der Fortgang des Kapitels ist deshalb besonders aufschlußreich, denn Fontane zeigt sogleich, in welcher Gefahr sich jeder befindet, der seinen frommen Gesinnungen Ausdruck geben will. Ein reformierter Geistlicher stellt sich bei ihm ein, um ihm ein Buch seines Amtsbruders aus La Rochelle zu überreichen. Es erweist sich, daß der Besucher zu einem vertraulichen Wort von unbefangener Prägung nicht fähig ist: »Den Predigerton habe ich niemals so in Blüte gesehen, als bei diesem kleinen Manne. Er war unfähig, ein Wort einfach und natürlich zu sprechen. Alles war Rede, feierliche Ansprache, wie wenn die Bürgermeister an den Wagenschlag eines reisenden Prinzen treten. Dieser Eindruck wuchs dadurch, daß er sich, so oft die Reihe des Sprechens an ihn kam, von seinem Stuhl erhob, um *stehend* und mit berufsmäßigen Handbewegungen seine Rede zu halten. Man kann sagen, er taufte und traute beständig.« (NFA 16/144) Alles Sprechen ist reduziert auf Formeln, deren Leere sich so gewaltsam aufdrängt, daß der Dichter sich nicht gegen den Gedanken wehren kann, der Mann »predigt, er *zitiert* vielleicht« (NFA 16/145), und nur mit Mühe einen Lachkrampf niederkämpfen kann. Was er anhören mußte, waren ihm »öde Redensarten« (NFA 16/146), und sein abschließendes Urteil lautet vernichtend: »Keine Spur wahren Lebens, alles fromme Phrase. Die *fromme* Phrase aber ist die schlimmste.« (NFA 16/146) Womit eines der bedeutendsten Probleme der modernen Religiosität angesprochen ist: einen frommen Gedanken, der seit 2000 Jahren immer neu formuliert worden ist, auf ebenso natürliche wie glaubwürdige Weise neu auszusprechen.

Zudem ist die Neigung Fontanes stark, religiösen Äußerungen nach Möglichkeit nicht einen letzten Ernst zu lassen. Das zeigt sich in einer Art Anhang zu dem Kapitel ›Mouchy. Liancourt‹ (NFA 16/195 ff), das Fontane ›Die Rivalen‹ nennt. Beschrieben wird eine höchst eigenartige Rivalität. Fontane stellt einen »bretonischen Grafen und einen picardischen Bäcker« einander gegenüber (NFA 16/200), knapp vier Seiten schenkt er dem Bretonen und reichlich eine dem Bäcker. Eine Gewichtsverteilung, die berechtigt erscheint, wenn man bedenkt, daß beide als »Familienkultuspfleger« vorgestellt werden und der Graf sich als Nachfahre eines echten Marschalls von Frankreich, des Admirals Coëtlogon, legitimiert. Ist ihm selbst auch Kriegsruhm versagt geblieben, auf seinem Namen liegt der Glanz alter Taten, und in den ›Wanderungen‹ wäre ihm ein Kapitel als Exzentriker vorbehalten geblieben, wie den vielen andren Schloßbewohnern, hinter denen nichts sonst steht wie ein historischer Name. Den Bäcker des Orts hat die mit Muschelkies überzogenen Kanone des Grafen nicht ruhen lassen, und er hat seiner Schwester Regine in seinem Garten eine Säule errichten lassen, stolz darauf, daß sie, als Nonne, ihr Leben »in Müh' und Arbeit, in Treue und christlicher Pflichterfüllung« (NFA 16/205) hingebracht hat. Ihr Leben hatte sich erfüllt in überseeischen Provinzen, wo sie »Arme gelabt, Kranke gepflegt, Heiden bekehrt hatte.« (NFA 16/204) Fontane, eben damit beschäftigt, sein Kriegsbuch zu konzipieren, wägt ab, welchem der beiden Rivalen die Krone gebührt, dem alten französischen Kriegshelden oder der jüngst verstorbenen Nonne. Er wagt keine Entscheidung zu treffen, denn zu offensichtlich ist er als Kriegsbuchverfasser verpflichtet, den Tatenruhm des Kriegshelden höher zu stellen als alle Werke des Friedens, aber seine innerste Überzeugung verschweigt er am Ende nicht: »ich schwankte und schwanke noch, ob nicht Bäcker Fléchel doch schließlich allen Stolz der Coëtlogons siegreich aus dem Felde geschlagen hat.« (NFA 16/205) Eine merkwürdige und vielsagende Entgleisung, die Fontane offenbar selbst beunruhigt hat, denn ohne ersichtlichen Zwang kehrt er 35 Seiten später zu seinen ›Rivalen‹ zurück. Er nimmt seinen Erinnerungen jede Spitze, indem er bei der Charakterisierung eines Sammlers von Gotik-Altertümern hinzusetzt: »Ich wurde natürlich an Liancourt erinnert, an den bretonischen Grafen und den Bäcker Fléchel. Frankreich hat Überfluß an solchen Käuzen.« (NFA 16/239) Auf diese Weise wird der für ein Kriegsbuch delikaten Alternative ihr Ernst genommen, Graf und Bäcker werden als Sonderlinge eingestuft und das Problem hat sich erledigt.

Indessen: wenn man der Frage nachgeht, ob die ideelle Überlegenheit der Preußen für Fontane nicht einfach in der tieferen religiösen Verankerung der Armee und ihrer Führer lag, so ist man auf scheinbar beiläufige Worte und Gesten des Dichters nicht angewiesen.[27] In dem Kapitel ›Wilhelmshöhe‹ seines Kriegsbuchs setzt sich Fontane ausführlich mit Napoleons III. Schicksal auseinander. Er verteidigt ihn gegen viele Anklagen, die von den Zeitgenossen, vor allem seinen Landsleuten, gegen ihn vorgetragen worden sind: »Er hat…Frankreich *nicht* degradirt, *nicht* in den Sumpf der Verderbniß gezogen; die Lüderlichkeit ist uralt in diesem Lande; die Anbetung des goldenen Kalbes aber ist Zeitkrankheit, die überall zu finden und in Frankreich schwerlich *zuerst* in ihren krassesten Formen aufgetreten ist. Die Decadence ist nicht *seine* That.« (KF I/633) Mit diesen Sätzen ist zunächst das Niveau zerstört, auf dem die Zeitgenossen argumentiert hatten. Dieses Fundament ist Fontane zu brüchig, die eigentlichen Ursachen liegen tiefer: »Es *fehlte* ihm etwas, nicht weil es ihm an der *Erkenntniß* des Guten oder an dem aufrichtigen Willen dazu gebrochen hätte, sondern lediglich weil es ihm an der *Kraft* dazu gebrach. Diese Kraft fließt nur aus festen Überzeugungen, aus jener rätselvollen Tiefe, wo das Göttliche und der Glaube an das

Göttliche ruhn. Wo dieser Glaube fehlt oder auch nur schwankt, wo das resignirte ›wir wissen es nicht‹ an die Stelle des bestimmten ›ich weiß‹ tritt, wo göttliche Weltordnung, Leben und Vergeltung nach dem Tode, alles ›offene Fragen‹ sind…, da gebricht es selbstverständlich an der Kraft, in den Gemüthern Anderer das Leben aufzurichten, das dem eignen Gemüthe fehlt.«[28] »Alles innersten Lebens bar« nennt Fontane deshalb Napoleons Februar-Proklamation, in der er versichert hatte, »daß nur eine aus der Volkssouveränität entsprungene Regierung« imstande sein wird, »Eure Wunden zu heilen, Eure Herzen der Hoffnung und die entweihten Kirchen Euren Gebeten wieder zu eröffnen.« »Phrasen« nennt Fontane diese Napoleonischen Sätze. Zitieren wir noch Fontanes Schlußwort zu seinem Napoleon-Kapitel: »So ist denn sein Leben und seine Regierung… eine Warnung für uns, aber noch einmal, nicht in dem Sinne einer als Schreckgespenst aufgerichteten Unthat, sondern im Sinne einer still-ernsten Mahnung, das Diesseitige nach dem Jenseitigen zu gestalten.« (KF I/633)[29]

Einen aufschlußreichen Blick in sein Denken gewährt ein bislang wenig beachteter Abschnitt aus ›Kriegsgefangen‹. Wie sehr sich Fontane Napoleon III. gegenüber auch um Gerechtigkeit bemühen mag, es ist doch ganz deutlich, daß er nicht zu den Parteigängern des Kaisers gehören würde, wenn er Franzose wäre, sondern zu seinen Gegnern. Wohin Fontane damals natürlicherweise tendierte, wird erkennbar in dem Kapitel ›Gueret‹ von ›Kriegsgefangen‹. Er berichtet hier von einem Zusammentreffen mit einem Vicomte d'Ussel, der ihn in seinem Gefängnis besucht und ein politisches Gespräch mit ihm führt: »Er lenkte nämlich bald ins Politische hinüber, verwarf das *Empire* in lebhaften Ausdrücken, ein Bild zwanzigjähriger Korruption vor mir entrollend, beleuchtete dann die *Republik*, die in Frankreich eigentlich ohne wahren Boden, vielmehr abwechselnd ein Schatten oder ein Schrecken sei, und versicherte mich dann einmal über das andere, daß alles Heil lediglich in Wiederanknüpfung an den abgerissenen Faden, lediglich in Legitimismus, in *Henri-Quint* zu finden sei; der Orleanismus werde dann *später* (durch die Verhältnisse legitim geworden) die große Erbschaft antreten. Wie mir das im Ohr klang! Nach dem wüsten Geschrei in Lyon und Moulins endlich wieder eine Menschenstimme! Ich fühlte mich wie mir selbst zurückgegeben und vergaß fast, daß ich in einem Gefängnis sei.« (NFA 16/74f) Fontane bleibt in diesem Gespräch »vorsichtig, abwägend, auf meiner Hut« (NFA 16/75) und bedauert diese Zurückhaltung, als er eine Stunde später erfährt, wer der Mann war, dessen Überzeugungen er »*prinzipiell*« teilte und dessen Ausführungen er zugestimmt hätte, wenn er nicht gefürchtet hätte, daß man ihm »neue Verlegenheiten…bereiten« wollte. (NFA 16/75) Hätte er den echt legitimistischen Hintergrund des jungen Grafen gekannt, »unsere Unterhaltung würde…einen noch freieren Verlauf genommen haben…neue weitere Aufschlüsse würden der Lohn gewesen sein.« (NFA 16/74f) Fontane trifft hier auf Überzeugungen, die auch die seinen sind, und er gesellt sich ganz ungefangen jenen zu, die der Wiederherstellung der alten Ordnung das Wort reden. Nicht den Napoleoniden und nicht den Republikanern gebührt es, Frankreich zu regieren; berufen ist allein das Haus Orléans, die Macht wieder in seine Hände zu nehmen. Das Unheil kommt allein vom Bruch mit der Tradition. Fontane hat diesem Gedanken, der seiner konservativen Grundhaltung zu dieser Zeit entspricht, schon vorher Raum gegeben: »Das Furchtbare einer Revolution, sie sei nun berechtigt gewesen oder nicht, habe ich nie so lebendig empfunden wie hier. Die klugen Engländer! Sie haben dasselbe getan, aber sie haben *eines* vermieden: *das Brechen mit der Tradition.*« (NFA 16/49) Unter diesen Umständen ist es begreiflich, daß er in dem Legitimisten einen Geistesverwandten erblickt, der mit seiner Familie etwas von jener Kontinuität verkörpert, in deren fester Bewahrung Fontane hier etwas Sicherheit Gewährendes sieht. Gerade in diesem Augenblick, da er den Zusammenbruch eines (wie er meint) schon verrotteten Kaiserreichs miterlebt und im Gefängnis von Lyon in den revolutionären Volksmassen nur »la terreur« gleich der von 1793 zu erkennen vermag, ist ihm der Legitimismus geistige Heimat, und er nimmt zustimmend davon Kenntnis, daß die legitimistische Familie sich allgemeinen Respekts erfreut: »Der Legitimismus der Familie war übrigens kein Geheimnis, ihr Ansehen nur um so *größer.* Der Respekt, mit dem ich, noch am andern Tage, ein halbes Dutzend Personen darüber sprechen hörte, war sehr unrepublikanisch.« (NFA 16/75) Daß der Graf darüber hinaus als Geistlicher erscheint, der großen Überlieferung also auch auf ganz persönliche Weise dient, wird Fontane in diesem Moment besonders beeindruckt haben.

Es fällt von diesem Gespräch her auch ein intensiveres Licht auf seinen Besuch in der Abteikirche von St. Denis. Mit unverhohlenem Entsetzen berichtet Fontane vom Schicksal der Königsgräber in dieser Kathedrale: »Fünfzig Könige ruhen an dieser Stelle oder richtiger wohl, sie ruhten hier. Ihre Ruhe wurde unterbrochen, und die sie seitdem wiedergefunden haben, ist nicht die alte mehr. Ein Chaos, auch wenn es still geworden, ist keine Ruhe. Seit dem 6. August 1794 haben die Könige von Frankreich keine Friedensstätte mehr. An eben diesem Tage vollzog hier die Revolution eines ihrer furchtbarsten Feste. Gegen die untern Fenster am hohen Chor ging der Sturm; man erweiterte die Öffnung, man drang ein, man zerrte die Königssärge aus dem Dunkel der Krypt in das helle Licht, man zerschlug sie, stülpte sie um, daß die Königsasche herausfiel, und schmolz die Bleikoffer zu Kugeln um. Die Asche selbst wurde in ein Loch geschüttet und überdeckt. So lag die Asche der französischen Könige zwanzig Jahre.« (NFA 16/243 f) Hier wie an anderen Stellen seiner Kriegsbegleitbücher fühlt man, wie Fontane den Verfall des historischen Bewußtseins und der historischen Pietät in der französischen Bevölkerung bedauert und darin eine der entscheidenden Ursachen für den Niedergang Frankreichs sieht. Der selbstverschuldete Verlust der eigenen Vergangenheit und damit der eigenen Identität ist die Wurzel allen Übels, und ohne behutsame Wiederanknüpfung an das Vergangene, ohne vorsichtige Wiederbelebung des historischen Sinns ist die Rückkehr zur alten Größe nicht denkbar. Die Zerstörung der Ruhestätte der Könige ist nicht nur ein Akt des Barbarismus, sie bringt zugleich eine das Chaos beschwörende Einbuße an historischer Substanz mit sich. Fontane rechnet ab mit den das alte Ordnungsgefüge zerstörenden Ideen der Revolution. Er verwirft Freiheit, Gleichheit und Brüderlichkeit, jenen »alten langweiligen Spruch«, den »das einheimische Volk« »eben jetzt wieder an das Portal der französischen Königskirche« geschrieben hat: »Einst ein Idol; heute nur noch ein Unsinn, eine Lüge.« (NFA 16/247) Die Revolution hat nicht nur die alte, ehrwürdige Ordnung gesprengt, sondern auch den frommen Sinn des Volkes verwirrt und es der Ideenlosigkeit preisgegeben.

Wenn sich Fontane so bestimmt auf die religiöse Komponente des preußischen Soldatentums beruft, so weiß er selbstverständlich, daß er sich mit seinen Auslassungen nicht in hintergrundlosen Mußmaßungen bewegt, sondern daß er sich hier auf einen ausgesprochen preußischen (freilich nicht nur preußischen) Zug des Soldatentums bezieht. Die Vorstellung vom Gottesgnadentum der Könige hatte der Pflichterfüllung des einzelnen in der Armee – als einem jederzeit verfügbaren Instrument monarchischer Macht –, hatte seinem Gehorsam schon immer eine religiöse Dimension gegeben, ganz abgesehen davon, daß von dem christlich-religiös gebundenen Soldaten eo ipso eine disziplinertere Haltung erwartet wurde. Daß man sich in Preußen (wie anderswo) dieser Zusammenhänge bewußt war, zeigen Erlasse verschiedenen Alters, am verständlichsten gefaßt im 19. Jahrhundert: »Da vor allem andern, die Bewegungsgründe der christlichen Religion das sicherste Mittel sind, die Menschen zu einem ordentlichen und tugendhaften Lebenswandel zu bestimmen und zur gewissenhaften Treue in ihrem Berufe zu gewöhnen; so sind die Militärbefehlshaber besonders verpflichtet, ihre Untergebenen zur Beobachtung der Vorschriften derjenigen Confession, welcher sie zugethan sind, anzuhalten, und überhaupt so viel in ihren Kräften steht, den religiösen Sinn ihrer Untergebenen zu wecken.«[30] Da sich diese religiöse Einbindung des Soldaten in den Einigungskriegen so glänzend bewährt zu haben schien, versteht sich der Wunsch, diese Tradition lebendig zu halten, von selbst.

Man wird mit Recht annehmen, daß ein Schriftsteller, der einen vaterländischen Krieg in zwei Bänden von zusammen fast 2000 Seiten darstellt, sich überlegen wird, was für sein Werk der angemessenste Abschluß wäre. Ein Wort von Kaiser und König? Von Bismarck? Von Moltke? Fontane wählte das Gebet, das der Feldprobst Thielen am Denkmal Friedrich Wilhelms III. sprach, das am Tage des Einmarschs der siegreichen preußischen Armee in Berlin eingeweiht wurde. Es schließt mit dem Satz: »das hat Deine große Barmherzigkeit uns weit über Bitten und Verstehen gegeben: *ein wieder geeintes, großes, deutsches Vaterland, ein Bollwerk des Friedens, ein Hort der Freiheit und des Rechts.*« Sieben Wörter hat Fontane dem noch hinzugefügt: »Und so bleib' es in alle Zeit!« Wir haben keinerlei Grund, die religiös begründete patriotische Gesinnung Fontanes, als er dieses Schlußwort schrieb, in Frage zu stellen.[31] Wenn Fontane zu dieser Zeit seines Lebens Trost suchte, so fand er ihn nicht wie sein französischer Mitgefangener in

Besançon als ›penseur libre‹ (NFA 16/41 f) in den Schriften Senecas, Platons oder Plutarchs, sondern allen diesen für ihn unerreichbar fremden Lösungen stellt er den schlichten Satz entgegen: »Da wirkt ein Gesangbuchvers von Paul Gerhardt doch anders.« (NFA 16/42) In seiner Chronik von Fontanes Leben schreibt Fricke unter dem 22. April 1867: »Konfirmation des ältesten Sohnes George durch Pastor Fournier. Religiöse Ergriffenheit des Vaters.« Noch ist also ein weiter Weg zurückzulegen, bis zu dem Bekenntnis gegenüber Friedlaender: »Persönlich bin ich ganz unchristlich…« (Ha Br IV/542)

Davon kann in den 60er Jahren nicht die Rede sein. Die Interpreten früherer Jahrzehnte haben das viel unbefangener gesehen, weil sie nicht auf einem Fontane bestanden, der entweder schon mit der Muttermilch Agnostizismus, Skepsis und Selbstironie in sich aufgenommen hatte oder der – auf der andren Seite – vom Jahre 1848 an entschlossen war, die versäumte Revolution nachzuholen, und der nur durch seinen Tod verhindert wurde, in Berlin die Räterepublik auszurufen. So schreibt Mario Krammer völlig richtig schon 1922: »Es ist begreiflich, daß einem Menschen wie Fontane, der in dem ehrfürchtigen Glauben an den ideellen Charakter der großen geschichtlichen Mächte aufgewachsen war und der in diesem Glauben das wertvollste Gut seines Vaterlandes erblickte, dies alles tief antipathisch sein und er in dem Fehlen dieser Gesinnung, die sein Land erhalten und groß gemacht hatte, die Ursache der französischen Niederlage sehen mußte.«[32]

Hier soll mit einem Detail abgeschlossen werden, das bisher noch keine Beachtung in der Fontane-Literatur gefunden hat. Wir stellten fest, daß ›Der Krieg gegen Frankreich‹ schon insofern ein anderes Gewicht und ein anderes Gesicht als die übrigen Kriegsbücher gewann, als Fontane ganz unmittelbar in die kriegerischen Auseinandersetzungen einbezogen wurde. Er war als vermeintlicher Spion in Domrémy, dem Geburtsort der Jeanne d'Arc, festgenommen worden – unter den obwaltenden Umständen keine ganz abwegige Idee. Was Fontane zu dieser leichtsinnigen Reise in ein von den Preußen nicht kontrolliertes Gebiet bewogen hatte, war allein die ungeheure Faszination, die Jeanne d'Arc auf ihn ausübte. Verschiedene dunkle Vorahnungen, die ihn auf seiner Exkursion bewegten, lassen erkennen, daß er sich der Gefährlichkeit seines Unternehmens bewußt war. Aber, so versichert er: »ich hätte jede Mühe und jeden Preis daran gesetzt.« (NFA 16/7) Allein dieser Satz gebietet, die Reise nicht leichthin abzutun als den launigen Einfall eines weltfremden Poeten, den vielleicht auch der begreifliche Ehrgeiz trieb, es Schiller zuvorzutun und den Ort in Wirklichkeit zu sehen, den jener sich nur hatte vorstellen können. Seine Erwartungen wurden nicht enttäuscht. Zwar macht das herabgekommene Gasthaus einen »unheimlichen« Eindruck, aber das Geburtshaus Jeanne d'Arcs läßt alle Bedenken schwinden: »in einem Stück Gartenland lag das ehrwürdige Gemäuer. Ich zog die Glocke… Eine ‹Religieuse› öffnete und machte die Führerin. Und siehe da, als ich erst in der Nische über der niederen Eingangstür das in Stein gemeißelte Bild der gewappneten Jungfrau, innerhalb des Hauses selbst aber den alten eichenen Wandschrank sah, der ihr Jahre lang als Truhe gedient hatte, fiel alles Mißtrauen wieder von mir ab, und ich fühlte mich ganz dem Zauber dieser Stunde hingegeben. Ich machte meine Notizen, trat dann zurück in den Garten und versenkte mich noch einmal in den Anblick dieses in Geschichte und Dichtung gleich gefeierten Ortes. Convolvulus rankte sich um die Stämme einiger Zypressen; Resedabeete füllten die Luft mit ihrem Duft, die Religieuse sprach leise freundliche Worte; – alles war Poesie.« (NFA 16/11) Trotzdem ist die Annahme irrig, daß Jeanne den Dichter nur aus poetischen oder kulturhistorischen Gründen beschäftigt hätte. Von ihr geht auf Fontane eine Anziehungskraft aus, die sich mit dem Einfluß Schillers nicht zureichend erklären läßt. Fontane verweist zwar in seinen Theaterkritiken aus den Jahren 1878/80 auf früher von ihm besuchte Aufführungen (vgl. NFA 22,1/802), und es kann auch offenbleiben, ob Fontanes »Vorliebe« für Jeanne d'Arc (KF II/600) von Schillers Drama herrührt, aber wo auch der erste Anstoß für seine Verzauberung gelegen haben mag, ihm ging es um die historische Jeanne d'Arc. Davon kann man sich überzeugen, wenn man die aus dem Kriegsbegleitbuch ›Aus den Tagen der Okkupation‹ ins Kriegsbuch übernommenen Seiten über Rouen liest, wo Jeanne als Ketzerin verbrannt wurde. Fontane kann nicht widerstehen, seinen Lesern (im Kriegsbuch!) die letzten Tage der großen Heiligen ins Gedächtnis zurückzurufen. Er erinnert an ihren Widerruf und die Zurücknahme des Widerrufs: »Dies konnte bei ihrer eingebornen Heldennatur nicht ausbleiben. Sie hatte, auch darin groß und schön, der Schwäche der menschlichen Natur auf Augenblicke unterlegen; aber sie mußte, nach einem tief innerlichen Gesetz, dieser Schwäche wieder Herr werden. Sie durfte nicht verkümmern; heldisch, wie sie begonnen, mußte sie enden; der Schluß mußte des Anfangs würdig sein. Ein Glück, daß die Größe im Bann ihrer selbst ist und zuletzt sie selber bleiben muß.« (KF II/595) Seiten später kommt Fontane auf ihr Schicksal zurück, wenn er von der ›Place de la Pucelle‹ spricht, »auf dem sich die schnöde Untat vollzog.« (KF II/600) An der Stelle des Scheiterhaufens steht nun ein Denkmal, aber es ist von einer Qualität, die den Dichter wünschen läßt, es wäre damals mit verbrannt. Wenn Fontane von Jeannes Tod spricht, dann allerdings nicht nur in Berichtsform, sondern auch (auf eine für das Kriegsbuch beispiellose Weise) kommentierend und wertend. Der mehrfache Umschlag vom Bericht zur Interpretation ist höchst überraschend: »Da (als die Übergabe an die weltliche Gerichtsbarkeit stattfinden sollte) schrieen die Engländer den Bischof an: ‹Wie, Priester, glaubst Du, wir sollen hier zu Mittag essen?› *So zerrte man diese schönste Blüthe, die das Lilien-Frankreich je getragen*, (Hervorhebung vom Verfasser – G.F.) ohne Weiteres auf den Scheiterhaufen und bald lohte die Flamme empor. Ihre Ergebung erschütterte selbst diese Herzen. Sie aber begann zu beten. ‹Noch einmal, so heißt es, hörte man den Namen Jesus, dann neigte sie den Kopf, *um ihr Gebet im Himmel zu beschließen.*›« Fontane fährt fort: »*Das ist schön.* (Hervorhebung vom Verfasser – G.F.) – Viel Volks stürzte nach Haus und rief: ‹Wir sind alle verloren, denn wir haben eine Heilige verbrannt.› *So war es*«.(Hervorhebung vom

Verfasser – G.F.) Anrührender läßt sich das furchtbare Geschehen – bei aller Kürze – nicht erläutern. (KF II/600) Es ist eine Seltenheit, daß sich Fontane mit seinem Kommentar so nachdrücklich zur Geltung bringt. Und noch ist das letzte Wort nicht gesprochen, denn es blieb ungesagt, was denn Jeanne d'Arc so hoch über andere Heilige erhebt und warum ihr Bild gerade in einem Kriegsbuch verklärt werden muß. Der entscheidende Gedanke findet sich im Rahmen der Kritik, die Fontane an dem Denkmal der Jungfrau übt: »Diese Stelle wird immerdar geheiligt bleiben, und wenn man ein Schauspielhaus für Offenbachsche Opern an eben dieser Stelle errichtete! Aber all' diese Heiligung hebt doch schließlich die Gefährdung nicht auf, die diesem Platze gerade aus dem erwächst, woraus ihm eine gesteigerte Wirkung kommen sollte: *aus der Statue,* die der Jungfrau hier errichtet wurde. Sie stammt aus dem Jahre 1755 und trägt alle Schwächen der Louis XV. Zeit, aber keinen ihrer Vorzüge. Sie heuchelt Leben und ist doch nichts als eine mythologische Puppe. Unerhörter Gedanke! Man stellte die Jungfrau, *diese christlich-idealste Verkörperung des Kriegerischen, die je die Weltgeschichte sah* (Hervorhebung vom Verfassung – G.F.), zurückgreifend, borgend, als Bellona dar. Man warf den Goldgulden fort und nahm den Pfennig auf. Der Schiefheit der Idee entsprach die Ausführung.« (KF II/601) Sie ist die »christlich-idealste Verkörperung des Kriegerischen«: ein Maßstab, an dem sich alle kriegerische Leistung und aller kriegerische Geist messen lassen muß, und nicht nur der Frankreichs, sondern auch der Preußens. Was Preußen so kühn und herausfordernd für sich in Anspruch nahm, nämlich eine von christlichem Geist erfüllte Armee zu besitzen, das erfährt hier eine Relativierung. Niemand vermag es, sich an die Seite Jeanne d'Arcs zu stellen. Ihr Handeln entsprang der innersten Übereinstimmung mit dem Willen Gottes, der sich ihr offenbarte. Nirgends läßt Fontane auch nur anklingen, daß »das Ganze auf den edelsten Täuschungen und auf der zartesten Verwechslung des Subjektiven und Objektiven« beruhen könne.[33] Ihre Gestalt ist von so überzeugender Geschlossenheit, ihre Haltung von solch erfüllter Frömmigkeit, ihre Äußerungen von so ergreifender Hingabe an den Willen Gottes, daß der Dichter irgendeinem Zweifel keinen Raum gibt.

Freilich: die Gegenwart ist von anderer Beschaffenheit. Für den Augenblick ist der Triumph auf preußisch-deutscher Seite, und der Zustand des Denkmals ist von wahrhaft symbolischer Bedeutung: »das schon Mangelhafte und gedanklich Verstümmelte ward auch noch *thatsächlich* zerbrochen und zerschlagen. Man schlug dieser auf den Namen Bellona hörenden Jungfrau den rechten Arm fort, zugleich den Knauf ihres Schwertes; und so erhebt sich denn… das Sinnbild französischer Glaubenstapferkeit mit halbem Arm und zerbrochenem Schwert, eine Lächerlichkeit, aber freilich auch – weit über diese hinaus – eine furchtbare Wahrheit. Wenigstens momentan.« (KF II/601) Die beiden letzten Wörter verdeutlichen, daß für Fontane noch nicht alles auf immer entschieden ist. Als Fontane seinen französischen Begleiter auf die Schäden am Denkmal hinweist, sagt der: »‹Ihr Arm wird wieder wachsen. Gott hat immer Wunder an ihr gethan.›

Es klang, wie es gemeint war, halb patriotisch, halb spöttisch-frivol.« Dieser Satz, nach Fontanes Auffassung die zwiespältige Haltung der Franzosen spiegelnd, wird vom Dichter gesperrt gedruckt. Wie immer der Sprecher es gemeint hat, für Fontane liegt darin ein tiefer Ernst. Er deutet hin auf die Kräfte, die Frankreichs Größe begründeten und auf die sich Frankreich zurückbesinnen muß, wenn es an die Größe seiner Vergangenheit anknüpfen will.[34]

Diese Überlegungen sind auch insofern sehr aufschlußreich, als sie besser als viele ausdrückliche Beteuerungen erkennen lassen, in welchem Geist Fontane den Krieg gegen Frankreich betrachtete. Wenn auch Moltkes Strategie darauf angelegt war, die militärischen Kräfte des Gegners zu vernichten, das Gesamtziel des Krieges war es in keiner Weise, Frankreich aus der Reihe der europäischen Großmächte zu verdrängen. Diese Vorsicht bei der Festlegung der Kriegsziele entspringt freilich nicht der ›gallomanen‹ Einstellung Fontanes. Der Schriftsteller paßt sich damit nur der Politik der preußischen Regierung an. Bismarcks Ziel war die Gründung des Deutschen Reiches, nicht aber die Ausschaltung Frankreichs aus der europäischen Politik. Er blieb mit seinen Vorstellungen und Intentionen innerhalb des Systems der bestehenden europäischen Staatenordnung. An deren Auflösung lag ihm nichts. Ihm war bewußt, was Europa zugemutet wurde durch die Errichtung eines starken Reiches im Zentrum Europas. Seine Politik zielte darauf, dem von ihm geschaffenen Staat einen Platz in Europa zu sichern – trotz der Verspätung, mit der die Deutschen ihre nationalen Ansprüche durchzusetzen suchten, und trotz der Unbequemlichkeiten, die sie damit den Europäern aufbürdeten. Daß Frankreich über kurz oder lang seinen Platz als Großmacht wieder einnehmen würde, wollte und konnte Bismarck nicht verhindern, allenfalls hinauszögern, um der eigenen Schöpfung Zeit zu geben, sich zu konsolidieren. Fontanes Überlegungen, welche Kräfte Frankreich helfen könnten, die Folgen der Niederlage zu überwinden, sind also nicht seiner eigenwilligen und eigenwüchsigen Frankreich-Liebe zuzuschreiben, sondern stimmen überein mit den großen Linien von Preußens Politik.[35]

Die religiöse Besinnung, die Fontane den Franzosen verordnet und auf die er vorsichtig immer wieder zurückkommt, kann indessen nicht das einzige Mittel bleiben, um die Franzosen zu nationaler Umkehr zu bewegen. Es ist typisch für Fontane, daß er vor allem fordert, daß eine Rückbesinnung auf die geschichtliche Überlieferung der religiösen Wiederbelebung ergänzend zur Seite treten muß. Seiner Meinung nach haben die Franzosen eine innere Beziehung zu ihrer Geschichte verloren; und ein Volk, das sich aus gegenwärtiger Schmach erheben will, bedarf der lebendigen Pflege seiner Traditionen. Diese Pflege hat die Werte bewußt zu halten, die ein Volk durch die Jahrhunderte hindurch in Ehren gehalten hat. An vielen Stellen in ›Aus den Tagen der Okkupation‹ beklagt Fontane den totalen Verlust des historischen Sinnes in Frankreich. Er stellt fest, daß sich »die Gleichgültigkeit gegen die eigene Geschichte« vielfach »in Haß verkehrt« habe: »Diese Gleichgültigkeit, dieser Haß, sie sind zu erheblichem Teile ein

Resultat der total verwerflichen Art, wie man sich in Frankreich seit achtzig Jahren gewöhnt hat, *Geschichte zu lehren.* Zurückliegendes wird vernachlässigt, vergessen, und so wächst denn ein Geschlecht heran, das von der *alten* Ruhmesgeschichte des Landes nichts mehr weiß, nichts mehr wissen *kann* und sich notwendig von der *neuen* Ruhmesgeschichte, weil überladen damit, degoutiert abwenden muß... Die Revolutionsgeschichte und die Geschichte des Ersten Kaiserreichs haben alles andere verdrängt; aber auch aus ihnen ist, weil eben die *Masse* des Stoffs...alles wahre Interesse ertötet, im Volke nichts weiter lebendig geblieben als ein paar Namen und ein paar Stichworte... Alles oberflächlich. Und eben diese Oberflächlichkeit ist es, aus der dann das Changieren der politischen Empfindung, der Bankrutt des jeweiligen Tagesenthusiasmus notwendig erwachsen *muß*... Undank und Pietätlosigkeit schreiten in häßlicher Nacktheit durch die Straßen. Kein Wunder; sie stellen sich immer ein, wo, wie eben in Frankreich, der *historische Sinn* verlorengegangen ist.« (NFA 16/286 f)

Diese Klage wirkt deshalb so lebendig und echt, weil Fontane sich hier in einer selbstgestellten Aufgabe bestätigt fühlt, denn schließlich arbeitet er seit Jahrzehnten mit Eifer an der Lebendighaltung preußischer Überlieferungen. Er weist zwar hin auf den vorbildlichen Unterrricht in den Schulen, aber ohne Zweifel denkt er hier (mit Recht) mehr an seine eigenen langjährigen Bemühungen, das alte Preußen im Bewußtsein der Zeitgenossen lebendig zu halten: »Unser Geschichtsunterricht umfaßt wohlweislich das *Ganze* und bringt es deshalb zu einer gesunden Wurzel in den Gemütern. Es gibt bei uns keine Dorfschule, in der die Kinder nicht von Lützen, von Gustav Adolf, von Fehrbellin, vom alten Derfflinger zu erzählen wüßten...« (NFA 16/286)

Wenn das eigene Unglück und Versagen den Franzosen eine Lehre war, so haben sie zwischen 1871 und 1914 ihre Lektion gelernt. Sie haben dabei auch Jeanne d'Arc nicht vergessen. Als es ihnen 1918 gelungen war, einen Teil der Ergebnisse des Krieges von 1870/71 zu revidieren, vollzog sich auch ein Akt, den Fontane für seinen Teil längst erledigt hatte: Jeanne d'Arc wurde 1920 heilig gesprochen.

Die drei Einigungskriege stellen für Fontane sowohl wie für seine Zeitgenossen die Höhepunkte ihrer historischen Erfahrungen dar. Es kann daher nicht überraschen, wenn der Dichter sich bis zu seinem Tode jene kriegerischen Geschehnisse wieder und wieder vergegenwärtigte, wie das die zahllosen Anspielungen auf die Kriege in seinen Romanen beweisen. Noch weniger kann es verwundern, daß er auch nicht davon ablassen konnte, über die Gründe für die deutschen Siege nachzudenken. Als Staat war Preußen während der Jünglings- und Mannesjahre Fontanes von einer Krise zur anderen, von einer Niederlage zur anderen getaumelt. Dann aber hatte der Staat unter Wilhelm I. und den von ihm berufenen Ratgebern plötzlich einen fast unerklärlichen Aufschwung genommen; unerklärlich vor allem, wenn man die materiellen Ressourcen des Staates betrachtete, die eine so dünne Decke bildeten, daß man diesem Staate niemals zutrauen mochte, daß er sich auch nur von einer einzigen schweren Niederlage ohne fremde Hilfe wieder zu erholen vermöchte.

Daß Fontane bei der Beurteilung der Gründe, die zu den preußisch-deutschen Siegen führten, gelegentlich auch andere Meinungen vertreten hat, ist bekannter als seine Kriegsbuch-Formulierungen, die zu weit aus den vertrauten Fontane-Klischees hinausführten, als daß man sie auf die Dauer hätte festhalten wollen. Pierre-Paul Sagave hat, wie vor ihm Hans-Heinrich Reuter, auf die Gambetta-Artikel Fontanes aus den Jahren 1875 und 1877 hingewiesen. In beiden entfernt sich Fontane nicht weit von den bereits zitierten Äußerungen. 1875 heißt es: »Der endliche Ausgang ist bekannt, er kam, weil er kommen *sollte,* nicht weil er kommen *mußte*…an diesem Schicksalbeschluß gescheitert zu sein, kann die heroischen Anstrengungen, die gemacht wurden, ihn abzuwenden, nicht entwerten« (NFA 19/549), und ähnlich formuliert Fontane in der Besprechung des von der Goltzschen Buches über Gambetta. Er sagt da, daß »vom ersten Tage dieses Krieges an jener rätselvolle Mitstreiter in den Wolken, …von dem es gleichgültig ist, ob wir ihn Gott, Schicksal, Glück oder Zufall nennen, unablässig und unabänderlich gegen Frankreich gestanden« hat (NFA 19/786), und er fährt fort: »So Großes wir geleistet haben, unser Größtes war unser Glück«, aber wie wenig er sich entscheiden kann, ob er die Macht des Zufalls oder das Walten andrer Mächte beschwören soll, zeigt wiederum der Fortgang: »so weit ab wir davon sind, den überall waltenden natürlichen Zusammenhang von Ursache und Wirkung in Sachen des Krieges…wegleugnen zu wollen, so gewiß ist es doch auch, daß in dem großen Gang der Zeiten über unser Tun und Lassen, über unsern Mut und unser Rechnen weit hinausliegende Mächte tätig sind, die den endlichen Ausgang der Dinge bestimmen.« (NFA 19/786f) Im Jahre des Abschlusses seiner Kriegsbücher hat Fontane jedenfalls noch ohne innere Vorbehalte formulieren können, wem Preußen seinen Aufstieg verdankte, welche Kräfte in Preußen lebendig waren: »Unsere Geschichte, soldatischen Gepräges wie sie ist, ist Volksgeschichte trotz einem… Das Volksgefühl geht andere Wege…und freut sich des nationalen Ruhms, auch wenn dieser Ruhm das Unglück haben sollte, auf den Schlachtfeldern geboren zu sein… Und wenn dies von den fridericianischen Tagen gilt, was erst von unseren Tagen, in denen das Götzenbild des Napoleonismus, zu zweien Malen so recht eigentlich durch unseres Volkes Geist und Kraft gestürzt und begraben wurde. Und diesem Geist und dieser Kraft soll die Ruhmeshalle errichtet werden.«[36] Aber so sehr hier Geist und Kraft des Volkes betont werden und so wenig von Schicksal, Glück und Fügung gesprochen wird, losgelassen hat die Frage nach dem Kriegsglück Fontane nicht. In einem Brief greift er die Problematik noch einmal auf, als bei einem Unfall, bei dem Einheiten der deutschen Flotte betroffen waren, alles auf Unglück statt auf Unfähigkeit zurückgeführt wird: »Wenn das alles *Unglück* ist, dann muß es von unsrem 70er Kriege mit demselben Rechte heißen: alles *Glück.* Davon will man indessen – und mit Recht – nichts wissen.« (Ha Br II/584)

Was Fontane am 12. August 1895 an Rodenberg schreibt (Ha Br IV/470), braucht hier nicht ausführlich zitiert zu werden, weil Fontane das an Rodenberg Geschriebene in einem Brief an seinen Sohn Theo kurz zusammenfaßt: »suche doch zu lesen, was Verdy…über seine persönlichen Erlebnisse im 1870er Kriege veröffentlicht hat. Alles, wie auch im Leben des einzelnen, hängt immer an einem Faden, und daß ein hoher Rätselwille alles Irdische leitet, jedenfalls aber, daß sich alles unserer menschlichen Weisheit entzieht, das muß auch dem Ungläubigsten klar werden.« (Ha Br IV/469) Dieselbe Frage taucht 1896 in einem Brief an James Morris noch einmal unter viel nüchterneren Vorzeichen auf: »Nicht durch große Gaben, auch nicht durch Mut und Kraft sind in den letzten großen Kriegen unsre Siege errungen worden, sondern durch etwas ganz Prosaisches und Inferiores, durch unsern *Ordnungssinn*, dadurch daß Jeder und Jedes im richtigen Moment immer an der richtigen Stelle steht.« (Ha Br IV/606)[37] Das scheint etwas sehr Kleines, aber es bedurfte doch eines Moltke, um das zu vollbringen. Was Fontane auch wußte.

11. Kapitel

Die Kriegsbücher und die Kreuzzeitung

Entfernen wir uns bei Fontanes Erklärungen zu den Ursachen der französischen Niederlagen nicht so weit von der Entstehungszeit der Kriegsbücher, so wird einsichtig, daß der Dichter zunächst erheblich weniger als in der letzten einschlägigen Stellungnahme im Brief an James Morris von etwas ›Prosaischem und Inferiorem‹ ausgegangen ist. Natürlich hebt der eine Erklärungsversuch den anderen sowieso nicht einfach auf. Der von Fontane viel gerühmte preußische Ordnungssinn ist selbstverständlich immer ein wichtiger Aspekt gewesen, und vielleicht läßt sich sogar sagen, daß im Zuge einer allgemeineren Säkularisierung von Fontanes Denken die Briefäußerung an Morris nicht zufällig die letzte zu diesem Thema war; aber daß schließlich auch andere Positionsbeschreibungen Fontanes noch in seinem letzten Lebensjahr möglich waren, ist unbestreitbar. So lange liegt schließlich der Brief an Rodenberg noch nicht zurück, in dem es hieß: »Mit unsrer Macht und unsrer Weisheit ist nichts getan; wie groß die eine und die andre sein möge, irgendeine Allmacht hält die Fäden in der Hand und entscheidet über Sieg und Niederlage.« (Ha Br IV/470) Aber für unsere weiteren Überlegungen ist wichtiger, die Frage zu klären, wie Fontane dazu kommt, bei der Explikation der französischen Mißerfolge (während der Niederschrift der Kriegsbücher) so entschieden auf französische Irreligiosität einerseits und die preußisch-deutsche Überlegenheit in dieser Hinsicht andererseits hinzuweisen.

Woher kommen diese religiösen Tendenzen Fontanes? Vielleicht ist es wirklich die Not, die beten lehrt. Das Erlebnis der Gefahr für das eigene Leben und die Wege von Grab zu Grab über die Schlachtfelder Frankreichs konnten nicht ohne Wirkung bleiben. Eine andere Erklärung kommt hinzu. Man entsinnt sich der Beschreibung, die Fontane von dem Tage gibt, als er, einige Zeit nach seiner Rückkehr aus England, beim Chefredakteur der Kreuzzeitung vorsprach, der ihm durch die Vermittlung Hesekiels die Redaktion des englischen Artikels angeboten hatte: »Pünktlich erschien ich in der Bernburger Straße, wo der Chefredakteur der Kreuzzeitung… wohnte… Er war aus seinem Nachmittagsschlafe kaum heraus und rang ersichtlich nach einer der Situation entsprechenden Haltung. Ich hatte jedoch verhältnismäßig wenig Auge dafür, weil ich zunächst nicht ihn, sondern nur sein unmittelbares Milieu sah, das links neben ihm aus einem mittelgroßen Sofakissen, rechts über ihm aus einem schwarz eingerahmten Bilde bestand. In das Sofakissen war das Eiserne Kreuz eingestickt, während aus dem schwarzen Bilderrahmen ein mit der Dornenkrone geschmückter Christus auf mich niederblickte. Mir wurde ganz himmelangst, und auch das mühsam geführte Gespräch, das anfänglich wie zwischen dem Eisernen Kreuz und dem Christus mit der Dornenkrone hin und her pendelte, belebte sich erst, als die Geldfrage zur Verhandlung kam.« (NFA 15/257f) Diese humoristisch angeflogene Darstellung verschweigt, daß Fontane mit der Kreuzzeitung durchaus vertraut war, denn er hatte von England her durch Jahre hindurch eine ganze Reihe von Korrespondenzen dort veröffentlicht.[1] Er ist sich also der Tatsache durchaus bewußt gewesen, daß er sich hier einer Zeitung zur Verfügung stellte, die auf die These ›Mit Gott für König und Vaterland‹ eingeschworen war, die für ›Thron und Altar‹ eintrat. Es kann keine Rede davon sein, daß man Fontanes Eintritt in die Redaktion der Kreuzzeitung als »Gang unter das Kaudinische Joch« ansehen müßte.[2] Auch von einem »gezwungenen Dazugehören« läßt sich nicht sprechen,[3] allenfalls von einem durch die Umstände erzwungenen Eintritt.[4] Aber es ist offenkundig, daß Fontane eine (ihm selber sicher unbewußte) Prädisponiertheit für die Kreuzzeitung mitbrachte. Anders wäre sein unglaublich rasches Eintauchen in die Redaktion und seine dann folgende Identifizierung mit dieser Zeitung nicht denkbar gewesen. Es ist keineswegs nur ›Korpsgeist‹, wenn Fontane sich nun für fast zwei Jahrzehnte vor allem im Kreuzzeitungssinn äußern wird, sondern entspricht seinem ureigensten Denken. Er ist aus England nicht nur mit dem Vorsatz zurückgekehrt, die märkische Landschaft für seine Landsleute neu zu entdecken, sondern er bringt dafür aus England auch die seinen Aspirationen entsprechende Haltung mit. Er ist in der Fremde noch nationalbewußter geworden, hat jahrelang im Zentrum einer wirklichen Weltmacht gelebt und steht nun für viele Jahre für eine Politik ein, die Preußen mächtig machen will. England ist für ihn nicht mehr das große Vorbild. Er hat sich zunehmend von ihm distanziert und einen Prozeß der Rückbesinnung auf heimatliche Größe und Eigenart durchgemacht. Er ist nicht so borniert, daß er nicht mehr zwischen Londoner Weite und Berliner Enge unterscheiden könnte, aber er gewinnt nach der Rückkehr aus England dem Berliner Leben doch zunehmend Geschmack ab. Er beginnt zwar sehr kritisch, denn die Kleinheit und Unsicherheit der Berliner Verhältnisse (mehr seiner persönlichen als der politischen) bedrängten ihn, so daß er aus München an Emilie schrieb: »Es ist wahr, ich fühle mich in Berlin nicht mehr recht am Platze, ich habe völlig andre Interessen wie die, die ich in der Regel verhandeln höre, es fehlt mir das Herz für alle diese Bestrebungen, für das In-Bewegung-Setzen von 12 Blasebälgen, um ein glimmendes Schwefelholz nicht ausgehn zu lassen, aber es ist trotz alledem sehr die Frage, ob München der Platz sein würde, mir das zu gewähren, was mir bloß in unbestimmten Umrissen vorschwebt.«[5]

Er betrachtete es aber bald als ein Glück, daß es mit seiner Münchner Anstellung, die Heyse und Geibel 1859 betrieben, nicht geklappt hatte, wäre doch damit eine Verbannung in die politische Provinz verbunden gewesen: »Es ist mir im Laufe der Jahre besonders seit meinem Aufenthalte in London Bedürfniß geworden an einem großen Mittelpunkte zu leben, in einem Centrum wo entscheidende Dinge geschehn. Wie man auch über Berlin spötteln mag, wie gern ich zugebe daß es diesen Spott gelegentlich verdient, das Faktum ist doch schließlich nicht wegzuleugnen, daß das was hier geschieht und nicht geschieht direkt eingreift in die großen Weltbegebenheiten. Es ist mir Bedürfniß geworden, ein solches Schwungrad in nächster Nähe sausen zu hören, auf die Gefahr hin, daß es gelegentlich zu dem bekannten Mühlrad wird.« (Ha Br I/709) Daß er in seinem Brief auf dieses Bekenntnis unmittelbar die Nachricht von der Anstellung bei der Kreuzzeitung folgen läßt und sich dabei ausdrücklich zu seiner konservativen Einstellung bekennt, macht seine politische Orientierung und Parteinahme überdeutlich. Der nächste, kaum ein Vierteljahr später geschriebene Brief, in dem er Heyses Rat erbittet, welche seiner drei neuen Bücher er dem König von Bayern übersenden solle, verrät zwar noch etwas von seiner Unsicherheit hinsichtlich seiner Berliner Stellung, aber alles in allem gibt es keinen Zweifel, daß er sich in Berlin ganz an seinem Platze fühlt. In einem Brief an Storm, in dem er eine Art Sammelnachricht von den alten Berliner Freunden gibt, schreibt er über Heyse: »Berlin würde ihm schwerlich gefallen. Den Sinn für das Historisch-Politische hat er nicht, den Sinn für das Preußische und seinen besondern Beruf auch nicht. Jeder aber, dem *dieser* Sinn fehlt, kann sich hier nicht wohl fühlen.« Daß er hinzufügt: »Es ist keine Stadt für Dichter. Was sich doch derart findet, ist quoique, nicht parceque« (Ha Br I/710), will nicht seine eigene Position relativieren, sondern scheint im Gegenteil von dem Wunsche getragen, seine eigene Berufung für das Berlinische zu bestätigen. Er weiß, daß er nach Berlin gehört, und schließt sich dort, je länger desto entschiedener, der Kreuzzeitungspartei an. Während der Regentschaft Wilhelms kritisiert er noch die Schwäche der preußischen Politik und beklagt deren Unzulänglichkeiten: »zu gleicher Zeit aber ist es meine Überzeugung, daß Preußen nach außen hin nie kümmerlicher dagestanden hat wie eben jetzt und daß eine solche schlaffe, farblose, nichtssagende und nichtsthuende Nachtwächter-Politik wie unsre jetzigen Ehrenmänner (nicht ironisch gemeint) sie betreiben, noch gar nicht dagewesen ist… Wenn das so fortgeht, so werden die Zouaven viel früher hier sein, als sich gewisse Leute träumen lassen.« (Ha Br II/19) Je länger aber Wilhelm regiert und je mehr er aus seiner liberalen Ära ins konservative Lager übergeht, um so zuversichtlicher wird Fontanes Sprache, um so rückhaltloser bekennt er sich zu seiner Partei, nicht als Mitläufer, nicht als Opportunist, sondern in voller Freiheit und eigenster Entschlossenheit. Wie anders wäre sonst sein Brief an Emilie vom 23. Mai 1862 zu erklären: »Gestern Abend war ich bei *Schacht*. Es war ganz nett, wiewohl doch einigen Gästen der Kreuzzeitungshaß (der mich immer ein bißchen mittrifft) deutlich auf der Stirne stand. Kommt es dann zum Gespräch, so sehen die Leute, daß der Teufel nicht voll so schwarz ist, wie sie glauben. Aber welche Gegensätze, welche Erbittrung und, ich muß es immer wieder sagen, welche Verblendung, welche Unbilligkeit, welche Phrasen, welcher *Neid!* Jeder möchte auch gern ein Herr ›von‹ oder ein Graf sein. Unsre Partei umschließt viele Dummköpfe, viele Egoisten, viele Fromm-Hochmütige usw., aber ich habe trotzdem die feste Überzeugung, daß die *größre* Anzahl nobler, bescheidner, opferbereiter und mutiger Charaktere auf *unsrer* Seite steht. Du weißt am besten, daß ich auch das Gegenteil sagen würde, wenn mir danach ums Herz wäre.«[6] Da ist keine Spur von Scheinheiligkeit oder Heuchelei, da spricht nicht die Sorge um den Lebensunterhalt, sondern allein die Überzeugung von der Richtigkeit der von seiner Zeitung und ihm vertretenen Politik. Es ist die Zeit, da er an seine Mutter schreibt: »Es verlohnt sich doch eigentlich nur noch ›von Familie‹ zu sein. Zehn Generationen von 500 Schultze's und Lehmann's sind noch lange nicht so interessant wie drei Generationen eines einzigen Marwitz-Zweiges. Wer den Adel abschaffen wollte, schaffte den letzten Rest von Poësie aus der Welt.« (Ha Br I/706) Er räumt von sich ein, daß ihm »ganz und gar der bürgerliche Sinn fehlt und daß mich nur das Adlige interessiert«, was allerdings nicht »bloß an der Menschenklasse haftet, die man ›Adel‹ nennt.«[7] Er ist in seiner politischen Gesinnung so einseitig radikal, daß er feststellen kann: »Uebrigens hab' ich doch auch heute wieder gesehn, daß alle ernsten Leute, die nach Zuverlässigkeit, Treue, Charakter, meintwegen auch ein bischen nach Fanatismus und Verbissenheit aussehn, *Conservative* sind; – das andre ist doch der reine Triebsand, der durch die Strömung, wie sie gerade geht, mal hierhin mal dorthin geworfen wird.« (Ha Br II/49) Und wenn er sich mit dem Ausruf: »Blödsinn!« dagegen verwahrt, seine ›Wanderungen‹ im Auftrag der Kreuzzeitungspartei geschrieben zu haben (Ha Br II/54), so tut er das, weil er nicht als käuflich gelten will, sondern als ein Mann, der aus der Übereinstimmung von Wort und Gesinnung schreibt. Und überdies: »Mein Kreuz-zeitungs-thum, das ein Hinderniß sein könnte, tritt doch wirklich kaum in dem Buche zu Tage; auch ist das *ächte, ideale* Kreuzzeitungsthum eine Sache die bei Freund und Feind respektirt werden muß, denn sie ist gleichbedeutend mit allem Guten, Hohen und Wahren.« (Ha Br II/54) Für die innere Lage, in die sich Fontane durch seine Anschauungen in seinem Freundeskreis gebracht hatte, ist ein Brief kennzeichnend, den er am 7. Oktober 1869 an seine Frau schrieb: »Du bist heute elf Tage fort und mit Ausnahme des Rütli und des Diners am ersten Tag, habe ich keinen Menschen gesehn. Nur bei Wangenheims war ich am Sonntag Abend und werde nächsten Sonntag zu Tisch dort sein. Diese Stille ist ein wenig auffallend. Meine liebe Frau, es bereitet sich still aber fast unausbleiblich eine Katastrophe vor; ich bin ein Fremdling in dem ganzen Kreise, Chevaliers bauten bisher die Brücke, aber wer weiß wie lange diese Brücke hält. Ich fürchte, nicht lange mehr. Mitunter hab ich ein wahres Verlangen nach aufräumen und klarerem Spiel. Laß irgend wieder mal eine große allgemeine Frage aufs Tapet kommen, eine Frage wo man mich durch wichtigthuerisches liberales Gewäsch in Harnisch bringt, so ist der Kladderadatsch da. Die ganze Geschichte wird lange schon durch *Dich* und nicht durch mich gehalten. Ich lasse alle gelten, einzelne sehr, aber – Fremdling.« (Ha Br II/245 f) Man kann diesen Brief interpretieren als Ausfluß einer hypochondrischen Laune, wie sie den Dichter von Zeit zu Zeit heimsuchte. So wie er seiner Frau in jüngeren Jahren das Leben schwer machte durch seine Eifersucht, so bricht im Verhältnis zu seinen Freunden oftmals ein Gefühl des Mißtrauens durch, und er fühlt sich dann, einmal zu Recht, einmal zu Unrecht, verkannt, mißverstanden, noch öfter schlecht behandelt. In diesem Falle scheint seine Klage aber wesentlich gewichtiger. Wenn hier eine ›Katastrophe‹ vorausgesehen wird (schon das selten gebrauchte Wort läßt aufhorchen), so hat das sehr konkrete Gründe. Die Beziehungen zu den Freunden haben sich gelockert, und Fontane fühlt sich isoliert, wobei gleichgültig bleibt, ob er richtig oder falsch empfindet. Aufschlußreich ist, daß seine Isolierung offensichtlich politische Gründe hat und daß er den bevorstehenden Zusammenbruch des Freundeskreises mit seiner politischen Einstellung erklärt. Soweit ersichtlich, sind dem Briefe keine direkten Verstimmungen vorausgegangen, aber für den Geschmack des Dichters haben sich wohl die Gespräche im Freundeskreis seit langem nur an der Oberfläche bewegt. Man hat, meint er, die Themen ausgeklammert, bei denen kontroverse Diskussionen unvermeidbar gewesen wären. In Fontane lebt »ein wahres Verlangen nach aufräumen und klarerem Spiel.« Verstellung und Heuchelei statt Ehrlichkeit und Offenheit schienen das gesellschaftliche Zusammenleben zu regieren. Und der Dichter sieht den Augenblick nahen, wo eine »große allgemeine Frage aufs Tapet« kommt, und dann, so deutet er an, wird er Farbe bekennen. Kreuzzeitung, Wanderungen, Kriegsbücher, sie haben jetzt durch ein volles Jahrzehnt sein Leben geprägt, und er wird den Freunden gegenüber, denen er ein ›Fremdling‹ geworden ist, seine Gesinnung nicht verleugnen. Sein Konservativismus ist längst keine Maske mehr, die er sich vor das Gesicht hält, um dahinter liberalen Ideen frönen zu können, sein Schreiben, Reden und Denken entspringen dem innersten Kern seiner Person. Insofern gehört der Brief zu den wenigen großen konservativen Bekenntnisbriefen, die wir aus der Feder Fontanes, geschrieben während der 60er Jahre, besitzen. Es macht dies auch noch einmal gewiß, daß sein Bruch mit der Kreuzzeitung, der wenige Monate nach diesem Brief erfolgt, nicht das Resultat einer politischen Neuorientierung ist, sondern daß er die Wahrheit sagt, wenn er das Auseinanderklaffen von Wort und Tat bei der Kreuzzeitung als Ursache nennt für sein Ausscheiden. Er fordert auch hier von sich ›aufräumen und klareres Spiel‹. Wenn diese Konservativen einen Fehler haben, dann den, daß sie nicht konservativ, nicht ideal, nicht groß genug sind. Hinsichtlich seines Freundeskreises hatte sich Fontane getäuscht, sein Mißtrauen hatte ihn überempfindlich gemacht (›Noel sensitivus‹ unterschreibt er um diese Zeit einen Brief an Frau Zöllner). Man spürt ihm seine Erleichterung an, mit der er im Briefe vom 10. Oktober 1869 an Emilie seinen Irrtum eingesteht und einräumt, daß das »gute Einvernehmen ... nun also nach allen Seiten hin wieder hergestellt« sei: »ich muß eingestehn mich in meinem ewigen Mistraun mal wieder blamirt zu haben, die Sache lag aber wirklich anscheinend so gravirend wie nur je das Taschentuch der Desdemona und es ist ein wenig verzeihlich, daß ich den Soupçon-Othello spielte. Niemand ... kümmerte sich um mich, kein Besuch, keine Einladung, kein Brief, so vergingen volle 14 Tage und ich hatte allerdings scheinbaren Grund an ein kleines Complott zu glauben, Complott zu dem Zweck mich erziehen zu wollen. Und darin bin ich allerdings furchtbar empfindlich.« (Ha Br II/248 f) Aber daß sein Mißtrauen den engsten Freunden gegenüber so wach ist, beweist, wie sehr er sich seiner Rolle als rechter Flügelmann des Freundeskreises in dieser Zeit bewußt ist. In Grundsatzfragen gelten ihm liberale Stellungnahmen als Gewäsch. Das konservative Element bleibt der Anker, der in einer fragwürdigen Gegenwart das Schiff auf dem Grunde hält.

Dieser durch und durch konservative Geist ist es, aus dem heraus Fontane seine drei Kriegsbücher gestaltet, ein dichter, fugenloser Konservativismus, der die Treue zu König und Vaterland über alles stellt. So ist es vollkommen zutreffend, wenn Helmuth Nürnberger von diesen Jahren schreibt: »Verse und Prosasätze gelangen zu Papier, die uns für unsere Einschätzung Fontanes im Wege sind. Niemals wieder erklärte Fontane sich in so undifferenzierter Weise als ›Preuße‹ wie in dieser Zeit.«[8]

Fest steht, daß er in den 60er Jahren, von denen er sagt, daß er sie zu seinen »allerglücklichsten rechnen« müsse (NFA 15/258), mit voller Loyalität hinter der Zeitung gestanden hat, vielleicht mit gelegentlichen, kaum je aber mit ausgesprochnen Zweifeln. Als treuer Vertreter der Linie seiner Zeitung galt er auch im engsten Freundeskreis. Das macht auf überzeugende Weise der Brief Storms deutlich, mit dem dieser auf Fontanes Einzugslied von 1864 reagierte. Dieses Gedicht, wie die beiden anderen von 1866 und 1871, hat in der Tat in der zeitgenössischen Literatur kein künstlerisches Pendant. Fontane selbst hat sich zu seinen Einzugsgedichten nicht nur anerkennend geäußert, und die Kritiker von heute freuen sich seines negativen Urteils. Storm, der mit Recht von seinen Urteilen über Lyrik etwas hielt, war anderer Meinung. Er kann nicht umhin, Fontanes Gedicht zu loben: »Ihr Einzugslied ist so außerordentlich gut, daß ich gründlich dazu gratuliren muß«,[9] was vielleicht, von Freund zu Freund geschrieben, noch nicht allzuviel bedeuten muß, doch wiederholt Storm sein Urteil in einem Brief an Ludwig Pietsch, dem er eng befreundet war: »Das Fontanesche Einzugslied ist meisterhaft…«[10] In seinem Brief an Fontane wie in dem an Pietsch läßt Storm die Kritik freilich unmittelbar folgen. Daß die Formulierungen in beiden Briefen fast identisch sind, zeigt, mit welcher Sorgfalt Storm hier formuliert hat und daß er nicht einer augenblicklichen Laune Ausdruck gab: »Ihr Einzugslied ist so außerordentlich gut, daß ich gründlich dazu gratuliren muß, obgleich der Zipfel der verfluchten Kreuzzeitung aus jeder Strophe heraushängt. Möchten Sie der letzte Poet jener, doch Gott sei Dank und trotz alledem dem Tode verfallenen Zeit sein, worin die That des Volkes erst durch das Kopfnicken eines Königs Weihe und Bedeutung erhält. Ihr … meisterliches Lied feiert lediglich die militairische Bravour, wodurch der Beifall des Königs – oder Königthums erworben ist, von einem sittlichen Gehalt der That weiß es nichts.«[11] Obwohl der Gedanke, daß militärische Taten einen sittlichen Gehalt haben müssen, wenn sie nicht widerlich sein sollen, in Kriegszeiten nicht selten ausgesprochen wird, neigt man doch dazu, einen Zusammenhang herzustellen zwischen Storms Vorwurf und Fontanes Selbstgespräch bei der Lektüre des Buchs von Rabou über die Napoleonischen Kriege. Dieser sittliche Gehalt wird sich natürlich dort am leichtesten entdecken lassen, wo eine Armee antritt in der Überzeugung, ›mit Gott‹ an ihrer Seite zu kämpfen. Es ist Kreuzzeitungsstil, wenn Fontane den Abschied Wilhelms I. von Berlin beschreibt: »Mit dem schlichten Wagen des königlichen Feldherrn zog das Herz des Landes; *die patriotische Stimmung der Berliner Männer und Frauen, die hier standen, weinten und jubelten, war im Einklang mit dem allgemeinen Gefühl ...* zum Himmel auf stieg aus tausend Herzen die Bitte um Sieg und frohe Heimkehr... Die Liebe des Volkes... hatte die ganze Auffahrt ... mit Blumen und Kränzen geschmückt ... und zwischen ihnen leuchtete weit hinaus, dem königlichen Helden entgegen, ... der Wunsch und Gruß: *Mit Gott.*« (KF I/97) Nicht zuletzt die Kriegsbücher beweisen, daß es ein Irrtum ist zu glauben, Fontane habe, als er 1870 noch vor Ausbruch des Krieges mit der Kreuzzeitung brach, zugleich den Bruch vollzogen mit der Gesinnung, welche die Kreuzzeitung vertrat. Seine Briefe an Emilie, in denen er ihr sein Ausscheiden als Redakteur der Kreuzzeitung erklärte, beweisen, daß ihm nicht der nach außen vertretene Geist der Zeitung zuwider war, mit dem er sich zehn Jahre hindurch loyal identifiziert hatte. Nichts hat Fontane mehr verachtet als die fehlende Übereinstimmung von Wort und Tat: »Sie sagen ›Christus‹ und meinen Kattun«, heißt es von den Engländern (NFA 8/208), dieselbe Kritik übt er am Bourgeois: »in einem fort quasseln sie vom ›Schönen, Guten, Wahren‹ und knicksen doch nur vor dem Goldnen Kalb« (NFA 15/14), und mit der Kreuzzeitung rechnet er in derselben Weise ab: »Es ist *gemein*, beständig große Redensarten zu machen, beständig Christentum und Bibelsprüche im Munde zu führen und nie eine *gebotene* Rücksicht zu üben...« (Ha Br II/307)[12] Ihn empört, daß Anspruch und Wirklichkeit nicht übereinstimmen.

Daß es bei der Auseinandersetzung mit der Kreuzzeitung allerdings nicht nur um die von Fontane gewünschte finanzielle Altersversorgung geht, sondern daß er, bei aller Übereinstimmung in politisch-ideologischen Fragen, auch mit der Behandlung nicht einverstanden war, die man ihm zuteil werden ließ, enthüllt ein Brief, den er am 29. November 1869 an Emilie schrieb: »Im Uebrigen hat er (Beutner) mir mehrfach die Spalten seiner Zeitung für eine längre und sachgemäße Besprechung angeboten, wenn ich einen guten Berichterstatter in petto hätte. Dies ist nun zwar sehr freundlich, aber beinah komisch ist es zu sehn, wie er sich müht den Gedanken: ‹er oder seine Familie solle das Buch lesen› in mir um Gottes willen nicht aufkommen zu lassen. Mit andern Worten, er stellt mir seine Zeitung zur Verfügung, aber nicht seine Person. Dies wäre an und für sich ganz in der Ordnung (Du weißt ja am besten, daß ich nicht einmal von meiner Frau erwarte, am wenigsten verlange, daß sie meine Bücher liest) und wenn ich doch meine Bemerkungen drüber mache, so liegt es lediglich wieder an der *Art* wie unser guter B. dabei verfährt. Erst in diesem Augenblick, wo ich über die Sache schreibe, empfinde ich ganz und klar das unstatthaft Nüchterne seiner Haltung in dieser Angelegenheit. Es ist so von allem schön-Menschlichen entkleidet. Er *muß* wissen, daß ich 3½ beste Lebensjahre, Tag und Nacht, an diese Arbeit gesetzt habe und ich meine, daß er in dem Moment wo er das Buch auf seinem Tische liegen sah, an mich herantreten und mir sagen mußte: ‹ich freue mich dies Buch in Händen zu halten.›« (Ha Br II/274f) Man kann dieses Gespräch nur dann richtig begreifen, wenn man sich gegenwärtig hält, daß sich Fontane nicht nur als Redakteur des englischen Artikels der Zeitung verstand, sondern für sich in Anspruch nahm, »eine Zierde, ein kleiner Stolz der Zeitung« zu sein. (Ha Br II/308) Sein Brief verdeutlicht, daß er aus dieser Einstellung heraus, die angesichts seiner ›Wanderungen‹ und der Kriegsbücher nur zu berechtigt war, Ansprüche ableitete. Er erwartete von der Zeitung uneingeschränkte Zustimmung für sein Buch, und er erwartet das nicht nur von der Zeitung als einer abstrakten Institution, sondern vom Chefredakteur in Person. Zufrieden wäre er nur gewesen, wenn Beutner das Buch selbst gelesen und besprochen hätte. Daran erstaunt, daß er in dieser Hinsicht vom Chefredakteur mehr verlangt als von seiner eigenen Frau. Wenn er dies mit dem Argument tut, daß er für das Buch Jahre seiner besten Lebenszeit geopfert hat, bleibt ungeklärt, weshalb er Emilie die Lektüre freistellt. Es kann dies nur damit zusammenhängen, daß Fontane immer Wert auf engste und vertrauensvollste Zusammenarbeit mit seinen ›Arbeitgebern‹ legte und darüber hinaus in diesem Werk eine der Kreuzzeitung besonders verbundene Leistung sah – Geist von ihrem Geist. Hatte man von den Wanderungen sagen können, daß sie im Auftrag der Kreuzzeitungspartei geschrieben seien, so war dies bei den Kriegsbüchern in noch viel stärkerem Maße der Fall. Das Zurückweichen Beutners vor einer bedingungslosen persönlichen Ineinssetzung von Zeitung, Chefredakteur und Kriegsbuch dürfte Fontane der Zeitung stärker entfremdet haben als alle Zukunftsängste. Es kann deshalb nicht verwundern, wenn Fontane nur fünf Tage später in einem Brief an Emilie (die in der Zwischenzeit wohl seine Stellung in der Zeitung zutreffend beschrieben hatte) auf die kritischste Weise die Haltung der Zeitung ihren Mitarbeitern gegenüber analysiert: »Alles was Du über meine Stellung zur Zeitung schreibst, ist richtig und ist sogar noch viel richtiger als Du wissen kannst; man ist eine bloße Sache, man hat den Werth eines Maschinenrades, das man mit Oel schmiert solange das Ding überhaupt noch zu brauchen ist, und als altes Eisen in die Rumpelkammer wirft, wenn die Radzähne endlich abgebrochen sind, aber so gewiß ich das Brutale schmerzlich empfinde, das darin liegt, so hab ich doch nun nach gerade einsehen gelernt, daß es *hier zu Lande,* in den gesegneten Gauen des norddeutschen Bundes, überall so ist und daß man nur so lange Werth hat, als man tagtäglich und immer aufs Neue seine Brauchbarkeit beweisen kann.« (Ha Br II/284) Daß ihr Mann in der Sache recht hatte, wird Emilie wohl eingesehen haben, daß er aus seiner ›Theorie‹ kaum ein halbes Jahr später praktische Konsequenzen zog, hat sie zutiefst verstört. Wie aus Fontanes unvollständig überliefertem Antwortbrief vom 16. Mai

1870 hervorgeht, warf sie ihm einen »ungeheure(n) Hang nach Freiheit und Wechsel« vor. (Ha Br II/312) Ganz unrecht wird sie selbst im Hinblick auf seine Vorliebe für den Wechsel (von der für die Freiheit ganz abgesehen) nicht gehabt haben; zudem erklärt sich ihre Ängstlichkeit (wie ihre Angst in Sturmnächten) auch aus ihrem ungeordneten Lebenslauf während ihrer Kindheit.

So versucht er einen Aufbruch zu neuen Ufern, zunächst durchaus noch in demselben Geist. Seine »alten Beziehungen zur Zeitung, Mitarbeiterschaft statt Redaktion« (Ha Br II/307), will er festhalten, aber eine ehrlichere, widerspruchslosere Existenz ist sein Ziel: »fasse dir also ein Herz«, ermutigt er sich selber, »*antizipiere* die ganze Situation; jetzt bist du noch elastisch genug, um sie mit Gottes Hilfe siegreich überwinden zu können; dir kann sich noch absolut Neues, Glückliches erschließen, der Moment dazu ist gut gewählt.« (Ha Br II/308) Das Neue, was sich erschließt, ist zunächst ein Altes: die Arbeit am 70er Kriegsbuch folgt den Kriegsbüchern von 1864 und 1866, und sie wird vollbracht in derselben Haltung und Gesinnung, die Fontane nun seit zwanzig Jahren, zunächst gegen sein Gewissen, dann immer mehr sich zum Konservativen wandelnd, vertrat.[13] Aber hinzuzunehmen hat man die Tatsache, daß mit dem Wechsel von der Kreuzzeitung zur Vossischen Zeitung nicht auch ein Gesinnungswechsel verbunden war. Daß Fontane im Dezember 1870 an Kletke schreibt: »Die Vossische Zeitung ist das eigentliche Berliner Blatt, das macht sie mir werthvoll; daß ich politisch über manches anders denke, ist irrelevant, da es sich in meinen Arbeiten nicht um politische Fragen handelt« (Ha Br II/367), das würde man noch als Ausdruck der Selbstachtung interpretieren können, denn Fontane hatte zu lange in der Öffentlichkeit als Kreuzzeitungsmann gegolten, als daß ihm nun daran hätte liegen können, als Renegat betrachtet zu werden; daß er indessen noch 1875 in einem Brief an Hertz feststellt: »Ich verdanke der Vossin viel, und bin ihr, trotz politischen Gegensatzes aufrichtig attachirt«,[14] daß er (in seiner Eigenschaft als Sekretär der Königlichen Akademie der Künste) der Norddeutschen Allgemeinen Zeitung brieflich mitteilt: »Ich muß noch eine kurze Bemerkung hinzufügen. Es ist die, daß es mit der Vossin, zu der ich *persönlich* nach wie vor freundliche Beziehungen unterhalte, nicht mehr geht. Sie fortschrittelt gemütlich weiter und weiß alles besser als die Regierung, namentlich als Bismarck. Ich gönne ihr das; aber es liegt auf der Hand, daß alle Erörterungen, denen mehr oder minder eine ministerielle Anschauung zu Grunde liegt, nicht recht in sie hineingehören…« (Ha Br II/520) und – eine höchst wichtige Äußerung – daß er in einem Brief an Hertz vom 24. Juli 1876 zum Vorabdruck von ›Vor dem Sturm‹ schreibt: »Der Abdruck in der Vossin war mir immer contre coeur; ich wich nur einer force majeure. Ich bitte Sie genehmigen zu wollen, daß ich von unsrem, auch wohl geschäftlich als schlimmste Nummer anzusehenden, weil das Buch-Interesse am meisten abmindernden Lokalblättchen, zu der minder schlimmen Nummer ›Daheim‹ über springen darf. Die Vossin selbst, wie ich annehme, wird nichts dagegen haben, da sie bei der ganzen Abmachung mehr mir als sich einen Gefallen erweisen wollte«

(Ha Br II, S. 535), das alles beweist, wie lange der Ablösungsprozeß gedauert hat und wie langwierig der Weg bis zur Fast-Identifizierung mir der Vossischen Zeitung war.[15] Sicher ist, daß die Kriegsbücher durchweg nach Sinn und Geist der Kreuzzeitung verpflichtet und ohne die weit über ein Jahrzehnt dauernde, erst losere, dann engere Verbindung mit dieser Zeitung nicht zu denken sind.[16]

Es ist deshalb fast als symbolischer Vorgang zu begreifen, daß Fontane auf seiner Reise durch das besetzte Frankreich ausgerechnet der Kreuzzeitung eine Verkürzung langweiligster Stunden verdankt. Die spärlichen Zugverbindungen zwingen ihn zu einem langen Aufenthalt in Thionville, kaum eine Eisenbahnstunde von seinem Ziel (Metz) entfernt. Er durchmißt die Stadt in beiden Hauptrichtungen und stellt danach zu seinem Schrecken fest, daß von sieben Stunden erst eine vergangen ist. Fontanes Klagen über Langeweile, wenn ihm die passende Gesellschaft abging, durchzieht viele seiner Briefe: hier scheint ein Höhepunkt erreicht zu sein. »Sieben Stunden für Thionville. Sie sollten mir sauer werden.« (NFA 16/403) Doch als er sich tief verstimmt in einem Café niederläßt, kommt ihm die unerwartete Rettung. Er wurde »plötzlich einer ‹Kreuz-Zeitung› ansichtig…, die ein junger Offizier gähnend unter einem Schachbrett hervorzog.« Die Lage hat sich schlagartig verbessert, und man wird in der deutschen Literatur lange suchen müssen, ehe man einem Stück Prosa begegnet, das es mit dem Folgenden aufnehmen kann an Zeitungsenthusiasmus im allgemeinen und Dankbarkeit gegenüber der im Café erhaschten Kreuzzeitung im besonderen. Natürlich hätte auch jede andere Zeitung denselben Zweck erfüllt, aber die Stimmung, in der Fontane nach den Blättern greift, macht doch deutlich, daß keine offene oder geheime Rancune gegen die Zeitung in ihm lebt. Er nimmt sie völlig vorurteilsfrei zur Hand und zeigt sich entzückt. Die Zeitungen »nehmen an dem allgemeinen Menschenschicksal teil. Im allgemeinen dazu bestimmt, durchblättert, überflogen und als leer und langweilig, ja von einer starken Minorität ‹als immer langweiliger werdend› beiseite geschoben zu werden, brechen doch auch für jedes Zeitungsblatt, hier oder dort, in Nähe oder in Ferne, die Stunden an, wo leidenschaftliche Liebe und Dankbarkeit alle begangene Untat wieder ins Gleiche bringt. Dies war jetzt *meine* Stimmung. Ich las Amtliches und Wasserstandsberichte; alles Mäkeln war abgetan … so ging ich durch alle Stadien des Zuschauers (unteres Drittel der ersten Innenseite der Kreuzzeitung – G.F.) und Vermischten siegreich hindurch, bis ich mit frommer Scheu bei den Entbindungsanzeigen endigte. Unter dem Pressanten der Situation war ‹alles schön› geworden, und nur der Börsenbericht blieb mir ein süßes Geheimnis.« (NFA 16/404) Man spürt, wie sehr sich Fontane mit seinem Beruf als Journalist identifiziert und – in Grenzen – mit der Zeitung.

12. Kapitel

›Vor dem Sturm‹ und die Kreuzzeitung

Auch ein Rückblick auf den ersten Roman ›Vor dem Sturm‹ verdeutlicht, wie schwierig sich für Fontane die Ablösung von seiner eigenen Vergangenheit gestaltete. Die Konzeption des Romans, wann immer Fontane damit begonnen haben mag, fällt in seine konservative Periode. Auf die unterschiedliche Interpretation, die Fontane seinem Werk zuteil werden ließ, werden wir noch kurz zurückkommen. Daß Fontane in ›Vor dem Sturm‹ bereits um den Nachweis einer entschiedenen Selbständigkeit des Urteils bemüht war, also durchaus nicht daran dachte, ein orthodox-konservatives Familienidyll zu zeichnen, darauf weist seine in den Roman integrierte Liebesgeschichte hin. Nicht ein Bamme heiratet eine Zieten oder ein Zieten eine Bamme, sondern Lewin von Vitzewitz heiratet Marie Kniehase, und Fontane freut sich, daß Pietsch in seiner Rezension diesen Fingerknips gegen die Gesellschaft, der in einem Roman von so ausgeprägtem Konservativismus die absolute Ausnahme war, sogleich begriff. Am 22. November 1878 dankt Fontane Pietsch für seine eingehende und liebevolle Rezension: »Es war eine glückliche Stunde, und wenn es Ihnen eine besondre Freude gemacht hat, das Kind des ‹starken Mannes› nicht als 18 Jahr lang unerkannte Baronin abschließen zu sehn, so hat es mir eine riesige Freude gemacht, daß Sie meine Absicht hier ganz und gar erraten haben. Die Natur adelt; alles andre ist Unsinn, und eine der mir degoutantesten Erscheinungen ist es immer gewesen, gerade in den Romanen liberaler und allerliberalster Schriftsteller, den Hauslehrer oder die Gouvernante, wenn sie heldisch-siegreich auftreten, sich schließlich immer als Graf oder Gräfin entpuppen zu sehn. Wenn auch nur von der Bank gefallen.« (Ha Br II/634f) Aber Fontane wußte selbst, daß die Bedeutung seines Romans nicht in einem solchen Detail lag. Es war freilich eine Herausforderung des Konservativismus, aber man hat doch schon mit Recht festgestellt, daß Fontane zu außerordentlichen Mitteln greift, um diese ›Mesalliance‹ überhaupt als möglich erscheinen zu lassen. Marie ist nicht standesgebunden (so klar auch ihre Herkunft beschrieben wird), sie ist eine Märchenprinzessin, die auf Sternen geht, eine Inkarnation reinster und feinster Menschlichkeit, allen sozialen Konflikten entrückt. Nur wenn sie erdnäher wäre, wenn der Zauber, der um sie gewoben ist, auflösbar wäre, könnte ihre Verbindung mit Lewin eine echte soziale Qualität erhalten. Wenn Berndt von Vitzewitz erklärt, daß sie der Familie zwar den Stammbaum, aber nicht die Profile verderbe, so ist doch in Wahrheit festzustellen, daß sie den Stammbaum der Vitzewitz' in ähnlicher Weise verdirbt wie Zeus den Amphitryons. Nur einen ganz kleinen irdischen Rest läßt Fontane ihr, nämlich wenn sie erklärt, daß sie das Erbe Bammes nicht ausschlagen wolle: »*dazu* sei sie doch nicht fromm genug.« (NFA 1/638) Aber das ist auch kein Zug märkischer Enge, sondern nur allgemein menschlich. Ihr gegenüber ist Lewin, alles in allem genommen, doch ein blasser Vertreter seines Standes, so blaß, daß Heyse in seinem Brief an Hertz schreiben kann, daß er Lewin, der von Kathinkas Verrat zutiefst betroffen ist, »das ‹Zusammenbrechen› eigentlich nicht zugetraut« habe (Ha Br II/639), worüber Fontane, in klarer Erkenntnis seiner Schwächen, (angeblich?) herzlich lacht. (Ein ganz unbeschwertes Lachen kann es nicht gewesen sein, denn Fontane wird der Zartheit dieser Liebesgeschichte keineswegs gerecht, wenn er versichert, daß die Darstellung von ›Liebesverhältnissen‹ seine ›Schwäche‹ sei.) (vgl. z.B. Ha Br II/639)

Die Bedeutung seines Romans lag für Fontane in der Gesinnung. Nun läßt sich (vor allem dann, wenn man von der letzten Überarbeitung des Romans nach 1876 ausgeht) sicher mancher Gesinnungswandel bei Fontane nachweisen, aber was immer sich gewandelt haben mag, an gewissen Grundzügen und an den Fundamenten ließ sich nichts mehr ändern, und Fontane hat in vielen Briefen (es gibt keinen anderen Roman, den er über so viele Jahre hinweg so ausführlich selbst kommentiert hätte) festgehalten, welcher Art die Gesinnung war, die er hier seinen Lesern vermitteln wollte. ›Vor dem Sturm‹ war vor allem ein frommes Buch. Allein deshalb ist es in der Reihe der anderen Romane Fontanes nicht ohne weiteres unterzubringen. Sicher liegt darin auch der Grund, daß Fontane später sagen konnte, daß er oft vergesse, den »Roman« »geschrieben zu haben«.[1]

Als Paul Heyse dem Verleger Hertz gegenüber kritisch bemerkte, der Schwerpunkt des Buches liege im Landschaftlichen (dies der Grund dafür, daß alle Interpreten so viel Wert legen auf den Zusammenhang des Romans mit den ›Wanderungen‹), wehrte sich Fontane mit dem Hinweis, »der Schwerpunkt liegt vielmehr in der *Gesinnung,* aus der das Buch erwuchs«. (Ha Br II/637) Und diese Gesinnung spiegelt, weit jenseits aller gewollten Tendenzen, echte Frömmigkeit wider. Von diesem Tatbestand war Fontane offenbar selbst überrascht, denn während des vermutlich jahrzehntelangen Entstehungsprozesses hat er sich über diesen Untergrund seiner dichterischen Bemühungen keine Rechenschaft gegeben. Es war ganz offenkundig Hertz, der das konservativ Fromm-Patriotische nicht nur spürte, sondern der dieses auch zur Grundlage beim Verkauf des Buches machen wollte. Er wollte es unter Hinweis auf diese Eigenschaft dem Schulrat Klix ans Herz legen. Fontane reagiert darauf mit einem langen Bekenntnisbrief: »Ihr Gedanke mit Schulrath Klix ist brillant. ... Glückt es, *diese* Seite des Romans zur Geltung zu bringen, so haben wir ein ‹Zeichen der Zeit› und damit vielleicht gewonnen Spiel. Ich muß dabei einen Augenblick verweilen. Der große Zug der Zeit ist *Abfall;* aber man hat es nach gerade satt; die Welt sehnt sich aus dem Häkkelismus wieder heraus, sie dürstet nach Wiederherstellung des Idealen. Jeder kann es jeden Tag hören. Und es ist ernst gemeint. Da kommt nun *dieses* Buch, das dem in tausend Herzen lebendigen Gefühl Ausdruck leiht. Hätt' ich es gewollt, hätt' ich auch nur einen Tropfen ‹fromme *Tendenz*› hineingethan, so wär es todt, wie alles zurechtgemachte. Aber es steckt in dem Buche ganz gegen mein Wissen und Willen; ich *finde* es jetzt zu meiner Ueberraschung darin und doch liegt eigentlich kein Grund zur Ueberraschung vor, denn alles was ich gegeben habe, ist nichts als der Ausdruck meiner Natur. Ich hoffe, daß es auch so wirkt. Trifft dies zu, so ließe sich sagen: ‹seht, der Wind dreht sich; die alten Götter leben noch. Unsinn. Das Christenthum ist nicht todt; es steckt uns unvertilgbar im Geblüt und wir haben uns nur darauf zu besinnen. Jeder der sich prüft, wird einen Rest davon in sich entdecken. Und diese Reste müssen Keime zu neuem Leben werden.› Was sagen Sie zu dieser Nachmittagspredigt?« (Ha Br II/628f) Die rhetorische Frage am Ende soll der überaschenden Konfession sicher etwas von ihrer Befremdlichkeit nehmen, aber dem heutigen Interpreten fordert sie seinen ganzen, ungeteilten Ernst ab. Im übrigen läßt sich die dem Buch innewohnende Frömmigkeit in ihrer ganzen Unaufdringlichkeit nicht besser beschreiben, als dies Fontane selber getan hat. Wenn man bedenkt, in welcher äußeren Lage er (nach 1876) dem Buch seine endgültige Gestalt gegeben hat, daß er es »im Rückblick« »ein Schmerzenskind« nennt, das aber »an vielen Stellen heiter und nirgends von der Misere angekränkelt« sei (Ha Br II/547), so wird man etwas von der Konzentration begreifen, die er bei der Fertigstellung des Romans benötigte. Wenn der Zug der Zeit Abfall ist, dann ist das Buch gegen den Zug der Zeit geschrieben. Es erweist sich freilich gerade darin der Leserschaft der Kreuzzeitung zugehörig, wie sie Fontane während der 60er Jahre gesehen hatte. Dieses große Werk schließt sich also nicht nur an die ›Wanderungen‹ an,[2] sondern ebenso an die Kriegsbücher. Nur so läßt sich erklären, daß Fontane so große Hoffnungen setzte auf die Rezension von Ludovica Hesekiel in der Kreuzzeitung. Er glaubt zu wissen, wo seine Leser sich finden werden. Ludovica schien in jeder Hinsicht die geeignetste Rezensentin zu sein (nicht nur, weil sie in früheren Jahren durch George Fontane in engeren Herzensbeziehungen zur Familie Fontane gestanden haben dürfte), denn ihre Kreuzzeitungsgesinnung war über jeden Zweifel erhaben. Fontane schreibt ihr: »Theuerstes Ludchen. Der große Augenblick ist nun da; eben hab ich den Roman an Dr. Heffter geschickt… Thuen Sie nun was Sie können und seien Sie meines Dankes und meiner Bereitwilligkeit zu kl. liter. Gegendiensten im Voraus versichert.« (Ha Br II/630f) Aber auch die Zeitung ihrerseits ist dem ›abtrünnigen‹ Fontane (der mit eben diesem Roman beweist, wie wenig radikal seine Trennung von der Kreuzzeitung war) in jeder Weise behilflich, um dem Buch zum Erfolg zu verhelfen. Fontanes Brief an Ludovica räumt (auch wenn man einige innere Vorbehalte zu spüren meint) ein, daß Ludovica ein Äußerstes geleistet hat: »Roma locuta est, würde Bamme sagen, und es gleichmäßig auf Sie und auf die Kreuz-Ztng beziehn. Haben Sie herzlichsten Dank; abgesehn von der großen Freundlichkeit gegen mich, die aus jeder Zeile spricht, ist es auch so sehr geglückt und liest sich so frei und gut. Und das ist eigentlich die Hauptsache. Es giebt so viele lobende Kritiken, denen man die

Herzensqual des Kritikers anmerkt, und das ist schrecklich. Vieles hat mich noch im Detail gefreut, so z. B. daß Jeetze, eine mit Vorliebe gezeichnete Figur, zu seinem Rechte kommt, und daß Ihnen das Kapitel ‹durch zwei Thore› gefallen hat; es ist lange nicht das beste, aber gewiß das poetischste des Buches. Ich fürchtete schon, daß die Besprechung zu spät kommen könnte und war heute um so freudiger überrascht. Der 11te, wo der ‹Weihnachtsmarkt› anfängt, ist gerade ein besonders glücklich gewählter Tag, und daß unser Freund Heffter eine besondre Ueberschrift spendirt und dadurch die Aufmerksamkeit noch mehr darauf hingelenkt hat, ist ein kleiner Liebes- und Freundschaftsakt.« (Ha Br II/641)

In seiner ausgezeichneten Darstellung der Wirkungsgeschichte des Romans ist Gotthard Erler auf die Kreuzzeitungskritik von Ludovica Hesekiel bedauerlicherweise nicht eingegangen. Freilich muß man zugestehen, daß das Fehlen dieser Rezension dem Leser an Einsichten nichts nimmt. Interessant wäre sie nur aus dem einzigen Grunde, weil sie beispielhaft belegt, welch borniert Beschränktheit in den konservativen Kreisen damals herrschte. Rückblickend muß man feststellen, daß Fontanes Roman das dichterisch überzeugendste Werk des deutschen Konservativismus in der zweiten Hälfte des 19. Jahrhunderts war. Vielleicht gibt es im ganzen Jahrhundert keinen Roman, der, auf gleich hoher künstlerischer Ebene stehend, eine wahrhaft konservative, aber doch freie Gesinnung so gültig zur Anschauung gebracht hat. Heute findet der Roman mehr denn je seine Bewunderer. Peter Demetz (der nicht viel von dem patriotischen Glanz des Romans wissen will) sagt: »Es ist ein Höhepunkt seiner (Fontanes) Kunst und des deutschen Romans überhaupt«,[3] und Sebastian Haffner schreibt: »es gibt keinen schöneren, lesens- und liebenswerteren historischen Roman in deutscher Sprache als.. ›Vor dem Sturm‹«[4] Eine gerechte, aber späte Anerkennung. *Damals* hätte ein Jubelsturm durch den konservativen Blätterwald gehen müssen, und selbst der Schwarze Adlerorden (den Menzel später erhielt!) wäre eine unzureichende Belohnung gewesen.[5] Aber Ludovica Hesekiels Besprechung war das Höchste, was die Konservativen in ihrer geistigen Enge zuwege brachten. Ein Armutszeugnis ohnegleichen. Und dabei gut gemeint, denn was Fontane zum Lobe der Rezensentin sagt, ist durchaus verdient. Aber wenn man von den wenigen Sätzen absieht, die Fontane seiner Kritikerin insinuierte, sind es doch nur schlichte und banale Redensarten. Auf einen solchen Aufsatz baute Fontane seine Absatzhoffnungen bei ostelbischen Grundbesitzern und Pastoren. Wes Geistes Kind müssen sie gewesen sein… Ein Glanzpunkt des deutschen Konservativismus verdämmert infolge der Ignoranz einer einflußreichen Partei. Ludovica Hesekiel legt ihre Besprechung ganz schematisch an: »Wenn wir bei einem Roman sechserlei beobachten müssen, nämlich die Handlung, die Personen, die Zeit, den Schauplatz, die Gesinnung und den Stil, so können wir bei Fontane über die beiden letzteren mit wenigen Worten hinweggehen. ›Vor dem Sturm‹ ist in den knappen, klaren, kurzen Sätzen mit den feinen, geistvollen Wendungen geschrieben, die unsere Leser von den Wanderungen her kennen und die uns unwillkürlich reizen, einen rothen

Strich am Rande zu machen oder sie abzuschreiben.« Und von der Hauptsache vermag sie zu melden: »Was nun die Gesinnung des Buches betrifft, so ist sie brandenburgisch-preußisch, aristokratisch-königlich und christlich, alle diese Bezeichnungen in ihrem idealsten Sinne genommen.« Alles richtig – aber wie armselig ist diese bloße Richtigkeit.[6] Einen Satz gibt es vielleicht, der ein persönliches Verhältnis der Rezensentin zu dem gelesenen Roman verrät: »Fragen wir uns nach dem Total-Eindruck, so müssen wir sagen, wir haben ein gutes und ein ganz ungewöhnliches Buch vor uns, das uns das Herz erwärmt und dem Geiste Freude macht. Ob es je ein Mode-Buch für das große Publicum werden wird, ist eine andere Frage...« (Neue Preußische Zeitung, genannt Kreuzzeitung, 12. Dezember 1878)

Mit allzu großen Erwartungen hat Fontane seinen Roman der Öffentlichkeit sicher nicht übergeben. Die laue Aufnahme hat ihn trotz allem bestürzt. Trotz seiner jahrzehntelangen Erfahrungen mit dem Publikum hoffte er wohl noch immer auf ein Wunder. Dabei war er sich doch der begrenzten Aufnahmefähigkeit, vor allem aber der beschränkten Anpassungsfähigkeit der Menschen bewußt. In seinen Briefen aus Manchester (1857) schreibt er einmal: »Wen das Publikum gewöhnt ist im roten Rock zu bewundern, der mache sich darauf gefaßt, den roten Rock zeitlebens tragen zu müssen. Wen eine Nation dreißig Jahre lang als Lyriker geliebt hat, der ist verloren, wenn er seine Laufbahn als Dramatiker beschließen will. Was er vorhat, gilt als Vertrauensbruch und Undank.« (NFA 23/1/118) Sollte es dem ›Wanderer‹ als Romancier besser ergehen?

Bis zu einem gewissen Grade hat Gotthard Erler recht, wenn er in seinem Kommentar zu ›Vor dem Sturm‹ meint: »Die Konzeption war wohl zu alt, um den Beginn von Fontanes radikaler Entwicklung nach links noch aufnehmen zu können.«[7] Aber ebenso unbestreitbar ist die Fortsetzung seines Satzes, daß nämlich (eben infolge der Verankerung des Romans in den 60er Jahren) »viel von dem, was der Dichter ›eigentlich‹, das heißt ursprünglich, wollte, in dem Roman« steckt. Wie hat Fontane seine Absicht erläutert: »Verherrlichung der Vaterlandsliebe über die bloße, mehr oder weniger geschraubte ›Loyalität‹ hinaus und die Verherrlichung christlichen Sinnes und Lebens auf Kosten christlicher Bekenntnisformeln.« Damit ist eines der entscheidenden Stichworte für Fontanes Behandlung religiöser Fragen in ›Vor dem Sturm‹ gefallen. Der Dichter will wegkommen von christlichen Bekenntnis*formeln*. Es ist dies die Haltung, aus der heraus, ins Grotesk-Humoristische verschoben, der alte Stechlin sagt: »aber ich bin so im Ausdruck mitunter ungenierter, als man vielleicht sein soll, und bei ›niedergefahren zur Hölle‹ kann mir's passieren, daß ich nolens volens ein bißchen tolles Zeug rede.« (NFA 8/20) Das macht für Theologen den Umgang mit Fontane relativ schwierig, weil sie notwendigerweise Anstoß nehmen müssen an einer Sprache, die alles Formelhafte zu vermeiden trachtet, denn der Dichter glaubt, daß das wahre Leben aus der Formel längst entwichen ist und daß die Wahrheit

›christlichen Sinnes und christlichen Lebens‹ nur außerhalb der Formeln zu finden ist. So muß selbst ein kluger Versuch, die Predigt des Pastors Seidentopf mit einer vor den Befreiungskriegen gehaltenen Predigt Schleiermachers zu vergleichen (Fontane hatte die letztere als Quelle benutzt), in den Händen eines Theologen scheitern. Er *muß* zu dem Ergebnis führen, daß Fontane »die Feinheiten der Sprache Schleiermachers ebensowenig lagen wie die von dessen religiösen Denken«,[8] weil die Untersuchung erstens schon im Ansatz falsch ist, denn sie berücksichtigt nicht die Funktion eben dieser Predigt im Ganzen des Romans und verkennt ferner den Willen Fontanes, sich nicht auf theologische Formeln einzulassen – wobei es besonders schwierig sein wird, ausgerechnet bei Schleiermacher nachzuweisen, daß die religiösen Inhalte zu Formeln geronnen sind.

Zugleich ist damit natürlich der Punkt bezeichnet, wo sich Fontanes Roman bei aller inhärenten Frömmigkeit am deutlichsten von der Kreuzzeitung entfernt, denn wie hoch Formelhaftes dort im Kurs stand, macht allein das Bild ›Christus mit der Dornenkrone‹ deutlich, unter dem der Chefredakteur den Stellenbewerber Fontane empfing. Die plakative Zurschaustellung einer religiösen Gesinnung mußte schon ihrer provokativen Aufdringlichkeit wegen Fontane beängstigen. Das Ausscheiden aus der Kreuzzeitung ist deshalb auch zu verstehen als die Abkehr von einer Institution, die verkrustete (Bekenntnis-) Formeln pflegte, aber des wahren christlichen Sinnes entbehrte. Gleichwohl wäre es falsch, den Zusammenhang zwischen der Kreuzzeitung und den in ›Vor dem Sturm‹ vertretenen Gesinnungen zu leugnen. Selbst in einem Brief an Hermann Kletke, der als Chefredakteur der liberalen Vossischen Zeitung für die konservative Gesinnung des Buchs nicht unbedingt Verständnis haben mußte, aber darüber zu entscheiden hatte, ob das Blatt für eine Rezension des Romans durch Pietsch offenstehen sollte, schreibt Fontane vorsichtig, aber zutreffend: »Daß ihm (Pietsch) das Buch besonders gefällt, erwart' ich nicht; es ist ganz unmodern, etwas fromm, und etwas kirchlich, immer wird gepredigt und Gott sei Dank *noch* häufiger zu Mittag gegessen. Dazu literarische Gespräche und dann und wann eine Eruption im Stil von ‹Mit Gott für König und Vaterland›. An Zola, der einen unterirdischen Pariser Käseladen mit genialer Bravour zu beschreiben weiß, erinnert nichts. Und das spricht mir mein Urteil. Denn Pietsch ist für Zola. Vielleicht aber lobt er mich aus Commiseration.« (Ha Br II/630) Diese Sätze erklären deutlicher als manche Interpretation, daß Fontane selbst wußte, daß ›Vor dem Sturm‹ seiner Kreuzzeitungsvergangenheit viel mehr verpflichtet war als seiner Mitarbeiterschaft bei der Vossischen Zeitung.

Eine radikale Absage an die Kreuzzeitung erfolgt im Jahre 1881: »Die Kreuz-Ztg erhielt ich heut; ich genire mich aber sie zu zeigen oder gar in Gegenwart andrer zu lesen. Ich glaube, da liegt was drin, nämlich das, daß ein anständiger *und* gescheidter Mensch ... sie doch wirklich nicht lesen *kann*. Beinah nicht *darf*. Und diese Leute wollen das Land regieren! Bibelsprüche sind sehr was Gutes und Schönes, aber blos mit'm Bibelspruch läßt sich das Geschäft nicht mehr machen.«

(Ha Br III/148) Es gibt bei Fontane indessen selten etwas so Endgültiges, daß ein Rückfall nicht doch möglich wäre. Die meisten seiner Thesen leben davon, daß die Gegenthesen immer mitgedacht werden können. Fontane bleibt auch über das Jahr 1881 hinaus ein treuer Leser der Kreuzzeitung und fühlt sich ihr nicht nur als Abonnent verbunden, sondern kann sich auch seiner politischen Gesinnung nach – wenn auch widerstrebend – auf Seiten der Zeitung sehen. Entsprechend heißt es in einem Brief an Emilie vom 10. Juni 1884: »Ich schreibe dies alles im Hinblick auf die Kreuz-Ztng. und die conservative Partei. Schließlich gehör' ich doch diesen Leuten zu und trotz ihrer enormen Fehler bleiben märkische Junker und Landpastoren meine Ideale, meine stille Liebe. Aber wie wenig geschieht, um diese wundervollen Elemente geistig standesgemäß zu vertreten. Es ist mir das immer ein wirklicher Schmerz. Das conservative Fühlen unsrer alten Provinzen wäre von unwiderstehlicher Kraft, wenn die Leute da wären, diesem Gefühl zu einem richtigen Ausdruck zu verhelfen.« (Ha Br III/325) So wenig das Jahr 1860 den Beginn der Beziehungen zur Kreuzzeitung bezeichnet, so wenig bedeutet das Jahr 1870, das manche Interpreten so gern als Abschlußjahr aller Konnexionen zur Kreuzzeitung sehen würden, deren Ende.

13. Kapitel

Wilhelm I.

Was immer auch Fontane sich von seinen Kriegsbüchern versprochen haben mag, seine Hoffnungen blieben unerfüllt. Mit Enttäuschung und Erbitterung registriert er, daß ihm seine Bemühungen um eine durchsichtige, künstlerisch abgerundete Darstellung des Krieges gegen Frankreich nichts einbrachten. Es wurde hier bereits gezeigt, daß der Fehlschlag vorprogrammiert war. Man kann die Schwächen der beiden Bände ›Krieg gegen Frankreich‹ zugeben. Sie liegen in der von Fontane angewandten Methode begründet und waren unvermeidlich. Auch konnte ihn als Schriftsteller die Arbeit nicht fördern, sie muß vielmehr qualvoll gewesen sein. Aber offensichtlich hat sich Fontane seinen selbstverschuldeten Mißerfolg niemals zugegeben oder doch wenigstens den Fehler nie bei sich selbst gesucht.

Unter den gegebenen Umständen mag es für Fontane ein Glück gewesen sein, daß Bismarcks Politik nach 1871 entschieden darauf ausgerichtet war, in Europa den Frieden zu bewahren. Wenn man die Interessenlage der europäischen Großmächte betrachtet, so wird man es als denkbar ansehen müssen, daß auch Rußland das Entstehen eines mitteleuropäischen Staates, der das gewohnte Machtgefüge so total veränderte, nicht ruhig hinnahm. Für Fontane hätte sich dann die Lage von 1870 wiederhergestellt: der neue Krieg wäre womöglich ausgebrochen, ehe der vergangene beschrieben war. Ein Brief Fontanes an Paul Lindau vom 17. April 1872 faßt eine solche Möglichkeit durchaus ins Auge: »Ich muß nämlich nun endlich mit aller Energie an mein 70er Kriegsbuch gehn; es überrascht mich sonst wieder der ‹Krieg mit Rußland›, den der Philister ohnehin schon in der Tasche hat.« (Ha Br II/408) Das ist keinesfalls ironisch zu verstehen. Man sah damals allenthalben neue Kriege voraus. Es sei hier statt vieler anderer Zeugnisse nur ein Brief Wilhelms I. an Roon zitiert: »So haben wir für sieben Jahre die Armée-Organisation intact, und nach sieben Jahren stehen wir vielleicht *vor* oder schon *nach* einem neuen Krieg.«[1] Statt ›Vor dem Sturm‹ wiederaufzunehmen, wäre Fontane vermutlich in eine weitere Niederlage, nämlich die Beschreibung eines deutsch-russischen Krieges (nach denselben Gestaltungsprinzipien) geraten. Dies blieb ihm erspart. Die Kritik seiner Leser freilich nicht. Charlotte Jolles schreibt im Nachwort zum 19. Band der NFA mit vollem Recht: »Obwohl Fontane den Wert gerade dieser Arbeit für seine schriftstellerische Entwicklung betont hat, so vermißt man doch häufig eine gewisse Lebhaftigkeit der Darstellung, die das Interesse wachhält und die das 66er Kriegsbuch zum Teil auszeichnete.« (NFA 19/812)

Angesichts solchen Mißerfolgs hat man schon immer die Frage gestellt, welchen Gewinn der Dichter aus der ihn weit über ein Jahrzehnt beschäftigenden Arbeit gezogen hat. Es gibt einen Satz, der den Fontane-Lesern und der Fontane-Forschung seit Jahrzehnten Trost gewährt hat und der selbst dort zitiert wird, wo sich nur ein Minimum Fontane-eigener Äußerungen zu seinem Lebenslauf findet; ein Zentralsatz also für das Verständnis von Fontanes Leben. Er steht in einem Brief an seine Frau, stammt aus dem Jahr 1882 und lautet: »Ich sehe klar ein, daß ich eigentlich erst bei dem 70er Kriegsbuche und dann bei dem Schreiben meines Romans ein *Schriftsteller* geworden bin d.h. ein Mann, der sein Metier als eine *Kunst* betreibt, als eine Kunst, deren *Anforderungen* er kennt. Dies letztre ist das Entscheidende. Goethe hat einmal gesagt: ›die Produktion eines anständigen Dichters und Schriftstellers entspricht allemal dem Maaß seiner *Erkenntniß*.‹ Furchtbar richtig.« (Ha Br III/201) Es ist dies eine der komplexesten Äußerungen Fontanes, und es kann hier nicht darum gehen, sie in allen Details zu erklären. Aufgabe kann nur sein, den wichtigsten Satz dieses Abschnitts, dessen Verständnis der Fontane-Forschung immer Schwierigkeiten bereitete, zu untersuchen und – vielleicht – neu zu verstehen. Es handelt sich um ein Mißverständnis, das hier an Hand einer Formulierung von Hans-Heinrich Reuter beschrieben werden soll. Nachdem Reuter den Fontanesatz zitiert hat: »Die bloße Verherrlichung des Militärischen ohne sittlichen Wert und großen Zweck ist widerlich«, fährt er fort: »Die Wirkung der Einsicht reichte weit. Das spätere Urteil Fontanes, er sei erst beim Schreiben seines 70er Kriegsbuches ›ein Schriftsteller geworden … d.h. ein Mann, der seine Kunst als ein Metier betreibt‹, gehört in den gleichen Zusammenhang.«[2] In Wahrheit heißt der Satz aber anders, nämlich: ich bin »erst bei dem 70er Kriegsbuche und dann bei dem Schreiben meines Romans ein Schriftsteller geworden.« Fontane macht hier, anders als Reuter, einen deutlichen Unterschied zwischen dem Kriegsbuch von 1870 einerseits und dem *Schreiben* seines Romans andererseits. Von Erkenntnissen also, die er beim Schreiben des 70er Kriegsbuchs erworben habe, ist in seinem Satz nicht die Rede. Den Schlüssel zu dieser Unterscheidung liefert ein anderer Satz, in dem Fontane ebenfalls und in gleich eindeutiger Weise von seinem Reifeprozeß als Schriftsteller spricht. Er ist wiederum an seine Frau gerichtet und elf Tage nach unserem ersten Brief von Berlin aus geschrieben: »An meinen ›Wanderungen‹ pussle ich weiter; inhaltlich finde ich alles ganz gut, auch die Bemerkungen, die ich seinerzeit eingestreut habe, sind richtig, und mitunter nicht ohne Geist und Humor, aber der *Ausdruck* ist überall unvollkommen; ich bin erst in dem Unglücksjahre 76 *ein wirklicher Schriftsteller* geworden; vorher war ich ein beanlagter Mensch, der was schrieb. Das ist aber nicht genug.« (28. August 1882)[3] In diesen Sätzen ist vom Kriegsbuch überhaupt keine Rede mehr, noch weniger vom Schreiben desselben; statt dessen vom Unglücksjahr 76. Es ist klar, daß die Formulierung vom 17. August noch in Fontane nachschwang; aber er verknüpft den Gedanken an sein schriftstellerisches Werden nicht mehr mit bestimmten Werken, sondern mit einer Jahreszahl.

Mit Fug und Recht hätte er freilich noch immer vom Schreiben seines Romans reden können, denn wir besitzen gerade aus jenem Jahr 76 ein beglücktes Bekenntnis zu seiner Existenz als Schriftsteller: »Ja, der Roman! Er ist in dieser für mich trostlosen Zeit mein einziges Glück, meine einzige Erholung. In der Beschäftigung mit ihm vergesse ich, was mich drückt. Aber wenn er überhaupt noch zur Welt kommt, so werde ich, im Rückblick auf die Zeit in der er entstand, sagen dürfen: ein Schmerzenskind. Er trägt aber keine Züge davon; er ist an vielen Stellen heiter und nirgends von der Misere angekränkelt... Ich empfinde im Arbeiten daran, daß ich *nur* Schriftsteller bin und nur in diesem schönen Beruf – mag der aufgeblasene Bildungs-Pöbel darüber lachen – mein Glück finden konnte.« (an Mathilde von Rohr) (Ha Br II/547) Hätte er vom 70er Kriegsbuch Ähnliches sagen können, er hätte den berühmten Satz vermutlich wiederholt. Aber: unter welchem Gesichtspunkt man die Kriegsbücher auch lesen mag, dasjenige vom Krieg gegen Frankreich dringt nirgends zu tieferen Erkenntnissen vor als die beiden anderen. Die Werke sind ein großer Wurf, und Fontane hat sie (wiederum in einem Brief an Mathilde von Rohr) auch als solchen betrachtet: »Zwölf Jahre habe ich an diesen Kriegsbüchern Tag und Nacht gearbeitet; sie feiern, nicht in großen aber in empfundenen Worten, unser Volk, unser Heer, unsren König und Kaiser; ich bereiste 1864 das gegen uns fanatisirte Dänemark, war 1866 in dem von Banden und Cholera überzogenen Böhmen, und entging in Frankreich, nur wie durch ein Wunder, dem Tode. Unabgeschreckt, weil meine Arbeit das Wagniß erheischte, kehrte ich an die bedrohlichen Punkte zurück. Dann begann meine Arbeit. Da steht sie, wenn auch weiter nichts, das Produkt großen Fleißes, ihrem *Gegenstande* nach aber das Einzige repräsentirend, dem gegenüber man eine Art *Recht* hat das Interesse des Kaisers, als des persönlichen Mittelpunkts, des Helden dieser großen Epopöe (ich spreche nur vom Stoff) zu erwarten.« (Ha Br II/549f)

Dieser Brief gibt nicht nur Auskunft über das Selbstverständnis Fontanes als Verfasser von Kriegsbüchern, er macht zugleich den Zuzsammenhang erkennbar zwischen dem 70er Kriegsbuch und dem Unglücksjahr 1876.

Bei Fontanelesern wird die Benennung des Jahres 76 als eines Unglücksjahres keine Überraschung auslösen. Es gilt als Krisenjahr schlechthin in der Lebensgeschichte des Dichters, allenfalls vergleichbar mit dem Krankheitsjahr 1892.[4] Fontane war in diesem Jahre Sekretär der Königlichen Akademie der Künste geworden. Angesichts der leidenschaftlichen Anstrengungen, die er machte, um das ungeliebte Amt wieder loszuwerden, ist in der Forschung zu wenig betont worden, daß für Fontane die Berufung in dieses Amt eine höchst ehrenvolle Auszeichnung war, wobei man ihm eine vom Kaiser gewünschte Anstellung auf Probe ersparte,[5] und daß nicht nur Emilie und der Dichter selber, sondern auch alle Kenner der Verhältnisse dieses Amt als eine die (sonst so ungewisse) Zukunft des Dichters sichernde Sinekure betrachteten. Es ist kaum zweifelhaft, daß, nach einer Zeit der Eingewöhnung, Fontanes Beamtendasein in etwa den Zuschnitt gehabt hätte, den Emilie nach Fontanes humorvoll-ironischer Darstellung dem Leben eines Beamten unterlegte. (vgl. NFA 15/445) Alle Interpreten sind sich im Grunde darin einig, daß Fontane, als er sich so vehement gegen dieses Amt zur Wehr setzte, die sogenannten Demütigungen, die er ertragen mußte, und die Zumutungen, die an ihn im Amt gestellt wurden, nur als einen Vorwand brauchte und benutzte, um seine volle Freiheit für sein künstlerisches Schaffen wiederzugewinnen. Er hatte, anders als seine gesamte Umgebung (Mete war noch ein Kind), ein starkes Gefühl für seine dichterische Berufung, eine Geheimratsexistenz dagegen trug für ihn den Stempel der Kontingenz. Wenn er nicht verkümmern und vor dem tief empfundenen Auftrag, als Dichter zu wirken, kapitulieren wollte, mußte er revoltieren. Als er das tat, forderte er nicht nur Emilie heraus, sondern die gesamte Trägerschaft des preußischen Staatsbewußtseins. Fontane wird so unrecht nicht gehabt haben, wenn er nun von einer ›Geheimratsverschwörung‹ gegen seine Person sprach (an Mathilde von Rohr) (Ha Br II/544). Nur ein Einwand läßt sich erheben: diese Entscheidung (und man weiß, wie schwer sie Fontane gemacht wurde) gegen das Amt und für die freie Existenz des Schriftstellers, sie hatte schlechterdings nichts zu tun mit dem 70er Kriegsbuch, das Fontane so ausdrücklich nennt, wenn er von seinem Weg zum ›wirklichen Schriftsteller‹ spricht. Seine besondere Heraushebung bleibt somit ungeklärt. Welche Bedeutung also hatte es, und was geschah mit ihm im Jahre 1876?

Schlüsselfigur für alles, wovon hier zu handeln sein wird, ist kein geringerer als Wilhelm I., König von Preußen. Fontane hatte sich seiner Gunst zu erfreuen gehabt, wenn auch in bescheidener Weise. Er erhielt Orden, und nachdem seine 66er Kriegsbücher dem König überreicht worden waren, auch Geldgeschenke. Frickes Chronik vermerkt unter dem November 1869, daß der König Fontane eine Ehrengabe von 80 Friedrichs d'Or gewährt habe. Die ›Dotation‹ für den zweiten Halbband jenes Krieges fiel etwas niedriger aus, doch Fontane erhielt (aufgeführt bei Fricke unter Anfang Juli 1870) abermals eine Gabe von 50 Friedrichs d'Or. Die Arbeit am 70er Kriegsbuch schien sich noch erfolgreicher gestalten zu sollen. Der König hatte die Widmung von Fontanes Werk angenommen, und der Dichter arbeitete an der ungeheuren Stoffmasse weiter in der offenkundigen Annahme, daß ihm ein angemessener Preis winke, nicht mehr nur ein königlicher, sondern, den veränderten Verhältnissen angepaßt, ein kaiserlicher. Es klingt absurd, wenn man die preußischen Maßstäbe und die Charaktere der handelnden Personen bedenkt, aber Fontane glaubte ganz sicher daran, sich durch seine Arbeit der kaiserlichen Gunst dauerhaft versichern zu können. Schließlich hatten die Hohenzollern erst 1868 Scherenberg eine Pension bewilligt, die ihn aller Sorgen enthob. (vgl. NFA 14/328) Selbst in dem sparsamen Preußen war also ein solcher Gnadenbeweis nicht völlig undenkbar. Jedenfalls hatte sich Fontane mit seinen Hoffnungen weit von der nüchternen, skeptischen Haltung entfernt, die er einnahm, ehe er mit dem ersten Halbband des ›Krieges gegen Frankreich‹ in der Öffentlichkeit erschien. Am 25. September 1872 hatte er noch an Mathilde von Rohr geschrieben: »In den nächsten vier Wochen werden zwei Bücher von mir erscheinen: der dritte Theil Wanderungen (Havelland) und der erste Halbband meines Krieges von 1870–1871; aber meine Phantasie und Hoffnung beschäftigen sich keinen Augenblick damit. Ich weiß nach gerade: all dergleichen kommt und geht, und es ist Thorheit sich etwas andres davon zu versprechen, als die zehnzeilige Zeitungsnotiz eines Reporters, der das Buch nicht gelesen hat. Kann auch nicht anders sein. Was erscheint nicht alles! Und darunter hundert- und tausendfaches, das weit über das hinausgeht, was man selber leistet.«[6] Aber als Wilhelm I. 1873 gestattete, daß Fontane ihm sein Kriegsbuch widmete, hatte dieser in einem Brief an seinen Verleger hoffnungsvoll, ja beinahe enthusiastisch reagiert: »Die Gnade unsres herrlichen alten Wilhelm trifft natürlich Sie und nicht mich; ich sonne mich aber gern in diesem Strahle mit und setze mich zu diesem Behuf an den äußersten Rand meiner Diogenestonne.« (Ha Br II/429) Man darf glauben, daß er durchaus willens war, seine Tonne zu verlassen und die Beschwerlichkeiten eines sorgenfreien Daseins auf sich zu nehmen. Jedenfalls pries er im privaten Kreis Wilhelm I. auffällig laut, so daß man seine Hoffnungen und Erwartungen mit Händen greifen kann. So begeistert er sich in einem Geburtstagsbrief an Bernhard von Lepel: »so wünsche ich Dir heute, daß Du dem königlichsten und liebenswürdigsten dieses Geschlechts, unsrem alten Wilhelm, darin gleichen mögest, daß der letzte Lebensabschnitt der beste ist.« (27. Mai 1873)[7] Bei der Beschreibung der letzten Begegnung mit seinem Vater läßt Fontane den Alten sagen: »Ein Glück, daß du so gutes Wetter getroffen hast, das reine Hohenzollernwetter. Du schreibt ja auch so viel über die Hohenzollern und nimmst drum vielleicht an ihrem Wetter teil; es lohnt sich alles.« (NFA 14/159) Nun, sollte Fontane wirklich an eine Belohnung gedacht haben, so hatte er sich getäuscht, denn die Dinge verliefen ganz anders.

In der etwa zwanzig Jahre später enstandenen Notiz ›Wieder zu Haus‹, die in den Zusammenhang des geplanten dritten Teils der Autobiographie ›Kritische Jahre – Kritiker-Jahre‹ gehört, schreibt Fontane: »Während dieser Leidenszeit war auch der Schlußteil meines 70er Kriegs, an dem ich sechs Jahre gearbeitet, erschienen. Ein Buch, an das ich auch allerhand Hoffnungen geknüpft hatte. Der Kaiser hatte die Widmung angenommen, und mit äußerster Freude und verzeihlichem Stolz habe ich auch später oft erfahren, daß das aus vier starken Halbbänden bestehende Werk immer auf seinem Schreibtisch...« (NFA 15/396f) Hier bricht die Notiz ab, und Fontane beginnt mit dem Bericht über seine Berufung zum Sekretär der Königlichen Akademie der Künste. Innerhalb der Entwürfe zu ›Kritische Jahre – Kritiker Jahre‹ ist dieser Abbruch mitten im Satz ein einmaliger Fall. Unverkennbar ein Zeichen dafür, daß Fontane die damalige Kränkung noch immer nicht verwunden hatte und sie auch in der Retrospektive nach zwanzig Jahren nicht mit Gelassenheit abzutun vermochte. Der Mann, den er für sein Unglück mitverantwortlich machte, war der Chef des Geheimen Zivil-Kabinetts von Wilmowski. An ihn hatte er sich durch Vermittlung des Geheimen Legationsrats von Bülow gewandt,[8] doch hatte von Wilmowski erklärt, daß er zwar bereit sei, dem Kaiser das Buch zu überreichen, daß er aber ein Gnadengeschenk dafür nicht beantragen könne: »das, was, laut Akten, sein Vorgänger v. Mühler für mich gethan habe, stünde *einzig* da, sei übertrieben und nicht zu rechtfertigen.«[9] Fontane hat ihm diese Kränkung nicht vergessen.[10] Er trifft »den alten Wilmowski« 1891 auf der Kurpromenade von Kissingen »täglich dreimal; er erwartete sichtlich, daß ich ihn grüßen sollte, was ich aber, aller sonstigen Artigkeit zum Trotz, nicht that. Er und Hitzig sind die beiden Persönlichkeiten, die sich am rücksichtslosesten – und beide ganz unmotivirt – gegen mich benommen haben, worauf ich keine Veranlassung habe, mit besondrer Devotion zu antworten. Alles fiel in das herrliche Jahr 76.« (an Karl Zöllner) (Ha Br IV/126)

Wenn man um Fontanes ›Artigkeit‹, die er geradezu kultivierte, weiß (seine ganze Korrespondenz hat hier eine ihrer Wurzeln), erkennt man, wie tief der Groll in ihm gesessen haben muß. Dabei war Wilmowski, wie Fontane selber einräumt (ohne allerdings darin ein besonderes Entgegenkommen zu sehen), entgegen seiner prinzipiellen Einstellung zu solchem Gnadengeschenk noch über seinen Schatten gesprungen und hatte den Kaiser gefragt: »ob er (der Kaiser) einen Grund habe, mir besonders wohlzuwollen. Diese etwas sonderbare Frage hat S. M. einfach verneint«. (an Mathilde von Rohr, 30. November 1876) (Ha Br II/549) Fontane kann diese Frage nur deshalb sonderbar nennen, weil er über ein Jahrzehnt lang von der Voraussetzung ausgegangen war, gleichsam im historiographischen Dienst Wilhelms I. zu stehen und natürlich einen Anspruch, ja ein Recht auf dessen Wohlwollen zu haben. Will man die Enttäuschung Fontanes in ihrem ganzen Umfang und in ihrer einschneidenden Tiefe begreifen, muß man sich vergegenwärtigen, welche Rolle der Hohenzollernkönig in seinem Denken spielte. So wenig Fontane seit eh und je vom Gottesgnadentum der Könige hatte wissen wollen (d.h. von der ihnen über ihre Untertanen kraft göttlicher Gnade gegebenen Macht), so wenig läßt sich sein Verhältnis zum Herrscher – wie beschränkt auch seine Macht durch die Konstitution sein mochte – mit modernen Kategorien beschreiben. Der König bedeutet für sein Denken und Fühlen unendlich viel mehr als dem modernen Bürger heute sein gewähltes Staatsoberhaupt, dessen Wahl meist von durchsichtigen und undurchsichtigen Parteiabsprachen belastet und dessen Amtsdauer begrenzt ist. Den König umgibt eine Aura geheiligter Tradition. Obwohl das Selbstbewußtsein des europäischen Bürgers davon gestärkt war, daß die Träger zweier bedeutender Kronen ihr Leben auf dem Schafott beendet hatten: es war kein Hohenzoller unter ihnen gewesen, und die Stellung der Hohenzollern hatte nur wenig darunter gelitten. Noch nicht einmal die Demütigungen, denen sich Friedrich Wilhelm IV. 1848 unterworfen hatte, konnten seiner Autorität nachhaltig schaden. Und wenn Fontane auch zu keiner Zeit seines Lebens unter einer Elefantiasis der Respektsdrüse litt, es war ihm ein natürliches Verhältnis zur Autorität angeboren. Wenn es ihm schon in revolutionären Zeiten zuwider ist, wenn ein Tierarzt und ein Schusterjunge einen General entwaffnen, so kann man sich vorstellen, welches Sakrileg ein antiroyalistischer Gedanke für den konservativen Parteigänger Fontane sein mußte. Gemildert freilich wurde das Gefühl der übermächtigen Autorität des Königs gegenüber seinem Volk durch die musterhaft scheinende Verhaltensweise der Hohenzollern. So entrückt sie einerseits den Niederungen des Allzumenschlichen sind (wo es doch erscheint, wird es eher verklärt als entblößt), so ist es doch gerade ihre patriarchalische Kondeszendenz, die sie auszeichnete und über andere Dynastien erhob. Es waren insbesondere bildende Künstler, die sich einer auffälligen Geneigtheit des königlichen Hauses erfreuten und die sich einer beinahe legendären Zugehörigkeit zur Dynastie rühmen durften. Wie sich für Fontane dieses gleichsam ideale Verhältnis des Königs zum Künstler darstellen konnte, erklärt er in den ›Wanderungen‹ am Beispiel des ›alten Schadow‹: »Er lebte durch ein volles halbes Jahrhundert hin als ein bevorzugter Liebling des Hofes, aber es waren nicht diese Bevorzugungen und Auszeichnungen, die seine Loyalität erst schufen, vielmehr wurd' er ein Liebling, weil er sich in schwerer Zeit als ein Mann von Herz und Hand bewährt hatte. Er gehörte zu denen, denen gegenüber das allgemein patriarchalische Verhältnis, in dem die Hohenzollern zu ihren Untertanen stehen, den intimeren Charakter einer alten Bekanntschaft annimmt und zu einem Tone führt, in dem das Element der Scheu von der einen und der Hoheit von der andern Seite her in dem des Vertrauens völlig untergeht. Es gibt vielleicht keine zweite Fürstenfamilie, die solche beinah freundschaftlichen Verhältnisse kennt, sicherlich nicht in gleicher Zahl. An den meisten Höfen fehlt das Vertrauen, bei anderen lassen Steifheit und Formenwesen das Menschliche nicht zu voller Geltung kommen. Nur die Hohenzollern kennen jene wirkliche Humanität, die wie der Zug ihres Herzens so das Glück ihres Volkes ist. Der alte Schadow war einer von denen, die wie langbewährte Diener ‹mit zur Familie› gezählt wurden, einer von denen, die das süße Gefühl nicht störten ‹wir sind unter uns›.« (NFA 12/310f) Als Fontane diese Zeilen schrieb, war er wenig über vierzig Jahre alt, und von einer lebenslangen Bewährung im Dienste der Hohenzollern konnte keine Rede sein. Aber seine das altpreußische Heldentum besingenden Balladen waren immerhin fünfzehn Jahre alt, und wenn ihn auch zwischenzeitlich der Ruch der Illoyalität umgeben hatte, 1876 waren noch einmal einundeinhalb Jahrzehnte vergangen, in denen sich eine fast makellose königstreue Gesinnung offenbart hatte, und wenn Fontane auch weit davon entfernt war zu glauben, daß sein Verhältnis zu Wilhelm I. den »intimeren Charakter einer alten Bekanntschaft« besäße oder »beinah freundschaftlich« sei, so weit reichte sein Selbstbewußtsein doch, daß er nach jahrzehntelangen Bemühungen im Dienste der Hohenzollern zumindest wohlwollendes Interesse von Seiten des Königs für seine Arbeit fordern zu dürfen meinte, ja, man wird ihm kaum Unrecht tun, wenn man ihm den Wunsch unterstellt, seine loyale Haltung durch eine intimere Beziehung zum Königlichen Haus belohnt zu sehen. Wir erinnern uns seines Satzes, daß er auf Grund seiner Arbeit während dreier Kriege »eine Art *Recht* hat das

Interesse des Kaisers, als des persönlichen Mittelpunkts, des Helden dieser großen Epopöe … zu erwarten.« (Ha Br II/550) Daß dann eben dieser Kaiser meint,
keinen Grund zu haben, dem Verfasser eines so umfangreichen Werkes eine
besondere Gunst zu erweisen, stürzte Fontane aus allen Himmeln seiner Hohen-
zollern- und Kaiserverehrung. Er hatte sich diesen Herrscher zum Heldenvater
im allgemeinen und zum Fontane-Gönner im besonderen aufgebaut, und dieser
Mann ließ ihn einfach fallen. Freilich wird an dieser Stelle die unheilvolle Ver-
knüpfung sichtbar, die für Fontane die gefühlsmäßig beanspruchte Stellung eines
Spezialhistoriographen Wilhelms I. mit der des Sekretärs der Königlichen Akademie der Künste gewann. Die Krise des Jahres 1876 ist eine Doppelkrise. Es geht
zum einen um die Auseinandersetzungen, denen sich Fontane im Zusammenhang
mit seiner Ernennung zum Sekretär der Königlichen Akademie der Künste stellen
mußte, und es geht zum anderen um die Aufnahme des Kriegsbuchs durch den
Kaiser. Für Fontane bestand zwischen den beiden Vorgängen kein Zusammenhang. Er sah seine Stellung als Sekretär der Akademie unabhängig von seiner Existenz und Leistung als Schriftsteller. Deshalb wehrte er sich auch so vehement
gegen die Andeutung, er habe die Akademiestellung der ›Gnade‹ des Kaisers zu
verdanken: »nur das Eine bitte ich noch aussprechen zu dürfen, daß ich diese
miserable Stellung nicht aus *Gnaden*, sondern wegen meines Könnens und Wissens, wegen meiner Zuverlässigkeit und Unparteilichkeit erhalten hatte… Diese
ganze ›Gnaden-Geschichte‹ wenn man nicht Kammerherr oder dem Ähnliches
werden will, ist längst zu einer bloßen Phrase geworden.« (an Mathilde von Rohr,
23. Dezember 1876)[11]

Das bedeutet, daß er sich während der ganzen Zeit des Kampfes um die Sekretärstelle als ein Mann fühlte, dem es noch in demselben Jahr vergönnt sein würde,
mit einem weiteren Kriegsbuch von 600 Seiten vor dem Kaiser zu erscheinen, den
er als den eigentlichen Mittelpunkt seines Buches ansah und vor dem er sich
damit in seinem Eigentlichsten legitimieren wollte.

Eine solche Legitimation muß ihm im Herbst 1876 als eine unbedingte Notwendigkeit erschienen sein, denn er hatte sich dem Kaiser gegenüber, um seine
Entlassung unter allen Umständen zu sichern, in einem höchst ungünstigen Licht
präsentieren müssen. Soweit sichtbar, hat er sich über das an den Kaiser gerichtete Schreiben einzig und allein in einem Briefe an Mathilde von Rohr geäußert,
und zwar so, daß an seiner Unzufriedenheit mit der Rolle, die er sich zu spielen
zwang, kein Zweifel sein kann: »Eine Verdächtigung meines Charakters, also eine
offenbare Beleidigung, veranlaßte mich meine Entlassung einzureichen. Die
ganze wüste Wirthschaft kam als Motiv hinzu. Auf Wunsch des Ministeriums ließ
ich, in meinem Schreiben an den Kaiser, dies alles aber fallen und stellte mich
wohlgemuth als einen halben Imbecile dar, der weder seinem Charakter noch seiner Begabung nach, der Stelle gewachsen sei.« (1. November 1876) (Ha Br
II/545f) In der Tat hat Fontane in jenem Brief ein Bild von sich entworfen, das
ihn aufs äußerste demütigen mußte: »Unterm 6. März wurde ich in meine neue

Stellung eingeführt. Ich nahm leider gleich anfänglich wahr, daß ich für dieselbe weder meiner Charakter- noch meiner Geistes-Anlage nach berufen sei, dabei zugleich erkennend, daß selbst eine durch viele Jahre hin ... geübte literarische Thätigkeit keineswegs die Befähigung zu rascher und gewandter Behandlung geschäftlicher Fragen verleihe. Ich mußte mich zu lebhafter Beschämung überzeugen, daß es mir beispielsweise zur Protokollführung ... an Umsicht, zur Abfassung von Berichten aber an der Gabe gebräche, auf die Gedanken Andrer einzugehen. Schlimmer noch gestalteten sich die Dinge in Bezug auf alle, nach der administrativen Seite hin liegenden Aufgaben meines Amtes... Zur Erfüllung solcher Obliegenheiten ... versagt mir die Natur den Dienst und der Gang meines Lebens war nicht derart, daß ich mir, in nach außen hin liegenden Kämpfen, das Fehlende hätte erobern können. Die Erkenntnis meiner Unausreichendheit, das täglich wiederkehrende Gefühl mich nicht an meinem Platze zu befinden, ließen endlich ... den Entschluß des Rücktritts aus meinem Amte, in mir heranreifen.«[12] Es wäre nur zu verständlich, wenn Fontane diesen Brief weder sich noch dem Kaiser je verziehen hätte. Heute entnehmen wir seiner Unterwürfigkeit und seinen Selbstbeschuldigungen und -bezichtigungen nur den zwanghaften Willen, die eigene Freiheit wiederzugewinnen; er selber aber mußte sich in seinem Stolz zutiefst getroffen fühlen. Es war eine Erniedrigung ohnegleichen, und es ist psychologisch absolut einsichtig, daß er schlechterdings alles daran setzen mußte, Genugtuung zu finden, jedenfalls aber Anerkennung in dem zu erlangen, was er als seine ureigenste Leistung ansah. Und gerade hier versagte sich ihm der Kaiser. Fontanes Brief an Wilhelm I. endet mit der formelhaften Bitte, ihm »die Fortdauer Allerhöchster, bei meiner Ernennung aufs Neue bethätigter Gnade ... nicht entziehen zu wollen.« Der Rest ist Floskel: »In tiefster Ehrfurcht ersterbe Eurer Kaiserlichen Majestät allerunterthänigster Th. Fontane«. Freilich eine symbolische Floskel, denn der bisherige Fontane ›starb‹ in der Tat; es war ein wunderbares ›Stirb-und-werde‹, für das wir dankbar sein müssen. Gleichwohl muß die Frage erlaubt sein, ob Fontane sich so entschieden von der Sekretärstelle abgewandt hätte, wenn ihm bewußt gewesen wäre, daß sie von Seiten des Kaisers als eine Belohnung auch für seine militärschriftstellerische Arbeit angesehen wurde. Denn wenn Fontane auch den Zusammenhang zwischen Schriftstellerleistung und Sekretärstelle bestreiten mochte, für den Kaiser war sie eine Gegebenheit. Nur daraus erklärt sich ja, daß er seinen Unmut über die »Amtsniederlegung« Fontanes äußert, wenn man ihn fragt, ob er einen besonderen Grund habe, dem Dichter gnädig zu sein. Während Fontane Band auf Band produzierte und dabei, wie begreiflich, seine Erwartungen immer höher schraubte, meinte der Kaiser, seine ›Schuld‹ bereits abgegolten und Fontanes Verdienste belohnt zu haben.

In der Tat hatte er zunächst bei der Berufung Fontanes zu erkennen gegeben, daß er die ›Wanderungen‹ und die Kriegsbücher für keine ausreichende Qualifikation hielt. Wenn er ihm die Stellung dann doch anvertraute, so durfte er nun das Gefühl haben, daß Fontane seiner Gnade bereits über Gebühr teilhaftig geworden sei, und er entwickelte andererseits keinerlei Verständnis für Fontanes hochfliegende Vorstellungen von seiner Rolle als Schöpfer eines Heldenepos mit Wilhelm I. als strahlendem Zentrum. Hatte Fontane eben noch von Firdusi und seinen 200 000 Gold- bzw. Silberstücken geträumt, so fühlte er sich nun vernichtet. Seine Erfahrungen von 1876 wogen schwer. Seine Frau hatte ›versagt‹, ihn im Stich gelassen (»sie hat sich nicht so benommen, wie sie gesollt hätte«); er hat sich zu keiner Zeit wieder so bitter über sie geäußert: »In dem Moment, wo ich ertrinkend nach Hülfe schreie und wo ein freundlich ausgestreckter Finger mich über Wasser halten würde, hat sie eine Neigung ihre Hand nicht rettend unterzuschieben, sondern sie wie einen Stein auf meine Schulter zu legen« (an Mathilde von Rohr, 22. August 1876) (Ha Br II/540), die Freunde hatten nicht zu ihm gehalten (in dem zitierten Fragment heißt es für das Jahr 1876: »Ärgernisse. Kränkungen. Und keiner nimmt für einen Partei; man ist immer ganz verlassen, sowie man in die Ecke gestellt wird«) (NFA 15/396), der Kaiser, der höchste Repräsentant des offiziellen Preußen, Dreh- und Angelpunkt seines Arbeitens während zwölf langer Jahre, hatte sich von ihm abgewendet. Statt daß ihn, wie erhofft, ja beinahe erwartet, die Überreichung des Kriegsbuchs auf einen Gipfel seines Lebens stellt, stürzt sie ihn in den Abgrund völliger Einsamkeit: »Halte mich nicht für einen Eigensinn, wenn ich die Trauerfahne der Einsamkeit hochhalte… Ich brauche *jede* Stunde nicht blos Geldes wegen, sondern ebenso sehr meiner Reputation halber. Ich bin nicht so blind, daß ich nicht erkennen sollte wie seltsam mich die Menschen ansehn; mein Barometerstand ist sehr gesunken. Ich muß mich erst wieder legitimieren, zum mindesten aber die Anstrengungen dazu machen. Deshalb will ich ein Jahr lang ganz mir und meiner Arbeit gehören«, schreibt er an Zöllner. (22. November 1876) (Ha Br II/547) In einer Theaterkritik aus dem Jahre 1878 heißt es: »Gott sei Dank gibt es, weit über die bloßen ‹kleinen Mittel› hinaus, auch noch ein *großes* Mittel, das eine Reputation wiederherstellen kann, und dieses große Mittel ist das *Leben* selbst. Das Leben und unser Wandel in demselben.« (NFA 22/1/650f) Er braucht, das zeigt der Brief an Zöllner in aller Eindringlichkeit, eine absolut neue Basis für seine weitere Arbeit. Und diese Arbeit kann nicht mehr gedeihen auf dem Boden des Glaubens, daß er im letzten Grunde getragen werde von der inneren Übereinstimmung mit dem Geiste Preußens und seines höchsten Repräsentanten, wie das bei allen Kriegsbüchern der Fall gewesen war. Aus der Krise des Jahres 1876 geht Fontane hervor als ein Mann, der seine beinahe totale Einsamkeit erkennt und der weiß, daß er um einen völlig neuen Anfang ringen muß. Der an Ludovica Hesekiel gerichtete Satz: »Ich habe meine Schiffe verbrannt…«[13] gewinnt, so gesehen, erst seine richtige Bedeutung. Vor allem hat er begriffen, daß er seinen Weg allein gehen muß. Er faßt das alles noch einmal in einem Brief an Mathilde von Rohr zusammen: »Ich passe nicht für dergleichen, am wenigsten aber passe ich zum Bücher-Ueberreichen und zum Antichambriren und Petitioniren in Geheimraths-Zimmern, blos um irgend eine goldene Medaille oder ähnliches Zeug zu erreichen. Ich habe nun einen Strich darunter gemacht. Eh mich nicht die bittre Noth dazu treibt, laß ich mich, in kindischer Nachgiebigkeit, und meiner eigensten Natur zum Trotz, auf solche Thorheiten nicht weiter ein. Ich habe diese Kränkungen satt. Die letzte war die größte.« (30. November 1876) (Ha Br II/549) Die Quintessenz von Fontanes Erfahrungen gibt Reuter in einer bis dahin ungedruckten Aufzeichnung aus dem Jahre 1876: »Ich warne meine Söhne oder jeden, der dies später liest... Nur nicht von Fürsten und Herren etwas wollen; um zu reüssieren, muß man ein ganz gemeiner, ehrloser Schnurrer sein, der, zur Vordertür hinausgeworfen, zur Hintertür wieder hereinkommt. Wer nicht zu dieser Kategorie gehört, der bleibe davon. Man blamiert sich nur und hat sich vor sich selbst erniedrigt.«[14] Fontane war auch in den ihm verbleibenden zwei Jahrzehnten nicht auf Rosen gebettet, aber als unterwürfiger Bittsteller in einer Sache, die an die Wurzeln seiner Existenz ging, brauchte er nicht mehr aufzutreten. Wiederum an Mathilde von Rohr schreibt er 1877: der Redakteur der Zeitschrift ›Daheim‹ »wollte durchaus ein Gedicht zu Kaisers Geburtstag von mir haben. Ich lehnte es ab...« (Ha Br II/555) Und dieselbe Antwort erhielt der Münchner Verleger Bruckmann, der eine Biographie Wilhelms I. erbat.[15] Viel interessanter aber ist, wie Fontane seinem Roman ›Vor dem Sturm‹ nachträglich eine Stoßrichtung gegen Wilhelm I. unterlegt. Zwar gibt es den Brief an Kletke, in dem Fontane, seinen Roman charakterisierend, schreibt: »das Buch ... ist ganz unmodern ... dann und wann eine Eruption im Stil von ›Mit Gott für König und Vaterland‹«. (6. November 1878) (Ha Br II/630) Aber man hat fast den Eindruck, daß Fontane noch in demselben Monat diesen Satz widerrufen möchte, wenn er Hertz schreibt: das Buch »tritt ein für Religion, Sitte, Vaterland, aber es ist voll Haß gegen die ›blaue Kornblume‹ und gegen ›Mit Gott für König und Vaterland‹, will sagen gegen die Phrasenhaftigkeit und die Carikatur jener Dreiheit.« (Ha Br II/637) Der Widerspruch, der sich hier erkennen läßt, ist nur scheinbar. Das Buch ist ein Lobpreis des Satzes ›Mit Gott für König und Vaterland‹, und in der Tat läßt sich im Roman keine Figur entdecken, die eben diesen Satz zu einer hohl tönenden Phrase degradierte. Aber Fontane sah natürlich, wie sehr bei seinen Zeitgenossen der Satz zur leeren Formel geworden war, und so stellte er mit gutem Grund die gewachsene Echtheit seiner Gestalten gegen die Verlogenheit und Phrasenhaftigkeit seiner Zeit. Diese konnte und sollte sich nach seinem Willen spiegeln in der schlichten Natürlichkeit jener fromm und patriotisch empfindenden Welt des Oderbruchs. Und ohnehin wußte alle Welt (und alle Interpreten haben es seither wiederholt), daß die Kornblume die Lieblingsblume Wilhelms I. war, und wenn Fontane hier seinem Roman »Haß gegen die ›blaue Kornblume‹« zuschreibt, so wird erkennbar, daß er zu diesem Zeitpunkt in Wilhelm I. nicht den Mann sah, zu dessen Verherrlichung er beitragen wollte. Nach der existenzbedrohenden Zäsur des Jahres 76, die ihn zu einem völlig neuen Bewußtsein seiner Stellung in und zu der preußischen Gesellschaft und dem diese Gesellschaft dominierenden Herrscherhaus gebracht hat, mußte ihm alles daran liegen, den Eindruck zu unterlaufen, er lebe in innerem Einklang mit dem Lande, dem bislang bis fast zur Ausschließlichkeit seine dichterische Produktion gegolten und mit dessen Geist er sich bis dahin durchaus konform gefühlt hatte. Man verweise demgegenüber nicht auf den einen oder anderen kritischen Ausbruch, der sich in seinem Werk auch findet. Wer zeigen will, daß es auch zuvor schon kritische Gedanken dem preußischen König gegenüber gegeben hat, der braucht nur an Fontanes Gedicht »Es soll der Dichter mit dem König gehn« zu denken, das seiner ätzenden Ironie wegen zu Lebzeiten Fontanes nicht gedruckt werden konnte.[16] Aber ein solches Hohn- und Unmutsgedicht stellt nicht den Geist einer 25 Jahre dauernden Arbeit in Frage, und überdies darf man annehmen, daß Fontanes Ärger wieder verflogen wäre, wenn der Kaiser, preußischem Brauch treu bleibend, nur mit der Belohnung gegeizt hätte; gewichtiger und deshalb eine länger dauernde Kränkung verursachend, war das Wort des Kaisers, gesprochen vor einem Werk, das den Dichter sechs volle Lebensjahre gekostet hatte, er habe keinen Grund, dem Verfasser in besonderer Weise entgegenzukommen. Am Tage der Goldnen Hochzeit des Kaiserpaares schreibt Fontane seiner Frau: »Heute läuft alles mit ›Kornblumen‹ im Knopfloch herum. Es ist eine lederne Blume, *blos* blau, ohne Duft, ohne Schönheit, ohne Poesie. So recht wie geschaffen für uns; irgendwo müßte sie noch einen rothen Hosenstreifen haben.« (11. Juni 1879)[17] Schönheit und Poesie: dafür hatte Fontane gelebt, und er hatte sie selbst auf den Schlachtfeldern der preußischen Armeen wiedergefunden. 1876 geht er auf kritische Distanz. Man verweigerte ihm Wohlwollen, dessen er so dringend bedurfte. Wie tief sein Verdruß saß, zeigt auch der an seine Frau gerichtete Brief vom 14. Juni 1879, der seine Entschlossenheit beweist, sich von allen Arbeiten zurückzuziehen, die ihn zu weiterer Glorifizierung von Preußens und des Kaisers Herrlichkeit hätten führen können. Man bot ihm die Redaktion des ›Bär‹ an, eine Aufgabe, die ihn auf Dauer gezwungen hätte, sich mit preußischen Verhältnissen auch weiterhin artig und wohlwollend auseinanderzusetzen. Er lehnte ab, und man erkennt, wie ihm der Zorn über die erfahrene Unbill die Feder führt: »Kuhdorf und Kuhschnappel immer wieder zu beschreiben, blos aus ‹Patriotismus› und damit der ‹Bär› sein Dasein fristet, ist mir doch eine zu lumpige Aufgabe. Ueberhaupt hab ich diesen ganzen patriotischen Krempel satt, ja mehr ‹I am sick of it›. Man hat mir *zu* schlecht mitgespielt, und ich liebe nur da, wo man mich wieder liebt. In Anbetung glücklich zu ersterben, ist nicht meine Sache. Das überlass' ich Kammerfrauen und Predigtamts-Candidaten.«[18] Natürlich wird man angesichts eines solchen Tatbestands den Wunsch haben, eine derart radikale Abkehr von bislang begangenen Wegen auch noch anders zu begründen als durch eine so ganz und gar im persönlichen Bereich liegende Verärgerung. Unsere Zeit neigt ja ganz allgemein zu einer Unterschätzung der individualpsychischen Gründe für Entscheidungen des einzelnen und bindet dessen Aktionen und Unterlassungen lieber an kollektive Entwicklungen. Jedenfalls gibt man sich mit Erklärungen für das Verhalten des Individuums eher zufrieden, wenn sie nicht nur persönliche Umstände berücksichtigen, sondern auf

(Hilfs?) Konstruktionen ruhen, die den einzelnen in seiner Abhängigkeit von Ort und Zeit sichtbar werden lassen. Fontane konnte indessen auch anders denken. In einer Theaterkritik zu Mosenthals ›Sirene‹ schreibt Fontane eher beiläufig: »Noch ist uns kein Mensch vorgekommen, der, im Momente seiner Ministerwerdung, erklärt hätte, eine unbezwingbare Sehnsucht nach der freien Luft Amerikas zu haben. In solchen Momenten lernt man umgekehrt wieder an ein Vaterland glauben und begrüßt die Ernennung als ein unverkennbares Zeichen staatlicher Wiedergeburt.« (NFA 22/1/386) Fontanes eigene Erfahrungen (die Kritik stammt von 1874) werden ihn binnen kürzester Zeit lehren, wie recht er mit seiner Überzeugung hat, daß staatliche Belobigung den Patriotismus stärkt, staatliche Indifferenz aber die Entfremdung und damit die Kritik fördert.

In seiner Enttäuschung »verbrannte er seine Schiffe« und begann mit dem Bau einer neuen Flotte. Es ist keineswegs so, wie Kenneth Attwood[19] meint, daß die Verstimmung Fontanes rasch wieder abgeklungen sei und der dafür Fontanes Kurzbiographie Wilhelms I. in den ›Vaterländischen Reiterbildern‹ zum Beweis heranzieht. (NFA 19/692) Eine solche zu patriotischen Erbauungszwecken von einem geschäftstüchtigen Verleger in Auftrag gegebene und von Fontane als Gelegenheits- und Brotarbeit betrachtete Sache, zu der er sich lediglich hat »beschwatzen« lassen, weil das »Geld lockte« (Ha Br III/17), kann nicht im entferntesten bestehen neben dem bereits zitierten Brief an Emilie aus dem Jahr 1879 und einem Schreiben an Hertz vom 18. Oktober 1879: »Und nun noch ein Wort über die Stimmung, die mich jetzt beherrscht, und aus der auch wohl mein Brief hervorging. Bis in hohe Semester hinauf, bin ich – durch das Leben ohnehin nicht verwöhnt – über vieles weggekommen, aber seit einiger Zeit, insonderheit seit den schweren Unbilden, die mir vor jetzt drei Jahren bereitet wurden – die schwerste durch die Doppelgestalt Kaiser Wilhelm-Wilmowski – hat sich meiner eine wahre Wuth bemächtigt und ich bin fest entschlossen mich lieber in meine Grafschaft Ruppin, in ein zweistubiges Tagelöhnerhaus zurückzuziehen, als irgendwie Kränkendes noch länger ruhig hinzunehmen. Und wer nichts, gar nichts mehr vom Leben will, der kann allenfalls ein solches Programm mit nur einem Paragraphen entwerfen und vielleicht auch durchführen.« (Ha Br III/45 f) Fontane hatte in seinem Leben oft Grund, sich empört und erbittert zu äußern, aber wenige Äußerungen übertreffen diese an Schärfe im Grundsätzlichen.

Selbst bei den beiden Attentaten, die im Jahre 1878 auf den Kaiser verübt werden, bleibt Fontanes Verhalten undurchsichtig. Er ist »wie alle Welt, total verwirrt«, (an Clara Stockhausen) (Ha Br II/576) aber eine echte menschliche Betroffenheit wird kaum spürbar. Er denkt an die politischen Implikationen, räsoniert über gesellschaftliche Entwicklungen und beklagt die Schnellebigkeit der Zeit. Politische Aufgeregtheit und menschliche Nüchternheit halten sich in etwa die Waage. Daß er Nobiling einen »brillanten Schützen« nennt (an Emilie) (Ha Br II/577), wirft auf seine Emotionen ein ebenso bedenkliches Licht wie seine erste schriftliche Reaktion auf die Nachricht hin, daß der Kaiser nicht tot, sondern nur verletzt ist: »Jedenfalls lebt er noch; ich glaube ihm wäre besser todt. 81 Jahr und *das* erleben, in vier Wochen einem zweifachen Mordversuch preisgegeben.« (an Emilie) (Ha Br II/575) (2. Juni 1878) Und drei Tage später schon beginnt er im Brief an Mete zu medisieren, erzählt, daß »Berlin schon wieder fidèl« sei, und hebt hervor, welche komischen Züge er der Berichterstattung über die Attentatstage abgewinnen konnte: »Mich amüsirt am meisten in solchen Zeiten das Zeitungsdeutsch; in jedem Satz sind drei Widersprüche oder drei Dummheiten oder drei hochverrätherische Anzüglichkeiten. Am meisten wenn sie loyal sein wollen. So las ich heute in der Vossin: ‹…die kronprinzl. Herrschaften trafen ein, *er* blaß und bewegt, die Frau Kronprinzessin aber *vollkommen wohl und von blühendstem Aussehn.*› So darf man in solchen Zeiten als Schwiegertochter nur aussehn, wenn man Kupfer im Gesicht hat. Ich bin wahrscheinlich der einzige Leser, der dergleichen aufpickt und sich dran erquickt.« (Ha Br II/582) Auch das Gedicht ›Kaiser Wilhelms Helm‹, das Fontane kurze Zeit später schreibt, ist alles andere als ein Zeugnis von Ergriffenheit und Erschütterung:

Das war nicht nobel, Nobiling!
Du nahmst die Sache zu gering,
Man schießt mit dreißig Körner Schrot
Nicht einen deutschen Kaiser tot.
Du warst kein Held, du warst ein Schelm,
Der Held, der war des Kaisers *Helm,*
Der stellte sich vor den Doppellauf
Und fing die dreißig Körner auf,
Ihn feiert mein Sang, *ihn* feiert mein Lied, –
Es lebe der Schroten-Winkelried.
(HA 6/572)

Mögen da auch gewisse literarische Vorbilder eine Rolle gespielt haben, wie die Herausgeber der Hanser-Ausgabe zeigen (HA 6/1061) – das bei Streckfuß abgedruckte Gedicht auf den Königsattentäter Tschech (1844) hat Fontane ohne Zweifel als Muster gedient –, daß Fontane Duktus und Ton so kühn imitierte, ist nicht nur mit seiner Haltung als distanzierter Beurteiler zu erklären; die Imitation als solche verrät seine Kühle und Gelassenheit. Jedes Wort in diesem Gedicht besitzt eine ungeziemende Doppelbödigkeit und bezeugt eine höchst aufschlußreiche Scheinloyalität. Auch wenn das literarische Muster durch die Zeilen schimmert, es ist Fontane, der sich von ihm angerührt fühlte, sich offenkundig selber in ihm wiederfand und (das merkt man den Zeilen an) mit innerer Genugtuung darauf replizierte. Wenn man sich erinnert, mit welch ungeheuchelter Ehrfurcht er vor wenigen Jahren noch den Spuren des Königs über die Schlachtfelder der preußischen Armeen folgte, so wird man die Tendenz, bei solcher Gelegenheit den Sinn für komische Journalistenentgleisungen zu kultivieren, als Zeichen einer tiefgehenden Entfremdung auffassen müssen. Und diese kühle Behandlung des Themas beschränkt sich noch nicht einmal auf die Familie; selbst an seinen Verleger schreibt Fontane mit der verräterischen Beiläufigkeit des Unbeteiligten: »Die Geschichte ... hat sich um ein Paar Wochen verschleppt. Würd' es sich, nachdem nun Attentat und Sommer da sind, und alle Welt nur an Nobiling und Karlsbad etc. denkt, nicht ... empfehlen, mit dem Hinweis auf das Buch ... zu warten.« (11. Juni 1878)[20] Man kann hier völlig übereinstimmen mit der Wertung, die Hans-Heinrich Reuter der Haltung Fontanes dabei zuschreibt und wird ihm auch zustimmen bei seiner Beschreibung von Fontanes kritischer Beobachterrolle beim Tode des Kaisers 1888. Er entzieht sich in erstaunlicher Weise der in Deutschland herrschenden Stimmung, so daß Michael Freund in seinem Buch ›Das Drama der 99 Tage‹ von ihm sagen kann: »Skeptisch äußert sich nur (!!) Fontane.«[21] Eine Stimme unter tausend, die nicht im Chore spricht. Nichts ist zu spüren von innerer Bewegtheit und Trauer angesichts des Todes eines Fürsten, der durch sein Wirken auch Fontanes Leben aufs entschiedenste mitbestimmt hatte. Fontane geht am Vorabend des Todes des Kaisers durch Berlin, findet die ›Linden‹ langweilig, die Welt verlogen und die Menschen Kretins, seinerseits unwillig, mehr als die allerdurchschnittlichste Anteilnahme aufzubringen.

Und um einen Eindruck davon zu vermitteln, wie im zeitgenössischen Deutschland der Tod Wilhelms I. aufgenommen wurde und wie weit Fontane von der öffentlichen Bewegung und Erschütterung entfernt war und sich ganz seinem persönlichen Ressentiment hingab, sei hier noch aus der Festschrift Wilhelm Onckens zum hundertjährigen Geburtstag Wilhelms I. aus dem Jahre 1897 zitiert, wie der Historiker, gleichsam offiziell, den Tod des alten Kaisers begriff: »Um ein Menschenleben trauerte nicht ein Volk, sondern eine Welt; eine Völkertrauer trat ein, die fortrollte über Land und Meer, von Volk zu Volk, von Seele zu Seele, eine Völkerandacht, in der man zu fühlen glaubte, wie eine ganze Menschheit den Atem anhielt, um sich zu besinnen auf den Verlust, den sie erlitten und eine Antwort zu suchen auf die Frage, wie sie werde leben können, ohne diesen Monarchen, dessen Verehrung ein Vorrecht aller edlen Menschen geworden war. In diesen Völkerstimmen freiwilliger Huldigung ergriff ein ganzes Zeitalter das Wort, um durch Verherrlichung dieses Mannes sich selbst zu ehren und gab der Wissenschaft recht, die sich erkühnt hatte, schon zu Lebzeiten des Kaisers von einem ›Zeitalter des Kaisers Wilhelm‹ zu reden. Mit überwältigender Kraft trat die Thatsache ins Bewußtsein der Massen ein, daß in diesem Lebenswerk eine weltgeschichtliche Zeitaufgabe zur Lösung gekommen war und daß in dem unvergleichlichen Verein aller Charaktereigenschaften und Geisteskräfte, die diese Aufgabe forderte, die einzigartige Größe dieses Kaisers bestanden hatte.«[22]

Fontane aber weigert sich, am Todestag des Kaisers in die Stadt zu gehen. Sein Verlangen nach »historischen Momenten« ist gestillt, »die Regel läuft drauf hinaus: ‹der Bericht ist besser als die Sache selbst.›«[23] Und als seine Frau erschüttert aus dem Reichstag zurückkommt, »glücklich, Zeuge des Herganges gewesen zu sein«, registriert er ihren Bericht: »Die alten Herrn alle in Thränen, Bismarck hochroth, kaput und nur mit Anstrengung sprechend.« (an Mete, 9. März 1888)

Beim Tode Bismarcks wird Mete schreiben: »Papa sitzt und weint…«[24] Diesmal aber sitzt Fontane verstockt zu Hause und rührt sich nicht. Freund Witte, der ihn mit in die Stadt nehmen will, stößt auf Ablehnung. Wofür er »*mich* hielt, der ich erklärte, lieber zu Hause bleiben zu wollen, weiß ich nicht, doch darf ich wohl annehmen, daß seine Betrachtungen nicht allzu schmeichelhafte Wege gegangen sind.«[25] Witte, obwohl ein enger Freund, hatte offenbar keine Ahnung von Fontanes Einstellung zu Wilhelm I.,[26] wie es denn scheint, daß Fontane auch in der eigenen Familie seinen Gefühlen nach den erfahrenen Enttäuschungen keinen freien Lauf ließ, sondern seine Erbitterung hinunterschluckte. Es wäre sonst kaum verständlich, daß Mete, die die Urteile des Vaters zumeist übernimmt, anläßlich einer Begegnung ihres Bruders George mit dem Kaiser schreibt: »Ich stelle mir immer räumlich vor, der Kaiser und daneben George. Wilhelm ist doch nun einmal momentan der erste Mann der Welt.«[27] Oder spiegeln sich in dem »doch nun einmal momentan« die Vorbehalte des Vaters?

Auch den großen Trauerfeierlichkeiten im Dom vermag Fontane offenbar nichts abzugewinnen. Er äußert sich weniger gallig, in Teilen sogar mit widerwilliger Anerkennung, aber durch alle Äußerungen schimmert doch noch immer sein Groll und sein Mißmut. An Friedlaender, der an einer Berlinreise verhindert war und seine Abwesenheit bedauert, schreibt er: »Ein Glück, daß Sie nicht gekommen sind und sich eine Menge von Enttäuschungen erspart haben. Es war alles furchtbar.« Einiges Bewundernswerte läßt er dann zwar gelten: »Das Erscheinen so vieler Fürstlichkeiten, Bismarcks großartige Haltung, sein zu Tage tretendes Gefühl, seine Reden, die künstlerische Herrichtung der *Via funeralis* (und zwar unter den denkbar größten Opfern und Schwierigkeiten) die Trauerfeier im Dom und die Kögelsche Rede – das war das Große, zum Theil das Bewundernswerthe von der Sache…«, aber dann geht er mit der Welt umso härter ins Gericht. Liest man mit Bedacht, so könnte man zu erkennen meinen, daß sein Gefühl merkwürdig zerrissen und zwiespältig ist. Er gesteht sich zwar ein, daß Wilhelm gerechterweise geehrt wird (vgl. Ha Br III/589), und man wird ihm sicher das Gefühl oder sogar den Gedanken unterstellen dürfen, daß er zu den wenigen gehört, die die wahren Verdienste des Toten kennen, aber er findet den Gesamtrahmen anstößig genug, um alles furchtbar zu finden. Die Sätze lesen sich, als läge ihnen eine Mischung zugrunde von Genugtuung über die fehlende »erhabene Trauer« und Verachtung für die Massen, die die Trauerfeier in ein rohes Volksfest verwandelt haben: »sonst aber war alles selbstisch, roh, gemein und von der ›erhabenen Trauer‹ wovon die Zeitungen überflossen, existirte nichts. Dazu welche Vorkehrungen! Viele Personen sind 10mal im Dom gewesen, die weitaus Meisten haben es 10mal vergeblich versucht. Alles Durchstecherei… Das wüste Volk aber lagerte bis 12 oder 1 vor dem Dom, dann zogen sie, unter Radau, in die Keller und Bummse der Neuen Friedrichsstraße, soffen und johlten hier mit ihren Frauen und Liebsten bis 5 Uhr früh und zogen dann aufs Neue vor den Dom, der tagelang ihr Standquartier war. ›Wohl dem, der frei von Schuld und Fehle‹ – zu

Hause geblieben ist.«[28] Aber je vehementer er sich gegen das Lumpenproletariat von Berlin wendet, um so stärker wird der Verdacht im Leser, daß er sich so aggressiv nicht gebärden würde, wenn ihm der Tote nicht mehr wäre als ein zu alt gewordener Kaiser. Aber das spielt sich, wenn überhaupt, dann nur auf dem Grunde seiner Seele ab. Nur vorsichtige Vermutungen sind da erlaubt.

Daß man die Haltung der Berliner Bevölkerung auch ganz anders sehen konnte als Fontane, zeigt die Beschreibung, die Bernhard Guttmann vom Begräbnistag des Kaisers gegeben hat: »Nie wieder habe ich eine unzählbare Menge in gleich würdiger Haltung so lange harren sehen. Das Gefühl für den greisen Fürsten ... war aufrichtig. Männer und Frauen der oberen Klassen standen neben ganz Armen, Schlechtgekleideten.«[29]

Nach des Kaisers Tod hat Fontane auf weitere direkte Polemik verzichtet. Aber daß die alte Kränkung in ihm weiterfraß, wird gerade an den Stellen vernehmbar, wo er den neuen, jungen Kaiser lobt; denn was er von Anfang an rühmenswert an ihm findet, ist eben das, was er am alten Kaiser vermißt hatte: »er bricht mit der Ruppigkeit, der Poplichkeit, der spießbürgerlichen Sechsdreierwirthschaft der 1813er Epoche, er läßt sich ... neue Hosen machen, statt die alten auszuflicken. Er ist ganz unkleinlich, forsch und hat ein volles Einsehen davon, daß ein Deutscher Kaiser was andres ist als ein Markgraf von Brandenburg.« (Ha Br IV/642) Es ist offenkundig, daß Fontane über seiner Abneigung gegen den Kaiser die Veränderungen unterschätzt hat, die sich durch und an Wilhelm I. vollzogen haben. So wie Berlin Weltstadt und das Deutsche Reich Großmacht wurde – was Fontane ausführlich gewürdigt hat – so wurde Wilhelm zum Deutschen Kaiser, und zwar noch gegen seinen Willen. In vielen zeitgenössischen Berichten wird hervorgehoben, daß es den Kaiser fast bedrückte, wenn er auf seinen offiziellen Reisen durch Deutschland, die, seiner Einstellung gemäß, meist den Fürsten galten, vom Volke mehr gefeiert wurde als die eigentlichen Landesherrn. Er hatte nicht den Ehrgeiz, vor allen andern ausgezeichnet zu werden, sah sich vielmehr, der Bismarckschen Konzeption des Reiches entsprechend, auf seinen Reisen als gleichberechtigter Souverän neben den fürstlichen Gastgebern. Aber die Menge nahm auf seine Vorstellungen und Gefühle keine Rücksicht. Zu lange hatte man sich in Deutschland nach einem einigen Reich gesehnt, als daß man nun, da man dieses Reich besaß, die Anhänglichkeit an die Partikulardynastien vor die Liebe zum Kaiser als dem Symbolträger deutscher Einheit hätte stellen können. Und wie hätte sich der Kaiser dem Enthusiasmus des Volkes entziehen sollen?

Natürlich war dies im eigentlichen Sinne des Wortes keine Leistung Wilhelms. Es war ein Geschenk, das ihm die Geschichte machte. Aber Fontane hat nichts von dieser Veränderung der Rolle wahrgenommen. In seinen Äußerungen sucht man vergeblich nach einem Wort des Begreifens, was bei ihm, der einen so überaus wachen Sinn für die historischen Wandlungen seiner Zeit hatte, überraschen muß. Wenn er von der »Ruppigkeit, Poplichkeit, der spießbürgerlichen Sechsdreierwirtschaft der 1813er Epoche« redet, so betont er offenkundig gerade jene

Wesenszüge, die der alte Kaiser (er war bei der Proklamation in Versailles fast 75 Jahre alt) nicht mehr hatte abstreifen können und die Fontane zum Verhängnis geworden waren. Ohne daß er damals das Wort benutzt hatte: Kleinlichkeit war es gewesen, die er dem Kaiser vorgeworfen hatte, und so ruhmreich er die Geschichte von dessen Wirken gesehen hatte, seinem geistigen Zuschnitt und seinem Verhalten im Jahre 1876 nach war er für Fontane der Markgraf von Brandenburg geblieben.

An einer von den Biographen selten hervorgehobenen Stelle hat Fontane im Jahre 1886 seine Lage als Dichter im Kaiserreich gerade im Hinblick auf die Haltung des Monarchen noch einmal beschrieben. Er tut dies in der Besprechung eines Theaterabends, der das ›hundertjährige Bestehen des Königlichen Theaters am 5. Dezember 1886‹ feiern sollte. Fontane nimmt den Anlaß wahr, über das Verhältnis des Dichters zu seinem Fürsten zu reflektieren: Wir begegnen »in beiden Festspielen demselben Stoffe: Dichter- beziehungsweise Schauspielerelend, dem durch ein Kabinettschreiben, eine Bestallung, irgendeine Munifizenz, ein Ende gemacht wird. Alles sehr schön. Aber eine Bemerkung mag diesen Stoffen und Hergängen gegenüber doch gestattet sein. In den Augen des großen Publikums kann der Dichter nie genug hungern, es ist sozusagen seine Spezialität, und je fester der Schmachtriemen ihm angezogen wird, desto reiner seine Lyrik. Aber die, die zur Erbauung des Publikums diese Trainierung durchmachen sollen, denken doch anders darüber und haben unter den einschlägigen Entziehungsprozessen, die weit über Schweninger hinausgehen, meist so sehr gelitten, daß sie sich, selbst in den liebenswürdigsten Stücken, an derartige Vorbereitungen für ihren Dichter- und Künstlerruhm nicht gern erinnern lassen. Mir persönlich wird immer sehr fatal dabei, trotzdem ich mit der von Zola mehrfach geäußerten Ansicht, daß die wahre Kunst erst mit der Freiwerdung der Künstler und Dichter von allem Fürsten- und Mäzenatentum beginne, *nicht* übereinstimme. Bessere Dichterzeiten als am Versailler und Weimaraner Hofe hat es nie gegeben, und die jetzt existierende Abhängigkeit vom Geschmacke des Publikums oder wohl gar von den Launen eines die Hand krampfhaft auf dem Beutel haltenden Buchhändlers ist keineswegs ein Idealzustand daneben.« Fontane fügt dem noch hinzu: »An das forsche: ›Es soll der Dichter mit dem König gehn‹ läßt man sich jederzeit gern erinnern, der auf der Bühne heimische Hungerpoet oder Hungerkünstler aber weckt bei dem, der mit ›zum Bau‹ gehört, sehr zweifelhafte Gefühle…« (NFA 22,2/437f) Nun, in seinen Kriegsbüchern war Fontane in der Tat ›mit dem König gegangen‹. Es hatte ihm nichts genutzt, und des angesprochenen Rezepts: ›je fester der Schmachtriemen…, desto reiner die Lyrik‹ hätte es bei ihm nicht bedurft.

Fontane fühlte sich also nicht allein betroffen, sondern ging davon aus, daß in Preußen alle jene, die sich der Pflege vaterländischer Traditionen verschrieben hatten, allzu wenig Dank ernteten. Dies spricht ein Brief an Emilie vom 10. August 1878 aus: »Das Fehrbelliner Packet kam natürlich von meinem Hakenburger Cantor und enthielt sehr dicke blaue Hefte, aktenartig, in denen die Fehrbel-linfeier (1875), Denkmal, Kugeln, und sonstige historische Reliquien, alles aus-führlich beschrieben ist. Dazu die mit den Behörden geführte, endlose Corres-pondenz. In der Regel um einen Nasenpopel. Ich hatte zunächst einen unange-nehmen Eindruck davon, und sah recht deutlich wieder, daß die Pflege des ‹Patriotischen› in unsrem Lande Sache der Stümper, der Bedienten, der armen Teufel ist. Es hätte dies unter Umständen 'was Erfreuliches; aber überall kuckt das Eselsohr der Eitelkeit, der Wichtigthuerei, der Ordenssucht heraus. Auch wohl einer Art Bettelei. Und aus den prinzlichen ‹Schatullen etc› werden dann von einem Hofrath zwei Thaler geschickt. Alles unsagbar miserable.« (Ha Br II/610f)[30] Aber die Zeilen machen doch zugleich sichtbar, wie weit sich Fontane von der beängstigend kleinkarierten Geisteshaltung jener entfernt fühlte, die aus purem Geltungsbedürfnis zu bloßen Gelegenheitsarbeitern für die patriotische Sache wurden und dabei nicht etwa bewiesen, daß der Patriotismus im Volke lebte und sich seine Ausdrucksformen suchte (›Es hätte dies unter Umständen 'was Erfreuliches‹), sondern die ihrer Eitelkeit frönen wollten. Von diesem pseu-dopatriotischen Egozentrikern weiß Fontane sich unterschieden, und in dem hier besprochenen Fall tendiert er sogar dazu, sich auf die Seite der beiden Pastoren zu stellen, die den dekorierten Kantor verspotteten, wenn ihn an diesen wiederum nicht stören würde, daß »Neid und der Hochmuth der ‹Studirten› zu sehr hervor-träte.« (Ha Br II/611) Fontane war sich seiner Sonderstellung bewußt – aber nie-mand respektierte sie.

Natürlich wäre es verfehlt, wenn man vorgeben wollte, daß es ohne die so radi-kal ernüchternden Erfahrungen des Jahres 1876 den Schriftsteller Fontane nicht gäbe. Für den Poeten Fontane hat das Jahr 1876 seiner eigenen Meinung nach ohnehin keinen Einschnitt bedeutet; denn im Fortgang des Textes von 1882 heißt es im Hinblick auf das ›Maß seiner Erkenntnis‹: »In *poetischen* Dingen hab ich die Erkenntniß 30 Jahre früher gehabt als wie in der Prosa; daher les ich meine Gedichte mit Vergnügen oder doch ohne Verlegenheit, während meine Prosa aus derselben Zeit mich beständig genirt und erröthen macht.« Es ist dieser Fortgang des Textes, der das Mißverständnis von der Bedeutung des 70er Kriegsbuchs für Fontanes Schriftstellerlaufbahn wenn nicht hervorgerufen, so doch gefördert hat. Denn hier spricht Fontane scheinbar nur noch von der selbstkritischen Einschät-zung seiner Prosa, aber nicht mehr von seiner eben 1876 vorgenommenen grund-sätzlichen Neuorientierung seines Selbstverständnisses. Besäßen wir den am 28. August 1882 an seine Frau geschriebenen Brief nicht, in dem Fontane die genannte Krise zeitlich so nachdrücklich eingrenzt, bliebe der Hinweis auf das Kriegsbuch beinahe unverständlich. Wir könnten uns dann nicht aus dem Dilemma befreien, das Charlotte Jolles in ihrem Realienbuch zur Literatur so ein-leuchtend beschreibt: »Fontanes eigene Aussage, daß er erst beim Siebziger Kriegsbuch… zum Schriftsteller geworden sei,… bedarf dringend der Untersu-chung; die Berechtigung dieses Bekenntnisses erscheint zumindest fraglich in

Hinsicht auf den kompilatorischen Charakter gerade des Siebziger Kriegsbuchs. Die beiden früheren, vor allem das Sechsundsechziger Kriegsbuch, sind lebendiger und selbständiger.«³¹ Dem kann man nur zustimmen, denn welche Maßstäbe man auch anlegen mag, es wird schwer fallen, den zweiten Halbband des 70er Kriegsbuchs (also den letzten Teil von Fontanes Kriegsbüchern überhaupt) künstlerisch in irgendeiner Hinsicht über die anderen Bände zu stellen. An ihm und in ihm ist Fontane nicht gewachsen und gereift, sondern mit ihm hat Fontane sich abgequält, weil seine Methode, Feldzugsgeschichte einerseits und Regiments- bzw. Kompaniegeschichten andererseits zugleich zu schreiben, ihn ganz einfach überforderte. Daß dies indessen bei der Aufnahme des Buches durch den Kaiser eine Rolle gespielt haben sollte, ist auszuschließen. Eher erklärt es den völligen Mißerfolg in der Öffentlichkeit. Und wem ist überdies die Lektüre von 2000 Folioseiten überhaupt zuzumuten? Daß das Buch im öffentlichen Bewußtsein keine Spur hinterließ, muß bei Fontane freilich die Wirkung der zurückhaltenden Aufnahme durch den Kaiser erheblich verstärkt haben. Wenn er am 21. März 1877 an Mathilde von Rohr schreibt: »im Großen und Ganzen aber darf ich sagen, daß ich seit Jahresfrist nur Niederlagen, Kränkungen, Fehlschläge erlebe und daß ich mich nach einem bischen Glück und Sonnenschein sehne wie ein Verdurstender nach einem Glase Wasser«, (Ha Br II/554) so spiegelt dies seine Krise in aller Deutlichkeit wider. Aus dieser Lage konnte Fontane sich nur selber befreien durch eine neue Leistung. Das Jahr 1876 mit seinem existentiellen Einbruch bewirkt bei Fontane zugleich eine Freisetzung seiner schriftstellerischen Potenz und hebt seine dichterischen Bemühungen auf eine neue Stufe. Wovon er träumte, das wird an einer Theaterkritik aus jenen Tagen deutlich. Sie gilt Heinrich von Kleists ›Prinz Friedrich von Homburg‹, das von der Intendanz ausgewählt war, um den »hundertjährigen Geburtstag Heinrich von Kleists zu feiern« (NFA 22/1/508), einem Schauspiel also, mit dem Kleist sich ebenso vergeblich in die Herzen der Hohenzollern zu schreiben versucht hatte wie Fontane mit seinen Kriegsbüchern: »Die Last des Tages – oft auch ganz speziell die Last des Abends – fällt von einem ab, und die reine Luft wirklicher Kunst erquickt den Ermüdeten und facht die alten Hoffnungen auf goldene schöne Tage wieder an. Und rücken diese Tage auch immer wieder hinaus wie die Bilder der Fata Morgana, es ist doch ein Glück, sie dann und wann als bloße Verheißung erscheinen zu sehen.« (NFA 22/1/511)

Nur zwei Wochen nach der Veröffentlichung des letzten Teilbands des Kriegsbuchs vermeldet Fontane: »Am 1. November fing ich an, energisch an meinem Roman zu arbeiten...«³² Indem die Ereignisse des Jahres 1876 Fontane mit letzter Härte zum Erkennen seiner wahren Situation zwingen, verweisen sie ihn zugleich auf sein Dichten als einzig mögliche produktive Antwort auf die Unverläßlichkeit und Kaltherzigkeit der Welt. Und wenn ihm auch der sofortige Erfolg (und noch auf Jahre hinaus) versagt bleibt, so verraten doch die beiden 1882 an seine Frau geschriebenen Briefe, daß ihm ein neues Selbstbewußtsein zugewachsen ist. Dieses Selbstbewußtsein wird zwar wieder und wieder auf die Probe gestellt, aber es wird doch in der Tiefe nicht mehr erschüttert. Und wenn wir auch zeigen konnten, daß das Trauma, das Wilhelm I. für Fontane bedeutete, lebenslang weiterwirkte, so ist doch andererseits feststellbar, daß Fontane, je mehr ihm an dichterischer Sicherheit zuwuchs, desto gelassener auf den Kaiser blicken konnte und neben der Distanzierung von ihm zunehmend auch wieder seine alte Zuneigung zur Geltung zu bringen bereit war. Man kann dahin noch nicht die schon erwähnte Kurzbiographie Fontanes für die ›Vaterländischen Reiterbilder aus drei Jahrhunderten‹ zählen, deren Grundton kühle Nüchternheit verrät und die sich unter Vermeidung pathetischer Worte nur zu der Charakteristik aufschwingt: »Was ihn vor allem in seinem an Wandlungen so reichen Leben auszeichnete, war: *Standhaftigkeit in gefährlichen und Mäßigung in glücklichen Lagen.* Und daneben jenes strenge Pflichtgefühl, das ihm die Wohlfahrt und Größe seines Landes als einzige Richtschnur seines Denkens und Handelns erscheinen läßt.« (NFA 19/700) Oder dasselbe ins Lyrische umgesetzt:

> Vorbild in Arbeit, Treue, wahr und schlicht,
> In Demut, die der Größe sich verbündet.
> (NFA 20/279)

Daneben hatte Fontane einen neuen Weg gefunden, der zur ›Rehabilitation‹ des Kaisers führte. Er hatte sich schon angedeutet in der Besprechung des von der Goltzschen Buches ›Léon Gambetta und seine Armeen‹ (NFA 19/779ff), dessen Veröffentlichung von der Goltz in Schwierigkeiten brachte (wir kommen in anderen Zusammenhängen darauf zurück). Fontane suchte die Gründe für das Mißgeschick des Offiziers u. a. in dessen »letzten Zeilen auf Seite 222« des Buches. Sie lauten: »Eines vermag den Mangel an Geistesgaben zu ersetzen, es ist der Adel der Gesinnung. Wie mancher König und Kaiser steht mit Recht in der Geschichte groß da, weil er es vestand, sich den Genius eines gewaltigen Ministers dienstbar zu machen, weil er ihm zu vertrauen wußte und er den Muth besaß, ihm durch alle Wechsel des Glücks hindurch dieselbe Gesinnung zu wahren.«[33] Etwas anzüglicher formuliert: die geistige Schlichtheit des Kaisers verblaßt neben dem Adel seiner Gesinnung. Das ist die Basis, auf der auch Fontane mit seinem Kaiser leben kann. Wenn man die nach der Reichsgründung dem Kaiser gewidmeten Texte in ihrer ganzen Phrasenhaftigkeit kennt, wird man Fontane ein erstaunliches Maß an Unverfrorenheit zugestehen müssen, wenn er den regierenden Monarchen mit den Sätzen charakterisiert: »Nicht nur als der mächtigste, auch als der gefeiertste Monarch Europas steht er da. Ein glänzendes Beispiel, daß im Staatsleben ein Charakter mehr bedeutet als ein Talent. ‹Einfach, bieder und verständig›, so ward er von seiner Mutter in einem ihrer letzten Briefe geschildert, und dieser Schilderung hat er sein Lebtag entsprochen.« (NFA 19/699f)

Im übrigen unterscheidet sich auch das Urteil Moltkes, der von der Goltz in Schutz nahm,[34] nicht von dem vieler Zeitgenossen, und man wird seine Meinung um so eher akzeptieren können, als er seinem Kaiser und König mit loyalster

Hingabe diente. Von ihm überliefert Alfred Freiherr von Eberstein die Sätze: »Friedrich Wilhelm IV. war gezwungen, Großmachtpolitik zu treiben und hatte keine Armee; mit der Landwehr ging das nicht. Das ist das unleugbare Verdienst des Kaisers, diese Armee geschaffen zu haben, daher kamen unsere Erfolge. Der Kaiser ist viel weniger bedeutend als der edle, unglückliche Friedrich Wilhelm IV. Und wie wäre das ganz anders geworden!«[35]

Wenn es allerdings heute so scheint, daß die Geschichtsschreibung Wilhelm I. nur als »tumben Tor« sehen will – was er politisch vermutlich auch war – so kann eine solche Auffassung menschlich nicht befriedigen. Ernst Engelberg schreibt in seiner Bismarck-Biographie: »Drei Kriege sind unter Bismarcks politischer Leitung von 1864 bis 1870 geführt worden, und keinen hat der spätere ‹Heldenkaiser› politisch recht verstanden… Und auch in den dritten Krieg, den politisch denkende Diplomaten schon 1866 voraussahen, ging er unwissend und daher mit dem ihm so nötigen guten Gewissen. Drei Kriege, drei Siege, dreimal gefeiert ein tumber Tor!«[36] Vielleicht sollte man das ihm nötige gute Gewissen so niedrig nicht bewerten. Fontane jedenfalls kann man nicht vorwerfen, daß er über den geistigen Unzulänglichkeiten des Kaisers seine humane Gesinnung vergessen hätte. Wenn er nun von Wilhelm I. spricht, fehlt freilich das Epitheton ›herrlich‹, aber es bleibt der »gute alte« Wilhelm: »Natürlich kann man eine höhere Idealität der Gemüther ebensowenig wieder herbeizaubern wie die ›Religiosität‹, die der gute alte Wilhelm seinem Volke wiedergeben wollte…« (an Friedlaender, 27. Mai 1891) (Ha Br IV/122)[37]   Daß derjenige, der ›Religiosität‹ künstlich herbeiführen will, nicht so ganz auf der Höhe des Geistes stehen kann, ist dem Satze Fontanes zwar anzumerken, aber es bleibt bei ›gut und alt‹. Nicht verschwiegen wird freilich, daß er es Bismarck verdankt, wenn er so eindeutig als der ›Gute‹ in die Geschichte eingehen kann – trotz dreier Kriege. 1897 äußert sich Fontane dazu noch einmal in aller Ausführlichkeit in einem Briefe an Friedlaender. Wilhelm II., dem Adel der Gesinnung weniger verpflichtet als sein Großvater, hatte in einer seiner berühmten Reden Bismarck als den braven, tüchtigen Ratgeber seines Großvaters bezeichnet, und Fontane reagierte empört: »Wie kann man die Geschichte so fälschen wollen.« Und dann folgt ein Satz, den wir nun erst in seiner ganzen Bedeutungsschwere verstehen: »Es ist der sprichwörtliche Undank der Hohenzollern, der einen hier anstarrt.« (Ha Br IV/644)   Das erinnert an Fontanes Gefühlsausbrüche kurz nach der Thronbesteigung Friedrichs III., als Bismarck schon einmal erfahren mußte, daß Dankbarkeit keine der Haupttugenden der Hohenzollern war. Damals wie 1897 hatte Fontane sich mit Vehemenz hinter den seiner Meinung nach herablassend behandelten Bismarck gestellt, und der Leser vermeint zu spüren, daß sich der eruptive Charakter der Fontaneschen Stellungnahme für Bismarck nur daraus erklärt, daß Fontane sein eigenes Schicksal in dem des Kanzlers gespiegelt sieht. Auch zu dem Verhalten der eigenen Freunde im Jahre 1876 erkennt er hier Parallelen: »Falstaff tritt an den toten Percy heran und nachdem er sich überzeugt, *daß* er todt, piekt er mit seinem Säbel in ihm herum. Und hat nun Heldenblut an seinem Krötenspieß. Der Eindruck ist widerlich. Gestern noch der Mann, der den Erdball in Händen hielt, heute nur noch dazu da, – nach dem Größten das *politisch* in einem Jahrtausend geleistet worden ist (denn das Friedericianische ist kleiner und das Napoleonische flüchtiger gewesen) – sich von einem Judenbengel, hinter dem leider viele, viele stehn, sagen lassen zu müssen: ‹er sei nur ein ‹*Diener*› gewesen und könne, wenn er hübsch artig sein wolle, in seinem *Dienst*verhältniß bleiben›. Unerhört; furchtbar!« (Ha Br III/592) Mit Abscheu vermerkt Fontane, daß von Bismarck in der Presse nur immer wieder gesprochen wird als von: »Diener und wieder Diener. Niederträchtiger Undank, Undank – und das ist das Schlimmste – mit hoher polizeilicher Erlaubniß! Nun werden sie wohl alle aus ihren Sümpfen und Höhlen herauskriechen, und ihm Mätzchen machen und ihn ausätschen. Nach meinem Gefühl kann und darf er das nicht aushalten. Ueber den Hohn der Presse käme er weg, er hat die Presse nie geschont, sie immer nur verächtlich behandelt und kann sich nicht wundern, wenn sie's ihm heimzahlt. Aber was sind denn die Preßstimmen anders als das Echo dessen, was vom Thron her gesprochen wurde, leiser, aber richtender. Travailler pour le Roi de Prusse. Immer kehrt es wieder. Aber *so* doch selten.« Fontane hat es zur Genüge an sich selber erfahren – mit Erbitterung. In Bismarcks Falle lagen 1888 die Verhältnisse insofern günstiger, als der Kanzler Bergmann fragen konnte, wie lange der Kaiser noch zu leben habe. Jedenfalls ist das ›Travailler pour le Roi de Prusse‹ (in Preußen ein geflügeltes Wort) Fontane zutiefst vertraut gewesen. In dem Brief über den »sprichwörtlichen Undank der Hohenzollern« fährt Fontane fort: »Glücklicherweise schreibt die Weltgeschichte mit festem Griffel weiter.« Das hat sie auch in seinem Falle getan, während wir Anstrengungen machen müssen, die Erinnerung an Preußen und die Hohenzollern wachzuhalten. In seinem Brief prangert Fontane das Bismarck-Bild Wilhelms II. an: »die ganze neue Glorie des Hauses verdankt das Hohenzollernthum dem genialen Kraftmeier im Sachsenwald.« Und die ganze Glorie ist »noch dazu eine *reine* Glorie«, »weil das Häßliche davon an Bismarcks Händen kleben blieb –« (an Friedlaender, 6. April 1897) (Ha Br IV/644)[38]

Otfried Keiler, dem Leiter des Fontane-Archivs in Potsdam, verdanke ich den Hinweis, daß es auch nicht bei Fontanes leidenschaftlicher Ablehnung des Fürstendienstes bleibt, denn Fontanes zornerfüllter Ratschlag an seine Söhne (und alle Leser!) wird durch eine spätere (bisher unveröffentlichte) Eintragung fast neutralisiert, ihrer Schärfe jedenfalls entkleidet. Fontane gelingt es sogar, Wilhelm I. in einem der den Leser entzückenden Altersgedichte (NFA 20/45) auf eine Weise zu nennen, die ihn einbezieht in jene resignative Altersstimmung, die leidenschaftliche Gemütsbewegungen nicht mehr kennt, sondern bezeugt, daß der Dichter sich in die Schwäche und Gebrechlichkeit der Welt und des Menschen zu schicken gelernt hat und doch in skeptischer Weisheit das alltäglich Schöne noch zu genießen weiß:

Lieber Freund, mir gefällt noch allerlei:
Jedes Frühjahr das erste Tiergartengrün,
Oder wenn in Werder die Kirschen blühn,
Zu Pfingsten Kalmus und Birkenreiser,
Der alte Moltke, der alte Kaiser,
Und dann zu Pferd, eine Stunde später,
Mit dem gelben Streifen der ›Halberstädter‹

So ist denn auch die Vorarbeit geleistet, um Wilhelm I. im ›Stechlin‹ eine der schönsten Huldigungen darzubringen, die Fontane in seinen Romanen geglückt ist. Der Kaiser ist nun nicht mehr der Kriegsherr, dem seine siegreichen Truppen auf den Schlachtfeldern Europas zujubeln, er ist nicht mehr der »herrliche alte« und nicht mehr der »gute alte« Wilhelm, obwohl er das alles auch noch ist. Vor allem aber ist er der »letzte Mensch, der noch ein wirklicher Mensch war.« (NFA 8/272) »da unter mir liegt ein Kranker«, sagt der Kaiser, während er »lange Läufer und Teppiche zusammenschleppt und übereinander packt«, um den Klang seiner Schritte zu dämpfen, »ich mag nicht, daß er die Empfindung hat, ich trample ihm da so über den Kopf...« Der alte Stechlin beneidet den Hofprediger Frommel um dieses Erlebnis. Aller Zwist ist vergessen, aller Unmut Fontanes verflogen, Wilhelm I. wird als Mensch gewürdigt: »Sie nennen ihn jetzt den ›Großen‹ und stellen ihn neben Fridericus Rex. Nun, so einer war er sicherlich nicht, an den reicht er nicht 'ran. Aber als Mensch war er ihm über, und das gibt, mein ich, in gewissem Sinne den Ausschlag...« (NFA 8/283) Fontane wäre nicht Fontane, wenn diesem letzten Satze die kleine Wendung »in gewissem Sinne« fehlte.

Dieser Versuch, dem alten Kaiser im ›Stechlin‹ menschlich gerecht zu werden, ist kein Ausnahmefall.[39] In den 90er Jahren arbeitete Fontane erneut an seiner Darstellung des Ländchens Friesack. Er hatte den Stoff mehrfach aufgegriffen und wieder fallenlassen, wohl auch, weil er der zustimmenden Mitwirkung der Bredows nicht so sicher war, wie ihm das für sein Vorhaben wünschenswert schien. Sein Brief an Heinrich Jacobi vom 5. Januar 1895 gibt darüber hinreichend Aufschluß. (vgl. Ha Br IV/415) Gleichwohl beschäftigt sich Fontane nach dem Abschluß des ›Stechlin‹ wieder mit dem Stoff, und hier will er im Kapitel ›Wagenitz‹ eine weitere der ihm lieben und vertrauten Kaiser-Wilhelm-Anekdoten unterbringen, die das Andenken des Kaisers verklären: »Die reizende Geschichte vom Kaiser Wilhelm, der den Alten immer bloß allein empfing, damit die andern nicht merkten ‹daß er schon taprig sei›.« (NFA 24/537) Diese Rücksicht hatte sich der alte General von Bredow allerdings verdient, denn er war der Kommandeur der Kavalleriebrigade gewesen, die bei Mars la Tour in den Tod geritten war. Der sprichwörtliche Undank des Hauses Hohenzollern sah anders aus.[40]

Um die Vorgänge, die zwischen Wilhelm I. und Fontane spielten, noch besser beleuchten zu können, ist es von Gewinn, den Blick auf das Leben und Wirken eines Mannes zu richten, der jahrzehntelang zum engsten Lebenskreis Fontanes gehörte und der zugleich Wilhelm I. persönlich eng verbunden war. Es handelt sich um den Hofrat Louis Schneider, dem Fontane in ›Von Zwanzig bis Dreißig‹ ein eigenes Kapitel gewidmet hat und der auch in Fontanes Scherenberg-Buch ausführlich gewürdigt wird. Er nahm am preußischen Hof die Stellung ein, die – insgeheim – auch Fontane für sich in Anspruch genommen haben dürfte, ohne daß er, wie Schneider, einen königlich-kaiserlichen Auftrag dafür besaß. Louis Schneider war eine Art Historiograph Wilhelms I., der ihn in einem Gespräch, wenn auch in Frageform, so bezeichnete, als Schneider darum bat, den König im Kriege gegen Österreich 1866 begleiten zu dürfen. Schneider war vom König offiziell damit beauftragt, das Material zu sammeln für seine Biographie, die nach dem Tode des Kaisers erscheinen sollte, die dieser freilich, ganz in Einklang mit seiner außerordentlichen Bescheidenheit (allerdings auch zum ständigen Kummer und Verdruß Schneiders) immer nur als seinen Nekrolog bezeichnete. Alles von ihm Geschriebene legte Schneider dem König vor, der sich der Mühe einer exakten Korrektur unterzog, damit keine Ungenauigkeiten und Halbwahrheiten überliefert würden. In Friedenszeiten durfte Schneider an Samstagen als Vorleser bei Hofe erscheinen, um Bericht in Bibliotheks- und Literaturangelegenheiten zu erstatten; während der Kriege gegen Österreich und Frankreich dagegen gehörte er zur umittelbaren Umgebung des Königs bzw. Kaisers. Er informierte den Kaiser täglich über das, was in der internationalen Presse zur Sprache kam (soweit sie ihm zugänglich wurde, was dank seiner weitgespannten persönlichen Beziehungen und seines Organisationstalents in erstaunlich breitem Maße der Fall war), nahm die für Wilhelm I. bestimmten Telegramme aus dem Militärbereich in Empfang und las sie ihm vor, so daß er umfassend orientiert war und die Korrespondenten der internationalen Presse informieren konnte,[41] von denen er aber auch informiert wurde, da es sich um eine ganz exklusive Gruppe von Journalisten handelte, die über weitreichende Beziehungen und reiche Geldmittel verfügten, die ihnen Zugang auch zu entlegenen Quellen verschafften.[42] Der Umgang mit ihnen und seine Aufgabe überhaupt wurde Schneider dadurch ermöglicht, daß er alle wichtigen westeuropäischen Sprachen einschließlich des Portugiesischen beherrschte und dazu das Russische – und dies, obwohl er von Kindheit an nur für die Bühne vorbereitet wurde. Er schrieb 1866 und zum Teil auch 1870 die Berichte für den Staatsanzeiger und berichtete für die Kreuzzeitung und den von ihm seit 1833, also seit den Zeiten Friedrich Wilhelms III., herausgegebenen ›Soldatenfreund‹, der während der Kriege ein ›Feld-Soldatenfreund‹ wurde. Er war von ungewöhnlicher Findigkeit im Aufspüren von Nachrichten, arbeitete auch in beiden Feldzügen mit dem Feldpolizei-Direktor Dr. Stieber zusammen, der als Leiter der Spionage- und Spionageabwehrabteilung des preußischen Hauptquartiers fungierte, war also mit heutigen Maßstäben gemessen beinahe so etwas wie ein Regierungssprecher. Da er ständigen Zugang zum König hatte, benutzte man ihn natürlich auch als eine Art Nachrichtenvermittler, was seine Stellung nach allen Seiten befestigte und stärkte. Eine solche Jahrzehnte überdauernde Vertrauensstellung zum vormaligen Prinzen von Preußen, späteren König von Preußen und deutschen Kaiser wäre beim Charakter dieses Mannes ganz unmöglich gewesen, wenn Schneider auch nur im geringsten versucht hätte, irgendwelche Vorteile für sich selbst zu gewinnen. Er stellt sich in seinem Verhältnis zu Wilhelm I. dar als ein Mann, der nichts kannte als selbstlosen Dienst für seinen Herrn. Er ist von einer Bescheidenheit, Dienstwilligkeit und Redlichkeit, die Bewunderung verdient und die, weil seine eigenen Berichte die Hauptquelle für alle diese seine Tugenden sind, völlig unglaubwürdig wären, wenn Fontane nicht so eifrig für ihn einträte. Gerade Fontane, der so außerordentlich mißtrauisch war gegenüber allen Freunden und Bekannten, räumt ein: »Ich habe ihn ziemlich gut gekannt, fünfzehn Jahre lang in unserem Verein und dann zehn Jahre lang auf der Kreuzzeitung, wo ich ihn allwöchentlich wenigstens einmal sah; aber ich kann nicht sagen, daß ich ihn je auf einem faulen Pferde ertappt hätte. Im Gegenteil, er war ehrlicher und konsequenter als seine soi-disant ‹Freunde›, die sich ziemlich unberechtigt über ihn erhoben.« (NFA 15/237) Nichts spricht also dagegen, seine zahlreichen Beteuerungen (die vielleicht nur durch ihre Vielzahl verdächtig wirken) ernst zu nehmen, daß es ihm allein um die Sache seines Herrn und Königs gegangen sei, nicht aber um seinen Namen und dessen rühmliche Nennung. So erzählt er z. B.: »Als ich bei der Vorlesung meines Aufsatzes zur Aufzählung der Personen kam, welche täglich in bestimmter Reihenfolge vom Könige empfangen wurden, äußerte er : ›Aber Sie erwähnen sich *selbst* ja garnicht. *Sie* kommen doch auch alle Morgen.‹ – ›Das braucht aber Niemand zu wissen und soll auch durch mich keiner erfahren. Ich will nichts, als Eurer Majestät dienen und möchte es nur noch mehr und noch besser thun können. Wozu braucht das aber die Welt zu wissen? ... Ich versuche zwar überall da zu sein, wo Eure Majestät öffentlich erscheinen, damit ich zu berichten im Stande bin, halte mich aber dabei so zurück, daß ich kaum bemerkt werde. Lassen mir Eure Majestät meinen Stolz und meine Freude, bescheiden auf meinem Platze zu bleiben.«[43] Daß man Schneider diese vollkommene Selbstlosigkeit überall geglaubt hat, ist nicht anzunehmen. Und Fontane, der keinen Zweifel gesetzt sehen will in *seinen* guten Glauben an Schneider, zählt ihn folgerichtig auch zu den »bestverketzerten Personen, die mir in meinem Leben vorgekommen sind.« (NFA 15/237) Solche Verketzerung konnte bei einem Manne nicht ausbleiben, der zwei Königen nacheinander als Vorleser und literarischer Berater diente, sich in fortgesetzter Berührung mit dem Hofe befand und durch sein Vorleseamt bei Hofe ganz unmittelbar einem Protégé zu literarischem Ruhm verhelfen konnte – oder auch nicht. Fontanes Darstellung der Tunnel-Diskussionen darüber, ob Schneider für Scherenberg genug ›herausgeholt‹ habe bei Hofe oder nicht, läßt das Ausmaß der Kontroversen erahnen, die damals durchgefochten worden sind. Fontane führt einen Teil der gegen Schneider erhobenen Vorwürfe indessen auch auf politische Gründe zurück, denn Schneider war (wenn man seine politischen Anfänge unberücksichtigt läßt, in denen er nach Fontane [NFA 15/233] liberale Neigungen hatte) extremer Konservativer mit entschiedener Neigung für Rußland; aber er nimmt Schneider gegen alle Anschuldigungen in Schutz, die der Tunnel, der Schneider seit Jahrzehnten so viel zu verdanken hatte, gegen ihn vorbrachte: »Schneider, während im Tunnel, in ‹seinem Tunnel›, dieser Aufruhr tobte, saß all die Zeit über ruhig in seinem Potsdamer Heim und lächelte, wenn er von dem Sturm im Glase Wasser hörte. Was aber das Beste war, er ließ diesen Abfall von ihm niemand im Tunnel entgelten und zeigte sich, was immer aufs neue gesagt werden muß, auch darin wieder uns allen überlegen, vor allem auch überlegen in Gesinnung.« (NFA 15/237) Wieviele Zeitgenossen können sich rühmen, von Fontane so gewürdigt worden zu sein: »Was über den Menschen entscheidet, ist seine Gesinnung, Ehrlichkeit der Überzeugungen. Und *die* hatte Louis Schneider, auch wenn er hundert Tabatièren empfangen haben sollte. Daß ‹ehrliche Manieren› – in denen Schneider, beiläufig, exzellierte – täuschen können, weiß ich; die Welt wimmelt von faux bonhommes. Was aber *nicht* täuschen kann, ist ein langes Leben, das sich dem Beobachter als aus einem Gusse darstellt. Er war zu jeder Zeit derselbe, fast zu sehr. Ich habe vieles an ihm gesehen, was mir mißfallen hat, nichts aber, das ich als mißachtlich oder auch nur als zweideutig zu bezeichnen hätte. Seinen Geschmack geb’ ich preis; ästhetisch war er sehr anfechtbar, moralisch bestand er.« (NFA 15/241) Und moralisch bestand er auch vor seinem Kaiser.[44] Er konnte sich wohl nur deshalb so lange in dessen Nähe halten, weil er auf schier unglaubliche Weise der Vorstellung des Kaisers davon entsprach, wie ein wahrer preußischer Untertan beschaffen sein müsse. Der Kaiser besaß eine Tugend, die schon seit urgermanischer Zeit allen Untertanen eine der verhaßtesten war: Sparsamkeit. Es ist dies jener Zug, der bei Fontane als »Poplichkeit« oder »Ruppigkeit« immer wieder hervortritt. Und Schneider, der auf Grund seiner fortgesetzten Dienstleistungen für Wilhelm I. viel mehr Anspruch gehabt hätte auf eine sich in klingender Münze niederschlagende Dankbarkeit seines kaiserlichen Herrn, hatte sich mit dieser Sparsamkeit nicht nur arrangiert, sondern pries sie als Tugend, die Preußen groß gemacht habe. Eine Tugend, die Wilhelm mit einer solchen Selbstverständlichkeit praktizierte, daß man sie schamlos nennen könnte. Er selber erzählt Schneider einen Vorfall aus der Zeit des Krieges gegen Frankreich. Unter den gefallenen Soldaten hatte er auf dem Schlachtfeld einen Husaren gesehen, dessen Uniform noch neu war: »Ich sagte zu Lauer, er möge einmal nachsehen, ob der Husar wirklich todt sei oder vielleicht nur im Starrkrampf läge. Lauer stieg ab, untersuchte ihn, und als ich hörte, daß er wirklich todt sein, befahl ich, daß ihm die Uniform ausgezogen und mit der Schabracke an das Regiment geschickt werden sollte! ... Der Dolman war ... noch ganz neu und konnte beim Regiment noch gute Dienste thun.« Schneider, der seinen Herrn gut kennt und weiß, daß diesem die Ungeheuerlichkeit seines Vorgehens gar nicht aufgegangen ist, wagt zu sagen: »Gut, daß Eure Majestät das selbst befohlen haben!« Auf die unvermeidliche Frage: »Wieso?« antwortet er: »Weil der Feld-Gendarm, der die Ausführenden beim Ausziehen der Leiche betroffen, sie wahrscheinlich als ›Hyänen des Schlachtfelds‹ festgenommen haben würde.« Der Fortgang zeigt, daß der Kaiser sich seine entwaffnende Naivität voll bewahrt, denn er fühlt sich geschmeichelt, als Schneider ihm den Zusammenhang des kaiserlichen Procedere mit der preußischen Tradition erklärt: »›Ich denke eben darüber nach (äußert Schneider), was denn eigentlich die Ursache von Preußens stetigem Wachsen und Aufblühen gewesen ist und noch ist.‹ – ›Wie kommen Sie gerade jetzt darauf?‹ ›Durch eine sehr natürliche Gedankenverbindung! Jedes Land Europas, selbst das kleinste, hat seine Glanzperiode, seinen großen Fürsten oder Feldherrn, seine Siege und seine Präponderanz über Nachbarn gehabt. Spanien, Portugal, Holland, Schweden – ohne Ausnahme Alle. Aber kein Land hat wie Brandenburg-Preußen eine Reihe von vierzehn sparsamen Herrschern gehabt. Ich wenigstens wüßte keins!‹«[45]

Nur ein einziges Mal hat Schneider nach eigenem Eingeständnis unter der Knauserei Wilhelms gelitten. Er hatte anläßlich des Todes der russischen Kaiserin Alexandra Feodorowna den Kaiser um Reiseurlaub gebeten, damit er in Petersburg an der Beisetzung teilnehmen könne, habe ihm doch die Kaiserin immer »eine vorzüglich gnädige Gesinnung bewiesen.« Wilhelm gewährt zwar den Urlaub ohne weiteres, aber doch in einer Form, die Schneider zutiefst kränkt: »Sehr gern! Reisen Sie! Aber auf eigene Kosten!« Schneider erwidert pikiert: »Versteht sich, auf meine Kosten! Ich habe ja Eure Majestät noch nie um Geld gebeten!«[46] Aber der Schmerz sitzt doch so tief, daß er in der Gesamtbiographie des Kaisers noch zweimal auf das Ereignis zurückkommt, was um so verständlicher ist, als er seit Jahren *alle* Reisekosten, soweit sie nicht bei der Eisenbahn angefallen waren, selbst (!!) bezahlt hatte.

Nur auf weniges sei noch hingewiesen: Der Kaiser hatte die Gewohnheit, Schriftstücke, die ihm zur Kenntnisnahme zugesandt wurden, in die gleichen Umschläge einzulegen, in denen sie ihm zugekommen: »So sandte er am Abend des 18. (Januar 1871) dem Grafen Bismarck auf die Vorgänge des Tages bezügliche Papiere zurück und gebrauchte dazu dasselbe Couvert mit der Adresse: ›An des Kaisers Majestät vom Bundeskanzler‹, nur war das Wort ›Bundes‹ durchstrichen und dafür ›Reichs‹ gesetzt. Gewiß eine brevi manu Ernennung, wie sich nicht viele ähnliche von solcher Bedeutung finden werden.«[47]

Besonders interessant im Hinblick auf das schicksalhafte Verhältnis Fontanes zum Kaiser ist eine andere Erzählung bei Schneider (wobei all das zu lesen ist unter dem Gesichtspunkt, daß der Kaiser alles korrigierte und für den späteren Druck freigab), die auf eine Frage, ob der Kaiser denn nie einen Freund gehabt habe (ein Umstand, der ihm beim Schreiben der kaiserlichen Biographie aufgefallen war) antwortet: »O ja! Ich habe zwei Freunde in meinem Leben gehabt, und zwar in meinen frühesten Mannesjahren, ja eigentlich noch Jünglingsjahren. Den Obersten, späteren General von Brause … und dann Roeder, der mit mir gleichzeitig und in denselben Truppentheilen stand, über den ich weg avancirte, wobei er dennoch stets mein militärischer Lehrer und Vorbild blieb. *Beide haben nie etwas von mir gewollt* (Hervorhebung vom Verfasser), und Beide waren vortreffliche Männer.«[48] Schneider wußte also aus eigener Erfahrung, welche Ansprüche man an den Kaiser stellen durfte, ohne seinen Unwillen hervorzurufen. Seinen Bericht über das Jahr 1872 leitet er deshalb mit folgenden Sätzen ein: »Die Zeit nach der Rückkehr aus Frankreich hatte ich in literarischer Hinsicht fleißig ausgenutzt, so daß ich dem Kaiser am Neujahrstag vier neue Werke vorlegen konnte… Ich konnte das um so sicherer thun, als ich keine Gefahr lief, daß der Kaiser mir etwas dafür schenken würde, da ich soeben zu Weihnachten seine Broncebüste von ihm erhalten hatte und meine Vorlage überdies mit der Bemerkung einleitete: ›Eure Majestät müssen mir aber versprechen, mir nicht etwa für meine Arbeiten etwas schenken zu wollen.‹«[49] Besser konnte man ein Gespräch mit dem Kaiser nicht anfangen – wenn man ihn kannte. Aber es läßt sich von diesem Bild aus ermessen, welch ungeheurem Mißverständnis Fontane erlag, als er sich 1876 mit seinen Firdusi-Vorstellungen dem Kaiser näherte. Der Mann, der offenkundig am liebsten seine Photographie mit persönlicher Widmung verschenkte, wenn der seinen Dienst Leistende »pecuniaire Belohnung von der Hand« wies,[50] war kaum ein geeigneter Diensttherr für Fontane. Will man also den Verhältnissen gerecht werden, so muß man den Kaiser anders sehen, als Fontane das getan hat. Schneider war ein konservativer Reaktionär pur sang, der in seiner politischen Haltung niemals geschwankt hatte. Seine Lebensgeschichte macht das vor allem bei seiner Darstellung der 1848er Revolution erkennbar. Aus Fontanes Briefwechsel mit Lepel geht hervor, daß Fontane (in verständlicher Fehleinschätzung von Schneiders Position bei Hofe zu dieser Zeit) damals (1851) hoffte, durch die Fürsprache des königlichen Vorlesers eine Sonderzuwendung des Hofes von 300 rth. zu erhalten: »Wenn Hofrath Schneider sich entschließen könnte das Maul aufzuthun, so wäre *Einem* geholfen; aber solche Parvenu's bangen ewig vor Sturz u. Ungnade, und zudem bin ich dem guten ‹Caraiben› immer noch nicht Caraibe (Demokratenfresser) genug. Da kann ich ihm denn freilich nicht helfen, denn das höchste Maaß meiner Reaktion hab' ich hinter mir.« (Ha Br I/146) So groß war Schneiders Einfluß damals jedoch nicht. Und was Fontane hier als Vor-Urteil anklingen läßt, hat er in ›Von Zwanzig bis Dreißig‹ längst revidiert. Dort hat er Schneiders Haltung in dieser kritischen Zeit des persönlichen Mutes wegen gewürdigt, mit dem er sich den revolutionären Tendenzen seiner Umgebung in Wort und Schrift bekennerhaft entgegenstellte, was ihn in höchst prekären Tagen und Wochen in gefährliche Lagen brachte, so daß er z. B. in Hamburg ohne die Hilfe von Freunden sicher dem revolutionären Mob zum Opfer gefallen wäre. Aber auch in Berlin brachte man ihm ›Katzenmusiken‹ dar,[51] was auf die Betroffenen, da die Grenze zur offenen Gewalt in jedem Augenblick überschritten werden konnte, ungeheuer entnervend wirkte, so daß z. B. der ebenfalls heimgesuchte Kommandant von Schweidnitz aus dem Gefühl der Bedrohung auf die Menge feuern ließ, was einige Opfer forderte und in Fontanes Briefwechsel mit Lepel eine Rolle spielte. (Ha Br I/44) Daß sich Schneider so mutig als Royalist bekannte, als alle anderen sich verkrochen oder feige schwiegen, hat ihm schon am Hofe Friedrich Wilhelms IV. eine starke Stellung gegeben, so daß er dort Alexander von Humboldt als Hauptunterhalter nicht nur ablöste, weil Humboldt (wie Fontane süffisant schreibt) zu oft vom Popokatepetl gesprochen hatte (Ha Br IV/300), sondern weil Schneider sich tapfer bewährt hatte, viel unprätentiöser als Humboldt und außerdem viel amüsanter war – abgesehen davon, daß auch Friedrich Wilhelm IV. ein sehr sparsamer Mann war, so daß die Tatsache, daß Schneider seine Vorleserdienste einschließlich aller ihm daraus erwachsenden Unkosten fünf Jahre lang selber trug (also noch zu einer Zeit, als Fontane durch seine Vermittlung auf 300 rth. hoffte!!), ehe eine regelmäßige Remuneration erfolgte, sehr zu seinen Gunsten den Ausschlag gegeben haben dürfte.[52]

Er war darüber hinaus ein Militärschwärmer, der sich auf diesem Gebiet Spezialkenntnisse angeeignet hatte, die weit über diejenigen Fontanes hinausgegangen sein dürften. So traf er sich von Anfang seiner Schriftstellerlaufbahn an mit dem Prinzen von Preußen in seiner Begeisterung für das Heereswesen, für dessen Reform der Prinz ja schon arbeitete, als sein Bruder noch regierte. Ohne Zweifel hat das unerbittlich Soldatische am Prinzen Louis Schneider angezogen, und so war es nur folgerichtig, wenn Wilhelm den Herausgeber des Soldatenfreundes in seine Dienste übernahm, als er an die Spitze des preußischen Staates trat. Niemand, der sich mit dem Leben Wilhelms I. beschäftigt, sollte an dem Bild vorübergehen, das Schneider vom ersten deutschen Kaiser gemalt hat. Man ist geneigt anzunehmen, daß auch Fontane das Buch gekannt hat, das erst nach dem Tode des Kaisers und zehn Jahre nach dem Tode seines Verfassers veröffentlicht wurde, denn die schließlich auch von Fontane im ›Stechlin‹ gerühmte Menschlichkeit des Kaisers, seine fast unglaubliche Bescheidenheit, seine Milde, seine Fähigkeit zu Mitleid und Wohlwollen, sein natürlicher Takt, wo träten sie überzeugender und lebensvoller hervor als in Schneiders Biographie, die andererseits aber auch das Ineinander dieser schönmenschlichen Züge mit denen der strengsten Pflichterfüllung, der unermüdlichsten Wahrnehmung seiner Aufgaben in Staat und Gesellschaft aus lebendiger Anschauung darstellt.

Das ist die Ebene, auf der, wie wir zeigten, sich Fontane mit dem Kaiser versöhnte. Schneider hat sie am eindrucksvollsten gestaltet, wenngleich das Bild des Kaisers als eines »wirklichen Menschen« (NFA 8/272) natürlich nicht Schneiders bedurfte, um damals in Preußen lebendig zu bleiben.

Verwunderlich ist, daß Fontane in seinem Schneider-Kapitel in ›Von Zwanzig bis Dreißig‹ Schneiders Verhältnis zu Wilhelm I. mit keinem Wort berührt. Bereits in der Überschrift, die Fontane dem Kapitel gibt, verrät kein Hinweis, welche intime Stellung Schneider am Hofe Wilhelms einnahm und welches Vertrauen er genoß. Fontane nennt ihn Hofschauspieler, Geheimer Hofrath, Vorleser Friedrich Wilhelms IV. Allenfalls der Titel ›Geheimer Hofrath‹ deutet auf Wilhelm, denn ›Hofrath‹ war Schneider schon bei Friedrich Wilhelm IV. geworden, Wilhelm aber hatte 1865 Schneider zum ›Geheimen‹ ernannt. (Eine Auszeichnung, die Schneider in seinem Buch ›Aus dem Leben Kaiser Wilhelms‹ ausführlich kommentiert. Sein ausgesprochener Sinn für Titel, Orden, Formen machen die Lektüre dieser Seiten historisch interessant.) (vgl. Bd. I/150ff) Als Erklärung für Fontanes Schweigen bietet sich die Tatsache an, daß das Schneider-Kapitel im Zusammenhang der Tunnel-Darstellung steht, aber schlüssig ist das nicht, denn Fontane greift bei der Würdigung Schneiders weit über seine eigene Tunnelzeit hinaus, indem er erzählt, daß er Schneider z.B. für den Havelband der ›Wanderungen‹ viel verdanke. (NFA 15/245) So bleibt der Leser auf Vermutungen angewiesen, von denen die naheliegendste scheint, daß Fontane im Bewußtsein der Inferiorität und »Trivialität« (NFA 15/233) Schneiders doch ein Gefühl dafür hatte, daß Schneider den Erwartungen des Kaisers besser entsprochen hatte als er selbst, der er auf Belohnungen gehofft hatte, wo Schneider (eben als Historiograph!) nur dienen wollte. Ohne es zu wissen, konkurrierte Fontane jedenfalls mit Schneiders Biographie (Nekrolog!) Wilhelms I. Seine Absicht war zwar nicht, die Biographie des Kaisers zu schreiben, doch verstand er seine Kriegsdarstellungen zweifellos als Beiträge zur Lebenswürdigung des Königs und Kaisers. Als Mensch wie als König aber tritt er bei Schneider viel plastischer, bedeutsamer und sympathischer hervor als bei Fontane – und das noch völlig kostenlos.

Im übrigen entdeckt man bei der Lektüre der Bücher Schneiders nicht den ganzen Menschen wieder, den Fontane beschreibt. Er ist zwar überall der Mann des ›bon sens‹ (NFA 15/242), der, wenn man ihm im Tunnel vorhält, daß er der Kaiserin von Rußland (ehedem preußische Prinzessin) beim Tee (welch Zeichen des Servilismus!) Berliner Geschichten erzähle, zur großen Befriedigung Fontanes (der ihm darin nicht fernsteht, wie wir dartun werden) antwortet: »Ja, Kinder, in gewissem Sinne bin ich der richtige Byzantiner. Ich leugne nämlich nicht, daß, wenn es sich um Teeabende handelt und ich dabei die Wahl zwischen Frau Salzinspektor Krüger und der Kaiserin von Rußland habe, so bin ich immer für die Kaiserin von Rußland.‹ An Bonsens war Schneider all seinen Gegnern jederzeit sehr überlegen.« (NFA 15/241f) Aber wenn Fontane von ihm sagt, daß er die »gewagtesten seiner Sätze durch immer neue Ungeheuerlichkeiten übertrumpfte« (NFA 15/233) oder »daß er dem Potsdamer ‹Kasino›, darin er eine hervorragende Rolle spielte, durch seine niemand schonenden Zynismen gelegentlich recht unbequem wurde« (NFA 15/242), so findet sich davon in seinen Schriften nichts. Doch hat man auch nicht das Empfinden, daß seine Seriosität nur Maske wäre.

Was den heutigen Leser angesichts des hier dargestellten Lebenswegs Schneiders beeindrucken wird, ist die Tatsache, daß auch er von der ›sprichwörtlichen Undankbarkeit‹ der Hohenzollern nicht verschont blieb. In seiner relativ ausführlichen Biographie Schneiders erzählt Friedrich Holtze (Sohn von Friedrich Wilhelm Holtze, den Fontane als Freund bezeichnete und der ihm bei der Beschaffung von Literatur oft behilflich war) vom Familienleben Schneiders: »Die reizende Tochter Hannchen (geboren April 1847), von der man rühmte, daß man nicht wisse, ob Schönheit, Liebenswürdigkeit oder Bildung ihre am meisten hervorstechende Eigenschaft sei, hatte das Herz eines gräflichen Gardedukorps-Offiziers erobert. Dessen Vater, anstatt Gott für eine solche Schwiegertochter zu danken, wollte sie als Tochter nicht annehmen. Eine Bürgerliche, noch dazu das Kind eines früheren Komikers – da hätten sich ja die Ahnen im Sarg umgedreht! Vergebens ward von den Liebenden darauf hingewiesen, daß ein Graf Golz die bekannte Schauspielerin Luise Erhart geheiratet. Das überzeugte den alten Junker nicht... Nach längeren Kämpfen fügte sich der Graf dem väterlichen Verbot, nachdem ihm von damals sehr hoher Seite, von der man eigentlich eine Stellungnahme zugunsten Schneiders hätte erwarten sollen, die Berücksichtigung des väterlichen Willens sehr deutlich empfohlen worden war. So war hier die Enttäuschung eine doppelt bittere.«[53] Wenn man die Sprachregelungen der Zeit kennt, wird man als sicher annehmen können, daß mit jener ›sehr hohen Stelle‹ nur der kaiserliche Hof angesprochen sein kann. Schneiders selbstlose Hingabe im Dienst für den Monarchen trug also schlechte Frucht. Gleichwohl hielt er unbeirrt (ganz im Gegensatz zu Fontane!) an seiner Liebe zum Kaiser fest, und man darf es glauben, wenn seine Frau versicherte, daß er (am 16. Dezember 1878) »am Nobilingschen Attentat« gestorben sei. (Der Schuldanteil des Berliner Geschichtsvereins, den Holtze zu Unrecht in Abrede stellt, soll hier undiskutiert bleiben.) Das Attentat muß Schneider tief getroffen haben, »denn (schreibt Holtze) er war über die Schandtat des ihm in seinen Beweggründen völlig unverständlich gebliebenen Menschen so maßlos erregt, wie ihn mein Vater nur nach dem Tod des Zaren Nicolaus gesehen hatte.«[54] Kaum zu glauben ist die Bismarck-Anekdote, die Holtze überliefert: »Von Schneider erzählte Paul Hassel, der mit ihm Monate hindurch im Versailler Hauptquartier während der Belagerung von Paris gelebt, daß er den auf der Höhe des Ruhmes stehenden Reichskanzler nicht gegrüßt und auf dessen Frage, warum er es unterlassen, kalt erwidert habe: ›Ich bin der Ältere von uns beiden.‹«[55] Holtze glaubt selbst nicht an die Wahrheit des Erzählten, doch ist es gut, sich an Fontanes Sätze zu erinnern: »Sonst war ihm ‹devotestes Ersterben› vor Hoch- und Höchststehenden etwas ganz Fremdes, so fremd, daß er sich umgekehrt – zum Beispiel im Gespräch über Prinzen – zu wahren Ungeheuerlichkeiten hinreißen ließ.« (NFA 15/242) Und sein Verhältnis zu Bismarck konnte sich ohnehin kaum noch verschlechtern, denn der »hielt ihn sogar für einen vom Zaren bestochenen Spion.«[56]

Schneiders Verhältnis zum Kaiser konnte für Fontane nicht Vorbild sein, auch wenn er mehr davon gewußt hätte. Der viel höhere Anspruch, mit dem Fontane als Schriftsteller dem Kaiser begegnete (der welterfahrene und vor allem höfisch geschulte Schneider hätte darüber vermutlich gelacht), konnte, wenn man den Charakter des Herrschers erwägt, nur zu einer tiefen und anhaltenden Enttäuschung führen. 1850 hatte Fontane seinen ersten Aufsatz über Christian Friedrich Scherenberg verfaßt. Er hat darin den Durchbruch des alten Tunnelidols zum Dichter beschrieben: »Der Schmerz des Lebens kam über ihn; er litt, aber sein Leid ward ihm zum Heil; es war der elektrische Funke, der mit einem Schlage die widerstrebenden Elemente in ihm einigte. Was sich in seiner Seele bis dahin befehdet hatte: idealste Schwärmerei und rabulistische Verstandesschärfe, das fand jetzt Versöhnung, Gleichgewicht, und aus der Taufe des Unglücks ging der *Dichter* hervor.« (NFA 21/1/58) Es ist noch nicht der reife, von allen Phrasen befreite Fontane, der hier spricht, aber es scheint, daß er seine eigne Entwicklung im Jahre 1876 zwar nicht mit denselben Worten, aber in eben diesem Sinne hätte beschreiben können. Das Jahr hatte ihn zutiefst verletzt, aber es hatte ihn auch umgeschaffen, verwandelt zum Dichter.

14. Kapitel

Gewinnung eines neuen Selbstbewußtseins
nach 1878

Mit Sicherheit ist für Fontane die Fertigstellung und Herausgabe seines Romans im Jahre 1878 eine große persönliche Genugtuung gewesen. Im Laufe der Jahre muß die infolge innerer und äußrer Zwischenfälle und Schwierigkeiten immer wieder abgebrochene und immer erneut aufgenommene Arbeit für Fontane zur Herausforderung seiner Kreativität und seines Schriftstellertums schlechthin geworden sein. Er hatte Jahrzehnte hindurch mit großem Fleiß seinen schriftstellerischen und journalistischen Arbeiten gelebt. Als Dichter war er beinahe verstummt. Der (vom Standpunkt des Dichters aus gesehen) unbefriedigenden Zeit in England waren die Wanderungsjahre gefolgt, zwischen sie hatten sich die zwölf Jahre angestrengtester Arbeit an den Kriegsbüchern geschoben, aber das alles hatte nicht der Festigung oder gar Erhöhung seines dichterischen Ruhms gedient, der gleichwohl das eigentliche Ziel geblieben war. Trotz eines gelegentlich hervorbrechenden Stolzes auf die ›Originalität‹ der Wanderungen hatte Fontane ihnen doch oft – trotz des relativen Erfolgs – mit Skepsis gegenübergestanden. So heißt es selbstkritisch am Anfang von ›Aus den Tagen der Okkupation‹: »Es war kalt, aber sonnig; kein Wolkenschleier, kein milde fallender Schatten deckte die Schäden der Landschaft. Da lag Trebbin. Meine Kapitel über ‹Mark Brandenburg› (ach, so viele) traten wieder fragend vor mich hin – sie sahen mich scharf an, und ich schlug die Augen nieder.« (NFA 16/162)   Und auch die lyrische Ernte dieser Jahre war vergleichsweise gering. Dann kam das Jahr 1876 mit seinen existenzbedrohenden Erschütterungen und danach der Versuch, mit Hilfe des Romans der eigenen Existenz eine neue Grundlage, ja geradezu eine neue Rechtfertigung zu geben. Zur Seite stand ihm niemand. Familie und Freunde folgten seinen Aufbrüchen und Lebenswendungen mit Unverständnis. Mathilde von Rohr war eine der wenigen, die an ihn glaubten, und Henriette von Merckel gab in ihrem Tagebuch ihrer Bewunderung Ausdruck: »Die Genies haben für ihre Angehörigen doch zuweilen recht schwer zu ertragende Einfälle! F. hat mir mit seiner gewohnten Offenheit seine Gründe auseinandergesetzt – es läßt sich nichts dagegen sagen, ja, ich war ergriffen von der Macht seines Glaubens an sein Genie. Daß aber der Frau sich bange Besorgnisse aufdrängen, vermag ich zu begreifen; bin ich doch selber nicht frei davon. So vermag ich leider nicht in eine helle Zukunft für die Freunde zu blicken, sondern in ein Leben von innern und äußern Kämpfen, und das tut im voraus weh. Möge Fontane durch den Erfolg gerechtfertigt werden!«[1] Nur ermutigend kann das Gespräch demnach für Fontane nicht verlaufen sein. Und dann die entscheidende Phase der Arbeit am ersten Roman im Alter von 56 Jahren; mit einer Konzeption, die offenkundig zwanzig Jahre zurücklag und die alles für sich hatte, nur nicht die Sicherheit des Gelingens. So schreibt er an Ludovica Hesekiel am 28. Mai 1878: »Meine Situation ist in der That eine kritische. In Jahren, wo die meisten Schriftsteller die Feder aus der Hand zu legen pflegen, kam ich in die Lage sie noch einmal recht fest in die Hand nehmen zu müssen, und zwar auf einem Gebiet, auf dem ich mich bis dahin nicht versucht. Mißglückt es, so bin ich verloren.« (Ha Br II/572) Es muß Augenblicke des Zweifelns, wenn nicht der Verzweiflung gegeben haben. Aber das Wagnis gelang. Vom Januar 1878 an erschien der Roman – wesentlich gekürzt – in der Zeitschrift ›Daheim‹, im Spätherbst die Buchausgabe bei Hertz. Ein neuer Fontane präsentierte sich der Öffentlichkeit. Aus dem unbekannten Lyriker, dessen Gedichte die Kinder in der Schule auswendig lernten, ohne den Autor zu kennen, aus dem vielgelesenen Wanderer durch die Mark, aus dem ziemlich erfolglosen Militärschriftsteller war ein Romancier geworden. Und das Besondere war, daß dem Autor aus seiner Leistung, die buchhändlerisch alles andere als ein Erfolg war (der ersten Auflage von 1500 Exemplaren folgte erst in den 90er Jahren eine zweite) ein erstaunliches und überraschendes Selbstbewußtsein erwuchs. Das zeigte sich zunächst im Umgang mit seinen Freunden. Fontanes Äußerungen aus dem Jahre 1876 belegen, wie er sein Ansehen in der Öffentlichkeit einschätzte. Als Zöllner sein Amt als Sekretär an der Königlichen Akademie der Künste übernahm, schreibt Fontane an Mathilde von Rohr: »Mir gegenüber glaubten Ministerium und Präsident Hitzig das Gefühl haben zu dürfen: ›der kann Gott danken dieses Amt erhalten zu haben‹.« (Ha Br II/545) Und er wiederholt dieses selbstzweiflerische Urteil noch am Ende des gleichen Monats: »Ohne daß man unartig oder beleidigend gegen mich gewesen wäre, was ich mir einfach verbeten haben würde, hat man mich doch nie wie einen etablirten deutschen Schriftsteller, sondern immer wie einen ‹matten Pilger› behandelt, der froh sein könne, schließlich untergekrochen zu sein.« (Ha Br II/548 f) Das entsprach keineswegs seinem Selbstgefühl: »In allen Lebensstellungen, in denen ich bisher war, auch in denen die mich nur halb befriedigten, hatte ich immer das Gefühl, innerhalb meines kleinen Kreises, etwas zu sein und zu bedeuten; von Jugend auf bin ich daran gewöhnt, als etwas nicht ganz Alltägliches angesehn zu werden. Dieses süßen Gefühls sollte ich plötzlich entbehren...« (an Mathilde von Rohr, 1. Juli 1876) (Ha Br II/534) Aber er war sich doch des Umstands bewußt, daß z.B. sein Hervortreten in Gesellschaften Aufsehen hervorrufen mußte, weil ihn kaum jemand kannte. Vor einer Einladung bei Paul Lindau reflektiert er darüber in einem Brief an seine Frau aus dem Jahre 78: »Ich fürchte, daß ich sehr werde in die Bresche springen müssen, was mich doch aus verschiedenen Gründen genirt. Namentlich *deshalb* weil mein schriftstellerisches Ansehn nicht meiner gesellschaftlichen Redegewandtheit entspricht. Da entsteht dann leicht ein verwundertes: ‹wer ist das eigentlich?› Ich werde mich aber anfangs retiré halten und nur vorgehn, wenn Noth am Mann ist.« (Ha Br II/574) Aber weitere Briefäußerungen aus dem Jahr 1878 zeigen, wie sehr sein Selbstbewußtsein gewachsen ist und daß er immer weniger geneigt ist, den Freunden gegenüber sein Licht unter den Scheffel zu stellen. Mit immer größer werdendem Argwohn beobachtet er, daß er im Freundeskreis eine Behandlung erfährt, die seiner Bedeutung nicht gerecht wird. Das bezieht sich nicht nur auf die Aufnahme seines Romans im vertrautesten Kreis, wo die Indifferenz der intimen Freunde ihn in eine wahre Erbitterung treibt, wobei als Voraussetzung seiner Stimmung festzuhalten ist, daß er selbst in der positiven Bewertung seines Romans absolut sicher ist: »Ich darf sagen – und ich fühle das so bestimmt, wie daß ich lebe, – daß ich etwas in diesem Buche niedergelegt habe, das sich weit über das herkömmliche Romanblech, und nicht blos in Deutschland erhebt, und nichts hat mich mehr gereizt, als daß einer meiner *besten Freunde* … so thut, als ob es so gerade nur das landesübliche Dutzendprodukt wäre. Daß es gerade *das nicht* ist, wird Jul. Schmidt gewiß sagen. Denn es *ist* es nicht.« (Ha Br II/637) Nicht nur Zöllner hat hier versagt, sondern auch die so verehrten Wangenheims waren dem Stolz des Autors zu nahe getreten: »Ein Haus, in dem ich viel verkehre, dem ich, wie kaum einem zweiten zu Dank verpflichtet bin, und das ich in all seinen Mitgliedern aufrichtig liebe und verehre, hat … auf das ›Daheim‹ abonnirt und könnte nun also lesen. Der Chef des Hauses sagte mir aber neulich: ‹Lieber F., wir sind nun doch übereingekommen, bis zum Erscheinen des Buches zu warten›. Er denkt nämlich: Zeit gewonnen, alles gewonnen; er ist 70, seine Frau desgleichen; sterben sie mittlerweile, so haben sie wenigstens den Trost, daß *dieser* Kelch an ihnen vorübergegangen ist. Das klingt alles outrirt und ist es auch; wenn sie aber ganz kleine Abzüge machen, so trifft es doch den Nagel auf den Kopf.« (Ha Br II/565) Das gefestigte Bewußtsein von der eigenen Bedeutung und die mangelnde Anerkennung von Seiten der Freunde (im eben zitierten Falle sicher hypochondrisch übertrieben) stehen sich gegenüber. Aber wenn Fontane früher bereit war, bescheiden ins zweite Glied zurückzutreten, so tritt er nun mit dem entschiedenen Anspruch auf Beachtung und Wertschätzung hervor. Er spricht sich über das Gefühl des Unterschätztwerdens in mehreren Briefen an Emilie aus, und es scheint kein Zufall, daß diese Briefe in einer Zeit geschrieben werden, in der Fontanes Roman im ›Daheim‹ erscheint: »Ueberall kommt mir die Stimmung in Bezug auf meine Person verschleiert vor, bei W.s beträchtlich, bei St.'s nur ganz, ganz leise. Kaum ein haze. Alles in allem hab ich aber die Empfindung doch gerade stark genug, um von einem kl. Diner, das ich am Donnerstag geben wollte, wieder abgekommen zu sein. Daß ich dieselbe Empfindung Heydens und Zöllners gegenüber seit lange habe, weißt Du. Hundertmal frag ich mich, ob ich wohl Schuld sei, aber ich kann keine Schuld finden; ich bin artig; freundlich, gesprächig und wenn aus meinem Sprechen mitunter ein Ton der Besserwisserei herausklingen mag – *gewollt* ist es gewiß nicht – so muß man das hinnehmen, erstlich weil ich meist der ältre bin, zweitens weil ich am meisten weiß und selbstständigere Gedanken habe, als die andren, und drittens und hauptsächlichst, weil jeder heraushören muß, daß mir nur die Sache gilt, die Verfechtung einer bestimmten Idee, wobei ich an meine Person gar nicht denke. Man würde mir die Stellung, die ich verlange, auch einräumen, wenn ich in einer ansehnlichen Lebensstellung wäre. So klingt das ‹arme Luder› immer mit. Nur unter ganz Fremden ergeht es mir besser.« (Ha Br II/586f) Emilie ist geneigt, seinen Gegnern allzu rasch recht zu geben. Er wiederholt zunächst zusammenfassend ihr Urteil: »Ich bin kühl, nicht sehr aufmerksam, etwas rechthaberisch, etwas pedantisch und viel breiter und gründlicher, als die Menschen lieben. Es ließe sich über alle diese Punkte schließlich auch noch sehr streiten, aber ich will sie 'mal ohne Weiteres gelten lassen; ich sage nur einfach, sieh Dir die *andern* an. Denkst Du denn, daß mich Zoellners Urtheile über Bücher, die er nicht gelesen hat, besonders interessiren? Glaubst Du denn, daß es eine Freude für mich war, unsren alten Richard über seine unendlichen ‹Sitzungen› peroriren oder eine Onkel Ungersche Anekdote zum 20ten Mal vortragen zu hören? Denkst Du denn, daß es mir nicht eine Tortur ist, unsren Heyden, wenn er mit Macbeth oder Hamlet beginnt, sofort bei seinen Walkyren oder dem ‹Oluf› ankommen zu sehn? Von den viel mattren Pilgern ... will ich gar nicht erst sprechen... Zum Donnerwetter, wer sind all die lieben Leute, daß sie den Anspruch erheben könnten, meine Aufmerksamkeit fordern zu dürfen, während sie mir die ihrige, nach Laune, versagen oder gewähren... Ich dränge mich nirgends ein, man fordert mich auf zu erscheinen, und nachdem ich erschienen bin, Du wirst dies einräumen, schaff' ich Leben in die Bude. Dafür sollte man mir danken... Dafür verlang ich einen Gesellschaftsorden, aber nicht lange Gesichter. Wer mir *die* zeigen will, der soll mich zu Hause lassen ... und das ist des Pudels Kern: *ich bin*, im gesellschaftlichen Leben, sehr artig, sehr milde, sehr zum verzeihn geneigt, und die andern sind es *nicht*.« (Ha Br II/588f) Das ist in der Tat ein neuer Fontane, womit natürlich nicht behauptet werden soll, daß Fontane es in früheren Zeiten an Urteilsschärfe seinen Mitmenschen gegenüber hätte fehlen lassen. Aber gerade eine briefliche Äußerung von 1869 macht sichtbar, daß er sich vor zupackendscharfen Urteilen von Natur aus hütete und sich förmlich zwingen mußte, über ein bequemes laissez passer hinwegzukommen. Vom Verlauf einer Geburtstagsfeier bei Fräulein von Besser schreibt Fontane an Emilie, nachdem er die Namen der Gäste aufgezählt hat: »Exc. Sydow unterbrach 4 mal den Gang der Unterhaltung... Alles, mit Ausnahme von No. 4, unsagbar albern, langweilig, malplacirt. Von solchen Leuten ließ sich Fr. W. IV. bedienen! ... Ich *will* mir solche Kerle nicht länger gefallen lassen; ich will, solchen Imbeciles gegenüber, nicht länger das Gefühl zurückdämmen, daß sie Pappstoffel und Schafsköpfe sind, die ihre hohen Pensionen, nachdem sie uns 30 Jahre lang vor der Welt blamirt haben, geradezu in Sünden verzehren.« (Ha Br II/277f) Diese Sätze können es an Intoleranz des Urteilens durchaus aufnehmen mit denen von 1878, aber sie zielen doch viel mehr auf petrefakte Randfiguren des gesellschaftlichen Lebens, und wenn sich auch der Wille zu einer prinzipiell anderen Einstellung zu den bisher geduldeten Schwächen der Mitmenschen andeutet, so ist der Schritt bis zur grundsätzlichen Distanzierung vom eigenen Freundeskreis doch riesengroß. 1878 wächst Fontane über seine Umgebung hinaus, und dieses Wachstum kulminiert schließlich in dem Bewußtsein, in der unmittelbaren Umgebung keinen Menschen mehr zu haben, mit dem der dauernde Umgang sich lohnte. Und sehr bald ist der Punkt erreicht, an dem Fontane nicht nur im Freundeskreis aufmerksames Entgegenkommen erwartete, sondern auch in der sogenannten vornehmen Gesellschaft mehr als nur freundliche Duldung verlangte. Am 6. Juni 1881 beschreibt er in einem Brief an Mathilde von Rohr eine Abendgesellschaft bei ›Graf Egloffsteins‹, »wo furchtbar viel Gräflichkeit und Christlichkeit versammelt war.« (Ha Br III/139 f) An den Umgang mit dem preußischen Adel war Fontane seit seinen Tunneltagen gewöhnt, allerdings schien es ihm damals ein Vorteil, daß die Mitglieder der Dichtergesellschaft ›Tunnelnamen‹ trugen, wodurch über alle gesellschaftlichen Unterschiede hinweg ein relativ unbefangener Verkehr zwischen den Sitzungsteilnehmern ermöglicht wurde. Aus der Rolle des jungen Lyrikers, den man umjubelte, weil er die alten Preußen- und Adelsideale in seinen Balladen zu mitreißender Anschauung brachte, ist er vor Jahrzehnten hinausgewachsen. Er hat gegen den Widerstand der eigenen Frau und unter Verstoß gegen jede gesellschaftliche Konformität sein Leben durch höchst risikoreiche Wendungen so gestaltet, daß ihm ein (relatives) Höchstmaß an Freiheit, Unabhängigkeit und Unangepaßtheit zuwuchs. Und ohne daß hier weiter auf die höchst interessante Geschichte der Entwicklung seines Selbstbewußtseins eingegangen werden soll, läßt sich doch bemerken, daß er seine Stellung ebenso realistisch einschätzte wie seine Möglichkeiten: noch fehlt ihm ein großer Erfolg, und seine Briefe gerade an Mathilde von Rohr sind voller Klagen darüber, daß ihm als Schriftsteller das Glück nicht hold (gewesen) sei, doch er weiß auch, daß er noch am Anfang steht, und während er von Heyse zu wissen glaubt, daß er seine Möglichkeiten erschöpft habe und besser daran täte, »Erdbeer- und Spargel-züchter« zu werden, sagt er von sich: »Nichts liegt hinter mir, alles vor mir; ein Glück und ein Pech zugleich. Auch ein Pech. Denn es ist nichts Angenehmes, mit 59 als ein ‹ganz kleiner Doktor› da zu stehn.« (Ha Br III/41) Und er weiß mit Sicherheit, daß er ein ›Berufener‹ ist, daß er, um schriftstellerische Mißerfolge zu kompensieren, auf gesellschaftliche Anerkennung nicht mehr angewiesen ist. »Gräflichkeit und Christlichkeit« – die Spitzen der Gesellschaft, er weist ihnen souverän einen Platz zu, von dem aus sie sein Selbstgefühl nicht mehr zu gefährden vermögen. Freilich kann die gesellschaftliche Rangordnung die geistig-menschliche zeitweilig verdecken, so daß ridiküle Umkehrungen vorkommen, doch nimmt Fontane das allenfalls aigriert zur Kenntnis und rückt die Wahrheit der Verhältnisse ins rechte Licht: »In der Regel verlaufen die Dinge so, daß man zwar mit exquisiter Artigkeit behandelt, dem Ganzen aber doch ein Ton und Wesen gegeben wird, aus dem man die einem zu Theil werdende bedeutende gesellschaftliche Auszeichnung erkennen soll. Dies ist mir nun im höchsten Maaße langweilig und ridikül; ich empfinde nichts von einer Auszeichnung, bin vielmehr so kolossal arrogant mir umgekehrt einzubilden, die Leute müßten froh sein mich kennen gelernt zu haben. Denn erstlich hab ich doch auch so was wie einen Namen oder Nämchen, was aber viel wichtiger ist, ich habe viel erlebt und gesehen und kann darüber, wenn mir nur einer zuhören will, was aber freilich selten der Fall ist, in eingehender, bilderreicher und espritvoller Weise sprechen. Es ist nichts Auswendiggelerntes, nichts Schablonenhaftes in mir, ich bin *ganz selbstständig* im Leben, Anschauung und Darstellungsart, und halte mich deshalb für interessant und apart.« (Ha Br III/140)

Auf diese Weise kommt er schließlich zu so überraschenden Vorstellungen eines für ihn annehmbaren Umgangs, daß die Zeitgenossen darin einen Hauch von Größenwahn gesehen hätten. Mit heutigen Maßstäben gemessen, muten sie uns aber nicht unverständlich an: »*ich* bin ganz allein und dies Alleinsein wird wo möglich noch wachsen. Man empfindet auch daran, daß es Zeit ist, einen geordneten Rückzug anzutreten. Denn mit wem soll man noch verkehren? Ich hätte nichts dagegen, wenn mich Bismarck alle 4 Wochen zu Tisch lüde oder wenn Graf Otto Stolberg oder der Herzog von Ratibor oder Fürst Putbus oder meinetwegen auch Probst Brückner oder Prof. Zeller oder Prof. Wilh. Gentz mich in den Kreis ihrer Intimen zögen; aber billiger kann ich es nicht thun.« (an Mathilde von Rohr, 8. Juli 1888) (Ha Br III/621) Die vom Dichter gewählte Zusammenstellung mag verwundern, feststeht, daß er nur in den ersten Männern von Staat, Gesellschaft und Wissenschaft adäquate Gesprächspartner sah. Indessen: Verbindungen dieser Art haben sich für Fontane nicht ergeben, wenn wir von dem für ihn enttäuschend verlaufenden Verhältnis zum Prinzen Friedrich Karl absehen. Er blieb auf seine kleine Welt angewiesen. Doch die Wirkungsgeschichte hat längst bewiesen, daß Fontane sich durchaus richtig einschätzte. Aber auch darüber hat die Geschichte längst entschieden, daß die Partner, die sich Fontane wünschte, eines solchen Gesprächs nicht würdig gewesen wären. Mit Ausnahme Bismarcks sind sie alle vergessen.

Welcher unglaubliche Umschwung im Selbstbewußtsein Fontanes sich vollzogen hat, macht ein Rückblick auf einen Brief von 1877 erkennbar. Wenn nach der Fertigstellung des Romans seine Selbstbekenntnisse ein geradezu erstaunliches Selbstgefühl verraten, so neigte er zuvor eher zu einer schüchternen und zaghaften Haltung, wie sie jemandem eignet, der Schiffbruch erlitten oder die gesteckten hohen Ziele nicht erreicht hat. Wie Fontane in seiner Korrespondenz Abschnitte seines Lebens oder auch dessen Gesamtheit beschreibt und analysiert, das gehört zum Überzeugendsten, Aufschlußreichsten und Typischsten, was uns aus seiner Feder überliefert ist. So wenig er in seinen Autobiographischen Schriften geneigt scheint, sich in den Mittelpunkt seines Schreibens zu stellen, weil ihm die erlebte Welt wichtiger ist als das erlebende Ich (oder wenigstens so wichtig), in seinen Briefen findet sich, wie zum Ersatz, eine Fülle von Selbstbetrachtungen. Angesichts dieses Reichtums wird man nicht jede seiner Äußerungen auf die Goldwaage legen können, aber was er 1877 an Mathilde von Rohr schreibt, hat doch die ganze Schwere selbsterlittener Wahrheit: »In den letzten 8 Tagen hatten wir einen lieben Besuch aus London. Ein Herr Schweitzer, mit dem wir, während unsrer Londoner Zeit, beinah täglich zusammen gewesen waren, war in Familienangelegenheiten hier… So sehr uns dieser Besuch erfreute, so war er doch auch schmerzlich, denn er rief mir aufs Neue die Thatsache vor Augen, daß aus allen Menschen, auch aus den ärmsten und unbedeutendsten, mit denen ich längre Zeit auf meinem Lebenswege verkehrte, reputirliche Leute geworden sind und daß ich fast als der einzige dastehe, aus dem nichts geworden ist. Sich ewig mit dem Ruhm und Namen trösten zu wollen, ist lächerlich; dazu müßten beide denn doch um einige Ellen höher sein.« (Ha Br II/556) Mit solchen Aussagen, die fast selbstmitleidig klingen, ist es im großen und ganzen vorbei, als ›Vor dem Sturm‹ in Buchform vorliegt. Und es verdient Beachtung, daß Fontanes erstarktes Selbstgefühl nun nicht nur hervordrängt, wo es sich um seinen gesellschaftlichen Umgang handelt. Sein Urteil gewinnt nicht nur den Menschen gegenüber an Schärfe, sondern auch der Welt gegenüber. Dem kann hier nicht in aller Breite nachgegangen werden, vielmehr soll nur untersucht werden, welche Haltung er zu spezifisch preußischen Gegebenheiten und Entwicklungen einnahm. Wir verfolgen dabei zunächst die kritischen Stellungnahmen, weil dann, im siegesseligen Deutschland nach 1871, im allgemeinen der Verdacht entfällt, der Schreiber habe Rücksicht genommen auf Zeitgeist, Zeitgeschmack oder Briefempfänger, obwohl natürlich auch Fälle vorliegen können, in denen gerade die besondere Situation oder Eigenheit des Empfängers (man denke an die wichtigen Friedlaender-Briefe) den Schreiber zu ungewöhnlich scharfen, herausfordernd-provozierenden Bemerkungen animieren können. Erinnern wir uns der in den drei großen Kriegsbüchern dargestellten militärischen Welt, so ist klar, daß Fontane weder seiner eigenen Einstellung nach noch angesichts des Zweckes, der mit den Bänden verfolgt wurde, militärkritischen Einlassungen irgendwelchen Raum geben konnte. Und so wenig Fontane mit seiner im nachhinein vorgebrachten Behauptung reussierte, die ›Wanderungen‹ seien kein Beweis dafür, daß er den preußischen Adel habe verherrlichen wollen, so wenig hätte er sich mit der Behauptung durchsetzen können, seine Kriegsbücher hätten nicht den Zweck gehabt, den König und die Armee zu glorifizieren. Er hat diesen Gedanken – so nahe er ihm zu Zeiten gelegen haben mag – auch gar nicht ausgesprochen, auch später nicht. Als der Decker-Verlag 1894 an ihn herantrat, anläßlich der geplanten Neuauflage eines der Kriegsbücher eine Vorrede zu schreiben, lehnte er ab: »Ich müßte nun wohl eigentlich froh sein, daß Sie das Buch noch 'mal drucken wollen, aber ich bekenne Ihnen offen, daß ich die Wiederherausgabe mit so und so vielen, vielleicht vorgedruckten fürstlichen oder ministeriellen Handschreiben, einfach schrecklich finde. Halten Sie mir dies zu gut, aber ich kann nichts andres sagen. Und nun eine Vorrede! Ja, wenn ich auch nur den leisesten Schimmer hätte, was da wohl zu sagen wäre. Damals, vor gerade 30 Jahren, habe ich das Buch so gut gemacht wie ich konnte; jetzt seh' ich nur seine Mängel und Fehler. Und das kann ich doch in einer Vorrede nicht sagen. Seien Sie versichert, daß ich Ihnen gern andres, Entgegenkommenderes geschrieben hätte; wie's aber liegt, ließ es sich nicht tun.« (Ha Br IV/385) Er weist den Verlag ausdrücklich nicht deshalb ab, weil er an der Gesinnung des früher Geschriebenen Anstoß nimmt, sondern weil er das Buch mit zu vielen Fehlern und Mängeln behaftet sieht. Daß er unter den beanstandeten Mängeln auch den Geist, aus dem das Buch geschrieben wurde, im Sinne haben könnte, läßt sich zwar nicht ausschließen, aber da die technisch-künstlerischen Mängel aller Bände viel größer sind als die einer ›falschen Gesinnung‹ entsprungenen, wird man gut tun, sich an das Naheliegendere zu halten.

15. Kapitel

Militarismuskritik

Fontanes Selbstgefühl hatte sich befestigt. Er betrachtete die Welt nicht mehr mit den Augen eines Mannes, den die Umstände im allgemeinen und die Menschen seiner Umgebung (welchen Ranges auch immer) im besonderen benachteiligten und desavouierten, er gewann seine Selbstsicherheit zurück, die in seinem Freundeskreis – man denke an Frau von Merckel – schon früher wahrgenommen worden war (oftmals mit Erstaunen). Gewohnt, die Welt mit forschenden Augen zu betrachten und aus den gemachten Beobachtungen weitreichende Schlüsse zu ziehen (manchmal voreilig, manchmal höchst scharfsinnig und zutreffend), konnte es nicht ausbleiben, daß er nach langen Jahren sorgfältig beobachteter Zurückhaltung gegenüber dem Militär (wie hätte er bei überempfindlicher oder negativer Grundeinstellung zum Militär seine Arbeit an den Kriegsbüchern vollenden sollen?) erneut seine Aufmerksamkeit, nun aber höchst kritisch grundiert, einer Institution schenkte, die das öffentliche Leben in Preußen mehr und mehr zu dominieren begann: die Armee.

Fontanes Militarismus-Kritik beginnt bereits kurze Zeit nach dem Abschluß der beiden Bände über den Krieg gegen Frankreich. Die Entwicklung der Lage in Preußen nach 1871 macht den Umschwung in Fontanes Denken begreiflich. Er ist nicht nur zu erklären aus seiner tiefen Enttäuschung und Verstimmung nach 1876. Er ergibt sich stärker noch aus der veränderten Rolle, die das Militär spielte. Über ein halbes Jahrhundert war seit dem letzten Sieg des preußischen Heeres vergangen. Und die damaligen Siege waren errungen worden im Militärbündnis mit den übrigen europäischen Mächten, die, nach der endgültigen Niederlage Napoleons, nicht daran gedacht hatten, Preußen für die ungeheuren Opfer, die es gebracht hatte, angemessen zu entschädigen.[1] Die Geschicklichkeit Metternichs und die Raffinesse Talleyrands hatten das bei den Verhandlungen in Wien vor allem anderen zu verhindern gewußt. So beendete die preußische Armee die Befreiungskriege zwar siegreich, aber ohne die Möglichkeit, das ausgesogene und ausgeblutete Land im Rahmen ihrer Kräfte und Einsichten mitgestalten zu können. Scharnhorst war tot, Blücher, Gneisenau, Boyen und Grolman verschwanden alsbald in der Versenkung, denn ihre Vorstellungen von einer im Volk wurzelnden Armee wurden zurückgedrängt zugunsten der alten Armeekonzeption, in der für den Gedanken eines ›Volks in Waffen‹ kein Platz war, wo der König in der Armee vielmehr ein Instrument sah, das seine Herrschaft – auch gegen das Volk – zu stützen hatte. Wie anders war die Lage nach 1871! An der Spitze Preußens stand ein König, der, ohne Großmachtverbündeten, vor allem dank seiner

Armee deutscher Kaiser geworden war und dessen Armee sich in dem Bewußtsein sonnen konnte, daß dieser Kaiser sich vor allem als Soldat, als preußischer Offizier empfand. Drei siegreiche Kriege, ein geeinigtes Reich, so sehr das alles Bismarck zu verdanken war, ausführendes Organ seiner kühnen Politik war allein die Armee gewesen. Und sie hatte ihre Kraft nicht aus einer besonderen Volksverbundenheit genommen, sondern die Volksverbundenheit war das Ergebnis der erfochtenen Siege gewesen, nicht aber deren Voraussetzung. Die Armee hatte wahre Sternstunden erlebt. Die Militärleidenschaft des Königs hatte die Truppe durchdrungen, und der Zeitgeist und die Umstände waren ihr zu Hilfe gekommen. Sie besaß in den Auseinandersetzungen genug Selbstbewußtsein und Energie, um sich jedem Gegner gewachsen zu fühlen, genug naiven Patriotismus, um zu jedem Blutopfer für diesen König bereit zu sein, genug Weltfremdheit, um jenseits aller Vergleichsmöglichkeiten jede Herausforderung anzunehmen, und genug Geist und Frömmigkeit, um in allen Siegen und Niederlagen, Triumphen und Verlusten die Anwesenheit eines Höheren zu ahnen. Diese unwiederholbare, durch keine Organisation oder Manipulation wiederherstellbare innere Verfassung der Armee war die Voraussetzung für die siegreiche Beendigung dreier rasch aufeinander folgender Kriege.

Verständlich, daß diese Armee sich nicht länger als bloßes Organ verstehen, sondern sich als staatstragende Säule begreifen wollte, mit der verglichen sich alle anderen Mächte und Institutionen des öffentlichen Lebens mit der Rolle des bloßen Rankenwerks zu begnügen hatten. Die weitgehende Unabhängigkeit der Armee von den jährlichen Haushaltsbewilligungen war der äußere Ausdruck ihres Sonderstatus. Und es bedurfte schon der Stärke eines Bismarck, um der Armee nach Beendigung des Kriegs jeden Einfluß auf die Außenpolitik des neuen Reichs vorzuenthalten. Wie aufschlußreich ist es, daß man nach der Entlassung Bismarcks nur einem General zutraute, ihm mit der nötigen Autorität im Amte des Reichskanzlers zu folgen!

Fontane, seine Fähigkeit zur Analyse der politischen Gegebenheiten richtig einschätzend, hat die bedrohliche Entwicklung sehr bald erkannt, und er hat nicht gezögert auszusprechen, was ihn angesichts der ›Machtübernahme‹ durch das Militär beunruhigte. Von einem Gespräch mit einem Herrn von Mandel, dessen Kinder sie unterrichtete, hatte Mete ihm geschrieben, von Mandel glaube, »daß der preußische Staat durch sein alles Wichtignehmen groß geworden sei.« Fontane stimmt dem zu: »Dies unterschreib ich de tout mon coeur, und der historische Sinn, den ich habe, läßt mich mit Achtung von dieser Seite unsres Staats- und Volkslebens sprechen, so weit all *das der Vergangenheit angehört*... Aber alles hat seine Zeit. So lang es galt aus einem furchtbaren Rohmaterial erst ein brauchbares Staats- und in weiterer Entwicklung auch ein einigermaßen genießbares Menschenmaterial herzustellen, war dieser Prozeß des ‹Wichtignehmens› nicht blos selber wichtig sondern auch überaus erfreulich und beinah *schön*. Nun aber sind wir aus dem Gröbsten heraus und es muß nun mit dem Scheinwesen ein

Ende haben. Ein Lieutenant darf eben nur ein Lieutenant sein und muß darauf verzichten, selbst wenn er bei Zieten-Husaren steht oder gar wohl einen großen Todtenkopf an der Pelzmütze trägt, ein Halbgott oder überhaupt irgend was Exceptionelles sein zu wollen. Aber wir arbeiten immer noch mit *falschen Werthen* und stecken immer noch im ‹Wichtig-nehmen› drin, wo längst schon nichts mehr wichtig zu nehmen ist. Wir müssen jetzt anfangen mit *wirklichen* Größen zu rechnen und die Dinge zu nehmen als das was sie *sind,* nicht als das was sie *scheinen.«* (Ha Br III/96 f) Eines der großen Themen der Zeit wird hier berührt: Sein und Schein, und unter diesem Aspekt erscheint der preußische Leutnant als Symbol einer dem Schein, der Äußerlichkeit verfallenen Welt: »Zahllose langbeinige Lieutenants, mit ihrem mephistohaften langen Krötenspieß an der Seite, die ganzen Kerle überhaupt wie hagre karikirte Spanier aussehend, laufen in der Potsdammer Straße auf und ab und zwingen mich wieder zu einem beständigen Kopfschütteln. Und das findet man fein und schön! Ich habe kein Organ für all dies Wesen und mir wird immer erst wieder wohl wenn ich von 10 bis 3 Uhr Nachts mit meinem Freunde Stanley um den Victoria-Nyanza-See herumfahre…« (an Emilie, 11. Juni 1879)[2] In den Uniformen, den Titeln und Orden, die in Preußen wie in allen Militärstaaten von großer Wichtigkeit sind, scheint das Preußentum dieser Tage erst zu sich selbst zu finden, sich seines Wesens und Wertes bewußt zu werden. Fontane mokiert sich über diese Leutnantsmanie, obwohl er weiß, daß niemand, zeitgebunden wie jeder einzelne ist, sich dieser modischen Manie entziehen kann, sondern sich ihr unterwerfen muß. Im gesellschaftlichen Leben zählt nur der Reserveoffizier, und so gibt es in ›Frau Jenny Treibel‹ bei der geplanten Landpartie für die im Quartett mitsingenden Referendare keine bessere Empfehlung, als daß sie auch Reserveoffiziere sind: »›Reserveoffiziere‹, wiederholte Treibel ernsthaft. ›Ja, meine Damen, *das* gibt den Ausschlag. Ich glaube nicht, daß ein hierlandes lebender Familienvater, auch wenn ihm ein grausames Schicksal eigene Töchter versagte, den Mut haben wird, eine Landpartie mit zwei Reservelieutenants auszuschlagen.« (NFA 7/97 f) Schließlich zeichnet sich auch der Doktor Marcell Wedderkopp dadurch aus, daß er Leutnant der Reserve ist. Und was Treibel sagt, könnte in der Tat ebenso gut vom Dichter selber gesagt sein, denn so sehr er das Ridiküle der Situation durchschaut, er bleibt als Familienvater in sie eingebunden. Er kann sich der Magie der Leutnantschaft nicht entziehen, wenn die Interessen seiner eigenen Familie betroffen sind. Als er im Riesengebirge bei einem Tanzabend, einer ›Reunion‹, erlebt, wie einige Leutnants einen Saal voll junger Damen in Wallung bringen, denkt er an die Tochter Mete und schreibt ihr: »Letzten Sonnabend hatten wir hier eine ‹Reunion› die mich sehr amüsirte, so daß ich von 8 bis 12 (es dauerte aber bis 4) tapfer aushielt. Aus Hirschberg waren 7 Lieutenants gekommen, die natürlich alles aufkratzten und belebten. Sie tanzten brillant und ließen Mama und mich mehr als einmal sagen: ‹wenn doch die arme Mete je so gute Tänzer gehabt hätte.« (Ha Br III/409) Das Mitgefühl des Vaters mit der unverheirateten Tochter, seinem Lieblingskind, bricht durch – und das Bewußtsein davon, auf welchen Personenkreis sie angewiesen gewesen wäre bei einer Heirat.

Sind Familieninteressen jedoch nicht im Spiel, wird die ironisch-humoristische Komponente der Leutnantskritik sogleich mit größerer Deutlichkeit ausgesprochen: »Jede Gesellschaftsklasse, jeder Hausstand, hat ein bestimmtes Idol. Im Ganzen aber darf man sagen, es giebt in Preußen nur 6 Idole und das Haupt-Idol, der Vitzliputzli des preußischen Cultus, ist der Leutnant, der Reserve-Offizier. Da haben Sie den Salat.« (Ha Br IV/300)

Unter diesen Umständen kann es nicht verwundern, daß jedermann die eigene Bedeutsamkeit zu steigern trachtete, indem er Anschluß suchte an die das gesellschaftliche Leben bestimmende Macht: die Armee. Im Briefwechsel mit Friedlaender macht Fontane seinen Widerwillen gegen die Reserveoffiziere besonders deutlich: »Alles, was jetzt bei uns obenauf ist, entweder *heute* schon oder es doch vom *morgen* erwartet, ist mir grenzenlos zuwider: dieser beschränkte, selbstsüchtige, rappschige Adel, diese verlogene oder bornirte Kirchlichkeit, dieser ewige Reserve-Offizier, dieser greuliche Byzantinismus. Ein bestimmtes Maß von Genugtuung verschafft einem nur Bismarck und die Sozialdemokratie, die beide auch nichts taugen, aber wenigstens nicht kriechen.«[3] Fontane sieht die von ihm oft beklagte und im Zentrum seiner Gesellschaftskritik stehende Tendenz triumphieren, nur noch examinierten Leuten Leistungen zuzutrauen: »das Dummste wird verschlungen und um das Gescheidteste kümmert sich keine Katze und je mehr wir verassessort und verreserveleutnantet werden, je toller wird es ... die rasch wachsende Verlederung der Menschen datirt von den Examinas und wir sind deshalb das langweiligste Volk, weil wir das Examensvolk sind.«[4]

In seinem Romanfragment ›Allerlei Glück‹ plant Fontane, ein Bild der Berliner Gesellschaft von der Mitte der 70er Jahre zu geben. Die Rede ist dabei zunächst von der »regierenden Klasse«. »Diese Leute machen alles. Das Linienblatt kuckt überall heraus. Sie tuen liberal; sind aber die unreifsten Menschen von der Welt. Bourgeois. Sie kommen zur rechten Zeit auf das Gymnasium und gehen zur rechten Zeit vom Gymnasium ab, sie studieren die richtige Zeit und sind mit $28 1/4$ bis $28 3/4$ Assessor. Höchstens daß ihnen ein Spielraum von sechs Monaten gestattet wird. Ein Monat früher ist Anmaßung, ein Monat später ist Lodderei. Sie sind Reserve-Offizier. Sie heiraten immer ein wohlhabendes Mädchen und stellen bei Ministers die lebenden Bilder. Sie erhalten zu ganz bestimmter Zeit einen Adlerorden und zu noch bestimmterer Zeit den zweiten und dritten, sie sind immer in Sitzungen und sitzen immer am Webstuhl der Zeit.« (NFA 24/149) Was für ein Gesellschaftsbild wird hier entworfen? Freiheit und Initiative sind unmöglich; und dies dem Wortlaut nach nicht einmal deshalb, weil der Weg des einzelnen vom Staat reglementiert wäre, sondern weil mit dem Eintritt in eine bestimmte Laufbahn die totale Unterwerfung des Individuums unter allgemeine Vorstellungen verbunden ist. Der einzelne steht innerhalb eines Erwartungshorizonts, dem er sich weder entziehen kann noch will, weil er sonst in ein moralisches und soziales Abseits geriete. Für die sich Unterwerfenden stehen Einfügung und Selbstentfaltung nicht in einem unauflösbaren Widerspruch, sondern das, was an Selbstentfaltung möglich ist, hat die Einfügung zur Voraussetzung; woraus sich mit Notwendigkeit ergibt, daß nur durchschnittliche Begabungen und in ihrem Aktionsradius begrenzte Naturen für ein solches Leben geeignet sind. Ihre jeweilige Zufriedenheit resultiert aus dem Gefühl der Übereinstimmung mit der Gesellschaftsordnung. Ein Schablonendasein ist ihnen nicht Grund zu innerer Unrast und zum Aufbegehren, nährt in ihnen nicht den Zweifel an der eigenen Kraft, sondern ist die Vorbedingung für ihre Zufriedenheit. Und die Konsequenz: »Was anders ist, ist lächerlich.« (NFA 24/149) Wer sich mit solcher Anschauung erst einmal identifiziert hat, verliert das Verständnis für jeden, der einen eigenen Weg geht. Jeder Schritt von jenem Wege, der durch die Konvention sanktioniert wird, ist eine Herausforderung der Gesellschaft.

Auf der Leiter, die es zu erklimmen gilt, ist der Reserveoffizier eine ebenso selbstverständliche wie notwendige Sprosse. In ihm treffen die militärischen und die zivilen Interessen zusammen; er vertritt sie beide und ist eben dadurch einer der Garanten der inneren Festigkeit und Geschlossenheit des staatlichen Gefüges. Der Reserveoffizier erfüllt die Ansprüche, die der Staat an den Bürger stellt, zwar nicht am vollkommensten, denn für Preußen gilt insgeheim immer noch die alte Maxime, daß der »älteste Geheime Rat *hinter* dem jüngsten Fähnrich« steht (NFA 19/73), aber er dokumentiert doch die Bereitschaft, dieselben Opfer zu bringen wie der aktive Offizier.[5] Fontane konnte eine solche Entwicklung nicht begrüßen. Im Fortgang des Textes von ›Allerlei Glück‹ wird die eben zitierte Stelle denn auch sogleich diskutiert und dabei relativiert. Den Einwand seines Gesprächspartners: »Ja, so sind sie. Aber ist das nicht ein Unglück? Alles verknöchert, gehorsam, mediocre, unfrei«, läßt Brose (eine der Hauptfiguren des geplanten Romans) zwar nicht gelten, sondern er schickt sich an, das hohe Lied der die Ordnung stabilisierenden Mittelmäßigkeit zu singen, aber was er zur Verteidigung der ›regierenden Klasse‹ vorbringt, läßt Fontanes eigene Kritik an den herrschenden Verhältnissen vielfach durchschimmern. Wie könnte der Dichter auch eine Ideologie hinnehmen, die das Mittelmaß zum staatstragenden Ideal hochstilisiert? Bereits der Einwand (zur Verteidigung der regierenden Klasse benutzt!) »Genies kommen unter ihnen nicht vor, sollen nicht vorkommen«[6] weist auf die Schwäche dieser Staats- und Gesellschaftsordnung, die ja auf die genialen Begabungen angewiesen ist, wenn sie sich von aller Erneuerung nicht abschneiden will. Und Fontanes boshafte Absicht wird schließlich vollends offenbar, wenn er in diesem Zusammenhang auf das Wirken der Ärzte seiner Zeit zu sprechen kommt, die ja derselben Klasse angehören: »Sie (die Ärzte) zeichnen sich nicht aus; aber jeder aus der Oberklasse läßt sich von ihnen behandeln. Denn jeder sagt sich: ‹er behandelt uns alle; es ist unpreußisch sich anders behandeln zu lassen.› Seine Behandlung des Krankheitsfalles ist vielleicht nicht genial, aber sie ist königlich preußisch, und im ganzen genommen bezeichnet das ‹Königlich Preußische› den höchsten Grad irdischer Vollkommenheit. Auch in der ärztlichen Behandlung. Stirbt man, so stirbt man wenigstens ‹auf dem Bette der Ehre!›« (NFA 24/149) Es ist kaum zu glauben, daß Fontane dieses Bewußtsein eines halbamtlich gebilligten, ja vielleicht sogar geförderten Todes besonders genossen hätte. Von allen Idealen, an denen er sich mit seiner persönlichen Lebensführung orientierte, kommt in den Vorstellungen der ›regierenden Klasse‹ keines vor. Ausgesprochen wird indessen der proklamierte Widerspruch an dieser Stelle nicht, doch ist er dadurch nicht weniger laut.

Was Fontane an der Entwicklung zu einem Staatswesen, in dem der Reserveleutnant und der Assessor als die eigentlichen Größen des gesellschaftlichen Lebens angesehen und gefeiert werden, besonders beunruhigte, war, daß diese Leute ein Elitebewußtsein ausbildeten, das in keinem echten Verhältnis zu ihrer Leistungsbereitschaft und Leistungsfähigkeit stand. Sie beriefen sich verständlicherweise auf die Taten, die während der Einigungskriege vom Offizierkorps vollbracht worden waren, doch mit Unrecht, wie man sagen darf, denn sie waren nicht dabei gewesen. Die Statistiken bewiesen zwar, daß zwischen 1864 und 1871 (vor allem zu Beginn des Krieges 1870/71) prozentual mehr Offiziere gefallen waren als Mannschaften, aber das konnte nur schlecht die Ansprüche des nachwachsenden Offizierkorps begründen. Die alten Offiziere hatten natürlich ihre Verdienste, und Fontane war der letzte, diese zu bestreiten, hatte er doch selbst in seinen Kriegsbüchern ihre Unerschrockenheit und Bravour oft genug geschildert. Nach der Reichsgründung aber war die Gefahr der Entfremdung zwischen Offizieren und Mannschaften noch mehr gegeben als zuvor. Erstens wuchs sie mit der vergehenden Zeit. Dazu kam als psychologischer Umstand, daß das Offizierkorps sich zwar personell ergänzte, aber in der Substanz das gleiche blieb, während die Mannschaften aus den Kriegsjahren längst ins Zivilleben zurückgekehrt waren. Einem kriegsstolzen und z. T. kriegserfahrenen Offizierkorps stand also eine junge Mannschaft gegenüber, die ihrerseits auf keine Verdienste verweisen konnte. Es stellt sich vielmehr wenige Jahre nach dem Krieg eine Lage her, in der das Offizierkorps Rekruten auszubilden hatte, die als sozialdemokratisch infiziert galten. Die Geschlossenheit des Heeres, seine innere Homogenität war bedroht, und es zeigte sich durch viele Jahre hindurch, daß die Armeeführung dieser neuen Lage nicht gewachsen war und ausschließlich mit repressiven Mitteln darauf reagieren konnte. Über die daraus erwachsenden Gefahren hat sich Fontane keine nachlesbare Rechenschaft gegeben. Er hielt wohl das Gefüge der Armee für stabil genug, um ideologisch beeinflußte und deshalb unwillige Rekruten integrieren zu können. Die Wirklichkeit gab ihm darin recht. Theoretisch mußte er indessen mehr verlangen. So wie er wußte, daß eine Politik nur dann erfolgreich sein kann, wenn sie den wahren Willen der »Besseren und Besten des Volkes zum Ausdruck« bringt (worin für ihn das Geheimnis der »phänomenalen Erfolge« der Bismarckschen Politik lag) (NFA 15/330f) so hatte er auch begriffen, daß eine Armee nur erfolgreich sein kann, wenn die Besten eines Volkes hinter ihr stehen und bereit sind, für den Geist, den sie verkörpert, mit dem Leben einzustehen. Nur die innere Übereinstimmung zwischen Volk und Armee verbürgt für Fontane die wirkliche Gesundheit eines Staatswesens. Ganz in diesem Sinne ist das bei Hermann Fricke gedruckte Schriftstück aufzufassen, das der Dichter 1876 als Sekretär der Königlichen Akademie der Künste entwarf, als das Berliner Zeughaus zu einer ›Ruhmeshalle der preußischen Armee‹ umgestaltet werden sollte: »Durchaus ist unsere Geschichte ... preußische Volks- und nicht preußische Armeegeschichte. Zum mindesten ist sie beides, und wie unzweifelhaft es sein mag, daß die Armee vom Tage von Fehrbellin an, den glänzendsten Teil der Geschichte gemacht, aus Brandenburg ein Preußen und aus diesem ein Reich errichtet hat, so ist es doch ebenso wahr, daß in dieser Armee die Kräfte des Volkes lebendig waren.«[7] Eine Armee muß, wenn sie nicht zum Untergang bestimmt sein soll, alle Kräfte eines Volkes in sich zusammenfassen. Sie ist auf die Dauer nicht lebensfähig, wenn sie sich als hermetisch abgeschlossener Staat im Staate versteht und die Blutbahnen austrocknen läßt, die das Ganze des Volkes mit ihr verbinden. Der Gedanke, daß eine Armee allein mit ihrem Offizierkorps stehe oder falle, ist unsinnig, so nahe dieser Gedanke durch die Adelspolitik Friedrichs des Großen in Preußen zu Zeiten gelegen haben mag.

Im Falle der preußischen Armee zu Fontanes Zeit, als das Offizierkorps durch seine Tendenz zur Absonderung vom Volke seiner Aufgabe nicht mehr voll gewachsen schien, vergrößerte sich die Bedeutung des Unteroffizierkorps. Es stellte eine zwischen Mannschaften und Offizieren stehende Gruppe dar, die als vermittelnde Instanz wirkte. Je weiter sich das Offizierkorps im Denken und Sprechen vom gemeinen Mann entfernt, um so bedeutungsvoller wird der Unteroffizier. Er kommt aus dem Volk, ist in seiner Sprache und seinem Denken und Fühlen zu Hause und vertritt, weil unverbildet und durch keine Rücksicht auf erstarrende Konventionen gehemmt, den gesunden Menschenverstand. Die Armee dieser Zeit ist ohne den Unteroffizier, der nicht Standesvorurteile pflegt, sondern sich allein der Sache widmet, der nicht seinen Vorteil sucht, sondern der Ordnung dient, nicht denkbar. In einem Brief an Mete, geschrieben in Karlsbad am 30. August 1895, stimmt Fontane solchen Überlegungen, die die Tochter offenbar ihrerseits angestellt hatte, zu: »Deinen Militärgefühlen, in Lob wie Tadel, stimme ich bei. Der Leutnant ist nicht der Held der Situation, sondern der aus dem Volk geborne Unteroffizier. *Da* sitzen die Musikanten. Volk ist alles, Gesellschaft ist nichts, und nun gar unsre, die, die Juden abgerechnet, blos eine sein will und nichts ist wie Bonvivants auf einer kleinstädtischen Bühne.« (Ha Br IV/475)

Die in dieser Äußerung sich enthüllende Tendenz ist nicht nur Fontane eigen, sondern verweist auf allgemeine politische Entwicklungen von großer Tragweite. Seit der Aufhebung des Sozialistengesetzes befand sich die Sozialdemokratie, wie die Ergebnisse der Reichstagswahlen zeigten, auf dem Vormarsch, und die Armee verstand sich in dem mit aller Heftigkeit ausgebrochenen Kampf als wichtigste

Garantiemacht für die Aufrechterhaltung der staatlichen und gesellschaftlichen Ordnung. Aber man hatte begriffen, daß die herkömmlichen Mittel im Kampf gegen eine zum Umsturz drängende, nach Millionen zählende Bewegung nicht ausreichten. Vor allem begann die Armeeführung, der Zuverlässigkeit der eigenen Truppen zu mißtrauen. Um hier Abhilfe zu schaffen, besann man sich auf neue Methoden und versprach sich gerade vom Unteroffizierkorps wichtige Unterstützung: »Erstmalig wurde die Einsatzfähigkeit der Armee gegen den ›inneren Feind‹ offiziell in Frage gestellt, als der Reichskanzler v. Caprivi im Reichstag erklärte, der ›Straßenkampf‹ sei ›kein Faktor, der geeignet wäre, das Selbstgefühl der Truppen zu erhöhen; sie fühlen immer, daß sie Landsleuten gegenüberstehen.‹ Es bestehe also die Gefahr, daß man sich in einem solchen Fall nicht mehr auf die Soldaten verlassen könne. Deshalb mußte man nach Ansicht des Reichskanzlers einen neuen Typ von Unteroffizieren heranbilden, der in der Lage war, schwerste Forderungen an die ihm unterstellten Soldaten zu richten und sie dahin zu bringen, ›besinnungslos zu sterben, wenn der Vorgesetzte es verlangt.‹ Caprivi wollte dies dadurch erreichen, daß er die Unteroffiziere stärker an den Staat band. Zu diesem Zweck sollten sie eine Prämie von 1000 Mark nach zwölfjähriger Dienstzeit erhalten. ›Gesinnungsprämien‹ nannte der Abgeordnete Grillenberger diese 1000 Mark, damit die Unteroffiziere sich dafür einsetzen ließen, ›die Sozialdemokraten gelegentlich totzuschießen‹«.[8] Wenn Caprivi damit auch nicht durchdrang, so war doch die Richtung bezeichnet, in der man hätte vorgehen können, und in Fontane wirkten solche Überlegungen lange nach.

Diese Gewichtsverschiebung hin zu den Unteroffizieren hatte eine Vorgeschichte und, so zustimmend sie Fontane akzeptierte, eine bedenkenerregende Kehrseite. Ein Datum, dessen Wichtigkeit für die allgemeine Ausbreitung des Militärtons man gar nicht überschätzen kann, ist der 4. April 1874. Eine Gesetzesnovelle von diesem Tag bestimmte, daß auch die Unteroffiziere, die nur zwölf Jahre gedient hatten, Anspruch auf Zivilversorgung besaßen. Damit war man bis dahin in Preußen relativ sparsam umgegangen, hatte im wesentlichen die Invaliden bevorzugt und von den Unteroffizieren sehr viel längere Dienstzeiten verlangt. Jetzt überschwemmten die Unteroffiziere die freien Stellen, so daß der »Staats- und Kommunaldienst auf der unteren Ebene nahezu völlig, auf der mittleren stark blockiert war.«[9] »Mit der Öffnung des Zivildienstes für Unteroffiziere nahm das Zivilversorgungswesen jene Dimensionen an, die zur Ausbreitung militärischer Äußerlichkeiten, zur ›Strammheit‹ und Schroffheit im zivilen Bereich in ganz erheblichem Maß beitrugen. Die Zahl der Langgedienten, die nach Ableistung ihrer nur noch zwölfjährigen Dienstzeit in die unteren Dienstposten der Verwaltung einrückten, schwoll zusehends an.«[10] Wer immer also in Preußen ein Amt betrat, mußte damit rechnen, schon in der untersten Etage auf Männer zu treffen, die sich ihre Qualifikation ausschließlich in der Armee geholt hatten und die nun stolz darauf waren, die in der Armee gültigen und erwünschten Verhaltensnormen auf den zivilen Bereich auszudehen. Und sie taten dies in dem

Bewußtsein, einer Armee angehört zu haben, die soeben drei Kriege siegreich beendet hatte. Es fehlte ihnen also nicht an Selbstgefühl den Zivilisten gegenüber, die ihnen zwar einerseits ausgeliefert, andererseits aber durchaus gewillt waren, in diesen Leuten die eben bestätigte Superiorität der Armee präsent zu sehen. In welchem Umfang die ›Militäranwärter‹ (so der offizielle Name für die mit dem Zivilversorgungsschein ausgestatteten Unteroffiziere) die unteren, aber auch die gehobenen mittleren Positionen besetzen konnten, machte Dr. Flügge, Senatspräsident beim Reichsversicherungsamt, klar. Nach ihm gibt es 1913 mehr als 200000 Männer, »die den Rock des Königs als Unteroffiziere in Ehren getragen haben und darnach in das Zivilleben übergetreten sind.‹ Ihre absolute nationale Zuverlässigkeit, die Treue zu Kaiser und Reich, zu Volk und Vaterland‹ ist unbestritten… Diese 200000 Mann stellen ›eine über das ganze deutsche Reich verbreitete Kerntruppe‹ dar. Was dies in einer Zeit bedeutet, in der das Staatsleben durch feindliche Parteien bedroht ist, kann jeder ermessen, der sich zur bestehenden Ordnung bekennt.«[11]

Damit war auf den unteren Dienst übertragen, was sich bei den höheren Beamten längst durchgesetzt hatte. So wie die Regimentskommandeure die Beförderung der Offiziere in der Hand hatten, so bestimmten die Regierungspräsidenten in voller Unabhängigkeit über das Schicksal derer, die sich für den höheren Verwaltungsdienst bewarben. Daß diese Bewerber ihrerseits dafür gesorgt haben mußten, daß auf ihren Visitenkarten ›Leutnant der Reserve‹ stand, ergibt sich zwangsläufig aus dem gesamten System. Leutnant der Reserve und Assessor zu sein, das hieß, die erste Sprosse einer Leiter erklommen zu haben, die in einen zwar nicht übermäßig reich ausgestatteten, aber Sicherheit und jedenfalls Bequemlichkeit versprechenden Raum führte. Höchstes Sozialprestige umgab die auf diese Weise Privilegierten. »So hat die nach sozio-politischen Maßstäben betriebene Auswahl der Assessoren, die sich 1866 bis 1870 tunlichst zusätzlich noch um die Qualifikation des Reserveoffiziers zu bemühen hatten, und auf unterer Ebene der Militäranwärter der preußisch-deutschen Verwaltung den Stempel aufgedrückt. Der Bürger, zumeist als Antragsteller, stieß allenthalben auf Hierarchie und hierarchisches Denken. Regiert werden hieß zugleich verwaltet und disponiert werden. Daß der Militäranwärter später als Polizist seinen rüden Ton beibehielt, war kein Schönheitsfehler, sondern Ergebnis dieser Konstruktion…«[12] Wer wollte bezweifeln, daß Fontane bei aller theoretischen Vorliebe für den Unteroffizier doch mit Bedenken auf den Vormarsch der Subalternen mit ihren Militärmanieren geblickt hat. Er dürfte wenig Lust gehabt haben, sich von ihnen dirigieren und kujonieren zu lassen. Er verlangte ›Artigkeit‹ im Umgang und vermißte sie in Preußen allenthalben. Konnte er glauben, daß ausgerechnet subalterne Militärs, deren Umgangsformen vom Kasernenhof stammten, eine Änderung im Umgangston herbeiführen würden? Das bei ihm immer wiederkehrende Bekenntnis zur Lebenskraft des Volkes, zu seiner Überlegenheit an Einfachheit, Wahrheit und Natürlichkeit (in seinen Berliner Romanen meist an Frauen oder

Dienern exemplifiziert), ist doch im Zusammenhang seines Denkens, wo es auf den Unteroffizier ausgedehnt wird und seine schnauzbärtigen Disziplinvorstellungen zum Maßstab zivilen Verhaltens erklären will, kaum recht am Platze. Das berührt freilich nicht die Frage, was der Unteroffizier innerhalb seines eigentlichen Lebenskreises bedeuten kann. Von den Offizieren, wie sie Fontane in ›Irrungen, Wirrungen‹ zeichnet, lassen sich wenig Verständigungsmöglichkeiten mit dem gemeinen Mann erwarten. Dort dürfte der Unteroffizier schon eher »die Musik machen«. Aber von der Ausbreitung des Unteroffizierstones auf das öffentliche Leben ist wenig Positives zu erhoffen. Und im übrigen haben Fontanes Lieblingsideen ihre natürlichen Grenzen. Wie theorieverhaftet seine Sätze sind, macht die Vorstellung klar, er könnte unter den Unteroffizieren des Landes nach Tänzern für Mete gesucht haben. Kurz also: jene Form des Militarismus, wie sie sich in Preußen breitmachte und wie sie Fontane auf die Nerven ging, hatte ihre Grundlage nicht nur darin, daß man Reserveoffizier sein mußte, um gesellschaftsfähig zu sein, sondern in der allgemeinen Überhandnahme von militärischen Formen und Tönen in zivilen Bereichen. Zudem haben die Klagen Fontanes über die Rauheit der preußischen Militärsitten bei ihm Tradition: Als ihn 1864 während seiner Reise durch Dänemark eine dänische Schildwacht »ruhig und artig« von einer Frontbastion zurückweist, stellt er fest: »Franzosen und Preußen hingegen *sind immer* grob, es steckt ihnen die Kriegernatur allerdings viel mehr im Leibe. Es ist schlimm, aber man muß sich damit aussöhnen.« (NFA 18a/919f) Nun, er hat sich nicht damit ausgesöhnt, er hat im Gegenteil mit Unmut wahrgenommen, wie sich überall im Land ein militaristischer Ungeist durchsetzte, und hat darunter gelitten.

So lebhaft Fontane ehedem für den Militärstaat Preußen gegen den Polizeistaat Preußen in die Schranken trat, jetzt hat dieses Militärische im Staat einen anderen Stellenwert. Preußen, das ist nicht länger eine Armee mit einem Staat; die Einigungskriege haben vielmehr einen Staat geschaffen, dessen Armee sich dienend in das Ganze zu fügen hat, das sie nach außen schützen muß. Aber dieser Rollentausch vom Herrn zum Diener ist mißglückt. Er mußte mißglücken, weil die Armee von Machtpositionen hätte Abschied nehmen müssen, in denen sie sich durch die gewonnenen Kriege eben neu befestigt hatte. Was in jedem anderen Kulturstaat organisch wachsen konnte, nämlich ein Wehrstand, der mit machtbewußter Gelassenheit den ihm gebührenden Platz besetzte, das hätte in Preußen psychologische Umstellungen von fast revolutionärer Tragweite als Voraussetzung gefordert. Was Fontane offenkundig übersah, war die Tatsache, daß Deutschland alle die Gefährdungen, denen Preußen durch seine geographisch-strategische Lage ausgesetzt war und die es gezwungen hatten, Militärstaat zu werden, übernommen hatte. Was er sah, war, daß ein offenbar unangemessn großer Teil der Gesamtvolkskraft dem Militär zugute kam. Die Folge war Dürftigkeit, wo jeder unvoreingenommene Beobachter Fülle erwartete: »um 9$^{1}/_{2}$ saß ich wieder an meinem Schreibtisch, um mich in die langweiligen Festschilderungen:

wer einen Orden oder Titel gekriegt hat, zu vertiefen. Alles arm und äußerlich; ohne Inhalt, ohne Liebe, ohne Interesse. Respektbezeugung, bei vielen auch ehrlich gemeinte, das ist alles, was ich zugeben kann. Ich möcht' auch vermuthen, daß diese im Büreaukratismus und Militarismus wurzelnde *Dürftigkeit* unsres geistigen Lebens allgemein empfunden wird.« (an Emilie, 14. Juni 1879)[13]

Seine Abneigung, sich mit militärischen Themen zu beschäftigen, wächst in dieser Zeit, was sich im Briefwechsel mit Hermann Kletke dort ausdrückt, wo jener von Fontane eine Arbeit über die Zietenhusaren erbittet, was Fontane mit gewohntem Pflichteifer übernimmt, aber nicht, ohne seinen Widerwillen zu erkennen zu geben: »Freue mich aufrichtig Ihnen zu Diensten sein zu können, so furchtbar mir diese ‹Zietenhusarenschaft› ist. Eigentlich wird mir schon weh ums Herz, so wie ich dies Wort blos höre. Die ‹Idolatrie› von der der Abg. Brüel neulich sprach, spukt bei uns an hundert Stellen, und einer der tollsten Spuke heißt ‹Zietenhusaren›. Zwei meiner Söhne sind zur Zeit Soldat, aber ich bekenne offen, daß mich die alleinseligmachende Militairhose nach gerade zur Verzweiflung bringt. Spartanerthum! Bah, Maschinenthum ist es. Und jeden Tag wird es toller.« (Ha Br III/63) (27. Februar 1880) Es klingt wie ein Stoßseufzer, wenn er Wochen später seiner Frau melden kann: »Gott sei Dank bin ich mit dem Zieten-Husaren-Aufsatz so gut wie fertig; ich habe das 670 Seiten dicke Buch des Lieutnants v. Ardenne (Deines Tischnachbars bei Lessing) danach auch noch Droysen und W. Hahn durchlesen und mit einem immer dicker werdenden Kopf Notizen und Auszüge machen müssen.« (Ha Br III/76) Die Arbeit selber wird begleitet von Ausbrüchen der Lustlosigkeit, und man spürt, wie der Dichter gegen ein inneres Widerstreben anschreibt: »Zoellner war heute hier; wir kamen überein den Rütli ausfallen zu lassen, da eine große Bachsche Musik in der Garnisonkirche ist. Ich werde mich derweilen mit ‹Zieten-Husaren› beschäftigen; von einem ächten Preußenstandpunkt aus, ist das wichtiger als Passionsmusik. Der preußische Standpunkt ist einer der dummsten und langweiligsten in der Weltgeschichte. Das Meiste daran wirkt pauvre und prosaisch, und zum Schluß: Dickethun ist mein Reichthum.« (Ha Br III/70) So wird diese Gelegenheitsarbeit ihrerseits zum Beweis der allgemein »empfundnen Dürftigkeit«.

Nach der Etablierung und Festigung des Reichs wird die gesellschaftskritische Diskussion in Deutschland beherrscht von den Schlagworten Militarismus und Borussismus, wobei der Begriff ›Militarismus‹ schillernd ist und der Vorwurf ›Borussismus‹ (des an sich umfassenderen und auch den Militarismus einschließenden Begriffs) getragen wurde von der traditionell starken antipreußischen Gesinnung Süddeutschlands (Bayern!) und der preußischen Intellektuellen selber. In einem Brief an Leo Berg vom 8. Juli 1888 (Ha Br III/621 f) nimmt Fontane zum Problem des Borussismus Stellung: »Auch über den Borussismus, trotzdem ich auf Preußen und Mark Brandenburg eingeschworen bin, denke ich ähnlich wie Sie. Vieles in diesem ewigen Drill, in diesem staatlich aufgeklebten Zettel, der einem dann die Lebensstellung giebt, ist mir ein Greul, aber andrerseits (und darin weiche ich total von Ihnen ab) ist doch das vom Borussismus sich stark unterscheidende wahre Preußenthum recht eigentlich das, was der deutschen Literatur seit hundert Jahren den geschichtlichen und dichterischen Stoff und zugleich auch die Dichter gegeben hat. Es bleibt freilich ein außer- oder antipreußischer Rest, aber er bedeutet mit Ausnahme der Lyrik, nicht viel. Natürlich nehme ich auch Lessing als Preußen; was kann preußischer sein, als Minna v. Barnhelm und Nathan?« Diese lautstarke Verteidigung des Preußentums fällt auf, die Verdammung des Borussismus erscheint selbstverständlich. Erkennbar wird, daß Fontane alle negativen Züge des Preußischen unter dem Wort ›Borussismus‹ faßt. Ohne daß es je zuverlässig und umfassend definiert wird, begreift der Leser, daß gemeint sind die Vergötzung des Militärstaatlichen, die Überbetonung der Wichtigkeit staatlicher Examina, die zur alleinigen Voraussetzung jedes sozialen Aufstiegs gemacht werden, aber auch der Mangel an Zivilcourage und die Tendenz zur Unterwerfung unter jegliche staatliche Autorität auch minderen Ranges, und dazu der fehlende Wille, Freiheit dort in Anspruch zu nehmen, wo sie der Bürger von Rechtswegen beanspruchen kann, kurz, das Vorrücken des Staates in die Freiräume des Privaten. Bei Fontane gewinnt das (je älter er wird desto betonter) eine besondere Färbung, weil er alles aus der Position des unabhängigen, relativ freien Künstlers sieht, der, nach dem freiwilligen Verzicht auf jede staatliche Versorgung und Gutheißung, die Maßstäbe für seine Werturteile allein aus sich selber nimmt. Unter diesem Gesichtspunkt wird der Borussismus zur Katastrophe für die freie Entfaltung der künstlerischen Kräfte: »Allerdings, wenn man so Umschau hält, kann einen der Menschheit ganzer Jammer anfassen. Ich spreche natürlich nur von Deutschland. Seit Keller und Storm todt sind, welche Dürftigkeit! Und so wenig Aussicht auf Besserwerden. Liegt es daran (Menzel hat es oft behauptet) daß der Deutsche von Natur kunstfremd ist, oder beherrscht der Borussismus alle Gemüter derartig, daß auch die Klugen und Talentvollen wie von selbst in den Strom der Staatlichkeit einmünden? Kunst ist nichts, Geheimrath ist alles. Eine Mißachtung liegt hierlandes über dem ganzen Metier, und man läßt es nur dann notdürftig gelten, wenn es sich zur Parteischuhputzerei herabwürdigt.« (Ha Br IV/610) Mit Friedlaender verbindet ihn vor allem die Fähigkeit, das preußische Leben auf diese Borniertheit hin durchschauen zu können, so daß er an dem Umgang mit ihm festhält, obwohl weder Emilie noch Mete der ›Friedlaenderei‹ besonders gewogen waren: »Was mich an F. fesselt ist einfach seine glänzende Beobachtungsgabe für *alles,* was ihn umgiebt, seine Schilderungen kleinstädtischer Kreise, die Aufgeblasenheit junger Referendare, der Dünkel durchschnittsmäßiger Seconde-Lieutenants, die hundert Formen des geaichten und abgestempelten Borussismus. Wie er *persönlich* dabei abschließt, das ist mir ganz gleichgültig; die Bilder, die er entrollt, sind wunderbar gut, wenigstens seh' ich all das in ganz gleichem Lichte.« (Ha Br IV/284f) Man hat fast den Eindruck, daß er, wie er selber schreibt, seine Sommerfrischen in Harz, Riesengebirge, Karlsbad oder Mecklenburg dazu benutzt, um sich außerhalb der Mark zu regenerieren: »Am Mittwoch will ich mit Frau und Tochter nach ‹Nijen Brannenburg› abdampfen, um Preußen zu vergessen, wozu Fritz Reuters Heimath – als eine Art Gegensatz – die beste Gelegenheit bietet. Ich stelle Rotspohn und Onkel Bräsig höher als den ganzen Borussismus, diese niedrigste Kulturform die je da war. Nur der Puritanismus (weil total verlogen) ist noch schlimmer.« (Ha Br IV/652) In Tagen der Bedrückung scheint es ihm dann so, daß jene Spezifika, die Deutschland über die anderen Länder hinausheben, in Preußen nicht zu finden sind, und daß, wer Deutschland in reiner Ausprägung erleben will, Preußen links liegen lassen muß. An Wilhelm Hertz schreibt er 1894: »Waren Sie mit auf dem Göthetag? Was Schlenther darüber geschrieben – besonders die Schilderung der witzig graziösen Fehde zwischen Erich Schmidt, Heyse, Alex. Meyer – war geradezu reizend. Ein Jammer, daß die Vossin nicht 100 Leser hat, die die Zunge dafür mitbringen. Aber wo sitzt hier überhaupt die Zunge? Der Borussismus hat keine oder eine belegte. Welch Glück, daß wir noch ein außerpreußisches Deutschland haben. Oberammergau, Bayreuth, München, Weimar, – das sind die Plätze, daran man sich erfreuen kann.« (Ha Br IV/356) Denselben Gedanken spricht er noch einmal aus in einem Brief vom 9. November 1894: »Daß ein solches Fest überhaupt gefeiert werden konnte, gehört zu den Dingen, die, wie Bayreuth, Oberammergau, Weimar, unsrem deutschen Leben einen besondren Reiz leihen und uns beinah mehr als unsre Schlachten und Siege (die schließlich andre auch haben) beneidet werden. Eigenart ist das Einzige, was andre Völker interessirt und diese selbständige Physiognomie lebt vor allem in Dingen und Erinnerungen, wie sie sich gerade in Ihrem Nürnberg so reichlich finden, darunter auch in Ihrem Pegnesischen Blumenorden.« (Ha Br IV/395 f) Merkwürdig erscheint, daß er Bayreuth mehrfach nennt, ungeachtet seiner Flucht aus dem Festspielhaus nach dem Vorspiel zum ‹Parsifal›. Ob der Pegnesische Blumenorden, ob Oberammergau standgehalten hätten, wenn Fontane sie genauer untersucht hätte?

Das Militär hatte sich in Preußen durchgesetzt, seine Uniformen, sein Umgangston, sein Verhalten bestimmten das öffentliche Leben. Aus dem Jahre 1894 existiert das bereits erwähnte Fragment Fontanes ›Die preußische Idee‹, in dem der Weg eines preußischen Beamten durch die Gefährdungen des preußischen Lebens dargestellt wird. Es verdeutlicht auch, wie Fontane zu diesem Zeitpunkt die Rolle der Armee während der letzten hundert Jahre beurteilte. Um seine Gedanken zu veranschaulichen, wählt er zwei Verkörperungen preußischen Soldatentums: zum einen den friedericianischen Grenadier, zum anderen den Lützowschen Jäger. Errang der erste seine Siege, weil er einem großen König bedingungslos gehorchte, sich unterordnete und einen eigenen Willen nicht kannte, so zeichnete sich der andere aus, weil er gehorchen wollte, weil er den Dienst am Vaterland in Freiheit gewählt hatte und so die Sache von König und Vaterland – zumindest innerlich – zu seiner eigenen Sache gemacht hatte. Vereinigte der Grenadier die Tugenden des friedericianischen Soldaten in den Schlesischen Kriegen in sich, so repräsentierte der Lützowsche Jäger die Tugenden des Kriegers der

Befreiungskriege: Begeisterung und Gehorsam in Freiheit. Daß Geheimrat Schulze (und Fontane!) die Einigungskriege von 1864 bis 1871 als glänzende Jahre erleben konnte, verdankte er dem Bewußtsein, daß im Krieger dieser Zeit »der friderizianische Grenadier und der Lützowsche Jäger« »zu einem höheren Ganzen vereinigt« waren. (NFA 24/339) Strengste Gebundenheit in soldatischem Gehorsam und begeistert freie Hingabe an König und Vaterland waren verschmolzen und hatten den Geist der Armee von 1864 bis 1871 bestimmt. Aber dann hatten sich doch Zweifel eingefressen, »und selbst als die Siege sich so rasch und so glänzend folgten erfüllte ihn die Sorge daß als letzter Sieger doch mehr die Grenadiermütze als der Lützowsche Jäger aus der Sache hervor gehen könne.« (NFA 24/340) So ähnlich sind wohl auch die Sorgen Fontanes in den 90er Jahren beschaffen gewesen: die Beängstigung, daß beim Soldaten an die Stelle des enthusiastisch übernommenen Dienstes wieder der starre Gehorsam tritt, der auf bescheidenem Untertanenverstand gründet. In diesem Gehorsam lebt nichts von der Größe freier Dienstbereitschaft, er bezeichnet vielmehr den Punkt, an dem der freie kriegerische Geist zum Militarismus degeneriert. Urbanität, Takt, Einfühlungsvermögen, alle feineren Formen des zivilisierten Lebens werden vernachlässigt. Fontane, der im Umgang zwischen Menschen auf artigen Formen bestand, litt darunter. Es war ja nicht einfach das Militärische an sich, das triumphierte (wir kommen darauf zurück), sondern die grobe, ungeschliffene, ja ungeschlachte Seite, die das Militärische seit eh und je auch besaß und es vor allem besaß in Preußen. So lobt er in seinen ›Reisebriefen vom Kriegsschauplatz Böhmen 1866‹ die damals wegen angeblicher Grausamkeiten hart verurteilten Tschechen: »Der hervorstechende Zug im Volkscharakter schien mit eine *scheue, leise sprechende, leis auftretende Artigkeit* zu sein. Alles machte den Eindruck, als ob man sich auf Socken bewege«, und er setzt preußisches Wesen scharf dagegen ab: »Während das preußische Auftreten (durch den Kontrast gesteigert) mich regelmäßig an Stulpstiefel und Pfundsporen erinnerte.« Der Tadel, der die Tschechen trifft, weil die »formlosen Norddeutschen« die »Formen« der Tschechen als »Falschheit und Tücke« mißverstehen, fällt auf die Tadelnden zurück: »Die ewige Fehde dagegen ist nichts wie eine Glorifizierung der Rücksichtslosigkeit, wie eine Prämiirung der Grobheit.«[14]

Diese Trampelhaftigkeit ist bei Fontane meist gemeint, wenn vom ›Kommissigen‹ die Rede ist: »Ich wurde auch – weil ich in meinem Interesse ‹verdächtig› war – von fünf oder sechs ausgestellten Posten in Zivil und Uniform, von den verschiedensten Punkten aus, beobachtet (bei der Betrachtung des Bayeuxteppichs in Berlin), ganz so wie ein nach Magdeburg Gereister, weil er der Polizei gemeldet hatte ‹Vergnügens halber›, von dieser observiert und schließlich sistiert wurde. Man glaubte es ihm nicht. So geht es mir in Berlin immer. Lasse ich mich mal wo sehn und zeige meine ganz besondere Teilnahme, so bin ich sofort Hochstapler, pickpocket. So ist es mir im Königlichen Schloß und im Hohenzollernmuseum ergangen. Alles bei uns ist roh, kommissig, urdämlich. Ich verlange, daß man mir meine Nicht-pickpocket-Beschaffenheit schon auf dreißig Schritt ansieht. Aber in einem Menschen lesen, ihn einigermaßen richtig taxieren – o du himmlischer Vater! Deshalb haben mir auch Anno 70 alle preußischen Offiziere gesagt: ‹bei uns wären Sie erschossen worden›.« (Ha Br IV/349) Der Sieg des Kommissigen über das in seiner Form vollendete Soldatische, das ist es im Grunde, was Fontane als Militarismus bloßstellt. Während der gebildete Soldat seinen vollen Anteil an kultivierter Humanität besitzt, ist im Kommißknüppel das Menschliche auf ein Minimum reduziert. Vor allem hat sich die Disziplin verabsolutiert. Es gilt nicht mehr der große Geist des soldatischen Gehorsams, es gilt auch nicht mehr der kleine Geist des blinden Gehorsams, der u.U. doch auch Züge der vollkommensten Selbstverleugnung tragen kann, es gilt nur noch die äußerliche Unterwerfung unter eine sinnentleerte Disziplin, die denjenigen schmerzen muß, der sich sein Leben lang von den großartigsten und infolgedessen auch poetischsten Verkörperungen des preußischen Soldatentums hat begeistern lassen und der noch 1894 gegen eine törichte Besprechung seines Werkes durch seinen »Freund und Gönner Theodor Hermann Pantenius« aneifern kann mit dem Satz: »der alte Zieten ist so poetisch wie solche Gestalt nur sein kann.« (Ha Br IV/377) Aber: »Bei Strammstehn und Finger an der Hosennaht, bei Leist und Wehlan wird mir schlimm. Und dabei bin ich in der Wolle gefärbter Preuße. Was müssen erst die Andern empfinden?« (Ha Br IV/356) Leist und Wehlan waren zwei deutsche Kolonialbeamte, die der brutalen Züchtigung von Eingeborenen beschuldigt wurden. Arroganz und Herzlosigkeit, dazu »Strammstehen und Finger an der Hosennaht«: zwei Grundbegriffe militärischer Disziplinvergötzung, die, für sich genommen und zum Mittelpunkt erklärt, ein unterentwickeltes Verständnis für wahres Soldatentum verraten. Aber auch ›Lächerlichkeiten‹ dienen dazu, Fontanes Hohn gegen die ganz auf Äußerlichkeiten gestellten Repräsentanten der Armee wachzurufen. Das Ganze liest sich wie ein spätes Gegenstück der frühen Gedichte auf den ›Lederriem‹, deren wir schon gedachten: »Neulich fragte ich meinen Kriegsministerialsohn, ob er nicht auch bald in einem modernen hellgrauen Militärpaletot antreten würde? ‹Nein, Papa. Der Intendantur ist der moderne hellgraue Paletot versagt worden, wie ihr auch vor zwei, drei Jahren der moderne Schleppsäbel versagt worden ist. Bei dem Schleppsäbel hatten wir unsre Militärärzte wenigstens als Leidensgenossen, jetzt bei den hellgrauen Paletots fällt auch dieser Trost fort. Wir stehen allein in unsrer Zurückgesetztheit. Uebrigens ist eine große Sturm-Petition geplant, worin gebeten wird, diese Zurücksetzung von uns zu nehmen.› Die Geschichte hat einen großen Eindruck auf mich gemacht, weil man daran, als an einem Musterbeispiele, studiren kann, daß ganz vernünftige, das Lächerliche dieser Dinge völlig einsehende Personen, doch gezwungen werden können, Lächerlichkeiten als Ernsthaftigkeiten zu behandeln. Der neue graue Paletot ist häßlich und jeder verwünscht ihn; trotzdem spricht sich eine gewollte Verkleinerung und Ausschließung darin aus, wenn diesen Herren mit Major- und Obersten-Rang der neue Paletot abgesprochen wird.

‹Da läuft noch einer mit 'nem alten grauen Mantel, – das muß ein Intendantur-Rath sein› und die ganze Gesellschaft bricht in Gelächter aus.« (Ha Br IV/316) Man nimmt seinen Wert und seine Würde nicht aus dem Bewußtsein getaner Pflicht oder wenigstens seiner Unentbehrlichkeit, die durch Leistung bestätigt wird, sondern aus der Farbe des Paletots. Für den Außenstehenden kann solcher Mißmut der Intendanturräte nur als blanke Unvernunft erscheinen, die Betroffenen sind gekränkt wegen der Benachteiligung und kommen über das Kindische ihres Gekränktseins nicht hinweg. Form ist alles, Inhalt nichts. Sein und Schein: wie weit entfernt sich diese Armee von dem alten Moltke-Motto ›Mehr sein als scheinen‹. Man schwört auf den Schein, weil man in ihm das Sein zu haben glaubt; was man wirklich hat, ist ein Popanz, der vorgibt, Werte zu vertreten. Und das greift weit über die Armee hinaus, wenn auch ihre geistige Verflachung einer der wichtigsten Ausgangspunkte des Niedergangs ist. So gibt Fontane einer von Heyse vermittelten Begegnung mit Mrs. Selfridge, seiner Gewohnheit gemäß verallgemeinernd, weite Bedeutung: »Ich habe Dir … zu danken … für die Bekanntschaft mit Mrs. Selfridge, die vorweg *eine* Tugend hat, *die:* heiter und aufgeräumt zu sein, so daß man nach 2 Minuten wie mit einer Freundin spricht. In dieser Beziehung sind doch die guten Deutschen und nun gar erst die Damen und nun gar erst die Berlinerinnen sehr zurück, sie haben wohl den Sprechanismus, aber die schöne Freiheit und Heiterkeit der Seele fehlt. Du siehst an diesem Pröbchen, daß ich, wie so viele, mit unserm Heimischen immer unzufriedner werde. Hat man unrecht? Ich wünsche es. Wo sind die Tage, wo Preußen so was wie eine Mission hatte.« (Ha Br IV/402) Es fehlt die Mission, der geschichtliche Auftrag, der Geist, der ein Neues ergreifen und eine neue Aufgabe setzen könnte. »Sprechanismus« – mechanisch seelenloses Geplapper anstatt der schönen Freiheit und Heiterkeit. Das Leben im Ganzen trägt einen »Kommißstempel«, wenn man auch im einzelnen »einer hohen Bildung und Kultur begegnet.« (Ha Br IV/599) In einem Brief an Gustav Keyßner von den ›Münchner Neuesten Nachrichten‹, geschrieben einen Tag vor seinem letzten Geburtstag, versucht Fontane noch einmal die Ursachen der preußischen Misere zu erläutern. Die Briefe an Keyßner zeichnen sich alle dadurch aus, daß sie vom bloß Zufälligen wegkommen wollen hin zum Grund der Dinge. Die Einleitung schon ist aufschlußreich: »Ich mag nichts Unpatriotisches, auch nicht mal *Lokal*-Unpatriotisches sagen…« Fontane will sich nicht dem Chor jener billigen Kritiker des Preußentums anschließen, die die Welt mit ihrem Geschrei erfüllen. Er will unterschieden werden von den allzu vielen, die ihre unpatriotische Gesinnung verkünden, weil der Chor der Dummheit immer den größten Widerhall findet. Und doch kann er eine preußentreue Position nicht ohne Einschränkung halten: »aber es ist mir ganz klar, daß in Folge des hier herrschenden Wesens: Hof, Adel, Militarismus, Bureaukratie, – der *eigentlich* hier lebendige Geist traurig gelähmt und unfruchtbar gemacht wird. Auf jedem Gebiet, bis zu Schneider und Schuster runter (was denn freilich noch wieder andre Gründe hat) werden wir in die zweite Linie gedrückt.« (Ha Br

IV/682) »Hof, Adel, Militarismus, Bureaukratie« – wir werden später sehen, daß der Kaiser nicht zufällig fehlt. Wieder aber tauchen Militarismus und Bureaukratie als hindernde und hemmende Kräfte mit auf. Sie sind es, die den lebendigen Geist in Preußen lähmen und zur Unfruchtbarkeit verurteilen. Die ›schöne Freiheit‹ kann sich nicht entfalten; mit Unmut nimmt der Dichter wahr, wie ein krötenspießiger Militarismus das geistige Leben Preußens erstarren und verkrusten läßt, wie überhaupt das geistige Leben an verlogenen Maßstäben gemessen wird, wie es dadurch seine Innovationskraft und seine kühne Frische verliert und einer abgestandenen Langweiligkeit gezwungenermaßen Raum gibt: »Heute Nachmittag will ich in die Kunstausstellung, um meine schon begonnenen Bilderstudien fortzusetzen; es sind *sehr* interessante belgische, französische und italienische Sachen da. Was *wir* ausgestellt haben, ist, wie gewöhnlich, vorwiegend langweilig. Eh wir nicht volle Freiheit haben, haben wir nicht volle Kunst; ob einige Zoten und Frechheiten mit drunterlaufen, ist ganz gleichgültig, *die* leben keine 3 Tage. Die Regierenden glauben hier, auf jedem Gebiet, das todte Zeug einpökeln zu können. Eine mir bei der Gescheidtheit unsrer Gesellschafts-Oberschicht ganz unverständliche Dummheit.« (Ha Br IV/451) Wer Anstoß nimmt an Zoten und Frechheiten, unterschätzt die selektierende Kraft der Zeit, die das bloß Freche und Obszöne versinken läßt. Es gedeiht zwar mit, wo ›volle Freiheit‹ herrscht, doch der Mißbrauch der Freiheit führt nicht zur Entartung des Ganzen.

Aber nicht die Freiheit ist auf dem Vormarsch, sondern der Militarismus. Das Lieblingszitat all derer, die Fontane als Apostel des Antimilitarismus in Anspruch nehmen wollen, stammt aus einem Brief an James Morris vom 26. Oktober 1897: »Die Menschheit hat zu natürlichen Zuständen zurückzukehren. Das aber, womit am ehesten (weil unerträglich geworden) gebrochen werden muß, ist der Militarismus.« (Ha Br IV/671) Das entspricht, wie wir zeigten, in der Tat Fontanes Überzeugung. Nur in einem Punkte wird man Vorsicht walten lassen müssen. Der Brief, in dem der Satz sich findet, beschäftigt sich nicht mit dem preußischen, sondern, in großzügiger Auslegung, mit dem europäischen Militarismus. Denn der Militarismus ist längst über die preußischen Grenzen hinausgewachsen, ja, es ist noch nicht einmal ersichtlich, ob er von Preußen seinen Ausgang genommen hat. Was Fontane hier Militarismus nennt, hat nichts zu tun mit dem sich absolut setzenden (Un-)Geist der Armee, der die Lebensbedingungen eines in Freiheit zu sich selber kommenden geistigen Lebens zerstört, sondern Militarismus ist der unbedingte Wille zur Selbstbehauptung mit Hilfe einer alle bisherigen Maßstäbe sprengenden Aufrüstung. England macht dabei keine Ausnahme, sondern schließt sich den Rüstungsfanatikern an: »Mit Schaudern lese ich jetzt täglich von den verzweifelten Anstrengungen, die England machen will, um den alten Zustand à tout prix zu bewahren. Bis jetzt konnte man sich, wenn man auf England sah, daran aufrichten, daß es wenigstens *ein* Volk in Europa gab, das noch an ein anderes Ideal als an eine ‹Million Soldaten› glaubte. Wenn England sich dieses kolossalen Vorzugs, der gleichbedeutend ist mit gesundem Menschenverstand, freiwillig begibt und nun auch anfängt, jedem Menschen eine Flinte in die Hand zu zwingen, so steigt es von der Höhe herab, die es bis heute innehatte.« (Ha Br IV/671) Englands Haltung ist freilich verständlich, und Fontane versagt dem Land seine Bewunderung nicht: »Am bedrohtesten ist England, weil es seine Flügel über die Erde hin am weitesten ausgebreitet hat. Überall schwere Gefahr. Aber wie immer, wenn die Gefahren sich mehren, ja, wenn ‹decay and fall› als Möglichkeiten am Horizonte sichtbar werden, raffen sich die Völker noch mal zu größten Leistungen auf, und so finde ich denn die Haltung Englands im gegenwärtigen Augenblicke geradezu bewundernswert. Daheim in einer schweren, in ihren Folgen ganz unberechenbaren Krisis, in Indien, in Afrika, in China entweder in seiner Herrschaft und seinem Besitzstand oder doch in seinem ‹Prestige› bedroht, von allen beargwohnt und gehaßt, von keinem geliebt oder sekundiert, zeigt es trotzdem in seiner Haltung keine Spur von Unruhe, teilt die Fragen nüchternen Sinnes in ‹große und kleine›, schiebt die kleinen beiseit oder bequemt sich zu Konzessionen, ist aber bereit, für die großen Fragen zu kämpfen und seine Existenz an die Fortdauer seiner gegenwärtigen Machtstellung zu setzen. Das hat auch für den Fremden etwas Erhebendes und in dem großen Stil des Vorgehens ein Etwas, das einen mit Neid erfüllen kann.« (Ha Br IV/687) Aber im Grunde fühlen sich alle Völker Europas mit mehr oder weniger Recht in derselben bedrohten Lage. Dabei ist Fontane weit davon entfernt, die Gefahren in nächster Zukunft in einem Krieg gipfeln zu sehen, den die Völker Europas gegeneinander austragen, er sieht die Gefahren vielmehr dort, wo sich die Europäer durch ihre Kolonialpolitik an fremden Völkern schuldig gemacht haben. Hinter all den wilden Bewegungen seiner Zeit erkennt er »ein sich auf sich selbst besinnendes nationales, religiöses und dem uralt Überlieferten angepaßtes Leben«, das »schließlich triumphieren und einigen Anspruch auf Dauer haben« wird. »Dieser hier angedeutete Werdeprozeß vollzieht sich, wohin man blickt, in der ganzen Welt, und es ist ein ungeheurer Segen, *daß* er sich vollzieht. Die Konquestadorenzeit, wo zwanzig Räuber, weil sie Knallbüchsen hatten, viel gesittetere Leute zu Paaren trieben und die Könige dieser besseren Leute auf den Rost legten – diese brutale Zeit ist vorbei, und gerechtere Tage brechen an.« (Ha Br IV/671) Hinter all dem steht ein zutiefst optimistischer Lebensglaube, der aus der Überzeugung lebt, daß die Menschheit durch alle Irrtümer hindurch (und der Militarismus ist einer der schrecklichsten) in eine Zukunft finden wird, in der allen Völkern ein Recht auf ein Leben in freier Selbstentfaltung vergönnt sein wird.

Fontane ist sich jedoch dessen bewußt, daß er hier von einem Zustand träumt, der in weiter Ferne liegt. Noch hat die Zukunft nicht begonnen, noch verlangt der politische Alltag die Lösung ganz akuter Fragen, von denen sich kaum jemand vorstellen konnte, wie sie ohne Waffengewalt zu lösen sein würden. Fontane selbst schwankt infolgedessen zwischen Abrüstungsbegeisterung und politischem Selbstbehauptungswillen mit den dann notwendig werdenden Konsequenzen.

Am Ende jedenfalls ist der Militarismus nicht mehr nur ein preußisches Phänomen, sondern eine Gefahr, die alle auf Macht- und Selbstbehauptung sinnenden Völker umstrickt hält und – verkümmern läßt, wobei sie ihr Ziel noch nicht einmal erreichen. Es ist falsch zu glauben, daß die Flinte in jedermanns Hand die Zukunft sichern werde: es »wird nicht mal *das* dadurch erreicht, was damit erreicht werden soll.« (Ha Br IV/671) Und: »Die Kultur, die dadurch (durch den »modernen Unsinn« der Rüstung – G. F.) geschützt werden soll, geht darin unter.« (Ha Br IV/658) Nichts und niemand kann den großen »Menschheitsauffrischungsprozeß« (Ha Br IV/687) verhindern. Daß Fontane in ›decay and fall‹ seiner eigenen Welt eben daran glaubt, gibt seinem Altwerden Rang und Glanz.

Blickt man von hier aus auf Fontanes Dichtung, so wird man nicht erstaunt sein, auch dort einem gewissen Antimilitarismus zu begegnen. Wenn man von den hier wiedergegebenen Äußerungen ausgeht, in denen das im Reserveleutnant kulminierende Wesen des preußischen Staates mit bissiger Ironie behandelt wird, bleibt aber wieder einmal festzustellen, daß Fontane in seiner öffentlichen Kritik, wie sie sich in seinem Werk zeigt, viel vorsichtiger vorgeht. Ein Musterbeispiel findet sich in seinem Roman ›Frau Jenny Treibel‹.

Aufs groteskeste verzerrt und doch auf den entscheidenden Punkt hin gestaltet, erscheint hier der Leutnant Vogelsang. Treibel selber, den einer seiner Gegner einen »unserer geachtetsten Berliner Industriellen« nennt (NFA 7/94), hat ihn sich als Wegbereiter für seine politische Karriere ausgesucht. Daß Fontane einem Mann, den er mit offenkundiger Sympathie gezeichnet hat (daß er ihm an einer Stelle des Romans dieselbe bourgeoishafte Gesinnung bescheinigt, wie sie seine Frau besitzt, ist gegenüber der Gesamtanlage der Figur unerheblich), einen solchen Narren als politischen Ratgeber zugesellt, wäre absolut unverständlich, ja, es wäre als ein gravierender Mangel der Komposition anzusehen, denn Treibel erweist sich sonst durchweg als gewiefter Menschenkenner, wenn nicht eben diese ›Karikatur‹ von einem Menschen ein ›Leutnant‹ wäre. Treibel schätzt ihn zwar durchaus richtig ein, wenn er seiner adligen Freundin und Gönnerin versichert: »Seine gesellschaftlichen Meriten sind wohl eigentlich gering, und seine menschlichen werden dasselbe Niveau haben« (NFA 7/28), aber schon in demselben Satze bescheinigt er ihm seine Qualifikation: »er ist ein Politiker.« Als solcher kann er sich – bei einem absoluten Mangel an gesundem Menschenverstand und einem ebenso absoluten politischen Dilettantismus – nur gerieren mit Hilfe seiner Uniform. Sie allein hat offensichtlich ausgereicht, den Blick Treibels zu trüben und ihn in den Irrtum zu verstricken, Vogelsang sei ein politischer Programmatiker. Fontane legt ihm eine unsinnige politische Aussage in den Mund, von der Treibel glaubt, der Leutnant könne sie politikgerecht präsentieren. Alle durchschauen ihn, empfinden das Groteske seiner Person wie seines Auftretens, aber Treibel hält an ihm fest. Wenn diese Gestalt nicht zu sehr bloße Lächerlichkeit wäre, müßte man die Worte Fontanes: Er ist »noch ein Vorachtundvierziger; das war damals die Epoche der sonderbaren Leutnants« (NFA 7/28) oder »Unter diesen Knickstiebeln ... sind immer etliche Zirkelquadratur- und Perpetuum mobile-Sucher« (NFA 7/93) fast als eine Verspottung Bernhard von Lepels ansehen, so aber dient diese zusätzliche Charakterisierung wohl nur dazu, die karikierte Leutnantschaft vorsichtshalber in historischer Distanz zu halten und zugleich die militärversessene Uniform- und Titelsucht der Gegenwart zu ridikülisieren. Ohne den Hintergrund einer dem Militär verfallenen und armeehörigen Öffentlichkeit wäre eine solche Romangestalt nicht denkbar. Diese ganze Unerquicklichkeit lastet auf Vogelsang. Er eignet sich als alter Reserveoffizier mit zugleich imponierenden und doch nur seine Ärmlichkeit verbergenden ›Herren‹-Manieren vorzüglich dazu, alles aufgesteift Militärische ad absurdum zu führen, ihm aber in seiner Absurdität doch auch eine gewisse Gefährlichkeit zu unterstellen, traut man ihm doch eine Beeinflussung der Öffentlichkeit zu; ihm geht der gute Ruf voran: »Er versteht sein Metier, so sagt man mir allgemein, und ich muß es glauben.« (NFA 7/17) Aber als Gegenstand einer genuinen Militärkritik läßt sich ein so borniertes Individuum nicht betrachten, und um auch jeden Anschein von Kritik zu vermeiden, rückt ihn Fontane so weit wie möglich weg von allem, was mit der wirklichen Armee zu tun hat. Wer einen geübten Blick hat, sieht, »daß er seit wenigstens dreißig Jahren außer Dienst sein müsse. Denn die Grandezza, mit der er daher kam, war mehr die Steifheit eines alten, irgend einer ganz seltenen Sekte zugehörigen Torf- oder Salzinspektors, als die gute Haltung eines Offiziers.« (NFA 7/20) Daß er erfolglos bleibt, erweist die Immunität der öffentlichen Meinung gegenüber Einflüssen einer Vergangenheit, die sich überlebt hat und zu deren gespensterhaften Relikten Vogelsang gehört, »automatenhaft« sich gebend (NFA 7/20), dem wirklichen Leben entfremdet. In einem Roman, in dem die Selbstironie zu einer der höchsten menschlichen Tugenden erklärt wird, ist dieser Mann in seiner Beschränktheit und Engstirnigkeit eine Provokation; jedenfalls ein vollkommenes Beispiel Fontanescher Militarismuskritik, die die wirkliche Armee ausspart und die Reserveleutnantsmentalität anprangert. Nicht ohne Grund läßt Fontane seinen ›Soldaten‹ mit Helm und Degen erscheinen. Der Leser wird mit einem Pseudo-Soldaten konfrontiert, der, statt Schlachten zu schlagen, Wahlkämpfe arrangiert, dies aber nach dem Wort Montecuculis, daß, wer Krieg führen wolle, dreier Dinge bedürfe: Geld, Geld, Geld. (NFA 7/90) Wenigstens diesen kriegerischen Zug hat seine Wahlkampagne, und wenigstens damit gewinnt er Anschluß an die neue Zeit. Freilich auch an ein Stück Militärgeschichte, denn wenn im Wilhelminischen Reich irgend etwas die Gemüter im Reichstag erhitzte, dann die Forderung der Armee nach ›Geld, Geld, Geld‹. Auch auf diese Weise kann man tadeln, besser: kritisch sein, ohne verletzende Kritik zu üben. Man kann Auswüchse und Fehlformen geißeln und dabei dem Leser die Frage aufdrängen: gibt es mehr solcher Relikte – vielleicht auch in größerer Nähe der wirklichen Armee?

Ein ähnliches Stück Militärkritik erscheint auch in ›Quitt‹, wo Fontane in Nogat-Ehre, der amerikanischen Mennonitensiedlung, dem Franzosen L'Hermite, dem seine Sympathie gilt, den Märker Kaulbars gegenüberstellt. Bei aller Schmalheit ergibt sich doch ein aufschlußreiches Bild. An Komik kann Kaulbars mit Vogelsang nicht wetteifern, überhaupt trägt er so viele märkische Züge, daß die Kritik, die geübt wird, eher der Mark im allgemeinen als dem preußischen Militär im besonderen zu gelten scheint. Es erweist sich aber, daß Kaulbars' Märkertum so sehr vom Soldatischen geprägt ist, daß seine Schwächen ebenso sehr seiner Herkunft wie seiner Militärdienstzeit entspringen können. Obwohl er nach Amerika ausgewandert ist (man versteht kaum, warum), gedenkt er doch mit großer Anhänglichkeit der ›Vierundzwanziger‹ in Neuruppin. Und die ganze Lässigkeit der Amerikaner, ihre Ungezwungenheit und legere Haltung mitsamt ihrer Nonchalance verfallen dem Verdikt des Militärschwärmers Kaulbars, denn ein richtiger Mensch ist seiner Überzeugung nach nur, wer gedient hat, wobei freilich der Truppenteil von größter Wichtigkeit ist, denn über Lehnert Menz' Dienst bei den Görlitzer Jägern spottet er nur. Zwar scheint er auch bei dem Sturm auf die »Schanze drei« vor Düppel dabeigewesen zu sein (NFA 6/130), aber auf diese Heldentaten kommt es ihm nicht einmal an, die werden eher als selbstverständliches Nebenprodukt der militärischen Erziehung angesehen. Was den Menschen erst zum Menschen macht, das ist seine Dienstzeit: »aufs *Dienen* kommt es an und jeder muß mal Rekrut gewesen sein und muß die Honneurs gelernt haben und muß die Signale gelernt haben. Und das is gewiß, wenn der Hornist blies und war das Signal von der fünften Kompagnie, da gab es ein Ohrenspitzen wie'n Kavalleriepferd und mitten im Schlaf. Und wenn dann der alte Oberst von Unruh mit seiner Krähstimme kommandierte: ‹Präsentiert das Gewehr!› und dann der Prinz, *unser* Prinz, die Front abschritt und die Spielleute spielten und wir mit ‹Augen rechts› dastanden wie die Puppen, und ich sag Ihnen, Lehnert, was für Puppen, ja, das hätten Sie sehen sollen, das hatte so eine Art, das war ein Vergnügen, und wenn der Prinz dann sagte: ‹Ja, das sind meine Vierundzwanziger; Kinder, wenn ich Soldaten sehen will, dann seh ich mir die Vierundzwanziger an; es lebe der Kaiser›, ja,… *das* war was, das kommt vons ‹Dienen› und Gehorchenkönnen und von der Strammheit und der Propreté, und wenn Sie die ganzen achtunddreißig ‹States› umstülpen und hier unser Indianterritory mit dazu und alle Mennoniten und den alten Obadja auch, *so* was fällt nich 'raus und kann auch nich 'rausfallen, weil's nich drin is und weil alles Schwindel is…« (NFA 6/130f) Die Wahrheit liegt also in der Puppe, dem zurechtgestutzten und dressierten Rekruten, der das Gehorchen gelernt hat und im Verzicht auf seinen eigenen Willen seine Bestimmung findet. Er spitzt seine Ohren wie ein Kavalleriepferd, wenn das Hornsignal der fünften Kompanie ertönt – und der Vergleich spricht für sich selber.[15] Es macht seine Figur natürlich rund und erhebt sie über die Karikatur des bloßen Militärschwadroneurs, daß in seiner Kritik an Amerika auch etwas echt Fontanesches mitschwingt, aber letzten Endes ist sein »unendliches Von-oben-herab«, sein »Dünkel« schlechthin unerträglich. Wenn er, und mehr noch seine Frau, auch durch einzelne Züge ausgezeichnet werden, die an

Menschlicheres gemahnen, Obadjas vernichtende Kritik trifft die Sache: »Euer Landsmann ist ein Eigensinn und Besserwisser, der sich dem neuen Lande, drin er nun lebt, nicht anbequemen und alles nach der Weise seiner alten Heimat anordnen und regeln will. Er gehorcht wohl, weil er im Gehorsam erzogen ist, aber es ist ein toter Gehorsam, und ein toter Gehorsam ist unfruchtbar, nicht bloß in Herz und Seele, sondern auch auf dem Arbeitsfelde draußen, und so schädigt er mich, ohne es zu wollen, und mindert mein Gut…« (NFA 6/119) Und wenn dieser Obadja auch ein seltsamer Heiliger ist, weil er doch so viel vom Amerikaner hat, daß er sein Geld auf die Banken von Denver, Galveston und Amsterdam verteilt hat (was wiederum niemand besser weiß als Kaulbars!), so ist sein Urteil doch gerecht, denn zum Verstehen dessen, was wahres Soldatentum ist (noch über den Gehorsam und die Disziplin hinaus), fehlt Kaulbars so gut wie alles. Er ist im Formelhaften steckengeblieben, und von Geist und Leben des wirklichen Soldaten hat er nur eine Ahnung. Ist es Zufall, daß Fontane das nicht an einem Offizier demonstriert, sondern an einem ›Gemeinen‹, dem man Dummheit unterstellen kann, ohne der Armee wirklich zu nahe zu treten? Welche Gefahren der Armee drohen und welche Gefahren von der Armee drohen, wird hier immerhin angedeutet. Zu Fontanes dichterischem Stil gehört jedoch, daß er auch Kaulbars mit einem freundlichen Unterton entläßt: »Er ist schrecklich, aber das muß wahr sein, seine Sache vesteht er.« (NFA 6/143) Es könnte das Schlußwort zu Kaulbars' Existenz sein…

Bei der Interpretation des Romans (was hier nur kurz angedeutet werden kann) sollte man nicht übersehen, daß Lehnert Menz in Nogat-Ehre zwischen zwei Menschen gestellt wird, in deren Leben das militärische Element dominierte. L'Hermite ist der zweite, und fast könnte man geneigt sein, in ihm eine Inkarnation des idealen französischen wie in Kaulbars eine des pervertierten preußischen Soldatentums zu sehen. Letztlich nimmt L'Hermite jene Form des Heldentums voraus, wie sie Lorenzen im Gespräch mit Dubslav von Stechlin propagiert. Sein Heldentum »steht … im Dienste einer Eigenidee, eines allereigensten Entschlusses«. Wobei Lorenzen hinzufügt: »Auch … wenn dieser Entschluß schon das Verbrechen streift.« (NFA 8/317) L'Hermite ist ein »Entdecker und Erfinder« und hält »unzweifelhaft an seiner ‹Idee› mit einem stillen Fanatismus fest.« (NFA 6/135) Als Soldat beweist er im Krimkrieg seine persönliche Tapferkeit und erhält das Kreuz der Ehrenlegion. Sein ganzes Leben steht im Dienst seiner »Menschheitsbeglückungsidee, der er alles opfert und am liebsten einen Erzbischof, einen Empereur, einen Papst. In seinen Ideen ist er ein Fanatiker und tut das Äußerste, sonst aber ist er wie ein Kind. Er ist der Friedliebendste von uns allen…« (NFA 6/123) Eine widerspruchsvolle Existenz also, aber ein Mann, der immer aus dem innersten Kern seines Wesens handelt, der, auch als Kommunarde, keine Verantwortung scheut und dem man nicht zu befehlen braucht, was zu tun er als notwendig betrachtet. Wenn die Kategorie des Gehorsams bei ihm überhaupt eine Rolle spielt, so ist es der Gehorsam seinem Innersten gegenüber, nicht der andressierte Gehorsam der Soldaten-Puppe, die Kaulbars' Ideal darstellt.

L'Hermite ist freilich auch eine tragische Figur. Denn so sehr er sich von Kaulbars abhebt, der nie nach seiner Identität zu suchen brauchte, weil er sich immer mit seinem nüchtern-dürftigen Märkertum identifizieren konnte, so sehr leidet L'Hermite unter seiner eigenen Identität. Das Handeln aus dem innersten Kern seiner Existenz bringt ihn in unversöhnlichen Widerspruch zu seinem Gewissen. Nächtliche Angstvorstellungen suchen ihn heim, mit denen er nicht fertig wird. Hier liegt Kaulbars' ›Überlegenheit‹. Aber was bedeutet die gegenüber dem menschlichen Rang des Franzosen!

Gerade die tendenziöse Verzeichnung solcher Figuren wie Kaulbars und Vogelsang macht erkennbar, wo Fontane die eigentliche Gefahr für Staat und Gesellschaft sah: das Militärwesen hatte sich verselbständigt. Die Armee, auf deren Schultern der preußische Staat immer geruht hatte, war aus ihrer dienenden Stellung herausgetreten und begriff sich als Selbstzweck. Damit ging ihr in den Augen Fontanes eben das verloren, was sie stark machte: ihre Verwurzelung und Verankerung im Volk. Was unter dieser Verwurzelung zu verstehen ist, läßt sich am Beispiel Fontanes am deutlichsten bestimmen. ›Meine Kinderjahre‹ offenbaren, welche Stellung die preußische Armee im Denken und Fühlen des Volkes innehatte, denn als völlige Ausnahme ist Fontane nicht zu denken, wenn auch die Intensität der Gefühle sehr verschieden gewesen sein mag.

Friedlaenders Ehrengerichtsverfahren

Wenn man sich in der Literatur umsieht, welche Äußerungen Fontanes vor allem herangezogen werden, wenn es gilt, seine antimilitärischen Gesinnungen und Affekte zu beweisen, so wird man finden, daß seine Briefe an Georg Friedlaender eine besonders große Rolle spielen. Nirgends sonst scheint sich Fontane so prononciert ausgesprochen zu haben über die negativen Seiten des preußischen Militarismus und des Preußentums überhaupt wie hier, wie sich denn der ganze Briefwechsel durch eine staunenswerte Offenheit und Spontaneität auszeichnet. Man hat fast den Eindruck, daß Fontane eben dieses Briefpartners geradezu bedurfte. Die Korrespondenzen mit Heyse, Storm und Lepel waren nach 1860 infolge räumlicher Trennung und verschieden sich entwickelnder Interessen und Überzeugungen langsam ausgetrocknet; die Briefe, die innerhalb der Familie gewechselt werden, sind zwar menschlich außerordentlich ergiebig, beziehen sich aber inhaltlich relativ selten auf Fragen von öffentlichem Interesse, weil der mündliche Austausch die briefliche Verständigung über politische Grundsatzfragen größtenteils unnötig machte, es sei denn, daß aktuelle Ereignisse die Gemüter erregten. In dieser Lage gewinnt der Briefwechsel mit dem Amtsrichter aus dem Riesengebirge eine zentrale Bedeutung. Während weltpolitische Fragen meist mit James Morris erörtert werden, der als alter englischer Bekannter den Vorteil besaß, mit den weitgespannten Problemen des britischen Empire vertraut zu sein, die nie aufgehört hatten, Fontane zu faszinieren, war Friedlaender durch seine epistolographische Begabung und durch sein Konversationstalent der geeignetste Partner, wenn Fontane sich über preußische Verhältnisse aussprechen wollte. Friedlaenders Interessenkreis war für Fontanes Bedürfnisse freilich klein, und er führte in einem Brief an Mete darüber Klage (vgl. Ha Br IV/147f), aber innerhalb seiner Welt bewegte sich Friedlaender »mit einer vollkommenen Meisterschaft«, wie Fontane im gleichen Brief versichert. Überdies behauptete der Dichter (wohl um Frau und Tochter seine besondere Vorliebe für Friedlaender verständlich zu machen), daß er von Berlin her im Umgang mit Menschen wenig verwöhnt sei: »wenn ich meine Berliner Garde Revue passiren lasse, was habe ich denn da Besseres. Neben meinem Berliner Umgangsmaterial ist, auf Unterhaltlichkeit, Esprit und gute Einfälle angesehn, Friedländer immer noch ein Gott.« (Ha Br IV/473)

Daß dem Briefwechsel mit Friedlaender die entschiedensten antimilitärischen Stellungnahmen entnommen werden können, hat gewichtige Gründe. Es soll hier jedoch demonstriert werden, daß es nicht angeht, Fontane allzu vordergründig und unbedenklich für eine standhafte Militärgegnerschaft in Anspruch zu nehmen, daß es vielmehr nötig ist, seine Äußerungen hier wie auch sonst sehr differenziert zu betrachten und keine Einseitigkeit zu unterstellen, wo Fontane selber im Nebeneinander verschiedener Stellungnahmen bemüht blieb, die Phänomene unter einer Vielzahl von Blickwinkeln zu betrachten.

In der Fontane-Forschung ist unumstritten, daß Fontanes Briefe an Georg Friedlaender zu den aufschlußreichsten Dokumenten gehören, die wir aus seiner Hand besitzen. Kurt Schreinert hat sie herausgegeben, und die Auffassung ist oft wiederholt worden, daß die in den 50er Jahren einsetzende intensive Fontane-Forschung durch die Veröffentlichung dieses Briefbandes entscheidende Impulse empfangen habe. Thomas Mann hat kurz vor seinem Tode diese Briefe, wie Jahrzehnte zuvor die anderen Sammlungen, noch gerühmt. Man hat bislang kaum Mühe darauf verwendet zu untersuchen, was Fontane veranlaßt haben könnte, sich in seinen Briefen an Friedlaender so gewichtige Äußerungen entlocken zu lassen, seine zunehmende Altersradikalisierung so unverhüllt zu offenbaren. Es gibt viele offen zutage liegende Gründe für die Intensität des Briefwechsels, die Fontane selber auch in diesen Briefen benannt hat. Die Vermutung ist aber nicht abwegig, daß ihn Friedlaenders Neigung, auf Konvention und Herkommen zu setzen, im Umgang mit dem Schmiedeberger Adel Befriedigung zu finden, so aus der Reserve holte, daß er dem befreundeten Briefpartner und Plauderer seine Überzeugungen rückhaltloser und provozierender präsentierte, als er sie vor sich selbst vertrat. Denn welche Ursache man für die lebhafte Korrespondenz auch namhaft machen mag, ein besonderer Sinn für Fontanes Kunst scheint Friedlaender nicht eigen gewesen zu sein. Schon Thomas Mann hat bemerkt, daß von Fontanes Werk in den Briefen »leider allzu kärglich … die Rede« sei.[1] Feststeht, daß Fontane sich nie veranlaßt gesehen hat, auf Friedlaenders Bemerkungen zu seinen Romanen (wenn es denn solche überhaupt gab) einzugehen. Ästhetisch scheinen die beiden Welten getrennt zu haben. Was auch sollte Fontane davon halten, daß Friedlaender der Modedichterin Johanna Ambrosius während eines Besuchs in Schmiedeberg zur Erinnerung an diesen Tag einen Gedenkstein weihte?[2] Woran lag es, daß Fontane diese Ehre nicht zuteil wurde? Fürchtete Friedlaender seine Ironie, fand er die Ehrung unangemessen, oder war ihm Fontane die Ehrung nicht wert? In diesem wie in vielen anderen Fällen zeigte sich Friedlaenders literarische Urteilsschwäche und seine Tendenz, dem Zeitgeschmack auch in seinen faden Ausartungen zu huldigen. Begreiflich wird unter diesem Aspekt, wie sehr Friedlaender, der so völlig nach innerer und äußerer Übereinstimmung mit der bestehenden Gesellschaftsordnung strebte, von dem ›Aufruhr‹ betroffen sein mußte, den seine Kriegserinnerungen hervorriefen. Er hatte mit diesem Büchlein, das er Fontane widmete, nichts anderes zu tun geglaubt, als was so viele andere vor und mit ihm taten: der großen Tage gedenken, in denen die deutsche und die preußische Geschichte ihren dramatischen Höhepunkt fanden. Statt daß er literarischen Ruhm geerntet hätte, drohte ihm ein Ehrengerichtsverfahren und damit der Verlust seiner bürgerlichen Existenz. Er muß sich in seinen (nicht erhaltenen) Briefen an Fontane seinen ganzen Jammer von der Seele geschrieben haben. Für Fontane Anlaß genug, den Friedlaender treffenden Schicksalsschlag auf seine allgemeine Bedeutung hin zu durchleuchten, den Fall als »signatura temporis« anzusehen. (Ha Br III/572) Was Fontane in diesem Zusammenhang mit auffälliger Aggressivität gegen das preußische Militärwesen vorbringt, ist seitdem ausführlich in allen Veröffentlichungen wiederholt worden, die Fontanes Zeit- und Gesellschaftskritik zum Gegenstand haben. Hier deshalb nur die schärfsten Ausbrüche Fontanes, die selbst dort, wo sie, über den unmittelbaren Anlaß scheinbar hinausgreifend, sich auf preußische Institutionen im allgemeinen zu beziehen scheinen, doch zuvörderst das preußische Militärwesen meinen. Den ersten Beschwerdeführer namens Meie, Friedlaenders Kompaniechef während des Krieges, nennt Fontane »eine furchtbar kleine Natur« und noch schlimmer trifft es den General von Wulffen, den ehemaligen Regimentskommandeur Friedlaenders; er ist »ein ungewöhnliches Rhinoceros«.[3] Drastischer kann man sich nicht fassen; doch bleibt Fontane bei solcher Personenkritik nicht stehen. Schon Kurt Schreinert hat festgestellt, daß der Fontane-Friedlaender-Briefwechsel seinen Reiz gerade dadruch bekommt, daß in ihm der »Einzelfall … Fontane Anlaß zu persönlichen, stark stimmungsunterströmten Induktionen gibt.«[4] So führt die Tatsache, daß Friedlaender nicht nur persönlichen Mißhelligkeiten ausgesetzt ist, sondern ein Ehrengerichtsverfahren zu erwarten hat, zu kraß verallgemeinernden Urteilen Fontanes über Staat, Armee und Offizierkorps: »neben unsrer neuen Größe läuft eine Kleinheit, eine Enge und Unfreiheit her, die die verachtete Stillstands- und Polizeiperiode der 20er und 30er Jahre nicht gekannt hat. Besonders die militärische Welt überschlägt sich; es ist der verwöhnte Sohn im Hause, der, weil er am besten reiten und tanzen kann, sich unter Zustimmung der Eltern alles erlauben darf. Der Rest der Welt … ist nur dazu da gescholten und verdächtigt, unter allen Umständen aber angepumpt zu werden.« (Ha Br III/531) Die Kritik bleibt aber nicht bei den unteren Chargen stehen, denn noch im gleichen Brief versichert Fontane: »Ich habe leider auch zu unsren Oberbehörden *gar kein* Fiducit mehr…« Das Gesellschaftsleben der Zeit ist der Lüge und dem Materialismus verfallen: »Wer reich ist oder eine bestimmte Machtstellung einnimmt, kraft welcher er helfen und fördern kann, der kann aus sich heraus, so zu sagen direkt, viel Gutes schaffen, wer aber mit nichts kommt als mit Idee, Wahrheit, Recht, wer losgelöst von eigner und Andrer Selbstsucht eine ›Frage‹ durchfechten will, der kann nur gleich zu Hause bleiben. Es giebt nur noch persönliche, aber keine höheren Interessen, alles wird durch Furcht oder Vortheil oder Ehrgeiz bestimmt.« (Ha Br III/541) Der Rückgriff auf die Hamlet-Welt liegt nahe: »Es ist etwas faul im Staate Dänemark und einem Götzenbilde zu Liebe, das sich mal ›Dienst‹ mal ›Ehre‹ nennt, werden Billigkeitsgefühl und gesunder Sinn begraben.«[5] Fontanes Mitgefühl schlägt um in eine allgemeine Klage über die inneren Zustände Preußens: »wenn

Sie von Ihrer Person abstrahiren und den Fall als signatura temporis und nicht als blos möglich *in* Preußen, sondern als auch charakteristisch *für* Preußen ansehn, so muß man, und Sie mit, als Patriot und Mensch blutige Thränen weinen.« (Ha Br III/572) Ob Friedlaender aus solcher Analyse viel Trost geschöpft haben kann, darf fraglich bleiben. Noch fraglicher freilich muß ihn angemutet haben, was Fontane ihm, der doch auf Rechtfertigung, Ausgleich, Versöhnung, restitutio in integrum hoffte, als Vorschlag unterbreitete: »Ich beschwöre Sie, lassen Sie sich die Butter vom Brote nicht nehmen,… sagen Sie ›macht was ihr wollt mit mir, ich verstehe diese Welt nicht mehr, verurtheilt mich, meinetwegen,… ich spreche mich frei und halte das Ganze für die Überspannung eines Prinzips und einer Anschauung, die … jeden Anspruch auf Recht und Geltung verliert.««[6] Fontane steigert sich schließlich noch grimmiger in Friedlaenders Ärger hinein; es scheint, als mißfalle ihm am eigenen Rat die passive Rolle, die er dem Freund zugedacht hatte. Und deshalb heißt es dann: »Ich hätte längst gesagt: ›macht was ihr wollt und bleibt mir gewogen‹ und hätte ihnen Uniform, Leutnantschaft, Kreuz, den ganzen Mumpitz vor die Füße geworfen.«[7] Für Fontane waren das keine leeren Worte; so und nicht anders war er schließlich 1876 mit seiner Sekretärstelle verfahren. Aber wie hätte der friedliche Friedlaender als ›Mumpitz‹ abtun können, was er zeitlebens geschätzt und geliebt hatte. Mit seinen kühnen Auslassungen war Fontane weit über das hinausgeschossen, was Friedlaender für erwünscht ansehen und ersehnen mußte. Und schließlich: die dergestalt aneinandergereihten Sätze ergeben auch nur ein verschwommenes Bild von Fontanes Anschauungen. Gerade der Kontext der hier zitierten Briefe verdeutlicht, daß Fontanes Kritik, so akzentuiert er sie vorgetragen hat, in Zusammenhängen gesehen werden muß, die ihnen viel von ihrer Schärfe nehmen. Neben diesen pointierten Sätzen stehen nämlich auch andere (in der Sekundärliteratur oft verschwiegen, weil deren Verfasser als Kinder ihrer Zeit lieber der Kritik huldigen als der Zustimmung), die die Aussage Fontanes ihres Absolutheitsanspruchs berauben und in ihrer Bedeutung relativieren. Der leidenschaftlichen Kritik an der Zeit geht ein ebenso echter, wenn auch bedingter Lobpreis derselben Zeit voraus: »Im Ganzen leben wir in einer forschen und großen Zeit und ich danke Gott täglich, daß ich nicht blos 1837, wo der Pegelstand am niedrigsten war, sondern auch noch 1887 erlebt habe; wir sind aus dem Elend, der Armuth und Polizeiwirthschaft heraus…« (Ha Br III/530) Das ist keinesfalls ein Satz, der *nicht* im Zusammenhang mit Friedlaenders Ehrenaffäre stünde, sondern er hat seinen Platz im Zentrum eines der kritischsten Briefe Fontanes zu Friedlaenders Kümmernissen. Es zeigt sich, daß Fontane für Friedlaenders Unglück eben doch nicht so schlechtweg *die* Armee, *den* Staat verantwortlich macht, sondern daß er die Hauptursache für Friedlaenders Mißgeschick im Fehlverhalten einiger borniert Individuen sieht: »Ich bezweifle nicht, daß es Hunderte von alten Militairs giebt – und je höher hinauf desto mehr – die das ganze gegen Sie eingeleitete Verfahren als einen Unsinn, eine Schnödheit und Jämmerlichkeit bezeichnen würden…« (Ha Br

III/541) »Je mehr ich mir die Sache überlege, je mehr wird es mir zur Gewißheit, daß in Ihrem Spezialfalle ganz pechöse Dinge zusammengewirkt haben.«[8] Damit ist selbstverständlich eine entscheidende Einschränkung gemacht: es handelt sich um einen ›Spezialfall‹, also nichts, was zu jeder Zeit und an jedem Ort wieder geschehen könnte, sondern etwas, das nur unter ungewöhnlichen Bedingungen zustande kommen kann. So gipfelt Fontanes Kritik schließlich in dem merkwürdigen Satz: »Von dieser militärischen Welt gilt in gesteigertem Maße das, was von der ganzen Zeit gilt: im Ganzen glänzend, im Einzelnen jämmerlich.« (Ha Br III/531) Wer aber dem Ganzen einen glänzenden Charakter erst einmal attestiert hat, dem bleibt für die Kritik am Einzelnen eine relativ schmale Basis. So kann es nicht verwundern, daß dieser Satz bisher kaum zitiert worden ist, denn im Grunde stellt er das Bild vom Zeitkritiker Fontane auf den Kopf, vermutet man doch bei ihm (und u. U. mit Recht, nur eben nicht in Dingen, die die Armee betreffen) viel eher die umgekehrte Akzentsetzung hinsichtlich des Einzelnen und des Ganzen. Noch überraschender ist es allerdings für den heutigen Leser, daß Fontane auch in der *Sache* Friedlaenders Standpunkt nicht teilt. Der Hauptvorwurf, den man gegen Friedlaender erhoben hatte, lag darin, daß er seinen Obersten (eben jenen späteren General von Wulffen) bei einem eher heiter anmutenden Vorfall als »verblüfft« dastehend beschrieben hatte. Nichts kann dem Leser von heute harmloser und trivialer erscheinen als diese Formulierung. Wulffen indessen fand den Satz anstößig und – Fontane gab ihm Recht! Er räumt zwar ein, daß sich Friedlaenders Darstellung »jeder Spur von animus injuriandi enthält« (Ha Br III/501), aber sich selber vor die Frage stellend, ob er zugunsten der Friedlaenderschen Sache zur Feder greifen solle oder nicht, sieht er sich doch, trotz der »Abgründe von Neid, Kleinheit und Dummheit«, in die man blicke, vor die Überlegung gestellt: »Ob es aber opportun, ja, Pardon, gesellschaftlich zulässig war, von einem ›verblüfften‹ Obersten zu sprechen … das ist mir fraglich.«[9] Und Fontane wiederholt ausdrücklich, daß das nicht nur eine ihm zufällig in die Feder fließende Ansicht sei: »Ich schrieb Ihnen schon früher einmal, über »Verblüfftheit« konnte sich W. nicht besonders freuen und solche fragwürdigen Einzelheiten mögen sich noch verschiedene finden.«[10] Was in den durchaus widerspruchsvollen Äußerungen Fontanes nachklingt, ist sein Verdruß darüber, daß man sich anschickte, dem Schriftsteller-Kollegen Friedlaender die Ehre absprechen zu wollen, weil er »nach 17 Jahren erzählt, ein dämlicher Oberst habe ›verblüfft‹ ausgesehn… Der alte W., wenn er sonst Lust hatte, konnte Sie fordern und todtschießen, aber Ehre aberkennen wollen, ist Unsinn.« (Ha Br III/573) Im übrigen wird schon zuvor erkennbar, daß Friedlaender nach Fontanes Dafürhalten »der Schmerz, die Kränkung, die Beängstigungen« (Ha Br III/572) erspart geblieben wären, wenn er weniger Zivilist und Familienvater und mehr Militär und Mann gewesen wäre: »Wären Sie ein Mann wie Fürst Pückler, … hätte sich … keine Lippe gerührt … denn das ganze Offizierscorps hätte gewußt, der schießt mit Seelenruhe 6 von uns über den Haufen, er hat den Charakter und die

Geschicklichkeit dazu! Sie können sich gar nicht vorstellen, wie mich speziell auch *dies* reizt und ärgert.« (Ha Br III/532) Offenkundig hat sich Fontane so in den Gedanken einer gewaltsamen Lösung hineingesteigert, daß er ein ganzes Jahr später auf seine Idee zurückkommt: »wenn Sie ... ein Pistolenschütze wie Fürst Pückler oder ... wie ... ein mir befreundeter Schützen-Kapitain in Leipzig (der hintereinander weg drei seiner ihn beleidigenden Kameraden im Duell erschoß) gewesen wären ... hätte man ... gewußt, daß mit Ihnen schlecht Kirschenpflük-ken sei und daß Sie sich in Ihrem Garten damit beschäftigten auf 15 Schritt das Coeur-As aus der Karte zu schießen, so hätte sich niemand gerührt...« (Ha Br III/597f) Diese spezielle Gereiztheit Fontanes wird Friedlaender am wenigsten verstanden haben; so radikale Gesinnungen konnte er in dem Manne, den nicht nur seine Zeitgenossen als einen heiteren ›Darübersteher‹ ansahen, am wenigsten vermuten. Fontanes Mut zu radikalen Entscheidungen hat man allerdings immer unterschätzt. Es gab nach den verschiedensten Richtungen hin Grenzen, wo er auf jede Verbindlichkeit verzichtete. Der Sohn Friedrich hat es bei seiner Ehe-schließung am schmerzlichsten erfahren.

Gleichwohl: aus allen Briefen Fontanes während Friedlaenders Affäre spricht eine gewisse mißgelaunte Verdrossenheit, auch ein scharfes Bewußtsein einer sich allmählich zuspitzenden Staats- und Gesellschaftskrise: »Dabei mehren sich die Zeichen innerlichen Verfalls: Selbstsucht und rücksichtsloses Streberthum sind an die Stelle feinen Ehrgefühls und vornehmer Milde getreten ... während in den Herzen Rohheit und destruktive Ideen Fortschritte machen...« (Ha Br III/531) Doch so scharf hier auch die Schwächen der Zeit offenbart werden, so richterlich sich diese Sprache gibt, einen ausgesprochen antimilitaristischen Klang, eine militärfeindliche Tendenz hat sie nicht. Wir zitierten schon: »...die militärische Welt überschlägt sich; es ist der verwöhnte Sohn im Haus...« Aber: eben immer noch der Sohn, der, wie lästig er auch durch seine Eskapaden und Anmaßungen werden mag, doch durch tausendfältige Bande an die Familie geknüpft bleibt. Natürlich kann man nicht ausschließen, daß Friedlaender auch mit dem Vorurteil zu kämpfen hatte, aus einer jüdischen Familie zu stammen, wenngleich diese den Übertritt zum Christentum längst vollzogen hatte. Aber während der Zeit, zu der das Ehrengerichtsverfahren anhängig war, hatte sich der nationalliberale Wind, der den Juden günstig gewesen war, gedreht. Die Stimmung war umgeschlagen, und Manfred Messerschmidt stellt fest, daß »außerhalb Bayerns« im Jahre 1885 »zum letztenmal ein Jude zum Reserveoffizier ernannt« wurde.[11] Außerdem heißt es: »In dem sich versteifenden innenpolitischen Klima, bei wachsender ›Reichsfeindmentalität‹, konnten Juden nicht darauf zählen, zu den ›staatserhaltenden Kräften‹ gerechnet zu werden... Darüber hinaus hielt die Armeeführung weiterhin an ihrem jahrzehntealten ›religiösen‹ Standpunkt fest, was sie nach außen allerdings stets bestritten hat. Die Zahlen sprechen jedoch für sich: von den etwa 20000 bis 30000 jüdischen Einjährigen zwischen 1885 und 1914 wurde in Preußen nicht ein einziger Ungetaufter für tauglich befunden, während eine ganze Reihe getaufter Juden akzeptiert wurde.«[12] Daraus ergibt sich, daß auch für die getauften Juden die volle Gleichberechtigung nicht einfach zur Selbstverständlichkeit wurde. Das Verfahren, das die angeblich Beleidigten gegen Friedlaender anstrengten, deckte sich also der Tendenz nach durchaus mit der offiziellen Politik den Juden gegenüber, so daß die Beteiligten hoffen durften, ihr Mütchen kühlen zu können mit inoffizieller Rückendeckung.

Daß Fontane diese Stimmungen kannte, ist als sicher vorauszusetzen. Seine ebenso zahlreichen wie widerspruchsvollen Bemerkungen zum Thema ‹Antisemitismus› zeigen, daß er an der Diskussion um das Judentum lebhaften Anteil nahm. (Auch sein Interesse für Stöcker legt das nahe.) Wenn auch Wolfgang Paulsen in seinem Aufsatz[13] vieles geklärt hat, so wird doch eine abschließende Darstellung von Fontanes Verhältnis zum Judentum noch einige Zeit auf sich warten lassen. Das Thema ist durch das Schicksal, das den Juden nach 1933 in Deutschland bereitet worden ist (und das Fontane vorausgesagt hat) (vgl. Ha Br III/113), zu stark belastet, als daß man es von allen Emotionen freihalten könnte. In seinen Briefen an Friedlaender, soweit sie das Ehrengerichtsverfahren betreffen, findet sich kein direkter Hinweis darauf, daß er einen Zusammenhang zwischen Friedlaenders Abstammung und dem damals eingeleiteten Verfahren andeuten wollte.

Es ergeben sich noch einige aufschlußreiche Ausblicke auf Fontanes Haltung zur Armee, wenn wir den anderen Vorbehalten Fontanes gegen Friedlaenders Buch nachspüren, wenn wir zu erkennen suchen, welche »fragwürdigen Einzelheiten« ihm bedenkens- und vermeidenswert erschienen sein mögen.

Wenn man Friedlaenders Buch liest, wird man mit einiger Verwunderung nach dem suchen, woran Fontane Anstoß genommen haben könnte. Daß Friedlaenders Kompaniechef unzufrieden war, ist verständlich, denn er kommt in den Erinnerungen so gut wie gar nicht vor. Doch ist natürlich – wie Fontane das in seinem Brief vom 15. November 1886 auch tut – der Einlassung Friedlaenders zuzustimmen, daß er seine und »nicht Meie's Erinnerungen geschrieben« habe, wie ja auch Fontanes Rat richtig ist: »Er kann ja nun *seine* schreiben und Ihre übergehn.« (Ha Br III/501) Im übrigen ist Friedlaenders kleines Buch ein Musterbeispiel für Denken und Verhalten eines harmlos-patriotischen Leutnants der Reserve, der sein Selbstbewußtsein im wesentlichen aus dem Umstand zieht, daß er in der Schule Französisch gelernt hat und seine Sprachkenntnisse in der Heimat und in Frankreich gut gebrauchen kann. Kritische Untertöne seinen Vorgesetzten gegenüber, Zweifel an der Berechtigung des Krieges im allgemeinen oder der Haltung der preußischen Truppen im besonderen werden nirgends hörbar. In einem Punkte freilich unterscheidet er sich von Fontane. Wie genau man in dessen Kriegsbüchern lesen und suchen mag, man wird überall den Eindruck bestätigt finden, daß das preußische oder, wie Fontane gelegentlich sagt, norddeutsche Volk damals so etwas wie eine verschworene Gemeinschaft war. »Mit Gott für König und Vaterland«, das war die Maxime, nach der die preußische Armee angetreten war, und kein Soldat entzog sich der Notwendigkeit, sein

Leben für König und Vaterland einzusetzen. Eine sich zum Heldentum steigernde Tapferkeit wird bei Fontane beinahe als Selbstverständlichkeit angesehen. Und auch dem Gegner wird höchstes Lob dann gezollt, wenn er furchtlos dem Tode entgegenstürmt oder in aussichtsloser Lage weiterkämpft: »Die Besatzung leistete im Großen und Ganzen wenig Widerstand; nur die tapferen Artilleristen, die noch bis zuletzt ihre Geschütze zu bedienen versuchten, mußten großentheils niedergestochen werden.« (SHK/222) Für Männer dieses Schlags erwärmt sich Fontanes Herz. Für die Mutlosen und Schwachen, für die Kleinmütigen und Ängstlichen hat er keinen Blick – jedenfalls nicht in den Kriegsbüchern. Sie werden nicht verurteilt oder verspottet, sie werden nicht entschuldigt oder freigesprochen: sie existieren ganz einfach nicht. Der Soldat hat zu kämpfen, er hat bravourös zu kämpfen, und wenn er fällt, so geschieht ihm nur, was im Kriege natürlich ist. Friedlaender hingegen erzählt hier viel realistischer. Natürlich kann man nicht annehmen, daß Fontane die Fragwürdigkeiten und Schwächen, die Angst und die Feigheit der preußischen Soldaten verborgen geblieben sind, aber man muß Friedlaender lesen, wenn man aus dem Fabelkreis preußischer Kriegstüchtigkeit und Vaterlandsbegeisterung heraustreten will. Als Friedlaender ausgesandt wird, um einberufene Ersatzreservisten aus dem Spreewald nach Frankfurt zu führen, da heißt es: »diese (Ersatzreservisten) waren zu sammeln und zu Soldaten zu machen. Da gab es denn viel Herzeleid, denn nur wenige hatten ein Gefühl für das Große der Zeit und ihres Zieles.«[14] »Der Eine lahmte, dem Andern schmerzte das Überbein, den drückt es hier und jenen da, kurz, fast ein Jeder stand auf seinem Ersatzreserveschein und wollte fahren oder dableiben.«[15] Natürlich ist denkbar, daß Friedlaender all dies nur erzählt, um die besonderen Schwierigkeiten darzutun, die er überwinden mußte, um einige Hundert solcher Reservisten vom Spreewald nach Frankfurt und von dort nach Berlin zu bringen, aber zu fragen bleibt doch, mit welchen Augen Fontane Friedlaenders Buch gelesen hat. Ganz offenkundig betrachtete er diese Erinnerungen nicht nur mit den Augen eines Freundes, der Anteil nimmt an den weit zurückliegenden Erlebnissen und deren literarischer Verarbeitung. Er hat sie offenkundig auch gelesen mit den Augen des offiziellen Preußen, schließlich stand der eigene Sohn als Hauptmann und Berufsoffizier bei der preußischen Armee in Berlin. Und Fontane war diese Perspektive vertraut. Er wußte, mit welchen Augen seine Kriegsbücher gelesen worden waren, und wußte, wie das offizielle Preußen eine Darstellung seiner Ersatzreservisten als eines disziplinlosen Haufens betrachten würde. «Wie eine Heerde mußten die Leute vorwärts und dann auch wieder zusammengetrieben werden…,«[16] wie sich denn das ganze Bataillon nur »unter Bitten und Drohung« fortbewegt.[17] Und dies das Bild einer Armee, die den preußischen Geist schlechthin verkörpern wollte und sollte, also die Elite der Nation, die in begeistertem und begeisterndem Aufschwung das neue Reich geschaffen hatte: bei Friedlaender nicht nur ein marsch- und kriegsuntüchtiger Haufen, sondern obendrein kriegsunwillig und »ohne Gefühl für das Große der Zeit«. Wie hatte doch

Fontane in seinem Brief an Mathilde von Rohr den Auszug der preußischen Reserven beschrieben? »Heiter und singend ziehen Tag und Nacht immer neue Tausende hinaus, um die entstandenen Lücken zu füllen.« (Ha Br II/331) Fontane wollte das alles ganz anders sehen als Friedlaender und hat von den unteren Volksschichten nirgends ein Bild entworfen, als seien sie »ohne Gefühl für das Große der Zeit.« Wenn man das Buch von Annemarie Lange ›Berlin zur Zeit Bebels und Bismarcks‹[18] liest, wird man selten einmal das Gefühl haben, daß dies wahrhaftig dieselbe Stadt ist, deren Leben da beschrieben, wie die, in der Fontanes Romane spielen. In sehr gemilderter Form läßt sich das auch von Friedlaenders Kriegserinnerungsbuch sagen, wenn es auch Ersatzreservisten sind, von denen er erzählt. Fontane will in seinen Kriegsbüchern von solchen Figuren ganz einfach keine Kenntnis nehmen. In ihnen will er vielmehr den Glauben bezeugen, daß die preußisch-deutschen Erfolge gar nicht möglich gewesen wären, wenn nicht der einfache Mann ebenso wie der Offizier gewillt gewesen wäre, sein Leben für König und Vaterland zu opfern. Wir haben keinen Grund zu der Annahme, daß die Witwe Pittelkow nicht im Sinne Fontanes spräche, wenn sie gegen den alten Grafen Haldern mit dem ihr eigenen Selbstbewußtsein die Leistung der einfachen Soldaten während der Kriege heraushebt: »Aber das is auch so eine von Euren Marotten, daß Ihr immer denkt, wir verstünden nichts davon und wüßten nichts von Vaterland und knappzu von Courage. Aber wie steht es denn? Alle Wetter, ich bin auch fürs Vaterland und für Wilhelm; und wer seine Knochen zu Markte getragen hat, vor dem hab ich Respekt un brauche mir nich erst sagen zu lassen, daß ich Respekt vor ihm haben soll. Un denn, Graf, man nich immer jleich mit die Halderns. Ich habe welche gekannt, die waren auch erst neunzehn und keine Halderns und saßen *nich* zu Pferde, nein, immer bloß auf Gebrüder Benekens, un mußten auch immer vorwärts. Un zuletzt, als es bergan ging un sie nich mehr konnten, da hielten sie sich an die Kusseln, weil sie sonst rücklings 'runtergefallen wären… Ne, ne, Graf, die Halderns haben es nich alleine gemacht un der junge Graf auch nich.« (NFA 3/295)

17. Kapitel

Fontane und das Problem Elsaß-Lothringen

Nach dem Tode des Kaisers hält Bismarck eine Reichstagsrede, von der Fontane sagte, er zähle sie »zu dem Schönsten, Klügsten, Bedeutungsvollsten, was er *je* gesprochen hat.« (Ha Br III/588) Wenn der Dichter dann zusammenfaßt, was der Rede Bismarcks ihre Bedeutung gegeben habe, so weist er auf den nur scheinbar unpolitischen, in Wahrheit »eminent politische(n)« Inhalt hin, denn Bismarck hat hervorgehoben, »was dem Kaiser in seinen letzten Lebenstagen ein Trost und eine Freude gewesen sei: das Hinschwinden des partikularistischen Gefühls in Deutschland, die Freude am Reich, und das Schweigen der Parteiungen in der großen Wehrfrage des Landes. Beides: avis au lecteur. Die Sonderbündler und die Fortschrittler sollen dadurch captivirt werden. Ob es hilft, ist eine andre Frage.« (Ha Br III/588) Ohne Zweifel also hat Bismarck die aufgewühlte Stimmung zu benutzen versucht, um die Abgeordneten auf das politische Testament des Kaisers einzuschwören. Zu den Hauptsachen gehört – und diese seine Unterstellung hat alle Wahrscheinlichkeit für sich –, daß der Kaiser zufrieden war damit, daß es in Deutschland in »der großen Wehrfrage des Landes«, d.h. in der Frage der weiteren Rüstung, keine Parteikämpfe mehr gab. Natürlich durchschaut Fontane, daß die Fortschrittspartei »dadurch captivirt werden« solle, so wie die Sonderbündler in die Pflicht genommen werden durch die Bemerkung, der Kaiser sei glücklich gewesen über »das Hinschwinden des partikularistischen Gefühls«, aber für unser Thema ist entscheidend, daß Fontane den Hintersinn der Bismarckschen Rede begreift, die Rede aber doch schön, klug und bedeutungsvoll nennt und damit seine Übereinstimmung mit Bismarcks Politik erklärt. Daß er mit dem Kanzler auch die »Freude am Reich« findet und diese Freude als etwas durchaus Positives für die Deutschen sieht, braucht man nicht nur zu unterstellen, es ist offensichtlich. Ebenso offensichtlich ist dann aber auch, daß man dieses Reich verteidigen und dafür die Mittel bereitstellen muß. Fontanes Briefe aus diesen Jahren zeigen allesamt, daß er die Bismarcksche Reichsgründung für notwendig hielt und zu keinem Zeitpunkt daran dachte, daß Deutschland das unter Bismarck Erreichte freiwillig in Frage stellen oder gar preisgeben könnte. Für Fontane war die Gründung des Reiches von 1871 eine Jahrtausendtat, und er bejahte die Opfer, die Deutschland bringen mußte, um sich gegen seine potentiellen Feinde zu schützen. Er wird in den 90er Jahren nicht müde zu beteuern, daß sich die übrigen europäischen Staaten daran gewöhnen müßten, daß dort, wo bislang ein Machtvakuum gewesen, nun eine Großmacht entstanden war. 1896 und 1898 nimmt er in Briefen an Morris in übereinstimmender Weise dazu Stellung, und solche Wiederholungen sind (vor allem im Zweijahresabstand) nicht allzu häufig bei ihm: »In Wirklichkeit waren die Stammes- und Völkergruppen zwischen Rhein und Weichsel, zwischen Donau und dem nördlichen Küstengelände machtlos, weil sie zersplittert und in beständiger Fehde gegeneinander waren. Der Haß untereinander war viel größer, als gegen irgendeinen äußeren Feind. ›Lieber französisch, als preußisch‹, habe ich die Nichtpreußen in Deutschland wohl hundertmal ausrufen hören. Das war der alte Zustand vor 1864, 1866 und 1870. Aber mit diesem alten Zustand – trotz beständiger Fehler, die begangen werden – ist gründlich aufgeräumt, und statt fünfzig Millionen Deutscher, die sich untereinander auffraßen, sind jetzt fünfzig Millionen Deutsche da, die dieselben *nationalen* Ansprüche erheben, die man bei andern Völkern als natürlich und selbstverständlich ansieht. Dies ist der ungeheure Umschwung, der sich vollzogen hat, und mir tun die Völker leid, die sich nicht entschließen können, mit diesem Umschwunge zu rechnen. An der Spitze die Franzosen mit ihrem lächerlichen Revanchegeschrei! Diese Revanche kommt nie. Was kommt, sind neue Niederlagen. Und auch England muß sich in diesen total veränderten Zustand der Dinge schicken. Es würde England wenig nützen, unsere paar Schiffe in den Grund zu bohren. Wer im Glashause wohnt, darf nicht mit Steinen werfen. Deutschland ist aus der Vormundschaft heraus, und es bleibt nichts andres übrig, als es seine *eigenen* Wege gehen zu lassen, auch wenn diese Wege den Erwartungen und Interessen anderer widersprechen.« (7. März 1898) (Ha Br IV/700) Ein erstaunliches Zeugnis dafür, mit welcher Entschiedenheit sich Fontane in seinem letzten Lebensjahr zum Verfechter nationaler deutscher Interessen aufwerfen konnte. (Und der Brief vom 18. Oktober 1896 sagt nichts anderes!) (Ha Br IV/603 f)

Dieses Engagement soll hier am Problem Elsaß-Lothringen untersucht werden, das die deutsch-französischen Beziehungen immer belastet hat und das erst heute seine Brisanz verloren hat, weil die Endgültigkeit des gegebenen Status von niemandem mehr bestritten wird und kaum jemand mehr in der Sorge lebt, daß die Vergangenheit sich hier wieder zu Wort melden könnte. Fontane aber war in dieser Frage ein Kind seiner Zeit, und um seiner Gesamthaltung gerecht zu werden, ist es nützlich, sich seine Einstellung zu Elsaß-Lothringen zu vergegenwärtigen.

Eine genauere Durchleuchtung dieses Fragenkomplexes ist schon deshalb nützlich, weil Fontanes erste Stellungnahmen dazu (schon kurz nach Abschluß des Krieges 1870/71 gegeben) vielfach dahingehend verstanden worden sind, als habe er sich mit der erzwungenen Abtretung der im Laufe von Jahrhunderten französisch gewordenen Provinzen nicht einverstanden erklärt. Zweifelsfrei hat Fontane gewußt, daß die Elsässer nicht Deutsche werden, sondern Franzosen bleiben wollten. In Analogie zum Begriff des ›Muß-Preußen‹ bildet er den des ›Will-Franzosen‹. (NFA 16/464) Er registriert mit Aufmerksamkeit und Objektivität, daß Lothringer wie Elsässer an ihre Parteinahme für Frankreich nicht rühren lassen. In den ersten Äußerungen unterscheidet er noch sehr sorgfältig zwischen Elsässern einerseits und Lothringern andererseits und gibt dabei den Lothringern entschieden den Vorzug; nicht etwa, weil sie deutschfreundlicher oder liebenswürdiger und gefälliger wären, sondern weil sie aus ihrer französischen Gesinnung keinerlei Hehl machten und sich zu ihrem Franzosentum ohne Einschränkung und Sentimentalität bekannten. Fontane nimmt wahr, daß »die Lothringer in ihrer Gesamthaltung viel angenehmer, umgänglicher, freundlicher sind als die Elsässer: »Ich erklär' es mir so. Die Lothringer, mit ihrer letzten Herzensfaser längst zu Franzosen geworden, betrachten sich völlig als Bewohner einer *eroberten* Provinz. Sie haben unterlegen, sind als Beutestück dem Sieger zugefallen und müssen sich in die Gesetze desselben finden. Sie haben ihm gegenüber keine besondren Ansprüche zu erheben; sie waren seine Feinde, *immer* seine Feinde, und müssen nun – als Grenzland dazu verurteilt, die Zeche zu zahlen – die Konsequenzen dieser Gegnerschaft tragen.« (NFA 16/426) Für die Elsässer sieht die Lage komplizierter aus. Fontane meint, in ihrer Einstellung gewisse Unzulänglichkeiten und Schwächen entdecken zu können und beurteilt ihr Verhalten mit weniger Verständnis und Sympathie: »Der Elsässer, wiewohl *politisch* total Franzose geworden, ist doch seinem Blut und seinem Stammesbewußtsein nach mehr oder minder *deutsch* geblieben und geriert sich in dieser seiner Deutsch-Eigenschaft nunmehr als ‹feindlicher Bruder›. Solange er in der Präponderanz war, betonte er die Feindlichkeit und ließ die Bruderschaft fallen; jetzt, nach langer Hoffahrt, endlich mitbesiegt und unterlegen, sucht er den Bruder überall wieder hervor, wo es ihm *paßt,* und peroriert sich in den Glauben hinein, daß er als ‹Bruder› eigentlich ‹schlecht behandelt› werde. Ja, er geht so weit, als *feindlicher* Bruder ganz besonders ausgezeichnet, namentlich aber *prämiiert* werden zu wollen. Denn in den Mein- und Dein-Fragen vereinigt er die Tugenden *beider* Nationen.« (NFA 16/427) Mit Respekt vermerkt er in seinen Reiseaufzeichnungen, was ihm der lothringische Wirt in Gorze sagt: »nous sommes français; nos sentiments sont tout-à-fait pour la France, et –être allemand, jamais!« (NFA 16/427f) Und selbst auf den Vorteil hin angesprochen, daß es dem Lothringer erspart bleibe, seinen Anteil an der fünf Milliarden-Kontribution aufzubringen, winkt der Wirt ab: »J'aimerais mieux *payer* et – rester chez la France. L'Allemagne, oh…« (NFA 16/428) Gleichsam die allgemeine Stimmung zusammenfassend, läßt er in Gravelotte einen ›Will-Franzosen‹ erklären: »Mein Sohn wird nie den preußischen Rock tragen; noch drei Jahre, so verkauf' ich und beschließe meine Tage in Mars la Tour.« (NFA 16/438) Nirgends wird erkennbar, daß Fontane den Menschen im Grenzland etwa das Recht abspräche, sich so dezidiert für Frankreich zu entscheiden, aber er beginnt doch, nach der Berechtigung eines solchen antideutschen Gefühls zu fragen. Er versucht, Verständnis zu entwickeln, indem er einräumt, daß es ein »Geistiges« gibt, »das *über* das Nationale geht« (NFA 16/464), so daß die Menschen sich gerechtfertigt fühlen könnten, wenn sie sich der überlegenen Geistigkeit der Franzosen verbunden fühlten, also in der Betonung eben dieses Geistigen alles Nationale hinter sich ließen. Aber Fontane glaubt, zu viel vom gegenwärtigen Frankreich gesehen zu haben. Ein Irrtum waltet hier: »nur blinder Dünkel und verstockte Unkenntnis können im gegenwärtigen Augenblick behaupten, daß dieses Geistige in Frankreich mehr seine Stätte habe als in Deutschland. Und so fällt denn jede Berechtigung zu Boden.« (NFA 16/465) Wenn diese Argumentation auch keinen besonderen Aufwand an Einfühlungswillen in die Grenzlandmentalität zeigt, so verrät sich doch, daß Fontane ein deutsches Anrecht auf Elsaß-Lothringen nicht nur aus der Geschichte, sondern auch aus dem gegenwärtigen Stand der geistigen und sittlichen Höhe der beiden Nationen ableitet. Immerhin sieht er, daß die Annexion sich nicht berufen kann auf die alte Idee des ›so weit die deutsche Zunge klingt‹ – seine Gesprächspartner lassen ihn nicht im unklaren darüber, daß in Lothringen zumindest die deutsche Sprache durchaus keine bestimmende Rolle mehr spielte: »Die Leute sprechen wohl noch deutsch, an der Grenze hin vielleicht auch ausreichend und ohne besondere Mühe, aber im großen und ganzen sind *alle* Lothringer des Deutschsprechens *entwöhnt.* Jeder dachte an die Möglichkeit, das Französische über den Rhein zu tragen, aber gewiß nicht an die Möglichkeit, es von dorther besiegt und verdrängt zu sehn; so war das Deutsche, auch bei den *Deutsch*-Lothringern, ein totliegendes Kapital; es rostete; denn auch der Geschäftsverkehr mit den Deutschen ging in französischer Sprache. Sie bequemten sich uns eben.« (NFA 16/439) Will man angesichts dieser Tatbestände mit echtem Gewinn deutsche Politik machen, so kann es nur darum gehen, die Bewohner der Grenzländer, die schließlich einmal Deutsche waren, für das Deutschtum zurückzugewinnen, und zwar nicht durch Härte und Zwangsmaßnahmen, sondern durch eine kluge Politik: »Mit feinem Verständnis ist gesagt worden: ›Der deutsche Student müsse und werde diese Gegenden wieder erobern.‹ Dem stimme ich zu. An die Errichtung der Universität Straßburg einerseits, an die sangesheitren Wanderzüge der deutschen Jugend andererseits lassen sich nicht leicht zu weitgehende Hoffnungen knüpfen. Der französische *Geist* muß erst wieder heraus... Diesen französischen Geist aber vertreiben wir mutmaßlich weder durch unsere zivile noch durch unsere Heeresverwaltung, was alles auch zu Lob und Preis beider gesagt werden mag. Um die Vorzüge derselben, die sich in Exaktheit, in Treu und Glauben, in Unbestechlichkeit zu erkennen geben, zu würdigen, ja auch nur zu verstehen, muß der ganze geistige Boden erst umgeackert worden sein.« (NFA 16/479) Fontane warnt davor, Erfahrungen, die man bei der Eingliederung der Polen an den Ostgrenzen Preußens gemacht hat, auf die Elsaß-Lothringer an der Westgrenze Deutschlands übertragen zu wollen. War das »polnische Element« damit zufrieden, »sich in seinem Recht und seinem Besitz gegen Unterdrückung geschützt zu sehen«, kann das Elsaß für »solche Gewährungen ... *nicht* dankbar sein. *Das* hat es längst gehabt, und was daran fehlen mochte, das war keine Folge von Unfreiheit und Unkultur, sondern von Überfreiheit und Überkultur. Diese erst wieder als solche zu charak-

terisieren, als solche fühlbar zu machen, das Falsche, Schiefe, Verlogene aufzudecken, gesunde Bildung an die Stelle ungesunder zu setzen, *darauf* kommt es an;
diese Aufgabe aber ist eine rein geistige und kann nur durch geistige Mittel gelöst
werden. Die Berührung mit dem deutschen Geist allein kann diese Wandlung
vollziehen: Lehre, Wissenschaft, Predigt, Lied.« (NFA 16/479f) In diesem
Zusammenhang weist Fontane hin auf die Bedeutung, die die Presse für die Neu-
entwicklung eines deutschen Bewußtseins in den Grenzländern haben werde:
»die Presse. Im Moment, weil alles noch gärt und widerstrebt, mag es gleichgültig
sein, ob dieselbe ein wenig besser oder schlechter, ob etwas höher oder tiefer in
die Erscheinung tritt, aber die Stunde muß kommen, wo die Pflege der öffentlichen Meinung, die doch vor allem Zeitungssache ist, gerade in diesem Reichs-
lande zu einer allerwichtigsten Aufgabe werden wird. Das *Allerbeste,* was
Deutschland hat, wird dann gerade gut genug sein für – Elsaß-Lothringen.« (NFA
16/480) Allerdings: Fontane war vertraut genug mit der märkisch-preußisch-
deutschen Mentalität, um die Schwierigkeiten vorauszusehen, die den Deutschen
im Elsaß bei dem Versuch erwachsen würden, durch »geistige Mittel« die Grenz-
landbewohner in ein innerlich von ihnen bejahtes Deutschtum zurückzuführen.
Um seine Bedenken und Ängste zu illustrieren, erzählt Fontane von einer Reise,
die er von Straßburg aus nach Belfort und zurück unternommen hat. Er leitet den
Abschnitt noch einmal ein mit Hinweisen darauf, wie sich ihm die wirkliche Lage
im Elsaß darstellt: »Es mag als eine Tatsache gelten, daß es Frankreich seit dem
ersten Empire gelungen ist, dieses kerndeutsche Volk innerlichst Deutschland zu
entfremden. Sie *wollen* Franzosen sein. Diese Entfremdung ist häßlich; ich habe
mich an den verschiedensten Stellen über die ganz besondere Häßlichkeit dieser
Entfremdung ausgesprochen; aber – sie ist eine Tatsache, und *weil* sie eine Tatsache ist, kann es zu nichts führen, *den,* der nicht lieben will, beständig zu alter
Liebe *aufzufordern;* wir müssen einfach versuchen, eine neue Liebe zu gewinnen.
Wodurch? Von deutschen Geistes wegen!« (NFA 16/482) Es kann, wenn man
die Kriegsbücher Fontanes und seine beiden Kriegsbegleitbücher gelesen hat,
nicht zweifelhaft sein, daß Fontane in dieser Zeit von der Überlegenheit nicht
nur der deutschen Waffen, sondern des deutschen Geistes über den französischen
ausgeht. Er dürfte nicht Fontane sein, wenn er dies nicht vorbrächte in aller Dif-
ferenziertheit und Bedenklichkeit und unter fortgesetzter Inanspruchnahme seines Lieblingsgedankens, daß »hinter dem Berg auch Leute wohnen«, und selbstverständlich ohne jeden Unterton eines nationalistischen oder chauvinistischen
Superioritätsgefühls. Aber noch wichtiger ist, daß das Bewußtsein einer deutschen Überlegenheit im allgemeinen keineswegs den Blick trübt für die ganz
aktuelle Schwäche der deutschen Vertreter im einzelnen. Er wird im Zuge zum
Zeugen eines Gesprächs, das ein schneidiger »Sous-präfektur-Aktuarius« mit
einem Ulanen-Avantageur in Gegenwart einer distinguierten Elsässer Familie
führt: »Die beiden jungen Herren unterhielten sich also von ihren Taten, waren
darüber einig, daß es ‹Bande› sei, daß sie ‹um den Finger zu wickeln seien, wenn

man sie zu nehmen verstehe›, und daß man deshalb ‹scharf zufassen müsse›. Diesen drei Redensarten war ich sechs Wochen lang so beständig begegnet, daß sie mir im ersten Moment nicht im geringsten auffielen; erst der Ausdruck von Unmut, der wie ein vorübergehendes Gewölk auf der sonst ruhig superioren Stirn des alten Elsässers ansichtig wurde, ließ mich die ungeheure Taktlosigkeit erkennen, die hier begangen wurde, und die Scham stieg mir rot ins Gesicht. In ‹Militärkupees› hatte es mit dem codex diplomaticus, dessen drei erste Paragraphen ich vorstehend zitiert habe, nie viel auf sich gehabt; hier aber hatten die okkupierten Provinzen ein Ende, und wir befanden uns innerhalb *deutschen* Reichslandes auf einer *deutschen* Eisenbahn.« (NFA 16/484) Was Fontane sichtbar macht, ist eine unglaubliche Arroganz, eine peinliche Verbohrtheit und eine alles Normalmaß übersteigende Dummheit der Repräsentanten Deutschlands. Aber eines geht nicht an: die hier geäußerte Kritik in aller ihrer Schärfe dahin zu deuten, als ob Fontane die Annexion des Elsaß überhaupt ablehne.

Ohne daß das ausgesprochen und begründet und betont werden müßte, ist ersichtlich, daß Fontane dem Deutschen Reich einräumt, sich die Provinzen zurückzunehmen, die sich Frankreich in Jahrhunderten deutscher Schwäche angeeignet hat. Wie borniert die deutschen Vertreter im einzelnen auch sein mögen, ihr Verhalten ist nicht Anlaß, über das ›Fehlerhafte‹ der Annexionspolitik überhaupt nachzudenken, sondern alles führt nur dazu, »sich ernsthaft und ganz allgemein die Frage vorzulegen: *ist denn wirklich alles so, daß es unsere Vorzüge klar erkennbar machen muß«*? (NFA 16/485) Diese Frage erlaubt nicht die Deutung, daß Fontane in Konflikt gerät mit der offiziellen preußischen Politik. Was seine Kritik herausfordert, sind allein die Methoden und die geistige Einstellung, mit der absolut unbedarfte deutsche ›Statthalter‹ aller Chargen das Reichsland Elsaß-Lothringen für Deutschland zu gewinnen trachten. Nicht die leisesten Anklänge an illoyale Bedenken gegen die deutsche Politik im ganzen werden hörbar. Fontane geht aus vom Faktum der Annexion und denkt nicht daran, an der Klugheit oder gar Durchführbarkeit der Annexionspolitik zu zweifeln. Es ist deutsche Politik, und wenn er auch höchst beiläufig betont, »in *nichts* … dem Deutschtum rücksichtslos verfallen« zu sein (NFA 16/426), so vertritt er doch, bei allem Respekt vor der Haltung der elsaß-lothringischen Bevölkerung, bedenkenlos die deutschen Interessen. Gäbe es bei der deutschen Administration mehr Klugheit, Anpassungsfähigkeit und Einfühlungsvermögen, alle seine kritischen Einwände fielen dahin, da sie nirgends grundsätzlicher Art sind. Fast abschließenden Charakter hat für diesen Zeitraum eine Äußerung, in der Fontane seine prinzipielle Auffassung darlegt: ihm ist »der deutsche Will-Franzose unerträglich. Er versündigt sich gegen das Haus, in dem er geboren wurde, schädigt die Ehre seiner Familie und dadurch die seinige. Die Entgegnung, daß er es in der Fremde gut oder besser gehabt habe als daheim, daß eben diese Fremde ihn in eine höhere Klasse gehoben, jedem einzelnen, wenn auch undekoriert, eine Art ‹Ehrenlegion› verliehen habe, kann ihn nicht rechtfertigen. Um so weniger, als dies alles, günstigsten Falles, doch nur die halbe Wahrheit ist.« (NFA 16/464) Wer Fontane kennt, wird heitren Sinnes die Bemerkung von der »halben Wahrheit« (aber eben doch Wahrheit!) zur Kenntnis nehmen; an der Grundsätzlichkeit seines Bekenntnisses zur deutschen Politik von 1871 ändert das nichts.

Daß Fontane unter seinen Zeitgenossen eine Ausnahme gewesen ist und daß seine um Objektivität und Verständnis bemühten Ausführungen im Elsaß gehört wurden (daß er also nicht in eine Reihe geriet mit den siegestrunkenen Vertretern der preußischen Offiziers- und Beamtenschicht, der die Verwaltung und Eingliederung Elsaß-Lothringens ins Reich zufiel und deren Stillosigkeit, um ein sehr mildes Wort zu wählen, er so offen anprangerte), dies beweist seine Erwähnung in dem 1936 von J. Rossé und anderen herausgegebenen Bande ›Das Elsass von 1870–1932‹. In diesem Buch, das ganz bestimmt wird vom Geist der elsässischen Autonomiebestrebungen nach 1918 und das von der politischen Intelligenz der Deutschen von 1870 bis 1918 so wenig Gutes zu berichten weiß wie von der geistigen Souveränität der Franzosen nach 1918, wird Fontane gelegentlich erwähnt: »Männer wie Fontane blieben skeptisch, seine Reiseberichte aus dem okkupierten Frankreich zeigen es...«[1] Gegenüber dieser Einstellung bleibt freilich zu betonen, daß Fontanes Skepsis sich nicht auf die Rechtmäßigkeit der deutschen Ansprüche auf Elsaß-Lothringen bezog, sondern auf die Befähigung und das Einfühlungsvermögen jener, in deren Obhut die Aufgabe der Wiedergewinnung des Landes gegeben wurde.[2]

Daß Fontane nicht von Anfang an den Elsaß-Lothringern gegenüber eine so gemäßigte Haltung eingenommen und eine so verständisvolle Sprache geführt hat, sondern daß selbst er, dieser Allesversteher und Gallomane – wie er sich selbst nennt – vehemente Anfälle nationalistischer Kraftmeierei hatte, wird an seinem ersten Metz-Kapitel von ›Aus den Tagen der Okkupation‹ erkennbar. Natürlich würde es den gängigen Fontanevorstellungen viel mehr entsprechen, wenn sich der Dichter Marx und Engels angeschlossen und dem deutschen Verzicht auf Elsaß-Lothringen das Wort geredet hätte (was auch vernünftiger gewesen wäre). Aber Fontane war ein Kind seiner Zeit – und mußte lernen. Sein Lernprozeß wurde eingeleitet in seinem Hotel zu Metz, der eben eroberten Festung, die Fontane offenkundig in der Überzeugung betrat, daß diese viel genannte Stadt des Reichslandes echt deutschen Charakter habe: »Ich war noch nicht zehn Minuten unten, so hatt' ich Streit mit einem Conciergen, der nicht deutsch sprechen wollte. Der Unglückliche –, *er konnt'* es einfach nicht; anstatt indessen diese Tatsache ruhig gelten zu lassen, nahm ich sie als nationale Demonstration und ereiferte mich über die Maßen. Ganz gegen meine Gewohnheit. Vierundzwanzig Stunden später hatt' ich mich gefunden und stand ab von jeder sprachlichen Vergewaltigung.« (NFA 16/406) Es spricht für Fontane, daß er diese Episode nicht unterschlagen hat. Zwar erhält sein blanker Schild einen Flecken, aber sein Bericht gewinnt doch an Glaubwürdigkeit und Menschlichkeit. Es kann nicht an dem tapferen und hochgemuten Ritt über das Schlachtfeld von Sedan gelegen haben (der Fontane eine »ehrenvolle Narbe« an ungenannter Stelle einbringt!), daß der nationalistische Fontane hier darum ringt, deutsche Ansprüche durchzusetzen. Er versucht seinem faux pas die Schärfe zu nehmen, indem er sich über sich selbst lustig macht: er hat soeben nach wochenlangem Reisen seinen ›äußeren Menschen‹ mit der Hilfe von Nadel und Faden wiederhergestellt (einen Akt »plastischer Chirurgie« nennt er das) und befindet sich »in jenem Zustand politischer Erregung, der, wenn man die statistischen Tabellen der Putsche und Revolutionen durchgeht, von einer andauernden Beschäftigung mit der Nadel unzertrennlich ist! An der Nadel haftet die Energie, die *Sprungkraft,* die nur dem Kleinen zur Verfügung steht.« (NFA 16/406) Eine etwas weit hergeholte Erklärung dafür, daß er die Beherrschung verloren und sich in peinliche Schwierigkeiten gebracht hat.

Indessen: der Vorgang macht deutlich, wie durchdrungen Fontane von der Rechtmäßigkeit der deutschen Ansprüche war und daß er nur dort Zurückhaltung übte, wo allzu große Dummheit den Gedankenradius seines Gesprächspartners bestimmte, wie z.B. im Falle seines ›Burschen‹ Rasumowsky, mit dem er auf Oléron politisch insoweit einig geht, als beide wünschen, an Weihnachten zu Hause zu sein: »Ob dabei Straßburg und Metz wieder an Deutschland kommen oder nur eins von beiden, hat uns noch nicht lebhaft beschäftigt, am wenigsten entzweit. Ich habe ihn in Verdacht, daß er eine mehr als ruhige Position zu dieser Frage einnimmt.« (NFA 16/96f) Der Vorfall in Metz beweist, daß Fontanes eigene Position in dieser Hinsicht von Gelassenheit und Ruhe weit entfernt war.

In dem anschließenden Kapitel ›Auf dem Münster‹ (NFA 16/486ff) nimmt Fontane in eindrucksvoller Weise die Zukunft vorweg: Er kommt ins Gespräch mit einem Amerikaner, und die Darstellung schwankt zwischen ironisierender Amerikabetrachtung und verhalten-unsicherer Respektierung von dessen möglicher Größe. Noch wissen die Europäer nicht recht, wie sie mit der fernen Macht umgehen sollen, während die Amerikaner ihrerseits ihre Überlegenheit als Selbstverständlichkeit ausgeben. Für sie gibt es nur ein Gesprächsthema: Amerika: »Es hat etwas Komisches, aber weder etwas Langweiliges noch sonst Bedrückliches, und zwar deshalb nicht, weil es einmal mit vollkommener Naivität geschieht, und zweitens, weil die Betrachtung sich aufdrängt, daß *sie doch möglicherweise recht haben.* Wir wandeln vielleicht jetzt schon mehr in ihren Fußstapfen als sie in den unsern. Unsere ganze Eisenbahn- und Telegraphenzeit, die die Bewegung an die Stelle des Stabilen, die Hast an die Stelle der Ruhe, das Geld an die Stelle des Grund und Bodens setzt, was ist sie anders als Amerikanismus?« (NFA 16/490) Fontane empfindet die Komik um so stärker, als Deutschland durch die kurz hintereinander gewonnenen Kriege ganz neue Anstöße erhalten hat und vor einem mitreißenden Aufschwung zu stehen scheint. Aber sein Sinn für Tatsächliches ist stark entwickelt. Es prägt sich ihm zwar scharf ein, was alles für Deutschland spricht: »Unten lag Straßburg, die ‹wunderschöne Stadt›, dies war das Münster, das mächtigste Sinnbild deutscher Kunst und deutscher Größe, drüben, in den Stein geschnitten, stand der Name Goethe, und hier perorierte ein chief-editor von jenseit des großen Wassers und sagte mir ruhig: ›America, that's the world.‹ So schieden wir. Ich hatte nicht den Mut, zu widersprechen.« (NFA 16/491) Er bringt es nicht fertig, gegen diese amerikanische Selbstsicherheit zu protestieren. In Anbetracht so weltumspannender Aspekte nimmt sich (wenn auch nur für Augenblicke) der deutsch-französische Streit um das Grenzland anachronistisch aus. Wo sich die Frage nach der Weltherrschaft stellt, hat der Kampf um zwei Provinzen nur noch einen beschränkten Stellenwert. Die europäischen Staaten haben, jeder für sich genommen, nicht die Substanz, in Weltfragen mitzureden. Und auch das allmächtig scheinende England tut nur noch so, als sei es imstande mitzuhalten, in Wirklichkeit lautet die Frage längst: »Wie lange werden die *andern* die Vexationen Englands oder richtiger die immer bedrücklicher und kränkender werdenden Weltherrschaftsaspirationen Englands noch aushalten wollen?« (an James Morris, 19. August 1897) (Ha Br IV/663) Oder noch schärfer formuliert: »Der Moment ist nah, wo die Weltherrschaft an den weißen Zaren abgetreten werden muß. Eigentlich ist der Moment schon da.« (13. Mai 1898) (Ha Br IV/717)

Es wäre jedoch falsch anzunehmen, daß Fontane das Naheliegend-Gegenwärtige über dem Zukünftigen vergessen hätte. Seine Auseinandersetzungen über Elsaß-Lothringen behalten ihre Bedeutung, und er führt sie auch fort. Sporadisch zwar, aber immer engagiert. Daß er sich dem Märkisch-Preußischen zunehmend entfremdet, findet keinen Niederschlag in seinen Aussagen über die Gebiets- und Monetärgewinne, die Preußen-Deutschland dem gewonnenen Krieg gegen Frankreich verdankt. Eine Widerrufung des alten Einverständnisses hätte sich mit seinem Ethos auch kaum verbinden lassen. Auch in einer Theaterkritik von 1873 hat er beinahe pathetisch auf den Urgrund verwiesen, aus dem Deutschlands Recht auf Elsaß-Lothringen erwuchs: »Mit drei Stücken, seitdem der glorreichste Krieg hinter uns liegt, ist nun nachträglich noch um *Metz*, um *Nancy* und um *Breisach* geworben worden. Welche Kluft zwischen den Taten unseres Volks und denen unserer Dichter! In jener furchtbaren Stunde, als die Garde, ihren Sturm auf St. Privat unterbrechend, deckungslos auf freiem Felde lag und nichts hörte als das Zischen der Kugeln und das Klopfen des eigenen Herzens, das in bangen und doch so tapferen Schlägen an die lothringische Erde pochte, da wurde Elsaß-Lothringen unser. Die Zucht Friedrich Wilhelms I. und der kategorische Imperativ Kants, *die* waren es, die uns Metz und Straßburg wiedererobert haben. Die Phrase hätt' es nimmer getan. Wir wollen mit ihr darob nicht rechten; aber nachdem sie nunmehr gegenstandslos geworden ist, muß wenigstens der Wunsch gestattet sein, sie möge sich bescheiden und das Lied von dem deutschen Treumut und der welschen Tücke auf sich beruhen lassen. Wir *haben* nun Elsaß und Lothringen und können ohne sonderliche Einbuße *eines* dafür aufgeben: unsere alte Weltstellung als Generalpächter der Sittlichkeit.« (NFA 22,1/240f) Vielleicht wird hier mit zu leichter Hand das durch Jahrhunderte scheinbar im deutschen

Charakter wurzelnde Gefühl für die Idee der ewigen Gerechtigkeit preisgegeben (welcher Absturz im 20. Jahrhundert!), aber Fontane zeigt sich als Kind seiner Zeit entschlossen, als Recht zu bejahen, was mit Strömen von Blut erkauft worden ist. Und schließlich, wer konnte sich anmaßen, in der gegebenen Lage hinsichtlich Elsaß-Lothringens Recht und Unrecht gegeneinander aufzurechnen? Daß Fontane nicht gewillt war, sich etwas vorzumachen, sondern daß ihm schon bewußt war, daß bei der Annexion von Elsaß-Lothringen der alte Spruch ›Macht geht vor Recht‹ keine unbedeutende Rolle gespielt hatte, wird aus einem Satz deutlich, den er kurze Zeit zuvor in der Kritik von Kobersteins Lustspiel ›Um Nancy‹ veröffentlicht hatte: »Herzog Franz … tritt in diesem Momente allgemeinen Glücks vor und donnert eine Tirade von der ewigen Deutschheit Lothringens herunter, bei der man nur sagen kann: brrrr…« (NFA 22,1/230) Dieses ›brrrr‹ verdeckt eine Fülle zwiespältigster Sentiments, was unzweifelhaft aus dem von Fontane erfundenen Dialog zwischen Bismarck und Favre hervorgeht, den er, zu seiner Erheiterung und um die »formale Unzutreffendheit« zu charakterisieren, deren sich Koberstein schuldig macht, in seine Rezension einschiebt: »Man denke sich, um mit Hilfe eines der Jetztzeit entlehnten Vergleiches unsern Gedanken anschaulicher zu machen, Jules Favre und Bismarck im Winter 70 oder 71 bei einer ihrer Begegnungen. J. Favre: Bon jour! Bismarck: »Bon jour!« J. Favre: Elsaß?! Bismarck: »Langt nich.« J. Favre: Was dann? Bismarck: »Straßburg und Metz.« J. Favre: Sie scherzen. Bismarck: »Je nun! … Kameke, schießen Sie weiter.« Ein Dialog wie dieser, wenn wir ihm in einem historischen Lustspiele ›Um Paris‹ begegneten, würde in seinem Kern nicht gerade unwahr zu nennen sein. In der Tat, so etwa lagen die Dinge. Dennoch haben Jules Favre und Bismarck niemals in solchem Lapidarstil gesprochen, und die formale Unzutreffendheit ist so groß, daß alle innerliche Wahrheit darin untergeht.« (NFA 22,1/228) Aber diese an sich selbstverständliche Einsicht in den Unrechtscharakter der deutschen Annexionspolitik bedeutet nicht, daß sich Fontane gegen eben diese Politik ausspräche. Es gibt bei ihm auch nicht den Ansatz eines Loyalitätskonflikts, sondern allenfalls die erahnbar gemachte Erkenntnis, daß man auch anderer Meinung sein könne. Für das französische Verlangen nach Rückgabe Elsaß-Lothringens hat Fontane im Grunde nur Spott. 1878 schreibt er sehr nonchalant in einer Theaterkritik: »Die Franzosen haben mit zweierlei ihre Revanche an uns genommen: mit den fünf Milliarden und mit Sardou. Wenn diesem letzteren, wie er es in einem an Ernst grenzenden Scherze forderte, die Erlaubnis zur Aufführung seiner Stücke auch nicht durch Rückgabe des Elsaß bezahlt worden ist, so wäre es doch auch unrecht, ihn zu den ‹glorreich Besiegten› zu zählen. Er siegt überall, und überall ist er. Figaro hier, Figaro dort.« (NFA 22,3/170) Am ehesten setzt sich in seinen Äußerungen noch eine gewisse Ungeduld durch, wenn er mutmaßen muß, die Elsaß-Lothringer arrangierten sich nicht. So wird sein Mißmut überdeutlich, wenn er die Haltung des Dichterpaars Erckmann-Chatrian charakterisiert, die er Elsässer nennt, obwohl sie Lothringer sind, wobei erkennbar wird, daß er die

1871 vorgenommene Differenzierung fallen läßt: »Das Stück selbst (›Die Rant-zau‹), wie schon gestern in einer vorgängigen Notiz angedeutet, wird sehr wahr-scheinlich den Rest der Saison beherrschen. Und mit Recht. Es ist eine ganz aus-gezeichnete dichterische Schöpfung. Sowenig Sympathien ich mit diesen verpari-serten Elsässern habe, die sich (und wenn sie noch viel bessere Stücke schrieben) immer nur lächerlich machen, wenn sie sich einbilden, auch als Franzosen zweiter Klasse noch zu schade für Deutschland zu sein, ich sage, sowenig Sympathien ich mit dem politischen Gebaren dieser Herren habe, so kann ich ihr Stück doch nur bewundern und, wenn ich Dramatiker wäre, beneiden.« (NFA 22,2/208) Dies entspricht der Anschauung, die sich auch in Fontanes Brief vom 20. Juni 1882 an den Sohn Theo widerspiegelt: »Liebe steht viel höher als Stammesgefühl und nun gar als ein obsolet gewordenes Stammesgefühl. Die Elsässer gehörten 200 Jahre lang zu Frankreich, und wenn sie nun schließlich sagen, ‹Erwin von Steinbach hin, Erwin von Steinbach her, die Franzosen, mit denen wir jetzt durch sechs Generationen gegangen sind, gefallen uns besser als die Deutschen›, so ist schließ-lich nicht viel dagegen zu sagen… die einfache Tatsache, daß die Elsässer lieber französisch als deutsch sein wollen, darf uns nicht zornig machen. Nur betrüblich ist es.« (Ha Br III/191 f) Hans-Heinrich Reuter meint, daß dieser Brief für Fon-tane das Thema Elsaß abschloß.[3] Diese Auffassung ist nicht richtig. Zunächst frei-lich wird Fontane viel geduldiger und beginnt, für die Eingewöhnung der Elsäs-ser mit längeren Zeiträumen zu rechnen. In einem Brief an Heinrich Kruse räumt er ein, »daß wir die Gefühle des Elsaß ganz allmählich zurückerobern müssen, wie wir sie allmählich verloren. Die Wünsche, die wir nach dieser Seite hin haben, dürfen unser Urteil über die tatsächlichen und uns unbequemen Zustände nicht bestimmen. Die Berliner Colonisten (ich mit) sind in 200 Jahren gute Preußen geworden, warum sollten die Elsässer in 200 Jahren nicht gute Franzosen werden? Natürlich paßt der Vergleich nicht ganz…« (Ha Br III/536) Es kann also lange dauern, bis sich die deutschen Wünsche erfüllen und die Elsässer im Deutschen Reich so sehr ihre politische Heimat gefunden haben wie die anderen deutschen Stämme. Völlig verschwiegen wird indessen bei Reuter ein Brief, den Fontane im letzten Lebensjahr an James Morris schrieb und der mit extremer Offenheit belegt, daß Fontane seine grundsätzliche Position Elsaß-Lothringen gegenüber nicht um ein Jota verschoben hat: »Und weil ich an diese Ehrlichkeit und an das großartig Edle, das sich darin (in den Abrüstungsvorschlägen des russischen Zaren) ausspricht, glaube, kann ich mich mit dem Ton, in dem einige englische und französische Zeitungen darauf geantwortet haben, nicht einverstanden erklä-ren. Einige englische Blätter wollen erst die Chinafrage (!!) geregelt sehen, und einige französische wollen ganz gemütlich Elsaß-Lothringen wieder haben. Kleinlicher Standpunkt einer großen Menschheitsfrage gegenüber. Was die Fran-zosen angeht, so wundere ich mich über nichts mehr … Elsaß! Dies so ziemlich urdeutscheste Land, das wir nach zweihundertjähriger Abtrennung wieder erobert haben, wird von den Franzosen als ein Land angesehen, das nach göttlicher Verheißung bis in alle Ewigkeit hinein zu Frankreich gehöre. Unsinn ohnegleichen. Und weil es so unsinnig ist, werden sie's auch nie wieder kriegen.« (Ha Br IV/744)[4] Mit größerem Nachdruck, rückhaltloser und unnachgiebiger kann man die ›Errungenschaften‹ des Krieges von 1870/71 nicht verteidigen. Dazu gehört in einem anderen Brief an Morris aus demselben Jahr auch die kategorische Zurückweisung der französischen Revanchegelüste. Im Zusammenhang mit dem »ungeheuren Umschwung«, der sich durch die Gründung des Deutschen Reichs »vollzogen hat«, schreibt Fontane: »mir tun die Völker leid, die sich nicht entschließen können, mit diesem Umschwunge zu rechnen. An der Spitze die Franzosen mit ihrem lächerlichen Revanchegeschrei! Diese Revanche kommt nie. Was kommt, sind neue Niederlagen.« (Ha Br IV/700) Die Briefe an Morris werden oft zitiert, weil sich Fontane in ihnen unumwunden zu politischen Themen äußert und weil sie den politischen Weitblick Fontanes beweisen, aber gerade deshalb ist es nicht angängig, von diesen Briefen immer nur jene heranzuziehen, in denen sich Fontane ›visionär‹ bewährt, jene aber zu unterdrücken, in denen er sich geirrt hat und radikal-nationale Überzeugungen vertritt.[5]

Übrigens hat sich Fontane um die Verhältnisse im Reichsland Elsaß-Lothringen nach 1875 wenig gekümmert. Seine Briefe verraten nirgends eine besondere Anteilnahme. Überzeugt davon, daß Deutschland einen geschichtlichen ebenso wie einen moralischen Anspruch auf Elsaß-Lothringen hatte, war er offenbar nicht gewillt, sich auf Detailfragen einzulassen. So fehlt vor allem jede Stellungnahme seinerseits zu der damals vieldiskutierten Grenzfrage. Helmuth von Moltke hatte in einem Aufsatz aus dem Jahre 1841 die kühne Forderung erhoben, im Falle eines von Frankreich begonnenen Krieges die Waffen nicht eher niederzulegen, als bis alle Gebiete, die die Franzosen seit dem 13. Jahrhundert den Deutschen entrissen hatten, wieder zu Deutschland gehörten: »Geht man vom historischen Recht aus, so ist Alles, was Frankreich seit dem dreizehnten Jahrhundert an seinen östlichen Grenzen gewonnen hat, ein Raub an Deutschland gewesen, so sind alle burgundischen und lothringischen Lande unser altes, uns widerrechtlich entrissenes Eigenthum … wenn Frankreich selbst diese Verträge (1815) bricht und Krieg beginnt, so sollten wir uns in dem festen Entschluß vereinigen, …das Schwert nicht eher in die Scheide zu stecken, bis uns unser ganzes Recht geworden ist, bis Frankreich seine ganze Schuld an uns bezahlt hat.«[6] Moltke spricht freilich auch von der Möglichkeit, die Sprachgrenze zur politischen Grenze zwischen den beiden Staaten zu machen, erwähnt aber nicht die 1870/71 entscheidend gewordenen militärischen Gesichtspunkte bei der Grenzziehung, daß nämlich Deutschland ein Vorfeld brauche, um sich zukünftiger französischer Angriffe besser erwehren zu können. Von allen möglichen Begründungen war dies die schlechteste.[7] Sie war nicht nur entwürdigend für die Elsaß-Lothringer, die man doch eigentlich als ›befreite Brüder‹ ansehen wollte, sondern mit ihr ließ sich auch die reale Grenze rechtlich am unzulänglichsten verteidigen. Typisch für das Deutsche Reich von damals war diese Argumentation allerdings.[8]

Angesichts des elsaß-lothringischen Unwillens bzw. Widerstands, sich ins Deutsche Reich einzufügen, ist es verständlich, daß es Jahrzehnte dauerte, bis man in Deutschland lernte, Elsaß-Lothringen anders zu betrachten denn als Glacis im kommenden Krieg gegen Frankreich. Die (von Deutschland aus gesehen) politische Unzuverlässigkeit der Elsaß-Lothringer machte jede auf innere Annäherung und Versöhnung zielende Politik schwierig oder unmöglich. Es ist das Verdienst des Reichskanzlers von Bethmann Hollweg, daß man eine Verfassungsreform einleitete: »Bethmann sah die Lösung des elsaß-lothringischen Problems in erster Linie als eine politische Integrationsaufgabe an, statt – wie seine Vorgänger – dem militärischen Sicherungsgedanken den Vorrang zu lassen.«[9] Aber Fontane war da schon über ein Jahrzehnt tot.

Gegen Ende seines Lebens hat Fontane an allen diesen Erwägungen keinen erkennbaren Anteil mehr genommen. Er war wohl auch in dieser Hinsicht zu sehr ein Mann der Tatsächlichkeiten, als daß er im nachhinein an solchen theoretischen Erwägungen hätte Gefallen finden können, nachdem die Entscheidungen doch längst gefallen waren. Daß er in seinen späteren Jahren nur noch vom ›Elsaß‹ statt von ›Elsaß-Lothringen‹ spricht, obwohl er das gesamte Reichsland meint (er tat es darin Bismarck gleich), macht seine etwas nachlässige Haltung in dieser Frage erkennbar.

Man kann also feststellen, daß Fontane die deutsche Annexionspolitik ohne Einschränkung befürwortet hat. Es gibt nicht eine einzige Äußerung von ihm, in der Bedenken gegen die Eingliederung Elsaß-Lothringens erhoben würden. In zwei bemerkenswerten Aufsätzen haben Walter Lipgens und Lothar Gall eine Kontroverse darüber geführt, ob der Gedanke, Elsaß-Lothringen zu annektieren, von Bismarck ausgegangen sei (das war Lipgens neue These), oder ob, wie früher allgemein angenommen, Bismarck sich einer überwältigend starken öffentlichen Meinung in Deutschland ganz einfach nicht entgegenstemmen konnte oder wollte und überdies von den Militärs genötigt wurde, neben Straßburg auch Metz zu beanspruchen.[10] Fontanes Verhalten zeigt, daß diese Frage für den Historiker von Interesse ist, weil Probleme von Bismarcks Biographie betroffen sind, daß aber der Gedanke der Annexion, erst einmal ausgesprochen (von wem auch immer), in ganz Deutschland ein begeistertes Echo fand und sich innerhalb von Tagen nach allen Richtungen ausbreitete. Die wenigen oppositionellen Stimmen (die gewichtigste war die des Kronprinzen) fielen demgegenüber gar nicht ins Gewicht. Die bei Fontane ausgesprochene Zustimmung ist nicht an Bedingungen gebunden und bedenkt auch nicht die Folgen. Er rechnet Elsaß-Lothringens wegen nicht mit größerer französischer Unversöhnlichkeit, als sie aus Gründen gekränkter nationaler Ehre nach dem verlorenen Krieg ohnehin zu erwarten war. Er deutet auch nirgends an, daß das annektierte Elsaß-Lothringen den außenpolitischen Spielraum Deutschlands verengen mußte, weil man bei der Suche nach Bündnispartnern immer von der französischen Feindschaft auszugehen hatte. Ohne nationalistisch verkrampft zu sein, war Fontane doch vom deutschen Charakter Elsaß-Lothringens überzeugt. Und so wenig wie bei der Annexion Schleswig-Holsteins taucht bei der Eingliederung von Elsaß-Lothringen bei ihm die Frage nach dem Recht der Bevölkerung auf freie Selbstbestimmung auf.[11] Zunächst einmal war Elsaß-Lothringen Kriegsbeute. Wenn Bismarck davon ausging (worin sich die Forschung weitgehend einig ist), daß »ein Krieg dem Sieger auch einen territorialen Siegespreis einbringen müsse«,[12] so verrät sich darin, daß es für ihn einen Konflikt zwischen Selbstbestimmungsrecht und Annexionspolitik nicht gab, und Fontane schwankt nicht einen Augenblick, sich dieser Argumentation anzuschließen. Wie sonst wäre sein Lob der Lothringer zu verstehen, daß sie, anders als die Elsässer, verstanden hätten, daß sie sich mit ihrem Schicksal abfinden müssen, weil Frankreich den Krieg verloren hat. Fontane (und hier wird nur ganz Selbstverständliches ausgesprochen) teilt die Meinung fast aller seiner deutschen Zeitgenossen, daß die in früheren Jahrhunderten von Frankreich in Besitz genommenen Provinzen in den Verband des Deutschen Reiches zurückzukehren haben. Daß die Elsaß-Lothringer von dieser Rückkehr nichts wissen wollten, nimmt Fontane, wie sein Verhalten im Hotel in Metz zeigt, mit derselben, völliges Unverständnis verratenden Empörung zur Kenntnis wie das übrige Deutschland. So schreibt die ›Badische Landeszeitung‹ am 7. August 1870: »Der verbissenste Gallier kann sich nicht feindseliger benehmen, als diese verlorenen, entarteten Söhne der Mutter Germania.«[13] War Ernst Mortiz Arndt der poetische Wortführer derer gewesen, die eine Rückkehr Elsaß-Lothringens schon während der ersten Hälfte des Jahrhunderts nachdrücklich gefordert hatten,[14] so waren doch die Deutschen, politisch ohnmächtig und in inneren Streitigkeiten aufgehend, unfähig gewesen, nach Westen hin mehr zu leisten als ein emotionsreiches Aufbegehren gegen die Annexionswünsche Frankreichs, das die Ostgrenze des ersten Kaiserreichs am Rhein wiederherstellen wollte. Auch das spiegelt sich bei Fontane. So lebhaft er sich immer für Schleswig-Holsteins Befreiung begeisterte, das Schicksal Elsaß-Lothringens hatte ihn unberührt gelassen. Erst der Krieg von 1870/71 bringt auch für ihn eine Rückbesinnung auf die alten Verluste, und sein Elsaß-Kapitel im ersten Band seines ›Krieges gegen Frankreich‹ (S. 155 ff) versucht eine Würdigung der alten Provinz: etwas blaß und mit ein klein wenig (ungewohntem) Pathos – aber alles mehr geographisch-kulturgeschichtlich als patriotisch und nationalistisch (wenn man das Wort »französische Raubgier« [KF I/155] mit Nachsicht behandeln will), wenn auch frei von allen Zweifeln an der Richtigkeit und Rechtmäßigkeit des deutschen Vorgehens.

18. Kapitel

Fontanes bürgerliches Armeeverständnis

Das Zweite Reich hat sich rasch konsolidiert. Angesichts der vielfältigen Entwicklungen auf allen Gebieten konnten Krisen nicht ausbleiben, aber wie schnell sich Deutschland seinen Platz in Europa gesichert hatte, verdeutlicht nicht zuletzt der Berliner Kongress von 1878, auf dem Bismarck als ›ehrlicher Makler‹ auftrat und Europas Streitigkeiten zu schlichten suchte: ein Beweis für das Ansehen und die Autorität, die das Reich gewonnen hatte. Allerdings war ein neuer Gegner aufgetaucht, eine neue Opposition, mit der der Kampf aufgenommen werden mußte, weil man von ihr eine Bedrohung der inneren Sicherheit befürchtete und deren revolutionäre Bestrebungen das Bürgertum ängstigten. Die Sozialdemokratie war mit der Gründung des Reichs nicht unzufrieden gewesen. Marx und Engels hatten gemeint, daß Bismarck mit der Einigung des Reichs ihre Arbeit fördere und mit dem Aufbau eines wirtschaftlichen Großraums die Voraussetzungen für eine größere Wirksamkeit der Sozialdemokratie schaffe. Der überraschende Aufstieg der Sozialdemokraten nach 1871, als für die Reichstagswahlen das allgemeine gleiche Wahlrecht zum ersten Male in ganz Deutschland galt (in Preußen hatte man, was noch Thomas Mann in den ›Betrachtungen eines Unpolitischen‹ verteidigte, am Dreiklassenwahlrecht festgehalten), schien ihnen recht zu geben.

Altem preußischen Armeeverständnis, wie es Wilhelm I. am vorbildlichsten verkörperte, entsprach es, daß die Staatsführung in der Armee die Institution sah, die mit der Polizei für die innere Sicherheit zu sorgen hatte. In ihr hatte man jahrzehntelang die Schule der Nation gesehen, und auch aus diesem Grund hatte Wilhelm I. seit 1859 um ihre Reorganisation gerungen. Er hatte die 1848er Revolution aus nächster Nähe erlebt und hatte als das einzige Mitglied des königlichen Hauses nach England fliehen müssen, weil sich der Volkszorn vor allem gegen ihn gerichtet hatte. Seit diesen Erfahrungen sah er in einer nur dem König verpflichteten Armee die wichtigste Kraft in den Stürmen der Zeit. Die drei Kriege von 1864 bis 1871 hatten das Ansehen der Armee im ganzen Volke gestärkt, und vor allem das Bürgertum hatte sich nach den jahrelangen Auseinandersetzungen um das Recht des Parlaments, das Budget auch für die Armee zu festzulegen, mit der Armeeführung ausgesöhnt; und dies um so leichter, als ihm Bismarck mit der Vorlage des Indemnitätsgesetzes entgegengekommen war.

Wenn man Fontanes Haltung und Verhalten in diesen Jahren richtig verstehen will, so muß man sich vergegenwärtigen (wie wir bereits zeigten), daß er einerseits, und zwar spätestens von 1860 an, die Politik der Konservativen ganz als die seine betrachtete und andererseits zu einer intensiven Beschäftigung mit dieser

Politik gar nicht gelangte, denn ebensosehr, wie ihn zunächst seine ›Wanderungen‹ in Anspruch nahmen, forderten danach die Kriegsbücher bis 1876 seinen vollen Arbeitseinsatz. Während dieser Jahre mochten ihn ab und zu politische Detailfragen oder persönlicher Ärger und die daraus resultierenden Mißstimmungen aus der Fassung zu bringen, was sich in kritischen Bemerkungen niederschlagen konnte, im ganzen war sein Verhältnis zu den staatlichen Ordnungsmächten ungetrübt. Von einzelnen Ausfällen abgesehen, hielt dieser Zustand bis 1876 an. Erst danach setzte sich – als Folge der Krise dieses Jahres – ein kritischeres Verhältnis zu den überkommenen Autoritäten durch; aber auch hier eher bedächtig und behutsam, wenngleich mit immer wachsender Selbständigkeit des Urteils. Von bestimmender Bedeutung blieb, daß er sich auch in Zeiten der Unzufriedenheit und der sich in die Tiefen des Gemüts einfressenden Ressentiments doch immer als Bürger fühlte. Für diese Zeit wie für andere Krisenzeiten gilt, daß er im Prinzip an seiner konservativen Einstellung, die mehr und mehr nationalliberale Elemente in sich aufnahm, festhielt, so wenig er sich ausdrücklich dazu bekennen mochte. Aber letztlich vertrat er bürgerliche Anschauungen. Das galt immer auch für sein Verhältnis zur Armee, wo eine völlige Entfremdung ja um so ferner lag, als sein Lieblingssohn George Offizier dieser Armee war und der Vater, bei aller Unabhängigkeit seines Denkens, von allen verbalen Attacken, die nicht bloß Randgebiete betrafen, Abstand nahm. Familienrücksichten spielten da eine genau so große Rolle wie seine natürliche Verbundenheit mit der Armee, deren Historiograph er zwölf Jahre lang gewesen war. Wie sah der Rahmen aus, in dem sich Fontanes bürgerliches Verhältnis zur Armee entfaltete?

Reinhard Höhn hat in seinem Buch ›Sozialismus und Heer‹[1] die Bedingungen aufgezeigt, unter denen es zur Versöhnung zwischen Armee und Bürgertum kam. Das Bürgertum hatte drei Gründe, seine Einstellung zur Armee zu revidieren. Zum einen hatten die drei gewonnenen Kriege eben jene Reichseinheit geschaffen, die (wenn man sich die Verwirklichung des alten Traumes auch ganz anders gedacht hatte) dem Bürgertum in allen Teilen des Reichs die Möglichkeit verschaffte, unternehmerische Energien freizusetzen und damit wirtschaftliche Macht zu akkumulieren. Das Bürgertum avancierte binnen kurzem zur entscheidenden Kraft im Wirtschafsleben des Staates, d.h. es wurde jene Entwicklung stürmisch vorangetieben, die Fontane bereits 1865 in dem Gespräch mit Henriette von Merckel, das diese in ihrem Tagebuch festhielt, als Gegebenheit verkündet hatte: »Sosehr er der Gesinnung nach zu den Konservativen auch gehöre, so müßte er doch eingestehen, die Macht des Adels sei gebrochen und gehe über kurz oder lang ihrem Ende zu. Sie habe sich auf dem *Grundbesitz* basiert – dieser gelte jetzt schon wenig genug –, das *Kapital* wäre an seine Stelle getreten und damit zugleich würde der Bürgerstand seine Macht immer mehr erheben. In früheren Zeiten habe sich dieser in den alten Reichs- und Handelsstädten wohl schon hervorgetan, in den andern Städten sei er aber in seinen Ideen höchst beschränkt zu nennen gewesen – mit der Macht, die ihm das Geld gebe, erweitere sich auch sein Gesichtskreis.«[2] Das Bürgertum hatte sich dem Adel angenähert; es teilte zwar noch nicht seine politische Macht, aber es gewann an Besitz, was einen Machtzuwachs über kurz oder lang nach sich ziehen mußte. Die Bürger zählten sich nun zu den beati possidentes, von denen der alte Graf Haldern in ›Stine‹ erklärt, daß es nicht ihre Aufgabe sei, »dem weltgeschichtlichen Umschwungsrade« einen »energischen Vorwärts- oder meinetwegen auch Zurückruck zu geben.« (NFA 3/289) Die Interessen des Adels und des Bürgertums wurden dekkungsgleich. Und seit Alters garantierte in Preußen die Armee die innenpolitische Stabilität und damit die überkommen Machtverhältnisse. Pointierter formuliert: die Armee schützte den Besitz des Bürgertums ebenso wie seine wirtschaftlichen Entfaltungsmöglichkeiten. Nichts konnte selbstverständlicher sein, als daß das Bürgertum sich einer Armee verband, die seinen Bestand verbürgte.

Zum zweiten sah sich das Bürgertum (wiederum gemeinsam mit dem Adel) dem immer heftigeren und aggressiveren Andrängen des Proletariats gegenüber. Bis weit über die Mitte des Jahrhunderts hatte das liberale Bürgertum die Arbeiterschaft mit vertreten, rechneten sich doch beide zu den Unterprivilegierten, die gemeinsam gegen den Adel und seine Vorrechte aufbegehren mußten. Doch bald ließen sich die Interessen beider Gruppen nicht mehr vereinbaren, und das Proletariat schuf sich eine eigene politische Vertretung, als deren mächtigste sich die 1869 gegründete Sozialdemokratische Arbeiterpartei erwies. Ihr Kampf galt dem Bürgertum ebenso wie dem Adel, denn die Arbeiter fühlten sich von beiden ausgebeutet.

In dieser Lage fand sich Fontane ganz selbstverständlich dem Bürgertum zugehörig. Und wenn er der Arbeiterschaft (wir kommen darauf zurück) auch voller Verständnis gegenübertrat, ihrem Verlangen, die Gesellschaftsordnung mit Gewalt umzustürzen, stand er kritisch gegenüber. Er sah die Gefahr, die der Gesellschaft drohte, und begriff, wie schwierig es war, dieser Gefahr zu begegnen. Die großen Ordnungsmächte, »weltliches oder kirchliches Regiment«, hatten den Massen gegenüber ihre Autorität eingebüßt. Mit Hilfe der Bildung, dargeboten in Schule und Armee, hatte man Ersatz für das Verlorene zu finden gemeint: »Jetzt haben wir den Salat. In beiden hat sich der Staat, ja mehr denn das, ‹die Gesellschaft› eine Rute aufgebunden: der Schulzwang hat alle Welt lesen gelehrt und mit dem Halbbildungsdünkel den letzten Rest von Autorität begraben; die Militärpflicht hat jeden schießen gelehrt und die wüste Masse zu Arbeiterbataillonen organisiert.« (Ha Br II/576) Fontane empfindet die Lage als durchaus gefährlich und sieht sich keineswegs auf der Seite der Arbeiterbataillone. So wenig er den Halbbildungsdünkel gutheißen kann, der aus dem Schulzwang erwachsen ist, so wenig kann er zustimmend begrüßen, daß die wüste (!!) Masse sich militärisch organisiert hat und die Gesellschaft bedroht. Und dabei ist zu berücksichtigen, in welchem Augenblick Fontane mit diesem Brief hervortritt. Der Brief ist am 3. Juni 1878 geschrieben. Die Attentate auf den Kaiser hatten Deutschland soeben in Angst und Schrecken versetzt, und dieser Brief entsteht am Tage nach dem blutigen Anschlag Nobilings. Wie Fontane in dieser Zeit zu Wilhelm I. stand, erläuterten wir bereits. Aber die tiefe Entfremdung, die stattgefunden hat und die Fontane schon kurz nach diesem Attentat seine Ruhe wiederfinden läßt, vermag doch keineswegs seine politische Betroffenheit abzuschwächen. Wie »alle Welt« so ist auch er auf der Stelle davon überzeugt, daß die Tat nur von einem Parteigänger der äußersten Linken vollbracht worden sein kann. Und dort steht die »wüste Masse«, die es nun zu beherrschen gilt, wenn die Ordnung im Reich bewahrt werden soll. Das Sozialistengesetz, das noch im gleichen Jahr ergeht, hatte also vermutlich (und darüber kann keine Kritik am Kaiser und an den gesellschaftlichen Verhältnissen hinwegtäuschen) Fontanes Billigung. Und es ist wohl kein Zufall, daß sich aus seiner Feder kein Satz gegen dieses Gesetz findet. Auch ist dabei völlig unerheblich, ob die Sozialisten hinter diesen Attentaten gestanden haben oder nicht; entscheidend ist allein, daß Fontane zunächst mit dem überwiegenden Teil der Öffentlichkeit glaubte, daß die Aktionen von den Sozialisten ins Werk gesetzt worden seien und daß man infolgedessen Maßregeln ergreifen müsse, um ähnliche, die Substanz des Staates bedrohende Angriffe abzublocken. Zwei Tage später schon hat sich die Erregung Fontanes gelegt, und er ist zu einer überlegeneren Betrachtung der geschichtlichen Situation zurückgekehrt. Ein Brief an seine Frau (wir werden noch auf ihn zurückkommen) spricht von der ›Ebenbürtigkeit‹ der Arbeiter und davon, daß man ihre Ideen mit geistigen Waffen bekämpfen müsse. Er nimmt seiner Frau die Angst durch den bemerkenswerten Zusatz: »Vorläufig ist übrigens noch keine Gefahr.« (Ha Br II/581 f) Ein deutlicher Hinweis darauf, daß Emilie sich, ganz im Rahmen der damaligen Gefühle des Bürgertums, sehr wohl für den Fall eines Aufstands zu den Gefährdeten rechnete. Geistige Bekämpfung: eine Rehabilitation der Arbeiterschaft also – aber keine Identifikation. Über allen wohlerwogenen Gerechtigkeitssinn hinaus bleibt die Überzeugung bestehen, daß man die Sozialdemokratie *bekämpfen* müsse, geistig bekämpfen. Da ist nicht die Rede von Unterdrückung, Verfolgung und Vernichtung, sondern von einem Kampf der Ideen, von einem sehr, sehr schweren Kampf. Denn wo wären die Ideen, die man aufbieten könnte? Heldenverehrung, Vaterlandsliebe, Königstreue: waren das Werte, die sich der modernen Ideologie der Sozialdemokratie entgegenstellen ließen? Fontane begriff die Verlegenheit, in die alle jene gestürzt wurden, die diesen Kampf führen sollten, fehlte ihm doch selbst der Fundus, aus dem heraus er auch für ihn und von ihm selber zu führen gewesen wäre. Gleichwohl war er von der Notwendigkeit des Kampfes überzeugt, denn nichts zeigt, daß er am Ende der 70er Jahre bereit gewesen wäre, seine bürgerliche Welt aufzugeben, daß er gesonnen gewesen wäre, zu resignieren oder zu kapitulieren. Die »wüste Masse« war formiert, wenn sich ihr jemand entgegenstemmen konnte, dann die Armee. Und sie leistete in der Tat, was in ihren Kräften stand. Reinhard Höhn hat in ›Sozialismus und Heer‹ ausführlich beschrieben, wie umfassend die Maßnahmen waren, mit denen die Armeeführung der Ausbreitung sozialdemokratischen Gedankenguts in den Reihen der Armee entgegenzuwirken versuchte. Er zeigt freilich auch, daß die sozialdemokratischen Führer außerordentlich zurückhaltend agierten, um den Soldaten in der Kaserne Unannehmlichkeiten zu ersparen. Man ließ sie während der Dienstzeit ohne direkte ideologische Unterstützung. Wesentliche Hilfe fand die Armee durch die Kriegervereine. Sie hatten in Preußen eine gewisse Tradition, erfuhren ihren großen Aufschwung aber erst nach den Einigungskriegen von 1864 bis 1871. Sie öffneten sich bald allen gedienten Soldaten, wodurch sich bis 1914 eine überaus starke Organisation bildete, die sich die Pflege nationaler und monarchischer Gesinnung zur Aufgabe machte. Von der Armeeführung sorgsam überwacht, um eine sozialdemokratische Unterwanderung zu verhindern, trugen die Vereine schließlich ganz wesentlich dazu bei, daß ein starkes, staatstragendes Gegengewicht gegen die ›Umsturzpartei‹ entstand.[3] Fontane hat diesen Vereinen auch in sein Werk Eingang verschafft, so bei der Darstellung der Beisetzung des jungen Grafen Haldern in ›Stine‹.

Wenn Fontane Militärpflicht und Schulzwang so dicht nebeneinanderstellte und für den allgemeinen Niedergang in Preußen verantwortlich machte, so war das selbstverständlich nur die halbe Wahrheit. Natürlich wußte er: »Der Versuch *mußte* gemacht werden« (Ha Br II/576), aber die daraus erwachsenen Konsequenzen wies er zurück. Seinem Abscheu vor dem Halbbildungsdünkel gab er zwar häufiger Ausdruck als seiner Furcht vor der militärisch organisierten Arbeiterschaft – aber sein Verdikt richtete sich gegen beide. Ein stehendes Heer mit lang dienenden Soldaten, die sich ihrer Herkunft mehr und mehr entfremdeten und zum Vollzugsorgan des monarchischen Willens wurden (ganz im Sinne der kaiserlichen Vorstellungen), dürfte – als bewahrende Institution – zu dieser Zeit seinem nationalliberal gefärbten Konservatismus keine unvertraute Vorstellung gewesen sein. Er war um 1880 ein fest im Bürgertum verankerter Schriftsteller, und wo das Bürgertum die von ihm gehaßten bourgeoisen Züge trug, war er ehrlich genug, diese bourgeoisen Züge auch an sich selbst wahrzunehmen: »Das Bourgeoisgefühl ist das zur Zeit bei uns maßgebende und ich selber, der ich es gräßlich finde, bin bis zu einem gewissen Grade von ihm beherrscht. Die Strömung reißt einen mit fort.« (Ha Br IV/148)

Zum dritten aber waren Bürgertum und Armee zusammengerückt insofern, als der jahrzehntelange Kampf, den das Bürgertum um die Zulassung seiner Söhne zur Offizierslaufbahn geführt hatte, durch die geschichtliche Entwicklung überholt war. Es gab zwar noch Restwiderstände beim Adel, aber die Armee war so groß geworden, daß der Adel allein das Offizierkorps nicht füllen konnte. Gleichwohl war er stark genug, die Bürgersöhne, die als Offiziere eintraten, zur völligen Assimilation an seine konventionellen Verhaltensweisen zu zwingen. Im übrigen verfügte man über ein sehr einfaches Mittel, die Verbürgerlichung der Armee vor allem in den oberen Rängen zu verhindern. Sehr häufig nobilitierte der Kaiser die tüchtigsten der bürgerlichen Offiziere. Natürlich wußte Fontane, daß es noch immer Truppenteile gab, in denen bürgerliche Offiziere keine

Chance hatten, ja, in denen selbst die Söhne des Landadels eigentlich fehl am Platze waren. So dient Woldemar von Stechlin im ersten Gardedragonerregiment, wo er sich ohne die substantielle Hilfe Tante Adelheids nicht halten könnte, denn das Regiment Nr. 1 (welche Rolle die Zahl spielt, wird in einem Gespräch mit der Tante auf erheiternde Weise klargestellt) (NFA 8/92) wird, »seit wir Kaiser und Reich sind«, bevorzugt von legitimen und illegitimen Prinzen aller Art, so daß Woldemar nach Czakos Meinung Mühe hat, alle die »Gefühlsluxusse, Gesinnungsluxusse und … auch Freiheitsluxusse« mitzumachen, die sich zwar Prinzen leisten können, denn »die verbebeln nicht leicht« (NFA 8/19), nicht aber Woldemar. Aber die Garderegimenter waren eben Ausnahmeerscheinungen, und man hatte sich allgemein damit abgefunden. Das Verhältnis des Bürgertums zur Armee war von daher nicht gefährdet, zudem war sein Selbstbewußtsein gewachsen. Auch von den drei Söhnen Fontanes gingen zwei zur Armee, und ihr Vater hat sich ihren Wünschen gefügt, offenbar ohne irgendwelche Einwände zu erheben.

Der Kampf, den das liberale Bürgertum so lange gegen die Armee geführt hatte, wurde von den Sozialdemokraten weitergeführt, die in fast alle Kampfpositionen einrückten, die vom Bürgertum spätestens nach dem Kriege gegen Frankreich aufgegeben worden waren – natürlich nicht, ohne daß man die Liberalen genüßlich daran erinnerte, wessen ursprüngliche Argumente man benutzte. Angesichts der numerischen Schwäche der sozialdemokratischen Fraktion im Reichstag waren das zunächst nur Nadelstiche – fühlbar unbequem, aber irrelevant. Überdies richtete die Sozialdemokratie ihre Angriffe alsbald vor allem gegen den Mann, der wie kein anderer neben, ja vor Wilhelm I. die militärische Autorität schlechthin verkörperte, Moltke. Er war als Soldat zur mythischen Gestalt geworden, und wer ihn vom Sockel stoßen, wer seinen Ruf als Feldherr demontieren wollte, der stand vor einer schwierigen Aufgabe. Und doch kämpfte die Sozialdemokratie an allen Fronten und mit allen Mitteln gegen Moltke, der, als Abgeordneter, seine eigene Wehrpolitik im Reichstag verteidigte. Den Linken ging es darum, seine Leistung als Feldherr zu schmälern, um sein Ansehen als Wehrpolitiker zu untergraben. Zu den deutschen Siegen in Frankreich hatte ihrer Meinung nach keine besondere Genialität gehört, um »mit der deutschen gut vorbereiteten, ausgezeichnet gerüsteten und doppelt so starken Armee die unvorbereitete, desorganisierte, halb so starke französische Armee zu schlagen und zu vernichten«,[4] eine Armee, an deren Spitze ohnehin nur korrumpierte Elemente standen, was der Prozeß Bazaine zur Genüge enthüllte. Fontane hat mit keiner Äußerung in diesen Kampf der Meinungen eingegriffen. Er hatte sich zu intensiv mit Moltkes Feldzügen und Siegen beschäftigt, als daß er auch nur einen Augenblick durch die schrillen Attacken in seinem Urteil hätte verunsichert werden können.

Mittelpunkt der Auseinandersetzung war jedoch die Frage, ob man am stehenden Heer mit seiner dreijährigen Dienstzeit festhalten oder, wie es die Sozialdemokratie verlangte, eine Volksmiliz mit kurzer Dienstzeit schaffen sollte. Dies letztere hätte den Vorteil größerer Wehrgerechtigkeit gehabt, denn man war in Deutschland weit davon entfernt, die allgmeine Dienstpflicht wirklich zu praktizieren, d.h. das Potential an kriegsfähigen Männern tatsächlich auszuschöpfen. Bevölkerungszahl und Armeestärke standen in einem krassen Mißverhältnis. Viele militärpflichtige und wehrfähige Männer konnten nicht eingezogen werden, weil die vorgesehene Armeestärke erreicht war und weitere Mittel nicht zur Verfügung standen. Natürlich erklärt sich die damalige sozialdemokratische Politik nicht aus dem Wunsche heraus, Deutschlands Militärmacht zu stärken, wenn auch die sozialdemokratischen Führer nicht müde wurden zu betonen, daß sie sich an der Verteidigung eines angegriffenen Deutschland beteiligen würden. Ihr Ziel war es vielmehr, mit der stehenden Armee zugleich das Fundament zu beseitigen, auf dem nach konservativer, aber auch nationalliberaler Überzeugung die preußische Monarchie ruhte, ja dem sie ihren Fortbestand verdankte. Dazu kam, daß die dreijährige Dienstzeit die Lieblingsidee Wilhelms I. war. In krisengeschüttelter Zeit hatte er unbeirrt an ihr festgehalten, weil er daran glaubte, daß es dieser vollen drei Jahre bedürfe, um den Soldaten seiner bäuerlichen bzw. bürgerlichen Welt zu entfremden und seine Erziehung zu vollkommenem Gehorsam, zu militärischer Disziplin zu vollenden. Es hatte allerdings auch außerhalb der Sozialdemokratie Stimmen gegeben, die, vor allem im Hinblick auf die Erfahrungen des Krieges gegen Frankreich, empfohlen hatten, der Armeeorganisation vom Anfang der 60er Jahre eine weitere folgen zu lassen. Das Wagnis, einen solchen Schritt öffentlich zu rekommandieren, war Colmar von der Goltz in seinem bereits erwähnten Buch ›Léon Gambetta und seine Armeen‹ eingegangen, und Fontane hatte ihm eine anonyme, zehn Druckseiten lange Besprechung gewidmet – so wichtig war ihm die Sache erschienen. (NFA 19/779 ff) Fontane stimmt mit von der Goltz in der Hochschätzung Gambettas überein, doch übertrifft er ihn darin noch, denn was von der Goltz an Bedenken gegen jenen vorbringt, wischt Fontane beiseite. Ausdrücklich schreibt er an Lindau, für dessen Zeitschrift ›Die Gegenwart‹ seine Kritik bestimmt war: »Ich bin mit seinem Lobe Gambettas einverstanden und finde nur, daß er ihn *nicht genug* gelobt hat.« (Ha Br II/558) Über den Rahmen des Herkömmlichen wächst von der Goltz' Buch freilich erst dadurch hinaus, daß er die beiden letzten Kapitel seiner Schrift benutzt, um militärpolitische Konsequenzen aus den preußischen Feldzügen gegen das republikanische Frankreich Gambettas zu ziehen. Wie alle Militärs von politischem Verstand sieht er voraus, daß Deutschland eines Tages gezwungen sein wird, die Errungenschaften von 1870/71 gegen eine Welt von Feinden zu verteidigen, die sich mit einer unabhängigen zentraleuropäischen Großmacht nicht abfinden wird, und daß die vorhandene Armee dann den ungeheuren Anforderungen nicht gewachsen sein wird. Und was von der Goltz nach dem Maße seiner Einsicht deshalb fordern muß, ist, »daß wir die Fähigkeit unserer Armee erhöhen müssen, *lange Kriege glücklich zu überstehen.*«[5] Fontane zitiert (philologisch beinahe exakt) die Sätze, die eine Quintessenz der aus einem strengen preußischen Geist erhobenen Forderungen enthalten: »Solche Einrichtungen möchten keineswegs Deutschland in einen einzigen großen Exercierschuppen umwandeln, sondern nur die sittliche Qualität der Massen, ihre Zucht und ihren Gehorsam fördern. Das Mehr an Pflichten, das der Einzelne auf sich zu nehmen hätte, würde ihm *durch das kürzere Verweilen bei der Fahne durch die Beschränkung der Wehrpflicht auf eine geringere Zahl* von Lebensjahren, wie sie mit der erhöhten Einstellung von Rekruten Hand in Hand geht, reichlich aufgewogen werden. Es ist also auch keine Gefahr vorhanden, daß das materielle Gedeihen unseres Volks damit geschädigt würde.«[6] Die Hervorhebungen stammen von Fontane selber, der in dem Hervorgehobenen den bestimmenden Grund dafür sah, weshalb von der Goltz, wie er an Lindau schrieb, »hat über die Klinge springen müssen.« (Ha Br II/558) Und dies, obwohl von der Goltz, um jeden Zusammenhang mit alten liberalen und neuen sozialdemokratischen Konzeptionen zu vermeiden, überdeutlich ausgeführt hatte: »Nicht zur Miliz soll diese Bewegung führen, sondern zu einem Zustande, welcher unser Vaterland davor bewahrt, in der Stunde der Noth zum Milizsystem greifen zu müssen, weil keine andere Einrichtung besteht, um alle Kräfte verfügbar zu machen. Unsere heutige Wehrverfassung hat sich in schweren Stunden trefflich bewährt. Allein es wäre eine schlechte Art, sie und ihre großen Schöpfer zu ehren, wollte man sie einer Verbesserung nicht für fähig und bedürftig erklären. Die Zeiten rollen schnell dahin; was vor zehn Jahren noch unser Alleinbesitz war, ist jetzt Gemeingut aller größeren Staaten geworden.«[7] Bedenkt man die militärische Entwicklung bis zur Marneschlacht, wird einsichtig, daß von der Goltz nur Angemessenes und Notwendiges vorgeschlagen hat, denn wenn man die Präsumption als richtig anerkennt, daß Europa die Entstehung des Bismarckschen Reichs nicht widerstandslos hinnehmen konnte, so blieb Deutschland nur die totale Aufrüstung, wenn es sich nicht kampflos aufgeben wollte. Und in der Tat hat Deutschland zwischen 1875 und 1914 nicht den Fehler gemacht, zuviel, sondern zu wenig gerüstet zu haben.[8] Nach von der Goltz besaß Frankreich allein (alle anderen potentiellen Feinde gar nicht gerechnet) schon 1877 9700 Offiziere und 30000 Unteroffiziere mehr als die deutsche Armee.[9] Trotzdem: daß ein Hauptmann mit einer solchen Veröffentlichung in Preußen hervortreten konnte, schien allen denen ein Sakrileg, »die an der Seite des Prinzregenten Wilhelm den Kampf um die Ausgestaltung der Armee durchgeführt hatten. Zu deren Glaubenssätzen gehörte die unumstößliche Notwendigkeit der dreijährigen Dienstzeit und die Ablehnung alles dessen, was Ähnlichkeit mit einem Milizsystem besaß. Ohne Goltz' Gedankengänge bis zum Schluß zu verfolgen, hielten der Kriegsminister von Kameke und der Chef der Armeeabteilung des Kriegsministeriums, Oberst von Caprivi, der spätere Reichskanzler, sie für verderblich und ihren Urheber für einen Schrittmacher der Demokratie, die ja auf die Beseitigung des stehenden Heeres und seinen Ersatz durch ein Volksheer mit kurzer Dienstzeit hinarbeitete. Die Erregung in den offiziellen militärischen

Kreisen über Goltz' Vorgehen war beträchtlich. Man sah in ihm eine Disziplinwidrigkeit und überhebliche Anmaßung. Der Kriegsminister forderte Goltz auf, sich zu rechtfertigen, da die Erörterung militärischer Organisationsfragen in der Öffentlichkeit für einen Offizier verboten war… Es fehlte nicht viel, so hätte ihn der Vorfall seine Laufbahn gekostet.«[10] Goltz mußte indessen nicht ›über die Klinge springen‹, und auch die von Fontane angedeutete Versetzung »in den Frontdienst« (NFA 19/788) brachte für von der Goltz keine Nachteile, denn Moltke hielt seine schützende Hand über ihn. In einem Brief von Moltkes persönlichem Adjutanten Oberstleutnant von Burt an die Gräfin Oriola (eine Tochter der Bettina von Arnim, in deren Obhut von der Goltz 1866 seine Verwundung auskuriert hatte und die dann das junge Ehepaar von der Goltz in Berlin protegierte) heißt es: »Der Feldmarschall … schätzt den Hauptmann von der Goltz besonders hoch. Derselbe hat nun aber ein Buch über Léon Gambetta geschrieben, in welchem er die Notwendigkeit der Einführung der zweijährigen Dienstzeit bei Vermehrung der Kadres in unserer Armee betont, eine Maßregel, die stets von liberaler Seite verlangt, von des Kaisers Majestät aber immer mit großer Entschiedenheit abgelehnt worden ist. Unter den vorzüglichsten Empfehlungen, und mit dem klar ausgesprochenen Wunsche, daß Goltz, sobald wie nur irgend tunlich, wieder in den Generalstab zurückversetzt wird, ist vom Feldmarschall seine Versetzung in die Front bei Seiner Majestät beantragt worden. Goltz empfängt dadurch allerdings eine Reprimande, die aber später durch seine Wiederversetzung in den Generalstab mit Vorteil vollständig getilgt wird. Er soll nur nicht die sehr günstige Meinung des Feldmarschalls durch einen übereilten Schritt, wie Abschiednehmenwollen, und damit auch eine glänzende Zukunft verscherzen!«[11] Fontanes Zusatzparagraph: »Schreibe, was du darfst« (NFA 19/788), mit dem er die in Preußen herrschende geistige Unfreiheit an den Pranger stellen wollte, hatte also für von der Goltz keine Gültigkeit. Was klug war und von patriotischer Gesinnung zeugte, konnte man in Preußen – wenn auch mit Vorsicht und am besten mit hoher Protektion – doch schreiben. Ganz ohne Gefahr freilich nicht, denn eine »Kabinettsorder stellte ausdrücklich fest, daß nur seine bisherigen vorzüglichen Leistungen Seine Majestät bewogen hätten, von seiner Verabschiedung abzusehen.«[12] Aber von der Goltz, am 12. Juni 1877 nach Gera strafversetzt, wurde schon am 22. Juni 1878 in den Generalstab zurückberufen und erhielt noch in demselben Jahre seine Ernennung zum Major. Sein selbständiges Denken bewahrte er sich in vollem Umfang. Als er, von Moltke persönlich dazu bestimmt, 1878 an französischen Manövern teilnahm, zu denen erstmals wieder deutsche Offiziere eingeladen wurden, schrieb er darüber einen Bericht, der ihm eine neue Verwarnung eintrug. Der Kriegsminister von Kameke (Goltz nennt ihn seines Unfehlbarkeitsanspruchs wegen ›Sankt Kameke‹) beschwerte sich bei Moltke – ohne Wirkung zu erzielen. Und dies, obwohl das Verhältnis von der Goltz' zu Moltke auch nicht ganz ohne Spannung war, denn in seiner Beschreibung des 70er Krieges, die Fontane unter seinen Quellen für sein Kriegsbuch nennt, hatte er den Prinzen Friedrich Karl (in dessen Stab er gewesen war) so sehr gelobt, daß Moltke, der von den Feldherrnfähigkeiten des Prinzen (wohl zu Recht) nicht viel hielt, zunächst die Druckerlaubnis für den zweiten Teil nicht geben wollte. Von all dem dürfte Fontane nur weniges unbekannt geblieben sein, zählte er doch seinerseits eine Zeitlang zu den ständigen Gästen des Prinzen in Dreilinden, und unter den Offizieren, die er als regelmäßige Besucher des Prinzen nennt, befindet sich auch Major Freiherr von der Goltz, »Gambetta-Goltz«, wie ihn Fontane nennt. (NFA 13/342) Die persönliche Bekanntschaft ist auf diese Weise verbürgt; daß er an derselben Stelle auch von Goltz-Pascha spricht, beweist sein fortdauerndes Interesse an diesem Mann, der sich so leicht in keine Schablone pressen ließ.

Im übrigen macht Fontane sehr klar, daß von der Goltz nicht in Ungnade gefallen war, weil er sich mit der Bewertung Gambettas aufs Glatteis begeben hätte. Die französische levée en masse war in ihrer Bedeutung auch während des Krieges schon umstritten. Der Kaiser selber hatte Gambettas Armeen für gefährlich gehalten, Moltke hatte ihnen nur einen begrenzten Kampfwert zugesprochen und vor allem bedauert, daß durch Gambettas Eingreifen aus einem Krieg zweier Armeen ein blutiger Volkskrieg wurde, dessen Ausgang ihm nicht zweifelhaft war. Wenn Fontane hier für Gambettas und auch Goltz' Auffassung Partei ergreift, die Gefährlichkeit der levée en masse betont, so ist es doch nur halbrichtig, wenn Reuter meint, Fontane fasse hier, weil er Moltkes Meinung nicht teilte, »das heißeste Eisen« an, »das es gab«.[13] Ein heißes Eisen wäre das nur gewesen, wenn mit der Annäherung an Goltz auch eine Annäherung an das sozialdemokratische Wehrkonzept erfolgt wäre. Aber eine solche Tendenz wurde von der Goltz nur anfangs vorgeworfen und nicht von Männern, die ihn kannten. Auch Fontane stand dem fern, wenn auch Reuter das Gegenteil insinuieren möchte, das aber redlicherweise nicht ausspricht. Gleichwohl darf man annehmen, daß Fontane jeder Form der Opposition zugeneigt war, am entschiedensten vermutlich dann, wenn sie sich gegen Wilhelm I. richtete. Daß hier ein Militär gegen die Lieblingsvorstellungen des Kaisers anging, und zwar aus echter Sorge um den Bestand des Reichs, mußte nicht nur seine Aufmerksamkeit erregen, sondern dürfte ihn mit heimlicher Genugtuung erfüllt haben. Mit einer Annäherung an die Sozialdemokratie hatte das nichts zu tun.

Im übrigen, so scheint es, war Fontanes Interesse daran, ob den Wehrpflichtigen eine zwei- oder dreijährige Dienstzeit zugemutet werden sollte, nicht sehr groß. Das zeigt sich am Beispiel des von ihm hochgeschätzten Verdy du Vernois, der zu Moltkes sogenanten ›Halbgöttern‹ gezählt hatte (wir kommen auf ihn zurück). Er war 1889/90 Kriegsminister und hatte, wie von der Goltz, die numerische Schwäche der Armee als bedenklich erkannt. Er wollte Abhilfe schaffen durch die ernsthafte Durchführung der allgemeinen Wehrpflicht in Scharnhorsts Sinne, d.h. durch Ausschöpfung aller personellen Reserven. Er trat sehr bald zurück, wohl weil er erkannte, daß sein Ziel, die Armee zu verstärken und doch bei einer dreijährigen Dienstzeit zu bleiben, nicht erreichbar war. Fontanes Wertschätzung Verdys litt dessen militärpolitischer Ziele wegen keineswegs, wie seine Urteile über die ›Persönlichen Erinnerungen‹ des Generals später zeigen.[14] Jedenfalls findet sich in Fontanes zeitgeschichtlichen Bemerkungen zur Politik Verdys ebensowenig ein Kommentar wie zu den schließlich geglückten Versuchen Caprivis, eine Verstärkung der Armee durchzusetzen auf der Basis einer Verminderung der Dienstzeit für Fußtruppen von drei auf zwei Jahre. Vielleicht fehlte ihm auch der Briefpartner, der für solche Fragen eine gewisse Kompetenz gehabt hätte. Morris und Friedlaender fielen aus, der eine, weil er Ausländer war, der andere seines engen Gesichtsfelds wegen. Und der sehr sporadische Briefwechsel mit seinem Kriegsintendanten-Sohn litt offenkundig unter den getrübten Beziehungen zwischen beiden,[15] obwohl Fontane hier am ehesten auf Resonanz hätte hoffen können. Eine Nähe zu sozialdemokratischen Vorstellungen ergibt sich aus keiner der Äußerungen Fontanes zur Armee von damals. Man geht wohl nicht fehl in der Annahme, daß Fontane die Partei in Fragen der Wehrpolitik für schlechtin inkompetent hielt. Mochte er ihren innen- und sozialpolitischen Ideen vielleicht Gehör schenken, sobald Fragen von internationaler Bedeutung auftauchen, orientiert er sich an anderen Autoritäten. Und das trifft in doppeltem Maße für die Militärpolitik zu. Er hat allem Anschein nach beim Schreiben seiner Kriegsbücher von Friedrich Engels' militärischen Schriften zum deutsch-französischen Krieg keine Kenntnis erhalten und hat auch Engels' sonstige militärpolitischen Überlegungen aus späteren Jahren offensichtlich nicht kennengelernt. Helmut Schnitter faßt Engels' Ansichten so zusammen: »Die allgemeine Wehrpflicht sollte dafür ausgenutzt werden, die Armee für reaktionäre Kriege und Staatsstreiche unbrauchbar zu machen sowie die Arbeiter im Waffengebrauch zu üben. Konsequente Durchführung der allgemeinen Wehrpflicht bei Verkürzung der aktiven Dienstzeit war nach seiner Auffassung einer der wichtigsten Schritte, das stehende Heer unter dem Einfluß der revolutionären Arbeiterklasse demokratisch umzugestalten. In diesem Zusammenhang wendet sich Engels auch gegen die Milizschwärmerei kleinbürgerlicher Demokraten...«[16] Solche Erwägungen hat Fontane niemals angestellt. Er kannte die parlamentarischen Auseinandersetzungen mit der Sozialdemokratie, und wenn er auch, wie noch zu zeigen sein wird, überlegt hat, ob eine gut ausgebildete und gut ausgerüstete Truppe einem Volksaufstand gewachsen sein würde oder unterliegen müsse, so hat er sich doch dabei nie vorgestellt, daß die Truppe selbst, sozialdemokratisch unterwandert, zu den Revolutionären überlaufen könnte. Den unbedingten Gehorsam des Soldaten hielt er für eine sichere Größe. Daß Volk und Armee gegeneinander stehen und nicht gemeinsame Sache gegen die herrschenden Gewalten machen würden, das war ihm selbstverständlich.

Aber, und das verraten seine Gambetta-Überlegungen deutlich, Fontane war für den Fall kriegerischer Auseinandersetzungen kein Gegner der Volksbewaffnung. Er stand in dieser Frage nicht auf Moltkes Seite. Moltke, so merkwürdig das heute klingen mag, war eigentlich für einen begrenzten Krieg, der nur militärisch ›total‹ sein sollte. Er wollte Armee gegen Armee stellen und nicht Volk gegen Volk. Der Idee nach war sein Krieg ein faires Kräftemessen zweier Gegner, die in einer oder mehreren Entscheidungsschlachten ihren Streit zum Austrag brachten. Er hielt nichts von der Volksbewaffnung und der damit verbundenen Radikalisierung der Massen. Er ging von der militärischen Inferiorität der Massenarmeen aus und behielt 1870/71 damit recht. Daß er als Antwort auf den französischen ›guerre à outrance‹ das Wort vom ›Exterminationskrieg‹ prägte,[17] läßt sich nur aus der Erregung des Krieges erklären, die ja auch Fontane im Dezember 1870 nicht verschonte. Daß in Zukunft andere Anforderungen an die Armee gestellt werden würden, das sahen die jüngeren Offiziere (Verdy, von der Goltz) vielleicht deutlicher. Sie verlangten eine stärkere Armee. Moltke hatte immer auf Qualität gesetzt, nicht auf die Masse (wenngleich er immer Wert darauf legte, auf dem Schlachtfeld in zahlenmäßiger Überlegenheit zu erscheinen). Fontane wollte offenbar Qualität und Quantität. Aber es läßt sich nicht erkennen, daß er das Problem irgendwann zu Ende gedacht hätte. Er war für eine Demütigung Englands (Ha Br IV/642), für neue Niederlagen Frankreichs (Ha Br IV/700), für Rückzüge der Russen (Ha Br III/692); aber er war auch gegen Rüstung und Militarismus. Es berührte ihn »sympathisch«, daß »Deutschland … obenan sein« soll, »in all und jedem« (Ha Br IV/642), aber welcher Mittel man sich dazu bedienen sollte, das ist bei ihm nicht klar auszumachen.

Eine andere Überlegung soll nicht ganz außer Betracht bleiben, obwohl sie möglicherweise eine Überschätzung Fontanes impliziert. Es gab Entwicklungen, die die deutsche Militärpolitik des wilhelminischen Reiches schwierig machten. Auf der einen Seite stand die Tendenz, sich auf kommende kriegerischen Auseinandersetzungen in Europa vorzubereiten durch einen bedingungslosen Ausbau der Armee. Das hätte die Gefahr mit sich gebracht, daß die Armee von ideologisch unzuverlässigen Soldaten überflutet worden wäre und das Offizierkorps eine breite Verbürgerlichung erfahren hätte, und zwar weit über das hinaus, was der Adel zu konzedieren bereit war.[18] Aus Sorge um den Bestand des Reichs und die Privilegien des Adels wollte Waldersee (Chef des Generalstabs in den ersten Regierungsjahren Wilhelms II.) einen anderen Weg gehen. Seine Sorgen galten nicht in erster Linie der Bedrohung von außen, sondern der durch die innere Opposition, also die Sozialdemokratie: »In einer geheimen Denkschrift für Kriegsminister von Gossler plädierte 1892 General v. Waldersee, kurz zuvor noch Chef des Generalstabs, für ‹kleine Berufsheere›, die ‹bei guter Bezahlung vorwiegend gegen die internen Feinde Anwendung finden› würden. Was er unter ‹Anwendung› in Deutschland verstand, erläuterte er gleichzeitig dem Kaiser: den Präventivschlag gegen die SPD, da man ihren ‹Führern die Bestimmung des Zeitpunktes der großen Abrechnung› nicht überlassen dürfe, sondern ‹diesen nach Möglichkeit beschleunigen› müsse.«[19] Radikaler formulierte er seine Ansichten schon 1877, als er »den Verzicht auf das ‹System der allgemeinen Dienstpflicht›«

forderte, »da ‹nur eine Berufsarmee den totalen Zusammenbruch aller bestehenden gesellschaftlichen Zustände verhindern› könne – oder ‹kurz ausgedrückt ... ohne Bedenken, sobald es verlangt wird, die Kanaille zusammenschießt.«[20] Kann man Fontane zutrauen, daß er für die numerische Verstärkung der Armee eintrat, weil er den damit verbundenen Machtverlust für den Adel voraussah? Es ist denkbar, aber nicht wahrscheinlich. Es waren dabei zu viele Imponderabilien im Spiel, als daß die allgemeine politische Lage erlaubt hätte, eine klare Vorstellung von zukünftigen Möglichkeiten zu entwickeln.

Außer Zweifel steht jedenfalls, daß Fontane mitnichten daran dachte, dem Adel seine Armeeprivilegien zu erhalten. Dem Adel war der Gedanke selbstverständlich, daß nur ein aus seinen Reihen stammendes Offizierkorps die Gewähr für hervorragende militärische Leistung bot und seine Stellung im Staat sichern konnte. Bei Wehler findet sich ein Kurzdialog, der das eindringlich belegt. »‹Unsere Macht findet dort ihre Begrenzung›, urteilte 1870 General v. Schweinitz, ‹wo unser Junkermaterial zur Besetzung der Offiziersstellen aufhört.› Bismarck antwortete: ‹Das darf ich nicht sagen, aber ich habe danach gehandelt.›«[21] Keine Frage, daß Fontane an der Machterhaltung des Junkertums spätestens vom Ende der 70er Jahre an nicht mehr interessiert war. Überdies bestritt er den Adligen auch eine größere militärische Begabung, als sie die Angehörigen des Bürgertums besaßen. Dies war ja letztlich die ständig wiederholte Begründung dafür, daß der Adel auf einem gewissen Vorrecht bei der Besetzung der Offiziersstellen bestand. Fontane wies diese Vorstellungen zurück. Dabei ist zu beachten, daß sich seine Distanzierung vom Adel nicht einfach umsetzte auch in eine Distanzierung von der Armee. Adel und Armee bleiben, soweit das in Preußen überhaupt denkbar ist, für Fontane voneinander unabhängige Größen, d.h. das Ansehen der Armee beruht nicht auf dem Ansehen des Adels. Schneid und Tapferkeit, Mut und Geistesgegenwart sind nicht standesgebunden: »Sie (die märkischen Adligen) sind eingebildet, ...beschränkt, und im Ganzen genommen ruppig. Selbst von ihren speziellen militairischen Tugenden zu sprechen, ist lächerlich; jeder gesunde Mensch, der in bestimmten soldatischen Anschauungen von Jugend auf trainirt wird, giebt auch schließlich einen guten Soldaten ab. So war es schon vor 2000 Jahren und so ist es noch«, heißt es 1882 in einem Brief an Emilie. (Ha Br III/198) Daß militärische Leistung und Herkunft in keinerlei Zusammenhang stehen, erklärt Fontane auch in einem Brief an Friedlaender, offenbar eingedenk der alten Liebe seines Vaters zu Napoleons Marschällen: »Wenn Prinzen *gut* sind, à la bonne heure, dann steigert ihre Prinzenschaft ihren Werth, weil das Vorbildliche dann doppelt mächtig wirkt. Aber wie selten tritt das ein. Sehen Sie sich die französischen Marschälle der ersten Kaiserzeit an; einige Gastwirthssöhne wurden Könige, aber Königssöhne, die was geleistet hätten, ...sucht man unter ihnen vergeblich.« (Ha Br IV/327) Auch in ›Cécile‹ weist Fontane den Anspruch des Adels, zum Offizier gleichsam vorbestimmt zu sein, zurück. Wenn er die Malerin Rosa Hexel sagen läßt: »Ich verstehe nichts von Politik und noch weniger von

Armee, wer mir aber ernsthaft versichern will, daß ein kluger General Müller allemal eine Landeskalamität und neben einem Hampel von Hampelshausen nie zu nennen sei, ...mit dem bin ich fertig...« (NFA 4/247), so vertritt die Malerin zweifellos Fontanes Überzeugung.[22] Am unverhohlensten freilich macht sich Fontane Luft in einem anderen Brief an Friedlaender: »Die Bülows und Arnims sind zwei ausgezeichnete Familien, aber wenn sie morgen von der Bildfläche verschwinden, ist es nicht blos für die Welt (da nun schon ganz gewiß) sondern auch für Preußen und die preußische Armee ganz gleichgültig und die Müllers und Schultzes rücken in die leergewordenen Stellen ein. Mensch ist Mensch.« (Ha Br IV/343) Damit ist ein weiter Weg zurückgelegt von jenem Brief aus dem Jahre 1860 an die Mutter: »Es verlohnt sich doch eigentlich nur noch ‹von Familie› zu sein. Zehn Generationen von 500 Schultze's und Lehmann's sind noch lange nicht so interessant wie drei Generationen eines einzigen Marwitz-Zweiges.« (Ha Br I/706)

Fontane ist beim Gedanken der Rüstung als eines Heilmittels für gefährliche Situationen nicht stehengeblieben. Es gibt mehrere Äußerungen aus den 90er Jahren, wo er, im Gegensatz zu seinen nationalen Eruptionen, die auf Bewahrung des Gewonnenen hinauslaufen, die Notwendigkeit der Abrüstung erkennt. Sein Satz »die Rüstung muß fort« (Ha Br IV/643) bezeugt seinen Einblick in das eigentlich Notwendige. Fraglich bleibt immer nur, wer denn beginnen solle. Der viel wahrere Satz wäre: Vertrauen muß her! Aber wo soll es herkommen, wenn sich jeder durch seinen ständig weiter rüstenden Nachbarn bedroht fühlt und hinter jedem Vorschlag nichts als Tücke und Hinterlist wittert? Enthüllend ist in dieser Hinsicht Fontanes Brief vom 30. August 1898, in dem er mit großer Begeisterung von einer Initiative des Zaren Nicolaus berichtet, dessen Außenminister Graf Murawiew allen Petersburger Botschaftern den Wunsch des Zaren übermittelt hatte, den Frieden zu bewahren und die allgemeine Aufrüstung zu beenden. Fontane meint dazu: »Es wird nicht viel draus werden, aber es bleibt doch eine große Sache, daß der mächtigste Mann der Erde solch Wort aussprechen konnte, und zwar, wie ich fest überzeugt bin, nicht phrasenhaft oder gar mit Hintergedanken, sondern grundehrlich. Und weil ich an diese Ehrlichkeit und an das großartig Edle, das sich darin ausspricht, glaube, kann ich mich mit dem Ton, in dem einige englische und französische Zeitungen darauf geantwortet haben, nicht einverstanden erklären.« (Ha Br IV/744) Der Fortgang des Briefes, den wir schon in anderem Zusammenhang zitierten, macht dann freilich erkennbar, daß Fontane zugleich mit der Abrüstung den status quo verlangt. Er drückt seine Unzufriedenheit mit der englischen und französischen Presse aus; über die eine, weil sie vor einer Rüstungsübereinkunft erst die Chinafrage regeln will, über die andere, weil sie erst Elsaß-Lothringen zurückhaben will. Er bemerkt offenbar nicht, daß sich seine Haltung nicht wesentlich von der der englischen und französischen Blätter unterscheidet. Er denkt hinsichtlich des Elsaß nicht an Verhandlungen, Kompromisse, gar einen Verzicht, sondern nur daran, daß Deutschland ein Recht auf das

Elsaß habe. Aber worauf läßt sich in der Politik nicht ein Recht begründen? Die Quadratur des Kreises in Abrüstungsfragen wird hier ganz deutlich: Zuerst Freude über jeden phrasenlosen, ernst gemeinten Vorschlag, weil er Hoffnung gibt, daß Vernunft sich durchsetzen könnte; zugleich Zweifel, daß ein solch utopisch anmutender Gedanke sich realisieren läßt und – der schon ausgesprochene Wille, eigene Rechtspositionen nicht aufzugeben. Wie charakterisiert Fontane an anderer Stelle die ewige Lage des Menschen: »Alles Höchste und Heiligste kommt vor oder richtiger es giebt ernste, tiefe Ueberzeugungen ... für die gelegentlich ein Einzelner ehrlich stirbt, aber dieser Einzelne ist der Tropfen Urtinktur im Ozean. Der Ozean ist nichtiges, indifferentes Wasser. Und die Menschheit ist noch lange nicht Wasser, sondern blos Sumpf, mit Infusorien in jedem Tropfen, vor denen man, wenn man sie *sieht,* ein Grauen und Schaudern empfindet... Wir haben nur das bischen Kunst und Wissenschaft, das uns, in ehrlicher Arbeit, über uns erhebt und haben als Bestes die *Natur.* Alles andre ist Mumpitz, und je mehr Lärm und patriotischer Radau desto mehr. Es hat alles gar keinen Werth. Aber man muß es gehn lassen und auch schließlich noch so thun als freue man sich darüber. Denn um es zu wiederholen, das andre ist blos langweiliger aber nicht besser. Wir stecken schlimm drin; das heißt Mensch zu sein.« (Ha Br III/590)

19. Kapitel

Fontane und die Sozialdemokratie

Es drängt sich die Frage auf, wie Fontane eigentlich zur Sozialdemokratie stand. Gibt es bei ihm so etwas wie eine Affinität zur Sozialdemokratie? So intensiv der Dichter in den beiden letzten Jahrzehnten seines Lebens mit seinem dichterischen Werk beschäftigt war – bis zur Ausschließlichkeit beschäftigt, darf man sagen, wenn man seine Korrespondenz, wie billig, zu seinem Werk rechnet – so intensiv hielt er Ausschau nach den Ideen, die seine Zeit bewegten. Seine Interessen waren breit gefächert, schließen aber auch manches aus; die Naturwissenschaften z.B. (so gut er ehedem seine Chemie beherrscht hatte), aber auch die Philosophie oder die Musik. Aber alle Gebiete des Lebens, die ein Mann mit wachem Verstand und scharfem Auge übersehen konnte, suchte er im Blick zu halten. Freilich: er wurde nur selten fündig. Von der Goltz' neue Wehrkonzeption fand seine Aufmerksamkeit; Ibsens und Hauptmanns Dramen schlugen ihn in ihren Bann; Menzels Malerei (das Beste, was Deutschland zu dieser Zeit auf diesem Sektor zu bieten hatte) stand ihm nahe, und er schätzte Max Liebermann; aber auch die Wasserkuren des Pfarrers Kneipp, wie der ›Stechlin‹ zeigt, blieben nicht unbeachtet. Er war fast ständig auf der Suche nach den neuen Ideen, von denen man hätte glauben können, daß sie die Welt durchdrangen. In einem Brief an seine Tochter vom 30. August 1895 aus Karlsbad schreibt er: »Man hat gesagt: ‹Preußen werde durch Subalterne regiert.› Das ist richtig und auch gut so. Die Subalternen … sorgen für Ordnung, Sauberkeit und Herrschaft des gesunden Menschenverstandes. Die ‹Ideen› finden sich von selbst, die wachsen räthselvoll und sind mit einem Male da.« (Ha Br IV/475f) Ordnung, Sauberkeit und ein gesunder Menschenverstand, daß sie in Preußen zu finden waren, das konnte kein noch so spitzfindiger Kritiker leugnen, falls er über hinreichende Vergleichsmaßstäbe verfügte. Aber wie stand es in Preußen-Deutschland mit den rätselvoll wachsenden Ideen? Wo war der lebendig schaffende Geist, der diese Ideen hätte hervortreiben können? Wenn in seinen Briefen irgendwo von neuen Ideen gesprochen wird, dann vor allem dort, wo er, meist etwas unbestimmt, über den vierten Stand redet. Es gibt einen Brief aus dem Jahr 1878, in dem Fontane auf eine Frage seiner Frau antwortet, die sich besorgt bei ihm nach den Möglichkeiten erkundigt, wie man der politischen Unruhe, der sozialen Bewegung Herr werden könne und wie man denn in solchen Fällen früher verfahren sei. Für Fontane war das Rezept vergangener Zeiten einfach: »Eine revolutionäre Natur, ein mit Potenzen ausgerüsteter Thunichtgut verführte entweder große, harmlose Volksmassen, oder er stellte sich an die Spitze bereits vorhandener Unzufriede-

326

ner. Im erstren Falle fing man den Anführer, hing ihn und alles war vorbei, im letztren Falle geschah zunächst dasselbe, aber kleine, berechtigte Forderungen … mußten erfüllt werden.« Aber diese Zeiten sind vorbei: »Das alles war Kinderspiel; man befand sich einer stupiden Masse gegenüber. Das ist jetzt anders.« Eine neue Lage hat sich hergestellt; das Proletariat hat die bloße Masse abgelöst. »Millionen von Arbeitern sind grade so gescheidt, so gebildet, so ehrenhaft wie Adel und Bürgerstand, vielfach sind sie ihnen überlegen… Alle diese Leute sind uns vollkommen ebenbürtig und deshalb ist ihnen weder der Beweis zu führen, ‹daß es mit ihnen nichts sei›, noch ist ihnen mit der Waffe in der Hand beizukommen. Sie vertreten nicht blos Unordnung und Aufstand, sie vertreten *Ideen*, die zum Theil ihre Berechtigung haben und die man nicht todtschlagen oder durch Einkerkerung aus der Welt schaffen kann. Man muß sie *geistig* bekämpfen, und das ist, wie die Dinge liegen, sehr, sehr schwer.« (Ha Br II/581 f) Diese Sätze verdienen genaue Beachtung, denn sie erklären außerordentlich viel von Fontanes politischer Einstellung zu dieser Zeit. »Diese Leute« stehen »uns« gegenüber; sie sind »uns« ebenbürtig. Fontane steht hier nicht außerhalb des Kreises der Betroffenen, er sieht sich den Leuten gegenüber, die »Unordnung und Aufstand« vertreten. Ihre revolutionären Absichten bleiben ebenso unbestritten wie die Tatsache, daß sich Fontane ihnen *nicht zurechnet*. Er findet hier zwar neue Ideen am Werk, aber doch nur solche, die man geistig bekämpfen muß.[1] Jede gewaltsame Einwirkung wird abgelehnt. Festgestellt wird, daß weder Totschlag noch Einkerkerung helfen werden, sondern nur geistige Auseinandersetzung. Das muß man sich gegenwärtig halten, wenn man Fontanes weitere politische ›Laufbahn‹ betrachtet. Er zieht nicht etwa die Konsequenz, daß man, weil hier endlich neue Ideen sichtbar würden, sich diesen Ideen mit aller Entschiedenheit zuzuwenden habe, sondern er hält auf Abstand. Die neue Gedanken entwickelnden Leute sind zwar ernst zu nehmen, weil sich die Notwendigkeit eines neuen Kampfes ankündigt, aber sie werden in eben dem Sinne ernst genommen wie früher von der Marwitz, der den Kampf der Ideen nach Meinung Fontanes überhaupt erst in das preußische Geistesleben eingeführt hat, indem er sich mit geistigen Waffen gegen die Ideen der Französischen Revolution wehrte.

Achtzehn Jahre später nimmt Fontane wieder einmal zu den Problemen des vierten Standes in Deutschland, aber darüber hinaus in Europa Stellung. Es geschieht in einem Briefe an James Morris, und keine seiner Äußerungen ist in der Fontane-Literatur so häufig zur Bestimmung seiner politischen Position herangezogen worden wie dieses Schreiben, das in der Korrespondenz Fontanes zwar nicht einzig dasteht, aber doch Seltenheitswert hat: »Alles Interesse ruht beim vierten Stand. Der Bourgeois ist furchtbar, und Adel und Klerus sind altbakken, immer wieder dasselbe. Die neue, bessere Welt fängt erst beim vierten Stande an. Man würde das sagen können, auch wenn es sich bloß erst um Bestrebungen, um Anläufe handelte. So liegt es aber nicht; *das,* was die Arbeiter denken, sprechen, schreiben, hat das Denken, Sprechen und Schreiben der altregierenden

Klassen tatsächlich überholt, alles ist viel echter, wahrer, lebensvoller. Sie, die Arbeiter, packen alles neu an, haben nicht bloß neue Ziele, sondern auch neue *Wege*. Die Times ist nach wie vor die erste Zeitung in der Welt, aber doch eigentlich nur durch ein gewisses stilles ‹Übereinkommen› der sogenannten Gebildeten. In Wahrheit ist alles tot und eingefroren, keine neuen Ideen, kein neuer Stil, nicht einmal (ganz äußerlich) ein neues Ztngs.-Arrangement.« (22. Februar 1896) (Ha Br IV/539) Man fragt sich, was der Anlaß zu diesem plötzlichen Ausbruch gewesen sein mag. Vermutlich nicht mehr und nicht weniger, als daß er sich über eine Nummer der Times geärgert hatte, weil sie langweilig war und ihm dabei auffiel, daß die Zeitung seit Jahren nichts mehr für ihre Aufmachung getan hatte. (Was den Engländern eine Tugend schien, war dem auf neue Formen und Inhalte erpichten Fontane ein Laster.) Dem Ernst dieser so eingängig formulierten Äußerung wird man damit indessen nicht gerecht. Vor allem fällt auf, daß Fontane sich in diesen Sätzen (anders als in dem Brief an Emilie von 1878) nicht mehr als Gegenpartei betrachtet. Seine Tendenz geht dahin, dem Phänomen ›der vierte Stand‹ an und für sich gerecht zu werden. Seine Kritik an den regierenden Klassen ist deutlicher geworden, und die stark verallgemeinernde Bemerkung läßt erkennen, daß er überzeugt ist, sich mit der Gedankenwelt des vierten Standes so weit vertraut gemacht zu haben, daß er zu solchem Urteil berechtigt ist. Andererseits fehlt indessen nach wie vor jede Spur einer Identifizierung. Wie echt, wahr und lebensvoll diese Welt auch sein mag: Fontane bleibt Betrachter. Er ist Beobachter der Szene, nicht ein sich Einbeziehender. Wenn man davon ausginge, daß sich hier sein äußerster analytischer Ernst ausspricht, dann müßte man angesichts der Klarheit der Aussagen doch erwarten, daß er anfinge, sich diesen neuen Ideen zuzuwenden. Wer die Wahrheit kennt und aus seiner Erkenntnis keine Konsequenzen für seine Haltung zieht, der wird es schwer haben, sich nicht verächtlich zu machen. Eine ideologische Annäherung, die sich lebhafter ausspricht als in den bloßen Versicherungen, er empfinde immer ›demokratischer‹, müßte man eigentlich erwarten.

Wer aber im Gesamtwerk Fontanes nach gewichtigen Zeugnissen einer solchen Entwicklung sucht, der bemüht sich vergebens. Nirgends vollzieht Fontane einen Schritt über die hier angedeutete Annäherung hinaus ins ›sozialdemokratische‹ Neuland. Es gibt einige Bemerkungen von ihm, die seine immer demokratischer werdende politische Gesinnung belegen. Es wäre indessen vermessen, diese zunehmende Neigung zum Demokratischen als eine Neigung zum Sozialdemokratischen zu betrachten. Es findet sich bei ihm keine Äußerung derart, daß er der Sozialdemokratie mit bewußter Abneigung oder Feindseligkeit gegenüberstünde; es gibt aber ebensowenig eine Äußerung von ihm, die sich als ausdrückliches Bekenntnis zur Sozialdemokratie deuten ließe. Er erkennt zwar schon in seiner konservativsten Epoche, »daß in breiten Volksschichten, berechtigt und unberechtigt, eine tiefe Unzufriedenheit gährt« und daß »das Sozialdemokratenthum wächst« und »sich bereits in die standesgemäßen politischen Parteien« einreiht (an Mathilde von Rohr, 25. September 1872),[2] und er sieht 1883, daß »der Sozialdemokratie zu dienen« »gefährlich« ist, »aber an Ehreneinbuße denkt kein Mensch mehr. Beinah umgekehrt« (NFA 22,2/228), und bekennt auch, daß er die Bourgeoisie hasse, als ob er »ein eingeschworner Socialdemokrat wäre« (an Mete, 25. August 1891) (Ha Br IV/148), aber allem Gesagten (und der Äußerungen sind viele) ist doch immer das Gefühl und Bewußtsein der Nichtzugehörigkeit abzumerken. Und wenn Georg Lukács in seiner Fontane-Studie so aufreizend-salopp formuliert: »Fontanes Probleme haben aber in seiner Zeit bereits klare Lösungen gefunden. Er hätte, vereinfacht ausgedrückt, nur in eine Buchhandlung gehen müssen, und er hätte in den Werken von Marx und Engels Antworten auf alle seine Fragen schwarz auf weiß finden können«,[3] so steckt darin der richtige Kern, daß Fontane ganz einfach nicht bereit gewesen ist, sich auf den Sozialismus einzulassen. Dafür lassen sich viele und komplizierte Erklärungen finden; die einfachste liegt in der (wieder höchst kompliziert begründbaren) Skepsis Fontanes begründet, die der alte Stechlin so formuliert: »Unanfechtbare Wahrheiten gibt es überhaupt nicht, und wenn es welche gibt, so sind sie langweilig.« (NFA 8/8) Je älter er wurde, desto weniger neigte er zu irgendeinem Doktrinarismus. Er war ein scharfer Beobachter der gesellschaftlichen Wirklichkeit und neigte dazu, zu verallgemeinern. Welche Bedeutung man aber auch dem Tatbestand geben mag, Fontane war an den Lebensverhältnissen des vierten Standes nicht ernsthaft interessiert. Es ist kein Zufall, daß er sich in seinem dichterischen Werk mit den Problemen dieser Menschen nicht auseinandersetzt. Es fehlt ihm da auch an umittelbarer Anschauung, wie er sie von Bourgeoisie, Bürgertum und Kleinbürgertum in reichem Maße besaß.[4] Er sah und spürte wohl, daß sich in der Arbeiterschaft große Entwicklungen ankündigten, aber trotz der Einsichten, die ihm aus seinen Beobachtungen hier erwuchsen und die einige seiner politisch brisantesten Äußerungen prägten, im großen und ganzen blieb er bürgerlicher Beobachter, dessen Aufgeschlossenheit weder in seinem Werk einen künstlerischen Niederschlag fand, noch sein politisches Verhalten änderte. Seine Wertschätzung des vierten Standes war theoretischer Natur. In Wahrheit kümmerten ihn die Lebensverhältnisse des Proletariats nur wenig. Peter Wruck beschreibt seine Haltung der Berliner Arbeiterschaft gegenüber vollkommen richtig: »Daß der Vernoblung Berlins, seiner Umgestaltung in eine ›schöne und vornehme Stadt‹ … das Gründerfieber und eine maßlose Boden- und Bauspekulation vorangegangen waren, daß sie von Wohnungsnot und Massenelend begleitet wurden, kann ihm nicht gut verborgen gewesen sein. Aber es scheint ihn – der Wahrheit die Ehre – kaum beschäftigt und wenig gestört zu haben.«[5]

Die gesellschaftliche Wirklichkeit ist ein widerspruchsvolles Gebilde. Für den nicht doktrinär festgelegten Menschen können deshalb, wenn er sich mit dieser Wirklichkeit einläßt, in seinen verallgemeinernden Schlußfolgerungen Widersprüche nicht ausbleiben. Zudem hatte Fontane in der Zeit seiner Bindung an die konservative Partei die brennende Aktualität der sozialen Frage offenkundig aus den Augen verloren. Mit beispiellosem Fleiß darum ringend, die Ansprüche der eigenen Familie zu erfüllen, lernbegierig und bildungshungrig, war er nicht bewegt von der Frage, auf welche Weise die absolute soziale Gerechtigkeit in der Welt durchgesetzt werden könnte. Armut interessierte ihn vielleicht als jeweils persönliches Problem, aber nicht als weltweites Phänomen bei der arbeitenden Klasse. Scheinen ihn die John-Prince-Übersetzungen auf dem Wege zum Anwalt sozialer Gerechtigkeit zu zeigen, so hat er sich doch nie bemüht, sich Rechenschaft abzulegen von den unmenschlich krassen sozialen Gegensätzen in England und sie auf ihre Ursache hin zu analysieren (wozu er zwischen 1855 und 1859 hinreichend Gelegenheit gehabt hätte), wie es Marx und Engels zu dieser Zeit taten.

Nochmals: es gibt eine Vielzahl von Bemerkungen des Dichters, in denen er sich zu seinem immer demokratischer werdenden Bewußtsein oder Lebensgefühl bekennt. Er überzeugt sich immer wieder, daß die vollere, echtere Lebenskraft bei den ›kleinen Leuten‹ zu finden sei; so etwa in dem von ihm ausführlich beschriebenen Zusammentreffen mit einer Verkäuferin aus einem Berliner Knopfladen, die für ihn zur Heldin eines Abends wird. Sie hat Huldigungsverse für ihn vorgetragen und ihn durch »ihre Erscheinung und gesammte Haltung« beeindruckt: »Schönes Profil, kluge Augen, alles Nerv und Charakter, merkwürdige Mischung von Berliner Geist und Berliner Keller. Eine Korallenbrosche auf dem schwarzen Kleid und mit einem Lorbeerkranz ... bewaffnet, stand sie vor mir, sah mich, aus reiner Nervosität, denn sie zitterte leise, scharf an und trug nun ihre Huldigungsverse vor.« Als man ihm auf seine Fragen hin eröffnet, wer die Dame sei, fährt er fort: »Du weißt, daß bei meinem Hange gleich zu combiniren und weitgehende Schlüsse zu ziehn, solche Dinge immer einen großen Eindruck auf mich machen.« (Ha Br IV/335) Und dann das Bekenntnis: »Ich werde immer demokratischer...« Ein großartiges Bild: das von Nerv und Energie bebende Mädchen, davor der Dichter, sie mit wacher Aufmerksamkeit beobachtend. Seine Neigung gilt den Menschen aus dem Volk, auch dann noch verständnisvoll, wenn die Proben ihres Könnens noch ausstehen. Wie rührend der Brief an Rodenberg, wenn er ihm den Sohn seines alten Freundes Wolfsohn empfiehlt: »Ein neuer Gottfried Keller wird wohl nicht dabei herauskommen, aber doch ein neuer Wilh. Wolfsohn. Dieser ... war nämlich sein Vater. Mutter: Leipziger Tischlerstochter. Auf *dieser,* wie auf allem, was aus dem Volk stammt, beruht meine spezielle Wolters-Hoffnung.« (Ha Br IV/509) Im Volke allein finden sich noch die unverbrauchten Energien, die das Vertrauen auf noch unerfüllte Möglichkeiten rechtfertigen.

Mit dem zunehmenden Interesse für die kleinen Leute geht ein Abbau des Interesses für die oberen Zehntausend Hand in Hand: »Vorgestern empfing ich aus Tegernsee eine ... Schrift: ‹Die historische Stellung des Hauses Radziwill› ... Ich hab es mit eignen Gefühlen gelesen. Prinz Boguslav sucht darin die *Ebenbürtigkeit* der Radziwills und damit zugleich zu beweisen, daß wenn Prinz Wilhelm Elise R. geheirathet hätte, der gegenwärtige Kaiser nicht ein Enkel der guten alten

Augusta, sondern der schönen Elise sein würde. Vor 30 Jahren hätte mich das kolossal interessirt, *jetzt* bin ich so verdemokratisirt, daß ich die feierliche Behandlung solcher Fragen mindestens überflüssig finde. Vanderbilt und Astor, der vielleicht ... Prince-Consort, also beinah König von England wird, interessirt mich viel mehr und Nansen und der ‹Fram› nun schon ganz gewiß.« (Ha Br IV/591) Was bedeutet ihm noch die Ahnentafel des Kaisers? Welche Wichtigkeit soll er dem Umstand beimessen, daß der gegenwärtige Kaiser der Enkel der ›guten alten Augusta‹ und nicht der ›schönen Elise‹ ist? Aber auch dies sei wiederholt: diese Abkehr von den oberen Zehntausend und diese Hinwendung zum Volk, sie haben nichts mit sozialistischer Gleichmacherei zu tun. Sie beziehen sich überhaupt kaum auf die soziale Lage und die daraus abzuleitenden Hoffnungen oder die daraus resultierende Verzweiflung der kleinen Leute. Fontane denkt in größeren Zusammenhängen; sein Feld ist die Welt und nicht Deutschland, geschweige denn die Mark. Die interessiert ihn nur noch insoweit, als sich in ihr Weltbewegungen spiegeln und manifestieren. Die Mark als solche ist ihm längst zu eng geworden, das Spezifische an ihr findet er nur noch lächerlich, wofür ›Die Geschichte vom kleinen Ei (Märkisches)‹ steht. (NFA 20/57 ff) In ihr enthüllt sich das Märkische in seiner Jämmerlichkeit als Sechsdreierwirtschaft. Der Stechlinsee aber, obzwar in märkischer Enge gelegen, öffnet den Blick in die Weite der Welt. Hier wird erkennbar, was es mit seinem ›demokratischer werden‹ recht eigentlich auf sich hat. Er drängt nicht auf Beteiligung am sozialdemokratischen Klassenkampf, bekehrt sich nicht zu einem marxistischen Klassenbewußtsein, sondern zu einem demokratischen Weltbürgertum. In dem in anderen Teilen schon zitierten Brief an Mete über den Sohn Theo wird über diesen gesagt, er werde eines Tages »mit dem Preußenmotto sterben: ‹ich habe meine Schuldigkeit gethan.› In mir wird das Aufbäumen gegen all diese Herrlichkeit immer größer und vielleicht schnappe ich in meinem wachsenden demokratischen Weltbürgerthum noch über.« (Ha Br IV/564)

Die Charakteristik, die Eda Sagarra von seinem Verhältnis zum Sozialdemokratentum gibt, ist durchaus zutreffend: »In seinen alten Tagen teilte Fontane in seiner verhalten ironischen Art die Hoffnungen einiger seiner viel jüngeren Zeitgenossen. Dabei ist seine Sehnsucht nicht einfach mit der Sozialdemokratie zu identifizieren, obwohl diese Bewegung ihn aufrichtig interessierte und er Positives von ihr erwartete. Gerade auf das Vermitteln zwischen Klassen und Schichten kommt es im Geiste Lorenzens und Melusines und vor allem im Sinne der ‹Stechlin-Botschaft› an.«[6] Damit ist ein Gedanke ausgesprochen, der überall dort eine entscheidende Rolle spielt, wo Fontane auf die soziale Frage zu sprechen kommt. Die von uns zu zitierenden Sätze erhalten ihre erschließende Kraft, weil in ihnen Fontanes Haltung zur Sozialdemokratie in enger Nachbarschaft erscheint zu seiner Grundvorstellung davon, welche Vorbedingung bei der Beschäftigung mit der sozialen Frage zu erfüllen ist. Noch gewichtiger werden die Sätze dadurch, daß in ihnen auch der Mann erwähnt wird, der durch seine sozialen Aktivitäten das damalige Deutschland in Erstaunen versetzte: Krupp. Fontane schreibt: »Die ganze Welt, man könnte beinah sagen die Sozialdemokratie mit eingerechnet, hat sich durch gesteigerten Besitz und durch gesteigerte Lebensansprüche bis zu einer gewissen *Bourgeois*höhe, vielfach von greulichstem Protzenthum begleitet, entwickelt, aber von der Bewältigung der zweiten Hälfte des Weges, von der Entwicklung bis zur Aristokratie, der echten natürlich, wo das Geld wieder anfängt ganz andren Zwecken zu dienen als dem Bier- und Beefsteaks-Consum, – von dieser Entwicklung unsrer Zustände sind wir weiter ab denn je, weiter als in jenen Armuthszeiten unter Fr. W. III., wo es Tausende von höchst erfreulichen Einzelerscheinungen namentlich im Adel, im Professorenthum und unter den Geistlichen gab, Einzelerscheinungen, die derart kaum noch vorkommen. Was ein Mann wie Krupp thut, vielleicht großartig in seiner Art, ist doch etwas ganz andres und wurzelt verstandesmäßig in sozialer Frage, nicht in einem schönen Herzen und liebevoller Menschlichkeit.« (Ha Br IV/121 f) *Ein schönes Herz und liebevolle Menschlichkeit*. Aber: damit macht man natürlich keine Politik. Haben Marx und Engels aus einem schönen Herzen und liebevoller Menschlichkeit heraus geschrieben? Sie haben geschrieben, was dem Maß ihrer Erkenntnis entsprach und was sie für wahr hielten. Und ihr eigenes schönes Herz war ihnen dabei so gleichgültig wie die schönen Herzen derer, für die sie zu schreiben meinten. Das freilich kann dem Geist des Philanthropen nicht genügen. Für ihn ist umsonst getan, was nicht in liebevoller Menschlichkeit seinen Ursprung hat.

In einem Brief an einen jungen Dichter (1881), der Fontane ein Stück und einen Aufsatz zur Begutachtung übergeben hatte und dem Fontane bescheinigte, daß er »mit Anschauungen ins Leben« getreten sei, »mit denen man vielleicht nicht einmal aus dem Leben austreten« dürfe, heißt es: »In einem wissenschaftlichen Buche, das einen an und für sich richtigen Satz konsequent weiter entwickelt, laß ich mir als letzte Konsequenz alles gefallen, auch den ganzen sozialdemokratischen Katechismus und die Streichung der zehn Gebote. *Sie* aber, pardon, daß ich damit unumwunden herausrücke, kommen mit allerhand Ungeheuerlichkeiten wie der Blitz aus heiterm Himmel.« (Ha Br III/164) Es ist kein Zweifel: was Fontane sagt, läuft im Kern darauf hinaus, daß die Ungeheuerlichkeiten, mit denen der Verfasser wie der Blitz aus heiterm Himmel herausrückt, auf Fontane so wirken, als ob die zehn Gebote abgeschafft oder der sozialdemokratische Katechismus in Kraft gesetzt worden sei. Anders formuliert: die Zustimmung zum sozialdemokratischen Katechismus käme in seiner Bedeutung der Abschaffung der zehn Gebote gleich. So skeptisch nun Fontane im Laufe seines Lebens auch alles befragt hat, was Anspruch auf dauernde Gültigkeit erhob (und er hat um so zudringlicher gefragt, je nachdrücklicher dieser Anspruch erhoben wurde), so wenig hat er je die Streichung der zehn Gebote erwogen. Sie waren für ihn im Gegenteil zeitlebens ein unverzichtbares Fundament menschlichen Zusammenlebens. Natürlich konstatierte er Ausnahmen wie z. B. in der Rezension von Ludwig Anzengrubers Volksstück ›Das vierte Gebot!‹. Er geht dort so weit festzustellen, daß »‹Vater und Mutter› in der Wüstheit unsrer großen Städte längst ihres heilig patriarchalischen Charakters entkleidet und vieltausendfältig, auch in ihrer eignen Familie, zu Trägern und Kultivatoren jeder Art von Niedertracht geworden sind« (NFA 22,2/729), doch ist damit nur ein ganz willkürliches Beispiel dafür hervorgehoben worden, daß er sehr wohl zu differenzieren weiß und die Problematik von allgemein verpflichtenden Geboten kennt, die in verwirrend zugespitzten Grenzsituationen ihre sonst selbstverständliche Kraft verlieren können. Wie überraschend deshalb, wenn er die Streichung der Gebote mit der Ungeheuerlichkeit gleichsetzt, den sozialdemokratischen Katechismus zu akzeptieren. Schon daß er von ›Katechismus‹ spricht verdeutlicht, daß er den quasi religiösen Anspruch des Marxismus durchschaut und der in ihren Bekundungen (den Geboten) angenommenen Heilslehre (von dieser selbst ist nicht die Rede) eine andere Lehre entgegenstellen will, die, wie ausdrücklich hervorgehoben wird, zwar »konsequent« aus einem »an und für sich richtigen Satz« »weiter entwickelt« sein mag, so daß er sich bereit erklärt, sich »als letzte Konsequenz alles gefallen« zu lassen, aber es ist ihm völlig offenbar, daß eine neue Ordnung der Dinge auf diesem Katechismus so wenig gegründet werden kann, wie man auf die Gebote zu verzichten vermag. Das mag eine Zwischenstation auf einem langen Wege gewesen sein; mit Bestimmtheit kann man aber sagen, daß er in keinem Augenblick seines Lebens daran gedacht hat, sich der neue ›Lehre‹ zu überlassen, mag er sie zu Zeiten auch nicht ohne Hoffnung betrachtet haben.

20. Kapitel

Fontane und Kaiser Wilhelm II.

Das Tagebuch Fontanes für die Zeit vom 4. März bis 8. Juli 1888 vermeldet: »Am 9. März stirbt Kaiser Wilhelm. Merkwürdige Mischung von Landestrauer und Berliner Radau. Der Kronprinz, nun Kaiser Friedrich III., trifft von San Remo in Berlin ein und bezieht Schloß Charlottenburg, nachdem er vorher …dem Reichskanzler ein Schriftstück ausgehändigt hat, ein sogenanntes Regierungsprogramm, das auf mich einen sonderbaren Eindruck macht, weil es Kritik übt und den Reichskanzler als einen ‹wie andre mehr› behandelt. Eine (wenn man nicht Fortschrittler) mindestens sonderbare Behandlung des großen Mannes, aus der ich auf nicht viel Gutes schloß.« (NFA 24/1155) Ein Friedrich-Schwärmer war Fontane nie, konnte es seiner damaligen politischen Einstellung nach nicht sein, und begegnet dem neuen Kaiser von Anfang an mit Vorbehalten: »sein (Friedrichs) *erster* Erlaß. Man sieht an einem Strohhalm am besten, wo der Wind herkommt und die Stellung des neuen Kaisers zu dieser relativ kleinen Sache, kennzeichnet den ganzen Mann. Voll Güte, Feinheit, Vornehmheit; nur kein Zwang, nur keine Lüge! Aber doch von vornherein Verwirrung stiftend. Völker verlangen Bestimmtheiten und Befehle. Das ‹ins Belieben stellen› geht kaum im Privatleben, im Staatsleben gewiß nicht.« (Ha Br III/588f) Fontane hält es zumindest für zweifelhaft, daß Preußen-Deutschland ausschließlich mit liberalen Männern zu regieren gewesen wäre. Die Probe aufs Exempel unterblieb, denn Friedrich III. übernahm die Regierung als ein Sterbender, und wenn überhaupt politische Entscheidungen getroffen wurden, so gingen sie von der von Fontane wenig geliebten Kaiserin Friedrich aus. Die berühmten 99 Tage, die Friedrich III. vergönnt waren zu regieren, sehen in Fontanes Urteil so aus, »daß Willkürlichkeit und Konfusion dieser ganzen Epoche den Stempel aufgedrückt haben.« (NFA 24/1155f) Seine summarische Zusammenfassung der verworrenen Zeit im Tagebuch läßt sein Denken und Fühlen deutlich werden: »Nach 99 Tagen starb Friedrich III., und alles atmete auf, als das Kranken- und Weiberregiment ein Ende nahm und der jugendliche Kaiser Wilhelm II. die Zügel in die Hand nahm. Es war hohe Zeit. Alles hat wieder die Empfindung, daß die Gewohnheitspferde nicht bloß so weiter trotten und instinktmäßig den Abgrund vermeiden, sondern daß ein ›Dirigent‹ da ist, der nicht alles bloß dem Zufall überläßt.« (NFA 24/1156) Fontane, das Urteil seiner Zeitgenossen weitgehend teilend, beobachtet aufmerksam den jungen Kaiser, befürchtet schneidige Taten und beginnt sich langsam zu überzeugen, daß übereilte, einschneidende und risikoreiche Entscheidungen nicht zu erwarten sind. Gleichwohl bleibt bei allen zukünftigen Bemerkungen

Fontanes zu Wilhelm II., dessen Regierung er zehn Jahre lang erlebt und kommentiert, erkennbar, daß sich sein Urteil immer wieder orientiert an jenem frühen Bild des Kaisers als eines energischen, entscheidungsfreudigen und Unwägbarkeiten nicht scheuenden Mannes, woraus sich mit einer gewissen Notwendigkeit und Selbstverständlichkeit ergibt, daß seine Äußerungen über Wilhelm II. sich verknüpfen mit militärpolitischen Überlegungen. Es gab keinen Zweifel, daß dieser Kaiser angetreten war und Politik machte mit dem Ziel, Deutschland an die Spitze der Großmächte zu führen. Bescheidenere Intentionen ließ sein Ehrgeiz nicht zu. Die alle Welt bewegende Frage war, welche Mittel er einsetzen würde, um seine Absichten zu verwirklichen. Voller Ironie verfolgt Fontane die Wandlungen, die sich in der Presse vollziehen. Mit vorsichtigem Mißtrauen blickt er auf den Opportunismus, der sich beim Umschwung der öffentlichen Meinung offenbart: »Die Zeitungen schwenken übrigens schon ein, und Wilhelm II., der noch vor drei Tagen eine bedrohliche Erscheinung war, ist jetzt bereits ein hoffnunggebender Fürst. Noch drei Wochen, und er ist ein Stern.« (Ha Br III/616) Dabei gesteht er zu, daß diese Wandlung nicht unverdient ist, denn: »Das beste ist, daß kein Mensch an Krieg glaubt; er wird ja wohl 'mal kommen, aber es scheint wirklich, als ob er auf allerernsteste Fälle eingeschränkt werden solle, wie beim Duell, das, von Spielereien abgesehn, auch seltener wird. Je großartiger der Vernichtungsapparat, je größer die Verantwortung und die Sorge.« (Ha Br III/616) Diese Sätze, die nur die allgemeine Stimmung spiegeln, deuten darauf hin, daß Fontane die zu erwartende Entwicklung realistisch einschätzt. Mit Genugtuung registriert er deshalb in den ersten Regierungswochen Wilhelms II. Äußerungen des Kaisers, die ihn nicht in der erwarteten Weise als kriegsbereiten oder gar kriegslüsternen Politiker zeigen, sondern als Mann des Ausgleichs. So erklärt sich die besondere Hervorhebung des kaiserlichen Satzes über Philipp Graf Eulenburg in einem Brief an Liliencron: »Der Kaiser hat neulich von ihm gesagt: ›ich liebe ihn sehr, *denn er ist ein Mann des Friedens*‹, ein Wort, das einen großen und schönen Eindruck auf mich gemacht hat, noch mehr um des Kaisers als um Eulenburgs willen.« (26. April 1889) (Ha Br III/685) So wenig sich der Kaiser zu Anfang mit übereilten Taten in den Vordergrund drängt, so wenig tut es Fontane mit übereilten Urteilen. Aber offenkundig imponiert ihm die Energie, mit der der Kaiser an seine Aufgabe herantritt: »Ich habe mein ganzes spätres Leben nach dem Satz eingerichtet, daß 4 ausgeschlafene Stunden besser sind als 12 müde. Kaiser Wilhelm II. könnte mit meiner Zeiteintheilung freilich nicht viel anfangen und eine Beschämung erfaßt mich einer solchen Leistungsfähigkeit gegenüber, zuletzt aber beruhige ich mich wieder und sage mir, wenn ich Kaiser Wilhelm wäre, würde ich mich wohl auch zu einem andern Cultus als dem der Muße bequemen.« (Ha Br III/631 f)

Hält man diese ersten Stellungnahmen nebeneinander, so läßt sich beinahe von einer gewissen Voreingenommenheit Fontanes (er selber hätte ›Präokkupiertheit‹ gesagt) für Wilhelm II. reden. Zwar liegt ein Hauch von Skepsis über seinen

Urteilen, aber im ganzen zeigt Fontane, der das Altern zu einem der Hauptmotive seines persönlichen Lebens gemacht hat, durchaus Verständnis für die Jugendlichkeit des Kaisers, für seine Dynamik und Energie. Für die weitere Entwicklung von Fontanes Verhältnis zu Wilhelm II. sollte man nicht unterschätzen, daß das erste Regierungsjahr des jungen Kaisers eine merkbare Aufhellung der persönlichen Situation Fontanes dem offiziellen Preußentum gegenüber brachte. Im Dezember 1888 verlieh ihm der Kaiser auf Antrag Goßlers (Ha Br III/666) das Ritterkreuz des Hohenzollernschen Hausordens. So nüchtern-bescheiden Fontane die Ordensverleihung auch hinnimmt, so sehr er sich des relativen Werts einer solchen Auszeichnung bewußt ist, der Brief an Friedlaender vom 7. Januar 1889 beweist, daß er eine gewisse Genugtuung verspürt und, um in seiner Sprache zu reden, ›kaptiviert‹ ist: »Man kriegt die Orden für *Andre*... Wäre ich ein gesellschaftlich angesehener Mann, ein Gegenstand von Huldigungen oder auch nur Achtung..., so bedeutete mir solche Auszeichnung...so gut wie nichts. Angesichts der Thatsache aber, daß man in Deutschland und speziell in Preußen nur dann etwas gilt, wenn man ‹staatlich approbirt› ist, hat solch Orden einen wirklichen *praktischen* Wert: man wird respektvoller angekuckt und besser behandelt. Und so sei denn Goßler gesegnet, der mich ‹eingereicht› hat.« (Ha Br III/673)

Man wird nicht fehlgehen, wenn man diese ‹staatliche Approbation› durch den kaiserlichen Orden, wenn man diese Ordensverleihung, die keinen besonderen Anlaß hatte (wie anders war dies bei den kaiserlichen Belohnungen nach der Fertigstellung der Kriegsbücher gewesen!) und sich deshalb so leicht als ein Akt spontanen Wohlwollens empfinden ließ, wenn man sie als mitentscheidend für Fontanes Hinwendung zu dem jungen kaiserlichen Herrn erkennt. Fontane, das muß nachdrücklich hervorgehoben werden, war kein Frondeur. Wie man so oft in den Sätzen und Bekenntnissen des alten Stechlin Fontane wiedererkennen kann, so auch hier. Im Gespräch mit dem Hofprediger Frommel sagt Dubslav, Wilhelm I. mit Wilhelm II. vergleichend: »Ja, so war er, und so einen kriegen wir nicht wieder. Übrigens sag ich das in aller Reverenz. Denn ich bin kein Frondeur. Fronde mir gräßlich und paßt nicht für uns. Bloß mitunter, da paßt sie doch vielleicht.« (NFA 8/273) Da schwingen freilich auch andere Zwischentöne mit, die sich, wie wir sehen werden, im Laufe der Jahre verstärkt hatten. Aber die Essenz der Aussage bleibt richtig: »Fronde mir gräßlich«. Allein der Hinweis auf diesen Satz genügt, um zu erklären, wie wenig Fontane von der inneren Einstellung befriedigt sein konnte, die er in den letzten zwölf Jahren der Regierungszeit Wilhelms I. eingenommen hatte. Der Orden mußte von ihm als eine Wiedergutmachung empfunden werden und öffnete Fontane die Tür zu einem ausgeglicheneren Verhältnis zu den Hohenzollern. Er konnte mit seinem fortgesetzten inneren Aufbegehren zur Ruhe kommen, konnte mit Gelassenheit und ohne Verkrampfung sein Verhalten nach 1876 und sein Verhältnis zum alten wie zum jungen Kaiser überdenken. Die Ehre, die ihm mit dem Orden zuteil wurde, bestimmte (oder beeinflußte wenigstens) die Perspektive, unter der er nun das zeitgenössische politische Leben sieht. Man kann in der Bewertung des Einflusses, den das Bewußtsein der inneren Übereinstimmung mit dem kaiserlichen Haus besitzt, kaum zu weit gehen. Dabei bleibt hinzuzufügen, daß es bei der einen öffentlichen Ehrung für Fontane nicht bleibt. Es ist, als ob mit der Verleihung des Ordens eine Art Bann gebrochen wäre, denn bald folgen weitere Zeichen der Anerkennung. Da ist zunächst die Feier zu seinem 70. Geburtstag. So einhellig sich auch die Meinung durchgesetzt hat, daß Fontane mit dem Verlauf dieser Feier nicht zufrieden sein konnte, und so kritisch er sich selber über die Teilnehmer und ihre Motive geäußert hat, es wäre doch falsch, die öffentliche Bereitwilligkeit, diesen 70. Geburtstag so spektakulär zu begehen, in eine Niederlage Fontanes umzufunktionieren und anzunehmen, er habe an dieser Feier nur die negativen Seiten bemerkt und getadelt. Sicher war er skeptisch genug, um feststellen zu können: »Für Viele war es Ulk, Radau, Mumpitz und Einige fochten mit, deren Devise war ‹wir wollen doch mal sehn, was man dem Berliner alles einreden kann.› Aber schließen Sie hieraus nicht, daß mich dies stark sich einmischende Element verdrießt, im Gegentheil, es gehört mit dazu. Das ganze Leben verläuft so.« (Ha Br IV/17)

Aber daß ihm die Anerkennung der Kollegen doch auch gut getan hat, wird in einem Brief an Emilie Zöllner erkennbar, wenn er sich (18. August 1890) auf der Brotbaude an frühere gemeinsame Ferientage erinnert: »Dreiundzwanzig Jahre zurück: ich war schon 47, aber verglichen mit heut ist es, als blickte ich in ein Thal der Jugend zurück. Im großen Speisesaal nebenan saß Spielhagen an der Tafel, damals auf der Höhe seines Ruhmes; wer mir damals gesagt hätte, daß er bei der Feier meines 70. Geburtstages an der Festtafel präsidiren würde. Ich glaubte nicht an 70 und nicht an eine Feier und am wenigsten an Spielhagen. Es kommt immer anders wie man denkt.« (Ha Br IV/57) Besonderes Gewicht aber gewinnt die Feier dadurch, daß sich das offizielle Preußen zeigt und ihm sein Wohlwollen versichert. Was Fontane an der Feier am stärksten beeindruckt hat, ist das Auftreten des Kultusministers von Goßler, eben jenes Mannes, der Fontane auch für den Ritterorden eingereicht hatte. In einem Brief an Frenzel, der als Kollege die eigentliche Festrede gehalten hatte, heißt es: »Sie hatten, den ganzen Abend über, nur einen Konkurrenten, das war Goßler. Ich stehe nicht an – und hoffentlich stimmen wir darin überein –, diese kleine Stegreifrede für ‹epochemachend› in unsrem preußischen literarischen Leben anzusehn. Schon sein (des Ministers) schlichtes, natürliches, völlig unprätensiöses Benehmen gewann ihm die Herzen und nun gar erst diese Rede voll Mut, Freiheit, Hoffnungsblick und Humor, und dabei doch reserviert und diskret, freilich nur, um auch diese Beamtentugenden wieder mit leiser Ironie zu behandeln.« (Ha Br IV/7f) Und in einem wenig später an Paul Heyse geschriebenen Brief kommt er auf den Vorgang zurück: »Der eigentliche Sieger des Abends aber war Goßler. Solche Rede hat, den ‹catilinarischen Existenzen› gegenüber, noch niemals ein preußischer Minister gehalten. Der Jubel war groß.« (Ha Br IV/13) Dadurch daß einer der herausragenden

Repräsentanten des Staates erscheint und ihn als Schriftsteller würdigt, gewinnt eben dieser Staat für ihn eine neue Qualität. Er ist nicht mehr nur die mit kritischer Wachheit betrachtete, sich in ihrer Anonymität verbergende Institution, er ist vielmehr eine sich ihm zuneigende, Wohlwollen ausstrahlende Instanz. Und es dauert nicht lange, bis Fontane aufs neue als Empfänger einer Staatsgunst in das Blickfeld der Öffentlichkeit gerät. Im April 1891 erhält er den Schillerpreis zugesprochen. Fontane bedankt sich bei Paul Heyse und Erich Schmidt, von denen er annimmt, daß sie die Weichen gestellt haben. An Hans Hertz schreibt er: »Gestern war ein Freudentag, denn ich erfuhr durch ein ministerielles Schreiben, daß mir für ‹meine Verdienste› (Pardon) eine Prämie von 3000 Mark zuerkannt worden sei, durch S. Majestät auf Antrag einer Kommission.« (Ha Br IV/113) Seinen Briefen ist kaum zu entnehmen, daß ihn der Preis deshalb erfreut, weil er ihn als Beweis für den wachsenden Beifall seiner Zeitgenossen ansehen könnte. Nach außen hin stellt er seine Freude über den materiellen Gewinn in den Vordergrund. Sein Dankesbrief an Heyse verdeutlicht das: »Am Sonntag empfing ich ein cultusministerielles Schreiben und schon am Dienstag holte ich mir meinen Schillerpreis in baar. Der Geheimrath, der mir die 3000 Mark behändigte, war sehr artig, aber wenn mich nicht alles täuschte, stand ein ‹na na› auf seiner Stirn. Der Berliner zweifelt immer. Ich gönne ihm seinen Zweifel und bin froh, daß *Du* ihn nicht geteilt hast. Denn Dein pro wird in der keilförmigen Schlachtordnung wohl die Spitze gebildet haben. Ich schreibe das so auf guten Glauben und die innere Stimme hin und bin sicher mich nicht zu irren. Uebrigens bin ich bereits so weit 'runter oder vielleicht auch so weit vorgeschritten, daß mir die Geldsumme fast mehr bedeutet als die Ehre. Was wird nicht alles geehrt. Ich berechne mir jetzt die Zinsen für meine alte Frau und sage schmunzelnd: ‹50 Thaler mehr sind nicht übel.›« (Ha Br IV/114) Aufschlußreich für sein Empfinden ist indessen, daß er in dem Brief an Hertz doch das ›ministerielle‹ Schreiben insoweit zitiert, als es besagt, daß ihm der Preis »durch S. Majestät auf Antrag einer Kommission« verliehen wird. So genau er auch weiß, auf welche Weise eine solche Preisverleihung zustande kommt, er weiß doch auch, daß die Kommission nur in Ausnahmefällen dazu neigt, einen Preisträger vorzuschlagen, der ›oben‹ nicht genehm ist. Da der Preis 1859 von dem späteren Kaiser Wilhelm I. gestiftet wurde, verwundert es nicht, daß Fontane, bei aller Nonchalance, auf die Rolle des Kaisers im Hintergrund anspielt. Im übrigen konnte ihm der Preis, wenn er zu einer Stärkung seines Lebensgefühls beitragen sollte, zu keinem günstigeren Zeitpunkt zuerkannt werden. Wenige Tage zuvor hatte ihm Rodenberg zugänglich gemacht, was Conrad Ferdinand Meyer zu ›Unwiederbringlich‹, dem eben in der ›Deutschen Rundschau‹ erschienenen Roman, mitgeteilt hatte: »Sehr interessiert es mich, Fontanes Roman quasi vor meinen Augen entstehen zu sehen. Man sieht ihn bauen. ›Unwiederbringlich‹ ist wohl das vorzüglichste, was die R. in der reinen Kunstform des Romans *je* gebracht hat: feine Psychologie, feste Umrisse, höchst-lebenswahre Charaktere u. über alles doch ein gewisser poetischer Hauch

– aber, selbst von den geschicktesten Händen getrieben, was für eine schwere Maschine – ein Roman! u. wie unser guter, seliger Gottfried an seinem Salander gestoßen haben mag!«[1] Fontane hatte darauf erwidert: »Ein süßerer Happen, Biskuit mit Schweizerhonig, ist mir noch nicht in den Mund gesteckt worden. Den edlen Gebern sei Dank dafür. Ich stand heute recht elend auf, fühle mich aber nach Ihrem Briefe wohler, was Sie glauben werden. Zu allem wandelt mich freilich auch eine Sentimentalität an, und eine gewisse Rührung ist das prädominierende Gefühl. Ein lebelang, oder doch jedenfalls seit 1876, wo ich meine Akademie-Stellung aufgab, habe ich einer Anerkennung wie dieser zugestrebt, und es wollte nicht kommen – die Widerhaarigkeit der Freunde, namentlich dieser, war zu groß. Nun, im Erfüllungsmomente ‹muß wohl ein armer Teufel sterben›. Aber die Ohren steif halten!« (Ha Br IV/112) Der Brief verrät noch einmal Fontanes alten Kummer darüber, daß ihm bei seiner Arbeit gerade aus dem engsten Freundeskreis so wenig hilfreiche, verständnisvolle Ermunterung zuteil wurde. Die jetzt einsetzende Erfolgswelle bringt höchst willkommene, aber späte Kompensation. Vielleicht zu späte Kompensation, denn in einem Brief an Mete vom 24. April 1891 spricht sich doch mit einer gewissen Resignation und Wehmut das Empfinden aus, daß seine Triumphe zu spät kommen und es ihm kaum gegönnt sein wird, aus der öffentlichen Bestätigung seiner »Verdienste (Pardon)« Kraft zu weiterem Schaffen zu ziehen: »Wir sind nun hier seit drei, vier Tagen ganz ‹Schillerpreis›; es kommen ganz fabelhafte Gratulationen an, zum Theil von Personen die ich kaum oder gar nicht kenne, sogar Telegramme… Die ganze Geschichte müßte mich ja eigentlich *sehr* glücklich machen, aber es kommt ein bischen zu spät und fällt bei mir in eine Stimmung hinein, die doch bei aller Heiterkeit schmerzlich ist, weil es ein Durchdrungensein ist von der Nichtigkeit alles Irdischen. Wer nun an ein Ewiges glaubt, dem wird in diesem Zustande erst recht wohl, aber zu den so Beglückten darf ich mich nicht zählen.« (Ha Br IV/116) Fontane schwamm nach der Verleihung des Schillerpreises weiter auf einer Welle der allgemeinen Anerkennung. Was er in den folgenden Jahren offenkundig als die größte der ihm gewordenen Auszeichnungen ansah, war die Verleihung der Ehrendoktorwürde durch die Universität Berlin. Auch hier meint er den Mechanismus zu durchschauen. In einem Brief an Friedlaender heißt es zwar, daß er »mau und flau zu Auszeichnungen derart« stehe, aber er erkennt doch den Ausnahmecharakter der Ehrung in diesem Falle an: »diese hat aber doch einen Eindruck auf mich gemacht«. An Theodor Mommsen, vom dem er weiß, daß er »wegen ›Vor dem Sturm‹ – auch ein kleines liking« für ihn hat (Ha Br IV/407), schreibt er: »Gestatten Sie mir, hochgeehrter Herr Professor, Ihnen, allen vorauf, zu danken, Ihnen der zunächst durch das Gewicht seines Namens, etwa Schwankende mit fortriß und noch einmal Ihnen, der Sie die mir zu erweisende Ehrung in Worte kleideten, an die der neue Doktor freilich voll würdigend nicht herankann, von deren Kraft und Schönheit ihm aber bessere Männer erzählt haben. Ich war von dem Moment wie benommen, trotzdem ich, als er an mich herantrat, noch keine rechte Vorstellung von dem Umfange der mir gewordenen Auszeichnung hatte. Wer schlecht und gerecht sein Feld bestellt, kann den Schatz, den er findet nicht gleich ermessen. Jede neue Situation verlangt einen Faden, sich darin zurecht zu finden und ebenso neues Glück und neue Ehre.« (Ha Br IV/399) Er, der zeit seines Lebens unter seiner früheren Apothekerschaft gelitten hatte und sich immer im Ruch wissenschaftlicher Unebenbürtigkeit fühlte, sieht beglückt auf die akademische Ehrung, und er zitiert (Ha Br IV/407) mit einer Mischung von Genugtuung und Selbstironie einige Verse aus der Zeitschrift ›Ulk‹:

Fontane ist nun schön heraus,
Doktor wurde das alte Haus,
Und will er nicht bürgerlich mehr bleiben,
So kann er sich auch von Tane schreiben.

Eine letzte Krönung fand die Welle öffentlichen Zuspruchs anläßlich der Feier zum 75. Geburtstag des Dichters. Zwar gilt von diesem Tag wiederum all das, was Fontane schon an seinem 70. Geburtstag gesagt und empfunden hatte (jetzt entsteht das Gedicht mit der berühmten Schlußzeile: »Kommen sie, Cohn«), aber was der Dichter früher vergeblich ersehnt und wofür er vergeblich petitioniert hatte, jetzt wurde es ihm zuteil: eine Ehrenpension, die ihm der Staat auf Lebenszeit aussetzte. Seine eigenen Worte lassen erkennen, wie wohl ihm diese zusätzliche Alterssicherung getan hat. Noch am 18. Juni 1898 bedankt er sich bei der Übersendung des zweiten Teils seiner Autobiographie (›Von Zwanzig bis Dreißig‹) beim preußischen Kultusminister Robert Bosse: »Das Beste, worüber das Buch verfügt, ist wohl seine heitere Grundstimmung. Aber daß ich diese meiner Erzählung geben konnte, *das* gerade verdanke ich Ew. Excellenz Wohlwollen, das für den Rest meiner Tage die Sorge von mir nahm.« (Ha Br IV/729)

So fügt das eine sich zum andern, und man kann dieser Entwicklung nur gerecht werden, wenn man sich rückblickend erinnert, wie anders sich Fontanes Lage 1876 dargestellt hatte. War er damals ganz auf sich selbst verwiesen worden, hatte er sich damals damit abfinden müssen, seiner eigenen Kraft alles, fremder Hilfe nichts abfordern zu können, so sieht er sich nun, während der letzten zehn Jahre seines Lebens, von staatlich-öffentlicher Anerkennung getragen. Er ist nicht mehr der durch Leistung um Anerkennung und Förderung Ringende, sondern er sieht sich eingebettet in ein allgemeines Wohlwollen, angesichts dessen er sich nicht mehr als Außenstehender oder gar oppositionell Außenstehender betrachten muß. Er ist jetzt Geförderter und Begünstigter. Ihn beherrscht infolgedessen auch nicht mehr das Gefühl des isolierten Außenseitertums, sondern das Bewußtsein der Zugehörigkeit. Dies alles findet seinen Niederschlag zunächst in den Äußerungen, die Wilhelm II. selbst betreffen. Die schriftlichen Zeugnisse der nächsten Jahre sind voller Überraschungen für den Leser, wenn er erst einmal unvoreingenommen die neue Rolle Fontanes akzeptiert hat.

Die neuen Wertsetzungen zeigen sich mit enthüllender Deutlichkeit, als Anfang des Jahres 1889 (Fontane war kaum ausgezeichnet worden) Wilhelm II.

eine große Zahl von Generalen und Stabsoffizieren in den Ruhestand versetzte. Es handelte sich um verdiente Männer aus den Kriegen von 1864 bis 1871. Die Maßnahme hatte »große Verstimmung unter den höheren Offizieren ausgelöst.«[2] Der alte Kaiser hatte den Soldaten ihrer treuen Anhänglichkeit wegen ihre Positionen belassen. Der junge Kaiser, von seinem Regierungsantritt an seine Dynamik demonstrierend und auf Effizienz bedacht, brauchte alte Rücksichten nicht mehr walten zu lassen. Jahrzehnte später rechtfertigt er in Doorn gegenüber seinem Biographen Joachim von Kürenberg sein Vorgehen: »Ich war jung und wollte das Beste, vor allem die neue Zeit berücksichtigen, die von der alten Generation nicht verstanden worden war. Altmodisches und Überlebtes mußte verschwinden, wer nicht mehr in die neue Zeit paßte, sollte abtreten!«[3] Unbekümmert um persönliche Verdienste, die in der Vergangenheit lagen, wollte er die Armee verjüngen: »Das Aufräumen in der Armee«, schreibt Fontane dazu, »macht auch auf Civilpersonen, jetzt wo man die Zahlen übersichtlich liest: 65 Generale und 156 Obersten und Stabsoffiziere, einen großen Eindruck; es wird aber wohl nöthig gewesen sein. Wenn ich so Umschau halte, so finde ich, daß sich die Menschen im preuß. Dienst schnell verbrauchen und daß der eine milz- und leberleidend, der andre brustkrank, der dritte nervös und etwas unsicher im Kopfe ist, der Leute mit Kolik und Blutbeschwerden aller Art und solcher die 30 Hühneraugen haben (ich kannte einen solchen; er war rein dadurch dienstunfähig) ganz zu geschweigen. Mit all solchen Herrn ist aber nicht viel anzufangen, auch wenn sie sehr gescheidt sind und Ehre genug haben, in jedem Augenblick ihre Schuldigkeit zu thun. Das ist nicht genug; ein gewisser Ueberschuß von Kraft muß da sein, sonst ist man im Kriege nicht zu brauchen und kann nicht Muth einflößen, wenn's mal schief geht und an *solche Fälle* muß man doch auch denken. Man kann nicht immer siegen.« (Ha Br III/672) Der Text verdeutlicht nicht nur das Interesse Fontanes, sondern zeigt ihn auch auf der Seite Wilhelms II. Seine Parteinahme verrät sich schon darin, daß er den Begriff des ›Aufräumens‹ übernimmt. Das setzt Unordnung im Bestand voraus und läßt den Anspruch sichtbar werden, alt eingefahrenen Schlendrian beseitigen zu wollen. Natürlich weiß Fontane, daß solche Eingriffe mit Härten für den einzelnen verbunden sind und daß die alten Soldaten glauben mußten (nach ihren Kriegserfolgen mit mehr Recht als andere Generationen vor ihnen), man verfahre mit ihnen nach dem Motto: ›Der Mohr hat seine Schuldigkeit getan, der Mohr kann gehn.‹ Fontane macht nur leise Bedenken geltend: »es wird aber wohl nöthig gewesen sein«, obwohl es sich doch um Männer seiner Generation handelte, die abgehalftert wurden. Er beruft sich auf seine Einsichten in die Anforderungen, die an den Soldaten gestellt werden und die in langer Auseinandersetzung mit der militärischen Praxis gewachsen sind. Im übrigen hat er zwar immer Briefe geschrieben, die auf den Empfänger abgestimmt waren, und so läßt sich der launige Ton dieses Schreibens natürlich damit erklären, daß Mathilde von Rohr schwer krank ist und der Unterhaltung bedarf. Aber daß der Wunsch, jede Kritik am Kaiser zu unterlassen, dazu führt, daß die Betroffenen unfair angegangen werden, das ist weit entfernt von Fontanes sonstiger humaner Verfahrensweise. Wenn er aus eigener Erfahrung das Bild eines Mannes beisteuert, der dreißig Hühneraugen hatte und »rein dadurch dienstunfähig« war, so ist diese Verzerrung ins Karikaturistische der Sache nicht angemessen. Richtig ist die Überzeugung, daß eine Armee belastbar sein muß, und zwar bis zum äußersten, »man kann nicht immer siegen.« Das ist den nächsten beiden Generationen deutscher Soldaten stärker zu Bewußtsein gebracht worden, als sich Fontane das ausmalen konnte. Die Initiative des Kaisers kündigt jedenfalls eine neue Epoche an, und Fontane hat des Kaisers Partei ergriffen; vielleicht nicht ohne Skepsis, aber auch mit einem gut Teil neuer Hoffnung.

Am auffälligsten spiegelt sich das in den Briefen an Friedlaender. Hier hat Fontane mit seinen Äußerungen am wenigsten an sich gehalten, so daß alle Stimmungsschwankungen sich mit besonderer Deutlichkeit niedergeschlagen haben. Im Jahr 1887, etwa ein Jahr vor der Thronbesteigung Wilhelms II., hatte er ihm geschrieben: »Sie werden sich über ein gewisses Abwieglungsmoment in meinen letzten Zeilen gewundert haben, aber es hängt damit zusammen, daß ich, nachdem ich ein Lebenlang ein Hoffer, ein Erwarter, ein freudiger Inangriffnehmer aller möglichen Dinge gewesen, so zu sagen über Nacht ins Resignationslager übergegangen bin.« (Ha Br III/541) Jetzt sieht die Welt plötzlich anders aus. Nach dem Thronwechsel hatte sich in Fontane eine weitreichende Umstimmung seines Lebensgefühls vollzogen. Als kurze Zeit nach der Entlassung Bismarcks das Berliner Bürgertum voller Angst auf die Feiern der Arbeiterschaft zum 1. Mai starrte und die Besonderheit der politischen Lage Gerüchte über bevorstehende Umsturzversuche begünstigte, erteilt Fontane allen Unruhestiftern eine energische Abfuhr, und man kann seine selten zitierte, weil noch unserem Zeitgeist zuwiderlaufende Äußerung bis heute mit Vergnügen lesen: »Von den Bedrängnissen, die die nächsten 36 Stunden bringen können, spreche ich nicht, – ich glaube einfach nicht daran. Denn wie steht es denn? Allem Schimpfen unerachtet, an dem man gelegentlich redlich theilnimmt, steht es doch so, daß die Welt nie glücklichere Tage gesehn hat. Es giebt eine Masse von Elend und Unglück, aber lauter Elend und Unglück, was außer aller Beziehung zu unsren staatlichen und gesellschaftlichen Zuständen steht. Alle 8 Tage treffen bei der Schillerstiftung Briefe ein, die von Verhungern sprechen, von der Unmöglichkeit, seinen ›Menenius Agrippa‹, an dem er seit dritthalb Jahren Tag und Nacht arbeitet, zu vollenden und dadurch den Beweis seiner dichterischen Bedeutung vor aller Welt klar zu legen, aber für solche verrückten Zwickel, die durchaus auf ihre Façon selig d.h. reich und berühmt werden wollen, für diese sonderbaren Gestalten ist Staat und Gesellschaft nicht verantwortlich zu machen; wer umgekehrt seiner Laune und seinem Hochmuth nicht nachgeht, sondern ehrlich arbeiten will, für den ist gesorgt; der Staat ist keine Züchtungs- und keine Versorgungsanstalt für verrückte Genies. Ist mal ein wirkliches darunter und geht doch zu Grunde, so ist das beklagenswerth, aber keine Veranlassung zu Revolutionen. Die, die jetzt auf dem

Punkt stehn, alles auf den Kopf zu stellen, haben aber zu ihrem Umsturzgelüst auch nicht den geringsten Grund. Alle die, für die ich persönlich nun seit 50 Jahren (und oft für sehr sehr wenig Thaler) gearbeitet habe, waren Millionäre oder sind es noch, aber nicht eine Minute ist mir der Gedanke gekommen, ihnen die silbernen Löffel vom Tisch nehmen zu wollen. Man muß von seiner Arbeit schlecht und gerecht leben können, mehr ist nicht nöthig. Und für all das ist jetzt über und über gesorgt, namentlich bei denen, die den Radau insceniren.« (29. April 1890) (Ha Br IV/38f) Fontane hatte immer eine Neigung, soziale Konflikte zu harmonisieren, man denke nur an die Erzählungen Stines von ihren Arbeitsbedingungen oder später an die Bruchstücke der Arbeitswelt im ›Stechlin‹; aber diese Sätze reichen doch weit über alles hinaus, was Fontane zur Lage der arbeitenden Schichten in seiner Zeit sonst gesagt hat. Es spricht sich in diesem Brief das Empfinden aus, daß diese Welt zwar nicht die denkbar beste aller Welten ist, daß sie aber andererseits dem mit Fleiß und Hingabe Arbeitenden seinen gerechten Lohn nicht verweigert. Er desavouiert sogar eigene kritische Äußerungen früherer Jahre, indem er zugesteht, am allgemeinen Schimpfen »gelegentlich redlich theil«genommen zu haben. Und daß dieser Brief kein Zufallsprodukt und nicht nur Ausfluß einer ebenso glücklichen wie vergänglichen Lebenslage ist, wird besonders einleuchtend, wenn man bedenkt, daß Fontane beinahe bis hin zu diesem Brief mit dem Abfassen seiner vierhundert Dankschreiben beschäftigt war, die die Feier zu seinem 70. Geburtstag nötig machte; Briefe, in denen er von seiner allgemeinen Zufriedenheit mit der Menschheit sehr wenig erkennen läßt, soweit sie an Freunde gerichtet waren. Aber es handelt sich bei dem Brief vom 29. April 1890 auch um keinen Ausnahmefall. Am Ende desselben Jahres schreibt er wiederum an Friedlaender: »Seit Kurzem – sonderbar bei meinen hohen Semestern – fange ich überhaupt wieder an, auf das großstädtische Leben und den eignen Reiz, den es äußert, Gewicht zu legen. Nicht als ob ich dies Leben direkt mitleben möchte, das geht nicht, das widerstreitet meinem Können und meinem Geschmack, aber dies Leben wie aus einer Theaterloge mit *ankucken* zu können, das hat doch wirklich was für sich. Daß ich dies jetzt wieder stärker empfinde, hängt wohl damit zusammen, daß das Leben unter unsrem jungen Kaiser doch viel bunter, inhaltreicher, interessanter geworden ist. Immer ist etwas los.« (9. Dezember 1890) (Ha Br IV/79)[4]

Von diesen Zeilen aus fällt auch ein Licht auf den nur vier Tage früher geschriebenen Brief an Paul Heyse, in dem der Dichter ebenfalls auf seine intensive Teilnahme am Berliner Leben hinweist. Unter dem, was er daran ›hochpoetisch‹ findet, rangiert der Kaiser an erster Stelle. Was dann folgt, sind keineswegs Namen, die erst 1890 interessant geworden wären, aber daß Fontane sie *jetzt* nennt, bezeugt sein wiedererwachtes Interesse an den Bewegungen der Zeit, und zwar nicht nur an ihren politischen, wenngleich auch diese mit gesteigerter Hingabe betrachtet werden: »Unser Leben hier geht im alten Geleise weiter, belebt und gehoben weniger durch Gesellschaftlichkeit als durch das ‹Allgemeine›. ‹Ins große Allgemeine will ich tauchen‹, ist eine von Uriel Acosta's öden Redensarten, aber es ist doch ein bißchen 'was Wahres darin. Ein Gefühl, das ich in London beständig hatte: ›hier ist etwas los‹, das habe ich jetzt auch in Berlin. Ich lese die Zeitung mit der Andacht eines Philisters, aber mit einer Gesinnung, die das Gegentheil von Philisterium ist. Es vergeht kein Tag, wo nicht aus diesem elenden Löschpapier etwas Hochpoetisches zu mir spräche: der Kaiser und Bismarck, die stille und dann auch wieder laute Kriegführung zwischen Beiden, die Hofpredigerpartei, Kögel, Stöcker, Dryander, Bacillus-Koch, Goßler, 2000 fremde Aerzte, Große-Kurfürstenfeier, Wissmann und Dampfschiffe auf dem Victoria-See, – das alles macht mir das Herz höher schlagen, besonders wenn ich dabei an die 30er Jahre zurückdenke, wo ganz Berlin 14 Tage lang von einem Beckmannschen Witz lebte…« (Ha Br IV/74f)

Trotz der schweren Erkrankung von 1892 hält sich dieses lebensbejahende Element bei Fontane noch lange Zeit. Am 6. Juli 1894 schreibt er: »ich lebte 55 bis 59 in England, dem Lande meiner Sehnsucht und hatte auch nicht Ursach unzufrieden zu sein, – trotzdem war ich froh, als ich nach Ablauf von 4 Jahren die ganze Herrlichkeit wieder hinter mir hatte. Vieles läßt sich gegen Deutschland sagen, eine gewisse Spießbürgerlichkeit ist immer noch erkennbar, alles in allem aber möchte ich doch sagen dürfen: es lebt sich hier am besten, alle Haberei und Thuerei fehlt, vor allem alle Scheinheiligkeit und das Leben ist bunter und reichgegliederter, als wo anders; dabei ist wirkliche Humanität vorhanden, die den Klassenhaß nicht recht aufkommen läßt.« (Ha Br IV/371) Wenn man heute – mit den durch jahrzehntelangen Diskussionen geschärften Ohren und Augen – auf solche Sätze trifft, die sich bei Fontane wiederholen, wird man sich überrascht nach dem Stellenwert solcher Aussagen fragen, die man (in diesem Falle vielleicht) auf die englischen Gesellschaftsverhältnisse zurückführen kann, die stärker zum Klassenkampf tendierten, wozu es in Deutschland – zumindest nach Fontanes Meinung – keine Entsprechung gab.

Die Begeisterung Fontanes veranlaßt ihn zu diesem Zeitpunkt sogar, sich noch einmal Rechenschaft abzulegen von der Größe und der Schwungkraft der geschichtlichen Bewegung, deren Zeuge und Chronist er gewesen ist und die zur Gründung des Reiches geführt hatte. Als Friedlaender in einem Brief auf den auch Fontane immer interessierenden Gegensatz von ›Jungen und Alten‹ zu sprechen kommt und dabei den Alten gegen die Jungen den Vorzug gibt, stimmt Fontane ihm zwar einerseits zu, weil auch er bei den Jungen »Genußsucht, Aeußerlichkeiten, Streberei« erkennt, dazu den »Neid in allen Gestalten, besonders auch von unten herauf«, wobei anzunehmen ist, daß er dabei auch die soziale Bewegung meint, die sich im Rahmen des bürgerlichen Denkens immer dem Verdacht ausgesetzt sah, auf dem Neid der Besitzlosen gegen die Besitzenden zu basieren. Aber er fährt dann fort: »All das ist beängstigend und doch glaube ich, daß die gesammte nationale Kraft kolossal gestiegen ist, nicht blos chauvinistisch-militärisch, sondern geistig und moralisch. So viel einem mißfallen darf, so habe ich

nicht den Eindruck eines Niederganges; im Gegentheil. Das 1870 von uns Geleistete steht höher als das von 13, 14 und 15, die Volkskraft arbeitete energischer,
vielseitiger und die an der Spitze stehenden Leute waren viel bedeutender. Ich
glaube, daß eine neue Kraftprobe hinter der von 70 nicht zurückbleiben wird,
wenn wir auch nicht in gleichem Grade vom Glück begünstigt sein sollten.« (Ha
Br IV/161 f) Man muß sich vergegenwärtigen, daß diese Sätze 1891 geschrieben
sind, zu einer Zeit also, als die naturalistische Kunst und die mit ihr verbundene
Gesellschaftskritik in voller Blüte stand. Während die Schriftsteller der Zeit sich
bemühen, Verfall und Untergang triumphieren zu lassen, den Menschen in seiner
Triebgebundenheit und in der Niedrigkeit seiner Natur zu entlarven, seine totale
Abhängigkeit von den Verhältnissen und die Gemeinheit in den Motiven all seines Handelns aufzudecken, kurz, die Welt in ihrer verabscheuenswürdigen Häßlichkeit darzustellen, da unternimmt es Fontane, zumindest für Deutschland in
Anspruch zu nehmen, daß sich da kein Zeichen des »Niederganges« erkennen
lasse, sondern »im Gegentheil«, eine Bewegung nach vorn, nach oben hat begonnen, die geistige und moralische Kraft ist gestiegen, »kolossal gestiegen«. Man
spürt, was der wahre Anlaß zu dieser Bemerkung ist: die Jungen und die Alten.
Diese Gegenüberstellung führt in Fontanes Denken notwendig zu der Frage, wo
er den Kaiser einzuordnen habe, der ja zu den ›Jungen‹ gehört und gegen den er
Partei ergreifen müßte, wenn er Friedlaender vorbehaltlos recht geben wollte.
Daß er die alte Streitfrage wieder stellt, welche Zeit die größere gewesen sei, die
der Freiheitskriege oder die der Einigungskriege, und daß er sich dabei wieder für
Bismarck, Moltke und Roon und gegen Stein, Scharnhorst, Gneisenau und Blücher ausspricht, gibt nur die Folie ab für seinen Blick auf mögliche zukünftige
Kämpfe, die zu bestehen wären. Und da heißt es zuversichtlich: »Ich glaube, daß
eine neue Kraftprobe nicht hinter der von 70 zurückbleiben wird…« Daß er nie-
mand andern im Sinne hat bei seinen Expektorationen als Wilhelm II., macht der
Fortgang des Briefes nur zu erkennbar: Er kommt auf den Kaiser zu sprechen,
ohne dessen Namen zu nennen. Dabei verrät er, daß ihm die Schwächen des Kai-
sers durchaus nicht verborgen geblieben sind; so kennt er den Umstand, daß
»Personen von festem Rückgrat« »sich ‹oben› nicht« halten, daß sich also servile
Naturen eher in der Umgebung des Kaisers festsetzen als couragierte, die den
Mut zu einer eigenen Meinung haben. Selbst die konservative, die orthodoxe
Presse »muckt« dagegen auf. Aber Fontanes Urteil lautet nicht: ›Ich sehe das mit
Bedenken‹ oder ›Ich halte das für kritikwürdig‹, sondern: »Ich sehe das alles mit
Trauer, und um so mehr als der Träger dieses modernsten Absolutismus ein unge-
wöhnlich kluger Herr ist und in vielen Stücken den Nagel auf den Kopf trifft. Er
ist seiner Mutter Sohn und seines Großvaters (*mütterlicher*seits) richtiger Enkel,
das Koburgsche steckt ihm tief im Geblüt. Alle Koburger sind sehr klug…sie
haben nur den einen Fehler, daß sie glauben das Allheilmittel in der Tasche zu
haben und in der Reihe der Doktoren obenan zu stehn.« Ein gewisser kritischer
Unterton ist unüberhörbar, aber er ist ohne Schärfe, bescheinigt dem Träger der

Krone vielmehr ungewöhnliche Klugheit und gesteht ihm zu, die Gegebenheiten richtig analysieren zu können. Seine Grenzen erkennt er dort, wo jener in der koburgschen Art glaubt, das »Allheilmittel in der Tasche« zu haben. Diese Formulierungen lassen den Wunsch erkennen, der Kaiser möge sich zurückhalten, behutsam operieren, nichts überstürzen. Fast könnte der Leser glauben, Fontane wende sich an den Kaiser selbst, denn um seinen zur Vorsicht mahnenden Gedanken Nachdruck zu verleihen, fährt er schweres Geschütz auf und bringt sogar zur Sprache, was Palmerstone in seiner Zeitung für den Prince Consort Albert drukken ließ: »die Zeiten, in denen man die *wirklichen* Könige Englands in den Tower geschickt hätte, lägen noch nicht *so* weit zurück, daß man sich dessen nicht mehr entsinnen könne.« (Ha Br IV/162) Nun ist England nicht Deutschland, und selbst am 18. März 1848 hätten es die Berliner vermutlich nicht übers Herz gebracht, ihren König köpfen zu lassen, wie denn später die Deutschen selbst den gescheiterten Kaiser widerstandslos nach Holland ausreisen ließen, aber es bleibt die Mahnung, daß Vorsicht und Bedachtsamkeit wichtige Herrschertugenden sind.

Natürlich kommen Fontanes Einwände nicht nur aus ihm selbst. In ihnen spiegelt sich vielmehr die allgemeine Kritik an der Launenhaftigkeit und der Inkonsequenz kaiserlichen Handelns. Man sieht, wie vorsichtig er mit dem jungen Kaiser umgeht, und dieser Zustand dauert fort, selbst wenn Wilhelm II. sich mit Leuten anlegt, von denen man glauben sollte, daß Fontanes Sympathien ihnen von Berufs wegen und von Natur aus ganz selbstverständlich gehören: den Künstlern. Es beginnt bei Kleinigkeiten. Als Friedlaender sich Rat holen will, welches Thema er in einem Vortrag behandeln soll und dabei schwankt zwischen Monte-Rosa-Besteigung, Storm, den Quitzows und Tennyson, rät ihm Fontane ab von den Quitzows mit einer überraschenden Begründung: »Die ›Quitzows‹ sind ein *sehr* guter Stoff, aber in mehr als einer Beziehung etwas heikel; tritt man für sie ein, so verletzt man die Hohenzollern zunächst in ihrer Familiengesammtheit und durch Parallele Dietrich v. Quitzows mit Bismarck den gegenwärtigen Kaiser im Speziellen.« (13. November 1892) (Ha Br IV/234) So viel liegt ihm daran, jedes mißbilligende Stirnrunzeln zu vermeiden, daß er selbst der doch nur denkbaren Parallelisierung als gefährlich, weil anstößig, ausweichen will. Wenige Wochen später findet Fontane erneut eine Gelegenheit, seine Konformität mit dem Willen des Kaisers darzulegen. Der Berliner Bildhauer Begas hatte eine Skizze geliefert zu einem Nationaldenkmal für Wilhelm I. Begas hatte »am Piedestal allerlei Gegenstände von symbolischer Bedeutung angebracht: auf der einen Seite eine Urkunde mit dem Reichssiegel und den Worten: Einheit, Gesetz, Verfassung, eine Wahlurne u. ä. Auf der andern Seite war das alte feudal-absolutistische Regiment durch eine Gruppe von Insignien wie Helm, Schild, mittelalterlichen Wappen, Marterwerkzeugen und sonstigen Attributen der Herrschergewalt ausgedrückt. ...Der Kaiser, so hieß es..., hatte die Wahlurne beanstandet und einen Pokal dafür gewünscht.«[5] Wer erwartet hätte, daß sich Fontane für

Begas und damit die Freiheit der künstlerischen Darstellung aussprechen würde, sieht sich getäuscht. Stephany, der Chefredakteur der Vossischen Zeitung, hatte, doch wohl, um Fontanes Kritik am Kaiser zu provozieren, dem Dichter von dem Vorgang Mitteilung gemacht. Aber dessen Reaktion war ganz anders, als Stephany hatte erwarten können. Am Ende seines Briefes bittet Fontane deshalb um »Verzeihung« für »diesen schreienden Undank«. In der Sache aber gibt er – mit vernünftigen, wenn auch anfechtbaren Gründen – dem Kaiser recht: »während ich den Kaiser ganz begreife (weil die Sache ganz zu seinen anderweit bekundeten Anschauungen paßt), begreife ich Begas, der doch eine Art Hofmann und Kaiserfreund sein will, gar nicht. Erstlich finde ich das ganze Sockelbildarrangement gedanklich konfus, und zweitens finde ich die konstitutionelle Gesinnungstüchtigkeit deplaciert. Marterwerkzeuge und Wahlurne sind gar keine Gegensätze, abgesehen davon, daß das alte Recht nicht durch Marterwerkzeuge und das moderne Recht nicht durch die Wahlurne bestimmt wird… Ich kann also da nicht mit. Weiß freilich, daß Künstler dergleichen nicht so genau nehmen…wie kann man aller höfischen Klugheit, ja aller ganz alltäglichen Lebensklugheit so bar und bloß sein, daß man mit Emblemen oder Symbolen operiert, von denen der Auftragerhaltende im voraus wissen muß, daß der Auftraggeber dergleichen nicht mag? Ob der Auftraggeber ein Recht hat, es zu mögen oder nicht zu mögen, ist dabei ganz gleichgültig. Begas mußte Embleme wählen: 1. die paßten, 2. die sowohl seiner wie der allgemeinen Anschauung entsprechen und 3. vor allem auch mit der Anschauung des Auftraggebers sich deckten. Dagegen hat er verstoßen. Ich empfinde das so stark, daß ich zu Betrachtungen über das politische Gewicht der Sache erst in zweiter Reihe komme.« (an Friedrich Stephany, 12. Januar 1893) (Ha Br IV/244f) Von Entrüstung oder Enttäuschung über die Haltung des Kaisers findet sich keine Spur, nur Respekt und Verständnis sprechen sich neben gesundem Menschenverstand aus. Aufgabe eines Künstlers, der einen bezahlten Auftrag übernimmt, kann es nicht sein, mit der Auftragserfüllung ein persönliches Bekenntnis abzulegen und für Werte einzutreten, die er für unverzichtbar hält, für ihn ist es vielmehr wichtig, eine mittlere Linie zu finden, die es ihm erlaubt, seine eigenen Überzeugungen insoweit auszusprechen, als sie weder in Widerspruch zur allgemeinen Anschauung noch zu der des Auftraggebers stehen.

Beinahe ebenso entschieden nimmt Fontane gegen die Künstlerschaft und für den Kaiser Stellung anläßlich der Einweihung des Reichstagsgebäudes, das von Wallot errichtet worden war. In seinen Anmerkungen zum Briefwechsel Fontanes mit Friedlaender stellt Kurt Schreinert den Sachverhalt dar: »Am 5. Dezember war das Reichstagsgebäude feierlich eingeweiht worden, obwohl die Inneneinrichtung noch nicht beendet war: ‹einerlei, der Kaiser will, daß alles fertig sei›; dabei hatte der Kaiser des Erbauers Paul Wallot mit keiner Silbe gedacht. Zwei Tage später hatte der Verein Berliner Künstler und der Architektenverein bei Kroll eine große Wallot-Feier veranstaltet. Nach dem Festbericht von Ludwig

Pietsch in der Morgenausgabe der V.Z. vom 9. Dezember hatte im ersten Teil die mit ‹kräftigen Wörtlein› gewürzte Rede des Baurats von Hude großen Beifall gefunden. In einem Trinkspruch im geselligen Teil hatte Wallot von der Doppelstellung des Künstlers zwischen Auftraggeber und Werk gesprochen und das Hetzen des Kaisers bedauert. Auf Tischkarten waren anzügliche Gestalten, Gruppen, Symbole usw. gezeichnet, die später erklärt wurden. In einem Nebensaal war ein ›Wallot-Museum‹ eingerichtet, ›das vor dem verwegensten, beißendsten Spott auch auf Kosten von Personen, Aussprüchen, Vorgängen und Zuständen nicht zurückschreckte…‹«[6] Fontane geht diesmal nicht so weit, den Kaiser direkt zu verteidigen, gesteht vielmehr zu, der habe sich »in dieser, wie in mancher andern Frage, vergallopirt…« Mit dem Verhalten seiner Künstler-Kollegen ist er indessen keineswegs einverstanden: »ich weiß aber doch nicht, ob diese Anzapfungen in Toasten und Tischkartenerklärungen richtig sind. Ich finde es nicht recht würdig, *ich*, der ich doch sonst nicht groß für Würdigkeiten bin.[7] Es wirkt wie Jungens, die sich über den Lehrer moquiren, der doch am andern Tage wieder mit seinem Stock dazwischenfährt oder sie mit umgehängtem Esel in die Ecke stellt. Es ist altmodisch, ganz Fr.W. des Dritten Zeit, sich mit einem Witz über unfreie Zustände zu trösten. Aufmuckung ist anständiger.« (an Friedlaender, 9. Dezember 1894) (Ha Br IV/408) Noch ein Vierteljahr zuvor hatte Fontane dem Kaiser, der in der Öffentlichkeit längst an Ansehen und Glaubwürdigkeit eingebüßt hatte (wieder in einem Brief an Friedlaender) »unbestreitbare Liebenswürdigkeiten« bescheinigt. (29. August 1894) (Ha Br IV/382) Ein Kompliment, das Fontane nur selten in seinem Leben an hohe Würdenträger verteilte.

Es ist notwendig, darauf hinzuweisen, daß es in Fontanes Verhalten eine Ausnahme gibt, wo er, als Künstler herausgefordert, mit Entschiedenheit auf die Seite derer tritt, die sich einem kaiserlichen Vorhaben in den Weg stellen. Es geht dabei um die sogenannte ›Umsturzvorlage‹. Den Anstoß zu diesem Gesetz hatte der Kaiser mit einer in Königsberg gehaltenen Rede gegeben. In Frankreich war am 24. Juni 1894 Carnot, der Präsident der Französischen Republik, von einem italienischen Anarchisten ermordet worden. Angesichts der unruhigen Lage in Deutschland lag der Gedanke nicht zu fern, daß den Kaiser ein gleiches Schicksal treffen könnte. Daß ein solches Attentat nur von den radikalen Linken ausgehen könnte, schien einleuchtend. Man dachte an 1878 und wollte rechtzeitig vorbeugen. Konservative und Nationalliberale (später änderte sich die Parteienkonstellation) verlangten ein Gesetz, das gegen die Umtriebe der Sozialdemokratie schützen sollte. Der Kaiser hatte in seiner Rede die Parole ausgegeben: »Auf zum Kampfe für Religion, für Sitte und Ordnung, gegen die Parteien des Umsturzes!« Da der Kaiser sich hier wie in anderen Fällen mit Caprivi nicht abgestimmt hatte, führte seine Rede zu einer innenpolitischen Krise, die, zusammen mit anderen Umständen, sogar zur Erörterung von Staatsstreichplänen führte. Als Caprivi stürzte, übernahm es der neue Kanzler, der Fürst Chlodwig zu Hohenlohe-Schillingsfürst, dem Reichstag ein solches Gesetz abzuringen. Es war ein konservatives

Gesetz, das hier vorgelegt wurde. Ehe, Familie und Eigentum sollten besonderen Schutz genießen, die Verächtlichmachung des Staates und seiner Institutionen sollte härter bestraft werden; aber auch die Aufreizung zum Klassenhaß war unter den zu bestrafenden Delikten genannt. Das Zentrum verlangte, daß auch die christliche Religion und die Lehren der Kirche wie ihre Gebräuche besser geschützt werden sollten. Alle aufmerksamen Beobachter waren sich in der Ansicht einig, daß angesichts der schwammig gefaßten Paragraphen die freie Meinungsäußerung überhaupt in Gefahr geraten würde und jeder mißliebige Schriftsteller vor Gericht gestellt werden konnte. Auch Fontane empörte sich und sprach sich lautstark gegen das Gesetz aus. An August von Heyden schrieb er, als dieser seine Unterschrift (sogar in seiner Eigenschaft als Staatsrat) geleistet hatte: »Wir haben hier alle eine große Freude darüber gehabt. Ich bin sonst nicht für Demonstrationen und Proteste, weiß auch recht gut, daß der Brei nicht so heiß gegessen wird, wie er gekocht wurde. Trotzdem ist die bloße Idee, das berühmte Volk der ‹Dichter und Denker›, das Volk Luthers, Lessings und Schillers mit solchem Blödsinn beglücken zu wollen, eine Ungeheuerlichkeit und eine Blamage vor Europa, fast vor China.« (Ha Br IV/428)

Es ist jedoch ein genauerer Blick auf den Brief an Paul Schlenther nötig, um Fontanes Position richtig einschätzen zu können. Es ist nämlich keineswegs so, daß er als Anführer der ›Insurgenten‹ auf dem Schlachtfeld erscheinen wollte. Beinahe das Gegenteil. Schon der erste Satz zeigt, daß er sich nicht danach drängt, unter den Protestierenden zu sein: »Es wäre mir, bei meinem starken Friedensbedürfnis, lieber gewesen, dieser Kelch wäre an mir vorübergegangen. Da er mir aber gereicht wird, so trinke ich ihn, wenn auch nicht unter der Sänger-Überschrift: ‹O Trank voll süßer Labe.›« (Ha Br IV/427) Dann folgen Sätze, die präzise erklären, wie Fontane seine Rolle verstanden wissen will. Er erwartet, daß Schlenther seine Unterschrift nicht an auffälliger Stelle verwendet, wo ihr Protestcharakter am sichtbarsten hervorträte, sondern er wünscht, in einer Gesellschaft zu erscheinen, die von vornherein den Verdacht zerstreut, es meldeten sich hier die Frondeure der 90er Jahre zu Wort: »Natürlich nehme ich an, daß Sie mich in so gute Gesellschaft…hineinstecken. Die Auswahl ist vorzüglich getroffen. Es müssen lauter Leute sein, die durch Titel oder Orden geaicht, ganz ‹zweifelsohne› dastehn. Die Namen müssen ausdrücken: ‹auch wir, die loyalsten(!!), fühlen uns gefährdet; keiner ist sicher.›« Fast widersinnig: ein Protest, der doch schon durch die Auswahl der Beteiligten die völlige Loyalität der Gesinnung beteuern soll. Von Aggressivität findet sich keine Spur. Es hat den Anschein, als wolle man den Kaiser in aller Form auf einen Irrtum hinweisen, für den – sicherlich – nur der Übereifer von subalternen Geistern verantwortlich zu machen ist.

An dieser Stelle muß auch eines Vorgangs gedacht werden, der damals in Deutschland viel Staub aufwirbelte und als publizistische Sensation in die Geschichte des Zweiten Reiches einging. Ludwig Quidde, ein Historiker, hatte 1894 in der Zeitschrift ›Die Gesellschaft‹ einen Aufsatz veröffentlicht, der des

Aufsehens wegen, das er erregte, alsbald von dem Verlag Wilhelm Friedrich in Leipzig (der Fontanes ›Schach von Wuthenow‹ herausgebracht hatte) als Separatdruck weiterverbreitet worden war: ›Caligula. Eine Studie über den römischen Cäsarenwahnsinn‹. Der Erfolg war so groß, daß 1928 die 34. Auflage erscheinen konnte. Zu dieser Zeit hatte sich Quidde längst auch anderweit einen Namen gemacht. Er war bereits vor 1900 als Rüstungsgegner und Pazifist hervorgetreten, hatte seit 1914 die Deutsche Friedensgesellschaft geleitet und war 1927 mit dem Friedensnobelpreis ausgezeichnet worden. In seiner Studie hatte es Quidde unternommen, Caligula mit Wilhelm II. zu vergleichen. Der Name Wilhelms war freilich in dem ganzen Aufsatz nicht gefallen, aber alles, was über Caligula gesagt wurde, ließ sich mit absoluter Eindeutigkeit, die kein Mißverständnis zuließ, auf Wilhelm beziehen. Alle Schwächen und Untugenden, die man dem Kaiser seit seinem Regierungsantritt nachgesagt und angelastet hatte, wurden in dieser sich ganz wissenschaftlich gebenden Studie mit einer Fülle von Literaturnachweisen an Caligula entwickelt und als beginnender oder fortgeschrittener Cäsarenwahnsinn gedeutet. Das fing mit gewissen anekdotischen Zügen an, von denen der Leser noch mit berechtigter Heiterkeit Kenntnis nehmen konnte: »Der junge Kaiser scheint eine ganz besondere, an sich sympathische, nur auch wieder ins Krankhafte verzerrte Vorliebe für die See gehabt zu haben. Wir erwähnten schon die prunkhafte Ausstattung seiner Yachten. Wiederholt hören wir, daß er kleine und große Seereisen unternahm, und auch in der Schönheit des Sturmes scheint er das Meer aufgesucht zu haben. Für seine Umgebung muß diese Passion recht unbequem gewesen sein; denn er scheint rücksichtslos verlangt zu haben, daß alle seine Vorliebe teilten…«[8] Dasselbe gilt auch, wenn Quidde gewisse schauspielerische Züge des Kaisers anprangert: »In dem Manöver- und Soldatenspiel Caligulas, das wir kennengelernt haben, in seinen Disziplin Marotten und in den Triumphzügen liegt offenbar ein *komödiantischer Zug,* der für das pathologische Bild des Cäsarenwahnsinns charakteristisch ist. Er beschränkt sich bei Caligula nicht auf militärische Komödien. Wir hören von einer ungemessenen Passion für Theater und Cirkus, – und mehr als das: wir hören, wie er selbst gelegentlich mitzuagieren begann, wie ihn eine absonderliche Vorliebe für auffallende Kleidung und deren fortwährenden Wechsel beherrschte…«[9] Glossiert wird auch die Tendenz Wilhelms, sich bei vielen Gelegenheiten hören zu lassen und sich dabei besonders mit den Schriftstellern der Zeit anzulegen: »Ein Gebiet, auf dem Caligula mit Vorliebe zu glänzen suchte, war die Beredsamkeit; er sprach gern und viel öffentlich, und es wird uns berichtet, daß er auch ein gewisses Talent dafür besaß, daß insbesondere ihm die Kunst zu verletzen und zu schmähen, eigen war. Mit Vorliebe wandte er sich gegen die Koryphäen der Literatur. Manches beißende Wort gegen sie soll ihm nicht schlecht gelungen sein. Doch ging sein unverständiger Fanatismus so weit, daß er klassische Autoren wie Homer, Virgil und Livius, am liebsten aus allen Bibliotheken verbannt hätte.«[10] Daß unter Caligula der leitende Staatsmann schon sehr früh in Ungnade gefallen war, was alle Welt auf Bismarck beziehen mußte, wird ebenso hervorgehoben wie die Tatsache, daß diese Art von Wahnsinn sich nur durchsetzen konnte, wo die »moralische Degeneration monarchisch gesinnter Völker« ein Land beherrscht.[11] »Der Eindruck einer scheinbar unbegrenzten Macht läßt den Monarchen alle Schranken der Rechtsordnung vergessen: die theoretische Begründung dieser Macht als eines göttlichen Rechtes verrückt die Ideen des Armen, der wirklich daran glaubt, in unheilvoller Weise; die Formen der höfischen Etikette...bringen ihm vollends die Vorstellung bei, ein über alle Menschen durch die Natur selbst erhobenes Wesen zu sein; aus Beobachtungen, die er bei seiner Umgebung machen kann, erwächst ihm zugleich die Ansicht, daß es ein verächtlicher gemeiner Haufen ist, der ihn umgibt.«[12] Fontane hebt mit Recht die stilisierte Brillanz der Arbeit hervor, denn die Dichte der Argumente und ihre überzeugende Kraft ist in der Tat erstaunlich. Hat Quidde den Leser schließlich so weit gebracht zu glauben, daß eine völlige Kongruenz der Charaktere beider Kaiser besteht, beginnt er, seiner Darstellung ehrenrührige und verleumderische Züge beizumengen: »bald traten die Neigungen seiner Jugend, von denen wir schon sprachen, wieder hervor, und da er jetzt unumschränkter Selbstherrscher war, so ergab er sich um so ungezügelter seinen Begierden, denen Frauen und Mädchen ohne Zahl zum Opfer fielen. Zugleich begann er in wahrhaft entsetzlicher Weise, oft noch durch finanzielle Motive angestachelt, seiner Mordgier und der Freude an Martern freien Lauf zu lassen. Nicht nur spätere Berichterstatter haben uns davon berichtet, sondern auch der Zeitgenosse Seneca schildert die tierische Freude, die der Kaiser beim Anblick von Hinrichtungen empfand, und die Grausamkeit, mit der er die Überlebenden quälte.«[13] Von hier aus ist es dann nur noch ein Schritt bis zu der Aufforderung, das Treiben eines vom Wahnsinn heimgesuchten Herrschers nicht länger zu dulden: »Genug, ganz Rom setzte er damit in Schrecken, und doch ermannte sich dieses Rom nicht, das Joch des Kranken, der wie ein Bluthund wütete, von sich abzuschütteln. Der Senat wagte nicht, ihn abzusetzen oder eine Regentschaft zu beschließen.«[14] Daß Quidde vorsichtig genug war, in den ungefährlichen Bereich der wissenschaftlichen Aussage zurückzulenken, versteht sich von selbst. Am Ende versichert er, um alle unliebsamen Folgen von sich abzuwenden, daß »etwas, was diesem Cäsarentum und dieser Herrschaft des Cäsarenwahnsinns ähnlich wäre«, »unter den heutigen Verhältnissen so unmöglich« ist, »daß uns die ganze Schilderung wie ein kaum glaubliches Phantasiegemälde...anmuten wird.«[15]

Man wird nicht erstaunt sein, daß in Deutschland alle oppositionellen Kräfte mehr oder weniger begeistert waren. Aller Unmut und alle oft tiefgehende Abneigung, die sich in den sechs Jahren der Regierungszeit des Kaisers angesammelt hatten, fanden sich bestätigt und glänzend artikuliert. Friedrich Stephany hatte Fontane offenbar die Studie zugehen lassen, und der Dichter nimmt in zwei Briefen dazu Stellung. Der erste beschäftigt sich allein mit der Frage, »hatte er *erst* den Kaiser oder *erst* den Caligula?« (Ha Br IV/359) Doch es scheint, daß Fontane diesen Brief schrieb, als er den Text nur kurz angelesen hatte. Wenige Tage später kommt er ausführlich auf Quiddes ›Werk‹ zurück. Der Brief beweist, wie loyal Fontane zu Wilhelm II. stand. Natürlich kannte er die Kritik am Kaiser, die Vorwürfe, die ihm allenthalben gemacht wurden, und er wußte infolgedessen, daß Quiddes Insinuationen, auf die boshafteste Weise verzerrend, zutreffend waren. Aber er verliert kein Wort darüber. Seine Kritik zielt auf den Charakter Quiddes. Wenn Fontane, was anzunehmen ist, von Quidde sonst nichts kannte, so war die Geschwindigkeit, mit der er seine Folgerungen aus dem Aufsatz zog, etwas groß, aber wie auch immer: Fontane machte deutlich, daß er sich an einer Polemik gegen den Kaiser nicht zu beteiligen gedachte. Er benutzt die verschlagen-listige Darstellung Quiddes nur, um seiner Abneigung gegen die Leute aus dem Hamburger Winkel Ausdruck zu geben: »Ich weiß nicht, ob ich die Caligula-Broschüre, als ich Ihnen neulich schrieb, schon gelesen hatte. Nun, jetzt habe ich sie gelesen. Der Riesenerfolg erinnert an ›Rembrandt als Erzieher‹; sonst sind sie, auch literarisch, sehr verschieden. Langbehns Leistung war ein geistreichtuender Blödsinn, Quiddes Leistung ist, schriftstellerisch angesehn, etwas sehr Gelungenes, sehr fein, sehr geschickt. Stilist comme il faut, namentlich auf den ersten 2 Seiten; es setzt ganz brillant ein. Aber der Kerl selbst muß ein Schrecknis sein, eine Nummer, vor der man sich zu hüten hat, verschlagen, perfide, großmäulig – das richtige Kind seiner Gegenden. Denn daß die Leute nach Abstammung und Landesteilen grundverschieden sind, steht mir fest. Die Juden, die Ostpreußen, die Westfalen, die Balten, die Schleswig-Holsteiner sind gleich zu erkennen. Die Dickschnäuzigsten sind immer die aus dem Hamburger Winkel, Elbe links und rechts.« (Ha Br IV/363 f) In der Tat läßt sich nach Quiddes Angriff sein Charakter nur schlecht verteidigen. Aber die unnachgiebige Härte des Fontaneschen Urteils ist nicht nur aus der vornehmen Gesinnung des Dichters zu erklären, sondern auch aus seiner engen Verbundenheit mit dem Kaiser. An Wilhelm I. hätte Quidde seine Feder freilich nicht wetzen können. Er war dem Enkel an Festigkeit des Charakters ebenso überlegen wie an Menschlichkeit. Als Fontane am 31. Mai 1894 Mete die Caligula-Studie übersendet, wiederholt er sein Urteil ohne Einschränkung, und man spürt, wie ihn allein schon seine preußische Gesinnung davon abhält, an Quiddes Schrift auch nur einen augenblicklichen Gefallen zu finden: »Friedeln faßt hoffentlich kein Caligula-Neid; jeder preußisch-anständige Buchhändler würde sich – wenn er nicht ausgesprochner Sozialdemokrat oder Fortschrittler vom äußersten linken Flügel ist – durch solche Broschüre ruiniren. Denn so gut sie ist, so anfechtbar ist doch das ganze Manöver. Quidde muß ein ekliger Kerl sein. Die Geschicklichkeit, vor allem die *Gruppirungskunst* – worauf der ganze Witz eigentlich hinausläuft – ist sehr groß und so wirkt denn das Ganze wie ein jeu d'esprit eines ganz verflixten Schwerenöthers. Dem Kaiser aber wird es *nicht* schaden, eher im Gegentheil.«[16] Es mag dahingestellt bleiben, ab Fontane die Wirkung der Quiddeschen Schrift richtig eingeschätzt hat.[17]

Die letzte Gelegenheit, bei der Fontane mit allem Nachdruck das positive Bild, das er von Wilhelm II. hatte, ohne jede Einschränkung darlegte, ist ein Brief an Adolph Menzel, den er am 15. Juni 1895 zu den Ehren beglückwünschte, die ihm Kaiser und Hof zu seinem 80. Geburtstag erwiesen hatten. Man hatte den Maler zu einem Hoffest nach Sanssouci eingeladen, um ihn zu ehren für die Großartigkeit und Intensität, mit der er sich in seinem Oeuvre der friderizianischen Epoche angenommen hatte; darf man doch ohne Übertreibung sagen, daß es seine Bilder sind, die mehr als alle anderen Zeugnisse die Vorstellungen vom höfischen Leben Friedrichs II. in Sanssouci bestimmen. Bei Gelegenheit dieses Festes erschien der Hof in friderizianischen Uniformen, und der Kaiser ließ es sich nicht nehmen, in der Maske des Generalleutnants von Lentulus, der Flügeladjutant Friedrichs des Großen gewesen war, aufzutreten und Menzel zu begrüßen. Eine außerordentliche und beispiellose Ehrung, die Menzel verdient hatte, die aber auch dem Kaiser Gelegenheit gab, die farbigsten und anziehendsten Seiten seines Wesens zu zeigen. Fontane würdigt das Fest beinahe enthusiastisch – wenn man sowohl in Rechnung stellt, was er sonst bei solchen Gelegenheiten leistete, als auch bedenkt, daß ihm natürlich daran liegen mußte, den befreundeten und immer mit hohem Respekt behandelten Maler in angemessener Weise zu der Ehrung zu beglückwünschen. (Mit einem eigenen Gedicht zu Menzels ›80.‹ ist Fontane nicht ins Feld gerückt, vermutlich in Erinnerung an den Abfall, den er mit seinem Gedicht zum ›70.‹ erlebt hatte.)

Besser noch als Menzel kommt in diesem Schreiben freilich Wilhelm II. weg: »Es ist mir Bedürfnis, Ihnen auszusprechen, wie herzlich uns die ›Honneurs‹ erfreut, die Ihnen Sanssouci, bezw. der Generalleutnant von Lentulus Exzellenz bezeigt haben. Und doch bildet das, was an Huld und Huldigungen für Sie persönlich in dem allen lag nur die kleinere Hälfte meiner Freude, fast muß ich sagen meiner patriotischen Erhebung, – die größere Hälfte liegt darin, daß die Szene, wie sie sich da abspielte, etwas ungemein Forsches, Farbenreiches und Wirkungsvolles hat, etwas, das der Welt Augen auf uns lenkt und unsrem preußischen Leben nach außen hin ein Lustre gibt, dessen es im Allgemeinen – und zwar auch zu unsrem *politischen* Nachteil – zu sehr entbehrt. Es tut mir auch *das* wohl, daß sich der Kaiser dabei in seiner ganzen Liebenswürdigkeit und ich möchte hinzusetzen dürfen, in einem gewissen Reichtum seiner Natur zeigt.« (Ha Br IV/455) Die Huldigung, die Menzel erfuhr, dient (fast!) Fontanes »patriotischer Erhebung«. Es ist eine jener kaiserlichen Ideen, die die Augen der Welt auf Deutschland lenkten. Der Kaiser selber gibt dem preußischen Leben Glanz und Fülle, die es sonst vermissen läßt. Das Lob, das dem Kaiser hier zuteil wird, hat vielleicht auch in einer anderen Eigenheit von Fontanes Charakter seinen Ursprung. Einer der Vorwürfe, die er gegen seine preußischen Landsleute richtet, ist der, daß sie zu sehr dazu tendieren, in der Menge zu verschwinden. In einem seiner Briefe aus Karlsbad an Emilie Zöllner beklagt er das: »wir haben eine gute Wohnung gefunden, einen guten Eßplatz…und einen guten Kaffeplatz: Pupp, der, trotz des Glanzes seiner Erscheinung, keineswegs so vornehm und so theuer ist, wie man annehmen sollte. Bauern, Jüdinnen, sächsische Spießbürger, sitzen in größerer Zahl um uns her, als Lords, ungrische Magnaten und industrielle Millionäre aus Volhynien und der Bukowina. Das Preußische, wie immer das Preußische, verkrümelt sich völlig und es wäre unsichtbar, wenn nicht ein paar Jüdinnen aus Berlin und Breslau für preußische Vertretung sorgten. Aber von solcher Vertretung wollen wir mit Recht nichts wissen und was sonst noch da ist und als ‹echt› gelten kann, hat den grauen Aschenputtelcharakter, der ich will nicht sagen unter uns heimisch ist, aber sofort in die Erscheinung tritt, wenn wir uns unter andern Nationen bewegen. Wir sind immer die Armen oder wirken wenigstens so; zum Theil hängt es mit einer gewissen Decenz zusammen, die das Farbenbunte mit Geflissentlichkeit vermeidet und es als zigeunerhaft oder affig ansieht.« (Ha Br IV/276 f) An dieser Eigenart partizipiert der Kaiser nicht. Er wagt aufzufallen – was bei Fontane wohl nichts an sich Lobenswertes, was aber im Sonderfall doch nötig ist, um Preußen in einer Welt der Mannigfaltigkeit und der Farbe überhaupt zur Geltung zu bringen. Nur am Ende des Briefes meldet sich der Realist Fontane zu Wort, und er mischt in die reinen, leuchtenden Farben, mit denen er in seinem Brief gemalt hat, etwas Erdfarbe. Der Kaiser zeigt nur einen »gewissen Reichtum« seiner Natur, nicht einen ›vollen‹. Eine trübe Stelle in einem Bild, das den Kaiser jenseits aller politischen Aktivitäten zeigt, auf einem Feld also, auf dem er sich sonst am wirkungsvollsten in Szene zu setzen weiß.

Wenn man noch klarer bestätigt finden will, wie sehr Fontane geneigt war, bei allen politischen Streitigkeiten auf des Kaisers Seite zu treten, so muß man seine Aufmerksamkeit auf einen Vorgang richten, der mehr als jeder andere, in den Wilhelm II. damals verstrickt war, von der ganzen Welt als Sensation ersten Ranges empfunden wurde und der geeignet war, seinen Ruf zu untergraben: die Entlassung Bismarcks kaum zwei Jahre nach dem Regierungsantritt.

Fontanes Verhältnis zu Bismarck ist viel beachtet und beschrieben worden.[18] Dem soll hier nicht noch einmal nachgegangen werden, um so weniger, als die Forschung sich im wesentlichen darin einig ist, daß Fontane dem Politiker Bismarck die größte Hochachtung entgegengebracht hat, während er schon ziemlich früh beginnt, am Charakter Bismarcks, an seinen allzu menschlichen Zügen Kritik zu üben. Will man in dem hier entwickelten Zusammenhang betrachten, wie sich Fontanes Urteil zu Bismarck und Wilhelm II. darstellt, tut man gut daran, sich zu erinnern, mit welchem Unmut Fontane reagierte, als Friedrich III. begann, nach seinem Regierungsantritt den alten Reichskanzler wie einen gewöhnlichen Sterblichen zu behandeln. Vehement stellte sich Fontane auf Bismarcks Seite, und man spürt, wie er den schwerkranken Kaiser als politischen Dilettanten neben Bismarck einstuft. Angesichts solcher Begebenheiten sollte man annehmen, daß sich der Vorgang bei Wilhelm II. wiederholen würde, entwickelte er doch von seinem Regierungsantritt an eine hektische Aktivität, die eine klare Linie vermissen ließ. Einen Höhepunkt Fontanescher Auseinandersetzung mit Kaiser und Fürst wird man zu Recht im März 1890 erwarten, als der unerfahrene Kaiser den Reichsgründer Bismarck entläßt. Eine Ära findet ihr Ende. Der Mann, der das schier Unmögliche möglich gemacht hatte, der aus einem Bund einander widerstrebender Staaten durch drei siegreiche Kriege das Deutsche Reich geschaffen hatte, wurde in die Wüste geschickt. ›Der Lotse ging von Bord‹, und ganz Europa nahm leidenschaftlich Anteil. Fontane jedoch behandelt den Vorgang mit der größten Zurückhaltung. Ja, zunächst scheint er sich jeder Äußerung enthalten zu wollen, er, der klarer als Millionen anderer wußte, was das Deutsche Reich seinem Kanzler verdankte. Und als er schließlich spricht, vernimmt man von ihm kein Wort zur Verteidigung des Kanzlers. Statt wehmütige Rückblicke auf eine große Zeit zu werfen, der Bismarck seinen Stempel aufgeprägt hatte, zeigt sich Fontane kalt und stellt sich, mit einer bei ihm absolut ungewöhnlichen Vorbehaltlosigkeit, auf die Seite des Kaisers. Was ihn angesichts der politischen Unerfahrenheit Wilhelms mit Entsetzen und Schrecken hätte erfüllen müssen oder was doch wenigstens Ängste und Bedenken hätte auslösen sollen, findet seine ungeteilte Zustimmung. Man muß diese Aussage in ihrer ganzen Unzeitgemäßheit sehen; sie ähnelt durchaus jener isolierten, negativ gestimmten Bekundung beim Tode Wilhelms I. In diesem Falle formuliert Ludwig Bamberger 1894 die diametral entgegengesetzte Stellungnahme: »Welch ein Schreck fuhr den Leuten in die Glieder, als der Unentbehrliche eines Morgens vom Schauplatz verschwand! Nicht bloß seine Anhänger, auch die Gleichgültigen, ja viele seiner Gegner überfiel es wie ein Grauen vor dem Unbekannten, dem unnötigerweise die Tore aufgetan wurden, und sie warfen die Frage auf, ob es zu rechtfertigen sei, daß man den Mann, der die größte politische Autorität in der Welt besaß und sie in den Dienst des Weltfriedens gestellt hatte, bei lebendigem Leibe zu den Toten werfe.«[19] Fontane aber zögert nicht, zaudert nicht, schwankt nicht in seinem Urteil, vielmehr läßt sich seine Reaktion in dem unglaublichen Satz zusammenfassen: »Es ist ein Glück, daß wir ihn los sind«.[20] Das steht in dem ersten Brief Fontanes, in dem er ausführlich zur Entlassung des bedeutendsten Politikers, den Deutschland zu Fontanes Zeit hatte, Stellung nimmt: »Bismarck hat keinen größeren Anschwärmer gehabt als mich, meine Frau hat mir nie eine seiner Reden oder Briefe oder Aeußerungen vorgelesen, ohne daß ich in ein helles Entzücken gerathen wäre, die Welt hat selten ein größeres Genie gesehn, selten einen muthigeren und charaktervolleren Mann und selten einen größeren Humoristen. Aber Eines war ihm versagt geblieben: Edelmuth; das Gegentheil davon, das zuletzt die häßliche Form kleinlichster Gehässigkeit annahm, zieht sich durch sein Leben…und an diesem Nicht-Edelmuth ist er schließlich gescheitert…« (an Friedlaender, 1. Mai 1890) (Ha Br IV/41 f) Statt Bismarcks Leistungen zu würdigen, zählt er die Skandale und Skandälchen auf, in die Bismarck während seiner letzten Amtsjahre verstrickt war: »Geffcken…Morier und die konsequente stille Befehdung Waldersee's – lauter schlimme Kapitel, so schlimm, daß man froh sein muß aus dieser Geschichte heraus zu sein, aus einer Geschichte, die sich schließlich derart auf die *Forderung* unbedingter Bismarckanbetung zuspitzte, daß alle freie Bismarckbewunderung darin unterging. Es ist ein Glück, daß wir ihn los sind, und viele, viele Fragen werden jetzt besser, ehrlicher, klarer behandelt werden, als vorher. Er war eigentlich nur noch Gewohnheitsregente, that was er wollte, ließ alles warten und forderte nur immer mehr Devotion. Seine Größe lag hinter ihm; sie bleibt ihm in der Geschichte und in den Herzen des deutschen Volkes, aber was er in den letzten 3 Jahren davon verzapft hat, war *nicht* weit her.« (ebd.) Dabei war er sich der gegenteiligen Meinung der Öffentlichkeit durchaus bewußt, denn in einem Brief an Paul Heyse vom 30. März 1890 berichtet er, daß »tout Berlin«, als Bismarck sein Amt hatte verlassen müssen, den Reichskanzler zum Bahnhof begleitet und mit dem huldigenden »Zuruf ‹wiederkommen›« verabschiedet habe. (Ha Br IV/35) Dabei ist er nüchtern genug zu begreifen, daß sich Bismarck von dieser Art des öffentlichen Zuspruchs nicht angenehm berührt fühlen konnte, denn, wie Fontane selbst schreibt, ›wiederkommen‹ war »traditionelles Theatergeschrei«, mit dem die Berliner abgehende Mimen feierten. Und indem er sich von Bismarck abkehrt, wendet er sich dem Hohenzollerntume zu. Noch 1894, als Fontane längst Gelegenheit gehabt hatte, sein Urteil zu revidieren oder wenigstens zu modifizieren und als er in der Tat bereits Klarheit darüber gewonnen hatte, daß das Reich keineswegs für die Ewigkeit gebaut, sondern in seinem Bestand bedroht war, schreibt er in einem Brief an Mete, als im Berliner Schloß eine ›Versöhnungsszene‹ zwischen Kaiser und Kanzler abgelaufen war: »Ich stehe, in der ganzen Geschichte, von Anfang an auf Kaisers Seite; selbst die so viel getadelte ‹Form› war einem Bismarck gegenüber unvermeidlich… Bismarck ist der größte Prinzipverächter gewesen, den es je gegeben hat und ein ‹Prinzip› hat ihn schließlich gestürzt, besiegt, dasselbe Prinzip, das er zeitlebens auf seine Fahne geschrieben und nach dem er *nie* gehandelt hat. Die Macht des hohenzollernschen Königthums (eine wohlverdiente Macht) war stärker als sein Genie und seine Mogelei. Er hat die größte Aehnlichkeit mit dem Schillerschen Wallenstein: Genie, Staatsretter und sentimentaler Hochverräther. Immer ich, ich, ich und wenn die Geschichte nicht mehr weiter geht, Klage über Undank und norddeutsche Sentimentalitätsthräne. Wo ich Bismarck als Werkzeug der göttlichen Vorsehung empfinde, beuge ich mich vor ihm; wo er einfach er selbst ist, Junker und Deichhauptmann und Vortheilsjäger, ist er mir gänzlich unsympathisch.« (29. Januar 1894) (Ha Br IV/325 f)[21] Mit ganz ähnlichen Formulierungen unterstreicht er wenige Tage später, also noch immer unter dem Einfluß der Versöhnungsszene stehend, in einem Brief an Friedlaender seine Einstellung: »Ueber Bismarck und den Bismarck-Tag nur das: dieser Tag bedeutet den Sieg eines Prinzips über das Genie. Beständig hat Bismarck *redensartlich* die Hohenzollern-Fahne hoch gehalten, im Stillen hat er drüber gelacht und das Loyalitätsprinzip, wie jedes andre, als einen Mumpitz angesehn. Und doch hat er lediglich der Macht dieses Prinzips weichen müssen; der Adel hat gar keine Wurzel mehr im Volk, das preußische Königthum aber hat, im Gegensatz dazu, in geradezu überraschender Weise seine Festgewurzeltheit bewiesen.«

(1. Februar 1894) (Ha Br IV/328) Kein Zweifel, daß sich Fontane dieser Überraschung freut; er steht durchaus gegen das Genie Bismarcks und tritt für die Hohenzollern ein. Die geniale Leistung Bismarcks hat in seinen Augen die Welt nicht aus den Angeln gehoben, sie hat sie verändert; aber die feste Verankerung der Hohenzollern hat alle Veränderungen ohne Schaden überdauert. Dabei ist es nicht so, wie bereits angedeutet, daß Fontane noch immer von der Zuversicht erfüllt wäre, daß für Deutschland Gefährdungen nicht in Sicht stünden. In einem Brief an August von Heyden vom 5. August 1893, also wenige Monate vor der erwähnten Versöhnung, schreibt Fontane: »Er (Bismarck) ist die denkbar interessanteste Figur, ich kenne keine interessantere, aber dieser beständige Hang, die Menschen zu betrügen, dies vollendete Schlaubergertum ist mir eigentlich widerwärtig, und wenn ich mich aufrichten, erheben will, so muß ich doch auf andre Helden blicken… Andrerseits…trifft er in…seiner Kritik meistens den Nagel auf den Kopf und hat sicherlich darin recht, daß wir an unsichren Zuständen laborieren und daß ein tiefes Mißtraun durch das Land schleicht. Noch richtiger wäre wohl der etwas mildere Ausspruch, ›daß wir kein rechtes Vertrauen zu uns hegen‹. Der Zusammenbruch der ganzen von 64 bis 70 aufgebauten Herrlichkeit wird offen diskutiert, und während immer neue 100000 Mann und immer neue 100 Millionen bewilligt werden, ist niemand (auch wenn die Sache mit den Bewilligungen noch so fort ginge) im geringsten von der Sicherheit unsrer Zustände überzeugt; das Eroberte kann wieder verlorengehn, Bayern kann sich wieder ganz auf eigne Füße stellen, die Rheinprovinz geht flöten, Ost- und Westpreußen auch, und ein Polenreich…entsteht aufs neue. – Das sind nicht Einbildungen eines Schwarzsehers, das sind Dinge, die sich, ›wenn's losgeht‹, innerhalb weniger Monate vollziehen können und die auch in fast jedes Deutschen Vorstellung als eine Möglichkeit leben.« (Ha Br IV/272 f)[22]

So klar Fontane hier die Lage des Reiches erkennt, und so wenig er sich Illusionen macht über die Gefahren, denen es bei einer ungünstigen Kombination von Umständen ausgesetzt sein kann, eine Äußerung der Art, daß er den Fortbestand des Deutschen Reiches ganz unmittelbar bedroht sieht, bleibt Einzelfall. Wenn man auch geneigt sein könnte, dem Dichter in mancher Hinsicht prophetische Gaben zuzusprechen (vor allem angesichts verschiedener Bemerkungen wegen in den Briefen an James Morris), er hat die Risiken, die das Reich unter der politischen Führung Wilhelms II. einging, keineswegs alle richtig eingeschätzt. Allerdings wird man auch sagen können, daß es zwischen seiner politischen Vorstellungswelt und der des Kaisers mehr Berührungspunkte gab, als sich in direktem Zugriff beweisen läßt. Mit großer Wahrscheinlichkeit ist anzunehmen, daß Fontane z.B. der neuen Flottenpolitik Wilhelms viel Verständnis entgegenbrachte.

Faßt man den Werdegang Fontanes ins Auge, kann man davon ausgehen, daß er ein sehr ursprüngliches Interesse am Aufbau einer preußischen, später deutschen Flotte hatte. Vermutlich sind hierfür schon Kindheitserinnerungen von Swinemünde her mitbestimmend. Er hat dem kleinen Ostseehafen eine lebenslange Anhänglichkeit bewahrt. Mit Liebe gedenkt er der Weltoffenheit der kleinen Stadt, ihrer Abneigung gegen alles Spießbürgerliche und des Hauchs von Abenteuer, der über den Schiffen lag. Mit besonderer Anteilnahme erinnert er sich des Ostasienfahrers ›Mentor‹, dessen Kapitän es durch einen Trick gelang, ein chinesisches Piratenboot zu versenken und glücklich zu entkommen. Solche Seekämpfe lebten in der Phantasie des Knaben, und was er mit zehn Jahren gehört hatte, erzählte er voller Teilnahme mit siebzig weiter. Auf diese Weise von Kindheit an der Seefahrt nahe, kann es nicht überraschen, daß er später bei seinen England-Aufenthalten der englischen Flotte besondere Aufmerksamkeit schenkte. Nirgends konnte er unmittelbarer und eindrucksvoller die politisch-militärische Bedeutung einer mächtigen Flotte erfahren, als während seines mehrjährigen Englandaufenthalts, der ja z.T. in die Zeit des Krimkriegs fiel. Wenn Charlotte Jolles schreibt: »Fontanes Beziehung zu England war keineswegs zufällig; der Dichter zeigte schon seit seinen Jugendjahren eine erstaunliche Vertrautheit mit englischer Geschichte und Literatur, so daß es ihm, wie sein Freund Wolfsohn schrieb, zur Quelle seiner poetischen Bildung wurde; er fühlte fast instinktiv die Bedeutung Englands für die Entwicklung seiner eigenen Persönlichkeit« (NFA 17/608), so ist zu diesem Satz hinzuzudenken, welche Bedeutung die englischen Aufenthalte für Fontanes politische Bildung besaßen.[23] Wenn er später meint, nur an einem Ort leben zu können, an dem man das Schwungrad der Geschichte sausen höre, so hat er dieses Bedürfnis ohne Zweifel an der Themse in London und nicht an der Spree in Berlin entwickelt. Natürlich war es die Gesamtheit des britischen Lebens, die ihn in ihren Bann schlug, aber schon das erste Kapitel seines Buchs ›Ein Sommer in London‹ kann davon überzeugen, wie ihn das wechselseitige Durchdrungensein des Lebens zu Wasser und zu Lande faszinierte. Sieht er den eigentlichen »Zauber Londons« in seiner »Massenhaftigkeit« (NFA 17/8), so begegnet ihm die Fülle dieses Lebens nirgends überwältigender als auf der Themse: »überall ist es die *Zahl*, die *Menge*, die uns Staunen abzwingt. Überall! Aber nirgends so wie auf der großen Fahrstraße Londons – der Themse… Eine wahre Flottille von Dampfböten, eine friedliche Schärenflotte, nur heimisch im Themsefahrwasser, kommt unter Sang und Klang den Fluß herunter… Kein Ende nimmt der Festzug: bis hundert hab' ich die vorbeifliegenden Dämpfer (die keine Masten und nur einen hohen eisernen Schornstein in der Mitte tragen) gezählt, aber ich geb' es auf: sie sind eben zahllos… Greenwich taucht vor uns auf, immer reger wird das Leben, immer bunter der Strom; – wie wenn Ameisen arbeiten, hierhin, dorthin, rechts und links, vor und zurück, aber immer rastlos, so lebt und webt es zwischen den Ufern.« (NFA 17/8f) Zu bedenken ist darüber hinaus, daß Fontane bei seinem dritten Englandaufenthalt das Land – wenigstens zunächst – viel weniger mit den Augen des Historikers oder Kulturhistorikers sieht, sondern mit politischen Augen, kommt er doch mit einem politischen Auftrag. Nicht auf die englische Vergangenheit richtete er seine Aufmerksamkeit jetzt, sondern auf die englische Gegenwart, und die bedeutete Krim-Krieg: »*England führt Krieg*, und dieser Krieg ist es, an den man auf Schritt und Tritt erinnert wird. Ich sah das schon, als wir gestern früh die Themse passierten. Sonst lag das Arsenal von Woolwich in aller Friedfertigkeit, ich möchte sagen in aller Untätigkeit und Stille vor einem, gestern schwärmte es dort wie um einen Bienenstock. Sonst waren es die unzähligen Flußdampfer, die, wie Pfeile vorbeischießend, die Aufmerksamkeit und das Staunen des Fremden erregten, gestern hatte niemand Augen dafür, und alle Blicke richteten sich auf die zahllosen Transportschiffe, die in langer, kaum unterbrochener Reihe zwischen Woolwich und Greenwich lagen. Sie führten nicht Namen, sondern *Zahlen* und ich las 185, 189 usw. Einen Augenblick stieg der Verdacht in mir auf, daß es die Admiralität gemacht haben könne wie manche Damen, die ihre Strümpfe und Taschentücher mit No 37 oder 49 zu zeichnen beginnen, aber kurz vor Greenwich lag No 3, und – ich war beschämt.« (NFA 17/535) Er hat Zeit, sich zu vergegenwärtigen, welcher Seemacht es bedarf, um einen Landkrieg gegen eine Landmacht zu führen auf einem Kriegsschauplatz, der Tausende von Kilometern entfernt liegt. Ein solcher Anschauungsunterricht muß notwendig das Augenmerk auf die Schwächen der Heimat lenken. Patriotisch gesonnen und marinepolitisch interessiert, wie er aus England nach Berlin zurückkehrte, mußte Fontane es natürlich als ein bedenklicher Mangel erscheinen, daß Preußen seine Flotte so vollkommen vernachlässigt hatte. Der Krieg gegen Dänemark bewies dann ja auch schlagend, welche schweren militärischen Nachteile Preußen daraus erwuchsen, daß es der dänischen Flotte so gut wie nichts entgegenzusetzen hatte. Gerade dies hatte Fontane in England sehen gelernt, so daß es nur folgerichtig ist, wenn er in einer seiner ersten Buchbesprechungen, die er nach seiner Rückkehr schreibt, die Gelegenheit benutzt, um auf die Versäumnisse Preußens hinzudeuten. In dem Buch ›Die Ostsee und ihre Küstenländer‹ hatte Anton von Etzel darauf hingewiesen, daß Preußen, obwohl zur europäischen Großmacht geworden, »auf der Ostsee keine Wehrkraft entfaltet« hatte. Und Fontane zitiert sehr ausführlich von Etzels kritische Anmerkung zur preußischen Flottenpolitik: »Aber seit das Königreich Preußen sich zu einer europäischen Großmacht erhoben hat, kann es unmöglich länger in seiner territorialen Einseitigkeit verharren und in bezug auf seine Wehrkraft als ein Mann dastehen, welcher nur einen Arm bewegt; eine baltische Kriegsflotte ist ihm ein wahres Lebensbedürfnis, und es gehört zu den unbegreiflichen Dingen, daß nicht schon vor vierzig Jahren Hand angelegt worden ist, eine achtunggebietende Seewehr zu schaffen. Allerdings hat die Natur den südbaltischen Gestaden keine Häfen verliehen, wie Dänemark und Schweden dergleichen besitzen, aber die Kunst weiß der Natur nachzuhelfen, und Preußen muß sich eine Flotte verschaffen, die imstande ist, jeder der einzelnen übrigen baltischen Reiche das Gleichgewicht zu halten.« (NFA 18/554) Wenn Fontane diesen Etzelschen Ausführungen den Satz hinzufügt: »Dieser Pflicht ist Preußen eingedenk«, so kann er sich dabei zwar auf gewisse preußische Überlegungen beziehen, die einen Flottenaufbau als notwendig erkennen, aber keineswegs auf gewichtige Ansätze. Der Satz ist also viel eher als eine Aufforderung zu begreifen, lebenswichtige Rüstungsschritte nicht hinauszuschieben, denn als Bestätigung bereits eingeleiteter Maßnahmen. Preußen verstand sich auch noch nach 1864 als Kontinentalmacht und dachte nicht ernsthaft an den Aufbau einer Kriegsflotte. Es konnte sich darin auch durch Verlauf und Ausgang des Kriegs gegen Frankreich bestätigt fühlen, denn die Überlegenheit der französischen Flotte, von der man zunächst eine Bedrohung der deutschen Küste erwartete, konnte sich infolge der raschen Siege der preußisch-deutschen Heere operativ nicht auswirken. Jedenfalls zeigte sich im Krieg gegen Frankreich, daß die preußische Flotte während der letzten Jahre keine ins Gewicht fallenden Fortschritte gemacht hatte. Mit Kiel und Wilhelmshaven standen ihr ja nun zwei Häfen zur Verfügung, die es zu einer aktiven Flottenpolitik befähigt hätten, aber die Schwierigkeiten, aus einer reinen Festlandsmacht eine Seemacht zu entwickkeln, waren außerordentlich. Allerdings fehlten 1870/71 offenkundig auch die Männer, die wenigstens, wie Jachmann 1864, zu einer spektakulären Aktion bereit gewesen wären. Indessen forderten die Franzosen auch nicht zu kühnen Taten heraus, denn sie operierten in der Ostsee ebenso behutsam wie in der Nordsee und kehrten schließlich, als der Krieg einen so unglücklichen Verlauf nahm, ganz nach Frankreich zurück, wo die Besatzungen im Landkrieg eingesetzt wurden. Zufrieden war man mit dem Verhalten der eigenen kleinen Flotte in Preußen nicht. Man war es so wenig, daß Fontane in seinem doch so umfangreichen Werk über den Krieg gegen Frankreich der Flotte mit keinem Wort gedenkt. Der zum Admiral beförderte Eduard Jachmann hatte zwar erneut seinen Willen demonstriert, mit weit unterlegenen Kräften die französischen Panzerschiffe und Kreuzer, die aus dem Mittelmeer gekommen waren und eine Blockadestellung bei Helgoland bezogen hatten, zu attackieren, aber die Kommandanten seiner Schiffe waren, für den preußischen Kriegsgeist von 1870 ein unerhörter Vorgang, zu einem aussichtslosen Angriff nicht bereit gewesen. Und als sie schließlich, nachdem die Schlacht von Sedan geschlagen und damit der Widerstandswille der Franzosen gebrochen schien, doch ausliefen, hatten sich die Franzosen zurückgezogen, und zu neuer Bewährung, wenn auch vielleicht im Untergang, war keine Gelegenheit mehr gewesen. Der Marinehistoriker Stenzel beschreibt die Haltung der Kommandanten, die alte Seebären, aber keine Soldaten waren: »tüchtige Seeleute; aber von dem militärischen Geiste, der für selbständiges kühnes Wagen im Kriege unentbehrlich ist und dem Führer freudig ohne Zaudern zu folgen heißt, waren sie zum Teil nicht genügend durchdrungen.«[24] Warum hätte Fontane in seinem patriotischen Buch von diesem vernünftigen, aber wenig preußisch-kriegerischen Verhalten berichten sollen? So ließ er auch unerwähnt, daß der Krieg einen sehr viel anderen Ausgang hätte nehmen können, wenn die Franzosen ihr in Cherbourg zusammengezogenes Landungskorps wirklich in der Ostsee eingesetzt und die Dänen zur Rache für 1864 hätten inspirieren können. Dem Helden von Jasmund, dem Admiral Jachmann, dessen fehlender Fortune man das schwache Auftreten der Flotte wenigstens teilweise zur Last legte, traute man nach 1870 den Aufbau einer Flotte nicht zu. Beauftragt wurde damit der Generalleutnant Stosch, der kurz nach Kriegsende zum Chef der Admiralität gemacht wurde. Das deutete darauf hin, daß man die Marine zunächst disziplinieren wollte. Da sich Stosch als Parteigänger des Kronprinzen erwies (Gustav Freytag unterstützte ihn publizistisch, Fontane, mit seinen Kriegs-büchern beschäftigt, schwieg), verbrauchte er sich in Streitigkeiten mit Bismarck. Bei allem Geschick im Umgang mit dem Reichstag erwies er sich letztlich wie Jachmann, der sein Kritiker wurde, als ein Mann ohne Fortune bei der Flotte, die ihm freilich die militärische Disziplin verdankte und erhebliche Fortschritte beim Kriegsschiffbau, der sich damals für Jahrzehnte in einem technischen Umbruch befand, so daß man nur sehr langsam zu einem tragfähigen Flottenkonzept vor-stoßen konnte. Stoschs Einfluß zerbrach vollends, als es 1878 zu einer deutschen Schiffskatastrophe vor England kam. Hatte man eben mit ungeheurem Stolz die erste deutsche Panzerfregatte ›Großer Kurfürst‹ nach nur vierjähriger Bauzeit in Dienst genommen, so erlebte man nun, daß infolge mangelhafter Ausbildung das Flaggschiff ›König Wilhelm‹ die Panzerfregatte rammte und zum Kentern brachte. Fast 300 Seeleute verloren ihr Leben. Die Untersuchung der Unglücksur-sache dauerte jahrelang. Was schließlich dabei herauskam, hatte Fontane in einem Brief an seine Frau schon unmittelbar nach dem Vorfall erkannt: Er sandte ihr einen Artikel über den Schiffsuntergang »und unsre Marine überhaupt. Die-sen Artikel leg ich Dir besonders ans Herz. (Wir zitierten bereits daraus.) Alles ist mir wie aus der Seele geschrieben, wobei ich noch eigens bemerken muß, daß die Weser-Ztg. (in *Bremen* erscheinend) nationalliberal, preußisch-ministeriell – nicht nach Stellung, sondern nach Überzeugung – und überhaupt das *vornehmste* Blatt ist, das wir in Deutschland haben… *Vier* Schiffe bilden eine Flotte; Wert derselben 40 Millionen Mark, also halb soviel, wie früher der ganze preuß. Staat Jahreseinnahmen hatte; und in nicht voll 14 Tagen, ohne Sturm, bei dem klarsten Wetter, bei vollzähligster Bemannung sind drei Schiffe vorläufig unbrauchbar: eins total verloren, das andre halb ruiniert und das dritte dreimal auf den Grund gefahren. Wenn das alles *Unglück* ist, dann muß es von unsrem 70er Kriege mit demselben Rechte heißen: alles *Glück*. Davon will man indessen – und mit Recht – nichts wissen. Ebensowenig ist aber die Schiffsgeschichte ›Unglück‹. Was die Wes.-Ztg. andeutet, aber nicht nennen will, das ist das von mir ewig gesungene Lied von der Examenweisheit und vom Examendünkel… Einer wird dreimal oder siebenmal examiniert, und nun weiß er nicht bloß alles, nun *kann* er auch alles. Bei jeder Entbindung, bei jedem verrenkten Fuß wird einem klar, was bei der ewigen Studiererei herauskommt. Wissen ist gut, als Unterstützung, Förde-rung und Aufklärung im Praktischen; wenn es aber die Praxis ersetzen soll, so ist es keinen Schuß Pulver wert. Selbst in der Armee, dem Besten, was wir haben, fängt die Sache an, gefährlich zu werden; jeder generalstäblert, schlägt Schlachten auf dem Papier und kann keine Sektion über den Rinnstein führen. Alles immer von höchsten Gesichtspunkten aus, alles immer im Zusammenhang mit Wissenschaft und Ewigkeit, und das Kleine, das recht eigentlich das Leben ausmacht, geht darüber verloren. Jeder hält sich für das Größte berufen, und das Kleinste kann er nicht.« (8. Juni 1878) (Ha Br II/584f) Wenn Fontane hier seine kritischen Bemerkungen auch in stark verallgemeinerter Form vorträgt und in dem einen Versagen zugleich die Ursache für das allgemeine Versagen in Staat und Gesellschaft aufdecken zu können meint, so ist doch auch seine ganz spezifische Betroffenheit von eben diesem einen Unglück spürbar. Eine gewisse Erbitterung lebt in ihm weiter, denn als er vier Monate später nach Schleswig-Holstein kommt, hat er Gelegenheit, die bei den (selbstverschuldeten) Unglücksfällen beschädigten Schiffe im Trockendock zu sehen. Er schreibt darüber an Mete: ich »fuhr über die Bucht und besichtigte die dry-docks bei Ellerbeck, wo unsre Schlachtenschiffe von ihren im Frieden erhaltenen schweren Verwundungen sich wieder erholen. Es paßt auch hier die Inschrift unsres Invalidenhauses: ‹Verwundet aber unbesiegt.›« (26. September 1878) (Ha Br II/623) Die Ironie ist unüberhörbar; denn zwischen den Invaliden der drei Einigungskriege und den ›Schlachtenschiffen‹ besteht ein Unterschied: die einen haben wirklich gekämpft, gesiegt und gelitten, die anderen waren aus purem Ungeschick in ihr Verderben geraten: unbesiegt! Im übrigen erwies sich die Klärung der Schuldfrage als kompliziert. Verurteilt wurde am Ende der Befehlshaber des Geschwaders, der Konteradmiral Batsch. Es muß eine pro-forma-Verurteilung gewesen sein, denn er wurde alsbald begnadigt und nahm seinen Dienst wieder auf. Allerdings überging ihn Wilhelm I. 1883, als nach einem Nachfolger für Stosch gesucht wurde, und berief den späteren Reichskanzler von Caprivi, einen Armeegeneral: typisch für Preußen und das mangelnde Verständnis für Marineprobleme.

Wie solche Geschehnisse Fontane in ihrem Bann hielten, wird in seinem Roman ›Stine‹ erkennbar, wo der junge Graf Haldern von Stine aufmerksam gemacht wird auf einen Obelisken, der, in einem Park jenseits der Straße stehend, die Namen der jungen Seeleute trägt, die am 14. November 1861 mit der preußischen Korvette ›Amazone‹ vor der holländischen Küste untergingen. Im Roman dient das dazu, die Atmosphäre zu verdichten, die auf das unglückliche Ende der Liebesgeschichte vorausdeutet, aber daß Fontane gerade dieses Motiv seinem Zwecke dienstbar macht, verweist auf den tiefen Eindruck, den der Vorgang auf ihn gemacht haben muß. Preußen hatte kein Glück mit seiner Flotte.

Daß mit dem Regierungsantritt Wilhelms II. die deutsche Flottenplanung in ein neues Stadium trat, erklärt sich zweifellos mit des Kaisers Einstellung zu England. Von der Mutter her Engländer und von früh auf mit den Verhältnissen auf der Insel vertraut (was ihn vor verhängnisvollen Fehleinschätzungen nicht bewahrte), fühlte er sich stärker berufen als Wilhelm I., für Deutschlands Geltung auf den Weltmeeren einzutreten. Es war dies eins der neuen Elemente, die er in die deutsche Außenpolitik einführte. Die Ausgangslage war nicht ungünstig. Zum einen befand sich der Schiffsbau nach Jahrzehnten stürmischer Entwicklung

(Schiffe entsprachen schon kurz nach ihrer Indienststellung dem neuesten Stand der Technik nicht mehr) in einer Zeit der Beruhigung. Zum anderen hatte man es in Deutschland allmählich verstanden, die öffentliche Meinung dafür zu mobilisieren, daß man eine Flotte brauche. Küstenschutz, Schutz der Handelsschiffahrt, machtvolles Auftreten in Übersee, alles war als notwendig anerkannt, aber eine klare Gesamtkonzeption für den Aufbau einer Flotte fehlte, abgesehen davon, daß man sich auch hinsichtlich des zu erwartenden Gegners im unklaren blieb. War man ursprünglich einmal davon ausgegangen, daß wenigstens die Überlegenheit der preußischen Flotte gegenüber den vereinigten skandinavischen Flotten sichergestellt sein müßte, rechnete man später mit Rußland und Frankreich als möglichen Herausforderern, und Wilhelm II. fügte diesem Kreis schließlich noch Großbritannien hinzu. Da Fontane für das Neue, das von Wilhelm II. ausging, offenkundig Sympathie empfand, wird man kaum annehmen können, daß er seiner Flottenpolitik mit besonderem Mißtrauen begegnete. Und so pessimistisch er sich gelegentlich über die Zukunft des Deutschen Reiches aussprechen konnte, im großen und ganzen überwiegt während der 90er Jahre sein Glaube an die politische Zukunft des Reichs. In Übereinstimmung mit seiner sonstigen Haltung mischt sich Skepsis allenthalben ein, aber prinzipiell steht er (wir sahen es bei der Elsaß-Lothringen-Frage) auf dem Boden des deutschen Interesses. Ein Brief an Friedrich Fontane verdeutlicht, daß er der Flottenpolitik des Kaisers wohlwollend gegenübersteht oder sie zumindest hinnimmt als notwendige Gegebenheit, mit der man sich ganz einfach abzufinden habe: »In Warnemünde war ihr (Mete) der kleine Richard Witte am interessantesten, der ein Schiff unserer dort kreuzenden Flotte besuchte, von den Offizieren in ihrer sogenannten ‹Messe› mit zu Tisch geladen wurde und das ganze Offizierkorps durch seinen Feuereifer in Heiterkeit und Enthusiasmus versetzte. Zu Mete sagte er bei seiner Rückkehr: ›Glaubst Du nicht, daß sie mich, trotz meines Asthma, vielleicht *doch* noch nehmen?‹ *So* gern will er Soldat oder Seemann werden. Wie wohl unserem alten *Witte* dabei zumute werden mag, der die Gelder für Armee und Flotte immer wieder verweigert.« (Ha Br IV/51) Da findet sich keine Spur davon, daß er Wittes parteigebundene Flottenablehnung unterstützt. Viel eher wird Erheiterung darüber bemerkbar, daß Wittes Sohn dem Zeitgeist völlig erlegen ist, gegen den der Vater sich vergeblich im Reichstag mit Verweigerungen anzugehen bemüht. Wenn er an Friedlaender schreibt: »Er (Wilhelm II.) hat eine Million Soldaten und will auch hundert Panzerschiffe haben; er träumt (und ich will ihm diesen Traum hoch anrechnen) von einer Demüthigung Englands. Deutschland soll obenan sein, in all und jedem. Das alles – ob es klug und ausführbar ist, laß ich dahingestellt sein – berührt mich sympathisch und ich wollte ihm auf seinem Thurmseilwege willig folgen, wenn ich sähe, daß er die richtige Kreide unter den Füßen und die richtige Balancirstange in Händen hätte. Das hat er aber nicht« (Ha Br IV/642f), so enthalten diese Sätze vom 5. April 1897 zwar keine Zustimmung zur kaiserlichen Flottenpolitik (die zu dieser Zeit schon die Flottenpolitik von Tirpitz war), aber sie widersprechen ihr auch nicht. Sein ambivalentes Verhältnis zu den Engländern macht ihn zumindest sehr anfällig für den Gedanken einer Demütigung des Inselreichs. Aber sein Bewußtsein davon, auf wie schwankendem Boden er sich mit seinem politischen Denken bewegt, wird erkennbar in einem nur drei Monate später geschriebenen Brief an James Morris, in dem er die englischen Rüstungen kritisiert: »England, weil es reich ist, kann die Sache eine Weile aushalten, aber wir in Deutschland, die wir durchaus eine große Flotte haben wollen (oder sollen), um sie nach vier Wochen verbrannt zu sehen, wir könnten unser bißchen Geld besser anlegen.« (Ha Br IV/658) Hier bleibt durchaus unbestimmt, ob er zu den Befürwortern der kaiserlichen Politik gehört und die Flotte will (was keineswegs verwunderlich wäre, denn die deutsche Flottenpropaganda erzielte eben damals bedeutende Erfolge und hatte die öffentliche Meinung hinter sich) oder ob er nur, dem kaiserlichen Willen folgend, auf der Seite derer steht, die eine Flotte haben ›sollen‹. Seine Bedenken sind allerdings realistischer Art: man könnte die Flotte »nach vier Wochen verbrannt sehen«. D.h. so ganz sicher ist er nicht, daß die Engländer den Deutschen den Aufbau einer ebenbürtigen Flotte gestatten werden. Vielleicht schwingt die Erinnerung an das Schicksal der dänischen Flotte von 1807 mit... Aber zu besonderer Nachgiebigkeit konnte solches Gedenken nicht ermutigen, so daß Fontanes Äußerung sich viel eher als Zustimmung denn als Widerspruch zum Flottenbau interpretieren läßt. Nicht aus dem Auge lassen sollte man überdies, daß die Bemerkung ›eine Flotte haben sollen‹ sich im Brief an einen Engländer findet. Es könnte also sein, daß Fontane sein eigenes Wollen abzumildern sucht mit dem Hinweis auf die kaiserliche Politik. Daß er nichts gegen eine Demütigung Englands hätte, teilt er Morris ja auch nicht mit.

Studiert man Fontanes Briefe aus den letzten zehn Jahren seines Lebens, so wird man einräumen müssen, daß seine politische Unruhe den Tagesereignissen gegenüber nicht geringer wird. Vielleicht wird der Eindruck einer sogar gesteigerten politischen Unrast dadurch evoziert, daß ihm mit Friedlaender und Morris zwei Briefpartner zur Verfügung standen, die seine politischen Stellungnahmen geradezu herausforderten. Es fehlt ja bei Fontane nie an spontanen brieflichen Exkursen zu allen nur denkbaren politischen Themen, und man müßte es schon gesondert vermerken, wenn seine Haltung zu einer Person oder Sache über Jahre hinweg gleich bliebe. Es konnte also nicht ausbleiben, daß Fontane, der so sehr dazu neigte, schnell zu reagieren, auch sein Verhältnis zum Kaiser überdachte. Unvermeidlich wird er an den Punkt geführt, wo er sich der Person des Kaisers wieder entfremdet und Anstoß zu nehmen beginnt an dem Mann, der durch seine Hektik, seine Unbedachtheit und seinen Übereifer, aber auch durch seine krankhafte Überheblichkeit (von der Fragwürdigkeit seiner Ratgeber abgesehen) bei vielen seiner Zeitgenossen Antipathie hervorrief.

Wenn man nach dem Punkte sucht, wo Fontane den wichtigsten Anlaß zu Widerspruch und Kritik fand, so wird man auf eine politische Entscheidung des

Kaisers stoßen, besser, auf seine Passivität, wo er der Meinung Fontanes nach vor allem hätte aktiv werden müssen. Anlaß dafür, über die Politik des Kaisers neu nachzudenken, war die Rolle des Adels. Diese Fragestellung soll hier nicht neu aufgenommen werden, denn es liegen dazu sorgsame Untersuchungen in genügender Zahl vor. Für Fontane hat sich das Problem zugespitzt durch die Erfahrungen, die er bei der Feier zu seinem 70. Geburtstag sammelte. Er hatte sich Jahrzehnte hindurch als Dichter des preußischen Adels betrachtet und hatte ja in der Tat erheblich mehr als andere zur Popularisierung dieses real existierenden Adels beigetragen. Die ›Wanderungen durch die Mark Brandenburg‹ beweisen das eindrucksvoll. Aber: zur öffentlichen Feier seines 70. Geburtstags hatte sich der Adel ihm verweigert. »Man hat mich kolossal gefeiert und – auch wieder gar nicht. Das moderne Berlin hat einen Götzen aus mir gemacht, aber das alte *Preußen,* das ich, durch mehr als 40 Jahre hin, in Kriegsbüchern, Biographien, Land- und Leute-Schilderungen und volkstümlichen Gedichten verherrlicht habe, dies ‹alte Preußen› hat sich kaum gerührt und alles (wie in so vielen Stücken) den Juden überlassen.« (Ha Br IV/18) Obwohl sein Selbstgefühl keineswegs unterentwickelt war, verletzte ihn die schweigende Ablehnung des Adels tief. Ein Brief an James Morris zeigt mit frappierender Deutlichkeit, wie sehr Fontane von der Zustimmung seiner Leser, und zumal hochgestellter, abhängig war. Seine jahrelangen, ja beinahe lebenslangen Klagen über seine Nullgraderfolge, die Gleichgültigkeit des Publikums sind nicht beliebige Klagen. Er gehört keineswegs zum Kreis jener Schriftsteller, die sich, wenn eines ihrer Bücher Erfolg hat, zunächst fragen, was sie falsch gemacht haben. Er wollte den Erfolg und brauchte den Erfolg, nicht nur den finanziellen, den er zu seiner Verwunderung hatte, denn seine Honorare waren – seiner eigenen Überzeugung nach – erstaunlich hoch. Er wollte die öffentliche Anerkennung, und so, wie er am liebsten gesellschaftlichen Umgang gehabt hätte nur mit den absoluten Spitzen der Gesellschaft, so war ihm die Anerkennung als Künstler durch Standespersonen das Erwünschteste. Als ihm nach dem Tod des englischen Malers Sir John Millais sein Freund Morris den ›Daily Graphic‹ schickt mit Bildern und Schilderungen zu Ehren des Malers, da erwidert er in einem Brief: »was sich mir aufdrängte, war das Hochmaß der Wertschätzung seitens der Nation, ganz speziell seitens der vornehmen Welt. Wenn unser Menzel stirbt, so werden die Huldigungen seitens des *Hofes* und auch seitens des *Volkes* ähnlich sein, oder was den Hof angeht, vielleicht noch größer. Aber unsere Aristokratie ist nicht frei- und hochfühlend genug, um einem Künstler *die* Ehren zu erweisen, die die englische Aristokratie für Sir John Millais hatte. Und diese Ehrungen seitens der vornehmen Welt sind das recht eigentlich Auszeichnende. Der Hof wird durch allerhand Nebensächliches bestimmt, und das Volk schreit bloß so mit.« (27. August 1896) (Ha Br IV/588) Das ist nicht eine Relativierung der Anerkennung durch den Hof (eine Relativierung, die auch sonst so ernst wohl nicht zu nehmen wäre, denn Fontanes Stolz auf die Resonanz, die er bei Hofe gefunden hat, spricht sich in dem Brief an Mete vom 17. Mai

1889[25] überdeutlich aus: »das passirt *mir,* von dem nun schon 3 deutsche Kaiser gesagt haben, ich sei ihr Lieblingsdichter«), das ist nicht nur eine unangemessene Zurückweisung des einfachen Mannes als Leser, der nur ›so mitschreit‹, das ist vor allem Ausdruck einer starken Gereiztheit einem Adel gegenüber, der nicht gebildet, edel und vornehm genug ist, um zu erkennen und zu schätzen, daß es Fontane ist, der für lange Zeit, vielleicht für immer, das Bild des preußischen Adligen den künftigen Generationen überliefern wird, weil er es künstlerisch am vollendetsten gestaltet hat. Es kann dahingestellt bleiben, ob Fontane mit seiner Enttäuschung im Recht war und ob er nicht zu viel verlangte, wenn er nach der Publikation von ›Irrungen, Wirrungen‹ und ›Stine‹, die dem Naturalismus so nahe standen, von diesem Adel auch noch Huldigung und Verehrung erwartete. Entscheidend für seine weitere Entwicklung ist allein, daß er diese breite Zustimmung des Adels erhoffte und sich, als der Adel sich seinem Werke verschloß, literarisch wie politisch immer aggressiver gegen diesen Adel wandte. Daraus, daß seine Liebe nicht erwidert wurde, zog der Dichter seine Konsequenzen. Seine Hauptforderung lief darauf hinaus, daß der Adel entmachtet werden müsse. Hatte er schon in dem berühmten Gespräch mit Henriette von Merckel am 22. Juni 1865 gesagt, daß er, bei aller Konservativität seiner Gesinnung, doch einräumen müsse, daß »die Macht des Adels« »gebrochen« sei und »über kurz oder lang ihrem Ende« entgegengehe,[26] so verlangte er nun, daß dieser Prozeß der Einschränkung der Adelsmacht beschleunigt werden müsse. Und der einzige, der über die Machtmittel verfügte, diese Politik voranzutreiben, war der deutsche Kaiser und preußische König. Briefe an Friedlaender geben darüber Auskunft. Zunächst sei eine der vernichtendsten Kritiken am Adel überhaupt ins Gedächtnis zurückgerufen, wobei nicht verschwiegen werden darf, daß der Kleinadel (vor allem die Söhne des Militäradels) ausgenommen wird, was bei der Interpretation der ›Poggenpuhls‹ eine Rolle spielen wird: »So wie aber ernsthaft die Vorstellung ›wir gehören einer andern Menschensorte an‹ anfängt, ist es mit aller Umgangsmöglichkeit vorbei. Man hofft und hofft, bildet sich ein, einen Sonderfall zu erleben, so zu sagen eine Seele für die freiere Lebensauffassung zu retten, – aber man täuscht sich jedesmal. Selbst die Klugen (und wie selten sind diese) sind grenzenlos borniert. Die Welt hat vom alten Adel gar nichts, es giebt Weniges, was so aussterbereif wäre wie die Geburtsaristokratie; *wirkliche* Kräfte sind zum Herrschen berufen, Charakter, Wissen, Besitz, – Geburtsüberlegenheit ist eine Fiktion und wenn man sich die Pappenheimer ansieht, sogar eine komische Fiktion.« (Ha Br IV/328) Direkt im Anschluß an diese Kritik folgt die schon zitierte Bismarck-Abrechnung und die Versicherung, daß »das preußische Königthum« »in geradezu überraschender Weise seine Festgewurzeltheit bewiesen« habe. Einem aussterbereifen Adel steht ein lebenskräftiges Königtum gegenüber. Etwa ein Vierteljahr später kommt Fontane auf die Adelsfrage zurück: »es giebt entzückende Einzelexemplare, die sich aus Naturanlage oder unter dem Einfluß besondrer Verhältnisse zu was schön Menschlichem durchgearbeitet haben, aber der ›Junker‹, unser eigentlichster Adelstypus, ist ungenießbar geworden.« (Ha Br IV/352) Und dem schließt sich an der Appell an den Kaiser, den Adel zu entmachten: »Es heißt unser Kaiser spiele sich auf Friedrich den Großen hin aus; ist es so, so sollte er lieber um eine Nummer weiter zurückgreifen und sich auf Fr.W.I. hin ausspielen; *diesen* großen König könnten wir jetzt gebrauchen, selbst auf die Gefahr hin, daß ein Stück bürgerlicher Freiheit mit in die Quist ginge, – denn Zerbrechen dieser aufgesteiften, falschen Adelsmacht muß nächste Aufgabe eines preußischen Königs sein...« (Ha Br IV/352f) So reich Fontanes Texte allenthalben an Überraschungen sind, hier stößt er in eine neue Dimension vor. Wenn man bedenkt, wie sehr er sonst darauf bedacht war, von der Freiheit des Staatsbürgers kein Quentchen freiwillig preiszugeben, so muß die scheinbare Sorglosigkeit, mit der hier – wenn auch in einem Ausnahmefalle – von einem Verlust oder doch wenigstens einer Beschränkung der Freiheit gesprochen wird, erstaunen. Verständlich wird das nur, wenn man den Zusammenhang im Auge behält, der Fontanes Überlegung bestimmt. Was er von Wilhelm II. erwartet, fast möchte man sagen: woran er den Kaiser mißt, ist allein die Frage, ob er sich an die Aufgabe wagt, die Macht des preußischen Adels zu brechen. Das wäre nach Fontanes Überzeugung ein wirklicher Schritt nach vorn; hier, wenn irgendwo, müßten die alten verkrusteten Strukturen aufgebrochen werden, damit eine neue Zeit heraufgeführt werden kann. Daß der Kaiser am Anfang seiner Regierungszeit Selbstgefühl genug besessen hatte, um auch das Außergewöhnlichste zu vollbringen, hatte die Entlassung Bismarcks bewiesen. Warum sollte er nicht den ebenso außergewöhnlichen Versuch wagen, seine Macht auf eine ganz neue Grundlage zu stellen? Fontane erkennt immer deutlicher, daß eine moderne politische Führung weder auf die Privilegien noch auf die Sonderinteressen des Adels länger Rücksicht nehmen kann, sondern daß eine (fast revolutionäre) völlige Umstellung der Machtverhältnisse in Preußen betrieben werden muß. Daß er sich dabei des eigentlichen Gründers der preußischen Monarchie erinnern muß, drängt sich auf. Friedrich Wilhelm I. war es gewesen, der durch seine drakonischen Verfahrensweisen den Adel in den Dienst des Staates gezwungen hatte,[27] und überdies hatte er durch den Befehl, das Todesurteil an Katte zu vollstrecken, den Beweis geliefert, daß er, wenn er das Wohl des Staates in Gefahr glaubte, von unbarmherziger Strenge sein konnte und dabei auch vor dem Ansehen ältester märkischer Familien nicht zurückschreckte, ja sich selbst über das Urteil eines Militärgerichts hinwegsetzte. Fontane hat ihm diese Unerbittlichkeit hoch angerechnet. So sehr er zu Zeiten über die unsägliche Armseligkeit der Anfänge Brandenburg-Preußens klagte,[28] ja so wenig man bei ihm überhaupt eine Vorliebe für die martialische Klobigkeit Friedrich Wilhelm I. vermuten sollte, er hat sich mehrfach voller Bewunderung und Enthusiasmus über den König geäußert. Vielleicht belustigt, vielleicht entsetzt es den modernen Leser, wenn er Fontanes Verteidigungsrede über den Gebrauch des Stockes bei Friedrich Wilhelm I. nachliest: »Und à propos Stock. Da wird auch unserem alten Friedrich Wilhelm I. immer nachgeredet, er habe die Berliner Bürger mit dem Stock kuranzt, und wenn sie weggelaufen seien, so habe er ihnen wütend nachgerufen: ‹Lauft nicht; *lieben* sollt Ihr mich.› Ich finde dies großartig, denn er muß ein gutes Gewissen gehabt haben, daß er Liebe forderte.« (NFA 22,2/738) (Wir haben ja schon gesehen, daß er den Gebrauch des Stockes nachsichtig beurteilte. Wer als Kind mit der Peitsche traktiert worden ist, für den hat der Stock sicher einen Teil seines Schreckens verloren.) Solche Aussagen, denen ja eher etwas Akzidentelles anhaftet, treten völlig zurück, wenn man sich vergegenwärtigt, daß Fontane dem Fall Katte eine fast staatsbegründende Bedeutung zuspricht. Friedrich Wilhelm I. verwandelte das gegen Katte verhängte Urteil (lebenslängliche Festungshaft) in ein Todesurteil: »Also wollen Sie hiermit, und zwar von Rechtswegen, daß der Katte, obschon er nach denen Rechten verdient gehabt, wegen des begangenen Crimen Laesae Majestatis mit glühenden Zangen gerissen und aufgehenket zu werden, Er dennoch nur, in Consideration seiner Familie, mit dem Schwert vom Leben zum Tode gebracht werden solle. Wenn das Kriegs-Recht dem Katten die Sentence publicirt, soll ihm gesagt werden, daß es Sr.K.M. leid thäte, es wäre aber besser, daß er stürbe, als daß die Justiz aus der Welt käme.« (NFA 10/278) Fontanes Kommentar lautet: »Ein großartiges Wort, das ich nie gelesen habe (und ich habe es oft gelesen), ohne davon im Innersten erschüttert zu werden. Wer will nach dem noch von Biegung des Rechts sprechen!« (NFA 10/303) Fontanes Gesamturteil über das Schicksal Kattes steht am Beginn seiner Darstellung der Katte-Tragödie: »doch wiegt dieser Tag (der Hinrichtung Kattes) schwerer als die Gesamtsumme dessen, was vorher und nachher an dieser Stelle geschah, und mag als das Gegenstück zu dem 18. Juni 1675 gelten, zu dem ‹Tage von Fehrbellin›. Mit diesen beiden Tagen, dem heiteren 18. Juni und dem finsteren 6. November, beginnt unsere Großgeschichte. Aber der 6. November ist der größere Tag, denn er veranschaulicht in erschütternder Weise jene moralische Kraft, aus der dieses Land, dieses gleich sehr zu hassende und zu liebende Preußen, erwuchs.« (NFA 10/267) »Dieses gleich sehr zu hassende und zu liebende Preußen«: wie immer der moderne Leser über den Soldatenkönig denken mag, Wilhelm II. war aus solchem Stoffe nicht gemacht. Seine größte ›Tat‹ war die Entlassung Bismarcks. Zu weiteren Initiativen staatsprägender Art erwies er sich als unfähig. Aber gerade solche, über alle bloß tagespolitischen Entscheidungen hinausgreifenden, das Staats- und Gesellschaftsleben umgestaltenden Taten erwartete Fontane von Wilhelm II.: »Wir brauchen einen ganz andren Unterbau. Vor diesem erschrickt man; aber wer nicht wagt, nicht gewinnt. Daß Staaten an einer kühnen Umformung, die die Zeit forderte, zu Grunde gegangen wären, – *dieser* Fall ist sehr selten. Ich wüßte keinen zu nennen. Aber das Umgekehrte zeigt sich hundertfältig.« (Ha Br IV/643) Armer Kaiser! Friedrich Wilhelm I. führte keinen großen Krieg (nichts wäre leichter gewesen, als einen Vorwand dafür zu finden), aber er besaß genug Substanz und brutale Vitalität, dem preußischen Staat und seinen Bürgern ein dauerhaftes Staatsbewußtsein einzuhauchen; einzubleuen vielleicht, denn Zartgefühl war nur selten seine Sache.[29] Wilhelm II. regierte dreißig Jahre, führte Krieg, doch das von seinen Vorgängern geschaffene Reich…? Fontane hat wohl kaum geglaubt, daß gerade diesem Hohenzoller aufgegeben sein würde, seine pessimistischsten Voraussagen über die Zukunft des preußischen Staates und Deutschen Reiches Wahrheit werden zu lassen. Aber sein Wunsch, einen neuen Friedrich Wilhelm I. auf dem Thron der Hohenzollern zu sehen, zeigt doch an, welche Herrschertugenden Fontane als notwendig erachtete: unerbittliche Konsequenz, eiserne Energie, rücksichtslose Zielstrebigkeit, tiefe Religiosität, unbeirrbares Rechtsempfinden, immensen Fleiß und eine unermüdliche Arbeitskraft. Welche Bedeutung Fontane diesem Manne beimaß, zeigt sich an hervorragender Stelle auch in seinem letzten Roman, dem ›Stechlin‹, und zwar dort, wo Lorenzen im Gespräch mit Melusine seine Ideen entwickelt und der Leser spürt, daß hier deutlicher als sonst Fontane selber spricht, während er doch sonst eine solche fast totale Identifikation eher zu vermeiden sucht: »Wir haben, wenn wir rückblicken, drei große Epochen gehabt. Dessen sollen wir eingedenk sein. Die vielleicht größte, zugleich die erste, war die unter dem Soldatenkönig. Das war ein nicht genug zu preisender Mann, seiner Zeit wunderbar angepaßt und ihr zugleich voraus. Er hat nicht bloß das Königtum stabiliert, er hat auch, was viel wichtiger, die Fundamente für eine neue Zeit geschaffen und an die Stelle von Zerfahrenheit, selbstischer Vielherrschaft und Willkür Ordnung und Gerechtigkeit gesetzt. Gerechtigkeit, das war sein bester ›rocher de bronce‹« (NFA 8/252) Und dazu hatte Friedrich Wilhelm I. eine Staatsgründermentalität und das dazugehörige Sendungsbewußtsein.[30] Das alles besaß Wilhelm II. nur in seiner Einbildung. Natürlich wußte Fontane, daß jede Zeit ihre eigenen Forderungen stellt und daß es nicht um diese Tugenden als solche ging, sondern um ihre zeitbedingten Äquivalente. Wilhelm aber verfügte über nichts von all dem. Seine Domäne war der Schein. Er war die Karikatur eines absoluten Herrschers. Aber leider erst aus der Perspektive von heute. Selbst urteilsfähige Leute von damals irrten sich. Unten ihnen auch Theodor Fontane.

Daß der Dichter die abenteuerlich scheinende Idee, der Kaiser könne eine Politik einleiten, die darauf hinauslief, den Adel zu entmachten, überhaupt entwickeln konnte, hat vermutlich seine Grundlage in der vom Kaiser vor allem zu Beginn seiner Regierungszeit gehegten Vorstellung, daß er der Kaiser des ganzen Volkes sein wolle. Von daher war es für Fontane nur ein Schritt bis zu dem Gedanken, allen Bürgern die gleichen Rechte zu gewähren; ein Prozeß zeichnete sich damit ab, der notwendigerweise darauf abzielen mußte, die Privilegien des Adels abzuschaffen. Natürlich mußte Fontane erkennen, daß der Kaiser mit einem solchen Programm bei weitem überfordert war. Während jeder neue Tag überzeugender bewies, daß das Volk von der Liebe seines Kaisers nichts wissen wollte und sich ihm zunehmend entfremdete, sollte eben dieser Kaiser eine der Hauptsäulen, auf denen seine Macht beruhte, den Adel, selber stürzen und dann, auf die Gesamtheit des Volkes gestützt, eine neue Epoche herauführen. Daran, daß er das weder wollte noch konnte, entzündete sich die Hauptkritik Fontanes an Wilhelm II.: »Was mir an dem Kaiser gefällt, ist der totale Bruch mit dem Alten und was mir an dem Kaiser *nicht* gefällt, ist das im Widerspruch dazu stehende Wiederherstellenwollen des Uralten.« Und noch energischer in demselben Brief an Friedlaender: »Preußen…krankt an unsren Ost-Elbiern. Ueber unsren Adel muß hinweggegangen werden; man kann ihn besuchen wie das aegyptische Museum und sich vor Ramses und Amenophis verneigen, aber das Land *ihm* zu Liebe regieren, in dem Wahn: *dieser Adel sei das Land,* – das ist unser Unglück und so lange dieser Zustand fortbesteht, ist an eine Fortentwicklung deutscher Macht und deutschen Ansehns nach außen hin gar nicht zu denken. Worin unser Kaiser die *Säule* sieht, das sind nur *thönerne Füße.*« (Ha Br IV/643) (5. April 1897) Daß der Kaiser die von Fontane ersehnte Politik nicht betrieb, machte ihn zur Zielscheibe Fontanescher Kritik. Bislang hatte Fontane ihn in seinen kritischen Bemerkungen weithin ausgespart. Jetzt enthüllt er seine Gedanken offener. Er kritisiert den Kaiser auch auf Gebieten, in denen er zuvor auf seiner Seite gestanden hatte. Bismarck wird wieder zum Thema. Der Kaiser hatte ihn (»Wie kann man Geschichte so fälschen wollen«) als Diener und Werkzeug, als »Handlanger« seines Großvaters bezeichnet, nicht nur ihn freilich, sondern auch die anderen »braven, tüchtigen Ratgeber«, die »Handlanger seines erhabenen Wollens« waren. Das waren Sätze, die nicht nur Fontane, sondern die gesamte deutsche Öffentlichkeit herausforderten und die Eugen Richter mit denkwürdiger Schärfe im Reichstag anprangerte, ohne daß der Kaiser dort einen Verteidiger fand. Dabei war des Kaisers Rede in der Absicht gehalten worden, Wilhelm I. den Beinamen ›der Große‹ zu sichern. Erich Eyck schreibt in seiner Wilhelm-Monographie über die Rede: »Fast jeder ihrer Sätze ist ein Verstoß gegen Vernunft, Takt und guten Geschmack.«[31] Zu dem Hinweis auf Bismarck meint Fontane: »Es ist das Tollste, was man sich denken kann.« (Ha Br IV/644)[32]

Der Brief an Friedlaender vom 5. April 1897 ist ein merkwürdiges Dokument. Loyalität und Irritation halten sich darin beinahe die Waage. Durchweg ist erkennbar, wie der Dichter bemüht bleibt, dem Kaiser nicht zu nahezutreten und anzuerkennen, was der Anerkennung nur irgend wert befunden werden kann. Ein großes Unbehagen Fontanes wird allerdings fühlbar. Er sieht, daß der Kaiser nicht mehr nur das Unmögliche will, sondern das »Höchstgefährliche«: Was er unternimmt, geschieht »mit falscher Ausrüstung, mit unausreichenden Mitteln.« Ohne daß es ausdrücklich gesagt würde, läßt sich doch ahnen, daß Fontane, während er diesen Brief schrieb, eingestandenermaßen oder uneingestandenermaßen von der rapiden Verschlechterung der außenpolitischen Lage des Reichs ausging. Es war seit Bismarcks Abgang genau das eingetreten, was jeder in historischen Abläufen Bewanderte hatte voraussehen können: Es setzte in Europa eine Bewegung ein, die (bewußt oder unbewußt) das Ziel hatte, die Ergebnisse der deutschen Einigungskriege von 1864 bis 1871 rückgängig zu machen. Es konnte keinen ernsthaften Zweifel daran geben, daß den europäischen Mächten eine schwache europäische Mitte, ein zerfallenes oder zerfallendes Deutschland sehr viel mehr Vorteile bot als eine vielleicht auf Expansion sinnende Großmacht im Zentrum des alten Kontinents. Europa war an die bequemen Zustände eines Machtvakuums in Mitteleuropa gewöhnt, und aller Interessen einigten sich in dem Wunsch, Gewesenes wieder herzustellen. Frankreich wollte zurück an den Rhein, den Russen war der Zustand der sympathischste gewesen, wo der preußische König in Europa als Unterknäs des russischen Zaren gegolten hatte, und England brauchte keinen ehrgeizigen Konkurrenten auf dem Weltmarkt, der obendrein meinte, seine überseeischen Interessen durch eine starke Flotte schützen zu müssen. Natürlich waren dies nicht nachprüfbare amtliche Leitlinien der Politik der europäischen Mächte. Aber es waren die in der Natur der geschichtlichen Prozesse liegenden dialektischen Reaktionen, die zu erwarten standen. Moltke hatte schon früh darauf hingewiesen, daß das, »was wir in einem halben Jahr mit den Waffen errungen haben«, nun »ein halbes Jahrhundert mit den Waffen geschützt werden muß, damit es uns nicht wieder entrissen würde.«[33] Er war seiner Sache so sicher, daß Deutschland sich nicht ohne neue Kriege in Europa werde behaupten können, daß er mehrfach für den Präventivkrieg eingetreten ist, den Bismarck immer abgelehnt hat, weil er der Vorsehung nicht vorgreifen und Kriege erst führen wollte, wenn ihre Unvermeidlichkeit feststand, was Moltke schon 1867 zu der Äußerung bestimmte: »Bismarcks Standpunkt ist unanfechtbar, wird uns aber seinerzeit viel Menschenleben kosten.«[34] Schon im Jahre 1871, als der Aufstand der Kommune in Paris noch im Gange war, ließ Moltke Pläne für einen Krieg gegen Rußland ausarbeiten. Dieser Plan hielt sich zwar noch im »Rahmen einer bloß ‹theoretischen Erörterung›«,[35] aber nach der ›Krieg-in-Sicht-Krise‹ von 1875 hatte man in Deutschland begriffen, daß ein Zweifrontenkrieg wahrscheinlich war. Moltke hatte daraus die Konsequenzen gezogen: »So erhielt Moltkes Staatsidee seit 1871 einen straffen totalitären Zug, der ihr eigentlich von Hause aus fremd war. Die außenpolitische Lage, die Gefährdung des Reichs von den Flanken her, später auch die anarchistischen Elemente im Innern nötigten den Rechtsstaat zu einem Ausnahmezustand, der aus dem Gemeinwesen ein Heerlager und aus der Regierung eine oberste Kommandobrücke machte. Moltke hat sich diese Wendung unter dem Eindruck der äußeren Gefahr erst abringen müssen, wenn sie ihm als Soldaten auch naheliegen mochte.«[36] Die Militarisierung Deutschlands war unter diesen Umständen nicht mehr aufzuhalten. Den Generalstab bewegte nur noch die eine Frage: sollte man zuerst den Gegner im Osten oder den im Westen zu schlagen versuchen. Die Debatte darüber war nie verstummt. Und welche Wege man auch einzuschlagen gedachte, Voraussetzung dafür, daß man den erwarteten Krieg überhaupt bestehen konnte, war ein zu allem entschlossenes, durch und durch gerüstetes Deutschland. Natürlich soll der Erste Weltkrieg auf diese Weise nicht zu einem über die europäischen Völker verhängten unentrinnbaren Fatum hochstilisiert werden. Eine andere Politik hätte sehr wohl auch andere Ergebnisse zeitigen können. Aber wie hätte eine solche Politik aussehen sollen? Fontane spürte wohl deutlich, daß die besondere Situation nach besonderen Antworten verlangte, daß mehr denn je Phantasie und Geist notwendig waren, um verhängnisvollen Entwicklungen zu entgehen, das »Höchstgefährliche« zu vermeiden; und er sah auch, daß der Kaiser auf seinem »Thurmseilwege« weder »die richtige Kreide unter den Füßen« noch »die richtige Balancirstange in Händen« hielt. (Ha Br IV/642) So wie sich die europäische Politik entwickelte und so wie der Kaiser, unstet und wankelmütig, vielen Einflüssen offen, die großen politischen Fragen anging, blieb nur der Weg der Rüstung. Daß die immer wachsenden Rüstungslasten Fontane wie jedem vernünftigen Menschen bedenklich erscheinen mußten, ist selbstverständlich. Aber welcher Ausweg bot sich an?

Einen realistischen Ausweg hat Fontane nicht gekannt und nicht gewiesen. Vielleicht auch hielt er die deutsche Lage für noch nicht so gefährdet, wie sie es in der Tat war. Der Gedanke an den russisch-englischen Gegensatz, der im Briefwechsel mit Morris häufig erwähnt wird und der auch die offizielle Außenpolitik des Reichs beeinflußte, den er für unausräumbar hielt, ließ ihn die Gefahren eines von Deutschland zu führenden Zweifrontenkriegs wohl nicht als sonderlich groß erscheinen. Er mag hier über jenen Leichtsinn verfügt haben, von dem er 1870 sagte, daß man in solchen Zeiten ohne ihn gar nicht leben könne. Daß in seinen militärpolitischen Äußerungen jener Jahre der Begriff des Zweifrontenkrieges gar nicht erscheint, obwohl doch die französisch-russische Allianz bereits bestand, ist jedenfalls sehr auffällig. Woher nahm er die Zuversicht, daß dem Deutschen Reich dieses Schicksal erspart werden könnte? Es war dies nicht mehr und nicht weniger als das Kernproblem des Generalstabs nach der Gründung des Zweiten Reichs. Freilich war das Problem noch älter. So hatte Moltke bereits im Dezember 1859 als Chef des Generalstabs erstmals den Zweifrontenkrieg gegen Frankreich und Rußland zugleich durchgerechnet.[37] Kein Wunder angesichts der preußischen Erfahrungen zu Friedrichs des Großen Zeit! Fontane war offenkundig der Überzeugung, daß man den Gefahren mit ganz anderen, unkonventionellen Mitteln begegnen müsse: »Was der Kaiser muthmaßlich vorhat, ist mit ›Waffen‹ überhaupt nicht zu leisten; alle militärischen Anstrengungen kommen mir vor, als ob man Anno 1400 alle Kraft darauf gerichtet hätte, die Ritterrüstung kugelsicher zu machen, – statt dessen kam man aber schließlich auf den einzig richtigen Ausweg, die Rüstung ganz fortzuwerfen. Es ist unausbleiblich, daß sich das wiederholt; die Rüstung muß fort und ganz andre Kräfte müssen an die Stelle treten: Geld, Klugheit, Begeisterung. Kann sich der Kaiser dieser Dreiheit versichern, so kann er mit seinen 50 Millionen Deutschen jeden Kampf aufnehmen.« (Ha Br IV/643) Es spricht für Fontanes Realismus, daß er nicht vorgibt, einen Ausweg zu kennen, der den Kampf vermeidbar mache. Er ist sicher, daß der Kampf »aufgenommen« werden muß. Als Mittel, ihn siegreich zu bestehen, nennt er Geld, Klugheit und Begeisterung. Diese Auskunft ist von einer nachdenklich stimmenden Undurchsichtigkeit und Unbestimmtheit. Welcher deutsche Politiker hätte sich 1897 dieser Dreiheit bedienen sollen, und welche realisierbaren politischen

Konzepte hätte er mit ihrer Hilfe entwickeln können? Fontanes Idee: »Kampf ›ja‹, Rüstung ›nein‹« wäre für die praktische Politik wenig hilfreich gewesen, zumindest hätte sie einer Staats- und Armeeführung von utopischer Vollkommenheit, ja Genialität bedurft.

Ganz sicher ist, daß er dem Kaiser zu dieser Zeit eine so geniale Politik nicht mehr zutraut. Schon daß er ihn in seinem Bild als Seiltänzer, als Gaukler auffaßt (vielleicht, ohne eine Anspielung wirklich zu wollen), verrät, wie sehr er, hin- und hergerissen, die politischen Aktivitäten des Kaisers beargwöhnt. Wenn man freilich bedenkt, daß er es in eben diesem Brief an Friedlaender dem Kaiser hoch anrechnen will, daß er von einer Demütigung Englands träumt, so erkennt man, daß er auch seinerseits eine vorausschauende Bündniskonzeption nicht gehabt haben kann. Daß der Kaiser indessen den Staat in diese Krise gesteuert hatte, das kann Fontane bei aller Loyalität nicht übersehen haben.

Es lassen sich weitere Beispiele dafür finden, daß Fontane die Schwachstellen der Persönlichkeit Wilhelms II. ebenso durchschaute wie die Mängel seiner Politik. So beklagt er die fehlende Kontinuität: »Unsre Politik ist wie der Springer auf dem Schachbrett, ja schlimmer, weil völlig unberechenbar. Gewiß man kann es *so* machen, und man kann es auch *so* machen, das eine ist oft ebenso gut wie das andere, aber man muß aushalten, stetig sein, in bestimmter Richtung vorgehn. Daran fehlt es bei uns, was höchst beklagenswert ist. Dies gibt einen gewissen Schwächezustand.« (Ha Br IV/606) Fontane glaubt zwar, daß dieser Schwächezustand mehr als ausgeglichen werde durch die gesteigerte Volkskraft, aber dieser Umstand macht die deutsche Politik nicht besser, ihre Inkonstanz wirkt sich allenthalben negativ aus. In einem anderen Brief an Morris tadelt Fontane auch die berühmte Depesche an den Präsidenten Krüger: »Daß unser Kaiser damals …sein entschieden burenfreundliches Telegramm an Präsident Krüger schickte, war, glaub ich, sein gutes Recht. Jeder, der etwas tut, in diesem Falle Jameson und die Engländer, muß auf eine Kritik seiner Handelsweise gefaßt sein. Dazu ist ein großer Staat nicht da, die Handlungen eines andern großen Staats aus reiner Liebedienerei zu loben. Und wenn ich in dieser Sache dennoch *gegen* unsren Kaiser stehe, so blos deshalb, weil nicht der rechte Ernst hinter seinem Telegramm war. Wenn ich *so* entschieden Partei ergreife, muß ich auch gewillt sein, eventuell *mehr* zu tun. Dazu war er aber sicher *nicht* gewillt. Und *des*halb war das Telegramm ein großer Fehler.« (Ha Br IV/639f) Die vielen Hervorhebungen Fontanes (in dieser Häufung in seiner Korrespondenz etwas ungewöhnlich) zeigen, mit welcher Anteilnahme der Brief geschrieben ist. Wenn man bedenkt, wie sehr das Telegramm den deutsch-englischen Beziehungen geschadet hat, wird man Fontanes Zurückhaltung erstaunlich finden. Im Grunde teilt er die öffentliche Meinung in Deutschland. Die Haltung des Kaisers hatte allenthalben Zustimmung gefunden. Was Fontane bemängelt, ist, daß der Kaiser wieder einmal viel Lärm um nichts gemacht hat. Der Dichter nahm nicht daran Anstoß, daß der Kaiser zu kriegerisch reagiert hatte, sondern daß er seinen großen Worten keine Tagen folgen ließ.

Aber an zu ziehende Konsequenzen hatte er selbstverständlich nie gedacht. Was hätte er auch tun sollen?

Bis hierher weist diese Darstellung erhebliche Lücken auf und fordert zum Widerspruch heraus. Es sind in der Tat gerade jene Äußerungen Fontanes außer acht geblieben, die ihn von einer ganz anderen Seite zeigen. Es ist zwar richtig, daß man einen Fontane vorstellen kann, der nicht Frondeur sein will und der danach trachtet, sich in erkennbarer Übereinstimmung mit den ›staatlichen Autoritäten‹ zu befinden. Aber es gibt auch einen ganz anderen Fontane, nämlich den, der sich in privaten brieflichen Auslassungen mit revolutionärer Rigorosität und Radikalität zu Wort meldet. Es gibt in seinem Leben immer wieder Augenblicke, in denen er sich von aller Tradition und Konvention lossagt, sich in Einseitigkeiten hineinsteigert und in seiner Argumentation nur Maßlosigkeit und Rücksichtslosigkeit walten läßt. Es handelt sich zunächst um Aussagen, die den Kaiser unmittelbar nicht betreffen, ihn jedenfalls nicht namhaft machen, aber doch das System attackieren, in dem und für das er steht und durch das er herrscht. Überraschend ist z. B. eine Bemerkung, in der freilich noch der Ärger über die Zurückhaltung des Adels beim 75. Geburtstag des Dichters mitklingt und bei der er sicher auch darauf spekuliert, Friedlaenders Vorliebe für den Adel als Marotte zu diskreditieren. Aber er erhebt sich, während er sich zunächst noch in oft begangenen Bahnen bewegt, plötzlich zu einer unbeherrschten Heftigkeit, die man nur mit Verwunderung beobachten kann: »ich komme in meinem, der vornehmen Welt einst so zugeneigten Herzen, immer weiter von meiner alten Liebe ab. Was wollen diese Menschen auf der Welt? Sie sind nur eine Störung, ein Hemmniß… Es ist ganz vorbei mit dem Alten, auf jedem Gebiet… Mein Haß gegen alles, was die neue Zeit aufhält, ist in einem beständigen Wachsen und die Möglichkeit, ja die Wahrscheinlichkeit, daß dem Sieg des Neuen eine furchtbare Schlacht voraufgehen muß, kann mich nicht abhalten, diesen Sieg des Neuen zu wünschen. Unsinn und Lüge drücken zu schwer, viel schwerer als die leibliche Noth.« (Ha Br IV/451)

Etwa zur gleichen Zeit hören wir, wie Fontane die politische Opposition ermutigt, die er für zu duckmäuserisch hält, die ›ohne Muck‹ ist, wie er an anderer Stelle sagt. Auch hier wird spürbar, daß es sich nicht um eine Kritik im herkömmlichen Sinne handelt, sondern daß da im Dichter eine Gewalt brodelt, die alle nur denkbaren und auch die unfriedlichsten Konsequenzen zu ziehen bereit ist: »Leisetreterei hilft gar nichts und nimmt der Opposition den letzten Rest von Respekt. Wenn ich übrigens eben aussprach: ‹ohne mich in der ganzen Frage sehr zu echauffieren›, so soll damit nur gesagt sein, daß ich *alle* Streitobjekte, die vorliegen, für Kleinkram, für gänzlich irrelevant halte, weil all unsere Freiheiten und Rechte nur Gnadengeschenke sind, die uns jeden Augenblick wieder genommen werden können. Wir haben alles aus Kommiseration. Ehe nicht die *Macht*verhältnisse zwischen alt und neu zugunsten von ‹neu› sich ändern, ist all unser politisches Tun nichts als Redensartenkram und Spielerei. Existierte nicht die Sozialdemokratie und hätte nicht die Aufrichtung des Reichs dem alten Preußentum einige arge Schwierigkeiten eingebrockt, so wäre die Situation auf absehbare Zeit wohl hoffnungslos; so, wie's liegt, ist wenigstens die Möglichkeit der Aenderung gegeben, freilich auch zum Schlimmeren.« (Ha Br IV/426) Die Sozialdemokratie als Hoffnungsspenderin: nicht in dem, was sie eigentlich will (das bleibt hier wie sonst unerwähnt), sondern ganz einfach deshalb, weil sie kein konservatives Element ist. Sie drängt auf Veränderung. Und Veränderung verspricht auch die Verfassung des Reichs, die sich mit dem alten Preußen in einem Spannungsverhältnis befindet, das ausgetragen werden muß. Alle Stagnation ist Fontane verhaßt, er will Bewegung, Leben, Wechsel statt Ruhe und Beharrung. Je kleiner der Radius wird, innerhalb dessen sich der Dichter noch bewegen kann (Berlin – Karlsbad als Hauptwechsel), um so mehr, so scheint es, möchte er die politische Bewegung beschleunigen. Nichts kann ihm schnell genug gehen, wenn sich nur ein freieres Leben und Streben durchsetzt. Es ist, als wolle er von der neuen Zeit noch so viel wie möglich erleben.

Noch ein Vierteljahr vor seinem Tod verhöhnt Fontane bei einer Reichstagswahl die Vossische Zeitung, weil nach deren Meinung der Wahltag »auf lange hin über Wohl und Wehe der Menschheit entscheiden wird«, während er ihn »zu den gleichgültigsten und wahrscheinlich auch langweiligsten Tagen der Weltgeschichte« zählt. Damit nicht genug. Wichtiger dünkt ihn, daß die Wahlen, wie man sie in Preußen inszeniert, »unmöglich der Weisheit letzter Schluß sein« können: »In England oder Amerika vielleicht oder auch gewiß, aber bei uns, wo hinter jedem Wähler erst ein Schutzmann, dann ein Bataillon und dann eine Batterie steht, wirkt alles auf mich wie Zeitvergeudung. Hinter einer Volks*wahl* muß eine Volks*macht* stehn, fehlt *die*, so ist alles Wurscht.« (Ha Br IV/728) Da wird überdeutlich, daß im Leben der Völker nur ein Maßstab gilt: die Freiheit des einzelnen. Denn diese Sätze sprechen sich nicht einfach aus für Volksmacht bei Volkswahlen, was immer man darunter verstehen mag. Was Fontane im Sinne hat, sind Wahlen innerhalb eines parlamentarisch-demokratischen Systems, denn nur so rechtfertigt sich sein Hinweis auf England und Amerika. Von dieser Seite aus fällt auch ein Licht auf die im ›Stechlin‹ dargestellten Wahlvorgänge, bei denen der alte Stechlin als Kandidat auftritt und untergeht. Fontane hat dort zwar Gebrauch gemacht von seinem künstlerischen Grundprinzip der Verklärung durch den Humor, denn Fußgendarm Uncke und Wachtmeister Pyterke haben durchaus nichts an sich, was den Leser zu der Annahme zwänge, diese Wahlen würden polizeilich manipuliert (wogegen ja auch das Wahlergebnis spricht, das Fontane im übrigen gleichgültig war, wie sein Brief an Carl Robert Lessing vom 8. Juni 1896 (Ha Br IV/562) beweist, gleichgültig zumindest insofern, als der Fortgang der Erzählung davon unberührt bleibt), aber andererseits wird doch durch diese Figuren hindurch die Allgegenwart des Staates fühlbar, der, wenn er nur wollte, jenseits jedes nur denkbaren Wahlausgangs seine ganz eigene und willkürliche Politik durchsetzen könnte. Schließlich hatte man in der Umgebung von König und Kaiser so lange mit Staatsstreichplänen gespielt, daß sich dies in der Öffentlichkeit notwendigerweise atmosphärisch niederschlagen und unter den denkenden Bürgern eine Stimmung entstehen lassen mußte, die alle Bürgerrechte als auf Widerruf geliehen erscheinen ließ.

Aber alle Unmutsäußerungen Fontanes werden übertroffen in einem Brief, den er am 17. Juli 1898 an Friedrich Paulsen schreibt. Paulsen hatte Fontanes ›Von Zwanzig bis Dreißig‹ gelesen und trat mit dem Dichter darüber in einen Meinungsaustausch ein. Was seine Storm-Darstellung anbelangt, gibt Fontane sogleich nach mit dem Hinweis, daß der Storm-Aufsatz zehn Jahre alt sei und er »jetzt – aber erst in meinen ganz alten Tagen« zu anderen Auffassungen gelangt sei.[38] Dann folgt die Erwiderung auf das, was Paulsen zu Fontanes Erinnerungen an die 48er Revolution geschrieben hatte: »Haben Sie auch *darin* recht, daß mich das Gerlachbuch zu was Falschem bekehrt hat, so können wir uns mit unsren Freiheitswünschen nur alle begraben lassen. Das entsetzlichste aller Dogmen, die Stuartleistung von der Gottesgnadenschaft der Könige, steht mal wieder in üppigster Blüthe (siehe die beiden Reden beim Abschiedsmahle des Prinzen Heinrich) und denke ich mir 500 000 Repetirgewehre dazu, so weiß ich nicht, was mit der Menschheitsentwicklung werden soll, wenn ich nicht auf die bei Hemmigstedt hereinbrechenden Fluthen oder auf *ähnlich Elementares* warten darf.« (Ha Br IV/733) Hier wendet sich Fontane ganz direkt gegen den Kaiser und seine Vorstellungswelt. Die Gottesgnadenschaft der Könige wird für Fontanes Gefühl zum Dreh- und Angelpunkt seiner Zeitkritik. Es bedarf eines Umwegs, um Fontanes Brief gerecht zu werden.

Paulsen hatte sich offenkundig bezogen auf Fontanes Erkenntnisse, die der Dichter zum einen aus der Revolution von 1848 gewonnen hatte, und zum zweiten auf den Meinungsumschwung, den die Lektüre Gerlachs in Fontane hervorgerufen hatte.[39] Zur Revolution von 1848 hatte Fontane geschrieben: »während ich noch so dastand und kopfschüttelnd dem Jubel meiner Genossen zusah, sah ich schon im Geiste den in natürlicher Konsequenz sich einstellenden Tag vor mir, wo denn auch wirklich, sieben Monate später, dieselben Gardebataillone wieder einrückten und der Bürgerwehr die zehntausend Flinten abnahmen, mit denen sie den Sommer über weder die Freiheit aufzubauen noch die Ordnung herzustellen vermocht hatte. Mich verließ das Gefühl nicht, daß alles, was sich da Sieg nannte, nichts war als ein mit hoher obrigkeitlicher Bewilligung zustande gekommenes Etwas, dem man, ganz ohne Not, diesen volkstriumphlichen Ausgang gegeben, und lebte meinerseits mehr denn je der Überzeugung von der absolutesten Unbesiegbarkeit einer wohldisziplinierten Truppe jedem Volkshaufen, auch dem tapfersten gegenüber. Volkswille war nichts, königliche Macht war alles. Und in dieser Anschauung habe ich vierzig Jahre verbracht.« (NFA 15/346 f) Die Lektüre der Gerlachschen ›Denkwürdigkeiten‹ hat bei Fontane einen völligen Sinneswandel bewirkt. Was er Jahrzehnte hindurch als eine unabänderliche Gegebenheit hingenommen hatte, erweist sich plötzlich als revidierbar. Fontane gewinnt ein neues Verhältnis zu den revolutionären Möglichkeiten der Völker: »Auflehnungen, ... die mehr sind als ein Putsch, mehr als ein frech vom Zaun gebrochenes Spiel, tragen die Gewähr des Sieges in sich, wenn nicht heute, so morgen. Alle *gesunden* Gedanken, auch das kommt hinzu, leben sich eben aus, und hier die richtige Diagnose stellen, das Zufällige vom Tiefbegründeten unterscheiden können, *das* heißt Regente sein.« (NFA 15/350) Ist Wilhelm II. dieser Regent? Geht es Fontane bei seiner Neubewertung der 48er Ereignisse lediglich um eine Rektifikation einer als falsch erkannten Theorie? Der Brief an Paulsen gibt in aller Vorsicht eine von zwei möglichen Antworten. Wilhelm disqualifiziert sich schon durch sein Insistieren auf der Gottesgnadenschaft der Könige. Er macht damit jeden wahren Fortschritt unmöglich; denn solange dieses Dogma gilt, gilt auch als notwendiges Pendant der Gedanke vom beschränkten Untertanenverstand, der der Führung durch denjenigen bedarf, der seine Macht und Weisheit dem Allerhöchsten verdankt und der deshalb jede freie geistige Regung seiner Untertanen als Verstoß gegen sein Führungsrecht versteht.

Das inspiriert Fontane zu Gefühlen, die auf ein Alles oder Nichts hinauslaufen. Er hofft auf elementare Gewalten wie den Einbruch des Meeres bei Hemmingstedt, aber es darf auch eine Revolution sein, eine furchtbare Schlacht, der Tod von Hunderttausenden – in diesem Augenblicken leidenschaftlicher Erregung und wilder Aufwallung ist der Dichter nicht kleinlich, ihm geht es um die Zukunft der Menschheit.[40]

Aber Paulsen hat in seinem Schreiben ganz offenkundig der Überzeugung Fontanes, daß nämlich eine Revolution doch möglich sei, widersprochen. Er glaubt angesichts der immer besseren Bewaffnung des Heeres nicht an eine Wiederholung von 1848. Daß dem Dichter die Erinnerung an dieses Jahr so nahe rückt, hat zwei Gründe. Zum einen ist sein Erinnerungsbuch ›Von Zwanzig bis Dreißig‹ gerade erschienen, und zum anderen hatte man soeben des 50. Jahrestags der Revolution gedacht. Fontane nimmt zu den vielen Veröffentlichungen anläßlich des Jahrestages sehr kritisch Stellung: »Übrigens fangen die Erinnerungen an den 18. März an, scheußlich langweilig zu werden. Eine Unsumme von Nichtigkeiten türmt sich auf. Als historisches Ereignis war es eine große Sache, als Heldenleistung urschwach. Scharmützel. Unsere Enkel werden erst die wirkliche Schlacht zu schlagen haben.« (Ha Br IV/709) Nun, es werden Schlachten ganz anderer Art und ganz anderen Ausmaßes sein, die die preußische Monarchie stürzen, und sie hat Fontane nicht vorausgesehen.

Sein Brief an Paulsen desavouiert Fontanes eigenes Erinnerungsbuch. ›Von Zwanzig bis Dreißig‹ will Anstoß vermeiden, am wenigsten Revolution predigen, der Brief dagegen zeigt einen Fontane, der mit dem Gedanken, die Truppen seien unbesiegbar, zugleich den Gedanken aufgegeben hat, die Revolution sei unmöglich. Sind die Truppen besiegbar, nun, so war der Zusammenbruch der Revolution von 1848 Zufall, nicht aber Notwendigkeit. Was 1848 gescheitert war – gleichgültig, ob durch die Ungunst der Verhältnisse oder die Unzulänglichkeit der Menschen – kann in Zukunft glücken. Nicht, daß er an eine Revolution in seiner Nachbarschaft (sei diese zeitlich oder räumlich gefaßt) geglaubt hätte; er wußte, daß die ›letzte Schlacht den Enkeln‹ überlassen bleiben mußte, aber die bloße Möglichkeit bestand fort.

Und da hinein trifft Paulsens Brief. Er soll Fontane desillusionieren. Abgetan scheint die Hoffnung, daß eine Volksbewegung wie die von 1848 oder gar eine stärkere ein Mehr an Freiheit bringen könnte. Nur insofern, als er Paulsen nicht völlig recht gibt, sondern die von jenem erhobenen Einwände unter das Vorzeichen eines Konditionalsatzes stellt (»Haben Sie auch darin recht«), verbleibt ein Rest von Hoffnung darauf, daß eine politisch-revolutionäre Lösung noch denkbar ist.

Es drängt sich natürlich die Frage auf: wie ernst ist es Fontane mit all dem? Handelt es sich um Gewitter, die die Atmosphäre reinigen und nach deren Abklingen das Leben im alten Rhythmus weiter pulsiert? Handelt es sich um Eruptionen, die alles Vorhandene auf seine Standfestigkeit überprüfen sollen? Oder sind solche Fragen dem Interpreten überhaupt nicht erlaubt? Ist es zulässig, bei den Äußerungen eines Dichters zu differenzieren nach Ernst und Unernst, nach Glaubwürdigkeit und Unglaubwürdigkeit? Wem stünde es zu, darüber zu entscheiden, wie eine einzelne Bemerkung zu bewerten sei? Die Aussagen liegen vor, und der Interpret hat sie, wie sie sind, zu akzeptieren. Und da drängt sich der Eindruck auf, daß es nicht nur den auf Ausgleich und, bei aller Skepsis, auf Toleranz und Indulgenz sinnenden Schriftsteller gegeben hat, sondern auch den auf Rebellion und Subversion zielenden Dichter. Selbstverständlich fehlt es nicht an entscheidungsfreudigen Interpreten, die durch alle Widersprüche hindurch den ›wahren‹ Fontane zu erkennen meinen. Aber ist ein solches Gebaren nicht Anmaßung? Ganz offenbar lebte doch beides im Dichter: der Geist, der auf Ausgleich bedacht war einerseits und andererseits ein kämpferischer Geist, dem die Welt, wie sie war, nicht genügte, sondern der sie haben wollte, wie sie sein sollte. Er hat (man hat die Formulierung oft genug getadelt, und sie steht auch am falschen Platz) ganz sicher Stunden und Tage des heiteren Darüberstehens gehabt, daneben aber auch Tage und Wochen erbitterter Unzufriedenheit und heftigen Aufbegehrens. Und das beginnt früh. Man erinnere sich des Briefes an Lepel vom 21. September 1848: »alles ist faul und *muß* unterwühlt werden, um im ersten Augenblick die Mine springen lassen zu können.« (Ha Br I/42)

Es ist kein mephistophelischer Geist in Fontane lebendig, derart, daß alles, was besteht, auch wert ist, daß es zugrunde geht. Doch gewiß ist, daß das Bestehende nicht unveränderlich ist. Nichts hat Anspruch auf Dauer und Bestand, sondern alles ist einem immerwährenden Wechsel unterworfen, den es zu fördern gilt, der vorangetrieben werden muß. Damit entfernt sich der Dichter von den konservativen Positionen früherer Jahrzehnte. Damals hatte er die Pflege des Überlieferten als seine Aufgabe betrachtet, jetzt hat der Leser fast das Gefühl, die Veränderung werde um ihrer selbst willen gewünscht.

Allerdings: Fontane verfährt, wenn es um die Durchsetzung des Neuen oder um unverblümte Kritik am Alten geht, mit außerordentlicher Vorsicht. Wie vorsichtig er zu Werke ging, beweist zunächst einmal die Tatsache, daß sich alle hier zitierten kritisch-revolutionären Aussagen nur in Briefen finden, und zwar nur in solchen Briefen, bei deren Empfängern er die gleiche Gesinnung oder doch absolute Diskretion voraussetzen konnte. Aufschlußreich ist sein erster Brief an Friedrich Paulsen vom 14. März 1897. (Ha Br IV/638 f) Dieser hatte in der Vossischen Zeitung ein Nietzsche-Buch seines Freundes Ferdinand Tönnies besprochen, und Fontane reagierte darauf in seinem Brief. Dieser ist bemerkenswert, und es kann nicht verwundern, daß Paulsen selbst ein Gefühl für die Merkwürdigkeit des Schreibens bekam. In einem Brief an Tönnies schreibt er am 3. April 1897: »Der kleine Nietzsche-Artikel brachte mir einen merkwürdigen Brief von Theodor Fontane mit lebhaftester Zustimmung: Nietzsche-Kultus die Reaktion gegen das öde Borussentum.« Er geht dabei mit keinem Wort auf den Wunsch Fontanes ein, seinem Artikel eine Fortsetzung zu geben. Fontane hatte ihn nämlich, nachdem er das in der Vossischen Zeitung Gelesene gelobt hatte, aufgefordert, seine kritische Haltung zum Preußentum zu präzisieren: »Und doch möchte ich Ihnen in meinem Entzücken noch einen Wunsch ans Herz legen, dessen Erfüllung mein Entzücken erst voll machen würde, *den* Wunsch, nun auch Ihrerseits eine Widerlegung dazu schreiben zu wollen, aber nur um im unmittelbaren Anschluß daran und unter Zurückgreifen auf Ihren ersten Satz, diese Widerlegung zu widerlegen. Es steht mir nämlich fest, daß seltsamerweise doch auch viel, *sehr* viel zur Verherrlichung dieses spezifischen Preußenthums (s. Treitschke) gesagt werden kann und alle diese Herrlichkeit, die, bei viel Tüchtigem und Gescheidtem, schließlich nur ein Götzenbild auf thönernen Füßen ist, in ihrer Unausreichendheit, vor allem auch in dem niedrigen Culturgrad den sie vertritt, geschildert und verurtheilt zu sehn, wäre mir ein Hochgenuß. Mir und manchem andren. Denn es giebt ihrer doch noch Etliche, die nach solchem Worte dürsten.« (Ha Br IV/639) In seinem Brief an Tönnies nennt Paulsen den Dichter einen ›Bewunderer des Preußentums‹ und gibt damit ein unverdächtiges Zeugnis dafür, wie Fontane damals in der Öffentlichkeit verstanden wurde. Allerdings muß diese Bezeichnung in gerade diesem Augenblick erstaunen, denn Fontane hat ja von Paulsen soeben verlangt, er möge das Preußentum in seiner Unausreichendheit decouvrieren und es darüber hinaus verurteilen, weil es doch nur einen niedrigen Kulturgrad vertrete. Wenn irgend jemand in den Augen der Öffentlichkeit berufen war, eine solche Enthüllung vorzunehmen, dann wäre es doch wohl Fontane selber gewesen. Jeder unvoreingenommene Leser muß sich fragen: Warum schreibt er nicht selbst, wenn er so genau weiß, was zu lesen und zu wissen in Preußen not tut. Es drängt ihn, ein Wort gegen Treitschke zu vernehmen, er möchte Preußen als Götzenbild auf tönernen Füßen entlarvt sehen, aber er ist nicht gewillt, diese Aufgabe seinerseits in die Hände zu nehmen. Es hätte Aufsehen erregen müssen, wenn er getan hätte, wozu er berufen war: sich abzusetzen von gewissen, ihm

mißliebigen Formen und Methoden des preußischen Lebens. Wenn eine Randfi-
gur wie Paulsen (der übrigens Schleswig-Holsteiner und ein großer Verehrer
Storms war, für preußische Verhältnisse außerhalb der Universität also ein relativ
unbeschriebenes Blatt) das für ihn geleistet hätte, wäre ein solcher Schritt ohne
Folgen geblieben. Aber vor allem: Paulsen war nicht weniger vorsichtig als Fontane. Er wußte sehr genau, was er als preußischer Lehrstuhlinhaber dem Staat
zumuten konnte und was nicht. Als Tönnies (der politisch weit links stand, sehr
viel weiter als Paulsen selbst, der sich gemäßigt gibt) in ein öffentliches Amt
zurückkehren wollte, erklärte er dem Freund deutlich, wie sehr er sein Verhalten
werde ändern müssen: »wenn Dir eine Professur jetzt wirklich erwünscht ist, so
wirst Du daraus Folgerungen ziehen müssen. Die erste wird sein, daß Du Dich ein
wenig aus dem öffentlichen Leben zurückziehst und nicht durch schroffes Auftreten in den Parteikämpfen der Gegenwart die Bedenken, die man nun gegen
Dich gefaßt hat, herausforderst und verstärkst.«[41] Ein halbes Jahr später wiederholt Paulsen das in verschärfter Form: »Auch wird eine gewisse Zurückhaltung im
öffentlichen Auftreten erwartet werden; daß Deine politische Stellung zur Sprache kommt, ist nicht unwahrscheinlich; Agitation in sozialdemokratischer Richtung ist nun, seit dem Fall Arons,[42] eine Sache, die die Fakultät etwas nervös
macht.«[43] Man muß erkennen, daß sich Fontanes Lage, bei aller von ihm immer
wieder proklamierten Unabhängigkeit, nicht so sehr von der eines preußischen
Beamten unterschied. Man kann unter diesen Umständen nur mit Erheiterung
konstatieren, daß er Paulsen etwas schreiben lassen wollte, was er selber zu
schreiben nicht mehr wagte oder aus Gründen der Dezenz nicht mehr schreiben
wollte. Aber auch der Adressat war sich seiner eigenen Stellung zu sehr bewußt,
als daß er die staatlichen Autoritäten öffentlich hätte herausfordern wollen. So
mußte er Fontanes Vorschlag, sich polemisch mit Treitschke auseinanderzusetzen
und das Preußentum vom Thron zu stürzen, unbeachtet lassen.[44]

Aber wer nun meinte, Fontanes Entwicklung zu durchschauen, in welchem Irrtum wäre er befangen. Es ist keineswegs so, daß etwa Mitte der 90er Jahre eine
deutliche Caesur feststellbar wäre und Fontane sich nun durchweg – wenigstens
im privaten Kreis – als Gegner der Hohenzollern gerierte. Wenn sich Fontanes
kritische Äußerungen auch bemerkenswert häufen, genau so bemerkenswert ist
eine Mäßigung der Persönlichkeit des Kaisers gegenüber. Noch der so herbkriti-
sche Brief an Friedlaender, den wir zitierten, wird eingeleitet mit einer Wendung,
die durchaus nicht als Floskel zu verstehen ist: »Sie klopfen an wegen der Reden
aus hohem Munde, drin so viel gesagt und noch mehr verschwiegen wird. Ich
komme, wenn ich dergleichen in meiner guten Vossin lese, jedesmal ganz außer
mir, während ich mich doch von Illoyalität frei weiß und für vieles, was an ›oberster Stelle‹ beliebt wird, nicht blos ein Verständniß, sondern auch eine Dankbarkeit habe.« (5. April 1897) So töricht und abwegig sich der Kaiser auch äußern
mag, Fontane ist nicht bereit zum inneren Bruch oder zur öffentlichen Abkehr.
Und wo es vollends um nationale Fragen geht, bezieht er unbeirrt Stellung, so

hinsichtlich der deutsch-französischen Spannungen: »Jaurés, der von Kaiser Wilhelms Gebeten nichts wissen will (was ich ihm nicht übelnehme), ist Sozialist. Als solcher ist er überhaupt nicht für Gebete und nun gar als Import von Berlin. Trotzdem ist er natürlich ein Esel, wie so ziemlich alle Franzosen in ihrer quatschen Haltung gegen Deutschland und Kaiser Wilhelm. Von Esprit, Générosité und ähnlichem merkt man nicht mehr viel. Die Welt wird überall roher und gemeiner.« (an Mete, 9. Mai 1897)[45] Ein solcher Satz offenbart, mit wieviel Berechtigung Fontane von sich sagen konnte, er wisse sich »von Illoyalität frei«. Selbstverständlich sieht er die Unzulänglichkeit des Kaisers mit jedem Jahre deutlicher, und er beklagt die Unberechenbarkeit und Sprunghaftigkeit der kaiserlichen Politik. (vgl. Ha Br IV/606) Aber selbst dann, wenn seine Kritik scharf und unnachsichtig wird und die heftigsten Vorwürfe, die man damals in der Öffentlichkeit gegen Wilhelm II. erhob, mit umschließt – Fontane hat in seinen letzten Lebensjahren an seiner Hohenzollern-Loyalität festgehalten. Der Kaiser hat Schwächen: wer hätte sie nicht; der Kaiser macht Fehler: wer machte sie nicht; der Kaiser irrt sich: wer irrte sich nicht. Fontane bleibt Preuße und bewahrt sich damit den »*Herzens*vorzug, loyal zu sein«, (NFA 16/497) vermeidet es, sich den Frondeuren zuzugesellen und sich damit abzukehren von der Bejahung des Staates, wie er sie seit dem Tode Wilhelms I. entwickelt hatte. Auch die härteste Kritik am Kaiser läßt noch jene feinen Zwischentöne mitschwingen, die dem Schreiber seine innere Abhängigkeit oder wenigstens das Gefühl persönlicher und politischer Verbundenheit attestieren.

Man hat es sich mit den Aussagen über die Entwicklung der politischen Haltung Fontanes etwas zu einfach gemacht. Mit Recht mißtraut Charlotte Jolles Fontanes eigener Darstellung der 48er Ereignisse: »Bei der Darstellung von Fontanes Teilnahme an der achtundvierziger Bewegung und seiner Stellungnahme zu den politischen Problemen jener Zeit ist von vornherein die Auffassung zurückzuweisen, die in Fontanes damaliger Betätigung nur ein plötzliches und nicht lange währendes Wiederaufwallen seiner schon überwunden geglaubten Freiheitsbegeisterung sehen will, eine nicht ernst zu nehmende Episode des jugendlichen Fontane. Diese Auffassung basiert vor allem auf Fontanes eigener Darstellung der Märztage und der dem 18. März folgenden Monate, die, mit Ironie und Skepsis des alternden Fontane durchtränkt, nicht der historischen Wahrheit gerecht wird.«[46] Deutlich wird hier die (vermutlich richtige) Tendenz, Fontanes Erzählung in das Reich der Fabel zu verweisen. Da er nach eigenem Geständnis unter gar keinen Umständen mit seinem Erinnerungsbuch Anstoß erregen wollte (NFA 15/348), so ist die Bagatellisierung seiner Aktionen (wenn es denn überhaupt welche gegeben hat; die Formulierung von Helmut Ahrens »An jenem 18. und 19. März stand der Dichter mitten im Pulverdampf der Berliner Revolution«[47] streift das Komische) und die Ridikülisierung seiner revolutionären Gesinnung, die er am liebsten zu einer pseudorevolutionären machen möchte, nicht ganz ernst zu nehmen. Es gibt allerdings – auch darauf weist Charlotte Jolles hin –

keinerlei Kontrollmöglichkeit. Kein anderer Berliner von 1848 hat die Aussagen Fontanes bestritten oder bestätigt. Man kann Fontanes Darstellung seiner Aktivität auch sicher Glauben schenken: er ist nicht aufgefallen, er hat sich nirgends vorgedrängt, und die Geschichte mit dem widerspenstigen Pfahl wird kaum erfunden sein. Seine Gesinnung dürfte er indessen mit großer Zurückhaltung beschrieben haben. Seine Briefe und seine Zeitungsbeiträge zeigen ihn als entschlossenen Demokraten und Republikaner; seine politische Harmlosigkeit ist vorgetäuscht. Die Frage wird zu beantworten bleiben: hat er sich über sich selbst getäuscht, oder wollte er andere täuschen? Beides ist denkbar und wohl auch richtig. Auch ist nur unter dieser Voraussetzung die Aufrichtigkeit des Erinnerungsbuches zu retten. Und eines ist dann nachdrücklich hinzuzufügen: wenn dem Dichter so viel daran lag, seine Vergangenheit zu entdramatisieren, seine revolutionäre Gesinnung zu minimalisieren und sein Verhalten zu entschärfen, so muß sein Wunsch, sein Verhältnis zu seiner Gegenwart nicht zu belasten, echt und wahrhaftig gewesen sein. Es ist undenkbar, daß er seine Rolle als 48er Revolutionär herunterspielte und sich zugleich als politischer Wolf im Schafspelz verstand. Er wollte sich nicht in Gegensatz bringen lassen zu den herrschenden Mächten, sondern den endlich erreichten Zustand der Übereinstimmung unter allen Umständen bewahren. Wenn der Dichter sich also in mancher Hinsicht kritisch über das offizielle Preußen äußerte (und zwar, wie wir zeigten, ausschließlich in seinen Briefen),[48] so lag ihm doch nichts an einer Provokation der herrschenden Gewalten, und d.h. in erster Linie des Kaisers. Mag sich Fontane nach innen hin mit den Jahren auch demokratischer gegeben haben, seine Haltung nach außen ist gültig fixiert in ›Von Zwanzig bis Dreißig‹, und es geht nicht an, das Buch als ein opportunistisches Machwerk zu deklarieren. Dem Dichter hat es nicht an Schneid gefehlt, seinen politischen Extremismus vergangener Jahre auszubreiten und ihn mit dem neuen Radikalismus seiner letzten Jahre zu verknüpfen. So wenig er mit kühner Selbstverständlichkeit als neuer Radikaler in Anspruch genommen werden kann, so wenig wollte er seine Vergangenheit in das Licht einer radikalistisch gefärbten Eindeutigkeit getaucht sehen, hatte er doch immer das Ganze seines Lebens im Auge und relativierte von dorther die Details, was der Wahrheit nicht abträglich war, sondern ihr diente. Im übrigen folgte er in dem Erinnerungsbuch den der Dichtung eigenen Gesetzen und nicht jenen, denen der politische Pamphletismus folgt.

Überraschend bleibt ohnehin, daß das Buch bis in die neueste Zeit von den Kritikern schlecht behandelt wurde. Man hat das Werk ausschließlich an den Intentionen des Verfassers zu messen und nicht an einer vorgegebenen Vorstellung von Autobiographik. Und Fontanes Intentionen gingen dahin, zusammen mit dem eigenen Leben ein Stück Berliner Geistesgeschichte mit größtmöglicher Authentizität der Nachwelt zu überliefern. Schließlich wußte er, daß von den anderen Überlebenden jener Tage keiner in der Lage sein würde, ein angemessenes Bild der Zeit in Figuren und Tendenzen zu gestalten.

Damit soll nicht verdeckt werden, daß er ein unsicherer Kantonist war (man kommt nicht aus ohne das vielgebrauchte und deshalb abgegriffene Wort), in manchen Dingen vielleicht ein politischer Querdenker, ein Mann mit selbständigem Urteil, in nahezu beispielloser Weise aufgeschlossen für alle modernen Strömungen, seien sie künstlerischer oder politischer Art, aber er war nicht mehr der Mann, der seine Stimmungen, Meinungen und Gefühle oder gar seine Überzeugungen (wenn dieses große Wort schon gebraucht werden soll) in die breite Öffentlichkeit trug, um sich dort als unabhängiger Geist zu profilieren oder gar die Vermutung zu nähren, er könne den Umsturz wünschen. Wenn man Fontanes Äußerungen in den letzten Lebensjahren überblickt, kann man sagen, daß er für die Welt, in der er lebte, den Umsturz weder wünschte noch für notwendig hielt. Er nahm mit wachen Sinnen am politischen Leben seiner Zeit teil; häufiger Widerspruch war also (das liegt im Wesen der Teilnahme an Politik) unvermeidbar. Aber ebensowenig sah er die Voraussetzungen erfüllt für radikal-abrupte Wendungen, wenn ihn auch in Stunden der Skepsis die Frage bedrängte, ob sich die Zukunft ohne schwere Kämpfe werde gestalten lassen. Aber bis zu welchem Grade von kritischer Schärfe Fontane privatim auch gekommen sein mag, er *gab* sich nicht nur loyal nach außen hin, sondern er nahm für sich in Anspruch, von Illoyalitäten frei zu sein. Er war ›altmodisch‹ genug zu glauben, daß er dem preußischen Staat diese Loyalität schulde, denn schließlich hat ihn dieser Staat während der letzten Lebensjahre durch finanzielle Zuwendungen aller materiellen Sorgen enthoben. Bei seiner vornehmen Gesinnung wäre es ihm als eine bedenkliche Schwäche erschienen, wenn er den Staat attackiert hätte, dessen Geld er annahm. In diesem Sinne hat er sich schon als junger Mann während seines zweiten Englandaufenthalts geäußert: »Von Manteuffel aber *leben* und *gegen ihn schreiben*, wäre die Steigerung der moralischen Ruppigkeit...« (Ha Br I/248) Zu diesem Satz bedarf es keiner besonderen Feinfühligkeit, sondern ganz einfach der Selbstachtung.

Aber unmöglich kann ihn dieses Gefühl der Dankbarkeit seine geistige Unabhängigkeit gekostet haben. Vielmehr bleibt er unausgesetzt bemüht, auf seine Weise den Ort zu bestimmen, den er als den seinen ansah. Wenn Robert Minder schreibt: »Wäre der Dichter Fontane stark genug gewesen, diese Perspektive ins Werk zu übernehmen (gemeint ist Fontanes Adelskritik im Brief an Friedlaender vom 5. April 1897, Ha Br IV/643), statt sie vertraulich nebenher zu äußern – die Bismarckzeit hätte neben Wagner und Nietzsche ihren Epiker von Weltformat gehabt. Seinem Tonus und der Anlage nach war er aber so wenig wie Keller, Storm, Raabe und selbst C. F. Meyer zur dramatisch-visionären Gestaltung seiner Epoche im Sinn von Balzac, Dickens, Tolstoj oder gar Dostojewskij und Zola geschaffen«,[49] so sind seine Überlegungen in gewisser Weise mißverständlich. Zunächst insofern, als er glaubt, daß ein Künstler an Rang und Kraft gewinnt, wenn er politische Konflikte (und Lebenskonflikte überhaupt) »dramatisch-visionär« gestalte. Gerade das Dramatisch-Visionäre hat aber für Fontane nie im Vordergrund gestanden. Schon von seinem ersten Roman sagt er, daß er eine Geschichte »ohne Mord und Brand und große Leidenschaftsgeschichten« ... »ohne allen Lärm und Eclat« (Ha Br II/163) plane. Es ist typisch für seine Dichtung, daß ihr ein Element des Reißerischen fehlt. Zurückhaltende Kühle, gelegentliche Wortlosigkeit statt weitschweifiger Erklärungen, eine Tendenz zum Understatement wiegen vor. Storms ›Bibber‹ fehlt ebenso wie Raabes skurrile Versponnenheit in Sprache und Formgebung. Fontane war stolz auf seine Normalität, die er anderen vorauszuhaben meinte. (vgl. Ha Br IV/96) Er gerät infolgedessen seltener in die Zonen des Pathologischen, des Überreizten, Exzentrischen und Exaltierten. Seine Figuren streifen fast nie die Grenzen des Wahnsinns, vielleicht mit Ausnahme von Grete Minde. Aber all das nimmt ihm nichts von seiner Bedeutung und seinem Rang. Alle Handlungen werden dadurch vielmehr ausgeglichener, gesünder, weniger atypisch und erleichtern gerade dadurch für den Leser die Identifikation mit den Figuren. Sich selbst mit einer ganzen Stadt in die Luft zu jagen, ist dramatischer (hoffentlich nicht auch visionärer, was unsere eigene Zukunft anbelangt) als an Herzschwäche zugrunde zu gehen. Aber das letztere ist alltäglicher, realitätsnäher. Fontane läßt seine Personen lieber in nüchterner und fast borniert Alltäglichkeit ersticken (Tante Adelheid), als sie zu apokalyptischen Visionen zu führen. Seine Skepsis verhindert Ausbrüche ins unkontrollierbar Konvulsivische. Klarheit im Denken, Verhaltenheit in der Seelenbewegung, Rückbesinnung auf das allgegenwärtige humane Maß: das alles steht gegen überpassionierte Irritationen und exzessive Überspanntheit. Hier wird etwas erkennbar von märkischer Sobrietät und der Abneigung gegen spektakuläre Höhenflüge.

Der Satz Minders läßt auch vermuten, daß dieser (die dichterische Integration selbstverständlich vorausgesetzt) die Überzeugungen des Dichters – auch seine politischen – klarer ausgesprochen haben möchte. Das macht der Zusammenhang seiner Kritik an Fontane mit dem Brief des Dichters an Friedlaender vom 5. April 1897 (Ha Br IV/642f) ganz deutlich. Was Fontane dort gegen den Adel vorbringt, soll auch als »Perspektive ins Werk« übernommen werden. Fontane war aber Künstler und kein Essayist und noch viel weniger Verfasser von Diatriben. (Was Minder auch nicht verlangt.) Lange bevor er staatliche Unterstützung genoß, ja zu einer Zeit, in der er sich ganz den Frondeuren zugerechnet haben dürfte, findet er Turgenjews Darstellung zu undichterisch: »Ich bewundre die scharfe Beobachtung und das hohe Maaß phrasenloser, alle Kinkerlitzchen verschmähender Kunst, aber eigentlich langweilt es mich, weil es im Gegensatze zu den theils wirklich poetischen, theils wenigstens poetisch sein wollenden Jäger-Geschichten so grenzenlos prosaisch, so ganz *unverklärt* die Dinge wiedergiebt. Ohne diese Verklärung giebt es aber keine eigentliche Kunst, auch dann nicht, wenn der Bildner in seinem bildnerischen Geschick ein wirklicher Künstler ist. Wer *so* beanlagt ist, muß *Essays* über Rußland schreiben, aber nicht Novellen. Abhandlungen haben ihr Gesetz und die Dichtung auch.« (Ha Br III/148)[50]

Die Parteinahme war ohnehin Fontanes schwache Seite. Er zählt vor der Wahl an den Knöpfen seines Rockes ab, welche Partei er wählen solle, oder um ein Beispiel aus den literarischen Kämpfen der Epoche zu wählen: soviel er den Naturalisten verdankte, eine öffentliche Parteinahme grundsätzlicher Art lag nicht in seiner Absicht. (vgl. Ha Br IV/110) Diese Abneigung, sich mit allem Nachdruck und aller Eindeutigkeit zu einer Sache zu bekennen, führt ganz selbstverständlich in eine gewisse Isolation. Parteinahme, sei sie politischer, religiöser oder welcher Art auch immer, verbürgt doch wenigstens durch die vorgegebene Übereinstimmung eine Selbstbestätigung des Lesers und damit einen angemessenen Leserkreis. Fontane hat zeitlebens eine solche Sicherheit verschmäht. Er war stolz darauf, unabhängig durchs Leben gegangen zu sein.[51] Und wenn er sich schließlich in seinem letzten Roman politisch festlegt, nämlich auf Stöcker und die christlichsoziale Bewegung, so ist diese Entscheidung einerseits so überraschend und andererseits so kunstvoll in den Roman integriert, daß man an ihren unbedingten Ernst nicht glauben mag. Dabei hat sich Fontane auch brieflich ausdrücklich zu dieser Bewegung bekannt, vermutlich, weil sie mehr als eine andere modernste Fragestellungen mit traditionsreichsten Lösungsangeboten verknüpfte, alt und neu also aufs eindrucksvollste versöhnte. In einem Brief an Friedlaender heißt es: »Persönlich bin ich ganz unchristlich, aber doch ist dies herrnhutische Christenthum, das in neuer Form jetzt auch wieder bei den jüngeren Christlichsozialen zum Ausdruck kommt, das Einzige, was mich noch interessirt, das Einzige, dem ich eine Berechtigung und eine Zukunft zuspreche. Das Andre ist alles Blödsinn…« (Ha Br IV/542) Diese Sätze machen Fontanes Engagement sichtbar, aber es muß verwundern, daß er im Roman durch Lorenzen viel deutlicher Partei ergreift als in seinen Briefen, denn dort bleibt das Bekenntnis zu den Christlichsozialen die Ausnahme. Immerhin schreibt er auch an Friedrich Paulsen, daß sein Roman »die Wurst von der andern Seite« anschneide, er »neigt sich mehr einem veredelten Bebel- und Stöckerthum, als einem alten Zieten- und Blücherthum zu.« (Ha Br IV/678) Selbst wenn man zögert, diese Äußerungen programmatisch zu nehmen, so umschreiben sie doch zuverlässig die Tendenz des Romans. Fontane kehrt sich ab von der »sozialdemokratischen Modernität« (Ha Br IV/434) der ›Likedeeler‹[52] und wendet sich der christlichsozialen Bewegung zu. Das Interesse gilt nach wie vor der Stabilisierung des vierten Standes; aber Fontane sucht nach Wegen, den gewaltsamen Umsturz zu umgehen, also den Arbeitern ihr Recht werden zu lassen, ohne das ›Alte‹, für das Stöcker steht, preiszugeben. Verglichen mit der Zurückhaltung, die Fontane sonst in seinen Romanen bewahrt, wenn es um die Darstellung seiner politischen Einstellung geht, müssen die unverbrämten Aussagen Lorenzens im ›Stechlin‹ geradezu sensationell wirken.[53]

Daß der Adel in der entstehenden Welt seinen Einfluß nicht wird behaupten können, sagt Lorenzen in den so häufig zitierten Sätzen im Gespräch mit Melusine in aller Offenheit. Sicherlich so offen, wie Fontane in dem ebenso häufig zitierten Brief an Friedlaender dem Adel die Zukunft abspricht. In den entscheidenen Fragen hat Fontane seine Position ungewöhnlich rückhaltlos dargelegt. Wie Robert Minder also in seiner schönen Studie zu der Formulierung kommt, der ›Stechlin‹ sei ein »verschwiegener politischer Roman«[54] ist nicht recht ersichtlich. Im übrigen hat sich seit Minders Aufsatz eine andere Auffassung vom dichterischen Rang Fontanes durchgesetzt. Wir werden nicht mehr so ängstlich zögern, Fontane als Dichter zuzubilligen, was Nietzsche und Wagner zugesprochen erhalten. Vor allem den ›Stechlin‹ werden wir zu nennen haben, wenn wir darauf bestehen, daß Fontane in seinem Werk den brennenden Zeitproblemen nicht ausgewichen ist. Er hat zwar auch hier eine visionäre Dramatik verschmäht, glücklicherweise, aber er war mit der Wirklichkeit vertraut genug, um seinen Edelleuten, wie sie sein sollten, ein Panoptikum von Adligen gegenüberzustellen (Rheinsberger Wahl), die, bei aller Liebenswürdigkeit im einzelnen, im ganzen doch einen Reliktcharakter tragen.

Natürlich blieben Fontane Zweifel, ob er selbst und ob der Staat, dessen Bürger er war, geistig und politisch den richtigen Weg gingen, aber er hatte eine Höhe erreicht, von der aus er mit Gelassenheit in die Niederungen des politischen Tagesgezänks hinabblicken konnte. Seine Aufgabe war es nicht, im Parteienstreit mitzuschreien. Er durfte auf Abstand halten, ganz seiner Arbeit leben und, befreit von den Sorgen um seine materielle Existenz, ein tiefgründig-heitres, den Bitterkeiten des Alltags entzogenes Werk zu Ende führen. Daß dem Erinnerungsbuch ›Von Zwanzig bis Dreißig‹ und dem ›Stechlin‹ alle Ressentiments fehlen und beide in eine Distanz gerückt werden, die das Schreiben als freies Spiel des Geistes empfinden läßt, bestimmt ihre Eigenart und ihren Wert. Leichtigkeit, Anmut und verklärender Humor lassen die Erdschwere der Stoffe (politischer Zeitroman, Erinnerungsbuch mit Charakteristiken von großenteils unbedeutenden Figuren) versinken und gönnen dem Leser eine Gehobenheit und Entrückung von beglückender Einzigartigkeit. So selten der Brief zitiert wird, es ist doch notwendig, sich seiner zu erinnern: »Das Beste, worüber das Buch verfügt, ist wohl seine heitere Grundstimmung. Aber daß ich diese meiner Erzählung geben konnte, *das* gerade verdanke ich Ew. Excellenz Wohlwollen, das für den Rest meiner Tage die Sorge von mir nahm.« (Ha Br IV/729) Einem Mann von der Ehrlichkeit und Aufrichtigkeit Fontanes ist nicht zu unterstellen, daß er lügt oder schönfärbt. Man kann auch nicht seine Glaubwürdigkeit bezweifeln. Hier spricht sich über den inneren Unfrieden und die innere Unzufriedenheit von Jahrzehnten hinweg das Gefühl des Zur-Ruhe-Gekommen-Seins aus.[55]

Das hat man zu berücksichtigen, wenn man die Haltung Fontanes dem Kaiser gegenüber beurteilen will, denn seine Nachsicht wirkt doch in mancher Hinsicht rätselhaft. Sicher ist, daß er Anfang der 90er Jahre eine durchaus antimilitaristische Gesinnung hegte und pflegte, daß ihm die zunehmende Militarisierung des öffentlichen Lebens vermehrtes Unbehagen einflößte. Es gab Augenblicke, wo er sein lebenslanges Engagement für die preußische Armee mit offenkundigem Bedauern registrierte. Es sei nur noch einmal an die fast beiläufige Bemerkung aus

›Meine Kinderjahre‹ erinnert, wo er in einem Satz, der geeignet wäre, seine pro-militärischen Neigungen zu belegen, durch ein eingeschaltetes ‹leider› seine geänderte Meinung verrät: »Was aber das Allerwichtigste war und meinem militärischen Enthusiasmus (der sich übrigens [leider] sehr bald wieder von dieser Niederlage erholte) den ersten Stoß versetzte, das war bei Musterung dieser Spielsachen die totale Abwesenheit alles karikiert Martialischen, nichts von Helm oder Tschako, nichts von Trommel oder Säbel. Der feingebildete Sinn des Hausherrn mied solche Gewöhnlichkeiten.« (NFA 14/77f) ‹Leider› als Klammer in der Klammer und gerade deshalb um so auffälliger und nachdenkenswerter. Nun empfanden alle Zeitgenossen in gleicher Weise, daß niemand mehr für die überspannte militaristische Verkleisterung des öffentlichen Lebens tat als der Kaiser. Er hatte nie einen Zweifel daran gelassen, daß er sich vor allem als Kind der Armee empfand, und so wurde die kritische Presse auch nicht müde, ihm vorzuwerfen, daß er seine Bildung im Offizierskasino empfangen habe und nicht nur in der Diktion des Gardeoffiziers rede, sondern daß aus dem gleichen Fundus auch die Grundstruktur seines Denkens stamme. Zwei Monate vor Fontanes Tod spricht sich der Kaiser, wie unzählige Male zuvor, ganz in eben diesem Sinne aus, daß er in der Armee die eigentliche Stütze seines Regimes sehe: »Mit schweren Sorgen übernahm ich die Krone, überall wurde an mir gezweifelt, überall stieß ich auf falsche Beurteilung, nur eine hatte zu mir Vertrauen, nur eine glaubte an mich, das war die Armee, *und auf sie gestützt* und im Vertrauen auf unsern alten Gott übernahm ich mein schweres Amt, wohl wissend, daß die Armee die Hauptstärke eines Landes und die Hauptsäule des preußischen Thrones ist.«[56] Man sollte glauben, daß sich der antimilitaristische Fontane gerade von diesen Rodomontaden des Kaisers abgestoßen gefühlt hätte, daß er, soweit er sein kritisches Denken überhaupt laut werden ließ, seine Kritik mit der Militärobsession des Kaisers verknüpft hätte. Indessen: man sucht vergeblich danach, daß das militaristische Bramarbasieren Wilhelms II. ihm zuwider gewesen wäre. Eher äußert er, selbst in prekären Fragen, sein Einverständnis mit der kaiserlichen Politik. Wenn man seinen Satz (wir zitierten ihn schon) liest, daß er dem Kaiser den Traum »von einer Demüthigung Englands« »hoch anrechnen« wolle (Ha Br IV/642), so kann man sich größter Bedenken nicht erwehren. Zwar bleibt im ungewissen, wie sich Fontane eine solche Demütigung vorstellte, aber daß sie kriegerische Ausmaße annehmen konnte, dürfte ihm nicht verborgen geblieben sein. Für den heutigen Leser ist es außerordentlich beeindruckend, wie wenig Fontane und seine Zeitgenossen bei dem Gedanken an den Ausbruch eines neuen Krieges erschrecken. Der Krieg scheint in der Tat nicht mehr zu sein als eine immer mögliche, beinahe selbstverständliche Fortsetzung der Politik mit anderen Mitteln, jedenfalls eine Möglichkeit, mit der alle immer rechneten.[57] Es hat dies bei den Deutschen vielleicht mit der Art zu tun, wie Bismarck die preußisch-deutschen Kriege von 1864 bis 1871 führte und beendete. Wenn die Militärhistoriker den Krieg der absolutistischen Staaten des 18. Jahrhunderts dahingehend beschreiben, daß bei ihnen vom Prinzip her nicht der Wille vorausgesetzt werden kann, den Gegner in seiner staatlichen Existenz zu vernichten, was sich erst durch den in der Französischen Revolution neu aufgebrochenen Geist änderte, der auf Vernichtung und Auslöschung des Gegners zielte, so wird man sich leicht überzeugen, daß Bismarcks Kriegspolitik viel eher Anschluß suchte an die Kriegsvorstellungen des 18. Jahrhunderts als an diejenigen der Befreiungskriege. Weder Dänemark noch Österreich noch Frankreich wurden durch die jeweiligen Friedensschlüsse in ihrer Substanz getroffen. Man verliert Schlachten, man verliert den Krieg und infolgedessen einige Provinzen (manchmal noch nicht einmal diese), aber der Bestand des Staates, selbst wenn sich (wie in Frankreich) die Regierungsform ändern sollte, bleibt unangetastet. (Erst das 20. Jahrhundert hat hier wieder Wandel geschaffen, und die Zukunft verspricht Ungeheuerliches.) Aus diesem Geist heraus sind Gespräche zu begreifen, deren eines Fontane in seinem Briefe an Mete vom 13. Mai 1889 (Hitler war da drei Wochen alt!) beschreibt: »Brugsch war sehr unterhaltend und erzählte von 150000 Mann turkmenischer Reiterei, die, bei unsrem nächsten Kriege mit Rußland, die russische Armee begleiten und dann Deutschland überschwemmen würden. Oberst Alten lachte und sagte: ‹die turkmenischen Reiter werden sich immer an die russische Armee anlehnen, also auch den *Rückzug* derselben mitmachen.› Dieser schien ihm fest zu stehn. Und er wird wohl Recht haben. Die andern Armeen scheitern immer an dem, was unser Theo so ruhmreich vertritt: Backofen, Brot, Verpflegung. In andern Ländern wirthschaftet die gemeine Bande immer in die eigne Tasche hinein, nur Menschen liefert sie, was nichts kostet; aber der hungernde Mensch ist nur ein Hinderniß, jedenfalls für den Sieg.« (Ha Br III/692)   Natürlich lassen sich in diesem Gespräch spielerische Elemente nicht verkennen, aber wenn auch vielleicht nichts mit letztem Ernst gesagt ist (was doch immer noch zweifelhaft bleibt), dieser letzte Ernst schimmert doch überall durch. Krieg ist immer möglich, aber wie ungeheuer auch die Blutopfer sein mögen, der Krieg schmilzt im Denken Fontanes die Staatenordnungen nicht ein und um, er modifiziert und variiert sie allenfalls. Nur diese Einstellung läßt Sätze möglich werden wie den bereits zitierten an Mathilde von Rohr: »Man kann nicht immer siegen« (Ha Br III/672), der sich ja auch noch deuten läßt als Hinweis auf eine begrenzte Niederlage, der der Gesamtsieg folgt, oder der viel grundsätzlichere aus späteren Jahren: »Alle Staaten müssen erst wieder den Mut kriegen, vor dem Besiegtwerden nicht zu erschrecken. Es schadet einem Volke nicht, weder in seiner Ehre noch in seinem Glück, mal besiegt zu werden – oft trifft das Gegenteil zu. Das niedergeworfene Volk muß nur die Kraft haben, sich aus sich selbst wieder aufzurichten. Dann ist es hinterher glücklicher, reicher, mächtiger als zuvor.« (Ha Br IV/658) Das hört sich für unser von den Kriegsschrecknissen des 20. Jahrhunderts geschultes Ohr nicht sehr verführerisch an, wenngleich der letzte Krieg (vielleicht als letzter) den besiegten Völkern immer noch die Fortexistenz gestattete. Selbst wenn Fontane von den Kriegen der Zukunft spricht und dabei »furchtbare Kämpfe« voraussieht, weil in ihnen nicht mehr die Regierungen, sondern die »leidenschaftlichen Volks-empfindungen« das Wort führen werden, so vermag er die Folgen solcher Kriege im wesentlichen doch nur in den Kategorien seiner Zeit zu beschreiben: nach Abschluß der Kämpfe wird »die Welt und die Landkarte anders aussehen wie heut.« (Ha Br IV/688) Der Gedanke liegt nahe, daß dem leidenschaftlichen Geo-graphen die Welt nur als Landkarte vor Augen liegt.

Wo der Krieg so deutlich als eine unvermeidliche Fortsetzung der Politik mit anderen Mitteln angesehen wird, steht wenig echtes Verständnis für die Welt des Pazifismus zu erwarten. Das wird bei Fontane dort erkennbar, wo er sich mit dem Gedanken der ›Kriegsdienstverweigerung‹ auseinandersetzt. Soweit ich sehe, ist er unter den deutschen Realisten des 19. Jahrhunderts der erste, der das Thema aufgreift. Er tut es mit einer Mischung aus Respekt und Unverständnis. Anlaß gibt ein Gespräch über Lorenzen, das Dubslav von Stechlin mit dem streng kirch-lich gesonnenen Ministerialassessor von Rex führt, wohl in der ›hinterhältigen‹ Absicht, Rex und Lorenzen bei passender Gelegenheit in eine seiner Erheiterung dienende Kontroverse zu verstricken. Er unterstellt Lorenzen (vermutlich, um ihn Rex gegenüber aufzuwerten) eine kleine Lutherneigung: »Hier steh ich, ich kann nicht anders«« (NFA 8/47 f) und fährt fort: »Mitunter sieht es wirklich so aus, als ob wieder eine gewisse Märtyrerlust in die Menschen gefahren wäre, bloß ich trau dem Frieden noch nicht so recht.« Rex reagiert, im Sinne Fontanes kei-neswegs unsympathisch, mit dem zustimmenden Satz: »meistens Renommiste-rei.« Jetzt sieht Czako den Augenblick gekommen, in das Gespräch einzugreifen: »‹Na, na›, sagte Czako. ‹Da hab ich doch noch diese letzten Tage von einem armen russischen Lehrer gelesen, der unter die Soldaten gesteckt wurde – sie haben da jetzt auch so was wie allgemeine Dienstpflicht –, und dieser Mensch, der Lehrer, hat sich geweigert, eine Flinte loszuschießen, weil das bloß Vorschule sei zu Mord und Totschlag, also ganz und gar gegen das fünfte Gebot. Und dieser Mensch ist sehr gequält worden, und zuletzt ist er gestorben. Wollen Sie das auch Renommisterei nennen?› (NFA 8/48) Czakos Darstellung ist, wenn man das espritvoll Plauderhafte, oftmals amüsant Unterhaltliche seines Redens als Maß-stab nimmt, hier ungewöhnlich ernst und einfühlsam. Und wenn Dubslav den Kirchenmann Rex zurückweist, als der auch den »armen russischen Lehrer« unter die Renommisten rechnen will, tut er das mit einem echt Fontaneschen Satz, der sich zunächst ganz ernsthaft am Ton Czakos orientiert: »Herr von Rex, …sollten Sie dabei nicht zu weit gehen? Wenn sich's ums Sterben handelt, da hört das Renommieren auf.« Indessen hat der Leser doch nicht den Eindruck, daß Dubslav ein Thema berührt sieht, dem er hohen Ernst zubilligen möchte. Er weiß, daß eine der tiefsten Schichten in einem Menschen tangiert sein muß, wenn der lieber stirbt als nachzugeben, aber das Thema des Waffenverzichts besitzt für ihn nicht den Rang, der ein ernsthaftes Gespräch verdiente oder gar erzwingen könnte. Es geht dabei also nicht darum, daß Dubslav in der Konversation dem Ernsten lieber auswiche oder in Gesellschaft Situationen zu vermeiden suchte, die den einzelnen zu grundsätzlichen Bekenntnissen nötigten, oder daß er keine unanfechtbaren Wahrheiten hören möchte, weil sie ihn langweilen. Nein, es geht einfach darum, daß Fontane (und nicht nur Dubslav) von der Welt, in der er lebt und deren Werdegang er über ein halbes Jahrhundert scharfsichtig analysierend verfolgt hat, ganz einfach nicht glauben kann, daß sie ohne Waffen auskommt. Daß er in manchen Augenblicken den Wahnsinn des Rüstungswettlaufs erkannte (und man stand in den 90er Jahren erst am Anfang dessen, was sich die Völker Europas bis 1914 noch leisten sollten), zeigten wir schon, aber ganz sicher hat er nicht daran geglaubt, daß die aus den Fugen geratene Welt dadurch wieder eingerenkt werden könnte, daß einzelne sich weigerten, eine Waffe in die Hand zu nehmen. Die Welt, wie sie nun einmal beschaffen ist, macht den Verzicht auf Waffenführung, in der Hoffnung über eine radikale Einhaltung des Tötungsverbots die Menschheit vor Unheil zu bewahren, zur Illusion. So betrachtet, gewinnt die Aussage Dubslavs von Stechlin hinsichtlich des Waffenverweigerers mehr an Substanz, als ihr der sprachlichen Form nach eigentlich zukäme. Denn Dubslav, eben noch Kronzeuge für die ungeheure Unnahbarkeit des Todes, in dessen Zeichen alles scheinbare Großtun zur edlen Tat sich erhöht, lenkt auf ironische Weise in sein Alltagserleben ab: »diese Sache, von der ich übrigens auch gehört habe, hat einen ganz andern Schlüssel. Das liegt nicht an der allgemein gewordenen Renommisterei, das liegt am Lehrertum. Alle Lehrer sind nämlich verrückt. Ich habe hier auch einen, an dem ich meine Studien gemacht habe; ...eigentlich ein Prachtexemplar... Aber verrückt ist er doch.« Daß ausgerechnet ein Vertreter des Kultusministeriums dieser Aussage beipflichtet (»Das sind alle... Alle Lehrer sind ein Schrecknis. Wir im Kultusministerium können ein Lied davon singen«), wirkt belustigend, denn in Sachen geistiger Gesundheit kann Rex dem Lehrer Krippenstapel nicht das Wasser reichen. (Was sich verallgemeinern läßt.)

Bis an sein Lebensende hat sich Fontane jedenfalls bemüht, in der Öffentlichkeit nicht den Eindruck aufkommen zu lassen, als habe er sich den Kritikern des Kaisers zugesellt. Er verfährt in allen Fragen, die den Monarchen mittelbar oder unmittelbar berühren konnten, mit auffälligster Zurückhaltung und größtem Takt. Und wie er ehedem dem Freunde Friedlaender geraten hatte, bei einem seiner Vorträge auf ein Quitzow-Thema zu verzichten, weil er dabei zu leicht in die Lage kommen könne, dem Kaiser zu nahe zu treten, so lehnt er noch wenige Tage vor seinem Tode ab, einer Aufforderung zu folgen und ein weiteres Bismarck-Gedicht zu schreiben: »Ich habe, durch 30 Jahre hin, verschiedene Bismarck-Gedichte gemacht und habe nichts mehr auf der Pfanne. Natürlich ist es denkbar, daß ich, nach 3 Tagen schon, angeregt durch ein mich entzückendes Bismarck-Etwas, ein weiteres Bismarckgedicht schreibe; denkbar, aber nicht wahrscheinlich, und ein Lied, wie's Ihnen vorschwebt, ganz unmöglich. Um ihn so, im Styl von ›Was blasen die Trompeten etc.‹ zu behandeln, dazu ist er viel zu groß, und betone ich die Größe, so wird die Sache sehr anzüglich und vielleicht auch wirklich etwas zu viel.« (Ha Br IV/756) Die Größe Bismarcks betonen, das konnte unter den obwaltenden Umständen nur heißen, die Bedeutung des Kaisers herabzusetzen. Zu einem solchen Beitrag war Fontane nicht bereit, das bloß Anzügliche überließ er den Polemikern, an denen es nicht mangelte.

Kritik am Kaiser und Zustimmung für ihn halten sich bei Fontane keineswegs die Waage. Der umstrittene Mann kommt bei Fontane wesentlich besser weg als im Geschichtsverständnis unserer Tage. Und offenkundig hat auch der Kaiser über den Tod Fontanes hinaus Interesse an diesem genommen, denn bei der Enthüllung des Fontane-Denkmals im Tiergarten 1910 hat Konrad Burdach ausdrücklich gesagt, daß der Platz für das Denkmal vom Kaiser selbst ausgesucht worden sei, was doch nur bedeuten kann, daß der Kaiser (natürlich) zuvor informiert worden war[58] und seine Zustimmung gegeben hatte.[59]

21. Kapitel

Fontanes Armeeverständnis nach 1890

Angesichts der Äußerungen, in denen sich Fontane gegen das patriotische Blech derjenigen wendet, die nicht müde wurden, die Heldentaten der preußisch-deutschen Armeen von 1870/71 zu feiern, ließe sich annehmen, daß ihm schließlich dieser ganze Krieg schlechthin gleichgültig geworden war. Es ist aber absolut falsch zu glauben, daß er den großen Ereignissen jener Zeit irgendwann geringschätzig oder verächtlich begegnet wäre. Er lehnt es lediglich ab, sich über die großen Kriege weiterhin in dichterischer Form zu äußern, und er tut das sogar in einem Brief von ungewöhnlicher Ausführlichkeit: »Daß ich auf Ihren liebenswürdigen Brief mit einer Ablehnung antworten muß, ist mir im höchsten Maße peinlich. Ich darf sagen, ich habe so viel dankbare Liebe für die 27er, denen mein Sohn, Ihr verstorbener Freund aus Kriegs- und Friedenszeiten, die besten Tage seines Lebens zu danken hatte, daß ich glücklich wäre, wenn ich Ihnen zu Diensten sein könnte. Meine Zustände verbieten es mir aber. Wenn ich von ‹Zuständen› spreche, so sind damit weder meine 70 Jahre noch auch Krankheiten und Gebrechlichkeiten gemeint, *diese* Entschuldigung habe ich nicht, ich habe nur die, daß ich gegen alles, was mit patriotischer Gelegenheitsdichterei zusammenhängt, in eine Idiosynkrasie hineingeraten bin, einfach deshalb, weil ich zu viel auf dieser Saite habe klimpern müssen...und eben dahin gehört auch alles, was mit preußischer Heldenverherrlichung oder Verherrlichung der Armee im Ganzen oder im Einzelnen oder irgend einer Lustfeier derselben zusammenhängt. Ich kann nicht mehr. Meine patriotischen und loyalen Anschauungen sind unverändert geblieben, womöglich noch gewachsen, aber Pegasus will nicht mehr. Und setze hinzu, daß dies die reine Wahrheit ist, ohne jede Spur von Übertreibung.« (Ha Br IV/36) Es ist unsinnig, hier etwa unterstellen zu wollen, der Dichter habe seine loyale Gesinnung nur vorgeschützt, um weiteren Zudringlichkeiten zu entgehen, denn was hätte ihn zu solchen Versicherungen bewegen sollen, wenn nicht sein eigener freier Wille? In Sachen patriotischer Dichtung hatte er ein Übersoll geleistet. Sein dichterisches Gewissen kann dabei nicht immer unverletzt geblieben sein, das läßt zumindest ein Brief an Maximilian Harden ahnen, in dem er auf dessen Anfrage wegen eines Bismarck-Beitrags abschlägig antwortet: »In fast allem, was ich seit 70 geschrieben, geht der ‹Schwefelgelbe› um und wenn das Gespräch ihn auch nur flüchtig berührt, es ist immer von ihm die Rede... Ich habe auch mal eine kleine Biographie verbrochen und in Versen habe ich Ungeheuerliches (!) geleistet.« (Ha Br IV/336) Dasselbe gilt für seine Ablehnung, ein Gedicht zu Moltkes Tod zu verfassen. Seine Einstellung zu Moltke macht die

Annahme unmöglich, daß er aus einem persönlichen Groll heraus ablehnte oder weil er zu Moltke nichts zu sagen gehabt hätte: »Von fünf, sechs Seiten her habe ich neuerdings Briefe bekommen: ‹ach, ein Gedicht auf Moltke›, – manche verlangen es in zwei Tagen; keiner hat auch nur einen Schimmer davon, daß man dazu Zeit braucht, unter Umständen ein Jahr! Es kann natürlich auch in 5 Minuten gemacht werden und wenn man Glück hat besser als in einem Jahr, aber diese ‹5 Minuten› kann man sich leider nicht wie 5 Pfannkuchen bestellen.« (Ha Br IV/119) Und dies gilt schließlich auch dann, wenn er Emil Dominik, dem ersten Herausgeber seiner ›Gesammelten Romane und Novellen‹ (1891) ein Sedan-Gedicht verweigert: »Aber Sedan-Gedicht – unmöglich! Sie können sich nicht vorstellen, welchen tiefen Haß ich gegen solche Reimereien habe. Die Gedichte zu ‹Königs Geburtstag› … sind Gott sei Dank abgeschafft, thun Sie das Ihre, daß auch das übrige patriotische Blech – wenigstens das gereimte; das andre, das ist unmöglich – allmälig verschwindet.« Den zweiten Teil des Briefs sollte man nicht unterdrücken, denn er gehört zu sehr in die Biographie des preußischen Dichters Fontane: »In England kann man sich dergleichen Dichtungen leisten. Tennyson erhielt für sein Gedicht auf die Königin pro Zeile 10 Lstr. Dadurch wird nun freilich kein *Gedicht* geboren, aber doch wenigstens eine kunstvolle Arbeit. Natürlich auch nur dann, wenn der Betreffende ein Tennyson ist.« (Ha Br IV/463 f) Der Stachel finanzieller und damit sozialer Unterbewertung der dichterischen Leistung sitzt zu tief – noch über alle Loyalitätsbekundungen hinaus reicht die lebenslange Verbitterung darüber, daß den Dichtern eine angemessene Be- und Entlohnung bei solcher Gelegenheit versagt blieb. (Fontane fühlt sich hier nicht nur selbst betroffen; man lese den Brief an Mathilde von Rohr vom 21. März 1877, in dem er über Lepels Mißgeschick berichtet.)

Völlig abwegig ist jedenfalls die Annahme, Fontanes ebenso häufige wie heftige Polemik gegen Militarismus und Borussismus sei zugleich gerichtet gegen die Armee seiner Zeit, d.h. gegen ihre ganz konkrete Existenz in dem Staate, als dessen Bürger er sich fühlte. Er war Preuße, und wenn er sich auch bei manchem Anlaß mit Stolz seines französischen Bluteinschlags erinnerte, so hat dies nie das Gefühl in ihm hervorgerufen, mehr Kosmopolit als Preuße zu sein, wennschon ihm das Bewußtsein der Koloniezugehörigkeit sicher eine größere Offenheit, ein tieferes Verständnis für die Leute schenkte, die »hinter dem Berge wohnen« (um einen seiner Lieblingsausdrücke zu gebrauchen). Vielleicht wurde es ihm dadurch leichter, in der Identifikation die innere Distanz zu finden, die zu eigenständigem Urteilen nötig war. Aber Preußen, die Mark (viel gescholten und viel geliebt) war ihm Heimat. Und er bekennt sich nicht nur in gewohnter Rationalität zu ihr (was in seinen Augen eine Selbstverständlichkeit war), sondern auch sein Gefühl spricht für Preußen – und seine Armee: »Nach meiner Erfahrung und meinem Geschmack kann man nicht leicht etwas Reizenderes sehen als die Freiwilligen unserer Garderegimenter, fast ohne Ausnahme. Sie beweisen mehr als irgendwas die Überlegenheit unserer Armee. Ausgezeichnete Offiziere gibt es überall, und

selbst in mittelwertigen Staaten ist es in den Willen und die Macht eines soldaten-
liebenden Fürsten gelegt, ein ausgezeichnetes Offizierkorps heranzubilden. Aber
dreihundert – oder mehr – solcher jungen Leute, wie sie jahraus jahrein als Freiwillige in der preußischen Garde dienen, kann der Betreffende nicht aufbringen,
und wenn er sein ganzes Land umstülpt.« (NFA 15/126) Angesichts solcher
Sätze, denen jeder kritische Unterton fehlt, sollte man den Versuch besser unterlassen, Fontanes Antimilitarismus zum bedeutungsvollsten Signum der späten
80er und der 90er Jahre machen zu wollen. Er bleibt bis zu seinem Tode an militärischen Fragen ebenso interessiert wie an militärhistorischen, oftmals bestimmt
von einer staunenerregenden Sucht nach Details. Ein Zeugnis dafür liefert der
Brief, den er am 8. Juli 1895 an seinen Sohn Theo richtet: »An einer Stelle Deines
Briefes sprichst Du von einem Bilde: ‹Angriff der schottischen Garde bei Waterloo› painted by Elizabeth Butler – Worte, die mich, nach einem halben Dutzend
Seiten hin, interessiert und beunruhigt haben. Jeder, wie Onkel Lucae zu sagen
pflegte, hat seinen ‹Dollpunkt oder mehrere› und zu meinen Dollpunkten gehören die folgenden: erstens stelle ich an mich die Forderung, alle berühmten englischen Bilder und Maler zu kennen; zweitens die schottischen nun schon ganz
gewiß; drittens alles zu kennen, was sich auf Waterloo bezieht und viertens alles
zu kennen, was sich auf die schottische Garde bezieht. Und nun taucht dies Bild
auf, das mich in verschiedenen Stücken widerlegt, verwirrt. Von einem Einzel-
kampf der ‹schottischen Garde› wußte ich bisher nichts. Die englischen Garden –
drei Regimenter: Grenadier Garde, Coldstream Garde – griffen, glaube ich,
zusammen an. Überhaupt hat, von der Kavallerie abgesehn, nur *ein* englischer
Angriff, denn es war eine Defensivschlacht, stattgefunden, und zwar ganz zuletzt,
nach Eintreffen der Preußen, wo sich die ganze englische Schlachtreihe in Bewegung setzte. Wenn Du schreibst, muß Du mir hierauf, nach Rücksprache mit
einem Militär-Pietsch, antworten, weil es eben mein ‹Dollpunkt› ist. Ich möchte
beinah annehmen, daß schottischer Lokalpatriotismus, der sehr groß ist, mit
einer gewissen Willkürlichkeit, ein Teilchen aus einem großen Ganzen abgelöst
hat. Nach meiner Meinung ist dies nur statthaft, wenn solch losgelöstes Stück
eine selbständige und zugleich entscheidende Tat repräsentiert. So ist es bei allen
derartigen Schlachtenbildern, die ich kenne.« (Ha Br IV/458) Wo gäbe es einen
zweiten deutschen Dichter, dem das Schlachtengeschehen des 19. Jahrhunderts,
soweit preußische Truppen involviert waren, so vertraut gewesen wäre?[1]

Und es ist nicht nur militärgeschichtliches Interesse, das bei Fontane bis zum
Ende seines Lebens anhält, sondern man hat zu konstatieren, daß er sich bis in die
letzten Lebensjahre mit den Ruhmestaten der preußischen Armee identifizierte;
und dies geschah völlig aus eigenem Antrieb und bei Gelegenheiten, von denen
man annehmen müßte, sie hätten zu allen anderen Überlegungen eher Anlaß
geben müssen als zu einer Rückbesinnung auf die siegreichen Kriege der preußischen Armee. In manchen Sätzen erscheint diese Armee geradezu als ein Hort
und Garant immer neu sich bezeugender Lebenskraft des Volkes, die nicht zu

brechen ist durch noch so depravierende Lebensgewohnheiten oder den ausgeprägtesten materialistischen Egoismus. Die viel beachteten Kritiken Fontanes an Ibsens Theaterstücken, die bis heute immer neu als wichtige Quelle für Fontanes Lebensverständnis herangezogen werden, weil sich Fontane durch Ibsens Thesen in seinen eigenen Welt- und Wertvorstellungen provoziert fühlte und unverhüllt dazu Stellung nahm, bieten hierfür ein beachtenswertes Beispiel. Nach Fontanes Überzeugung geht Ibsen in seinen Stücken von einer bereits eingetretenen oder doch unmittelbar bevorstehenden allgemeinen gesellschaftlichen »Versumpfung«, »Verdummung« und »Entartung« aus (NFA 22,2/694), ein Zustand, dem nur abzuhelfen wäre, wenn die moderne Menschheit sich besänne und auf der freien Herzensbestimmung ein neues Lebensverhalten begründete. Fontane sieht, mit der Geschichte weit besser vertraut als Ibsen, die Vergangenheit in keinem rosigeren Lichte als der Norweger, stimmt dessen Analyse vielmehr zu; er ist aber weit davon entfernt, dessen Folgerungen und den daraus abgeleiteten Forderungen zuzustimmen. Wie lasterhaft und verworfen die Menschen in der Vergangenheit auch gelebt haben mögen, nichts deutet darauf hin oder beweist gar, daß die »Elends- und Widerlichkeitsgeschichte der Menschheit« (NFA 22,2/693) zwangsweise in die gesellschaftliche Entartung führen müßte: »Sardanapale, kleine und große, historische und private, sind, durch alle Jahrhunderte hin, auf Thron und Lotterbett aufeinander gefolgt, ohne daß es die Menschheit sonderlich geschädigt hätte, sie hat es überdauert und wird es weiter überdauern.« (NFA 22,2/694) Dies alles gibt nur Kratzer an der Oberfläche, denn: »Alles ruht in einer ewigen, immer neue Lebensströme spendenden Erhaltungshand, der es ein leichtes ist, die Sünden eines norwegischen Kammerherrn und noch vieler anderen Kammerherrn aus ihrer Kraft- und Gnadenfülle wieder wettzumachen. Das alles ist nur der schwarze Fleck am Apfel, der in der Weltenwaage nicht aufwiegt.« (ebd.) Und schließlich gibt es Beispiele, die Ibsens Thesen schlagend (im eigentlichsten Sinne des Wortes) widerlegen. Und wo wären überzeugendere und lebensmächtigere zu finden als in der Geschichte der preußischen Armee? Natürlich hat Preußen in seiner Geschichte nicht weniger »entnervte Männer« und »entartete Frauen« gehabt als England und Frankreich: »Alle die Millionen Ehen, die, von damals bis heute, auf nichts anderes als auf Gold und Glanz hin geschlossen wurden, alle die Wüstlinge, die von damals bis heute die Hoffnungen junger Herzen getäuscht…haben, alle diese Geldehen, alle diese trauermäßig auf Halbmast herabgelassenen Lebenskräfte haben weder die Verdummung der Generationen noch ihre physisch-moralische Versumpfung zur Folge gehabt.« (NFA 22,2/693f) Doch nichts von alledem hat je eine Wirkung gehabt, wenn es ernst wurde, wenn der König die Armee zur Verteidigung des Landes aufrief und von seinem Volk die blutigsten Opfer forderte: »Wo war Entartung, als die Alten-Fritz-Grenadiere die Höhen bei Prag stürmten, wo war Entartung, als die pommersche Landwehr die Marine-Bataillone bei Möckern niederschlug, wo war Entartung, als die Halberstädter Kürassiere die französischen Karrees durchbrachen? Ein frischer Zug geht durch die Welt, gerade auch jetzt wieder, und ein moderner Mensch sein heißt ein Mensch sein voll Spannkraft und Nerv..., und wenn es sicherlich nicht wohlgetan wäre, den Blick gegen unsere Gebrechen und Schwachheit verschließen zu wollen, so verbietet es sich doch mehr noch, all das, was uns von Schuld und Sünde durchs Leben hin begleitet, unter ein vergrößerndes Zerrglas zu tun.« (NFA 22,2/694) Wenn die Armee gefordert wurde, so war sie da, im Siebenjährigen Krieg, in den Befreiungskriegen und in den Einigungskriegen. Prag, Möckern und Mars-la-Tour sind Höhepunkte der Bewährung ungebrochener Volkskraft. Und wie anstößig, bedenklich und schandbar das »Sündenelend« auch war, »das uns durch die Jahrhunderte hin begleitet und sich selbstverständlich auch in unsrem intimsten Leben in hundertgestaltiger Häßlichkeit betätigt hat« (NFA 22,2/693), die überragenden Leistungen einer jederzeit opferwilligen Armee sind Beweis genug, daß ausdauernder Mut und Kühnheit nicht darunter gelitten haben.

Dem unvoreingenommenen Fontane-Leser muß sich freilich angesichts einer solchen Argumentation eine bis zum Erschrecken sich steigernde Verwunderung bemächtigen. Welcher deutsche Dichter des 19. Jahrhunderts, außer Fontane, würde in einer solchen Auseinandersetzung, der doch relativ abstrakte Thesen von der allgemeinen Dekadenz des ausgehenden Jahrhunderts zugrunde liegen, seine Beweisführung auf militärische Beispiele gründen? Waren die Deutschen nicht das Volk der Dichter und Denker? Hatten sie nicht bis 1888 unter Bismarcks Leitung einen atemberaubenden politischen Aufstieg genommen? Standen sie nicht im Begriff, sich auf dem Gebiete der Naturwissenschaften und ihrer industriellen Anwendung unter die großen Nationen der Erde einzureihen? Und Fontane, vor die Frage gestellt, auf welche Weise denn sich Ibsens Gedanken von einer allgemeinen Denaturierung von Menschheit und Gesellschaft widerlegen lassen, greift, als ob dies das Selbstverständlichste und Naheliegendste wäre, auf die Helden- und Opfertaten der preußischen Armee während der letzten 150 Jahre zurück. Nichts kann augenfälliger und einleuchtender zeigen, was die militärische Welt für Fontanes Denken bedeutet als diese spontane Beweisführung zur Widerlegung von Ibsens Thesen, denen nichts fremder ist als die Gedankenwelt des Soldaten.

In dieser Weise fährt Fontane auch in den folgenden Jahren fort, die Leistungen der preußischen Armee in seine Argumentation einzubeziehen. Ein Musterbeispiel dafür bietet das Storm-Kapitel aus ›Von Zwanzig bis Dreißig‹. Fontane rechnet da ab mit Storms (und vieler anderer) Preußenhaß, milde und schonend, wie er es dem immer verehrten Lyriker schuldet. Er zeigt dabei auch, daß er für die preußischen Schwächen und Mängel keineswegs blind ist, daß er vielmehr zeitlebens für alle gegen Preußen von außen her gerichteten Vorwürfe ein offenes Ohr hatte, aber so geneigt er war, den »Auslassungen« Storms und »seiner Gesinnungsgenossen« (NFA 15/200) zu folgen und sie womöglich noch zu überbieten, so wenig kann er doch übersehen, daß diese Preußenfeindschaft »eine ganz unerträgliche Anmaßung und Überheblichkeit« zur Voraussetzung hat. In einem Punkte sieht Fontane die deutschen Stämme engstens verwandt: »In Selbstgerechtigkeit sind« sie »gleichartig und ebenbürtig…« Soll also über Wert und Unwert der »deutschen Volksschaften« »abgerechnet werden«, so bleibt nur der Weg, die von ihnen vollbrachten Taten miteinander zu vergleichen: »Und wenn diese Taten zum Maßstab genommen werden sollen, wer will da so leichten Spieles mit uns fertig werden!« Noch einmal erfolgt eine Einschränkung, um den eben gegen die anderen erhobenen Vorwurf der Selbstgerechtigkeit nicht zum Bumerang werden zu lassen: »Vieles in ›Berlin und Potsdam‹ war immer sehr ledern und ist es noch; wenn's aber zum Letzten und Eigentlichsten kommt (und der Leser darf mit einiger Spannung darauf warten, was denn für Fontane dieses Letzte und Eigentlichste ist), was ist dann, um nur *ein* halbes Jahrhundert als Beispiel herauszugreifen, die ganze schleswig-holsteinische Geschichte neben der Geschichte des Alten Fritzen! Allen möglichen Balladenrespekt vor König Erich und Herzog Abel, vor Bornhöved und Hemmingstedt; aber neben Hochkirch und Kunersdorf – ich nehme mit Absicht Unglücksschlachten, weil wir (!!) uns diesen Luxus leisten können – geht doch dieser ganze Kleinkram in die Luft. Diesen Satz will ich vor Gott und den Menschen vertreten. Es liegt nun einmal so.« (NFA 15/200) Und es ist nicht der Fontane der ›Wanderungen‹ oder der ›Kriegsbücher‹, sondern der Fontane des Jahres 1896, der hier redet! Nachdrücklicher und bewußter kann man sich kaum zur eigenen Geschichte bekennen. Da zählt nicht, welches Maß an Freiheit oder gar an Wohlstand für den einzelnen eine »Volksschaft« errungen hat, sondern wenn's »zum Letzten und Eigentlichsten« kommt, da blickt Fontane auf die militärischen, die kriegerischen Leistungen, auf die Opfer, die dem Land wie dem Volk gebracht worden sind. Und diese Einstellung kann bei Fontane zur Grundlage einer allgemeinen Kritik werden. So moniert er bei seinem Besuch in Ålborg nach dem Krieg gegen Dänemark, daß die Bewohner der Stadt sich wohl nicht mehr vorstellen können, welche Schlachten ihre Vorfahren in England geschlagen und welche Siege sie erfochten hätten. Das »heutige Völkchen, dessen kriegerisches Bewußtsein nicht über den ›tappren Landsoldaten‹ hinausgeht« (NFA 18/222), verfällt der Kritik. Ganz deutlich wird hier wie an vielen anderen Stellen, daß ein historisches Bewußtsein bei Fontane vor allem ein kriegerisches Bewußtsein ist. Welche Schlachten geschlagen, welche Siege errungen, welcher Mut und welche Tapferkeit bewiesen worden sind, das bestimmt den Rang eines Volkes und einer Epoche.

Freilich muß Storm etwas an sich gehabt haben, was Fontane dazu reizte, ihn als einen Gegenpol des Preußischen anzusehen, als eine wandelnde Herausforderung militärischen Wesens. Nur so ist zu erklären, daß er bei dem berühmten Kranzler-Besuch, den Storm in einem Anzug zu unternehmen gedenkt, der »für einen Tiergartenspaziergang an dichtbelaubten Stellen« geschaffen ist, am stärksten erschrickt, als er der dort sitzenden Gardekürassiere ansichtig wird, »die uns anlächelten, weil wir ihnen ein nicht gewöhnliches Straßenbild gewährten.«

(NFA 15/212)[2] Zu bedenken ist dabei, daß ›Kranzler's Conditorei‹ »in ihrer Blüthezeit, das Haupt- und Standquartier des preußischen Gardelieutenants« war. Die beiden Dichter begaben sich also in die Höhle des Löwen. Julius Rodenberg erzählt (und man kann das als Bestätigung Fontanes auffassen): »sie waren keine sehr angenehmen Leute, diese jungen Herren, wenn man die Wahrheit sagen will. Und doch sind sie es gewesen, diese verspotteten Helden von Kranzler's Ecke, welche nachmals, zehn, zwanzig Jahre später die Bewunderung der Welt erregten und den Dank ihres Vaterlandes gewannen... Damals, in dem unklaren Gefühl eines Thatendranges, dem nirgends Aussicht auf Befriedigung ward, gefielen sie sich in dem Ton einer durch nichts gerechtfertigten Ueberhebung...«[3] Und ausgerechnet zwischen ihnen will Storm seinen Platz finden! Daß man im Café auf eine Comptoirdame stößt, »die selber bei der Garde gedient« haben konnte, macht deutlich, daß es Fontane schwer gefallen sein muß, bei dem Storm-Kapitel von 1896 auf den Satz zu verzichten, mit dem er Storm in dem von Hermann Fricke veröffentlichten Nekrolog von 1888 bedacht hatte: »Er...stand noch ganz auf dem Standpunkt wonach ein Gardeleutnant (von dem ihm ein gut Teil zu wünschen gewesen wäre) (!!) entweder unbedeutend oder nichtssagend oder ein trauriges Werkzeug der Tyrannei ist...«[4] Im übrigen muß Fontane von der formenden Kraft der preußischen Garde sehr überzeugt gewesen sein, denn in einem 1891 an Wichmann gerichteten Briefe heißt es: »...selbst dem alten Goethe würde ein Jahr beim 2. Garde-Regiment nicht geschadet haben.«[5] Storm ist also nicht allein betroffen. Kurz, von der Erscheinung her hatte Fontane, der selber das Gardemaß hatte, wohl einiges gegen Storm einzuwenden: »ein Mann wie ein Eichkätzchen, nur nicht so springelustig.« (NAF 15/201) Fontanes Resümee seines Kranzler-Besuchs klingt jedenfalls überraschend: »Einer der herrlichsten und gefeiertsten Poeten der romantischen Schule hat ein Gedicht geschrieben unter dem Titel: ›Engel und Bengel‹, und wenn man solchen Schal trug und dabei dichtete, so war man eben ein ›Engel‹, und wenn man bloß Gardekürassier war, nun so war man eben das andere. Das ist nun Gott sei Dank überwunden, und gerade wir Leute von Fach dürfen uns gratulieren, solchen Wandel der Zeiten noch erlebt zu haben.« (NAF 15/213) Dieser Satz spiegelt Fontanes mehrfach beteuerte Vorliebe für »Lieutenants, 6 Fuß hohe Rittergutsbesitzer und all die andern aus der Familie Don Juan, und wie nehm' ich alles zurück, was ich, als ich selber noch tanzte, zu Gunsten lyrischer Dichtung und zu Ungunsten hübscher, lachender und gewaschener Herzenssieger gesagt habe.« (HA Br III/183 f) Was später Thomas Mann als Motiv übernehmen wird, hat bei Fontane seinen eigenen Klang: »Einen hellblauen Dragonerrock elegant tragen, elegant im Sattel sitzen, eine Reitkleid-Dame mit Schleier zur Seite und nun hin durch den Wald und hup über die Hecke, das ist ein Leben.« (Ha Br IV/180)

Wenn Fontane sich an der weiteren Produktion von patriotischen Ergüssen auch nicht mehr beteiligt hat (und wer die unglaubliche Fülle pseudopatriotischer Arbeiten zwischen 1864 und 1898 kennt, wird ihn darin verstehen), so bewahrt er sich doch seine Hochschätzung der Männer jener Zeit, deren militärische Leistungen ihm die Größe ihres Charakters bewiesen. Man hat, wenn es in den letzten Jahren um die Bewertung des soldatischen Heldentums bei Fontane ging, meistens seine Definition des Heldentums aus dem ›Stechlin‹ zitiert, die auch wir schon in anderem Zusammenhang heranzogen: »Wenn ein Bataillon 'ran muß un ich stecke mitten drin, ja, was will ich da machen? Da muß ich mit. Und baff, da lieg ich. Und nu bin ich ein Held. Aber eigentlich bin ich keiner. Es ist alles bloß ›Muß‹, und solche Mußhelden gibt es viele. Das is, was ich die großen Kriege nenne.« (NFA 8/244) Es läßt sich auch nicht bestreiten, daß diese Äußerung in einem engen Zusammenhang mit den Wandlungen in Fontanes Denken während der letzten Jahre seines Lebens steht. Aber eines darf man doch nicht übersehen. Dubslav von Stechlin läßt sich zwar in dem Gespräch mit Lorenzen auf dessen Vorstellung von Heldentum ein, und es scheint sogar, daß er ihm zustimmt, wenn Lorenzen das Gespräch mit den Worten endet: »Der Bataillonsmut, der Mut in der Masse – bei allem Respekt davor – ist nur ein Herdenmut« (NFA 8/319), denn er nimmt mit einer vertraulichen Geste die Hand Lorenzens und sagt: »Sie sollen recht haben.« Aber wenn man den Roman zu Ende liest, bemerkt man, daß damit das letzte Wort Dubslavs über die preußische Armee noch nicht gesprochen ist. Lorenzen hat ihn zwar beeindruckt, hat seine Theorien für Augenblicke dem Alten glaubwürdig präsentieren können, aber diesem Gespräch schließt sich vor dem Tod Dubslavs noch ein zweites an, in dem es um die Zukunft des Hauses Stechlin geht. Dubslav hat Bedenken, daß Woldemar unter die Neuerer geraten könnte, und beschreibt, die Zukunft vorwegnehmend, wie in späteren Zeiten Gesellschaften im Schloß Stechlin ablaufen werden: »Da ist in erster Reihe der Minister von Ritzenberg geladen, der, wegen Kaltstellung unter Bismarck, …eine wahre Wut auf den alten Sachsenwalder hat, und eröffnet die Polonaise mit Armgard. Und dann ist da ein Professor, Kathedersozialist, von dem kein Mensch weiß, ob der die Gesellschaft einrenken oder aus den Fugen bringen will…dann stellen sie ein lebendes Bild, wo ein Wilddieb von einem Edelmann erschossen wird…und in einer Nebenstube sitzen andere und blättern in einem Album mit lauter Berühmtheiten, obenan natürlich der alte Wilhelm und Kaiser Friedrich und Bismarck und Moltke, und ganz gemütlich dazwischen Mazzini und Garibaldi, und Marx und Lassalle, die aber wenigstens tot sind, und daneben Bebel und Liebknecht. Und dann sagt Woldemar: ›Sehen Sie da den Bebel. Mein politischer Gegner, aber ein Mann von Gesinnung und Intelligenz.‹ Und wenn dann ein Adeliger aus der Residenz an ihn herantritt und ihm sagt: ›Ich bin überrascht, Herr von Stechlin, - ich glaubte den Grafen Schwerin hier zu finden‹, dann sagt Woldemar: ›Ich habe die Fühlung mit diesem Herrn verloren.‹« (NFA 8/342) Mit dem Trost, den Lorenzen ihm spendet, ist der Alte wenig zufrieden. Er legt sich mit dem Pastor nicht an wegen der möglichen neuen Formen des Christentums in Stechlin, aber Woldemars Verhältnis zu Preußen, das liegt ihm am Herzen. Und es wird erkennbar, daß nicht die neuen Ideale von Heldentum in seinem Herzen leben, die Lorenzen zu guter Letzt ihm hat predigen wollen (insofern auch er einer aus der Reihe der Bekehrer, die dem Alten das Ende versauern), sondern was in ihm lebt, was er heraufbeschwört, das ist sein altes Preußen: »da müssen Sie mir was versprechen. Besinnt er sich, und kommt er zu der Ansicht, daß das alte Preußen mit König und Armee, trotz all seiner Gebresten und altmodischen Geschichten, doch immer noch besser ist als das vom neuesten Datum, und daß wir Alten vom Cremmer Damm und von Fehrbellin her, auch wenn es uns selber schlecht geht, immer noch mehr Herz für die Torgelowschen im Leibe haben als alle Torgelows zusammengenommen, kommt es zu solcher Rückbekehrung, *dann*, Lorenzen, stören Sie diesen Prozeß nicht. Sonst erschein ich Ihnen. Pastoren glauben zwar nicht an Gespenster, aber wenn welche kommen, graulen sie sich auch.« (NFA 8/343) Für Dubslav ist die Frage längst entschieden, was mehr ist: Leutnant Greeley oder die Garde bei St. Privat...

Der Vorabdruck des ›Stechlin‹ ist längst beendet, da schreibt Fontane am 31. Januar 1898 einen Brief an Julius Lange: »Allerschönsten Dank für die kleinen Kriegstagebuchblätter, die Sie gütigst Ihrem Briefe beischlossen. Ich hab es nicht bloß mit Interesse, sondern auch mit einer gewissen Rührung gelesen, die fast immer über mich kommt, wenn ich Aufzeichnungen oder Briefe lese, die jener schönen und großen Zeit angehören. Kronprinz Friedrich immer derselbe, drüberstehend, frei, menschlich. Als 27er müssen Sie viel mitgemacht haben; neben den Baiern und der 22. Division sind die vom fünften Corps am meisten in Aktion gewesen.« (Ha Br IV/691) Das atmet denselben Geist wie ein zwei Jahre älterer Brief, den Fontane schrieb, um seine Stimme für eine Petentin der Schiller-Stiftung zu erheben: »Ich möchte vorschlagen, den Brief in Kurs zu setzen, damit die Mitglieder des Vorstandes ihre Stimme abgeben können. Ich meinerseits stimme für wenigstens 150 Mark, denn verglichen mit *dem,* was herkömmlich ...von uns unterstützt wird, ist Frau Dr. Steinbeck sowohl um des Talents wie des Charakters ihres verst. Mannes willen, eine 3mal Berechtigte.« Und eine Anmerkung Fontanes erläutert, um wen es sich bei dem Mann gehandelt hat: »Er war 66 und 70 mit im Felde und erhielt vor Metz das eiserne Kreuz.« (Ha Br IV/527) Es war für Fontane eine große Zeit, die Zeit der Einigungskriege, und es waren Männer, die hinauszogen, um den Jahrhunderttraum der Deutschen zu verwirklichen: ein einiges Deutsches Reich. Zu keinem Zeitpunkt hat sich Fontane der Größe dieses Werks verschlossen. Und es waren die Preußen, die das alles in Gang setzten. Fontane kann es zwar der ganzen Struktur seines Denkens nach nicht gelingen, eine vorbehaltlose Zustimmung auszusprechen, aber es finden sich doch gerade aus den letzten Lebensjahren eine Reihe von Bemerkungen von beinahe bekenntnis- und geständnishaftem Charakter, die das Bild, das in den letzten Jahren von ihm entworfen worden ist, ein wenig anders grundieren.

1894 hatte ihm sein Sohn Theo eine kritische Stellungnahme zum preußischen Kriegsministerium zugeschickt. Fontanes Erwiderung läßt zwar in gewohnter Weise offen, ob die Frage nach der Qualität des Ministeriums nicht auch anders beantwortet werden kann, aber für sich selbst repliziert er mit der erfahrenen und sicheren Gelassenheit des auf Preußen eingeschworenen Berliners: »In der Hauptsache ist es mir aber doch wieder ein glänzender Beweis, wie wenig auf menschliches Urteil zu geben ist, auch wenn der, der das Urteil abgibt, eine Nummer 1 ist. Lothar Bucher schrieb vor 40 Jahren von London aus glänzende Artikel für die Nationalzeitung, an deren Spitze damals der gute alte Zabel stand. Dieser schickte die Artikel, die den englischen Parlamentarismus verhöhnten, an Bucher zurück, und zwar mit der Bemerkung: ‹Woran sollen wir noch glauben, wenn wir nicht mehr an England glauben können?› Ich stehe ganz auf diesem Zabelschen Standpunkt, daß man an gewisse, großartig überlieferte Dinge glauben muß, wenn man nicht ganz aus dem Fahrwasser kommen und ein mindestens persönliches Scheitern vermeiden will. Alles ist ver- und zerfahren; gewiß, aber trotzdem, ein paar Dinge gibt es, die sich einem im Glanze wirklicher Vortrefflichkeit und Autorität darstellen, und zu diesen paar Dingen – wie Zabel das englische Parlament dahin rechnete – rechne ich das preußische Kriegsministerium. Wenn nun ein so Eingeweihter kommt und das Gegenteil behauptet, so laß ich ihm sein persönliches Recht dazu, ziehe aus dem Ganzen aber doch nur den schon angedeuteten Schluß: alles Urteil ist einseitig und beschränkt und das der Nahestehenden und Eingeweihten am meisten. Die Armee, wie sie da ist, ist doch schließlich ein Produkt des Kriegsministeriums und seiner Annexe, und wenn sich die Armee bewährt hat, hat sich auch das bewährt, was diese Waffe schuf.« (Ha Br IV/361 f) Daß das Kriegsministerium zu den ›großartig überlieferten Dingen‹ gehört, ist bei Fontane kein neuer Gedanke, auch keine in einem Augenblick geborene und im nächsten Augenblick wieder aufgegebene Einsicht. Natürlich ist es nicht so, daß er Mängel, Schwächen und Unzulänglichkeiten bei der Armee und ihrer Führung übersähe, aber beide bleiben für ihn auch dann, wenn er die Auswüchse des Militarismus geißelt, eine Art unantastbarer Instanz. Wenn sich überhaupt etwas oberhalb der Linie hält, bis zu der hin die allgemeine Ver- und Zerfahrenheit dominieren, dann ist es die Armee. Selbst in den kritischsten Jahren, als kaum irgend etwas Preußisches vor seinen Augen bestehen kann, hält er an der Armee fest. Sie bleibt, bei aller sogleich nachgeschobenen Einschränkung, doch das »Beste, was wir haben«. (Ha Br II/584) Wenn er auch wieder und wieder nicht umhin kann, das Preußentum zu kritisieren und sich über alles freut: »was unsren Leuten hier beibringt: die ganze gepriesene Herrlichkeit lasse furchtbar viel zu wünschen« (Ha Br IV/122) und die Vorstellung ridikülisiert, »daß es mit uns ganz was Besondres sei«, so heißt es doch: »Zweierlei haben wir, die Volksschule…und die Armee, worin wir wahrscheinlich Nummer 1 sind, aber doch auch nicht in dem Grade, wie wir's uns einbilden. Man braucht sich nur die Musketiere, die als Leutnantsburschen die Straßen unsicher machen, anzusehn, um über die Vorstellung einer Superioriät zu lachen. Alles ist durchschnittsmäßig, oft auch *das* kaum, und nur dann und wann ereignet es sich, daß das Durchschnittsmäßige, weil es glänzend dirigirt wird (Generalstab und zum Theil auch Offizierkorps) über sich selbst hinauswächst. Herrschaft des Geistes über die grobe Masse.« (Ha Br IV/122f) Dieser Schlußsatz ist von aufschließender Bedeutung für Fontanes Einschätzung von Kriegsministerium, Generalstab, Offizierkorps: Herrschaft des Geistes über die grobe Masse. Es spricht sich darin die Überzeugung aus, daß die Masse immer der Durchdringung durch ein geistiges Element bedarf, und diese Aufgabe lag in Preußen bei der Armeeführung. Sie kann ihrer Aufgabe nicht immer voll gerecht werden, weil das Durchschnittsmäßige bestimmt wird von Trägheit und Unbeweglichkeit, aber jeder Blick auf die preußische Geschichte zeigt, wie die Masse immer wieder mitgerissen wird vom Geist der Führung. Daß in der Geschichte der preußischen Armee ein Geistiges wieder und wieder über eine an und für sich stumpfe Masse triumphiert und diese durchdringt, das macht für Fontane wohl das Faszinierende an der preußischen Geschichte aus. Das erklärt sicher auch seine Vorliebe für militärische Gesellschaft, wie er sie in einem Brief an Theo vom 6. Mai 1895 ausdrückt: »Um dies Kriegstheater könnte ich Dich beneiden, einmal – weil ich den Harz sehr liebe – der Szenerie halber, dann, weil höhere militärische Gesellschaft so ziemlich das Beste bedeutet, was man von Gesellschaft haben kann.« (Ha Br IV/447) Das ist ein bedeutsames Lob, wenn man überlegt, wie umfassend Fontanes gesellschaftliche Kontakte zu allen Zeiten seines Lebens gewesen sind. Neu ist seine Aussage freilich nicht, denn Fontane besaß immer eine Vorliebe für den Umgang mit Soldaten. So heißt es schon im Buch über den Krieg von 1866 als »Feldmarschalllieutenant v. Gablenz als Gouverneur an die Spitze der Regierung von Holstein« trat: »Dies war eine vorzügliche Wahl. Ohne Voreingenommenheit gegen Preußen, liebenswürdig von Natur, ausgerüstet mit all jenen Tugenden, die den Verkehr mit Soldaten so angenehm machen, ließ sich jetzt eine Epoche freundlichen Zusammengehens erwarten.« (DK I/16f) Der gebildete Soldat ist bei Fontane nie auf Ablehnung gestoßen.

Wenn gerade gezeigt wurde, daß für Fontane noch bis spät in die 90er Jahre das Kriegsministerium zu den preußischen Institutionen gehörte, an die der einzelne ganz einfach *glauben* mußte, wenn er den Boden nicht unter den Füßen verlieren wollte, so soll gerade in diesem Zusammenhang der Hinweis nicht vermieden werden, daß sich Fontane noch in seinem letzten Lebensjahr auf sehr persönliche Weise zu einem sehr persönlichen ›Glauben‹ bekannt hat. Es ist ein merkwürdiges Bekenntnis, in undurchsichtiger Weise zwischen Gegenwart und Vergangenheit angesiedelt, das gleichwohl folgerichtig an das Ganze seines Lebensweges anknüpft. Verborgen ist es zunächst (ein weiteres Mal!) in herber Kritik am preußischen Staat; es ist eine eindrucksvolle Zusammenfassung vieler antipreußischer Argumente: »Mein neuer dickleibiger Roman…beschäftigt sich fast ausschließlich mit dieser Frage; Dynastie, Regierung, Adel, Armee, Gelehrtenthum, alle sind ganz aufrichtig davon überzeugt, daß speziell wir Deutsche eine sehr hohe Kultur repräsentiren; ich bestreite das; Heer und Polizei bedeuten freilich auch eine Kultur, aber doch einen niedrigeren Grad und ein Volk und Staatsleben, das durch diese zwei Mächte bestimmt wird, ist weitab von einer wirklichen Hochstufe. Sehr amüsirt hat mich, was Sie gegen Kohl sagen, der nicht in den Uhdeschen Himmel will. Als ich noch ganz jung war, wurde ich von einem mir befreundeten ältren Geistlichen wegen meines ‹Gott's› ausgelacht; er (mein Gott) ist mir aber auch heute noch mindestens so lieb, wie der meines Auslachers; meiner ähnelte Friedrich dem Großen, der andre war mehr Torquemada.« (Ha Br IV/718)   Die Anekdote wird in die Bethanienzeit zurückverlegt; ein halbes Jahrhundert liegt zwischen der Begebenheit und der Erzählung: »Mein Gott ist mir aber auch heute noch mindestens so lieb wie der meines Auslachers…«

Zwei Tage vor seinem Tod schreibt Fontane einen Brief an den in Italien lebenden Hermann Wichmann, den Empfänger einiger der schönsten Altersbriefe: »Dieser Prang, welche herrliche Figur! Ich bin nicht für Kraftmeierei, aber wenn sich Kraft so ganz natürlich gibt, dann ist sie doch was Herrliches und macht das Leben erst recht eigentlich zum Leben. Auch was Prang zur Verherrlichung oder doch zur Gutheißung Rußlands sagt, unterschreibe ich. Nichts schrecklicher und lächerlicher zugleich als die ewigen Einbildungen von unserer deutschen Herrlichkeit und Überlegenheit. Die Leute lernen wo anders auch lesen, schreiben, rechnen, und Polizei gibt es auch überall. Dennoch aller Mängel und Ledernheiten zum Trotz, ist es *im ganzen* doch wohl bei uns am besten, selbst mein geliebtes und gepriesenes England nicht ausgeschlossen. Im *Politischen* fehlt uns sehr, sehr viel, und mitunter ist es geradezu zum Lachen und Weinen. Aber das gesamte Leben der Nation steht doch vergleichsweise auf einer Hochstufe. Es fehlt so viel Häßliches und Schauderöses, das sich bei den anderen ohne Ausnahme so reichlich vorfindet.« (Ha Br IV/757)   Das klingt nicht eben nach einem patriotischen Hurra! Aber es ist ein kritisch-nüchterner Satz, der, bedenkt man die tiefe Skepsis dessen, der hier sein Urteil fällt, als gültiges Resümee lebenslanger Beobachtung angesehen werden kann.

Es ist an dieser Stelle notwendig, noch einmal auf die Einstellung Fontanes zu Militarismus und Antimilitarismus zurückzukommen. Die Arbeit dürfte hinreichend gezeigt haben, daß Fontane kein Gegner der preußisch-deutschen Armee war und sein Mißfallen nur dann äußerte, wenn ihm Auswüchse militaristischen Gebarens begegneten. Und schließlich: was heißt Militarismus? Max Scheler hat sich, wie kein anderer deutscher Philosoph seiner Generation, im Ersten Weltkrieg darum bemüht, den militärischen Anstrengungen des deutschen Volkes ein geistiges Fundament zu geben. Nicht alles, was er damals veröffentlicht hat, wird heute noch unser Verständnis finden, obwohl keine Zeile darunter ist, die an der Größe und an der Reinheit seiner Gesinnung zu zweifeln erlaubte. (Das vielfach Zeitgebundene seiner Gedanken und Formulierungen bleibt davon unberührt.) Von ihm stammt der Aufsatz ›Über Gesinnungs- und Zweckmilitarismus‹,[6] wobei der Zweckmilitarismus als die niedrigere Form des Militarismus bestimmt wird. Wenn die damalige Feindpropaganda den Deutschen vorwarf, Militaristen zu sein, und dieser Vorwurf ausgedehnt wurde auf die Zeit der Gründung des Zweiten Reiches und auf die Anfänge der preußischen Geschichte überhaupt, so verstand man darunter den reinen Zweckmilitarismus. Die Deutschen ihrerseits erklärten diesen Militarismus mit ihrer geopolitischen Lage: Ein Staat ohne natürliche Grenzen, umgeben von potentiellen Feinden, die sich mit seiner Existenz nicht abfinden können, ist genötigt, durch Rüstung für seine militärische Sicherheit zu sorgen. Aber eben diese Feinde geben vor, in diesen der Verteidigung dienenden Maßnahmen Mittel sehen zu müssen, die ihrer Unterwerfung dienen sollen. In dieser Lage unternimmt es Scheler nachzuweisen, daß Preußen-Deutschland damit völlig verkannt werde. Was Deutschland auszeichne, sei in Wahrheit ein Gesinnungsmilitarismus, dem Haß und Eroberungssucht gleichermaßen fremd seien, der nicht auf Herrschaft, nicht auf Expansion seiner Macht aus sei, sondern der dem Volkscharakter entspringe und diesem eine unverwechselbare Form zu geben trachte. Dieser Militarismus »ist allem voran der freie Ausdruck, *die natürliche Lebensform des spontanen Ethos und Grundwillens unseres Volkes*, nichts also, was uns Lage und besondere historische Schicksale abgenötigt hätten. Wir sind Militaristen einfach aus dem Grunde, weil es uns wohl gefällt, also zu leben und nicht anders!«[7] Diese Darlegungen, die das Militärische zum Grundelement des Volkscharakters machen, müssen, für sich genommen, die Bedenken möglicher Feinde eher steigern als mäßigen. Entscheidend muß deshalb sein, welche konkreten Züge des Volkscharakters sich aus dieser militaristischen Grundhaltung ableiten lassen. Scheler stellt den Haupttugenden des Gesinnungsmilitarismus jene Züge gegenüber, die sich dort offenbaren, wo der reine Zweckmilitarismus herrscht. Der Zweckmilitarismus dient zwar wie der Gesinnungsmilitarismus der Wohlfahrt des Staates, doch sein eigentliches Ziel ist es, mit dessen Wohlfahrt auch das Glück des einzelnen zu sichern. Das dem Individuum Angenehme und Nützliche, sein Vorteil, sein persönliches Wohlbehagen sind der eigentliche Zweck des Staates. Der Gesinnungsmilitarismus verlangt vom einzelnen Selbstverleugnung. Der Bürger, der in seinem Geiste lebt, wird Ruhm und Ehre dem bloßen Lebenstrieb vorziehen; die Macht des Ganzen steht über dem Vorteil des einzelnen; das Glücksverlangen des Individuums hat gegenüber den Ansprüchen des Staates zurückzutreten.

Nun wird man sich freilich hüten müssen, Fontane ohne Wenn und Aber dem Gesinnungsmilitarismus zuzurechnen, denn zu nachdrücklich vertrat er zeitlebens – bei aller Skepsis – den Anspruch des einzelnen auf Glück. Und doch bleibt zuzugeben, daß in Fontanes großen Augenblicken nichts dem Ethos widerspricht, das Scheler als Kern des Gesinnungsmilitarismus enthüllt. Es werden da gleichsam die Umrisse eines altpreußischen Tugendkatalogs erkennbar, und Fontane wäre der letzte gewesen, sich den damit verknüpften Forderungen an den einzelnen zu entziehen.[8] Wenn er sich kritisch vom Militarismus absetzt, handelt es sich durchweg um Formen, die auf dem Boden des Zweckmilitarismus entstanden sind. Insofern ist Schelers Unterscheidung bei der Beurteilung von Fontanes Einstellung zur preußischen Armee von erschließender Bedeutung.[9]

22. Kapitel

Die Poggenpuhls

Wenn man sich vergegenwärtigt, wie intensiv sich Fontane durch Jahrzehnte hindurch mit der preußischen Geschichte und den Feldzügen der preußisch-deutschen Armeen von 1864 bis 1871 beschäftigt hat, wenn man bedenkt, wie viele Begegnungen mit Offizieren aller Dienstgrade er hatte und wie viele Offiziere zu seinem Bekanntenkreis zählten, und wenn man sich erinnert, daß zwei seiner Söhne als Berufsoffiziere (oder doch jedenfalls im Offiziersrang) in der Armee dienten, so wird man sich bei diesem in der Wolle gefärbten Preußen nicht wundern, wenn in seinen Romanen die Armee und ihre Offiziere eine beinahe beherrschende Rolle spielen. Vor allem die Berliner Romane stellen eine Fundgrube dar, wenn es sich darum handelt, ein Bild von der preußischen Armee in ihrer zeitgenössischen Umwelt zu entwerfen. Jedes dieser Werke trägt mit einer Fülle wichtiger, gelegentlich auch nur beiläufiger Bemerkungen dazu bei, Fontanes Auffassungen von der Armee zu verdeutlichen und sein Verhältnis zu ihr zu klären. Am auffälligsten und nachdrücklichsten macht der Dichter (wenn man von den historischen Romanen absieht) in den ›Poggenpuhls‹ den Offiziersstand und die Armee zum Thema. Die Poggenpuhls sind eine Familie pommerscher Herkunft, deren Angehörige seit den Kriegen Friedrichs des Großen beständig in vorderster Front standen. Die von ihnen vollbrachten Taten sprechen für sich: Der Major Balthasar von Poggenpuhl, der ›Hochkircher‹ genannt, verteidigte in jener Schlacht eine halbe Stunde lang den Friedhof, »bis er mit unter den Toten lag«. (NFA 4/294) Der Rittmeister von Poggenpuhl hat 1813 als Kavallerist »bei Großgörschen ein Carré gesprengt und dafür den Pour le Mérite erhalten« (NFA 4/289), und der Major Alfred von Poggenpuhl, dessen Frau und dessen fünf Kinder im Mittelpunkt des Romans stehen, fiel 1870 bei Gravelotte. Familiengeschichte und preußische Kriegsgeschichte bilden also eine unauflösliche Einheit. Und auch die lebenden Poggenpuhls sind Soldaten: der Bruder des gefallenen Majors Eberhard von Poggenpuhl hat es bis zum Generalmajor gebracht und ist außer Dienst, Wendelin und Leo von Poggenpuhl stehen beim Regiment Trzebiatowski, in dem schon ihr Vater gedient hat. Vom jungen Leutnant bis zum alten General reicht also die Spannweite des Romans: genug Spielraum, um Charaktere verschiedenster Prägung zu entfalten.[1]

Während der Leser umfassend aufgeklärt wird über das Leben, Denken und Fühlen, das Wünschen und Hoffen Leo von Poggenpuhls, bleibt der ältere Bruder Wendelin ganz im Hintergrund. Will sich der Leser eine Vorstellung von ihm machen, so ist er völlig darauf angewiesen, sich an das zu halten, was andere von ihm sagen, vor allem sein Bruder Leo. Die Interpreten haben sich das Bild, das Leo von dem Älteren entwirft, zu eigen gemacht, so daß der zukünftige Generalstäbler allenthalben als erstklassiger Offizier, zugleich aber als zweitklassiger Charakter erscheint. Dabei ist Leo nach Stellung und Veranlagung der, der zu einer gerechten, objektiven Beurteilung des Bruders am wenigsten beitragen kann. Der Ältere ist dem Jüngeren in jeder Beziehung überlegen. Das Unglück des Jüngeren besteht geradezu darin, daß er sich der Überlegenheit Wendelins bewußt ist, und das Unglück des Älteren ist, daß er aus seiner Überlegenheit kein Hehl macht. So erscheint er Leo gegenüber (notwendigerweise) fortgesetzt in der Rolle des Wohltäters. Der Besuch, den Leo zum Geburtstag der Mutter in Berlin abstattet, ist allein dem Entgegenkommen Wendelins zu verdanken. Er weiß, daß der Jüngere schon immer der Liebling der Mutter war, und ermöglicht ihm die Reise. Leo vergilt ihm die Guttat nicht mit reiner Dankbarkeit, sondern nimmt jede Gelegenheit wahr, Verhaltensweisen und Motive des Älteren herabzusetzen. Für ihn spricht dabei freilich, daß er sich der Fragwürdigkeit des eigenen Urteils durchweg bewußt bleibt: »Wendelin empfing mich am Bahnhof, furchtbar artig, aber doch auch sehr gnädig. Er übertreibt es; Gönnermiene, ganz Generalstab. Und er ist es noch nicht mal. Natürlich kommt er dazu. So viel Tugenden kann sich der Staat nicht entgehen lassen. Verzeih diese Malicen, aber wenn man sich so verschwindend klein fühlt, hat man nichts als Schändlichkeiten, um sich vor sich und andern zu behaupten. Der Wurm krümmt sich.« (NFA 4/345) Nichts berechtigt dazu, seine anderen Äußerungen über den Bruder ernster zu nehmen als diese, die er selber in ihrer Einseitigkeit und damit Belanglosigkeit decouvriert. Seine schärfste Kritik an Wendelin äußert er, als Manon auf den Gedanken kommt, er, Leo, solle, um angemessene Voraussetzungen zu schaffen für die von ihr gewünschte Ehe Leos mit Flora Bartenstein (aus einer angesehenen jüdischen Bankiersfamilie), eine Familiengeschichte der Poggenpuhls schreiben. Dieses Unternehmen, das die Familie – und natürlich Leo – ins rechte Licht rücken soll, verlangt indessen, daß Wendelin und der alte General Eberhard von Poggenpuhl »das Beste dabei« tun. (NFA 4/349) Leo erkennt die Vorteile des Unternehmens sofort, aber auch seine eigene intellektuelle Unzulänglichkeit. Und Wendelin – verweigert sich: »Er findet es einfach ridikül. Und warum? Weil seiner aufrichtigen Meinung nach das Poggenpuhlsche nicht mit den Kreuzzügen, sondern einfach mit Wendelin von Poggenpuhl anfängt. Was seit hundert Jahren unter dem ‹Hochkircher› und dem ‹Sohrschen› geschah, war Alltagsarbeit; in Front stehen und Hurra schreien, bedeutet ihm nicht viel, er ist für strategische Gedanken. Jedenfalls denkt er mehr an sich, als an die Familie. Er hilft mir zwar regelmäßig und ist in vielen Stücken eine glänzende Nummer, aber es muß immer was sein, was ihm zugleich in aller Augen zu Vorteil und Ehre gereicht; wenn es ihm so vorkommt, daß er persönlich damit bei hohen Vorgesetzten anstoßen oder wohl gar in einem fragwürdigen Lichte dastehen könnte, so ist es mit allem Familiengefühl und aller Bereitwilligkeit rasch vorbei. Er heißt Poggenpuhl, aber er ist keiner, oder doch ganz auf seine Weise, die von der unsrigen sehr abweicht. Darüber aber kein Wort zu Mama; die ist imstande und schreibt es ihm, und dann bin ich an den Pranger gestellt. Ich bin ohnehin schon immer verlegen, wenn er bei mir in die Stube tritt. Er hat so'n verdammt superiores Lächeln, und ich muß mich ducken. Überhaupt – und das ist das Fatale der ganzen Karriere –, man muß sich immer ducken. Aber statt dieser Konfessions lieber zurück zur Hauptsache, zu der zu schreibenden Ruhmesbroschüre. Wendelin, wie gesagt, will nicht und ich selber kann nicht, kann nicht und wenn sich's darum handelte, die Königin von Madagaskar als Braut heimzuführen.« (NFA 4/349f) Wer aus den Urteilen dieses moralischen ›Leichtfußes‹, der bedenkenlos Einfluß und Einkommen der gesamten Familie einsetzen würde, um seinen Geldverlegenheiten zu entgehen, ableiten wollte, daß Wendelin tatsächlich ein Charakter minderen Ranges sei, ein kalter Streber, übersieht die Bedingtheit von Leos Urteilen.[2] Es ist deshalb auch nicht überraschend, daß Leo mit diesem Urteil in der Familie allein steht. Bei ihm findet ungeteilte Anerkennung nur, wer auf seine eigenen Ansprüche ganz verzichtet und allein für ihn lebt: deshalb seine Liebe zu den zwei jüngeren Schwestern, die sich seinen Wünschen bedingungslos unterordnen – und seine unausgesetzte Kritik am Onkel General, der sich als Onkel nicht genügend legitimiert. (vgl. NFA 4/302) In Leos Weltvorstellung fällt dem Onkel nur noch eine sehr untergeordnete Stellung zu: »er müßte doch eigentlich denken: ‹*Ich* habe meine Zeit gehabt, nun sind die andern dran.› Er gibt wohl dann und wann, gewiß, aber was er so auf dem Familienaltar opfert, steht in keinem rechten Verhältnis, weder zu seinen Einnahmen, noch zu seinen Ermahnungen. Er könnte sich kürzer fassen und mehr geben. Hat er doch ein riesiges Glück gehabt und sitzt nun über ein Dutzend Jahre schon in der Wolle, oder, wie manche sagen, in einer guten Assiette.« (NFA 4/305) Dies ist allerdings auch der Punkt, an dem er Wendelins Superiorität neidlos anerkennt. Denn wenn er darüber klagt, daß auch Wendelin trotz aller seiner Tugenden vom Onkel kurz gehalten werde, so gesteht er doch zu, daß dieser der finanziellen Rückendeckung durch den Onkel nicht bedürfe. Nicht, weil er sein Leben aus anderen Quellen finanzierte, sondern weil er ein Mann der Askese ist: »der braucht es (das Geld) auch nicht. Wendelin, der das Talent hat, bei seiner Wasserkaraffe sich Herr von ungezählten Welten zu fühlen, Wendelin macht auch *so* seinen Weg. Aber auch für ihn ist doch ein Unterschied. Es ist nun mal was andres, ob man seinen Weg spielend macht oder in ewiger Askese. Die mit Askese haben meistens einen Knacks weg; – sie werden berühmt oder können es wenigstens werden, aber auch wenn sie berühmt sind, wirken sie meistens wie kleine Schulmeister. Möglich, daß Wendelin eine Ausnahme macht.« (NFA 4/306) Die Bedürfnislosigkeit gehört zu seinem Lebensstil, denn sie verbürgt ihm die völlige Unabhängigkeit, die wiederum (nach dem Bild, das die Familie von ihm hat) seine Karriere sichert: »Hinsichtlich Wendelins, der ihrem eigenen Bemühen in allen Stücken entgegenkam, besonders auch darin, daß er zu sparen verstand, hinsichtlich dieses älteren Bruders unterlag das Erreichen höchster Ziele kaum einem Zweifel. Er war klug, nüchtern, ehrgeizig, und soviel durch Aufhorchen in dem militärexcellenzlichen Hause zur Kenntnis Theresens gekommen war, konnte sich's bei Wendelin eigentlich nur noch darum handeln, ob er demnächst in das Kriegsministerium oder in den Generalstab abkommandiert werden würde.« (NFA 4/292) So werden denn auch am Ende des Romans, als der Tod des Generals die Tante veranlaßt, sich der armen Verwandten finanziell anzunehmen, Leos Urteile über den Bruder völlig desavouiert. Es ist unbestritten, daß Fontane in der (bürgerlichen) Tante eine Frau darstellen will, an deren Menschlichkeit und deren Urteilsfähigkeit kein Zweifel erlaubt ist. Selbst Therese, durch ihren Adelstick dem Ridikülen oftmals nahe, ist von ihrer Haltung beeindruckt. Und sie, aller Kritik entrückt, verfährt bei der Versorgung der Brüder doch höchst einseitig: »Ich habe vor, an Wendelin, der ein guter Wirt ist und den Wert des Geldes kennt, tausend Taler zu schicken, an Leo fünfhundert. Leo wird sich davon einen guten Tag machen; er ist ein Leichtfuß, woran ich aber keine moralischen Betrachtungen knüpfe, denn auch die Leichtfüße sind mir sympathisch, vorausgesetzt, daß Anstand und gute Gesinnung in dem leichten Leben nicht untergehen.« (NFA 4/367) Die gute Gesinnung wird man Leo auch dann nicht absprechen, wenn man Bettina Plett recht gibt, die in ihrer kenntnisreichen und gründlichen Arbeit ›Die Kunst der Allusion‹ Leos Selbstcharakteristik als »enfant perdu« (NFA 4/306) auf das Heine-Gedicht dieses Titels bezieht und die dritte Strophe dieses Gedichts

> In jenen Nächten hat Langweil' ergriffen
> Mich oft, auch Furcht – (nur Narren fürchten nichts)
> Sie zu verscheuchen, hab' ich dann gepfiffen
> Die frechen Reime eines Spottgedichts[3]

in Zusammenhang bringt mit Leos Vorliebe für die damals in Berlin mit größtem Erfolg gespielte Parodie auf Wildenbruchs ›Quitzows‹. Bettina Plett meint: »Leos Neigung zum Spottgedicht der Travestie entspricht seiner allgemeinen Lebenshaltung, die Dinge möglichst vordergründig leicht zu nehmen, ohne sich über ihre Hintergründe mehr ernste Gedanken als nötig zu machen; sie ist aber auch ein Zeichen seiner Zugehörigkeit zu einer neuen Generation im Wandel, die ein distanzierteres oder nachlässigeres Verhältnis zu ihrer eigenen Tradition hat, die sich über die Travestie der Tragödie amüsiert, ohne sich über die eigene Rolle in diesem zeitgenössischen Schauspiel allzu viele Gedanken zu machen.«[4] Das ist alles richtig, aber Fontane kannte den preußischen Offizier zu gut, als daß er die Freude an der Parodie und die Selbstverspottung nur auf den Leutnant am Ende des 19. Jahrhunderts beschränkt hätte. Zumindest ist über das von Bettina Plett Gesagte hinaus der Hinweis notwendig, daß das Gedicht ›Enfant perdu‹ ursprünglich den Titel tragen sollte ›Verlorene Schildwacht‹ und daß Leo der letzte wäre, der des Nachts aus Furcht »Die frechen Reime eines Spottgedichts« pfiffe. Er ist der Mann, der erschießt und der erschossen wird, wenn nämlich der Feind auch gut schießen kann. Nun denn: »die Andern rücken nach«. Die Unbekümmertheit bezieht sich nicht nur auf die zu bewahrende Tradition, sondern auch auf das eigene Leben.

Jedenfalls finden Leos Urteile über Wendelin in der Familie kein Echo. Sie entspringen seinen Unterlegenheitsgefühlen; es sind in der Tat nur Malicen des Wurms, der sich krümmt. Fontane hat Wendelin von Poggenpuhl von Anfang an als einen Mann von besonderer militärischer Begabung konzipiert. Dies verdeutlichen auch die vorhandenen Entwürfe, die in der zuverlässigen und vorzüglich kommentierten Ausgabe des Aufbau-Verlags abgedruckt sind. Die Hochschätzung durch die Tante, deren Vermögensverhältnisse hier noch sehr viel anders zu denken sind, kommt durch ihre Geneigtheit zum Ausdruck, Wendelin hoch über Leo zu stellen und ihn angemessen zu unterstützen: »Auch wenn Leo braucht, erhält er bis zu einem Drittel, Wendelin aber erhält jede Summe, nicht von den 10000 Talern, sondern von mir persönlich, weil ich weiß, daß er den Wert des Geldes kennt und das Geld nur in den Dienst eines gut und brav und patriotisch anzulegenden Lebens stellt.«[5] Auch in den früheren Entwürfen schon gedenken die Schwestern um der Brüder und damit der Familie willen nicht zu heiraten und alles den Brüdern zuzuwenden: »Es is ja lächerlich, daß es ohne Mann nicht geht; im Gegenteil, es geht ohne Mann viel besser; heiraten is auch häßlich und kleine Kinder ganz gewiß. Nein, Mutter, nicht heiraten und alles beisammen lassen und dafür sorgen, daß aus den Poggenpuhls wieder was wird und sie so dastehn, wie sie nach ihrem alten Adel und nach Hochkirch und Gravelotte dastehn müssen. Wendelin sorgt für sich selbst, daß der Generalquartiermeister wird und Chef des Generalstabs, das ist mir gewiß, und die Tante schwört darauf, und die hat scharfe Augen und sieht, wie's kommt. Und Leo muß seine Schulden bezahlen und ein Pferd kriegen. Den Schneid hat er, und dann macht er eine Partie, aber standesgemäß, und in 20 Jahren sind die Poggenpuhls obenauf, und wenn von den alten Familien gesprochen wird, dann heißt es die Arnims u. die Bülows u. die Kleists und die Poggenpuhls.«[6] In einem anderen Entwurf treibt ihre Euphorie noch phantasiereichere Blüten: »Wendelin wird Moltke. Und erobert Paris. Und ganz (?) Frankreich. Und wird Gouverneur, und wir machen die Honneurs in seinem Salon.«[7] Das ist zwar im Tone des Übermuts gesagt und entspricht auch in der Konzeption der Figuren nicht der Endfassung, denn von der (in der Letztfassung durchaus verehrten und ehrwürdigen) Majorin Poggenpuhl wird gesagt, daß sie »in der Küche« sei, wenn die Schwestern die Honneurs machen, aber ohne Zweifel sind die Urteile, die in der Familie über Wendelin vertreten werden, vom Dichter als berechtigt angesehen, geht es ihm doch im Roman durchaus auch um eine Typologie des preußischen Offiziers am Ende des 19. Jahrhunderts; und in der zu diesem Zweck entworfenen Reihe repräsentiert Wendelin den ehrgeizigen, strebsamen und intelligenten (zukünftigen) Generalstabsoffizier, der an seiner Karriere arbeitet, nicht anders, als das Moltke auch getan hat, wie es denn überhaupt keinem Zweifel unterliegt, daß Fontane, um die Wichtigkeit dieser scheinbaren Nebenfigur zu unterstreichen, Wendelin gewisse Gemeinsamkeiten mit

Moltke gegeben hat. Leos Äußerung über den Bruder, als es im Gespräch über die fehlenden oder doch mangelhaften Zuwendungen des Onkels geht, verdeutlicht, daß das Bild von Moltkes asketischem Leben als junger Offizier ausgesprochen oder unausgesprochen hinter den Auseinandersetzungen um den rechten Weg steht. Das Vorbild für die Ausnahme hat Moltke längst gegeben. Sein verzichtreicher Weg an die Spitze des preußischen Generalstabs war Maßstab für ehrgeizige junge Offiziere. Und die in Preußen immer wieder vorgetragene Kritik am aufwendigen und luxuriösen Lebensstil der Offiziere ist nur vor dem Hintergrund der wenigen Großen zu denken (Moltke, von der Goltz), die ihre Laufbahn bei einer Wasserkaraffe begannen, während es Leo voller Stolz am Silvesterabend »auf sieben Bowlen im Großformat« bringt. (NFA 4/297) Was die alte Majorin von Wendelin sagt: »bringe Wendelin meine Grüße, und es wäre hübsch von ihm gewesen, daß er dir diese Reise gegönnt. Er wäre nun schon der Beste von der Familie« (NFA 4/330), das entspringt nicht nur einer augenblicklichen Dankbarkeit darüber, daß er Leo reisen ließ (getreu seiner Devise: »Nach Kaisers Geburtstag kommt Mamas Geburtstag. Das ist Poggenpuhlscher Katechismus« –NFA 4/297–, die in sich schon zureicht, um seine Verankerung in der Familie als weniger lose zu begreifen, als das im allgemeinen dargestellt wird), sondern läßt sich erkennen als objektive Würdigung seiner Person.

Gleichwohl ist Leo keine Gestalt, die mit innerer Reserve und gehässiger Ironie behandelt würde. Daß Fontane die ›geistige Welt‹ eines Leutnants mit solcher Kompetenz beschreiben konnte (auch Arthur Schnitzler erreicht in seinem ›Leutnant Gustl‹ Fontanes Glaubwürdigkeit nicht), verdankt er seinem Sohn George, den man in Leo wiedererkennen darf. Er war der Lieblingssohn Fontanes, und dies allein genügt, um die Behauptung zu rechtfertigen, daß Leo, bei aller Kritik, mit Verständnis und Sympathie gezeichnet ist. Sein nüchterner Realismus ist von befreiender Komik, so etwa, wenn er bei seinem Bericht über Besuche bei polnischen Edelleuten (sein Regiment steht in Westpreußen) auf die Frage der phrasenhaft-patriotischen Therese: »Und macht ihr bei diesen moralische Eroberungen? … Gewinnt ihr Terrain?« mit sarkastischer Gelassenheit antwortet: »Terrain? Ich bitte dich, Therese, wir sind froh, wenn wir im Skat gewinnen. Aber auch damit hat's gute Wege. Diese Polen, ich sage dir, das sind verdammt pfiffige Kerle, lauter Schlauberger…« (NFA 4/314) Die Gespräche mit ihm (und sie beherrschen kompositorisch die erste Hälfte des Romans) sind voll solcher humoristischen Details, die einerseits das Fragwürdige seiner Leutnantsexistenz enthüllen und andererseits die lächelnde Anteilnahme des Lesers an seinem Egoismus und seiner Oberflächlichkeit evozieren: »›Ihr müßt aber doch geistige Beschäftigung haben?‹ ‹I bewahre. Dazu ist gar keine Zeit. Ich überschlage bloß dann und wann meine Schulden und rechne und rechne, wie ich wohl 'rauskomme. Das ist meine geistige Beschäftigung, ganz ernsthaft, beinahe schon wissenschaftlich.‹« (NFA 4/301) Es wäre aber völlig abwegig, Leo als schwarzes Schaf der Familie abzuqualifizieren. Er ist ein ›Leichtfuß‹ und ›Tunichtgut‹, aber es wird nirgends erkennbar, daß sein leichter Sinn ihn die Grenzen des Anstands und des Taktes verletzen ließe – wofür es bei Therese mehrere Beispiele gibt. Sein Unernst und sein Egoismus nehmen zwar groteske Formen an, aber in der soldatischen Substanz steht er seinen Vorfahren nicht nach. Und wenn er auch, als die Möglichkeit erörtert wird, er könne seinen Abschied nehmen oder seiner Schulden wegen ›kriegen‹, auf den familienstolzen Einwand Thereses: »‹Sie kriegen ihn auch nicht. Der da› – und sie wies auf den ›Hochkircher‹ – ‹ist unvergessen und der Sohrsche auch und Papa auch. Der Kaiser weiß, was er an uns hat›« mit der skeptisch-realistischen Frage reagiert: »‹Ja, Therese, was hat er an uns?›«, so ist doch die Antwort Thereses: »‹Er hat unsre Gesinnung und die Gewißheit der Treue bis auf den letzten Blutstropfen‹« (NFA 4/300) zugleich auch aus dem Innersten seiner eigenen Natur gegeben; doch man kann daran zweifeln, daß Thereses phrasenhafter Satz seinen Beifall findet; zumindest läßt seine ungeduldige Antwort: »‹Nun ja, ja, das hat er…›« darauf schließen, daß die patriotische Redensartlichkeit der Schwester ihn verdrießt.

Wenn auch für Wendelin militärisches Verdienst erst bei strategischen Gedanken anfängt: um große Pläne in die Wirklichkeit umzusetzen, dazu bedarf es eines Offizierkorps, das Gehorsam mit Schneid verbindet. Und eben diesen Schneid, diesen tollkühnen, todverachtenden Mut, dem etwas Spielerisch-Provozierendes anhaftet, besaßen der ›Hochkircher‹, der ›Sohrsche‹ und der bei Gravelotte gefallende Major Poggenpuhl. Und es ist sicher, daß der jüngste Poggenpuhl ihnen nicht nachstehen würde, versichert Fontane doch, daß Leo, »weniger beanlagt als der ältere Bruder, nur der ‹Schneidigkeit› zustrebte.« (NFA 4/292) Fontanes Zustimmung oder Billigung findet er mit diesem Ideal nicht mehr, denn der Dichter ist längst über die Idealisierung jugendlich kühner Verwegenheit hinausgewachsen und deutet mit berechtigter Skepsis auf die Beweise von Leos ›Schneidigkeit‹ hin: »Zwei Duelle, von denen das eine einem Gerichtsreferendarius einen Schuß durch beide Backen und den Verlust etlicher Oberzähne eingetragen hatte, schienen ein rasches Sichnähern an sein Schneidigkeitsideal zu verbürgen und hätten ebensogut wie Wendelins Talente zu großen Hoffnungen berechtigen dürfen, wenn nicht das Gespenst der Entlassung wegen beständig anwachsender Schulden immer nebenher geschritten wäre.« (NFA 4/292) Duelle sind keine Heldentaten, wenn Fontane ihnen auch nicht mit jener Abneigung gegenüberstand (vgl. Ha Br III/532), die Crampas' Tod den Leser glauben machen könnte. Als Legitimation für künftiges Heldentum reichen sie jedenfalls nicht aus, doch ist andererseits sicher, daß Leo, käme es zum Kriege, dem Kreis derer zuzurechnen wäre, die der Gefahr nicht aus dem Wege gingen, sondern sie suchten. Natürlich nicht nur von Gesinnungs und Anstands wegen oder weil die Familientradition es verlangt, sondern auch um der persönlichen Karriere willen, deren Voraussetzung erwiesene Schneidigkeit ist. Die bei Hochkirch und bei Gravelotte Gefallenen bezeugen indessen, wie die auf Schneid gestellten Karrieren meistens enden. Die vielen Kritiker des Wilhelminischen Reiches, die immer wieder auf die Karriere-Privilegien des Adels verweisen und die nicht müde werden, auf die sich immer deutlicher abhebende materielle Bevorzugung des Adels zu deuten, sie sollten jedoch zur Kenntnis nehmen, wie dieser Militärstaat mit den Familien gefallener Offiziere verfuhr. Das Sozialprestige des adligen Offiziers war groß, die Fürsorge für die hinterbliebenen Familien sehr kärglich. »....die Poggenpuhls...gaben der Welt den Beweis, daß man auch in ganz kleinen Verhältnissen, wenn man nur die rechte Gesinnung und dann freilich auch die nötige Geschicklichkeit mitbringe, zufrieden und beinahe standesgemäß leben könne... Sämtliche Poggenpuhls – die Mutter freilich weniger – besaßen die schöne Gabe, nie zu klagen, waren lebensklug und rechneten gut, ohne daß sich bei diesem Rechnen etwas störend Berechnendes gezeigt hätte.« (NFA 4/289f) Völlige Selbstlosigkeit von Mutter und Töchtern ist notwendig, und man hat sich »mit einem Minimum zu behelfen« (NFA 4/291), wenn man den »zwei Jungens« alle Wege ebnen will. Es ist ein entbehrungsreiches Leben, was die Familie um der beiden Söhne willen führt. Fontane hat recht, wenn er darin einen Lobpreis des Adels erblickt, denn die Armut wird mit einer so beispielgebenden Würde getragen, daß selbst das Dienstmädchen Friederike sich zu der Betrachtung geführt sieht: »Es kann einen doch eigentlich rühren...wenn ich dann so an das reiche Volk denke, wo ich früher war, und gar kein Mensch nich. Und daneben nun diese Poggenpuhls! Eigentlich haben sie ja gar nichts, un mitunter genier ich mich, wenn ich sagen muß: ‹Ja, gnäd’ge Frau, der Scheuerlappen geht nu nich mehr.› Aber sie haben doch alle so was, auch die Therese; sie tut wohl ein bißchen groß, aber eigentlich is es doch auch nich schlimm. Un nu das Leochen! Ein Tunichtgut ist er, und ein Flausenmacher, da hat die arme alte Frau ganz recht, un hat auch seinen Nagel, wie sie alle haben, bloß die Frau nich...na, die hat sich zu sehr quälen müssen, un da vergeht es einem... Aber man is doch immer ein Mensch, un darin sind sie sich alle gleich. Ich bin froh, daß ich solche Stelle habe; satt wird man ja doch am Ende, un wenn es mitunter knapp is, denn kosten sie bloß und lassen einen alles; aber ich mag denn auch nicht; wenn man das so sieht, da steckt es einen auch in’n Hals un will nicht ’runter...« (NFA 4/333) Welche Absurdität, daß Pantenius, der Herausgeber der christlich-konservativen Wochenschrift ›Daheim‹ den Abdruck ablehnte, »weil der Adel in dem Ganzen eine kleine Verspottung erblicken könne – Totaler Unsinn. Es ist eine Verherrlichung des Adels, der aber, soviel kann ich zugeben, klein und dumm genug empfindet, um das Schmeichelhafte darin nicht herauszufühlen. Gott besser’s. Aber er wird sich die Mühe kaum geben.« (NFA 24/1167)[8]

Ganz genau muß man hinhören, wenn Fontane sagt: »Es ist eine Verherrlichung des Adels...« Um nichts anderes handelt es sich. In den Interpretationen wird daraus meist das Gegenteil. Zwar wird immerzu Pantenius zitiert, wie ihn Fontane in seinem Tagebuch für 1895 wiedergegeben hat, aber es scheint, man überliest dabei ständig den entscheidenden Satz von Fontanes Eintrag. Statt mit Fontane Pantenius’ Ablehnung als »totalen Unsinn« zurückzuweisen, interpretiert man so, als ob Pantenius mit seinem Urteil völlig recht gehabt habe, weil alles, wenn nicht auf eine Verspottung des Adels, so doch (viel schlimmer) auf die Voraussage seines Untergangs hinauslaufe. Gerade darin aber versieht man sich. Nicht nur der Roman selbst bezeugt über weite Teile hin das Gegenteil, sondern auch in seinem Umfeld finden sich Äußerungen, die eine aufmerksamere Betrachtung notwendig machen. So verfährt Fontane bei seiner Adelskritik durchaus differenziert. Die Briefe an Friedlaender geben hier präzise Auskünfte: »Zu einer gewissen natürlichen Unfähigkeit (Degenerirung) kommt die Unfähigkeit (des Adels – G.F.), die aus Dünkel und Vorurtheil geboren wird...es ist mir jetzt ganz klar, daß man in seinem Kreise bleiben und auf den Verkehr mit Hochgebornen verzichten muß. Kleinadel – besonders die Söhne des *Militär*adels, der der weitaus beste, weil frischeste ist – Kleinadel geht.« (Ha Br IV/327 f) Wo sonst aber sollte man die Poggenpuhls unterbringen? Und an anderer Stelle wird erkennbar, daß Fontane auch Teilen der Militäraristokratie eine Sonderrolle zugesteht. Es handelt sich dabei um eheliche Verbindungen zwischen Adelsfamilien und jüdischen Familien: »Ich glaube, daß sich solche Beispiele zu Hunderten in unsrer Aristokratie finden, ganz besonders in unsrer Militär-Aristokratie, womit es auch zusammenhängt, *daß diese letztre besser aussieht und klüger ist.* (Hervorhebung vom Verfasser) Prillwitz, Etzel, Gansauge, Baeyer, Vogel v. Falckenstein, Hülsen, Schwerin, Graf Pfeil, Zedlitz, Dobeneck, Heyden, das sind so etliche, die mir gerade einfallen. Ich möchte aber behaupten, es giebt überhaupt nur noch sehr wenige Adelsfamilien, in denen jüdisches Blut *nicht* mitfließt.« (Ha Br IV/250) Leos Heirat mit Flora Bartenstein wäre also vielleicht für Therese ein Unglück, aber diese Heirat würde sich nach Fontanes Meinung segensreich auf die Familie auswirken und sich nur einer allgemeinen Entwicklung einpassen.

In allen Poggenpuhls lebt das Bewußtsein, daß sie über ein Jahrhundert den Hohenzollern geholfen haben, preußische Geschichte zu machen. Bei vielen der Höhepunkte der preußischen Geschichte waren sie präsent, nicht als Feldherrn, nicht als große Einzelne, die Schlachten entscheidende Wendungen gaben, aber immer als vorbildliche Soldaten, die ihr Leben zu opfern bereit waren. Ob die Hohenzollern siegten oder Schlachten verloren: die Poggenpuhls waren dabei. Sie haben Zorndorf nicht entschieden, aber sie hätten den Willen und das Zeug dazu gehabt. Ob der Hochkircher den Friedhof hält oder ob er im Kampfe fällt, das macht keinen Unterschied. Den Poggenpuhls bleibt der dauernde Ruhm des Dabeigewesenseins. Der Geist, in dem sie kämpften, siegten oder starben, schuf die Voraussetzung für den Aufstieg Preußens. Deshalb liegt ihnen auch der Gedanke fern, daß sie, solange Preußen besteht, ihre Familiengeltung einbüßen könnten; sie leben (und das trifft in besonderem Maße für Leo zu) von der Hoffnung auf bessere Zeiten. Ohne Hoffnung ist keiner unter ihnen.[9]

Die unverbrauchte Frische ist es, die die Poggenpuhls auszeichnet. Mag ihre Wohnungseinrichtung auch etwas von einer »erlöschenden, aber doch immerhin mal dagewesenen Feudalität« anhaften (NFA 4/289) – was nicht erloschen ist, das ist die erstaunliche Lebenskraft dieser Familie und ihre Anpassungsfähigkeit. Keines der fünf Kinder teilt den Pessimismus des Onkels, der an die Zukunft des Adels nicht mehr glauben will. Alle sind zu jedem Opfer bereit, um der Familie zu neuem Glanz zu verhelfen. Im bereitwilligen Verzicht der Töchter auf eigenes Glück offenbart sich die innere Stärke der Familie[10], wird ein Teil von dem erkennbar, was Fontane dazu berechtigt, von der Verherrlichung des Adels in den ›Poggenpuhls‹ zu sprechen. Das ist kein Roman der Dekadenz, sondern der unverschuldeten Armut – bei ungebrochener Lebenskraft und Hingabebereitschaft. Daß durch die beiden angeheirateten Damen bürgerliches Blut in die Familie kommt (wobei in beiden Fällen an Liebesheiraten zu denken ist, von denen die des gefallenen Majors in bürgerlichen Augen den höheren Wert besitzt, weil er sich mit einer aus armer Predigerfamilie stammenden Frau verband, so daß man es nicht als Zufall ansehen darf, wenn Sophie an die Mutter schreibt: »Das Herz bleibt doch die Hauptsache. Nicht wahr, meine liebe gute Alte! Du weißt das am besten« –NFA 4/345–), erklärt die fast bürgerliche Tüchtigkeit der jüngeren Poggenpuhltöchter. Ihre Vorzüge sind ihre Unvoreingenommenheit, ihr Fleiß und ihre Bescheidenheit. Sophie malt, musiziert, unterrichtet und erschrickt dabei noch nicht einmal vor der Spektralanalyse. (NFA 4/291) Und »Manon versteht es, aus ein bißchen Tüll und einem Rosaband ein Feenkostüm zu machen« (NFA 4/345): ihre Verwandlungsfähigkeit scheint unbegrenzt. Daß Fontane dies alles als Symptome von ›decline and fall‹ verstanden haben soll, ist unglaubhaft. In der Behren- und Wilhelmstraße mag man sich darüber vielleicht mokieren, aber die wahren Hoffnungen des Adels liegen hier.[11]

Natürlich bleibt richtig, daß der beim Abstauben immer wieder von der Wand fallende ›Hochkircher‹ darauf verweist, daß der Adel nicht ewig von den Verdiensten der Vergangenheit zehren kann und daß die Berufung auf vergangene Taten um so kümmerlicher wirkt, je prächtiger der abstürzende Rahmen ist, der die »gemalene« Herrlichkeit umgibt. Alle Traditionspflege reicht nicht aus, um den Status des Adels zu bewahren. Aber das alles verkleinert und ridikülisiert den Adel nicht, weder den Adel im allgemeinen noch die Poggenpuhls im besondren, sondern erhebt sie und vermenschlicht sie. Wie widerspruchsvoll sich Fontane über den Adel auch geäußert haben mag und so sehr er sich gegen Ende seines Lebens vom Adel distanzierte, es blieb doch bis zum ›Stechlin‹ hin bei einer poetischen Vorliebe für eben diesen Adel, und die ›Poggenpuhls‹ eignen sich am allerwenigsten dazu, Fontanes Abneigung gegen den Adel zu belegen.[12] Wenn man gesagt hat: »Aus eigener Kraft vermögen alle fünf Poggenpuhls ihr Los nicht mehr zu ändern. Sie *sind* nicht mehr, sie spielen nur noch ihre ‹Rolle› vor einem Hintergrund von Entsagung, Verzicht und Resignation« (Reuter II/830), so findet der erste Teil dieser Aussage im Text keinerlei Rückhalt. Alle sind sich einig, daß Wendelin seinen Weg machen wird; und wir fügen hinzu: auch Leo wird seinen Weg gehen, selbst wenn seiner Schneidigkeit die Bewährung versagt würde. (Noch steht ihm Afrika offen.) Er wird mit derselben egoistischen Unbekümmertheit auf die Ressourcen der Familie zurückgreifen wie das George Fontane (oft zum Verdruß seines Vaters) getan hat, und wird mit derselben Geduld auf eine reiche Partie warten – wie George Fontane. Und »Zeitfremdheit, Sinnlosigkeit der Existenz« (Reuter II/830) hätte Fontane seinem Lieblingssohn George kaum vorgeworfen, der, wie Leo, eher zu sehr ein Kind seiner Zeit war, als daß er ihr entfremdet gewesen wäre. ›Petrefakt‹, gleichsam eine Tante Adelheid in jüngeren Jahren (vgl. NFA 8/263), ist eigentlich nur Therese, und an ihr exemplifiziert Fontane schlechterdings alles, was ihm am Adel seiner Tage anstößig war: sei es geistige Unbeweglichkeit oder Hochmut oder Einbildung oder Unbildung. (vgl. NFA 4/326)

Als ob er das Bild des Offizierkorps, soweit es sich in der Familie Poggenpuhl repräsentiert, abrunden wollte, hat Fontane den alten General Eberhard von Poggenpuhl über das Brüderpaar gesetzt. Wer Fontanes Werk kennt, wird nicht annehmen, daß der Chorus der den General lobpreisenden Stimmen, humoristisch kontrapunktiert durch Leos eigensüchtige Kritik, der Poggenpuhlschen Eigenliebe entspringt. Er gehört in eine Reihe mit dem alten Stechlin, dem Grafen Barby, Willibald Schmid und dem alten Briest. An Fontane selbst und damit indirekt an den Figuren des Romans hatte Ernst Heilborn hervorgehoben die »einzigartige Aristokratie freundlicher Vornehmheit« und »die liebenswürdige Herzensfreundlichkeit dem Menschen gegenüber«[13] – das charakterisiert auch den alten General. Und wenn Fontane seinem Rezensenten Heilborn antwortet: »Es ist gewiß richtig, daß das Colonistische, die Familie, die Sippe, der Clan in alles was ich schreibe hineinspielt und es ist zweimal richtig, daß viele meiner Figuren nach dem Bilde meines Vaters – mit dem ich übrigens selbst viel Ähnlichkeit habe, nur daß er naiver war – gearbeitet sind« (Ha Br IV/629), so betrifft diese Äußerung niemanden mehr als Eberhard von Poggenpuhl. Sein Lebenslauf war vom Glück begünstigt, insofern ist er das Gegenbild zu der alten Majorin von Poggenpuhl, geb. Pütter, die ein notvolles Leben hinter sich hat und doch ohne Neid auf den verehrten Schwager blickt, der sich im Gespräch mit ihr nach kurzem Zögern zu seinem Glück bekennt: »Ich habe Glück gehabt. Erst im Dienst. Natürlich immer meine Schuldigkeit getan, aber doch schließlich kein Moltke...« (NFA 4/338) Kein Moltke, aber doch Ritter des Eisernen Kreuzes 1. Klasse und des Ordens Albrechts des Bären, ein Mann der Tat, nicht des Wortes, denn bei der Rede, die er am Sedantag auf Kaiser Wilhelm halten soll, ist ihm »schlechter zu Mute« »als bei St. Privat im allerverflixtesten Moment.« (NFA 4/356) Zugleich ein Mann mit einem wachen Sinn für die gesellschaftlichen Veränderungen in der Welt, der ohne Sentimentalität das Alte verschwinden und eine neue Zeit heraufziehen sieht: »mitunter ist mir doch so, als ob alles Vorurteil wäre. Na, wir brauchen es nicht abzuschaffen; aber wenn andre sich dran machen, offen gestanden, ich kann nicht viel dagegen sagen. Es hat alles so seine zwei Seiten. Adel ist gut, Klessentin ist gut, aber Herr Manfred ist auch gut. Überhaupt, alles ist gut, und eigentlich ist ja doch jeder Schauspieler.« (NFA 4/336 f) Auch Leos

Schneidigkeitsideal hat für ihn nur noch relative Gültigkeit, und er glaubt nicht an seinen Fortbestand. Er gedenkt zwar mit Freude der alten Zeiten, als beim Adel »alles forscher und fideler als jetzt« war, aber als Leo ihm zustimmt: »Alles viel schneidiger. Vielleicht kommt es noch mal wieder«, da schränkt er ein: »Glaub ich auch. Nur nicht bei uns. Wir sind nicht mehr dran. Was jetzt so aussieht, ist bloß noch Aufflackern.« (NFA 4/318) Anders als Leo ist er auch der Mann der festgefügten Frömmigkeit, die (wie wir gesehen haben) vielen Soldaten seiner Generation eignete. Während Leo im Gespräch mit den Schwestern das ›fromm‹ in dem Spruch »immer frisch, froh und frei« preisgibt (NFA 4/301) (auch um Therese zu provozieren), kann der General von sich versichern: »Ich stehe zu Martin Luther und der reinen Lehre. Darin, denke ich, bin ich ein fester Poggenpuhl.« (NFA 4/352) Darin trifft er sich auch mit seiner Schwägerin, die aus einem »frommen Predigerhaus« (NFA 4/353) stammt und ihre Lebenskraft aus ihrer schlichten, aber starken Frömmigkeit zieht. Wie sehr der alte General im überkommenen Glauben wurzelt, läßt seine Ironie erkennen, wenn er die Entwicklung des modernen Menschenbildes kommentiert: »Das ist ein fataler Zug jetzt bei den Menschen, daß sie den Ausnahmefall zur Regel machen wollen. Und wenn sie sich dabei nur was Hübsches aussuchten! Aber nein, was recht Häßliches muß es sein. 's war freilich vor dreißig Jahren auch nicht viel besser. Ich hab es noch erlebt, wie das mit dem Affen aufkam, und daß irgendein Orang-Utan unser Großvater sein sollte. Da hättest du sehen sollen, wie sie sich alle freuten. Als wir noch von Gott abstammten, da war eigentlich gar nichts los mit uns, aber als das mit dem Affen Mode wurde, da tanzten sie wie vor der Bundeslade.« (NFA 4/356)

Wie er in seinem Glauben lebt, das findet seinen schönsten Ausdruck in seinem Auftrag für Sophie, die Adamsdorfer Kirche auszumalen. Sophie vollzieht dabei, ganz im Sinne des Onkels, der seine Wünsche dezidiert äußert, einen Akt der Anverwandlung des Biblischen. Neben dem Berg Ararat steht ein zweiter Berg, und auf diesem erscheint das Adamsdorfer Kirchlein. Sophie nennt den Gedanken »kindlich«, aber spricht ihm doch zugleich »eine tiefe Bedeutung« zu: »als die alte Sündenwelt unterging und die neue, bessere, sich aufbaute, war das erste, was neu erschien..., die Kirche jenes kleinen märkischen Dorfes (von dem der Onkel die Anregung hat – G.F.) und jetzt also die von Adamsdorf. Es war, als ob Gott sie gleich dahin gestellt habe. Natürlich kann man darüber lachen, aber man kann sich auch darüber freuen.« (NFA 4/352) In der Anverwandlung des Fremden liegt zugleich eine Aneignung: die Riesengebirgsszenerie wird zur biblischen Szenerie, die irdische weist hin auf die ewige Heimat. Eine letzte Identifikation – im Zeichen des Todes, denn der Onkel erlebt die Fertigstellung der Bilder nicht mehr.

Es ist für das Armee-Verständnis Fontanes von nicht zu unterschätzender Bedeutung, daß er einer der wenigen Idealfiguren seines Werkes einen soldatischen Hintergrund gibt. (Den ›Major‹ von Stechlin ungerechnet.) Fontane war mit der Armee vertraut genug, um zu wissen, daß das Menschliche in ihr immer gefährdet war durch eine (naheliegende) Überbetonung von unbedingtem Gehorsam und strammer Disziplin. Dieser Gehorsam, der von unsoldatischem, armeefremdem Denken meist gleichgesetzt wird mit dem völligen Verlust an innerer Freiheit, muß indessen das Menschliche nicht verkümmern lassen, geschweige denn vernichten. Dieser alte Soldat hat in seinem lebenslangen Dienst nichts eingebüßt von seiner humanen Lebensart, wie denn überhaupt die Soldaten in Fontanes Werk (und es sind ihrer viele) an ihrem Beruf nicht leiden. Sie bewältigen die einengenden, immer neue Opfer fordernden Ansprüche, ohne an humaner Substanz zu verlieren.

Es ist auch nicht so, daß mit dem Tode des Generals die Lebenschancen der Poggenpuhls dahinschwänden. Ganz im Gegenteil, eher werden ihnen neue, wenn auch bescheidene Chancen gegönnt. Wenn Reuter schreibt: »Dieser Zukunftslosigkeit der Gestalten entspricht episch die Handlungslosigkeit der Fabel«,[14] so trifft diese glänzende Formulierung doch nicht die Sache. Die Handlungslosigkeit haben die ›Poggenpuhls‹ mit dem ›Stechlin‹ gemeinsam, sie sind wie eine Vorübung zu dem großen Zeitroman. Fontanes Satz: »Zum Schluß stirbt ein Alter und zwei Junge heiraten sich; – das ist so ziemlich alles, was auf 500 Seiten geschieht« (Ha Br IV/650), ist mit geringer Abwandlung auf die ›Poggenpuhls‹ zu übertragen: ein Alter stirbt, und die Jungen heiraten noch nicht.[15] Handlungslosigkeit und Zukunftslosigkeit gehören weder im ›Stechlin‹ noch in den ›Poggenpuhls‹ unauflöslich zueinander. Es ließe sich auch das Gegenteil sagen: ein Stand, der als zukunftslos beschrieben werden soll, wird künstlerisch wirkungsvoller untergehen, wenn er dramatisch untergeht. Der Zukunftslosigkeit wäre der Tod adäquat, wie ihn Fontane dem Grafen Haldern gewährt hat, nicht das perspektivenreiche Leben einer Familie mit fünf Kindern, von denen ein Sohn als hochbegabt gilt und der zweite immerhin das Zeug hat, ein Mann von der Statur des Generals von Poggenpuhl zu werden, denn die alte Majorin sagt sicher nicht nur aus Familieneitelkeit, als sie den Schwager für sein Wohlwollen und seine Toleranz lobt: »Eberhard, du bist immer noch derselbe. Und Leo wird auch so.« (NFA 4/337) Der preußische Leutnant ist leichten Sinnes, das schließt seine spätere ›Menschwerdung‹ nicht aus. Der alte Stechlin wie Eberhard von Poggenpuhl sind Beweise dafür. Warum sollte Leo eine Ausnahme machen? Er »wird auch so«. Überdies: das Leben geht bei Fontane immer in kleinen Schritten voran. Kaum je einmal werden alle Lebensmöglichkeiten verschüttet. Daß es in Turgenjews ›Neuland‹ »kaum eine Zukunftsperspektive« gibt (NFA 21,1/470), verdrießt ihn. Bei ihm gilt: Wer noch tanzt, der hofft noch. (NFA 4/345) Wendelin wird seinen Weg gehen, und Leo braucht nicht zu verzweifeln, solange es noch Mädchen gibt, denen »Tränen in die Augen« kommen, wenn sie, voll von einem »romantischen Sinn«, »die Grenadiermützen vom 1. Garderegiment« sehen. (NFA 4/349)[16] Die Poggenpuhls mitsamt der Armee, in der sie dienen, hat Fontane in diesem Roman jedenfalls nicht totgesagt.

Ganz sicher macht man es sich zu leicht, wenn man den Tod des Generals so versteht, als bedeute er zugleich das Ende einer Adelsepoche. Daß die Alten sterben und die Jungen heiraten (wollen), liegt in der Natur der Dinge. Nur so versteht auch Dubslav von Stechlin seinen Tod: »Ein ewig Gesetzliches vollzieht sich, weiter nichts...« (NFA 8/346) So sehr es sich anbietet, in jedem Sterbenden einen Repräsentanten seines Standes zu sehen, diese Sicht ist weder für die ›Poggenpuhls‹ noch für den ›Stechlin‹ überzeugend. Für beide Romane gilt, daß neben die Zeichen des Verfalls die Zeichen neuen Lebens gesetzt werden. Noch in der oben genannten Zusammenfassung des Inhalts des letzten Romans hat Fontane diese Doppelgesichtigkeit betont: »Zum Schluß stirbt ein Alter und zwei Junge heiraten sich...« (Ha Br IV/650) Walter Müller-Seidel hat den Satz als ‹Aesthetica in nuce› der späten Romane Fontanes bezeichnet.[17] Die Poggenpuhls sind weder ihrer Armut noch des sterbenden Generals wegen ein simples Paradigma für den Adelsverfall. Fontane beschreibt eine Familie in einem geschichtlichen Prozeß, dessen Ausgang offen gehalten wird. Gerade diese Offenheit, die Unbestimmtheit des Fortgangs geben dem Werk seinen künstlerischen Reiz. Von der freudigen Gewißheit der nachgeborenen Interpreten, daß es mit diesem Militäradel zu Ende gehe, ist bei Fontane nichts zu spüren.[18]

Die meisten Interpretationen der ›Poggenpuhls‹ lesen sich wie Abgesänge auf den preußischen Adel. Was Fontane allenfalls ahnen oder mühsam mit Hilfe von angestrengten Beobachtungen der Wirklichkeit erschließen konnte, sehen die heutigen Interpreten aus der Perspektive (wenn die Dinge glücklich liegen) von 1918, des öfteren aber aus der von 1945. Der Adel ist ihnen zum Tode bestimmt, und wenn nicht zum Tode (denn leider sterben bei Fontane nur der alte Stechlin und der alte Poggenpuhl), so doch zur völligen Einflußlosigkeit oder Bedeutungslosigkeit. Um 1890 aber (und zu diesem Zeitpunkt konzipierte Fontane seinen Roman)[19] war diese Entwicklung noch keineswegs voraussehbar. Der Adel hielt mächtige Positionen im Staate besetzt. Und nichts scheint verfehlter, als die Geldkalamitäten der Poggenpuhls als Beweis dafür zu nehmen, daß es mit ihnen zu Ende geht. So wie (nach Fontanes Anekdote) Louis Schneider den Nachweis geführt hat, daß, durch Jahrzehnte hindurch, die Berliner Theater noch nie so schlecht gewesen seien wie in eben diesem Jahr, so hätte man vermutlich auch den Nachweis führen können, daß der preußische Leutnant nie verschuldeter gewesen sei als im eben laufenden Jahr. Man untersuche die Geldverlegenheiten der Leutnants von Moltke und von der Goltz und gehe dann mit sich zu Rate, ob Armut und Untergang wirklich gleichzusetzen sind. Zum preußischen Leutnant gehört der notorische Geldmangel, und dieser Zustand datiert von der Beförderung des ersten preußischen Fähnrichs zum Leutnant. Der Major von Tellheim ist nicht die Ausnahme (die ist er allenfalls insofern, als er früher einmal eigenes Vermögen besaß), sondern die Regel. (Übrigens auch darin, wie er seiner Verlegenheiten Herr wird, was nicht nur Botho von Rienäcker, sondern auch George Fontane nachahmten.)[20] Armut ist also nicht ohne weiteres ein Beweis für die

Zukunftslosigkeit eines Standes, so wenig wie der Tod zweier alter Edelleute (wer sonst sollte denn sterben, wenn nicht die Alten?) das Ende des Adels vorwegnimmt.

Daß es am Rande jeder Gesellschaftsschicht Beispiele dafür gibt, daß die Kräfte abbröckeln, daß die Vitalität schwacher Repräsentanten des Standes nicht länger ausreicht, die überlieferten Lebensformen weiter auszufüllen, daß eben sie sich auch dem Theater verschreiben können (nicht ohne zu betonen, daß sie ohne Ehrgeiz seien und ihre angestammte Rolle sofort wieder übernehmen würden, wenn die Umstände – siehe Klessentin – sich besserten), ist nur natürlich. Aber entscheidend ist, daß der staatstragende Adel, an dem sich nur Therese orientiert, vom wirklichen Machtverlust ganz unbetroffen ist. Er residiert in Behren- und Wilhelmstraße und leitet selbstgewiß die Geschicke des Staates.

Eine kurze Ergänzung ist notwendig, um das Bild des alten Generals von Poggenpuhl abzurunden; so gut er nämlich im Ganzen des Romans wegkommt, es gibt aus seinem Munde einen Satz, der den heutigen Leser, das mindeste zu sagen, mit Schrecken erfüllt. Im Gespräch mit seiner Schwägerin, in dem der General sich selbst mit den Worten charakterisiert: »schließlich kein Moltke«, da heißt es in Fortsetzung dieses Satzes: »Gott sei Dank übrigens, daß es davon so wenige gibt, sie fräßen sich sonst untereinander auf, und wenn es zum Klappen käme, hätten wir keinen… Einer ist schon immer das Beste, da gibt es keine Konkurrenz und keinen Neid.« (NFA 4/338) »Wenn es zum Klappen käme«: natürlich könnte man dem Satz seine bedenkliche Doppeldeutigkeit nehmen, wenn man dieses Klappen als Synonym von ›Schlagen‹ auffaßte oder an die Konjektur dächte: ›Wenn es zum Kriege käme‹. Philologisch redlich wäre das indessen nicht, denn es bliebe dann der Zusammenhang mit der Redewendung ›es hat geklappt‹ unbeachtet.[21] Wenn ein Unternehmen ›klappt‹, so bedeutet das, daß die Beteiligten Erfolg gehabt haben. Alle nur denkbaren Umstände haben so ineinander gegriffen, daß das angestrebte Ziel erreicht wurde. Berechnung, Glück, Fügung – alles kann dabei mitgewirkt haben. Ein ausbrechender Krieg ist also (ganz unabhängig von seinem Ausgang, den niemand kennt) ein Glücksfall, der dem Offizier die Möglichkeit gibt, sich zu bewähren. Er kann zeigen, daß er nicht umsonst jahrelang den Ernstfall geübt hat, sondern daß er ihm gewachsen ist. Er kann sich auszeichnen, Ruhm, Ehre, Orden erwerben. Er kann natürlich auch fallen – aber das ist sein Berufsrisiko. Mit dem Ausbruch des Krieges ist das eingetreten, wonach er verlangt hat. Es wäre falsch, wenn man ihm unterstellte, er wolle den Krieg oder würde sogar helfen, ihn herbeizuführen. Das ist nicht seine Aufgabe und nicht sein Auftrag. Doch der Ausbruch eines Krieges entspräche seinen innersten Wünschen – was er möglicherweise bestritte, wenn ihm jemand ein bewußtes Wünschen unterschieben wollte. Die Formel, daß eine starke Armee durch ihr bloßes Vorhandensein den Krieg verhüte, statt ihn herbeizuführen, gab es auch damals schon, denn der Besitzer eines Revolvers wirkt nun einmal abschreckender als der Träger eines Palmwedels, der Tauben fliegen läßt. Aber anders als heute sah man doch, daß auch nach einem (verlorenen?) Krieg das Leben weitergehen würde, und der Soldat, der seinen Beruf als ›Kriegshandwerk‹ verstand (NFA 4/322), war auch bereit, sein Können zu benutzen.

Das alles wäre jedoch völlig unhistorisch gedacht, wenn man glauben wollte, damit einen Blick in das Innerste eines kriegslüsternen Generals getan zu haben, der sich *so* nur unter Preußen denken läßt. Man kann den politischen Hintergrund nicht außer acht lassen. Es hat von 1871 bis 1914 so gut wie kein Jahr gegeben, in dem nicht die Wahrscheinlichkeit eines europäischen Krieges diskutiert worden wäre, und zwar nicht nur in Preußen, sondern in ganz Europa. Daß man die Möglichkeit eines Krieges auf allen Seiten immerzu einkalkulierte, erleichterte schließlich seinen Ausbruch. Das begründete die Schuld derer, die den casus belli als Glücksfall betrachteten. Aber ihre Repräsentanten waren auf alle europäischen Staaten verteilt. Der General von Poggenpuhl steht mit seinem vom Konjunktiv verhüllten, fast unausgesprochenen Wunsch nicht allein. Und selbstverständlich erhebt Fontane selber, der seinerseits nie aufhörte, Kriege für möglich zu halten, keinerlei Vorwurf gegen den General seines zweideutigen Satzes wegen. Er verrät nur seine Vertrautheit mit dem Denken der Militärs seiner Zeit.

»Wie rundet sich das Bild des Offiziersstandes jener Zeit in den Worten und in dem Gebaren aller Beteiligten!« schreibt Eberhard Lämmert bewundernd in seiner Interpretation der Gespräche in den ›Poggenpuhls‹.[22] Und auch Harry E. Cartland benutzt in seinem Aufsatz ›The Prussian Officers in Fontane's Novels‹ ausführlich die ›Poggenpuhls‹ als Quelle.[23] Wirklich konnte man in Berlin wie nirgends sonst den preußischen Militäradel studieren. Und es ist gewiß, daß Fontane während seines ganzen Lebens keinen Berufsstand (einschließlich der Apotheker!) besser kennengelernt hat als den des Offiziers, wobei zu bedenken ist, daß der gesamte brandenburgische Adel, der, nicht immer zu seiner Freude, seine ausführlichste und (nimmt man alles nur in allem) sicher auch seine verständnisvollste Darstellung in Fontanes Gesamtwerk gefunden hat, in allen seinen Vertretern immer auch der Armee verbunden war. Auf welcher Rampe Fontane bei seinen Fahrten durch die Mark Brandenburg auch vorfuhr, eines der Gesprächsthemen, die sich am selbstverständlichsten anboten, war die preußische Armee.

Daß es sich bei dem ›kleinen‹ Werk nicht um ein Buch handelt, das eine Vision des Adels im Untergang entwerfen soll, verdeutlicht auch das Ende des Romans, und zwar nicht nur insofern, als hier (wie schon hervorgehoben) für ein bescheidenes Auskommen der Familie gesorgt wird, sondern vor allem durch eine atmosphärische Aufhellung der menschlichen Beziehungen. Alan Bance hat das in seiner Interpretation schön hervorgehoben: »True to the sense of this conciliatory ending, Fontane concludes his novel with a series of satisfying conversions. The old General is converted before his death to an appreciation of the possibilities of art. The haughty Therese begs her mother's pardon for some arrogant ›aristocratic‹ remarks... Manon develops a new, reasonable approach to life; and the mother for once becomes the defender of Poggenpuhl pride *and* makes a powerful statement on her own behalf,... Even the scornful *Portier*, Nebelung, forgets his own, proletarian, class-consciousness for a moment and helps unload the trunk from the cab when the Poggenpuhl ladies arrive home in Berlin.«[24]

Diese Züge beweisen zur Genüge, daß es Fontane nicht auf Enthüllung und Entlarvung der ihre armselige Rolle spielenden Poggenpuhls ankam, denen man die Maske vom Gesicht reißen muß, um sie ihrer Schauspielerei zu überführen, sondern auf Ausgleich, Versöhnung und mildes Gewährenlassen. Hier ist kein enragierter Soziologe am Werk, sondern ein skeptischer Dichter, der in den Farben der Dämmerung zu malen liebt, ohne doch ausschließen zu wollen, daß ein neuer Tag anbricht.

Fontane und Moltke

Auf der letzten Photographie, die uns von Fontane erhalten ist[1] und die von ihm sorgfältig arrangiert wurde, sitzt der Dichter mit der Schwanenfeder in der Hand vor einem Tischchen, das von zwei Dingen geschmückt ist: dem Bild seiner Frau und einem Bronzeabguß von Moltkes Hand. Dieses Arrangement ist ein Bekenntnis. Emilies Bedeutung ist unbestritten (obwohl auch sie eine genauere Untersuchung verdiente), aber Moltkes Hand? Eine merkwürdig unbegreifliche Wahl? Keinesfalls, vielmehr eine wohlüberlegte Zusammenordnung, der alles Willkürlich-Zufällige abgeht. Als Bekenntnis zu Moltke handelt es sich nur um das letzte Glied einer langen Kette von Beweisen uneingeschränkter Verehrung. Diese gilt einmal dem großen, genialen Feldherrn, aber zum andern auch dem lauteren Charakter des Generalfeldmarschalls. Zeit seines Lebens war Fontane ein kühler, scharfsichtiger Beobachter und Beurteiler seiner Mitmenschen und Freunde. Alle seine Portraits zeichnen sich dadurch aus, daß er niemals als bloßer Lobredner auftritt, sondern seinen Charakterbildern dadurch Echtheit und Lebendigkeit verleiht, daß er Fehler und Schwächen der geschilderten Personen nicht verschweigt. In diese doppelte Beleuchtung geraten Lepel, Heyse, Storm und Keller ebenso wie Kaiser, Kanzler und Kronprinz. Nur Moltke macht eine Ausnahme, und Fontane war sich dieses Ausnahmecharakters bewußt: »Das protestantische Volk verlangt keine Heiligen, eher das Gegenteil; es verlangt Menschen, und alle seine Lieblingsfiguren: Friedrich Wilhelm I., der große König, Seydlitz, Blücher, York, Wrangel, Prinz Friedrich Karl, Bismarck sind nach einer bestimmten Seite hin, und oft nach mehr als einer Seite hin, sehr angreifbar gewesen. Der Hinweis auf ihre schwachen Punkte hat aber noch keinem von ihnen geschadet. Gestalten wie Moltke bilden ganz und gar die Ausnahme, weshalb auch die Moltkebegeisterung vorwiegend eine Moltkebewunderung ist und mehr aus dem Kopf als aus dem Herzen stammt.« (NFA 9/512f) Vielleicht war auch Fontanes Moltkebegeisterung teilweise rational bestimmte Moltkebewunderung, aber welcher andere Zeitgenosse könnte sich schon eines solchen Urteils berühmen? Es gab freilich Berührungspunkte, Parallelen im Lebenslauf, die Fontane lebhaft empfinden mußte und die Veranlassung zum Nachdenken gaben. So heißt es in einem Brief an Friedlaender: »Von Moltkes Briefen habe ich erst bis dahin gelesen, wo er von Salzbrunn aus die verschiedenen Partieen macht, auch auf die Koppe. Großartig ist die Vornehmheit und Charakterstärke, mit der die Armuth ertragen wird. Arm und zugleich frei und anständig sein, zählt zu den schwersten Aufgaben.« (Ha Br IV/177) Das ist keine Reflexion, die allein dem

Leben Moltkes gilt, das ist eine Kurzfassung des Fontaneschen Lebensproblems, wie sich denn die Lebensläufe beider insofern ähneln, als sie erst spät im Leben den Durchbruch zu Ruhm und höchster Autorität schafften. Fontanes Wort »von dem berühmten Bruder, den keiner kennt« ist durchaus gleichzusetzen mit der Frage des preußischen Generals bei Königgrätz: »Alles schön und gut, aber wer ist General Moltke?« Immerhin hat Fontane wenigstens teilweise eine glückliche Kindheit gehabt; die hatte er Moltke voraus, der nie ein Hehl daraus gemacht hat, daß er »keine Erziehung, sondern nur Prügel erhalten« hat[2], und der glaubte, wie man einem Brief von 1829 entnehmen kann, daß seine ›Erzieher‹ darauf aus waren, »jeden hervorstechenden Charakterzug zu verwischen, jede Eigenthümlichkeit wie die Schößlinge einer Taxuswand… abzukappen«, woraus dann »die unglücklichste Eigenschaft des Charakters, die Charakterschwäche« entstand.[3] (Übrigens hat auch Fontane keine eigentliche Erziehung erhalten, und an Prügeln hat es ebenso wenig gefehlt.)

1858 übernahm Moltke, zunächst in »Wahrnehmung der Geschäfte«, die Position des Chefs des Generalstabs. Was fiel ihm damit zu? »Im ganzen war doch der Generalstab noch fast ausschließlich Ausbildungsstätte und nicht die für Aufmarsch und Kriegsvorbereitung zuständige Dienststelle. Dazu hat ihn Moltke erst gemacht, natürlich nicht sofort und mit einem Schlage, sondern ganz allmählich, aber doch so, daß die Tendenz dazu sehr schnell deutlich spürbar wurde; und damit erhielt auch die Position des Chefs des Generalstabs als solche ein Gewicht, das sie vorher nicht gehabt hatte.«[4] Beim Ausbruch des Krieges gegen Dänemark mußte Moltke, das entsprach den geltenden Anschauungen, dem Kriegsschauplatz fernbleiben. Und als er im Zuge der Ablösung Wrangels durch den Prinzen Friedrich Karl am 30. April 1864 Stabschef beim Oberkommando der verbündeten Armee wurde und die Leitung der Operationen übernehmen konnte, vermochte er sich in den folgenden, nur kurzen Kampfhandlungen (trotz aller Erfolge) doch so wenig zu profilieren, daß er z. B. in Fontanes Buch über den Krieg gegen Dänemark nur ein einziges Mal genannt wurde. Noch hatte niemand begriffen, welche Bedeutung Moltke dem ihm anvertrauten Amt innerhalb weniger Jahre geben sollte. Bei Ausbruch des Krieges 1866 stellte sich die Lage anders dar. Mochte sein Name auch in weiten Teilen der Armee unbekannt geblieben sein, die bedeutendsten Männer kannten ihn. Die Kämpfe verliefen nach den Plänen Moltkes. Seinen Ideen folgend, marschierten die preußischen Armeen über die österreichische Grenze nach Nordböhmen, um sich dort auf dem Schlachtfeld zu vereinigen. Zwar schreibt Fontane sein Kriegsbuch erst, als der Krieg siegreich beendet ist, aber es zeigt, wie völlig man sich der Tatsache bewußt war, daß Moltke die Pläne für die preußischen Operationen entworfen hat. Das entsprechende Kapitel in Fontanes Kriegsbuch lautet: »Der preußische Plan – General von Moltke« (DK I/102) Moltke gilt als der Sieger von Königgrätz; der König hatte ihn auf seinen Platz gestellt, und er behauptete ihn mit Erfolgen, die über alle Erwartungen hinausgingen und die ihm in der preußischen Armee eine beispiellose Autorität gaben. Wer seinen Gedanken nicht folgen konnte oder wollte, der stürzte: der General Vogel von Falckenstein, dessen Feldzug in West- und Süddeutschland sich zu Anfang (Langensalza) unglücklich angelassen hatte, war das erste Opfer, und man spürt Fontane, der die Hintergründe sicher nicht durchgängig kannte, das Mitleid an, mit dem er die Abberufung des (inzwischen erfolgreichen) Generals zur Kenntnis nahm. Indessen kann man sich insgesamt, wenn man Fontanes ›Deutschen Krieg‹ liest, des Gefühls nicht erwehren, daß er die einzigartige Größe Moltkes erst allmählich begriff. Überdies verlangte die Rolle des Historiographen außerordentliches Fingerspitzengefühl. Oberbefehlshaber der Armee war der König. Er erteilte die Befehle – vorbereitet und ausgearbeitet hatte sie aber der Chef des Generalstabs mit seinen Offizieren.[5] Ihn lobpreisen, hieß den Ruhm des Königs mindern. Dem König allein die Ehre lassen, hieß jedoch die Wahrheit verschleiern. Es ist bewundernswert, wie rasch Fontane gelernt hat, den rechten Weg zu finden. Nur so läßt sich erklären, daß im ›Krieg gegen Frankreich‹ die persönliche Rolle Moltkes noch weniger betont wird als im ›Deutschen Krieg‹. Hatte Fontane dort noch darauf hingewiesen, daß die Planungen in den Händen Moltkes lagen, so fehlt nun jede Anspielung auf Moltkes Feldherrntum. Natürlich wußte man inzwischen, daß Moltke auf militärischem Gebiet mit derselben souveränen Selbständigkeit die Fäden ziehen konnte wie Bismarck auf dem außenpolitischen. Insofern erübrigte sich jede Verbalisierung des Tatbestands. Aber gelegentlich hat der Leser doch das Gefühl, daß Fontane zuviel des Guten tut, wenn nämlich der Eindruck entsteht, daß die Operationen gleichsam wie von selbst nach den ihnen eigenen Gesetzen abrollen. Daß dieser Eindruck entstehen kann, hat seine Gründe freilich auch in der Moltkeschen Genialität, denn seine Schlachten waren, wenn er sie selbst herbeigeführt hatte, in hohem Maße risikofrei. So sehr er darauf bedacht war, seinen Truppenführern freien Spielraum für eigene Entscheidungen zu schaffen und zu sichern, so genau berechnete er doch auch alle möglichen Varianten, um Sicherheit ins Spiel zu bringen. Daraus erklärt sich die unglaubliche Erfolgsgewißheit, die er während der Schlachten an den Tag legte und die sich enthüllt in der berühmten Königgrätz-Anekdote, wo er dem um den Ausgang der Schlacht bangenden preußischen König versichert, er werde an diesem Tag nicht nur die Schlacht, sondern den Feldzug gewinnen. Noch erstaunlicher ist die Tatsache, daß die Schlacht von Sedan, erst einmal in Gang gekommen, so genau nach seiner Konzeption ablief, daß während der ganzen Schlacht kein einziger Befehl das preußische Hauptquartier verließ.[6]

Scheinen die Ereignisse nicht einfach der eigenen Schwerkraft zu folgen, sondern wird eine führende Hand spürbar, so heißt es: »Der gegnerische Plan, wie wir ihn vorher skizzirt haben, war noch nicht Gewißheit, aber er war, nach den Meldungen die eingegangen, mindestens *wahrscheinlich,* und auf diese bloße Wahrscheinlichkeit hin mußten unsererseits Schritte eingeleitet werden, die, wenn sie auch den Feind an einer partiellen Ausführung seines Planes vielleicht nicht zu hindern vermochten, wenigstens die völlige *Durchführung* dieses Planes hintertreiben konnten.« (KF I/415) Die Fülle der Synonyme für Moltke liest sich eigenartig: »man«, »unsererseits«, »wir« überwiegen. Noch sprechender wird die scheinbare Anonymität, wenn Fontane schreibt (als Mac Mahon nach Nordwesten abmarschiert statt, wie erwartet, nach Westen): »Der strategische Blick des Großen Hauptquartiers erkannte, bei aller noch vorhandenen Ungewißheit, sofort das Richtige« (KF I/409) Aber natürlich ist bei allen diesen Darlegungen doch zu berücksichtigen, daß Moltke in der Tat seine sämtlichen Befehle im Namen des Königs erteilte: »Graf Moltke übersandte dem Obercommando der zu größerem Theil in und um Orleans, zu kleinerem Theil zwischen Blois und Vendôme stehenden II. Armee die entsprechende Ordre, der wir folgende Sätze entnehmen: ‹Seine Majestät befehlen, daß die II. Armee sofort die Offensive gegen die von Westen heranrückenden feindlichen Streitkräfte ergreift... Seine Majestät erwarten hiermit, daß die II. Armee...die Offensiv-Operationen unverzüglich aufnimmt.« (KF II/781f) Das wiederholt sich so oder ähnlich immer wieder. Die außerordentliche Autoriät des Königs deckte somit jeden von Moltkes Schritten, und diese Deckung war nicht eine rein formale, denn der König rang mit sich vor jeder kritischen militärischen Entscheidung, für die er die Verantwortung übernehmen sollte. Er hat sich nie hinter Moltke versteckt. Er war, vor allem in militärischer Hinsicht, keine Gallionsfigur, sondern er empfand sich als Schlachtenlenker. Nur so wird seine Äußerung gegenüber Louis Schneider verständlich, daß es ein Unsinn sei, wenn die Überlieferung sage, Moltke habe ihm nach der Schlacht mitgeteilt, diese sei gewonnen, als ob ein Oberbefehlshaber, wenn er vom Pferde steige, nicht selbst wisse, daß er Sieger in der Schlacht geblieben sei.

Wie zurückhaltend sich der Kaiser indessen in der Öffentlichkeit äußerte, wenn es um die Feststellung seines Anteils am Feldherrnruhm ging, dafür gibt es ein Zeugnis aus dem Jahr 1871, das Rudolf Stadelmann in einer Anmerkung seines Moltke-Buchs zitiert und das jene Menschlichkeit des Kaisers demonstriert, die Fontane schließlich wieder mit ihm aussöhnte: »Der Kölnische Justizrat Carl Philipp von Breuning hatte bald nach der Rückkehr des Königs aus dem Feldzug eine Begegnung mit ihm in Bad Ems. Als er dem Herrscher Glück wünschte und ausführte, daß die errungenen Erfolge doch nicht bloß der Tapferkeit der Armee und den tüchtigen Generalen, sondern auch dem obersten Kriegsherrn selbst zuzuschreiben seien, wehrte Wilhelm I. ab: ‹Nein, nein, das darf ich mir nicht zusprechen. Ganz im Gegenteil, ich habe es meinen Generälen oft recht schwer gemacht. Ich vermochte ihren Plänen nicht immer zu folgen und darum habe ich auch neulich bei dem Einzug in Berlin Moltke recht herzlich Abbitte getan.› « Es ist ein schönes Zeichen für die charaktervolle Selbstbescheidung des Königs, daß er, anscheinend neid- und emotionslos, hinter seinem Feldherrn zurücktrat. Das konnte Fontane aus Taktgründen natürlich nicht zum Gegenstand seiner Reflexionen machen, aber er zeigt am Beispiel eines anderen Hohenzollern, wie schwer man darunter leiden konnte, daß in den Augen der Öffentlichkeit vor allem Moltke als der militärische Triumphator erschien. In dem Kapitel ›Dreilinden‹ würdigt Fontane den Prinzen Friedrich Karl: »Ich mag mich nicht in Einzelpunkte verlieren…und beschränke mich darauf, dem tiefsten Quell seines Unmuts nachzugehen: dem ihn verzehrenden Gefühl, in seinem militärischen Verdienste nicht ausreichend gewürdigt worden zu sein. Ich möchte behaupten, daß der Prinz…in speziell dieser bitteren Empfindung in seinem Rechte war. Er war durch Jahrzehnte hin der Abgott der Armee, der eigentliche Soldatenprinz, und die höchsten Ehren, die seinem unbestreitbaren Verdienste verliehen werden konnten, wurden ihm verliehen: er war Feldmarschall und Armeeführer und trug Ordensauszeichnungen, die für ihn und seinen Mitbewerber im Ruhm, den Kronprinzen, eigens ins Leben gerufen waren. Heer und Kaiser sind ihm nichts schuldig geblieben. Aber er verlangte mehr. Mit dem feinen Ohr aller Hoch- und Höchststehenden, unterschied er in dem Zujauchzen der Menge die Grade der Verehrung und mußte sich sagen, was auch tatsächlich zutraf, daß es ein ‹Mehr› gab, das ihm nicht zuteil wurde…er rang auch nach dem Ruhme des Schlachtendenkers und litt unter der Vorstellung, auf diesem Gebiete günstigstenfalls als ein zweiter angesehen zu werden. Aller Ruhm…ließ ihn nicht vergessen, daß die Welt mehr Bewunderung für die große Strategie von Sedan, als für die Kühnheiten und Opferritte von Mars la Tour hatte. Solche Gefühle gehegt zu haben, ist menschlich verzeihlich, aber es ist größer und glückbringender, sie bezwungen zu haben. Auch sein Vetter, der Kronprinz, war kein erster in der Welt der Strategen, aber es ist nicht bekannt geworden, daß ihm das Gefühl, von einem Genius überflügelt zu sein, jemals die Freude des Daseins getrübt hätte.« (NFA 13/382f) Moltkes Genius stellte seine Erfolge in den Schatten – aber Moltke trug seinen Ruhm mit beispielloser Bescheidenheit, einer Tugend, die Fontane in besonderem Maße schätzte – schon deshalb, weil die »Tatsächlichkeiten« seines eigenen Lebensgangs ihm »Bescheidenheit vorschrieben.« (Ha Br III/331) Anders war es auch bei Moltke nicht gewesen, der an Bescheidenheit und äußerster Sparsamkeit festhielt, als er durch seine Stellung und die Dotationen von seinem König und Kaiser längst ein wohlhabender Mann geworden war. Er bewahrte den Zuschnitt seiner Lebensführung und wurde auch dadurch schon zu Lebzeiten Legende.[7]

Eines der besten Portraits, das Fontane für die ›Vaterländischen Reiterbilder aus drei Jahrhunderten‹ (1879) geliefert hat, ist das Moltkes, dessen Wirken er bei seinen kriegsgeschichtlichen Forschungen hinreichend studiert hatte, wo es ihm also an persönlichem Urteil am wenigsten gebrach. Hier entfiel nun, nachdem die Entfremdung vom Kaiser Grundtatbestand des Fontaneschen Lebens geworden war, jede Notwendigkeit, Rücksicht auf mögliche Empfindlichkeiten ‹höheren Orts› zu nehmen. Und Fontane benutzt die gewonnene Freiheit, um in aller Klarheit die Moltkeschen Verdienste um die preußischen Schlachtenerfolge von 1866 bis 1870/71 herauszuheben und ihn zugleich in seiner exemplarischen Existenz als Mensch zu feiern. So sehr alle diese Reiterbilder als Lobpreisungen des preußischen Lebens konzipiert sind (ihrer ganzen Anlage nach, wie sie von Brachvogel vorbereitet wurde), in keinem anderen wird die persönliche Anteilnahme und Verehrung Fontanes für seinen Gegenstand so offenkundig wie in seiner Würdigung Moltkes. Er greift hier auch nicht, von einer Ausnahme abgesehen, zitierend auf die Vorarbeiten anderer zurück: seine Kenntnisse sind umfassend genug, das Bild ganz unabhängig zu gestalten. Zwar räumt Fontane der strategischen Begabung Moltkes, dem Zweck und Auftrag gemäß, in der Darstellung Vorrang ein: »Sein Geist umfaßt alle Möglichkeiten, und die Tatsachen, wie scheinbar befremdlich sie auftreten mögen, *ihn* überraschen sie nie. Denn auch das von anderen Unerwartetste, *er* hat es erwogen und gibt ohne Zögern den nunmehr einzuschlagenden Weg an. Als in der Nacht vor Königgrätz die Meldung von seiten der I. Armee einlief, ‹daß die Österreicher diesseits der Bistritz ständen und Prinz Friedrich Karl sich gegen sie konzentrieren werde›, bedurfte es für ihn keines Augenblicks der Überlegung, um sofort sämtliche Streitkräfte zur entscheidenden Aktion…in Bewegung zu setzen. Ferner, als 1870 gegen Erwarten nach Bar-le-Duc hin gemeldet wurde, daß Mac Mahon den Entsatzversuch Bazaines unternähme, stand für Moltke sofort der Entschluß fest, den vielbewunderten ‹Rechtsabmarsch›, der zur Katastrophe von Sedan führte, dem Könige vorzuschlagen…und so charakterisieren sich denn die beiden größten Unternehmungen in beiden Feldzügen als blitzschnell entstandene Impromptus. Im Gefecht, in der Gefahr überhaupt von größter Kaltblütigkeit, zeigt er sich unbekümmert um das, was um ihn her passiert.« (NFA 19/716f) Aber der wärmere Ton wird doch spürbar, wenn er beim Menschlichen verweilen kann: »Ihn einfach als den ‹ersten Strategen› unserer Zeit zu bezeichnen, erschöpft weder seine Begabungen noch seine Verdienste. Er zählt überhaupt zu den hervorragenden Naturen. Voll echter Seelengröße, dient er, wie nicht leicht ein zweiter, der *Sache* allein. Selbstlos und bedürfnislos, lagert eine unerschütterliche, wohltuende Ruhe über seiner ganzen Persönlichkeit. Wohl niemand hat ihn je heftig oder auch nur auffahrend gesehen; er ist frei von Leidenschaft. Dabei hat er volle Anerkennung für die Leistungen anderer… Namentlich aber hat er ein Herz für den gemeinen Mann und ist überhaupt voll höchster Anerkennung für die Taten der Armee. Als in den schweren Tagen an der Loire der Telegraph eines Abends neue Siege nach Versailles hin meldete, rief er aus: ‹Vor dem letzten dieser braven Leute müßte man den Hut ziehen!›« (NFA 19/717)

Merkwürdigerweise hat Hermann Fricke, der verdiente Fontane-Forscher, in seinem Aufsatz ›Der Meditationsstuhl und eine Bronzehand‹[8] das Verhältnis Fontanes zu Moltke durchaus falsch beschrieben. Er nennt dort den späteren Kriegsminister Verdy du Vernois »die Hauptquelle für des Dichters Fronde gegen Moltkes Kriegskunst.«[9] Leider ist die mit gewohnt liebevoller Pietät geschriebene Arbeit ohne jeden Erkenntniswert. Entweder hat Fricke das Verdysche Buch nie gelesen oder den Inhalt vergessen. Er nimmt den Satz Fontanes, daß Verdys Erinnerungen »den Mut« haben, »den ganzen Generalstab im Nachthemde und

Moltke im perückenlosen Zustand auftreten zu lassen« (an Rodenberg, 12. August 1895) (Ha Br IV/470), offensichtlich in übertragenem Sinne als kritisch-realistische Einschätzung von Moltkes Feldherrnkunst, aber das geht am eigentlichen Sachverhalt völlig vorbei. Verdy ist durchaus kein Kritiker Moltkes, ganz im Gegenteil. Er hat sich auch schon vor 1895 über Moltke geäußert. Fontane berichtet in einem Brief an Mete vom 1. September 1892, daß Emilie ihm Auszüge aus einem Moltke-Buch vorlese. Daran ist bereits der Zeitpunkt aufschlußreich, denn er verrät ein ganz ungebrochenes, tiefgehendes Interesse Fontanes an dem im Vorjahr verstorbenen Generalfeldmarschall, denn der Sommer 1892 bringt einen absoluten Tiefpunkt im physischen und psychischen Zustand Fontanes, und man weiß von Friedrich Fontane, daß die Familie damals fürchtete, den Dichter in einer Heilanstalt unterbringen zum müssen. Daß er sich in so kritischer Zeit gerade auf Mitteilungen über Moltke zu konzentrieren vermag, ist bezeichnend genug. Sonst sind die Briefe dieser Zeit gefüllt mit Klagen über seine körperliche Verfassung: »Dazu sage ich mir: ‹Du wird 73›, was will man also noch? Ich habe wohl Todesbangen, aber nebenher läuft Weltfremdheit und das Gefühl gar nicht mehr in das Leben um mich her hineinzupassen. Es ist ein kraftlos halber Zustand. Immer müde und nicht schlafen können.« (Ha Br IV/209) Moltke indessen fasziniert ihn, und es ist auch diesmal das Menschliche, das ihn anzieht: »Mama liest mir manches vor, interessante Schilderungen Lindaus aus Amerika…und Auszüge aus einem Moltke-Buch, namentlich Urtheile General Verdy's über den großen Schweiger. Eigentlich sind es kleine Lächerlichkeiten, die er erzählt, aber sie stehen in solcher Beleuchtung, daß man das schön Menschliche daran bewundert und der zu Feiernde nichts von Größe einbüßt; im Gegentheil. Ich werde die Artikel herausschneiden und sie Dir schicken…« (Ha Br IV/210) In dieser Weise ist das Buch Verdys aufzufassen. Fontane konnte aus ihm nur lernen, daß während des Krieges oft alles an einem ›Haar‹ gehangen habe. Er schreibt nach der Lektüre Verdys an Rodenberg: »Da ich an Verdy selbst nicht gut schreiben kann, so will ich Ihnen wenigstens aussprechen, wie sehr mich das alles entzückt hat, speziell auch in der von einem ledernen Schulstandpunkt aus vielleicht anfechtbaren Form, in der sich diese Erinnerungen geben. Die ganze Superiorität unsrer Leute, d.h. unsrer *derartigen* Leute, spricht sich darin aus. Klar, einfach, fast nüchtern (von der ›Beherrschung‹ der ganzen Affaire zu sprechen wäre meinerseits Anmaßung); keine Spur von Tamtam, keine Spur von Überhebung, weder allgemeiner noch beruflicher noch persönlicher. Eine im Bummelton vorgetragene, kolossal ernste Predigt, gegen die sechs Domprediger nicht ankönnen. Mit unsrer Macht und unsrer Weisheit ist nichts getan; wie groß die eine und die andre sein möge, irgendeine Allmacht hält die Fäden in der Hand und entscheidet über Sieg und Niederlage. Wir waren in jedem Anbetracht die Stärkeren, und doch wird man, mit fast alleiniger Ausnahme der Schlacht bei Sedan, das Gefühl nicht los, daß es, all unsrer Überlegenheit zum Trotz, auch ganz schief gehen konnte.« (Ha Br IV/470) Daß alles viel gefährlicher war, als es selbst für Fontane 1870/71 den Anschein hatte, spricht indessen nicht gegen Moltke, aber Fricke gibt dem Zeitgeist (1974) zu sehr nach, wenn er annimmt, die Bronzehand auf Fontanes Schreibtisch ehre den Schriftsteller Moltke und nicht den Feldherrn. Als Feldherr war Moltke schließlich doch viel bedeutender denn als Schriftsteller, und das wußte Fontane. Daß er, wie Fricke schreibt, »oft auch ein scharfer Kritiker der Kriegskunst des Generalfeldmarschalls« gewesen sei[10], ist unrichtig, und vom Verhältnis Fontanes zum Schriftsteller Moltke muß Fricke gestehen, daß der Dichter »durch seine Freunde…bestimmt reichlich Kenntnis von Moltkes Schrifstellertum« erhielt[11], was sich bereits in dieser Formulierung als reine Spekulation erweist. Mit einem einzigen Satz gelingt es Fontane zu beschreiben, wie er Moltke wirklich einschätzte. In seiner Arbeit über berühmte ›Märkische Kriegsobersten während des Dreißigjährigen Krieges‹ (NFA 19/585 ff) heißt es bündig: »Alles Genie dieser Männer (der Obristen) zusammengenommen, hätte noch lange keine *halbe* Schlacht bei Sedan geschlagen.« (NFA 19/585) Das trifft den Tatbestand.

Von Seiten Fontanes gibt es zu Moltke nur reine Zustimmung, Verehrung und tiefsten Respekt. Die Moltke-Bewunderung der Zeitgenossen betrachtet er nicht ohne Spott: »Das Strategische ist Mode geworden. Wie einst in jedem Preußen ein Stückchen vom ‹Alten Fritzen› steckte, so jetzt vom alten Moltke.« (NFA 19/773)

Was Fontane an Moltke bewundert, ist sein Künstlertum als Stratege: »Weitab davon, in ein bestimmtes Verfahren nie ausschließliches…Vertrauen zu setzen, ist seine Größe vielmehr in der Vorurteilslosigkeit, in einer durch keine theoretischen Liebhabereien eingeengten Freiheit zu suchen, die, je nach der Sachlage, sich heute zu *diesem* und morgen zu *jenem* entschließt. Die Strategie ist eben keine Wissenschaft, sondern eine Kunst. Wie bei allen Künsten gibt es für sie wohl gewisse herkömmliche Formen, aber keine Regeln, die den Erfolg ein für allemal sicherstellen. Dem Genius liegt es ob, bekannte, verwandte und dann wieder entgegengesetzte Formen im rechten Augenblicke zu finden, je nach den Fällen, wie sie der Krieg in seinen Überraschungen, jedenfalls aber in dem ewigen Wechsel seiner Ereignisse zu bieten pflegt.« (NFA 19/718) Die Hand Moltkes ist in der Tat die eines Künstlers. Das, zu vielem anderen, mag die Anziehung erklären, die Moltke auf Fontane ausübte.

Es mag wie ein Zufall aussehen, daß Moltke und Fontane ein Thema gemeinsam hatten, das zwar jeden Menschen beschäftigt, sich aber nicht jedem mit der gleichen Unausweichlichkeit aufdrängt. Angesichts der Ähnlichkeiten im Lebenslauf beider ist es allerdings erklärlich, daß sie wiederholt darüber nachgedacht und sich dazu geäußert haben. Wer erst im hohen Alter zu voller Wirksamkeit gelangt, dem bleibt Zeit genug, auf seinem Wege zurückzublicken und sich Rechenschaft zu geben, welchen Umständen er endliches Gelingen oder Mißlingen zu danken hat. Daß Fontane die Frage nach dem Glück in allen seinen Romanen und in vielen seiner Briefe erörtert hat, ist aus Interpretationen seiner Werke und biographischen Studien bekannt. Aber auch Moltke ist von dieser Frage bewegt worden. Eberhard Kessel schreibt in seiner Biographie dazu: »Als sein Neffe ihm die neue Rangliste brachte, schlug Moltke sie auf und sagte: ‹Jetzt bin ich ganz oben hinausgewachsen, vom Glück emporgetragen. Wie mancher viel bessere Mann ist untergegangen!›« Das war nicht nur Altersstimmung, die das Hinsterben der Jugendgefährten als Vereinsamung empfindet, das war zugleich die tiefe und ein wenig schmerzliche Melancholie über die Unberechenbarkeit, ja Ungerechtigkeit des Lebens, die ihn seit den Jugendtagen erfüllt hat. Wenn er selbst durch das äußerliche Glück seiner Laufbahn vor anderen begünstigt worden war, so machte ihn der Gedanke daran bescheiden, wie wenig dies sein eigenes Verdienst gewesen war. »Dennoch galt das ‹Glück› ihm als ein positiver Faktor im menschlichen Leben, und die Verkettung der Ereignisse, die Erfolg oder Mißerfolg bringen, als Ergebnis göttlicher Ordnung und Führung.«[12]

Ein Satz Moltkes ist sogar im Volksmund lebendig geblieben, obgleich man wohl den, der diesen Satz prägte, längst vergessen hat. Zitiert wird er meist falsch: Glück hat nur der Tüchtige. Daß diese grobe Fassung des Satzes falsch ist, wird jeden Philologen beseligen. Moltke hat gesagt: »Glück hat auf die Dauer doch zumeist wohl nur der Tüchtige.« Eine Welt liegt zwischen diesen beiden Versionen. Die erste Form verrät eine naive, dummdreiste Tolpatschigkeit des Sprechers, der sich seines Glückes berühmt, weil er vermeint, tüchtig zu sein. Die zweite Fassung dagegen läßt einen Mann erkennen, der sich zwar durch Berge von Bitternissen gekämpft hat, der aber hoch emporgetragen worden ist und doch einräumt: »…eigentlich besteht das menschliche Leben nur aus Enttäuschungen.«[13] Wie Fontanisch mutet das an! »auf die Dauer doch zumeist wohl nur« – durch wieviele Brechungen geht dieser Satz. Da wird kein Anspruch auf den Besitz des Glücks erhoben und noch viel weniger auf den Besitz der Wahrheit. Was die rechte Hand als scheinbar sicheren Tatbestand aufbaut, das bringt die linke mit zögernder Geste zum Einsturz. Die Behauptung wird zur bloßen und blassen Vermutung. Aber diese wird nicht ganz ins Gegenteil verkehrt, sie ist nicht nur Schein, ein Abglanz der Wahrheit liegt auf ihr. Es ist jedoch eine anfechtbare Wahrheit, wie Fontane sie liebte: »Unanfechtbare Wahrheiten gibt es überhaupt nicht, und wenn es welche gibt, so sind sie langweilig.« (NFA 8/8) Etwa im gleichen Lebensalter auf die Höhen des Glücks oder doch wenigstens des Erfolgs geführt, wissen beide um die Zerbrechlichkeit und Unverläßlichkeit dieses Geschenks. Beiden wäre es lieb zu wissen, daß Tüchtigkeit das Glück notwendig zur Folge hat, aber: das Leben hat sie das Gegenteil gelehrt. Wenn der Dichter durch die Worte Armgards schließlich den letzten Anlauf unternimmt, das Wesen des Glücks inhaltlich zu bestimmen, so läßt er sie sagen: »Andern leben und der Armut das Brot geben – darin allein ruht das Glück. Ich möchte, daß ich mir *das* erringen könnte. Aber man erringt sich nichts. Alles ist Gnade.« (NFA 8/226) Moltke zeigt am Ende seines Lebens, daß er in ähnlichen Gedanken seine Ruhe gefunden hat.

Was aber bedeutete Moltkes Hand auf Fontanes Schreibtisch? Natürlich war sie ein Bekenntnis. Aber es geht selbstverständlich nicht an, dieses Bekenntnis zu Moltke, der so fest in die Zeitgeschichte eingebunden war und der wie wenige andere diese Geschichte mit geprägt hatte, so zu bewerten, als gelte es einem Privatmann, der zufällig auch Generalfeldmarschall war. Die Bronzehand ist die eines Soldaten, eines als Feldherr unbesiegten Soldaten, dessen Ruhm zwar kaum bis in unsere Tage herüberreicht (eine der traurigen Folgen unserer tragischen Militärgeschichte), der aber doch für sich in Anspruch nehmen kann, die größte Epoche der deutschen Heeresgeschichte unlösbar mit seinem Namen und seiner Leistung verknüpft zu haben. Daß er kein Märker, ja eigentlich noch nicht einmal ein Deutscher war, konnte ihm in den Augen Fontanes nicht schaden. Was er bewunderte, war die vollkommene Gestaltwerdung des Soldatischen im Menschen. Es mag richtig sein, daß man in Preußen einen Moltke-Mythos schuf und daß Moltke nichts tat, um das zu verhindern. Richtiger ist, daß kein Soldat sich weniger Gewalt antun mußte, um als Soldat so vollkommen zu werden wie Moltke. So wird die Bronzehand zum Eingeständnis einer großen Zuneigung Fontanes zum Soldatischen schlechthin. Was in den Kinderjahren sein Verhalten spielerisch bestimmte, findet im Alter seinen Niederschlag in der Verehrung für den größten Soldaten, der in deutschen Diensten gestanden hat.

Anmerkungen

Die Zitate in diesem Buch richten sich der Einfachheit und der Benutzbarkeit halber nach der Fontane-Ausgabe der Nymphenburger Verlagshandlung in München, die als relativ vollständigste angesehen werden darf. (Hier abgekürzt als NFA.) Freilich steht die Ausgabe der Romane hinter der im Aufbau-Verlag erschienenen Edition zurück. Die dort erstellten Erläuterungen und Anmerkungen sowie die Darstellung von Entstehungs- und Wirkungsgeschichte sind vorbildlich. Das gilt auch für die im gleichen Verlag erschienenen ›Wanderungen durch die Mark Brandenburg‹ und die ›Autobiographischen Schriften‹. Die Zitate aus den Kriegsbüchern folgen den Nachdrucken der Erstausgaben (der Schleswig-Holsteinische Krieg – SHK; der Deutsche Krieg – DK; der Krieg gegen Frankreich – KF).

Die Briefe Fontanes werden nach den vier Bänden der Hanser-Ausgabe zitiert. (Ha Br), die als die bisher umfassendste Auswahl von Fontanes Briefen anzusehen ist. Die Briefe sind sorgfältig ediert, bleiben aber doch immer eine Auswahl. Nicht bei Hanser abgedruckte Briefe werden in den Anmerkungen gesondert vermerkt. So glücklich man über die vier Bände der Hanser-Ausgabe ist, sie ersetzen doch nicht eine Gesamtausgabe der Briefe Fontanes, die nach wie vor das wichtigste Desiderat der Forschung bleibt. Das lange Warten auf den Anmerkungsband für die Hanser-Briefe hat eigentlich nur gezeigt, daß allein mit einer vollständigen Briefausgabe viele Wünsche erfüllt wären. Die Anmerkungen könnten in Lieferungen über Jahrzehnte hinweg nachgeliefert werden. Wichtige Vorarbeiten sind ja bereits geleistet (manchmal schon wieder überholt): die Fontane-Lepel-Briefe, die Fontane-Friedlaender-Briefe, die Fontane-Heyse-Briefe, die Fontane-Hertz (Wilhelm und Hans)-Briefe, die Fontane-Storm-Briefe, vor allem aber die vier von Kurt Schreinert und Charlotte Jolles herausgegebenen Bände von Briefen an die Familienangehörigen, an Mathilde von Rohr und einige Freunde, aber auch die beiden Auswahlbände von Gotthard Erler und der Auswahlband von Hans-Heinrich Reuter haben bleibende Grundlagen geschaffen. Eine Gesamtausgabe ist dadurch nicht ersetzt. Und dies bei einem der bedeutendsten Epistolographen der deutschen Literatur. Kenntnisreiche Kommentare sind schön, aber die Briefe sind schöner und wichtiger. Vielleicht ist ein Appell an die DDR-Forschung am vielversprechendsten. So wie die Fontane Blätter für die gesamte Fontane-Forschung unentbehrlich geworden sind, so würde es auch eine Ausgabe der ›Sämtlichen Briefe‹ werden. Die Fontane-Forschung und die Fontane-Freunde wüßten den Herausgebern jedenfalls Dank. Vielleicht sollte man sich an Friedrich Nietzsches Briefe erinnern: ob sich je ein Forscher finden wird, der die Kommentare von Montinari fertigstellt, ist zumindest zweifelhaft. Die Briefe aber sind ediert.

Nach Abschluß dieser Arbeit (Sommer 1987) erschienen noch die beiden von Gotthard Erler herausgegebenen und kommentierten Briefbände »Die Fontanes und die Merckels« (Berlin/Weimar, 1987), mit denen Erler die Reihe seiner vorzüglichen Fontane-Editionen fortsetzt.

Anmerkungen zur Einleitung

1 Gottfried Benn, Gesammelte Werke, Wiesbaden, 1961, Bd. 4, S. 272

2 ebd., S. 273

3 Kurt Schober, Theodor Fontane/In Freiheit dienen, Herford, 1980, S. 303

4 Harry Maync, Theodor Fontane 1819/1919, Leipzig, 1920, S. 15

5 Klaus Zernack hat den Tatbestand angemessen beschrieben: »Wer deshalb naiv ... nur auf die *unmittelbaren* Aussagen des Reiseberichterstatters, des Romanciers, des Kritikers und des Briefschreibers hörte, würde vor lauter Relativierung, Widersprüchen, Zurücknahmen und erneuten Behauptungen den Wald vor Bäumen nicht erkennen können. Die riesige Fontane-Forschung ist denn auch von diesbezüglichen ›Irrungen-Wirrungen‹ nicht frei. Es gehört schon ein langes Durchhalten an den Texten dazu, wenn man das Konsistente bei Fontane herausfinden will.« (Klaus Zernack, Preußen-Mythos und preußisch-deutsche Wirklichkeit/Bemerkungen zu Fontane, in: Ostmitteleuropa/Berichte und Forschungen, hg. von Ulrich Haustein, Stuttgart, 1981) Das lange Durchhalten an den Texten ist in der Tat das einzige Kriterium, das für eine Bewertung von Fontane-Arbeiten taugt. Die Frage nach der Wertigkeit der dann entdeckten Konsistenz ist damit freilich noch nicht beantwortet.

6 Zitiert nach Hans-Heinrich Reuter, Fontane, Berlin, 1968, Bd. I, S. 144

Anmerkungen zum 1. Kapitel

1 Der junge Fontane/Dichtung Briefe Publizistik, hg. von Helmut Richter, Berlin, 1969, S. 643 ff

2 Es soll nicht verschwiegen werden, daß Kinder im 19. Jahrhundert offensichtlich häufiger mit Kanonen spielen durften als heute. So schreibt Alan Palmer in seiner Biographie Wilhelms II.: Seine Großmutter »erlaubte ihm in Osborne mit den Miniaturkanonen auf der Miniaturschanze zu spielen, die Albert für seine Söhne hatte anlegen lassen.« (Alan Palmer, Kaiser Wilhelm II, Wien etc., 1982, S. 17) Übrigens dominierte bei der Prinzenerziehung das militärische Element schon immer. Fontanes eiferten also großen Vorbildern nach.

3 Um nichts Geringeres (und darauf spielt Fontane hier an) war es im Verfassungskonflikt Anfang der 60er Jahre gegangen: Verdoppelung der Streitkräfte. Sehr patriotisch heißt es dazu bei Gustav Freytag: »Jene Verdoppelung des Heeres, welche die ersten Regierungsjahre König Wilhelm's so schwierig machte, und der großen Mehrzahl der Preußen, wenigstens in der Art und Weise, wie sie ins Leben trat, so leidig war, ist die Grundlage für alle Erfolge dieses Krieges gewesen...« Gustav Freytag; Der Kronprinz und die deutsche Kaiserkrone, Leipzig, 1889, S. 62

4 Goethes Werke, Band VI, Hamburg, 1951, S. 409

5 Daß Fontane mit seiner Einstellung recht behalten hat, zeigt eine Bemerkung Rudolf Buchners in seinem Buch ›Deutsche Geschichte im europäischen Rahmen‹ (Göttingen, 1975) Die Forschungsergebnisse der letzten Jahre zusammenfassend und vertiefend stellt er fest: »Die Romantik zeitigt in der Architektur Schinkels kühne Entwürfe, zahllose neugotische Kirchen und Schlösser, aber kein wirklich großes Werk.« (S. 309)

6 Theodor Fontane, Autobiographische Schriften, hg. von Gotthard Erler, Peter Goldammer und Joachim Krueger, Berlin/Weimar, 1982, Bd. I, S. XV, (Bearbeiter des Bandes Gotthard Erler, Einleitung von Peter Goldammer), weiterhin zitiert als: Theodor Fontane, Autobiographische Schriften

7 On Military Ideology, darin B. Abrahamsson, Elements of Military Conservatism, Rotterdam, 1971, S. 61

8 In der Beschreibung der Schlacht im Bande ›Spreeland‹ der ›Wanderungen‹ überliefert Fontane den Satz anders: »Unsere Gebeine ... sollen diesseits Berlin bleichen, nicht jenseits.« (NFA 12, S. 266)

9 Schlachtfeldbesuch und Schlachtfeldbeschreibung behalten für Fontane (worauf wir zurückkommen werden) etwas Faszinierendes. Auch Müller-Seidel schreibt in seinem Aufsatz ›Fontane und Bismarck‹: »Gleichwohl ließ sich derselbe Fontane als Verfasser der ›Wanderungen‹ kein Schlachtfeld entgehen, wo immer sich die Gelegenheit bot, es zu beschreiben.« (in: Nationalismus in Germanistik und Dichtung, Berlin, 1967, S. 180) Daß Schlachtfelder auch auf weniger militärische Geister eine geheimnisvolle Verlockung ausübten, wird bei Heinrich Heine deutlich. Bei einem Besuch des Schlachtfelds von Marengo heißt es: »Ich liebe Schlachtfelder, denn so furchtbar auch der Krieg ist, so bekundet er doch die geistige Größe des Menschen, der seinem mächtigsten Erbfeinde, dem Tode, zu trotzen vermag.« (Heinrich Heine, Reisebilder II, Säkularausgabe, Berlin/Paris, 1986, Bd. 6, S. 63) Er läßt seine Begeisterung zwar nicht uneingeschränkt laut werden, wie der Fortgang des Textes beweist, aber im Ansatz werden seine Gefühle deutlich genug.

10 Seine Apothekervergangenheit hat Fontane allerdings aus anderen Gründen jahrzehntelang verschwiegen. Ihm war bewußt, daß in dem examenssüchtigen Preußen ein akademisches Studium die Voraussetzung für gesellschaftliche Anerkennung war. In einem Brief an Hertz, der eine autobiographische Notiz von ihm gewollt hatte, heißt es dazu: »Anbei den Embryo einer Biographie. Ich sehe das sardonische Lächeln mit dem Sie die Umschreibung resp. die Verleugnung der Apothekerschaft hinnehmen werden; doch haben mich meine Erfahrungen seit 10 Jahren vielfach gelehrt, daß es geraten ist, über diesen dunklen Punkt ohne weitere Lichtverbreitung hinzugehn.« (Ha Br II, S. 87) Gleich reizvoll ist in diesem Zusammenhang sein Brief an Mete vom 14. September 1889. (Ha Br III, S. 726) Meist übergeht Fontane seine Apothekertätigkeit durch Hinweise auf naturwissenschaftliche Studien. Diese ›Lesart‹ übernehmen auch seine Freunde; in besonders liebenswürdiger Weise z. B. W. Lübke in seiner Würdigung Fontanes in ›Über Land und Meer‹, 1879, 41. Bd., S. 127 f

11 Aus dem Nachlasse Friedrich August Ludwig's von der Marwitz, Berlin, 1852, Bd. I, S. 417. Der überraschende Hinweis auf die Gefährlichkeit der Apotheker erklärt sich vermutlich daraus, daß kurz nach der Ermordung Kotzebues ein Apothekerlehrling namens Löning ein Attentat auf den nassauischen Präsidenten von Ibell versucht hatte. Der Präsident war verwundet worden, Löning hatte Selbstmord begangen. (vgl. Varnhagen von Ense, Denkwürdigkeiten des eignen Lebens, 3. Bd., Frankfurt, 1987, S. 441)

12 Wie völlig Fontane mit seinen Schlachtfeldwanderungen aus dem Rahmen der Gesellschaft fiel, die er sich gewählt hatte und der er politisch nahestand, wird ersichtlich, wenn man Peter Wrucks Aufsatz ›Fontanes Berlin‹ liest. Wruck zitiert erst einen österreichischen Geheimbericht: »Namentlich trägt der Stapelplatz des deutschen Buchhandels und das Hauptquartier des deutschen Literaturwesens, *Leipzig*, die größte Schuld an diesem Verderben. In dieser Stadt von 50000 Einwohnern befinden sich an 240 Buchhandlungen, eine ganze Legion von Literaten, und erscheint eine Unzahl von Zeitschriften. Hier ist das Proletariat des deutschen Schriftstellertums und das Patriziat des Buchhandels.« Und Wruck kommentiert dann: »Es war kein Zufall, daß Fontane in

Leipzig in die liberale, demokratische, sozialistische Positionsbildung einbezogen wurde, und daß ihm hier zum ersten Male die Kontaktaufnahme mit dem literarischen Betrieb gelang, wenn auch nicht die Verwirklichung des Gedankens, darin als Redakteur Fuß zu fassen und seinem Doppelleben so ein Ende zu machen.« (Peter Wruck, Fontanes Berlin, Teil 1, Fontane-Blätter 6/3, Heft 41, S. 295)

13 Rudolf Stadelmann, Moltke und der Staat, Krefeld, 1950

14 ebd., S. 395 f

15 Helmuth von Moltke, Gesammelte Schriften und Denkwürdigkeiten, Berlin, 1891, Bd. 4, S. 139

16 In den politischen Zusammenhang gerückt, erklären sich die Gedichte sehr einfach: »König Friedrich Wilhelm IV. wollte in dem Streben nach einer kriegsmäßigen Bekleidung und Ausrüstung der Armee auch seinem Schönheitssinn Ausdruck geben; so entstand das neue Bekleidungsreglement, nach welchem bei der Infanterie der Helm und Waffenrock, eine andere Tragweise des Lederzeuges ... eingeführt wurden, wie sie heute noch bestehen.« (E. v. Conrady, ›Leben und Wirken des Generals der Infanterie und kommandirenden Generals des V. Armeekorps Carl von Grolman‹ Berlin, 1896, Bd. III, S. 248)

17 Max Lehmann, Scharnhorst, Leipzig, 1887, Bd. I, S. 164

18 Wolfgang Rost, Allerlei Gereimtes / Von Theodor Fontane, Dresden, 1932, S. 64

19 Helmuth Nürnberger, Der frühe Fontane/1840 bis 1860/Politik-Poesie-Geschichte, Hamburg, 1967, S. 105

20 Deutsche Militärgeschichte 1648 – 1939, München, 1983, Bd. 2, Abschnitt IV, Militärgeschichte im 19. Jahrhundert, 1814 – 1890, Erster Teil, Manfred Messerschmidt, Die politische Geschichte der preußisch-deutschen Armee, S. 99

21 Bei Gerhard Ritter heißt es dazu: »Nach Meinung der preußischen Reformer von 1808 – 1815 sollte ... innerhalb der Armee nur noch *ein* Privileg gelten: das Privileg der Bildung. Aber es führte nicht zur völligen Dienstfreiheit der gebildeten Klassen..., sondern nur zur Verkürzung der Dienstzeit (im Institut der ›Einjährig-Freiwilligen‹), und erschloß (oder erleichterte doch) den Zugang zum Offiziersgrad der Reserve und Landwehr. Da es keine Form des Loskaufs vom Militärdienst gab, galt dieser nicht als Entwürdigung für die oberen Stände, sondern als Ehrendienst der Nation, zugleich als Feld des Ehrgeizes, auf dem auch der Kleinbürger hoffen konnte, durch militärische Tüchtigkeit zu dem sozial hochgeachteten Rang eines Reserve- oder Landwehr-Offiziers aufzusteigen – einer militärischen Herrenschicht gleichsam, in der noch immer der Adel den Ton und die Lebensform bestimmte.« (Gerhard Ritter, Staatskunst und Kriegshandwerk, Bd. II, S. 21 f, München, 1973, 3. Auflage

22 Denkwürdigkeiten aus dem Leben des Generalfeldmarschalls Kriegsminister Graf von Roon, Berlin, 1905, S. 368 f

23 Aus dem Nachlasse Friedrich August Ludwig's von der Marwitz, Berlin, 1852, Bd. I, S. 476

24 Zur Illustration (herausgegriffen aus umfangreichem Material) einer denkbaren Landwehroffizierskarriere sei hier hingewiesen auf die ›Selbstbiographie‹ von Robert Lucius, später nobilitiert als Lucius von Ballhausen, der, 1835 geboren, im Jahre 1862 seine Dienstzeit abzuleisten begann: »Da alle anderen Regimenter ihren Freiwilligen-Etat komplett hatten, so konnte ich nur bei den Gardekürassieren ankommen, was ich aber nicht zu bereuen hatte. Als einziger Einjähriger im Regiment, wurde ich mit größter Rücksicht behandelt, die Tatsache meines höheren Lebensalters (er war kaum älter als Fontane bei Dienstantritt), Beteiligung an einem Feldzug und der Expedition und der Besitz von Kriegsdekorationen, alles das gab mir wohl ein besonderes Relief... Nachdem ich Ende September 1863 als Unteroffizier mit der Qualifikation zum Landwehroffizier entlassen war, machte ich eine kurze Reise nach England...« Eingezogen zum Feldzug von 1864 wurde Lucius schon als Offizier. (Selbstbiographie des Staatsministers Freiherrn Lucius von Ballhausen, Berlin, 1921, S. 14 f)

25 Man ist versucht, hier die Schule des von der Marwitz zu erkennen, bei dem es heißt: »Sie hingen mir auch an und trugen mich auf Händen, wie allemal geschieht, wenn der Befehlshaber immer bei den Soldaten ist, sich nicht schont, für sie sorgt und dabei strenge Disziplin hält, aber mit *Gerechtigkeit*. Dies ist die wahre Art, sich die Liebe der Soldaten zu verschaffen, denn sie entspringt aus Ehrfurcht.« (Aus dem Nachlasse Friedrich August Ludwig's von der Marwitz, Berlin, 1852, Bd. I, S. 266)

26 Aus dem Nachlasse Friedrich August Ludwig's von der Marwitz, Berlin, 1852, Bd. I, S. 308

Anmerkungen zum 2. Kapitel

1 Peter Wruck, Fontanes Berlin, in Fontane Blätter Heft 41 der Gesamtreihe, 1986/1, S. 286 ff

2 Walter Müller-Seidel, Fontanes Preußenlieder. Anläßlich eines unveröffentlichten Briefes vom 18. Mai 1847, in: Deutsche Weltliteratur. Von Goethe bis Ingeborg Bachmann. Festgabe für J. Alan Pfeffer, hg. von Klaus W. Jonas, Tübingen, 1972, S. 145

3 ›Lichtfreunde‹: vgl. die Anmerkung zu S. 191 von Theodor Fontane, Autobiographische Schriften III/2, S. 97

4 Kurt Schober, Theodor Fontane/In Freiheit dienen, Herford, 1980, S. 66

5 Der Briefwechsel zwischen Theodor Fontane und Paul Heyse, hg. von Gotthard Erler, Berlin etc., 1972, S. 198 f

6 Theodor Fontane, Autobiographische Schriften, Bd. III/1, S. 191

7 Helmuth Nürnberger, Der frühe Fontane/1840 bis 1860/Politik – Poesie – Geschichte, Hamburg 1967, S. 120. Weiterhin zitiert als: Helmuth Nürnberger, Der frühe Fontane

8 Ernst Kohler, Die Balladendichtung im Berliner ›Tunnel über der Spree‹, Berlin, 1940, S. 228 (Heft der ›Germanischen Studien‹, Berlin)

9 ebd., S. 389

10 ebd., S. 414 ff

11 Theodor Fontane, Autobiographische Schriften, Bd. I, S. XLII

12 ebd., Bd. III/2, S. 59 ff

13 Theodor Fontane und Bernhard von Lepel, Ein Freundschaftsbriefwechsel, hg. von Julius Petersen, München, 1940, Bd. II, S. 44. Weiterhin zitiert als: Fontane/Lepel-Briefwechsel

14 Wenn man die Klagen Fontanes über sein Leben in England liest, fühlt man sich an die Worte Heinrich Heines aus den ›Englischen Fragmenten‹ erinnert: »Aber schickt keinen Poeten nach London! Dieser baare Ernst aller Dinge, diese kolossale Einförmigkeit, diese maschinenhafte Bewegung, diese Verdrießlichkeit der Freude selbst, dieses übertriebene London erdrückt die Phantasie und zerreißt das Herz. Und wolltet Ihr gar einen deutschen Poeten hinschicken, einen Träumer, der vor jeder einzelnen Erscheinung stehen bleibt, ... – o! dann geht es ihm erst recht schlimm, und er wird von allen Seiten fortgeschoben oder gar mit einem milden God damn! niedergestoßen.« (Heinrich Heine, Reisebilder I, Säkularausgabe, Bd. 5, Berlin/Paris, 1970, S. 143)

15 Prinz Louis Ferdinand von Preußen/Ein Bild seines Lebens in Briefen, Tagebuchblättern und zeitgenössischen Zeugnissen, hg. von Dr. Hans Wahl, Weimar, 1917, S. 440

16 Der Briefwechsel zwischen Theodor Fontane und Paul Heyse, hg. von Gotthard Erler, Berlin etc., 1972, S. 74

17 Helmuth Nürnberger, Der frühe Fontane, S. 75

18 ebd., S. 78

Anmerkungen zum 3. Kapitel

1   Auf eine erheiternde Weise verknüpft sich dieses Geständnis mit einer weiteren Beichte, die Fontane vor seinen Lesern im Hinblick auf Emilie ablegte. Er wagte es als sehr junger Mann nicht, sich seine Neigung zu dem »sehr sonderbaren« Kind einzugestehen, denn ein »bißchen Konventionalismus steckte mir, neben einem gleichzeitigen ganz entgegengesetzten Herzenszuge, wohl auch schon damals im Geblüt.« (NFA 15, S. 314) Das ist nicht Schüchternheit, die wohl nicht zu Fontanes Grundeigenschaften gehörte, sondern Ordnungsliebe. Kindlichkeit und Sonderbarkeit auf Seiten des Mädchens sind die Hindernisse, die ihn von einer Annäherung abhalten. Das freie, herzliche Gefühl wird gezügelt durch einen stark entwickelten Ordnungssinn, den Fontane den Märkern allgemein nachsagt, der aber auch in ihm selber virulent war.

2   Für Fontanes Überlegungen spielt dabei auch keine Rolle (offensichtlich auch nicht im Rückblick), welche Gesinnungen der alte General vertrat, war er doch einer der reaktionärsten Geister der Armee. Von ihm überliefert Prinz Hohenlohe-Ingelfingen die Auffassung, daß er »angeblich sein Gewissen und seinen Gott fragen zu müssen meinte – für den Fall, daß er mit einem Hansemann, Lichnowsky oder Beckerath in einem Zimmer zusammentreffe – welches Unrecht größer sei, einen Mord zu begehen oder einen solchen Bösewicht leben zu lassen.« (Zitiert nach Deutsche Militärgeschichte 1648 – 1939, Bd. 2, Abschnitt IV, 1. Teil, S. 129) Selbst ihm gegenüber gelten die Gesetze absoluter Ordnungstreue.

3   Seine beiläufig-verächtliche Behandlung der Pariser Commune dürfte in diesen Auffassungen ihren Grund haben. Sollte er die Aufsätze ›Die Pariser Commune 1871‹ von Franz Mehring in den ›Preußischen Jahrbüchern‹ von 1879 und 1880 gelesen haben, wird er seine Vorstellungen, daß sich revolutionäre Bewegungen über einem brodelnden Gemisch von edler Gesinnung und niederer Gemeinheit abspielen, bestätigt gefunden haben. Übrigens kommt auch die Französische Revolution bei dem konservativen Fontane nicht besser weg. So heißt es in einem Aufsatz zur Berliner Kunstausstellung von 1863: »Wir zählen zu denen, die vor den Helden der Französischen Revolution das allerniedrigste Maß von Bewunderung hegen, und fassen jene Hergänge zum guten Teile pathologisch. Aber wie verkehrt und verrannt auch, wie nahe am Wahnsinn, wie untermischt mit den gemeinsten Alltagsmotiven – *doch* standen diese Leute (soweit sie überhaupt in Betracht kommen) unter dem Einfluß einer Idee, und diese Idee, phrasenhaft oder nicht, drückte ihnen einen gewissen Stempel auf. Es war ein Irrlicht, was aus ihnen leuchtete, *aber es leuchtete doch;* es war ein Geistiges da, das ihre Häßlichkeit verschönte, ihrem Fanatismus momentan eine Weihe lieh.« (NFA 23/1, S. 299)

4   Adolf Streckfuß, 500 Jahre Berliner Geschichte, Berlin, 1886, Bd. II, S. 953

5   Fontane/Lepel-Briefwechsel, Bd. I, S. 109

6   ebd., S. 112

7   ‹1848› Augenzeugen der Revolution/Briefe – Tagebücher – Reden– Berichte, hg. von Peter Goldammer, Berlin, 1973, S. 713

8   Wilhelm I. hat diesen Gedanken später auf seine Weise bestätigt, als er, fast eine Generation später, zu Louis Schneider sagte:»Meine Vorfahren haben erst eine Nation machen müssen, denn wir Preußen sind keine geborene, sondern eine gemachte Nation.« (Karl Stählin, Die Briefe Louis Schneiders an den russischen Domänenminister Waluew, Historische Zeitschrift 155 (1937), S. 322

9   Daß Fontane das Ende Preußens überhaupt fordern konnte, hat einen historischen Hintergrund. In seinem Buch ›Preußen ohne Legende‹ sagt Sebastian Haffner: »Das Zufällige, Willkürliche und irgendwie nicht recht Überzeugende seiner Entstehung hat denn auch dem preußischen Staat in seiner Geschichte angehaftet wie ein Fluchgeschenk, das eine böse Fee ihm in die Wiege gelegt hatte. Preußen brauchte es sozusagen nicht zu geben, es mußte nicht sein. Anders als jeder andere europäische Staat ist es immer wegzudenken gewesen und hat zeitlebens eines Übermaßes an staatlichem Lebenswillen und militärischer Selbstbehauptungsenergie bedurft, um diesen Geburtsmakel auszugleichen.« (Hamburg o.J., S. 48) Er hat damit ohne Zweifel recht, wie ja auch Fontane wußte, daß Preußen ein Kunstgebilde war. Dieses Gefühl, daß Preußen nicht sein mußte, hat indessen den Preußen als Staatsbürgern selten zu schaffen gemacht. Seit dem 18. Jahrhundert gab es ein stark entwickeltes preußisches Staatsbewußtsein, das der Hegelschen Philosophie nicht bedurfte, um aus jeder Krise wieder herauszufinden. Die zweifelhafte Herkunft des Staates war für freiere Köpfe eher ein Grund mehr, sich mit einem Staat zu identifizieren, der eine Schöpfung des Willens war.

10   Wenn Gustav Sichelschmidt diesen Satz auf Fontanes Verzweiflung über den Verlauf der Revolution zurückführt, so übersieht er dabei, daß Fontane ausdrücklich hervorhebt, daß es Mannigfaches sei, was hemmend auf ihn einwirke, »doch haben die politischen Kämpfe und Wirren nur geringen Theil daran.« (Ha Br I/66) Es geht in diesen Tagen vor allem um seine persönlichsten Lebensprobleme. Es ist zu sehr in Mode gekommen, jeder Äußerung einen politischen Hintergrund geben zu wollen. (Gustav Sichelschmidt, Theodor Fontane, München, 1986, S. 97)

11   Fontane/Lepel – Briefwechsel, Bd. I, S. 162

438

12 ebd., S. 173

13 ebd., S. 176

14 Es soll nicht etwa verschwiegen werden, daß Fontane die tapfere Haltung der bei Rastatt Gefallenen bei späterer Gelegenheit als vorbildlich anerkennt. In einer Korrespondenz für die Dresdner Zeitung vom 3. Februar 1850 (NFA 19/87), in der er sich gegen den Gedanken wendet, daß die Zivilisation den Menschen notwendigerweise feige mache, werden neben anderen auch die Rastatter als Beispiele genannt: »Wer hat die Stirn, angesichts derer, die bei Rastatt ihr Glauben und Meinen mit dem Tode besiegelten, – wer hat gegenüber dem Mannesmute, mit dem sie in den Tod gingen, die Kühnheit, noch ferner zu behaupten: ‹Ihr seid feig, denn ihr seid zivilisiert.›«

15 Der Verdacht ist sicher nicht unbegründet, daß die alten preußischen Haudegen hinsichtlich ihrer Sprache entweder durch die Literatur einander angepaßt worden sind oder diese Anpassung um der Stilisierung ihrer eigenen Person willen selbst vorgenommen haben. Wenn der alte Dessauer vor der Schlacht von Kesselsdorf betet: »Herrgott hilf mich, und wenn Du das nicht willst, dann hilf wenigstens die Schurken, die Feinde nicht, sondern sieh zu, wie es kommt«, so sind das Sätze, die man ebensogut Blücher oder Wrangel in den Mund legen könnte.

16 Für den jungen Fontane gilt schon das, was Thomas Mann über den ›alten Fontane‹ geschrieben hat: »gewiß ist, daß er der Mann war, in dem beide Anschauungen, die konservative und die revolutionäre, nebeneinander bestehen konnten; denn seine politische Psyche war künstlerisch kompliziert, war in einem sublimen Sinn unzuverlässig...« (Thomas Mann, Gesammelte Werke, Frankfurt, 1974, Bd. IX/29.) Ein oft zitierter Satz – immer wieder mit Genuß zu lesen.

17 Gordon A. Craig, Die preußisch-deutsche Armee 1640–1945/Staat im Staate, Düsseldorf, 1960, S. 135

18 Friedrich Meinecke, Preußisch-deutsche Gestalten und Probleme, Leipzig, 1940, S. 84

Anmerkungen zum 4. Kapitel

1 Das ›Gedient-haben‹ hebt aus der Masse heraus, setzt Unterschiede. So heißt es in einem Brief an Wilhelm Hertz vom 9. August 1866, als Fontane von seinem geplanten Buch über den Krieg gegen Österreich spricht: »Ich finde es natürlich, daß Sie ‹der Sie nicht gedient haben› sich aus derlei Büchern nicht das Geringste machen; sie sind Ihnen einfach langweilig und von Ihrem Standpunkt aus haben Sie das schönste Recht dazu. *Das* aber glaube ich ganz bestimmt, daß es sich, rein äußerlich – geschäftlich genommen, wohl verlohnen würde, es mit dem Minstrel und Wandrer auch mal als Amateur-Strategen zu versuchen.« (Theodor Fontane, Briefe an Wilhelm und Hans Hertz 1859–1898, hg. von Kurt Schreinert, vollendet und mit einer Einführung versehen von Gerhard Hay, Stuttgart, 1972, S. 132 f. Weiterhin zitiert als: Theodor Fontane, Briefe an Wilhelm und Hans Hertz

2 Gerhard Ritter, Staatskunst und Kriegshandwerk/Das Problem des ‹Militarismus› in Deutschland, München, 1973, Bd. II, S. 47

3 In die Zeit von Fontanes England-Aufenthalt fällt sowohl die zweite Hälfte des Krimkriegs wie auch der Ausbruch und die Niederwerfung des Sepoy-Aufstands in Indien.

4 Joh. Gust. Droysen, Das Leben des Feldmarschalls Grafen York von Wartenburg, Leipzig, 1897, Bd. II, S. 407

5 Gordon A. Craig, Die preußisch-deutsche Armee 1640–1945/Staat im Staate, Düsseldorf, 1960, S. 46

6 ebd., S. 48

7 In anderem Zusammenhang nennt Ludwig von der Marwitz in seinen Schriften Möllendorff einen »höchst beschränkten Feldmarschall«. (Aus dem Nachlasse Friedrich August Ludwig's von der Marwitz, Berlin, 1852, Bd. I, S. 70) Dieses Urteil über Möllendorff ist vielleicht ungerecht, denn E. von Conrady, der Biograph Grolmans, sagt in seinem Buch: »Man irrt, wenn man glaubt, der alte Möllendorff sei nur ein braver Soldat, aber geistig unbedeutend gewesen (a. a. O., Bd. I, S. 36).« Zwar räumt Conrady ein, daß Möllendorff gesagt habe, Knesebecks Vorschläge sind »vor mir zu hoch«, aber er besteht sicher zu Recht auf dem Urteil, daß der »alte Herr sehr klare Ansichten darüber hatte, was für die Armee und die Wehrkraft des Staates nützlich sei und was die Kräfte des Staates leisten können.« (a. a. O., Bd. I, S. 37).«

8 Deutsche Militärgeschichte 1648–1939, Bd. 1, Abschnitt II, Vom Stehenden Heer des Absolutismus zur Allgemeinen Wehrpflicht, von Rainer Wohlfeil, München, 1983, S. 90 f.

9 Gerhard Ritter, Staatskunst und Kriegshandwerk/Das Problem des ‹Militarismus› in Deutschland, München, 1970, Bd. I, S. 211

10 Theodor Fontane, Wanderungen durch die Mark Brandenburg/Die Grafschaft Ruppin, Berlin etc., 1976, hg. von Gotthard Erler und Rudolf Mingau, S. 631

11 ebd.

12 Deutsche Militärgeschichte 1648–1939, Bd. 1, Abschnitt II, Vom Stehenden Heer des Absolutismus zur Allgemeinen Wehrpflicht, von Rainer Wohlfeil, München, 1983, S. 83

Anmerkungen zum 5. Kapitel

1   Theodor Fontane, Briefe an Wilhelm und Hans Hertz, S. 450 f

2   Hans-Heinrich Reuter, Fontane, Berlin, 1968, Bd. I, S. 358

3   Theodor Fontane, Briefe an Wilhelm und Hans Hertz, S. 52

4   ebd., S. 51

5   Auch Ingeborg Schrader (Das Geschichtsbild Fontanes und seine Bedeutung für die Maßstäbe der Zeitkritik in den Romanen, Göttingen, 1943, S. 86) weist darauf hin, daß Fontane »oft ausführliche Schlachtenberichte« in die ›Wanderungen‹ einbringt. Sie weist damit Anselm Hahns Auffassung zurück, daß für Fontanes »historische Auffassung … bezeichnend« sei, »daß er dieses Empfinden des Wirksamseins einer Idee höher stellt als das Ereignis einer Schlacht.« (Anselm Hahn, Theodor Fontanes ›Wanderungen durch die Mark Brandenburg‹ und ihre Bedeutung für das Romanwerk des Dichters, Breslau, 1935, S. 24)

6   Hans-Heinrich Reuter, Fontane, Berlin, 1968, Bd. I, S. 357

7   Theodor Schieder, Friedrich der Große / Ein Königtum der Widersprüche, Frankfurt etc., 1983, S. 60

8   ebd., S. 61

9   Aus dem Nachlasse Friedrich August Ludwig's von der Marwitz, Berlin, 1852, Bd. I, S. 307

10 Im dritten Band seiner ›Gedanken und Erinnerungen‹, die vom Cotta-Verlag 1919 veröffentlicht wurden, schreibt Bismarck (und man glaubt, eine gewisse Verwunderung in seinen Sätzen zu hören): Man kann »von den europäischen Völkern im Allgemeinen sagen…‚ daß diejenigen Könige als die volksthümlichsten und beliebtesten gelten, welche ihrem Lande die blutigsten Lorbeern gewonnen, zuweilen auch wieder verscherzt haben. Karl XII. hat seine Schweden eigensinnig dem Niedergange ihrer Machtstellung entgegengeführt, und dennoch findet man sein Bild in den schwedischen Bauernhäusern als Symbol des schwedischen Ruhmes häufiger als das Gustav Adolfs. Friedliebende, civilistische Volksbeglückung wirkt auf die christlichen Nationen Europas in der Regel nicht so werbend, so begeisternd, wie die Bereitwilligkeit, Blut und Vermögen der Unterthanen auf dem Schlachtfelde siegreich zu verwenden. Ludwig XIV. und Napoleon, deren Kriege die Nation ruinirten und mit wenig Erfolg abschlossen, sind der Stolz der Franzosen geblieben, und die bürgerlichen Verdienste anderer Monarchen und Regirungen treten gegen sie in den Hintergrund. Wenn ich mir die Geschichte der europäischen Völker vergegenwärtige, so finde ich kein Beispiel, daß eine ehrliche und hingebende Pflege des friedlichen Gedeihens der Völker für das Gefühl der letzteren eine stärkere Anziehungskraft gehabt hätte als kriegerischer Ruhm, gewonnene Schlachten und Eroberungen selbst widerstrebender Landstriche.« (Bismarck, Gedanken und Erinnerungen, Bd. III, Stuttgart etc., 1922, S. 123) Es gibt kaum einen Zweifel, daß Bismarck mit diesen Sätzen Fontanes Einstellung zur Geschichte, wie sie ihn über Jahrzehnte hinweg beherrschte, ziemlich genau getroffen hat. Fontane selber hätte diesem Gedanken für seine eigene Person vielleicht nicht oder nur unter Bedenken zugestimmt, wenn er ihn sorgfältig hätte erwägen können. Wo er sich indessen spontan äußerte, wird man feststellen, daß ihn seine Schlachtfeldbegeisterung mit all ihren Begleiterscheinungen bis an sein Lebensende nicht verließ.

11 Paul Becher übersandte mehr, als Fontane gebrauchen konnte, darunter einiges, das den König nicht eben in strahlendem Glanze zeigt. Fontane schreibt dazu: »Daß man durch die Lektüre dieser Briefe in seiner Bewunderung des großen Königs bestärkt würde, läßt sich freilich nicht behaupten. Gewiß war er das Opfer der Verhältnisse, und die Geschichte muß bei dem Urteil, das sie fällt, über Häßlichkeiten hinwegsehn wissen, aber das ästhetische und selbst das natürliche Gefühl kann es nicht. Erst dreitausend Dukaten nehmen und dann ‹aus Dankbarkeit› Schlesien dazu, macht keinen schönen Eindruck.« (Ha Br III/210 f)

12 Hans-Heinrich Reuter, Fontane, Berlin, 1968, Bd. I, S. 328

13 Aus anderer Perspektive wird die ›Umsturzvorlage‹ noch einmal im Kapitel ›Wilhelm II.‹ behandelt, Seite 348 f dieser Arbeit.

14 Goethes Werke, Hamburg, 1955, Bd. 9, S. 279 f

Anmerkungen zum 6. Kapitel

1 Joh. Gust. Droysen, Das Leben des Feldmarschalls Grafen York von Wartenburg, Leipzig, 1897, Bd. II, S. 432

2 Zitiert nach Hans-Joachim Schoeps, Preußen/Geschichte eines Staates, Frankfurt etc., 1966, S. 144

3 In der Fontane-Forschung bestätigt zuletzt Kurt Schober, daß die Reformzeit »nach der Katastrophe von Jena« in »den ›Wanderungen‹« »merkwürdig im Hintergrund geblieben« sei. (Kurt Schober, Theodor Fontane / In Freiheit dienen, Herford, 1980, S. 146) An Möglichkeiten, diesem Umstand abzuhelfen, hätte es Fontane nicht gefehlt. So wäre das Wanderungskapitel ›Gröben und Siethen‹ in ›Spreeland‹ für eine Würdigung Scharnhorsts durchaus geeignet gewesen. Auf den dort angefügten Aufsatz ›Der Scharnhorst-Begräbnisplatz auf dem Berliner Invalidenkirchhof‹ wird im Nachfolgenden eingegangen.

4 Daß sich Gneisenau für Scharnhorst stark macht, ist nicht nur auf ihre Freundschaft zurückzuführen, vielmehr war Gneisenau in mancher Hinsicht von der Abneigung betroffen, die sich freilich vor allem gegen Scharnhorst richtete. Wie sehr Gneisenau unter seiner Stellung litt, zeigt ein Schreiben an den König: »Die nothwendigen Neuerungen in der Armee belasten uns mit dem Haß aller derjenigen, die durch Gewohnheit oder Interesse an das Alte gefesselt sind. Ich besonders bin dem Publikum als ein vorzüglicher Neuerer bezeichnet. Die Wohlthaten, mit denen mich Ew. Majestät überhäuft haben, wecken den Neid, Haß, Mißgunst und Intrigue, und ich habe die Wirkung davon schon empfunden. Nun soll ich noch überdies als Mitglied der Untersuchungskommission in Königsberg auftreten! Verurtheilte und Losgesprochene, welche vor die Schranken dieser Kommission treten müssen, werden gleichmäßig uns unser Richteramt nie verzeihen. Auf mir wird also doppelter Haß lasten.« (Zitiert nach E. von Conrady, Carl v. Grolman, Berlin, 1894–1896, 2. Bd., S. 155)

5 Einen eindrucksvollen Bericht über die Parteiungen innerhalb Preußens gibt das Konzept eines Briefes von Grolman an den König (ohne Datum), das bei E. v. Conrady a. a. O., Bd. I, S. 191 ff abgedruckt ist.

6 Reinhard Höhn, Scharnhorsts Vermächtnis, Bonn, 1952, S. 253 f

7 Zitiert nach Höhn, ebd., S. 259

8 vgl. Eberhard Kessel, Moltke, Stuttgart, 1957, S. 245

9 Reinhard Höhn, Scharnhorsts Vermächtnis, Bonn, 1952, S. 115 f

10 Es stimmt freilich heiter, daß Fontane trotz seiner heftigen Abneigung gegen Examina eine Ausnahme gelten lassen will: das Apothekergehülfenexamen. Während seiner ersten englischen Reise schreibt er in dem Kapitel Brighton: »Die Pharmazie in England befindet sich auf keinem hohen Standpunkt. Im allgemeinen sind die deutschen und namentlich die preußischen Apotheken maßlos arrogant ... in bezug auf England ... mögen sie zu sölchem Eigenlob berechtigt sein. Schweitzer, der ... seit ohngefähr acht Jahren Vorsteher einer Apotheke ist, muß allerdings ein vollgültiges Urteil darüber abgeben können. Würde man übrigens die dortigen Gehilfen zur Absolvierung eines Examens zwingen und nur examinierte Gehilfen jene Gewerbefreiheit benutzen lassen, die anjetzt jeden versoffenen Schlächtergesellen berechtigt, seine Schlachtopfer unter den Menschen zu suchen, so dürfte den englischen Apotheken alsbald der Vorzug vor den unsrigen gebühren.« (NFA 17, S. 496) Es war das einzige Examen, das Fontane bis dahin abgelegt hatte. Eine Jugendsünde also ...

11 Worüber Fontane mit Vorsicht hinweggeht, das wird in der nach patriotischen Bedürfnissen ausgerichteten Geschichtsschreibung verkleistert. Hier wollte man weder die großen militärischen Leistungen der Reformer verleugnen, noch wollte man eingestehen, daß in deren Planungen die Armee in der Substanz demokratischer sein sollte, als es die der Einigungskriege gewesen war. So stellte man einfach eine Kontinuität her, die es in dieser Weise nie gegeben hatte. So schreibt E. von Conrady 1896 in seinem Buch über Grolman: »Die goldenen Samenkörner, die einst von Scharnhorst, Gneisenau, Grolman und Boyen ausgestreut wurden, waren bereits üppig aufgegangen in erhöhter Achtung vor den anderen Ständen, Ausnutzung der gemachten Kriegserfahrungen, Streben nach wissenschaftlicher Bildung zu einer Zeit, wo in dem verarmten Lande gerade Kunst und Wissenschaft die schönsten Blüthen trieben ...« (E. von Conrady, a. a. O., Bd. III, S. 12)

12 In seinen ›Denkwürdigkeiten des eignen Lebens‹ hat Varnhagen Stimmung und Haltung der preußischen Bevölkerung von damals, als die Armee ruhmlos zusammengebrochen war, aufschlußreich beschrieben: »Man blickte mit Empörung auf die herrschende Gewalt zurück, die sich das Militär in allen Verhältnissen angemaßt hatte, und die man ihm höchstens dann verzeihen konnte, wenn dasselbe wirklich als das felsenfeste Wehr des Staates, als die Bürgschaft dauernden Ruhmes und stets erneuerter Siege bestand, jetzt wollte mancher im Gegentheil sich über die Siege der Franzosen freuen, als wodurch diese einheimische Despotie ... glücklich zerstört wäre. Wer es nicht erlebt hat, kann es kaum noch glaublich finden, in welchen Ausdrücken der Ingrimm preußischer Patrioten gegen das Militär wütete ...« (Karl August Varnhagen von Ense, Denkwürdigkeiten des eignen Lebens, Frankfurt, 1987, Bd. I, S. 402 f)

13 Gordon A. Craig, Die preußische Armee 1640–1945, Düsseldorf, 1980, S. 64

14 Max Lehmann, Scharnhorst, Leipzig, 1887, Bd. II, S. 622

15 Gordon A. Craig, Die preußische Armee 1640–1945, Düsseldorf, 1980, S. 65

16 Erinnerungen aus dem Leben des Generalfeldmarschalls Hermann von Boyen, hg. von F. Nippold, 1889/90, Bd. I, S. 313

17 Joh. Gust. Droysen, Das Leben des Feldmarschalls Grafen York von Wartenburg, Leipzig, 1854, S. 190f

18 E. von Conrady, Leben und Wirken des Generals Carl von Grolman, Bd. I, S. 161

19 Friedrich August Ludwig von der Marwitz, hg. von Friedrich Meusel, Berlin, 1908, Bd. I, 2, S. 705

20 ebd., S. 490f

21 ebd., S. 504

22 ebd., S. 505

23 Aus dem Nachlasse Friedrich August Ludwig's von der Marwitz, Berlin, 1852, Bd. I, S. 161. Für den heutigen Leser wird die Darstellung, die Marwitz von seiner Begegnung mit Goethe gibt, immer ein Musterbeispiel kühner Adelsarroganz bleiben: »Er war ein großer, schöner Mann, der stets im gestickten Hofkleide, gepudert, mit einem Haarbeutel und Galanteriedegen, durchaus nur den Minister sehen ließ und die Würde seines Ranges gut repräsentierte, wenngleich der natürlich freie Anstand des Vornehmen sich vermissen ließ.« (NFA 10/221) Fontane distanziert sich mit einiger Ironie von Marwitz' Überheblichkeit: »Es gebrach ein unaussprechliches Etwas, vielleicht die hohe Schule des Regiments Gensdarmes.« Und doch muß ihn dieser Adelsstolz beeindruckt haben, greift er doch Marwitz' Urteil über Goethe auf seine Weise später noch einmal auf. Es ist allerdings nicht gewiß, ob man Marwitz ganz gerecht wird, wenn man die Beschreibung Goethes, wie er sie gibt, kommentarlos stehenläßt, ohne die (bei Fontane erstaunlicherweise fehlende) Anekdote zu erwähnen, die er in einer Anmerkung erzählt und die das Heiterste darstellt, was der ganze Marwitz-Nachlaß enthält. Aus ihr wird zumindet für diesen einen Tag ersichtlich, warum sich Goethe in der soldatischen Gesellschaft, die er sonst sehr wohl zu schätzen wußte (man vergleiche die Ausführungen von Erich Weniger in ›Goethe und die Generale‹, Leipzig, 1942), verdrossen und reserviert gab. Ihn zu unterhalten war nämlich bei Tische einem Franzosen in preußischen Diensten zugefallen, der Goethe einen Gefallen tun wollte, indem er ihn auf sein dichterisches Werk ansprach, von dem er indessen nichts kannte: »Deutsche Literaturen mir nicht so geläufig, wollten Sie vor Tischen noch fragen, was der Kerlen eigentlich hat geschrieben, vergessen aber. Und nun sitzen ick da, kann mir partout nix erinnern, zum größten Glücken fällt mir noch die Braut von Messina ein.« (Friedrich August Ludwig von der Marwitz, Aus dem Nachlasse F. A. L. von der Marwitz, 1851/52, Bd. 2, S. 11f) In dieser Lage mußte es seine Schwierigkeiten haben, den ›freien Anstand des Vornehmen‹ zu demonstrieren.

24 ebd., Bd. I, S. 156

25 ebd., S. 179

26 ebd., S. 193

27 Erich Marcks, Der Aufstieg des Reiches, Stuttgart etc., 1936, Bd. I, S. 38

28 Aus dem Nachlasse Friedrich August Ludwig's von der Marwitz, Berlin, 1852, Bd. I, S. 268f

29 Max Lehmann, Scharnhorst, Leipzig, 1887, Bd. II, S. 628

30 ebd., S. 186

31 Gerhard Ritter, Staatskunst und Kriegshandwerk/Das Problem des ‹Militarismus› in Deutschland, Bd. I, München, 1970, S. 62

32 ebd., S. 111

33 Aus dem Nachlasse Friedrich August Ludwig's von der Marwitz, Berlin, 1852, Bd. I, S. 338

34 ebd., S. 279

35 Daß Fontane in ›Vor dem Sturm‹ mehr seine eigene Einstellung darlegt als die des ›märkischen Volkes‹, läßt sich vielfach belegen. Hier nur ein Hinweis auf die damalige Stimmung in Preußen aus der Feder des Präsidenten von Grolman, dem Vater des Generals: »Die Berliner überhaupt hängen mit Leib und Seele an dem König, sie hassen die Franzosen, vermeiden ihren Umgang, selbst mit der Einquartierung, wenn es möglich ist.« (Zitiert nach E. von Conrady, a. a. O. Bd. I, S. 187) In diesem Falle einen Unterschied machen zu wollen zwischen Berlinern und Märkern geht angesichts der Fülle der Zeugnisse nicht an. Das schließt nicht aus, daß es eine französisch gesonnene Partei sowohl bei Hofe als auch in Berlin gab. Die von Fontane in ›Schach von Wuthenow‹ geschilderte innere Zerrissenheit von 1806 existierte, verursacht durch die schwankende Haltung des Königs, bis 1813.

36 Friedrich Meinecke, Das Zeitalter der deutschen Erhebung, Leipzig, o. J., S. 192

37 ebd., S. 188

38 ebd., S. 189

39 ebd., S. 189

40 ebd., S. 190

41 ebd., S. 209

42 ebd., S. 191

43 Daß Fontane sich den Blick auf die großen Gestalten der deutschen Freiheitskriege in seinem Roman ›Vor dem Sturm‹ verbot, hat zu Mißverständnissen geführt. Sehr vorsichtig deutet z. B. Ingeborg Schrader in ihrer Dissertation ›Das Geschichtsbild Fontanes und seine Bedeutung für die Maßstäbe der Zeitkritik in den Romanen‹ (Göttingen, 1943) an, was Fontane zu seiner Enthaltsamkeit bewogen haben könnte: »Es ist hier so, wie in seinem Verhältnis zur Geschichte überhaupt: er faßt einen Tatbestand gefühlsmäßig intuitiv in seiner vollen Wirkungsmächtigkeit auf, viel mehr aber, wenn er mit menschlicher Lebendigkeit erfüllt, als wenn er ideell-geistiger Natur ist. Das beste Beispiel hierfür ist der Roman ›Vor dem Sturm‹. Dem, was diese Zeit an philosophischen, literarischen, politischen Ideen bewegte, vermag er in keiner Weise gerecht zu werden – beabsichtigte es wohl auch gar nicht.« (S. 89) Der Nachsatz, der hier in aller Vorsicht angehängt wird, nimmt dem Einwand natürlich sein Gewicht. Aber es handelt sich im Prinzip um dieselbe Kritik, die Paul Heyse in seinem Brief an Schott vorbringt, wenn er über ›Die Poggenpuhls‹ schreibt: »Als aber aus der Raupe und Puppe sich durchaus kein Schmetterling entwickeln wollte, ... sagt ich mir eben doch, daß dieser anmutige Klatsch bei aller Kunst des Vortrags und Schärfe der Beobachtung meine arme ... Seele nicht mit demjenigen Wohlgefühl erfüllen könne, das ich ... von der sog. Dichtkunst erwarte. Dazu die ungemeine Sorgfalt des lieben Alten, allem, was nur von fern einem Gedanken ähnlich sieht (!!), aus dem Wege zu gehen.« (Der Briefwechsel zwischen Theodor Fontane und Paul Heyse, Berlin und Weimar, 1972, S. 527) Natürlich gehört es zu Fontanes dichterischer Natur, sich essayistischen Exkursen in seiner Dichtung zu entziehen. Man fühlt sich ein wenig an die Auseinandersetzung Schillers mit Goethe über ›Wilhelm Meisters Lehrjahre‹ erinnert, wo Schiller auch mehr gedankliche Schärfe erwartete und Goethe replizierte: »Es ist keine Frage, daß die scheinbaren von mir ausgesprochenen Resultate viel beschränkter sind als der Inhalt des Werks, und ich komme mir vor wie einer, der, nachdem er viele und große Zahlen übereinandergestellt, endlich mutwillig selbst Additionsfehler machte, um die letzte Summe ... zu verringern.« (Goethes Werke, Hamburger Ausgabe, Bd. 8, S. 543)

44 Es ist auch auffallend und aufschlußreich, daß Fontane nie intensiven Kontakt hatte mit den Männern der Befreiungskriege, die es in Berlin ja auch gab und von denen z. B. Julius Rodenberg ein anschauliches Bild entwirft: »Ein- oder zweimal bin ich mit ihnen (Varnhagen und Ludmilla Assing – G.F.) in Josty's Conditorei gewesen. In diesen Kreis von alten Officieren, alle mit grauen Schnurrbärten und alle noch überlebende Zeugen der großen Zeit von Deutschlands Erhebung, paßte Varnhagen vortrefflich hinein, den ich niemals, auch unter seinen Büchern und an seinem Schreibtisch nicht, ohne das schwarz-weiße Band mit dem eisernen Kreuz im Knopfloch gesehen habe. Wir, die wir unsern Patriotismus einzig an der Geschichte der Befreiungskriege genährt hatten, blickten mit einer Art von Ehrfurcht zu diesen Männern von fast schon historischem Charakter auf; kein Wunder aber auch, daß, festhaltend an den alten Ideen von 1813, sie selber, oder doch viele von ihnen, sich in Widerspruch fühlten mit dem neueren Militärgeist, der Allem, was ›Civil‹ hieß, so schroff gegenüberstand. Sie hatten den Bürger, ohne welchen der vaterländische Boden niemals frei, die Schlachten nicht gewonnen worden wären, anders kennen gelernt und achteten seine Rechte.« (Julius Rodenberg, Bilder aus dem Berliner Leben, Bd. 3, Berlin, 1891, 3. Auflage, S. 141) Man darf als sicher ansehen, daß Fontane seinen Patriotismus nicht »einzig an der Geschichte der Befreiungskriege genährt« hatte, sondern sich an Friedrich dem Großen orientierte.

45 Zitiert nach Reinhard Höhn, Scharnhorsts Vermächtnis, Bonn, 1952, S. 179

46 Reinhard Höhn, Sozialismus und Heer, Hamburg, 1969, Bd. III, Kapitel: Die verlorene Schlacht um Scharnhorst, S. 621 ff

Anmerkungen zum 7. Kapitel

1 Theodor Fontane, Briefe an Wilhelm und Hans Hertz, S. 51

2 Theodor Fontane, Briefe an Julius Rodenberg/Eine Dokumentation, hg. von Hans-Heinrich Reuter, Berlin und Weimar, 1969, S. 118

3 ebd., S. 118

4 ebd., S. 118 f

5 ebd., S. 116 f. Man denke dabei an den Heinrich Heine der ›Reisebilder‹, der von sich gesteht, daß ihm etwas Poetisches an Berlin nur ein einziges Mal aufgefallen sei, nämlich als er »in einer Mondnacht« »etwas spät von Luther und Wegener heimkehrte«. Seine Mondscheinerfahrungen überleben das Licht des nächsten Tages nicht: »auch ich lächelte darüber, als ich nüchternen Blicks, den andern Morgen durch eben jene Straßen wanderte, und sich die Häuser wieder so prosaisch entgegen gähnten. Es sind wahrlich mehrere Flaschen Poesie dazu nöthig, wenn man in Berlin etwas anderes sehen will als todte Häuser und Berliner. Hier ist es schwer, Geister zu sehen.« (Heinrich Heine, Säkularausgabe, Bd. 6, Berlin/Paris, 1986, S. 11) Wie leicht wurde es demgegenüber dem Berliner Fontane, die Poesie Berlins – auch ohne Hilfe der Flasche – ins Wort zu bannen.

6 Theodor Fontane's Briefe an seine Familie, Berlin, 1905, Band I S. 227, hg. von K. E. O. Fritsch

7 Dichter über ihre Dichtungen, Theodor Fontane, Teil II, hg. von Richard Brinkmann und Waltraud Wiethölter, München, 1973, S. 186 (17. Juni 1862). Weiterhin zitiert als: Dichter über ihre Dichtungen, Theodor Fontane

8 Fontanes Briefe in zwei Bänden, ausgewählt und erläutert von Gotthard Erler, Berlin etc., 1968, Bd. I, S. 426 (10. August 1875)

9 Wie sich Fontane in die deutsche Geschichtsschreibung des 19. Jahrhunderts einfügt, bespricht Walter Müller-Seidel in dem Kapitel ›Im Banne des Historismus‹ in seinem Buche Theodor Fontane / Soziale Romankunst in Deutschland, Stuttgart, 1975, S. 57 ff

10 Jahrbuch für die Geschichte Mittel- und Ostdeutschlands, 15, 1966, S. 203 ff

11 Theodor Fontane, Briefe II, hg. von Kurt Schreinert/Zu Ende geführt und mit einem Nachwort versehen von Charlotte Jolles, Berlin, 1968, S. 100. Weiterhin zitiert als: Theodor Fontane, Briefe, Schreinert/Jolles

12 Helmuth Nürnberger, Der frühe Fontane, S. 60

13 Die weitgehende Auswertung der Briefe hat ihm offenbar besonders am Herzen gelegen, sah er in ihnen doch Quellen ersten Ranges. Er schreibt darüber noch 1889 an Wilhelm Gentz: »in meinem eigensten Herzen bin ich geradezu Briefschwärmer und ziehe sie, weil des Menschen Eigenstes und Echtestes gebend, jedem andern historischen Stoff vor. All meine geschichtliche Schreiberei, auch in den Kriegsbüchern, stützt sich im Besten und Wesentlichen immer auf Briefe.« (Dichter über ihre Dichtungen, Theodor Fontane I, S. 734)

14 Dichter über ihre Dichtungen, Theodor Fontane II, S. 37

15 ebd., S. 106

16 ebd., S. 105

17 Georg Hiltl, Von der Elbe bis zur Tauber/Der Feldzug der preußischen Main-Armee im Sommer 1866, Bielefeld etc., 1867, S. 283

18 Anlage zu Rudolf Stadelmann, Moltke und der Staat, Krefeld, 1950, S. 429

19 Dichter über ihre Dichtungen, Theodor Fontane II, S. 12

20 ebd., S. 82

21 ebd., S. 102

22 In seinem Buch ›Theodor Fontane/Individuum und Gesellschaft‹ hat Ekkhard Verchau überzeugend Fontanes Rechtfertigung der Haltung Bismarcks bei Ausbruch des Krieges von 1870 dargestellt. Er scheint mir freilich über das Ziel hinauszuschießen, wenn er meint, man finde (von dieser Stelle abgesehen) nur selten Gelegenheit, die Fähigkeit Fontanes zu rühmen, historisch zu interpretieren. Die eingeschränkte Quellenkenntnis des Dichters ist dabei natürlich immer zu beachten. (Ekkhard Verchau, Theodor Fontane/Individuum und Gesellschaft, Frankfurt/Berlin/Wien, 1983, S. 92 ff)

Anmerkungen zum 8. Kapitel

1 Johannes Kunstmann, ›Mußhelden‹ Theodor Fontanes, Fontane Blätter, Heft 18 der Gesamtreihe, Bd. III, Heft 2, S. 139

2 Die Feststellung ist notwendig, daß Fontane bei der Darstellung der abenteuerlichen Angriffsfahrt des Kapitäns Jachmann trotz seiner zustimmenden Grundhaltung immer noch mehr Bedenklichkeit zeigte als die ›große‹ Geschichtsschreibung, die den Vorgang in milderem Lichte sah, so daß die Beförderung Jachmanns noch begreiflich schien. So schreibt Heinrich von Sybel: »Am 17. März stach dann Kapitän Jachmann mit zwei Schraubenkorvetten und einem Raddampfer, zusammen mit 43 Kanonen, von Swinemünde aus in See zu einer Rekognoszierung der dänischen Flotte unter Konteradmiral Dockum, sechs Schiffe mit 182 Kanonen, bei Rügen, ostwärts von Arkona; trotz der gewaltigen Übermacht des Feindes ging Jachmann demselben keck zu Leibe, schoß sich zwei Stunden lang mit ihm herum, brachte einer dänischen Fregatte erhebliche Schäden bei, und führte seine leichten Fahrzeuge wohlbehalten, wenn auch nicht ohne Verletzung, unter dem Jubel der Bevölkerung, wieder in den Hafen zurück. Zu aller Welt Erstaunen hatte sich auch hier Initiative und frische Angriffslust nur auf der deutschen Seite, bei der altbewährten dänischen Seemacht aber lediglich besonnene, ja behutsame Verteidigung gezeigt.« (Heinrich von Sybel, Die Begründung des Deutschen Reiches durch Wilhelm I., Leipzig 1930, Bd. 2, S. 171)

3 Friedrich Engels an Karl Marx, Briefwechsel, Bd. II, S. 625 (1. Oktober 1860)

4 Friedrich Engels an Karl Marx, Briefwechsel, Bd. III, S. 202 (29. April 1864)

5 Heinz Helmert und Hansjürgen Usczeck, Preußischdeutsche Kriege von 1864–1871/Militärischer Verlauf, Berlin (Ost), 1967, 5. Auflage 1984, S. 64

Anmerkungen um 9. Kapitel

1 Hans-Heinrich Reuter, Fontane, Berlin, 1968, Bd. I, S. 392

2 So richtig die Bemerkung Helga Ritschers ist, daß Fontane Anfang der 60er Jahre »dem Zeitgeschehen ... ganz fern« gestanden habe, so wenig läßt sich ihrer Auffassung zustimmen, daß »selbst die Kriege ... ihm nicht eigentlich politisches Interesse« abnötigten. (Helga Ritscher *Fontane* / Seine politische Gedankenwelt, Göttingen, 1953, S. 60) Die Einleitungen zu den drei Kriegsbüchern zeigen hinreichend, wie intensiv sich Fontane mit den politischen Ursachen der kriegerischen Auseinandersetzungen befaßt hat.

3 Hans-Heinrich Reuter, Fontane, Berlin, 1968, Bd. I, S. 388

4 Zitiert nach der Anlage bei Rudolf Stadelmann, Moltke und der Staat, Krefeld 1950, S. 428

5 Eberhard Kessel, Moltke, Stuttgart, 1957, S. 415

6 ebd., S. 416

7 ebd., S. 415

8 Theodor Fontane, Briefe an Wilhelm und Hans Hertz, S. 42

9 Wenn man etwas von dem ungeheuren Eindruck erfahren will, den das preußisch-deutsche Auftreten damals in Europa machte, muß man die bei Fontane abgedruckten internationalen Pressestimmen lesen. Überall wird die Selbstverständlichkeit gerühmt, mit der die Preußen ihre Pflicht erfüllten. Während des Krieges gegen Frankreich schrieb ein österreichischer Korrespondent: »Ein Tag, dann stellt der Bauer den Pflug bei Seite, der Kaufmann schließt seinen Laden, der Handwerker verabschiedet sich von seinem Meister, der Beamte macht seine Bücher zu ... nirgends Murren, Widerstand oder Trauer. Es muß eine *sittliche* Macht in diesem Aufgebot liegen, daß sie die Massen also zu bändigen, mit einem Geist zu erfüllen vermag, der sie mit Hurrah und mit Gesang in den Tod der Schlacht treibt. Nirgends in der Welt, wohl darf man es sagen, giebt es etwas Aehnliches an Großartigkeit der äußeren Erscheinung wie des inneren Gehaltes.« (KF 1/604)

10 Fontane stand also vor einem langen Lernprozeß, und es ist keineswegs so einfach, wie A. Bance es in seinem Aufsatz ›The Heroic and the Unheroic in Fontane‹ (in Formen realistischer Erzählkunst/Festschrift for Charlotte Jolles, Nottingham, 1979) darstellt. »It was surely the calculated and impersonal aspect of modern warfare, in other words its *prosaic* quality, which, for Fontane, stripped war of any attraction it might formerly have had.« (S. 407) Es gibt zu viele Zeugnisse dafür, daß Fontane auch nach dem Krieg gegen Dänemark an der Poesie des Krieges festgehalten hat.

11 Das Verhältnis Fontanes zu Schopenhauers behandelt ausführlicher Hans-Heinrich Reuter in Fontane, Bd. II, S. 648 ff. Reuter hat auch als erster die Aufzeichnungen veröffentlicht, die sich Fontane zu Schopenhauers ›Parerga und Paralipomena‹ machte. (Sinn und Form, Heft 5/6, 1961, S. 708 ff)

12 Raymond Aron, Clausewitz/Den Krieg denken, Frankfurt, 1980. S. 84

13 Gustav Freytag, Der Kronprinz und die deutsche Kaiserkrone, Leipzig, 1889, S. 60

14 Heinz Helmert und Hansjürgen Usczeck, Preußischdeutsche Kriege von 1864–1871/Militärischer Verlauf, Berlin (Ost), 1984, S. 98

15 In einer der wenigen Besprechungen, die Fontanes Kriegsbüchern gewidmet worden ist, hebt Max Jähns diese Fähigkeit zur Darstellung der Landschaft bei Fontane besonders hervor. Sie sei angeführt, weil sie kennzeichnend ist für das Niveau solcher Rezensionen: »Er hat ein Auge für das Charakteristische einer Gegend wie wenige, und diese glückliche Begabung ... kommt ihm zu Statten, ebensowohl für den künstlerischen Untergrund der Einzelschilderungen, wie für Kennzeichnung des Schauplatzes militärischer Ereignisse.« In »Die Gegenwart«, Nr. 24, XI, 11. Dezember 1877, S. 384

16 Helmuth von Moltke, Gesammelte Schriften und Denkwürdigkeiten, Berlin, 1891, Bd. 3 (Geschichte des deutsch-französischen Krieges von 1870–1871), S. X

17 Mit welcher Schärfe Fontane geurteilt hat, wird erkennbar, wenn man liest, wie Georg Hiltl in seinem volkstümlichen Buch ‹Der Böhmische Krieg› (Bielefeld etc., 1867) die Kämpfe bei Trautenau beschreibt. (S. 188 ff) Da wird die Haltung des I. Korps und seines Führers durchweg gelobt und sein vorschneller Rückzug in die Ausgangsstellungen damit erklärt, daß das Korps an diesem Tage auf einen übermächtigen Gegner gestoßen sei, was der Führung besondere Rücksichtnahme abverlangte. Solcher Verzicht auf Kritik macht das Buch zur Dutzendware.

18 Georg Hiltl, Von der Elbe bis zur Tauber/Der Feldzug der preußischen Main-Armee im Sommer 1866, Bielefeld etc., 1867, S. 278

Anmerkungen um 10. Kapitel

1 Höchste Gerechtigkeit hat Fontane immer zu schätzen gewußt. Sorgsamstes Abwägen ist ihm zu allen Zeiten Herzenssache gewesen, eine Art Lebensmaxime; und er lobt dort am entschiedensten, wo er bei einem anderen eben diese Eigenschaft zu entdecken meint. So heißt es in einem Brief an Guido Weiß vom 14. August 1889: »Unendlich wohl tut es … dergleichen zu lesen. Überall ein Drüberstehen, eine erquickliche Selbständigkeit der Anschauung … und als Resultat davon die Gerechtigkeit gegen Freund und Feind, der wirkliche historische Sinn, die Fähigkeit, alle diese Strebungen hüben und drüben zu begreifen. Mit einem Wort: *die Reife,* die so wenige haben … man ist so selten in der Lage, mal zu einem Manne … von ‹Reife›, von Erkenntnis, von historischem Sinn sprechen zu dürfen. Unser Lebens- und namentlich unser Gesellschaftsweg ist ja mit Quatschköpfen gepflastert.« (Ha Br III/709 f)

2 George Fontane, Feldpostbriefe 1870/71, Berlin, 1914, S. 71

3 Gustav Freytag, Gesammelte Werke, Leipzig, 1887, Band 15, S. 375

4 Hermann Fricke hat Fontanes Notiz als erster kommentiert in seinem Aufsatz ›Theodor Fontanes Parole d'honneur‹, in: Der Bär von Berlin, 1965, S. 49 ff

5 Daß selbst nobelste Charaktere in Tagen der Gefangenschaft dazu neigen, sich mit nationalen Vorurteilen und Stereotypen zu begnügen, zeigt Raymond Aron in seinem großen Clausewitz-Buch. Er faßt Clausewitz' Aufsatz ›Die Deutschen und die Franzosen‹ dahin zusammen: »Für die Franzosen charakteristisch: Geselligkeit oder Hang zu flachen Vergnügungen, äußerliche Höflichkeit, Konversationscharakter der französischen Sprache, Eitelkeit, Reizbarkeit, Mangel an Tiefe des Gefühls. Alle diese Themen, die zu seiner Zeit klassisch sind, behandelt Clausewitz ohne besondere Originalität und mit einer feindlichen Gesinnung, die die Erfahrungen des Gefangenen verständlich machen.« (Raymond Aron, Clausewitz/Den Krieg denken, Frankfurt/M. etc, 1980, S. 49) Vor diesem Hintergrund wirkt Fontanes Fehltritt unerheblich, seine Leistung als Autor von ›Kriegsgefangen‹ bedeutend. Er hatte allerdings auch keinen fragwürdigen Prinzen zu begleiten wie Clausewitz.

6 Dichter über ihre Dichtungen, Theodor Fontane II, S. 96

7 John Osborne, Theodor Fontane und die Mobilmachung der Kultur: Der Krieg gegen Frankreich 1870/71, Fontane Blätter, Heft 37 der Gesamtreihe, Bd. 5, Heft 5, S. 425

8 Die überzeugendste Darstellung von dem, was Frankreich eigentlich beabsichtigte, gibt Hermann Oncken in seinem Werk ›Die Rheinpolitik Kaiser Napoleons III. von 1863–1870 und der Ursprung des Krieges von 1870/71‹, insbesondere in der separat veröffentlichten Einleitung ›Napoleon III. und der Rhein‹, Stuttgart, 1926. Dabei ist die Frage unwesentlich, ob Frankreich einfach an eine Annexion des linken Rheinufers gedacht hat oder ob es mehr Phantasie aufbieten und nach weniger direkten Formen der Beherrschung suchen wollte. Hinweise finden sich bei Rudolf Buchner, Der Krieg und das europäische Gleichgewicht, in: Entscheidung 1870/Der deutsch-französische Krieg, hg. vom Militärgeschichtlichen Forschungsamt durch Wolfgang von Groote und Ursula von Gersdorff, Stuttgart, 1970, S. 295. Weiterhin zitiert als: Entscheidung 1870, Stuttgart, 1970

9 Dietmar Storch, Theodor Fontane, Hannover und Niedersachsen, Hildesheim, 1981

10 Es ist begreiflich, daß die deutsche Armee Schwierigkeiten hatte, auch nur theoretisch mit dem Problem der französischen Freischärler fertig zu werden. Einschlägige Erfahrungen hatte man in keinem Feldzug zuvor je sammeln können. Eine objektive Darstellung der allgemeinen Problematik gibt Fernand Thiébaut Schneider in seinem Beitrag ›Der Krieg in französischer Sicht‹ in: Entscheidung 1870, Stuttgart 1970, S. 191 ff

11 Heinz Helmert und Hansjürgen Usczeck, Preußischdeutsche Kriege von 1864–1871, Berlin, 1984, S. 204

12 ebd., S. 211

13 Eberhard Kaulbach, Der Feldzug 1870 bis zum Fall von Sedan, in: Entscheidung 1870, Stuttgart, 1970, S. 79

14 ebd., S. 81. Das Werk ›Der deutsch-französische Krieg 1870/71‹, redigiert von der kriegsgeschichtlichen Abteilung des Großen Generalstabes, Teil I, Bd. 2, das eine minutiöse Darstellung der Kämpfe bei St. Privat bringt (S. 860 ff), beschäftigt sich natürlich nicht mit der Frage nach der Verantwortung. Es hebt allerdings ausdrücklich hervor, daß der General von Pape davor gewarnt habe, den schwierigen Frontalangriff zu unternehmen, ehe die Artillerieunterstützung wirksam geworden sei und die nördliche Umgehungs-Kolonne eingegriffen habe. (ebd., S. 860)

15 F. Sarcey, Die Belagerung von Paris, zitiert nach Rudolph Lindau, Die preußische Garde im Feldzug 1870/71, Berlin, 1872, S. 107

16 Gemeint sind die Spalten mit den Todesanzeigen in der Kreuzzeitung. In KF I/359

17 Zitiert bei Hermann Fricke, Theodor Fontanes ›Der deutsche Krieg 1866‹ und seine militärgeschichtlichen Helfer, Jahrbuch für die Geschichte Mittel- und Ostdeutschlands, 1966, S. 222

448

18 Mario Krammer, Aus Theodor Fontanes Jugendland, Jahrbuch für Brandenburgische Landesgeschichte, 1951, S. 14

19 Konrad Burdach, Theodor Fontane/Rede bei der Enthüllung seines Denkmals im Berliner Tiergarten am 7. Mai 1910, Deutsche Rundschau, 1910 (Juli, S. 65 f). Beiläufig sei hier vermerkt, daß Hans-Heinrich Reuter dieser liebenswürdigen Rede Burdachs kaum ganz gerecht geworden ist mit seiner scharfen Ablehnung. Natürlich ist Konrad Burdach konservativ und hohenzollerntreu in seinen Ausführungen (vgl. Hans-Heinrich Reuter, Fontane, Berlin 1968, Bd. II, S. 881 f), aber wer in der aufgeheizten Atmosphäre von 1910 sagen kann: »Das alte Märchen von der Erbfeindschaft der französischen und der deutschen Nation und das jüngere von der Gegnerschaft englischer und deutscher Kultur hat seine Person und sein Schaffen widerlegt, die ihr Bestes der Mischung aus den Bildungsschätzen der drei Weltnationen danken« (a. a. O. S. 71), der verdient keine so rigorose Verdammung.

20 Peter Wruck, Fontanes Entwurf ›Die preußische Idee‹, Fontane Blätter, Heft 34 der Gesamtreihe, Bd. 5, Heft 2, S. 169 ff

21 Daß die Gesamtkonzeption der französischen Armee einem modernen Krieg nicht mehr genügte, macht Gerhard Ritter klar: »Der Besitz unerschöpflicher Reserven, die zum größten Teil schon im Frieden durch die Schule des Heeres gegangen waren, entweder drei Jahre lang oder in kürzeren Übungszeiten, alle aber militärisch erfaßt, bestimmten Formationen zugewiesen und in ein festes Verhältnis zur stehenden Armee gebracht, war das eigentliche Geheimnis der Überlegenheit des preußischen Heersystems im 19. Jahrhundert über alle anderen. Diese Überlegenheit wurde in den drei Einigungskriegen 1864–1871 aller Welt so deutlich demonstriert, daß sie zur Nachahmung reizte.« (Gerhard Ritter, Staatskunst und Kriegshandwerk, Bd. II, S. 19) In einer solchen Kurzfassung wird die hoffnungslose Unterlegenheit der französischen Armee bei Ausbruch des 70er Krieges überdeutlich erkennbar. Die französische Armee hatte im Krim-Krieg und in Norditalien (Solferino) eben noch ausgereicht, einem Großkrieg war sie trotz ihrer enormen Überlegenheit bei den Infanteriewaffen nicht gewachsen.

22 KF I/94: Schon zuvor nennt Fontane die Berichte »klassisch in Form wie Inhalt. Nie ist das Wesen des norddeutschen Volkes, zugleich seiner Armee, schärfer, unparteiischer beobachtet und geschildert worden.« KF I/90

23 René Cheval, Fontane und der französische Kardinal, Jahrbuch der deutschen Schillergesellschaft, 1983, Bd. 27, S. 19 ff

24 Zitiert nach Hermann Fricke, Theodor Fontane, Chronik seines Lebens, Berlin, 1960, S. 50

25 Auf die Notwendigkeit dieser Hinwendung zu einem neuen ›Dieu le veut‹ hat schon Mario Krammer hingewiesen in seinem Buch Theodor Fontane, Berlin, 1922, S. 47 f

26 Fontane exemplifiziert die Überlegenheit der Franzosen auf liebenswerte Weise an dem Grafen Coëtlogon: »Er war bei diesem Hoffen und Harren (auf Henri quint-G.F.) ein alter Herr geworden, aber frisch, *beweglich* und *heiter* geblieben. Und das *ist* etwas. In dieser Heiterkeit steckt jener ‹charme› der Franzosen, der sie mit allen ihren Fehlern über alle unsre Tugenden, in den Augen der Welt wenigstens, immer wieder siegen läßt. Täuschen wir uns doch *darüber* nicht. Nichts ist langweiliger als die bloße Solidität und – das ‹Bewußtsein› davon.« (NFA 16/201 f)

27 Wie sehr Fontane dazu neigt, die Ursache der französischen Niederlage mit dem religiös-moralischen Niedergang des französischen Volkes in Zusammenhang zu bringen, zeigt in der spärlichen Sekundärliteratur zu diesem Thema vor allem Kurt Schober in seinem Kapitel über Fontanes ›Kriegsbücher‹. Kurt Schober, a. a. O., S. 118 ff)

28 Wie sehr Fontane mit diesen Überlegungen eingebettet ist in die Überzeugungen des zeitgenössischen Protestantismus, wird aus dem Aufsatz von Martin Greschat ›Krieg und Kriegsbereitschaft im deutschen Protestantismus‹ deutlich. (in ›Bereit zum Krieg‹/Kriegsmentalität im wilhelminischen Deutschland, hg. von Jost Dülffer und Karl Holl, Göttingen, 1986) Dort heißt es: »Ganz in diesem Sinne war 1870 der deutsch-französische Krieg begonnen worden... Aus dem Vertrauen der Gläubigen auf Gottes Beistand wurde mehr und mehr die Gewißheit, daß Gott den frommen und sittlich überlegenen Deutschen den Sieg schenken müsse – und das dann offenkundig auch tat. Aus der Überzeugung vom Krieg als Gericht Gottes erwuchs nun die Sicherheit, daß Preußen-Deutschland jetzt das Gericht über Frankreich zu vollziehen habe. In immer kräftigeren Farben malten die Ansprachen, Predigten und Broschüren den Gegensatz zwischen dem rationalistischen, revolutionären und materialistischen Frankreich, seinem Christusfeindschaft, seinem Libertinismus gegenüber dem Glaubensmut und der Frömmigkeit in Deutschland, der Sittlichkeit und Treue seiner Bewohner. Mit alledem wurden nicht mehr allein Spuren des Handelns Gottes in der Geschichte erkennbar, sondern diese gewann geradezu Offenbarungscharakter. Denn für jeden Einsichtigen mußte nun klar zutage liegen, daß Gott zum großen Alliierten Deutschlands und der deutschen Waffen geworden war.«

29 Pierre-Paul Sagave hat in seinem Aufsatz ›Krieg und Bürgerkrieg in Frankreich‹ (Fontane Blätter, Heft 30 der Gesamtreihe, Bd. 4, Heft 6, S. 452) Fontanes Analyse nur beiläufig erwähnt. Die Meinung des französischen Publizisten Veuillot, daß die »Siege des protestantischen Preußen über das katholische Frankreich eine Folgeerscheinung der Vernachlässigung religiöser Traditionen« seien, weist er als oberflächlich zurück. Wertvoll ist sein Hinweis auf Renan und Taine, deren Argumentation er teilweise bei Fontane wiederfindet. Den Satz, daß man

das »Diesseitige nach dem Jenseitigen gestalten« müsse, zitiert auch Hans-Heinrich Reuter, Fontane, Bd. I, S. 455, aber er leitet ihn ein mit den Worten: »Wäre es Fontane Ernst mit dem gewesen, was er in seinem letzten Satz als Heilmittel gegen die Revolution anbietet...« Es tut sich hier der entscheidende Mangel des Buches von Reuter auf: an vielen Stellen gibt er statt objektiver Urteile ideologisch verbrämte Vorurteile. Und wenn der Wortlaut ganz gegen seine Sicht spricht, dann kann man »Fontane nicht glauben« oder »es ist ihm nicht Ernst gewesen«. Die neuere Fontane-Forschung der DDR, auf Reuters bahnbrechender Leistung fußend, sieht manches unvoreingenommener, steht vielleicht auch weniger unter Druck.

30 Deutsche Militärgeschichte 1648–1939, München, 1983, Bd. 2, Militärgeschichte im 19. Jahrhundert (1814–1890), von Manfred Messerschmidt, Zweiter Teil, S. 132

31 Kurt Schober schreibt in seinem Buch ›Theodor Fontane / In Freiheit dienen‹ (Herford, 1980) in ähnlichem Zusammenhang: »Solche Worte aus dem Munde des ›skeptischen‹ Fontane passen nicht recht in das gängige Bild des Dichters, der tatsächlich, je älter er wurde, um so weniger bereit war, solche still-ernsten Mahnungen auszusprechen. Aber es wäre falsch, dieses Bekenntnis einfach als eine in der Kriegszeit besonders gut ins Bild passende Redensart aufzufassen. Sie stimmt durchaus zu dem Fontane der mittleren Lebensjahre.« (S. 121 f)

32 Mario Krammer, Theodor Fontane, Berlin, 1922, S. 47

33 Mit diesen Worten kennzeichnet Goethe das Seelenleben seiner ›Schönen Seele‹ im 6. Buch von ›Wilhelm Meisters Lehrjahre‹ in einem Brief an Schiller vom 18. März 1795.

34 Es scheint, daß damit zugleich auch ein Maßstab gesetzt war für alle Aufführungen des Schillerschen Dramas. Unter Fontanes Theaterkritiken finden sich fünf zur ›Jungfrau von Orleans‹. Es ist keine Aufführung dabei gewesen, die Fontanes Anforderungen gerecht geworden wäre. Noch 1878 nennt er Jeanne d'Arc »die reinste, rührendste und großartigste Erscheinung der christlichen Zeitrechnung«. (NFA 22,1/691) Von der Schauspielerin fordert er, sie müsse das »Hohe, das Große, das Ideale« spielen können (NFA 22,1/896), und er räumt ein, daß es Schiller gelungen sei, die großen Züge der Jeanne d'Arc sichtbar zu machen. Die Schauspielerin aber habe »nichts von dem hohen inneren Seelenleben, das nötig ist, um dieser, wenn auch nicht vollendetsten, so doch erhabensten aller dichterischen Gestalten gerecht zu werden...« (NFA 22,1/916) Angesichts von Fehlleistungen flüchtet Fontane in den Hohn: Die Schauspielerin »spielte die Rolle wenig visionär und fast noch weniger französisch. Es berührte mich alles südslawisch, und ich würde mehr auf einen bevorstehenden Einzug in das Sandschak von Novibazar als auf einen Einzug in Orleans geraten haben.« (NFA 22,1/802) Welche Schauspielerin hätte solchen Träumen des Dichters gerecht werden können?

35 Diese Darstellung findet ihre Stütze in dem Buch von Raymond Aron, Clausewitz/Den Krieg denken, Frankfurt/M. etc., 1980 (Originalausgabe Paris, 1976): »In seinen Erinnerungen verwahrt sich Bismarck zu Recht dagegen, 1875 einen Präventivkrieg gegen Frankreich geplant zu haben, um dessen Wiedererstarken zu lähmen. Er versichert, daß ein solches Unternehmen zur gleichen Prestige- und Stärke-Politik gehört hätte, die seiner Meinung nach den Ruin des ersten und zweiten französischen Kaiserreichs beschleunigte. Nach 1870 setzte er sich das Ziel, Europa mit der neuen Macht Deutschland zu versöhnen. Übertragen wir dies in unsere Sprache: Bismarck wollte militärisch entscheidende Siege und die Vernichtung der feindlichen Streitkräfte in begrenzten Konflikten, um das deutsche Reich unter der Herrschaft des Königs von Preußen zu errichten, ohne das europäische System zu stören und ohne daß die deutsche Macht unvereinbar erschiene mit den traditionellen Freiheiten der Staaten, unannehmbar für Großbritannien oder das zaristische Rußland.« (S. 352 f)

36 Zitiert nach Hermann Fricke, Jahrbuch für Brandenburgische Landesgeschichte, Bd. V, 1954, S. 22 (Fontanes Historik)

37 Das klingt fast, als habe Fontane zu dieser Zeit Kenntnis erhalten von der Anekdote, die Louis Schneider in seiner Biographie Wilhelms I. erzählt: »Ein Russischer General, der Deutschland beim Beginn des Krieges durchreist hatte, schrieb mir: ›Ich bewundere das Geschick und die Ordnung, mit welcher die Preußen nach Frankreich hineinmarschirten, wenn ich auch nicht glaubte, daß sie so eklatant siegen würden. In Ihrer Armee weiß aber Jeder, was er zu thun hat und wo er hingehört, sogar der zum Schlachten bestimmte Ochse scheint im Voraus zu wissen, in welchem Kochgeschirr er gesotten werden wird.‹ Der Kaiser lachte und sagte: ›Etwas drastisch ausgedrückt, aber in der Sache hat Ihr Freund Recht. In meiner Armee ist wirklich Ordnung. Darum geht es auch.‹« (Louis Schneider, Aus dem Leben Kaiser Wilhelms 1849–1873, Berlin, 1888, Bd. III, S. 216 f)

Anmerkungen zum 11. Kapitel

1   Charlotte Jolles hat in ihrer Dissertation ›Fontane und die Politik‹ die Beziehung des Dichters zur Kreuzzeitung während seiner Englandjahre beschrieben: »Aber während der ganzen Zeit seiner englischen Berichterstattung vermochte Fontane mit dieser Zeitung nicht warm zu werden. Die politischen Anschauungen gingen so weit auseinander, daß man Fontanes politische Aufsätze oft gar nicht verwendete und Fontane, sobald er das merkte, solche vermied und überwiegend feuilletonistische Artikel schrieb. Aber das Gefühl, daß er der Zeitung nur als ›Ornament‹ diene und in »keinerlei Weise, auch nicht in allerbescheidenster, *mitzubauen* habe«, daß er für sie politisch eine Null sei und seinen Auffassungen keinerlei Beachtung geschenkt würde, machte seine Mitarbeit auf die Dauer unmöglich, zumal er andererseits seinen Ansichten keinen Zwang auferlegen wollte.« (Charlotte Jolles, Fontane und die Politik/Ein Beitrag zur Wesensbestimmung Theodor Fontanes, Berlin/Weimar, 1983, S. 122)

2   Helmuth Nürnberger, Der frühe Fontane, S. 300

3   ebd.

4   Viel richtiger scheint mir Peter Wruck in seinem Aufsatz ›Zum Zeitgeschichtsverständnis in Theodor Fontanes Roman ‹Vor dem Sturm›‹ des Dichters Verhältnis zur Kreuzzeitung zu fassen: »Schon 1860, als die Hoffnung auf ein gedeihliches Zusammengehen der Monarchie mit den Liberalen noch nicht erloschen ist, wird er Mitarbeiter der Kreuzzeitung, des Organs der junkerlichen Extremisten, und das nicht oder doch nicht allein und in der Hauptsache dem Broterwerb zuliebe. Er darf von sich sagen, daß er nicht, wie er früher wohl notgedrungen getan hat, für einen Taler und acht Groschen diene, sondern nach freier Wahl.« (Fontane Blätter, Bd. 1, Heft 1, 1965, S. 6)

5   Fontanes Briefe in zwei Bänden, Berlin etc., 1968, hg. von Gotthard Erler, Bd. I, S. 266

6   Theodor Fontane's Briefe an seine Familie, Berlin, 1905, Bd. 1, S. 117 f. Daß der Brief nicht in die Auswahl der Hanser-Briefausgabe aufgenommen worden ist, ist ein fast unentschuldbarer Mangel.

7   Fontanes Briefe in zwei Bänden, Berlin etc., 1968, hg. von Gotthard Erler, Bd. I, S. 309

8   Helmuth Nürnberger, Der frühe Fontane, S. 298

9   Theodor Storm – Theodor Fontane, Briefwechsel, Berlin, 1981, hg. von Jacob Steiner, S. 122

10 Theodor Storm Briefe, hg. von Peter Goldammer, Berlin etc., 1972, Bd. I, S. 465

11 Theodor Storm – Theodor Fontane, Briefwechsel, Berlin, 1981, hg. von Jacob Steiner, S. 122

12 Die Kreuzzeitung muß sich hier von Fontane messen lassen an der ›Times‹: »Die ‹Times› bezahlt gut, aber wodurch sie vorzugsweise wirkt und jeden englischen Schriftsteller wenigstens zu ihrem *stillen* Verehrer macht, das ist das Pensionierungssystem, das sie eingeführt hat... Man pensioniert nicht nur, man pensioniert gut, ausreichend, standesgemäß...« (NFA 19/238) Daraus ergibt sich, daß der Verdacht, Fontane habe aus ideologischen Gründen die Kreuzzeitung verlassen und die Pensionierungsfrage nur als Vorwand benutzt, sich kaum oder nur schwer erhärten läßt.

13 Auf die Nähe der Kriegsbücher zur Kreuzzeitung hat bereits Helmuth Nürnberger in seiner Fontane-Monographie, Hamburg, 1968, hingewiesen: »Das Buch ›Der Schleswig-Holsteinsche Krieg im Jahre 1864‹, erschienen im Verlag von Decker, zeitgemäß illustriert, enthielt ein um Objektivität bemühtes Vorwort, viele Gefechtsschilderungen und einen Schluß im ›Kreuzzeitungs‹-Ton: »Die meerumschlungenen Lande sind unser, werd' es auch das *Meer*. Das walte Gott.« (S. 108)

14 Theodor Fontane, Briefe an Wilhelm und Hans Hertz, S. 179

15 Erst im Jahre 1889 findet sich ein Zeugnis ganz vorbehaltloser Zustimmung zur Vossischen Zeitung in einem Brief an Friedlaender: »so wenig ich mit dem Fortschrittsprogramm zu thun habe, so kann ich doch nicht leugnen, daß ich seit einem Vierteljahr in einem bis dahin mir unbekannt gebliebenen Grade auf Seiten meiner guten Vossin stehe.« (7. Januar 1889)

16 Das gilt auch für die ›Wanderungen‹, die ja zu wesentlichen Teilen in den Kreuzzeitungstagen entstanden und die Pierre Bange in seinem Aufsatz ›Zwischen Mythos und Kritik‹ in ›Fontane aus heutiger Sicht‹ (München, 1980) als »Werk konservativer Frömmigkeit« bezeichnet. (S. 43)

Anmerkungen zum 12. Kapitel

1 Theodor Fontane, Briefe I, Schreinert/Jolles, S. 203

2 Bei Gotthard Erler heißt es: »›Vor dem Sturm‹ ist also das künstlerische Bindeglied zwischen dem ›jungen‹ und dem ›alten‹ Fontane, und das Buch dokumentiert in seinen vielfältigen Verknüpfungen mit den ›Wanderungen‹ und in seinen ebenso reichhaltigen Ansätzen zur realistischen Epik der achtziger und neunziger Jahre die organische Entwicklung, den durchaus kontinuierlichen Übergang von der Früh- zur Spätphase des Dichters.« (Theodor Fontane, Romane und Erzählungen in acht Bänden, hg. von Peter Goldammer, Gotthard Erler, Anita Golz und Jürgen Jahn, Bd. I, S. 327) (Bearbeiter des Bandes Gotthard Erler) Berlin, 1969

3 Peter Demetz, Formen des Realismus: Theodor Fontane/Kritische Untersuchungen, München, 1964, S. 68

4 Sebastian Haffner, Preußen ohne Legende, Hamburg, o. J., S. 343

5 Alfred Döblins Urteil über Fontane, lieblos und verständnislos, ist vielleicht daraus erklärbar, daß Döblin hier eine Möglichkeit sah, seine Häme über Fontane und Thomas Mann zugleich auszugießen: »Wie kann man einen alten ernsthaften Humoristen wie Fontane so verdalbern. Er und ein großer historischer Roman...; ja wie kommt der Schneider zu dem erschröcklichen Schießgewehr.« (Alfred Döblin, Der deutsche Maskenball, Olten, 1972, S. 84) Mit diesen Sätzen nimmt er Stellung zu dem von Thomas Mann referierten Plänen Fontanes zu den ›Likedeelern‹. (Thomas Mann, Der alte Fontane, Gesammelte Werke, Bd. IX, Frankfurt, 1974, S. 24 ff) Es scheint, Döblin hat ›Vor dem Sturm‹ nie gelesen oder nicht zu würdigen gewußt. Das war ja schon der »große historische Roman«, wenn auch mit dem berühmten ›Sechzig-Jahre-Abstand‹, der bei den ›Likedeelern‹ natürlich überschritten worden wäre. Aber wieviele Dichter gibt es schon, die einander Gerechtigkeit widerfahren lassen? Über Fontanes Humor urteilt Döblin: »Humor domiziliert nicht notwendig im Winkel unter Spinnweben. Aber Fontane schrieb aus dem Milieu des Hohenzollernschen Bürgers von 1880 bis 1890, eines fatalen Typus; die ganze Luft dieser Periode steht um ihn.« (a. a. O., S. 82) Was hätte Fontane zu diesem Urteil gesagt? Hart hatte ihn in ähnlicher Weise charakterisiert, und Fontane hatte erwidert: »Ich bin mit Maria Stuart zu Bett gegangen und mit Archibald Douglas aufgestanden, das romantisch Phantastische hat mich von Jugend auf entzückt und bildet meine eigenste südfranzösische Natur und nun kommt Hart und sagt mir: ich sei ein guter, leidlich anständiger Kerl aber Stockphilister mit einem preuß. Ladestock im Rücken. O, Du himmlischer Vater.« (Ha Br IV/113) Philisterhaftes wirft ihm ja auch Döblin vor: »Fontane hatte einen Blick für die menschliche Schwäche... Mir wird flau bei dem Ausdruck. Es ist etwas Philiströses daran, nicht etwas, peinlich viel.« (a. a. O., S. 82)

6 Natürlich gab es Kenner, die Fontanes Leistung zu schätzen wußten. So sagt der Dichter in einem Brief an Georg Friedlaender ausdrücklich, daß Mommsen ein liking für ihn habe wegen seines Romans ›Vor dem Sturm‹ und deshalb der Verleihung der Ehrendoktorwürde an ihn zugestimmt haben dürfte. (vgl. Ha Br IV/407) Aber ein öffentliches Bekenntnis legt zuerst Konrad Burdach zu dem Roman ab, und zwar in seiner durchaus konservativen Rede anläßlich der Einweihung des Fontane-Denkmals im Berliner Tiergarten am 7. Mai 1910. Er lobt, was Fontane vor allem geleistet habe: »vor allem den brandenburgischen Adel auf seinen Schlössern vor dem Sturm der Freiheitskriege in jenem ersten und trotz technischen Mängeln unvergänglichsten seiner Romane, diesem Schmerzenskind der unglücklichsten, ja der wahrhaft tragischen Zeit seines Lebens.« (Deutsche Rundschau, 1910 [Juli], S. 71) Ob *diese* Wertung stimmt, kann dahingestellt bleiben.

7 Theodor Fontane, Romane und Erzählungen in acht Bänden, hg. von Peter Goldammer, Gotthard Erler, Anita Golz und Jürgen Jahn, Bd. I, S. 330 (Bearbeiter des Bandes Gotthard Erler) Berlin, 1969

8 Alexander Faure, Eine Predigt Schleiermachers in Fontanes Roman ›Vor dem Sturm‹, Zeitschrift für systematische Theologie 17, 1940, S. 234

Anmerkungen zum 13. Kapitel

1 Denkwürdigkeiten aus dem Leben des Generalfeldmarschalls Kriegsministers Grafen Roon, Berlin, 1905, Bd. III, S. 409

2 Hans-Heinrich Reuter, Fontane, Berlin, 1968, Bd. I, S. 456

3 Theodor Fontane, Briefe I, Schreinert/Jolles, S. 189

4 Es ist schade, daß die Krankheitsgeschichte von 1892 nicht zu dem Thema gehört, das der Mediziner Bernhard Knick in seinem ebenso gründlichen wie informativen Aufsatz ›Das grüne Cache-Nez – Psychophysische Empfindlichkeit und Krankheitsanfälligkeit‹ (Medizinhistorisches Journal, Bd. 21, 1986, Heft 1/2, S. 113 ff) behandelt hat. Woran Fontane in den Frühjahrs- und Sommermonaten 1892 eigentlich litt, verdient durchaus eine medizinische Untersuchung. Daß die Familie damals damit rechnete, den Dichter in einer Heilanstalt unterbringen zu müssen, ist immer nur beiläufig zur Kenntnis genommen worden. Vielleicht finden sich in Breslau noch die Krankenblätter des Dichters.

5 vgl. Theodor Fontane und die preußische Akademie der Künste, hg. von Walther Huder, Berlin, 1971, S. 15 f

6 Theodor Fontane, Briefe III, Schreinert/Jolles, S. 133

7 Fontane/Lepel – Briefwechsel, Bd. II, S. 355

8 Durch von Wilmowskis Hände scheint alle Literatur gegangen zu sein, die für Wilhelm I. bestimmt war, denn schon im Dezember 1871, als Fontane seine Bücher ›Kriegsgefangen‹ und ›Aus den Tagen der Okkupation‹ überreichen lassen möchte, schreibt er an Mathilde von Rohr: »Vorausgesetzt daß mir Geh. Cab. Rath Wilmowski keinen Strich durch die Rechnung macht.« (19. Dezember 1871)

9 Theodor Fontane, Briefe III, Schreinert/Jolles, S. 172

10 Wie bedeutend die Rolle war, die Wilmowski bei Wilhelm I. spielte, erläutert Wilhelm Oncken in ›Unser Heldenkaiser‹– Festschrift zum hundertjährigen Geburtstage Kaiser Wilhelms des Großen‹, Berlin, 1897. »Zu denen, welche bei solcher Gelegenheit (Weihnachten) mit sinnig gewählten Geschenken reich bedacht wurden, gehörte an erster Stelle den Geh. Kabinettsrat Dr. Carl von Wilmowski..., den der König seit dem 23. November 1869 vorläufig, seit dem 22. März 1870 endgültig zum Chef des Civilkabinetts ernannt hatte und dessen Thätigkeit er so unbedingtes Vertrauen schenkte, daß er ihn sein ›Civilgewissen‹ nannte. Sein ›Militärgewissen‹ war von 1870 bis 1888 der Chef des Militärkabinetts, General Emil von Albedyll, der von seinem Civilkollegen noch jetzt mit höchster Verehrung spricht als einem vortrefflichen Mann und durch und durch edlen Charakter.« (S. 239) Zum 70. Geburtstag Wilmowskis sandte ihm der Kaiser zwei Statuetten mit folgendem Beischreiben: »Die Figuren, welche ich Ihnen sende, haben Griffel in den Händen; die eine schreibt, was Sie *leisten,* die andere *unterschreibt* nur, was Sie belieben!!‹ (a. a. O., S. 240) Es war also kein beliebiger Mann, mit dem Fontane sich ›entzweite‹.

11 Theodor Fontane, Briefe III, Schreinert/Jolles, S. 176

12 Theodor Fontane und die preußische Akademie der Künste, hg. von Walther Huder, Berlin, 1971, S. 53 f

13 Dichter über ihre Dichtungen Theodor Fontane II, S. 212

14 Hans-Heinrich Reuter, Fontane, Berlin, 1968, Bd. I, S. 397

15 Briefe Theodor Fontanes, Zweite Sammlung, hg. von Otto Pniower und Paul Schlenther, Berlin, 1910, Bd. II, S. 64 f

16 Wolfgang Rost, Allerlei Gereimtes/Von Theodor Fontane, Dresden, 1932, S. 25

17 Theodor Fontane, Briefe I, Schreinert/Jolles, S. 90. Wie sehr die Kornblume im Wilhelminischen Reich zum patriotischen Requisit geworden war, zeigt noch Fontanes letzter an Mauthner gerichteter Brief aus Karlsbad. Seine Abneigung gegen die Blume überträgt er nun deutlicher denn je auf ihre Träger: »Uebrigens wird heut, am Sedanstag, in den Straßen Karlsbads, eine förmliche Schlacht zwischen Deutschen und Tschechen geschlagen; die knubbligen Deutschen mit ihren Gerichtsaufseher- und Torfinspektorgesichtern tragen alle Kornblumen, die besser aussehenden Slaven (auch viele Polen) rothe Nelken.« (Fontane Blätter, Heft 39 der Gesamtreihe, Bd. 6, Heft 1, S. 23.) Wie anders beschreibt Julius Rodenberg einen Festtag der Hohenzollern, etwa den 90. Geburtstag des Kaisers: »Ein Menschenstrom, der sich quer durch die Wagenreihe nach der freieren Mitte der Linden drängt, nimmt mich mit, und hier, Athem schöpfend, bin ich wieder unter meinen Freunden, den Verkäufern von Bildern, den Händlern und Händlerinnen... Aber ihre Zahl hat sich verzehnfacht. »Hier noch das neueste Kaiserbild!« – »Die Kaiserblume!« – »Das Kaiserhaus!« – »Das Kaiseralbum!« – »Die Kaiserbüste!« – »Die Kaisermedaille!« – Die kleinen Kinder haben Fahnen in der Hand mit dem Porträt des Kaisers in leuchtenden Farben, und fast Alle, Männer wie Frauen, eine Kornblume vorn an der Brust.« (Julius Rodenberg, Bilder aus dem Berliner Leben, 3. Bd., Berlin, 1891, 3. Auflage, S. 45 f)

18 Theodor Fontane, Briefe I, Schreinert/Jolles, S. 92 f

19 Kenneth Attwood, Fontane und das Preußentum, Berlin, 1970, vgl. S. 187

20 Theodor Fontane, Briefe an Wilhelm und Hans Hertz, S. 190

21 Michael Freund, Das Drama der 99 Tage, Krankheit und Tod Friedrichs III., Köln etc., 1966, S. 346

22 Wilhelm Oncken, Unser Heldenkaiser, Berlin, 1897, S. 260

23 Theodor Fontane, Briefe II, Schreinert/Jolles, S. 89 f

24 Der Satz findet sich bei Kurt Schreinert, Jahrbuch der Deutschen Schillergesellschaft, 1960, S. 398 (Allerlei Ungedrucktes über und von Theodor Fontane)

25 Theodor Fontane, Briefe II, Schreinert/Jolles, S. 89

26 Es wäre interessant zu wissen, wie sich dieser Tag in den Aufzeichnungen Friedrich Wittes darstellt, von denen Gunther Pistor in den Fontane Blättern (6/4 – Heft 42 – S. 391 ff) berichtet. Sie liegen im Stadtarchiv zu Rostock. Daß Pistor seinen liebenswürdigen Aufsatz mit einem Hinweis auf die »kluge Verschlossenheit« Fontanes gegenüber seinem Freund Witte abschließt, deckt sich mit der hier vertretenen Ansicht vom Verhalten Fontanes beim Tode Wilhelms I.

27 Mete Fontane, Briefe an die Eltern, 1880–1882, hg. von Edgar R. Rosen, Berlin, 1974, S. 92

28 Theodor Fontane, Briefe an Georg Friedlaender, hg. und erläutert von Kurt Schreinert, Heidelberg, 1954, S. 89 f

29 Bernhard Guttmann, Schattenriß einer Generation, 1950, S. 9. Noch bewegter erinnert sich Julius Rodenberg jener Tage: »Wer wird sie schreiben, die Geschichte dieses unendlich traurigen Winters, in welchem wir keine Sonne sahen, und vier vier Monate lang die Luft eisig und trüb war vor wirbelndem Schnee? Wie aus einer bleichen Phantasmagorie, geisterhaft vorüberwallend, wie aus einem bangen Traume, den wir geträumt, löst sich Bild nach Bild, steigt Scene nach Scene, bis zu jenem Abend im frühen März, wo plötzlich alle Glocken von Berlin läuteten. Der unruhigen Nacht folgte der graue Morgen; und nun kam die furchtbare Ruhe, sank das ungeheure Schweigen herab auf Berlin. Sein Kaiser war todt. Und nun begann die stumme Wanderung der Massen, einem Strome gleich, der von Tag zu Tage schwoll, bis unsere Straßen ihn kaum noch zu fassen vermochten... Schweigend, wie sie nie gesehen, steht die ungeheure Menge von der Akademie an gedrängt um das Friedrichs-denkmal bis weit über die Universität hinaus. Alle den Blick unverwandt nach dem wohlbekannten Fenster richtend, an welchem der Kaiser nun nie mehr erscheinen wird...« (Julius Rodenberg, Bilder aus dem Berliner Leben, Berlin, 1891, 3. Auflage, Bd. 3, S. 321 ff)

30 Fontane hat sich innerlich nie damit abfinden können, wie verschieden die Künstler (Architekten, Maler, Bildhauer, Schriftsteller) von den Hohenzollern belohnt wurden. Julius Rodenberg z. B. hatte für die Verfahrens-weise der Hohenzollern ein viel realistischeres Verständnis: »Wie Goethe von Friedrich dem Großen gesagt hat, wird man einst auch von diesen Großen (Bismarck und Moltke – G.F.) sagen, daß sie, nationale Thaten vollbrin-gend, unsere Literatur mit einem neuen Lebensgehalt erfüllten. Sanftere, den Künsten des Friedens holdere Zei-ten werden vielleicht einst wieder kommen; aber wie die Welt nun einmal ist und wer weiß wie lange noch sein wird, sind der Staatsmann und der Soldat, und etwa noch der Maler, der Bildhauer, der sie verherrlicht, nicht aber der Schriftsteller und der Dichter die Männer, welche den Ruhm Preußens ausmachen und vor allen, wenn nicht ausschließlich, daselbst geehrt werden.« (Julius Rodenberg, Bilder aus dem Berliner Leben, Berlin, 1891, 3. Auflage, Bd. 3, S. 33 f)

31 Charlotte Jolles, Theodor Fontane, Sammlung Metzler, Bd. 114, Stuttgart, 1983, S. 48

32 Hermann Fricke, Theodor Fontane, Chronik seines Lebens, Berlin, 1960, S. 57

33 Colmar Freiherr von der Goltz, Léon Gambetta und seine Armeen, Berlin, 1877, S. 222 f

34 vgl. Seite 319 dieser Arbeit

35 Zitiert nach ›Moltke – Gespräche‹, hg. von Eberhard Kessel, Hamburg, 1940/41, S. 204. Übrigens hat sich dieses Urteil längst allgemein durchgesetzt. So formuliert Richard Barkeley in seinem Buche ›Die Kaiserin Friedrich‹ kurz und prägnant: »Ein Mann von beschränkter Intelligenz, äusserst engstirnig, aber mit ausgeprägtem und starkem Pflichtbewußtsein, war er zuerst und zuletzt Soldat.« (Dordrecht-Holland, 1959, S. 17)

36 Ernst Engelberg, Bismarck/Urpreuße und Reichsgründer, Berlin, 1985, S. 757 f

37 Eine erheiternde Adnote zu dem Epitheton ›alt‹ findet sich in Fontanes Brief an Mauthner vom 15. November 1890. Mauthner hatte in einer Rezension vom ›alten Fontane‹ gesprochen, und Fontane erinnert sich einer Bemerkung seines alten Freundes (»leider Lump nebenher«) Faucher: ›das Höchste was man in Berlin erreichen könne, sei die Bezeichnung ›der alte‹«. Fontane reagiert mit einer Mischung aus Zustimmung und Skepsis: »Es liegt was Wahres drin, was ich nicht sagen dürfte, wenn es nicht neben dem ›alten Wilhelm‹ auch den ›alten Wrangel‹ gäbe.« (Die Briefe Theodor Fontanes an Fritz Mauthner. Ein Beitrag zum literarischen Leben Berlins in den 80er und 90er Jahren des 19. Jahrhunderts. Herausgegeben, eingeleitet und kommentiert von Frederick Betz und Jörg Thunecke, Fontane Blätter, Bd. 6, Heft 1, S. 12). Wie problematisch es Fontane erscheint, wenn ein Herrscher als ›gut‹ in die Geschichte eingeht, wird im ›Schach von Wuthenow‹ erkennbar, wo es in Gegen-wart des Prinzen Louis Ferdinand zu einer Auseinandersetzung kommt zwischen Schach und Bülow über Kaiser Alexander, von dem Bülow sagt: »Er ist der ›gute Kaiser‹ und damit Basta.« (NFA 2, S. 312) Schach versucht den Kaiser zu verteidigen, aber unter dem Beifall des Prinzen fährt Bülow fort: »Ein wirklich großer Mann wird

nicht um seiner Güte willen gefeiert und noch weniger danach benannt... Der gute Kaiser! Ich bitte Sie. Welche Augen wohl König Friedrich gemacht haben würde, wenn man ihn den ‹guten Friedrich› genannt hätte.« Fontane verwischt zwar in den folgenden Sätzen die Möglichkeit, diese Kontroverse auf Wilhelm I. anzuwenden, aber wenn man bedenkt, wie nahe ›Schach von Wuthenow‹ zeitlich dem Brief an Emilie steht, wird man den Zusammenhang nicht verkennen. Der Gedanke stammt übrigens von dem historischen Heinrich Dietrich von Bülow, wie aus der Dokumentation von Sagave in dem ausgezeichnet gemachten Bändchen ›Fontanes Schach von Wuthenow‹, Dichtung und Wirklichkeit (Berlin, 1966, S. 154) hervorgeht.

38 Was Fontane hier ausspricht, scheint die Zeitgenossen auch sonst bewegt zu haben. So schreibt Erich Marcks in seiner Biographie Wilhelms I.: »er ist rein, wie er gewesen war, geblieben, und Bismarck hat ihm geholfen, daß Er es bleiben konnte; von den Umwegen, deren der Minister nicht entraten konnte, hielt er den König immer fern.« (Erich Marcks, Kaiser Wilhelm I., 4. Auflage, Leipzig, 1900, S. 255)

39 Auch in der letzten Anmerkung Fontanes zu den ›Fünf Schlössern‹ findet sich eine Anekdote, von der man indessen kaum zu glauben wagt, daß er sie ernst gemeint haben könnte: »Prinz Karl starb am 21. Januar. Wenige Stunden vor seinem Hinscheiden erschien sein Bruder Wilhelm im prinzlichen Palais am Wilhelmsplatz und der Generalarzt Dr. Valentini meldete dies mit den Worten: ‹Seine Majestät der Kaiser!› Freudig lächelnd erhob der sterbende Prinz den rechten Arm und rief...: ‹Er lebe hoch!› Es waren seine letzten Worte. Die menschlich siegreiche Persönlichkeit Kaiser Wilhelms hatte Rivalitäten, wie sie früher geherrscht haben mochten, längst beglichen und in dem Herzen des Bruders nichts zurückgelassen als Bewunderung und Liebe.« (NFA 13/396) Vielleicht hatte die »menschlich siegreiche Persönlichkeit« des Kaisers auch schon die Ressentiments Fontanes überwunden, aber andererseits fühlt man sich doch erinnert an den Brief Fontanes an Friedlaender vom 10. April 1893, in dem er sich über die Schwiegermutter des reichen Silberstein aus Arnsdorf äußert: es macht doch »einen halb grausigen Eindruck auf mich, wenn ich höre, daß seine 87jährige Schwiegermutter, aus der Besinnungslosigkeit aufwachend, ihn mit der Frage begrüßt: ‹was macht die Militär-Vorlage?› Hat sie's schelmisch und mit Humor gefragt, so nehme ich alles zurück, sollte sich aber wirklich ein Interesse darin aussprechen, so finde ich es entsetzlich, weil ich dann einen Triumph öder Phrasenmacht darin sehen muß.« (Ha Br IV/250) Gibt es für Fontane wirklich einen Rangunterschied zwischen der Frage nach der Militärvorlage und dem Ruf des sterben- · den Prinzen: »Er lebe hoch!«? Der Wortlaut legt es immerhin nahe.

40 Daß Fontane das Menschliche an Wilhelm I. so betonte, ist kein bloßer Opportunismus und keine bloße Huldigung an den Zeitgeschmack. So wenig sich Wilhelm II. mit seinem Wunsch durchsetzen konnte, seinem Großvater das Epitheton ›der Große‹ zu verleihen, so wenig zweifeln seine Zeitgenossen seine lautere Menschlichkeit an. Die schönste Würdigung stammt von dem Mann, der den Kaiser besser kannte als irgendein anderer: Bismarck. Er sagte nach dem Nobilingschen Attentat auf den Kaiser dem amerikanischen General Grant, ehemaligem Präsidenten der Vereinigten Staaten: »Da ist ein Greis, einer der besten Menschen auf der Welt, und doch trachtet man ihm nach dem Leben. Niemals hat ein Mensch gelebt, dessen Charakter bescheidener, edler, menschlicher war als der des Kaisers. Er unterscheidet sich durchaus von andern Menschen, welche in so hoher Stellung geboren sind, oder wenigstens von sehr vielen unter ihnen. ... Der Kaiser ... ist Mensch in allen Stükken. Niemals in seinem Leben hat er einem Menschen unrecht getan, niemals die Empfindungen eines andern verletzt, niemals einen andern hart behandelt. Er ist einer von den Menschen, deren Güte die Herzen gewinnt, er ist unablässig mit dem Glück und dem Wohlergehen seiner Unterthanen und seiner Umgebung beschäftigt. Es ist gar nicht möglich, sich das Urbild eines Edelmannes zu denken, das schöner, edler, liebenswerter und wohlthätiger wäre, geschmückt mit allen hohen Eigenschaften eines Fürsten und allen Tugenden eines Menschen. Ich meine, der Kaiser hätte sein ganzes Reich durchwandern können, ohne Begleitung und ohne Gefahr: und jetzt trachtet man danach, ihn zu töten ... ein Monarch, dessen Herzensgüte sozusagen die Todesstrafe abgeschafft hat, und der dennoch das Opfer eines Mordversuchs geworden ist.« (Zitiert nach Wilhelm Oncken, Unser Heldenkaiser, Berlin, 1897, S. 229 f)

41 Louis Schneider, Aus dem Leben Kaiser Wilhelms, Berlin, 1888, Bd. III, S. 64

42 Louis Schneider, Aus meinem Leben, Berlin, 1880, Bd. III, S. 333

43 Louis Schneider, Aus dem Leben Kaiser Wilhelms, Berlin, 1888, Bd. III, S. 91

44 Er muß freilich auch etwas von einer komischen Figur an sich gehabt haben, was bei Fontane nicht sehr deutlich wird. Aber in den von Eberhard Kessel herausgegebenen Gesprächen Moltkes (Moltke Gespräche, Hamburg 1940/41) findet sich eine Anekdote (entnommen den aus dem Nachlaß herausgegebenen Lebenserinnerungen Theodor von Bernhardis, Bd. 2, S. 239) die für Schneiders Ansehen in Hofkreisen sehr aufschlußreich ist: »Beim Mittagstisch in einem Städtchen der Lausitz war von Alexander von Humboldt die Rede. General Reyher, der präsidierte, bedauerte, daß der berühmte Mann so alt sei; man könne nicht hoffen, daß er noch lange lebt, und wer kann ihn ersetzen – auch nur in der Umgebung des Königs, um das Interesse für die Wissenschaft immer rege zu halten; wer kann ihn auch nur da ersetzen? – Oberst Moltke antwortete: ‹Louis Schneider!› – Man erschrak, es erfolgte eine allgemeine Stille; nach einigen Sekunden brach alles in ein lautes Gelächter aus, in das die beiden Prinzen Friedrich Wilhelm und Friedrich Karl einstimmten.«

45 Louis Schneider, Aus dem Leben Kaiser Wilhelms, Berlin, 1888, Bd. III, S. 230

46 ebd., Bd. I, S. 138

47 ebd., Bd. III, S. 157
48 ebd., Bd. I, S. 124
49 ebd., Bd. III, S. 227
50 ebd., Bd. II, S. 57
51 Louis Schneider, Aus meinem Leben, Berlin, 1880, Bd. II, S. 79
52 ebd., Bd. II, S. 327
53 Friedrich Holtze, Louis Schneider, in: Mitteilungen des Vereins für die Geschichte Berlins, 45. Jahrgang, 1928, S. 107
54 ebd., S. 157
55 ebd., S. 121
56 Erich Eyck, Bismarck, Erlenbach-Zürich, 1943, Bd. II, S. 192

Anmerkungen zum 14. Kapitel

1 Zitiert nach Hans-Heinrich Reuter, Fontane, Berlin, 1968, Bd. I, S. 424

Anmerkungen zum 15. Kapitel

1 Wie relativ groß die Opfer der Befreiungskriege verglichen mit denen der Einigungskriege gewesen waren, machten die Gedenksteine für die Studenten der Universität Berlin deutlich. Von 1813 bis 1815 waren 43 Studenten gefallen, im Krieg von 1870/71 39. Und das bei einer völlig veränderten Bevölkerungszahl. (vgl. Julius Rodenberg, Bilder aus dem Berliner Leben, Bd. 3, Berlin, 1891, 3. Auflage, S. 284)

2 Theodor Fontane, Briefe I, Schreinert/Jolles, S. 305

3 Theodor Fontane, Briefe an Georg Friedlaender, Heidelberg, 1954, hg. und erläutert von Kurt Schreinert, S. 305

4 ebd., S. 295

5 Man wird sich mit einigem Recht die Frage stellen dürfen, ob sich Fontane mit dieser Ablehnung des Reserveoffiziers immer in Übereinstimmung mit sich selbst befunden habe. Wenn man seine Ausführungen zu Gambetta richtig versteht, so war er überzeugt, daß Gambettas Kriegskonzeption 1870/71 richtig war (la guerre à outrance), zumindest sah er voraus, daß zukünftige Kriege weit weniger noch als der von 1870/71 nicht – wie das den soldatischen Wünschen von Moltke entsprochen hätte – in wenigen Schlachten zwischen den gegeneinander aufmarschierten Armeen entschieden werden würden, sondern durch lange anhaltende Kämpfe zwischen den Völkern. Bedenkt man, daß die Armeen Gambettas u. a. durch den Mangel an ausgebildeten Offizieren scheiterten, so fragt man sich, wie Fontane mit dem Dilemma fertig werden wollte. Man ist indessen bei solchen Erwägungen auf Vermutungen angewiesen. Fontanes Vorstellungen von den kommenden Kriegen (an die er gleichwohl fortgesetzt dachte) waren bemerkenswert unklar. Im allgemeinen bezeugen seine Briefe (vor allem an Morris), wenn er in ihnen auf kriegerische Verwicklungen Deutschlands zu sprechen kommt, einen erstaunlichen Optimismus. Freilich: er konnte sich ebenso wenig wie seine Zeitgenossen der 90er Jahre einen Krieg vorstellen, in dem das Deutsche Reich allein an der Seite der Donaumonarchie (die in seinen Überlegungen ohnehin eine geringe Rolle spielte) gegen Frankreich, Rußland, England und schließlich noch die USA kämpfen würde. Niemand war weitschauend genug, den totalen Bankrott der deutschen Außenpolitik bis 1914 zu erahnen. Wenn Fontane aber überhaupt an Volkskriege dachte, wie hätte er sie ohne ein großes Reserveoffizierkorps führen wollen? Er sah »furchtbare Kämpfe« voraus, in denen die »leidenschaftlichen Volksempfindungen« mitsprechen würden (Ha Br IV/688), und er sah Deutschland als »ein starkes, kompaktes Reich von einer ganz ungeheuren Kraft, die, wenn's zum Kriege käme, sich ebenso glänzend zeigen würde wie Anno 70.« (Ha Br IV/604) Diese Kraft, an die Fontane glaubte, mußte aber organisiert werden, und es scheint, daß er die notwendigen Maßnahmen mißbilligte.

6 Es ist dies eben der Gedanke, den Hermann Hesse in seinem Werk später thematisiert. Wenn es in ›Unterm Rad‹ heißt: »zwischen Genie und Lehrerzunft ist eben von alters eine tiefe Kluft befestigt« (Hermann Hesse, Gesammelte Dichtungen, Frankfurt, 1952, Bd. 1, S. 465), so weist das in der Erzählung zurück auf die Aufgabe, die Lehrer – nach Hesse – als die ihren ansehen: »Seine (des Lehrers) Pflicht und sein ihm vom Staat überantworteter Beruf ist es, in dem jungen Knaben die rohen Kräfte und Begierden der Natur zu bändigen und auszurotten und an ihre Stelle stille, mäßige und staatlich anerkannte Ideale zu pflanzen... so muß die Schule den natürlichen Menschen zerbrechen, besiegen und gewaltsam einschränken; ihre Aufgabe ist es, ihn nach obrigkeitlicherseits gebilligten Grundsätzen zu einem nützlichen Gliede der Gesellschaft zu machen und die Eigenschaften in ihm zu wecken, deren völlige Ausbildung alsdann die sorgfältige Zucht der Kaserne krönend beendigt.« (ebd., S. 418) Hesse hat diese Sätze acht Jahre nach Fontanes Tod veröffentlicht. Es ist zweifelhaft, daß Fontane sie gelesen hätte. Manches hätte ihn vielleicht veranlaßt, etwas Verwandtes in dem Württemberger zu erkennen. (Jedenfalls war sein eigenes Verhältnis zur Schule auch gestört.) Daß er sich über Hesses Gesamtqualität getäuscht hätte, ist nicht anzunehmen.

7 Hermann Fricke, Fontanes Historik, Jahrbuch für Brandenburgische Landesgeschichte, V, 1954, S. 22

8 Reinhard Höhn, Sozialismus und Heer, Bad Harzburg, 1969, Bd. III, S. 87 f

9 Deutsche Militärgeschichte 1648–1939, 2. Bd., Abschnitt IV, Zweiter Teil, S. 201, von Manfred Messerschmidt, München, 1983

10 ebd.

11 Zitiert nach Reinhard Höhn, Sozialismus und Heer, Bad Harzburg, 1969, Bd. III, S. 340. Es muß dahingestellt bleiben, ob diese Beamtenschaft politisch zuverlässig war. Es scheint, daß auch sie – wohl eine Folge der schlechten Bezahlung – gegen die Verführung durch sozialdemokratisches Gedankengut nicht immun war. Und Höhn wird wohl recht haben, wenn er die Tatsache, daß viele der als ›geheim‹ oder ›streng vertraulich‹ bezeichneten Papiere und Erlasse – vor allem, soweit sie sich mit Maßnahmen gegen die Sozialdemokratie beschäftigten – alsbald in der sozialdemokratischen Presse erschienen, mit der politisch-weltanschaulichen Unzuverlässigkeit der Militäranwärter erklärt. (a. a. O. Bd. III, S. 352 f)

12 Deutsche Militärgeschichte 1648–1939, München, 1983, 2. Bd., Abschnitt IV, Zweiter Teil, von Manfred Messerschmidt, S. 219

13 Theodor Fontane, Briefe I, Schreinert/Jolles, S. 92

14 Theodor Fontane, Reisebriefe vom Kriegsschauplatz Böhmen 1866, hg. von Christian Andree, Frankfurt etc., 1973, S. 43

15 Zu großes Gewicht wird man freilich auf diese Formulierung nicht legen dürfen, denn sie taucht auch auf in dem Gespräch zwischen Lorenzen und Dubslav von Stechlin über das Heldische, wo Lorenzen versichert, daß er »mit gespitzterem Ohr, wie ein Kavalleriepferd« aufhorche (NFA 8/317), wenn er von jenem Heldischen höre, das er liebe.

Anmerkungen zum 16. Kapitel

1 Thomas Mann, Gesammelte Werke, Frankfurt, 1974, Bd. IX, S. 818
2 Theodor Fontane, Briefe an Georg Friedlaender, Heidelberg, 1954, hg. von Kurt Schreinert, S. 387
3 ebd., S. 73
4 ebd., S. XVIII
5 ebd., S. 77
6 ebd., S. 72
7 ebd., S. 77
8 ebd., S. 73
9 ebd., S. 68 f
10 ebd., S. 73
11 Deutsche Militärgeschichte 1648–1939, Bd. 2, Abschnitt IV, Zweiter Teil, München 1983, von Manfred Messer-schmidt, S. 210
12 ebd., S. 211
13 Wolfgang Paulsen, Theodor Fontane, The Philosemitic Antisemite, Publications of the Leo Baeck Institute, Year Book XXVI, 1981, S. 303 ff
14 Georg Friedlaender, Aus den Kriegstagen 1870, Berlin, 1886, S. 12
15 ebd., S. 13
16 ebd., S. 14
17 ebd.
18 Annemarie Lange, Berlin zur Zeit Bebels und Bismarcks, Berlin, 1976

Anmerkungen zum 17. Kapitel

1   ›Das Elsass von 1870–1932‹, Colmar, 1936, I. Bd., S. 52. Es steht uns Deutschen wohl an, nicht darüber zu urteilen, inwieweit Rossés Buch den historischen Gegebenheiten entspricht. Ein Deutscher wird es aber schon deshalb mit Anteilnahme lesen, weil er erfährt, daß politische Unzulänglichkeit und Verständnislosigkeit in der Vergangenheit nicht immer ausschließlich deutsches Privileg waren.

2   In seiner Interpretation von ›Vor dem Sturm‹ zitiert John Osborne (in seinem Buch ›Meyer or Fontane‹ (Bonn, 1983, S. 110 f) die Anklage, die der polnische Patriot Graf Bninski gegen Preußen vorbringt: »Karg und knapp, das ist die Devise dieses Landes. Ich war noch ein Kind, da las ich auf der Krakauer Schule von den alten Fritzischen Grenadieren, daß sie Westen getragen hätten, die gar keine Westen waren, sondern nur rote dreieckige Tuchstücke, die gleich an den Uniformrock angenäht waren. Und wahr oder nicht, diese dreieckigen Tuchlappen, ich sehe sie hier in allem, in kleinem und großem. Angenähtes Wesen, Schein und List und dabei die tiefeingewurzelte Vorstellung, etwas Besonderes zu sein. Und woraufhin? Weil sie jene Rauf- und Raublust haben, die immer bei der Armut ist. Nie ist es satt, dieses Volk; ohne Schliff, ohne Form, ohne alles, was wohltut oder gefällt, hat es nur *ein* Verlangen : immer mehr! Und wenn es sich endlich übernommen hat, so stellt es das Übriggebliebene beiseite, und wehe dem, der daran rührt. Seeräubervolk, das seine Züge zu Lande macht! Aber immer mit Tedeum, um Gott oder Glaubens- oder höchster Güter willen. Denn an Fahneninschriften hat es in diesem Lande nie gefehlt.« (NFA 1/423 f)   Es ist nicht zu bezweifeln, daß hier Elemente des Fontaneschen Denkens mitverarbeitet sind. Dagegen ist es höchst fragwürdig, wenn Osborne diese Preußen-Kritik Bninskis mit der Andeutung einleitet »whether he (Fontane) was not perhaps thinking of Alsace-Lorraine and 1870/71«. Davon kann angesichts der Eindeutigkeit, mit der Fontane die deutsche Haltung zu Elsaß-Lothringen vertritt, keine Rede sein. Übrigens hätten die bedeutenden französischen Germanisten, die sich begreiflicherweise mit Fontane beschäftigen (wer hätte in der deutschen Literatur ein substantielleres Frankreichbild von 1870/71 entworfen?), längst eine Studie zu Fontanes Haltung gegenüber dem Elsaß vorgelegt, wenn sie mit dieser Haltung einverstanden wären.

3   Hans-Heinrich Reuter, Fontane, Berlin, 1968, Bd. I, S. 485

4   Helmuth Nürnberger zählt den Satz zu den »offenkundige(n) Fehlurteile(n) und Vorhersagen, die sich nicht erfüllen sollten und die man gegenwärtig selten oder gar nicht erwähnt.« (Helmuth Nürnberger, Der frühe Fontane, S. 16 und Anmerkung S. 358)

5   Mit Fontanes anhaltender Bewunderung für Frankreich verträgt sich das durchaus. Er ist nicht blind für die große Überlegenheit, die sich die Franzosen auf vielen Gebieten bewahrt haben und die sie durch immer neue bedeutende Leistungen bestätigen. So lobt er das »Panorama von Rezonville« der Maler Neuville und Detaille und fügt verallgemeinernd hinzu: »So wie sich's um Kunst handelt, schrumpfen wir zusammen; selbst in Emeuten und Barrikadenbauen haben die Franzosen mehr chic« (Ha Br IV/266)   Diese Anerkennung Frankreichs bekundet auch ein Brief an Anna St.Cère (vielleicht eine etwas zweifelhafte Briefpartnerin), der er 1895 schreibt: »Es war mir eine große Ehre, so schmeichelhafte Zeilen von Ihrer Hand empfangen zu dürfen. In Frankreich bekannt zu werden, vielleicht ein Publikum, wenn auch nur ein ganz kleines, zu finden, – wer sehnte sich nicht danach? Welchem Ehrgeiz erschiene dies nicht begehrenswert?« (Ha Br IV/516)

6   Helmuth von Moltke, Gesammelte Schriften und Denkwürdigkeiten, Berlin 1891, Bd. 2, S. 226

7   Was Marx und Engels schon früh erkannten, daß nämlich eine Annexion Elsaß-Lothringens schließlich dazu führen müßte, daß Frankreich und Rußland sich einander näherten und womöglich verbündeten, hat Fontane nie bedacht. Er hat immer zu den Befürwortern einer als unvermeidlich angesehenen Annexion gehört. Marx und Engels wehrten sich auch gegen den Gedanken, daß eine Annexion politisch folgerichtig sei, weil die Franzosen ja ihrerseits nach dem linken Rheinufer gestrebt hatten. Eine Inbesitznahme Elsaß-Lothringens und damit des Vogesenkamms als einer natürlichen Grenze erschien ihnen unsinnig, weil ihrer Meinung nach »jede militärische Linie notwendig fehlerhaft ist und durch Annexion von weiterem Gebiet verbessert werden kann«. (Zitiert nach Joachim Hoffmann, Der Volkskrieg in der Sicht von Marx und Engels, in: Entscheidung 1870/Der deutsch-französische Krieg, Stuttgart 1970, S. 210) Es versteht sich von selbst, daß es für Marx und Engels nicht um eine zukünftige Konfliktlosigkeit und damit die Abschirmung des deutschen Besitzstandes ging, sondern um die Ausschaltung Rußlands, in dem sie den mächtigsten Gegner für jede Revolution der Arbeiterschaft sahen.

8   Es hat damals in Deutschland nicht viel Verständnis für die schwierige Lage der Elsaß-Lothringer gegeben. Deutschland hatte den Krieg gewonnen, und man erwartete, daß die zurückeroberten Grenzländer sich enthusiastisch mit ihren Befreiern verbinden würden. Als der Enthusiasmus ausblieb, reagierte man im Reich gereizt und gekränkt. Ein relativ frühes Zeugnis für eine differenziertere Betrachtungsweise lieferte Julius Rodenberg in seinem Roman ›Die Grandidiers‹, den Fontane am 21. November 1878 in der Vossischen Zeitung besprach. Der Roman (Fontane hütete sich, das auszusprechen) war künstlerisch wertlos, doch gelingt Rodenberg in der Figur der Helene Grandidier, geb. Glöcklin, die sentimental anrührende Gestaltung eines elsässischen Schick-

sals. Reuters Urteil, das Buch sein ein »hurrapatriotischer Roman« (Theodor Fontane, Briefe an Julius Rodenberg, Eine Dokumentation, Berlin und Weimar, 1969, S. XXIV) ist ungerecht. Vor allem durch Eduard Grandidier, einen Maler, der in Paris menschlichen und künstlerischen Rückhalt findet, gewinnt der Roman gewisse versöhnliche Züge. Auch betont Rodenberg mehr die Schrecken des Krieges, als daß er sich in törichtem Siegesjubel erginge. Ein patriotischer Grundton (nur manchmal unerträglich) ist (1878!) selbstverständlich. Vielleicht überrascht es, daß Fontane die kriegerischen Teile des Romans trotz der dort geübten Zurückhaltung (das Elend der Zivilbevölkerung während der Beschießung Straßburgs wird anschaulich beschrieben) am wenigsten mochte, den anderen Teilen aber freundliches Lob zollte. (Dazu vor allem seine Briefe in NFA 21/2, S. 667) Daß es sich bei Fontanes Besprechung des Romans (NFA 21/1, S. 314 ff) um eine reine »Verlegenheitsbesprechung« handelt, wie Reuter meint (a. a. O., S. XXIV), wird durch die Briefe nicht bestätigt.

9 Hans-Günter Zwarzlik, Bethmann Hollweg als Reichskanzler 1909–1914, Düsseldorf, 1957

10 Daß Bismarck für Moltkes Wünsche ein offenes Ohr hatte, so daß er gegen dessen militärisch begründete Forderungen wenig Widerstand leistete, hängt sicherlich, wie oft hervorgehoben, mit der Äußerung Wilhelms I. von Württemberg zusammen, die Bismarck im Juli 1864 von ihm hörte: »Österreich setze durch seine Politik zugleich das Vertrauen der süddeutschen Fürsten aufs Spiel, die andererseits einer Orientierung nach Preußen, einem kleindeutschen Zusammenschluß solange nicht beitreten könnten, als Straßburg Ausfallstor einer bewaffneten Macht sei.« (Zitiert nach Walter Lipgens, Bismarck, die öffentliche Meinung und die Annexion von Elsaß und Lothringen 1870, Historische Zeitschrift 199, 1964, S. 49

11 Zur Frage des Selbstbestimmungsrechts schreibt Walter Lipgens a. a. O., S. 86 f zusammenfassend: »Tatsächlich war, seit 1839 Luxemburg noch ohne Volksabstimmung, aber offenbar den Wünschen der Bevölkerung entsprechend geteilt worden war, außerhalb Deutschlands in Europa keine Gebietsveränderung mehr ohne Volksabstimmung geschehen. Bismarck selbst hatte das Prinzip 1852 für Schleswig verfochten, 1866 für Nordschleswig zugesagt; Napoleon III. hatte es 1859 mit der Anerkennung seiner Erwerbung von Nizza und Savoyen durch eine nachträgliche Volksabstimmung im Staatsleben praktisch eingeführt; und wie Cavour seit 1859 den Anschluß jeder einzelnen Provinz an die italienische Einigung von einer Volksabstimmung abhängig gemacht hatte, so fand eben jetzt, am 2. Oktober 1870, unter Teilnahme der Weltöffentlichkeit die Abstimmung der Bevölkerung Roms statt.«

12 Lothar Gall, Zur Frage der Annexion von Elsaß und Lothringen 1870, Historische Zeitschrift, 206, 1968, S. 316

13 Zitiert nach Walter Lipgens, Bismarck und die Frage der Annexion 1870, Historische Zeitschrift, 206, 1968, S. 601

14 vgl. Ernst Moritz Arndt, Werke, hg. von August Leffson und Wilhelm Steffens, Leipzig, o. J., Bongs Klassiker, 11. Teil, S. 37 ff: Der Rhein Teutschlands Strom, aber nicht Teutschlands Grenze (1813) und ebd. 1. Teil, Gedichte, Als Thiers die Welschen aufgerührt hatte (Herbstmond 1841), S. 239 f)

Anmerkungen zum 18. Kapitel

1 Reinhard Höhn, Sozialismus und Heer, Hamburg, 1959

2 Zitiert nach Hans-Heinrich Reuter, Fontane, Berlin, 1968, Bd. I, S. 416

3 Die Bedeutung der Kriegervereine erläutert Dieter Düding in seinem Aufsatz ›Die Kriegervereine im wilhelminischen Reich und ihr Beitrag zur Militarisierung der deutschen Gesellschaft‹, in ›Bereit zum Krieg‹, hg. von Jost Dülffer und Karl Holl, Göttingen, 1986, S. 99 ff.

4 August Bebel, ›Zum 2. September‹ in ›Der Volksstaat‹ Nr. 73 vom 17. August 1873, zitiert nach Reinhard Höhn, Sozialismus und Heer, Hamburg, 1959, Bd. II, S. 127 f

5 Colmar Freiherr von der Goltz, Léon Gambetta und seine Armeen, Berlin, 1877, S. 287

6 ebd., S. 295

7 ebd.

8 Dies bestätigen die Ausführungen von Stig Förster in seinem Aufsatz ›Alter und neuer Militarismus im Kaiserreich‹ (in ›Bereit zum Krieg‹, hg. von Jost Dülffer und Karl Holl, Göttingen, 1986, S. 122 ff). (Försters eigenwillige Vorstellung von ›Militarismus‹ läßt sich nur im Zusammenhang seiner Ausführungen verstehen.) Dort heißt es: »Besonders dramatische Formen nahm dieser Machtkampf in der letzten Phase vor dem Krieg an, als die bürgerlichen Militaristen alles daran setzten, die volle Durchführung der allgemeinen Wehrpflicht zu erreichen. Es gelang ihnen zwar, gegen den Widerstand ihrer konservativen Gegenspieler eine gewaltige Aufrüstung durchzusetzen, doch das eigentliche Ziel wurde verfehlt. Auch nach der Heeresvermehrung von 1913 blieben Zehntausende von Wehrpflichtigen unausgebildet, so daß das Reich im Sommer 1914 einen Weltkrieg provozierte, ohne nach seinen Möglichkeiten gerüstet zu sein. Das Fehlen der drei zusätzlichen Armeekorps, die Ludendorff und Generalstabschef Moltke gefordert hatten, machte sich dann an der Marne schmerzlich bemerkbar.« (a. a. O., S. 127)

9 Colmar Freiherr von der Goltz, Léon Gambetta und seine Armeen, Berlin, 1877, S. 291

10 Generalfeldmarschall Colmar Freiherr von der Goltz, Denkwürdigkeiten, Berlin, 1929, S. 86

11 ebd., S. 86 f

12 ebd., S. 89

13 Hans-Heinrich Reuter, Fontane, Berlin, 1968, Bd. I, S. 396

14 Verdy du Vernois, Im großen Hauptquartier 1870/71. Persönliche Erinnerungen, Berlin, 1895. Fontane hatte in einem Brief an Rodenberg zur Person Verdys geschrieben: »Die ganze Superiorität unsrer Leute, d. h. unsrer derartigen Leute, spricht sich darin aus...« (Theodor Fontane/Briefe an Julius Rodenberg, Berlin etc., 1969, S. 77)

15 Fontanes Einstellung zu seinem Sohn Theo wird aus einem Brief an Mete vom 10. Juni 1896 ersichtlich: »Sei nur recht gut zu ihm ... und zeige ihm, wie leid er uns thut. Ich bin ja immer mit ‹scheiden lassen› bei der Hand, aber daran ist ja bei einem Manne wie Theo gar nicht zu denken. Er ist Programm-Mensch, preußisch-conventionell abgestempelter Prinzipienreiter, zum Ueberfluß auch noch Biedermeier mit 'ner Hängelippe und so heißt es denn: ‹es wird fortgewurstelt.›« (Ha Br IV/564)

16 Helmut Schnitter, ›Preußen und seine Armee im 18. und 19. Jahrhundert – Reaktion und Fortschritt‹ in ›Preußen/Legende und Wirklichkeit‹, Berlin (Ost), 1984, S. 182

17 Hans-Ulrich Wehler, Das Deutsche Kaiserreich 1871–1918, Göttingen, 1983, S. 152

18 Genaueres Zahlenmaterial zum Übergewicht des adligen über das bürgerliche Element im Offizierkorps des wilhelminischen Reiches gibt Hans-Ulrich Wehler in seinem Buch ›Das Deutsche Kaiserreich 1871–1918‹, Göttingen, 1983, S. 161 (5. Auflage)

19 ebd., S. 159 f

20 ebd., S. 160 f

21 ebd., S. 160

22 Sie antwortet mit dieser Attacke übrigens auf einen Gesprächsbeitrag des Frondeur-Generals von Rossow, den Fontane dabei unverhüllt ironisiert, Moltke jedoch hervorhebend: »Der Chef, trotz altem livländischen Adel, der hingehn mag, ist, von meinem Standpunkt aus, ein homo novus, der der unglückseligen Anschauung von der geistigen Bedeutung der Offiziere huldigt. Alles Unsinn. Wissen und Talent ruinieren nur, weil sie bloß den Dünkel großziehen. Derlei Allotria sind gut für Professoren, Advokaten und Zungendrescher... Aber was soll das dem Staat? Der verlangt andres. Auf die Gesinnung kommt es an, auf das Gefühl der Zusammengehörigkeit mit dem Stammlande, das nur die haben, die schon mit am Cremmer Damm und bei Ketzer-Angermünde waren.«

Anmerkungen zum 19. Kapitel

1   In einer kurzen Erklärung zu einem Bismarck-Bild schreibt Rose Aggeler in ihrem Band ›Die großen Klassiker/
    Theodor Fontane‹, (Salzburg, 1983, S. 70): »Mit Bismarcks Politik, der Lösung der deutschen Frage ›von oben‹,
    konnte sich Fontane nie recht anfreunden. Das bezog sich nicht nur auf die militante Außenpolitik, sondern
    auch auf innerpolitische Maßnahmen wie die Sozialistengesetze: ›Alle diese Leute sind uns vollkommen eben-
    bürtig, und deshalb ist ihnen ... mit der Waffe in der Hand (nicht) beizukommen.‹« Keiner dieser Sätze ist auch
    nur annähernd richtig. Hier werden nur alte Vorurteile tradiert, die sich, bei genauerem Hinsehen, als unhaltbar
    erweisen. Das trifft für viele Urteile zu, die sich in diesem sorgfältig komponierten und vorzüglich ausgestatte-
    ten Buch finden.
2   Theodor Fontane, Briefe III, Schreinert/Jolles, S. 133
3   Georg Lukács, Deutsche Realisten des 19. Jahrhunderts, Berlin, 1951, darin: Der alte Fontane, S. 272 ff, hier 277
4   Man vergleiche die Ausführungen Gotthard Erlers in Theodor Fontane, Romane und Erzählungen in acht Bän-
    den, hg. von Peter Goldammer, Gotthard Erler, Anita Golz und Jürgen Jahn, Berlin, 1969, Bd. 8, S. 428
5   Peter Wruck, Fontanes Berlin (2. Teil), Fontane Blätter, Heft 42 der Gesamtreihe, Bd. 6, Heft 4, S. 407
6   Eda Sagarra, Theodor Fontane: ›Der Stechlin‹, München, 1986, S. 29

Anmerkungen zum 20. Kapitel

1 Theodor Fontane, Briefe an Julius Rodenberg/Eine Dokumentation, hg. von Hans-Heinrich Reuter, Berlin und Weimar, 1969, Anmerkung zu Brief Nr. 51, S. 228

2 Theodor Fontane, Briefe IV, Schreinert/Jolles, Anm. zu Brief Nr. 700, S. 364

3 Joachim von Kürenberg, War alles falsch?/Das Leben Kaiser Wilhelms II., Bonn, 1952, (2. Auflage), S. 103

4 Das Lebensgefühl, dem Fontane hier Ausdruck gibt, wurde offenkundig von großen Teilen der deutschen Öffentlichkeit geteilt. Fontane bildet also keine Ausnahme. Alan Palmer dürfte mit seiner Auffassung durchaus recht haben, daß, wenn »der junge Kaiser in den Monaten nach seinem Amtsantritt eines Vertrauensvotums bedurft« hätte, »er es zweifellos von der überwältigenden Mehrheit seiner Untertanen auch bekommen« hätte. »Während der ersten Hälfte seiner Regierungszeit gab er den Gefühlen und Vorurteilen Ausdruck, mit denen sie die Welt betrachteten.« (Alan Palmer, Kaiser Wilhelm II., Wien etc., 1982, S. 53)

5 vgl. die Anmerkung zu Fontanes Brief an Friedrich Stephany vom 12. Januar 1893, in Briefe Theodor Fontanes, Zweite Sammlung, Berlin, 1910, hg. von Otto Pniower und Paul Schlenther, Bd. II, S. 298

6 Theodor Fontane, Briefe an Georg Friedlaender, Heidelberg, 1954, hg. von Kurt Schreinert, S. 382 (Anmerkung)

7 Fontane wiederholt seine Kritik noch einmal in einem Brief an Paul und Paula Schlenther vom 6. Dezember 1894: »Da Sie sich die Vossische wahrscheinlich nachschicken lassen, so erzähle ich Ihnen nichts von der Einweihung des Reichstagsgebäudes und daß L.P. ... den Kaiser dahin charakterisiert hat: ‹...einerlei; Ich will, daß alles fertig sei.› Ich finde es nicht richtig, daß Pietsch das schreibt, und noch weniger richtig, daß die Zeitung es druckt.« (Ha Br IV/404) Hier wird sein Unwille einer Pressepolemik gegenüber, die er für unangemessen hält, besonders deutlich.

8 Ludwig Quidde, Caligula. Eine Studie über den römischen Cäsarenwahnsinn, Leipzig, 1894, S. 11

9 ebd., S. 12

10 ebd., S. 13

11 ebd., S. 7

12 ebd.

13 ebd., S. 19

14 ebd., S. 20

15 ebd.

16 Theodor Fontane, Briefe II, Schreinert/Jolles, S. 234 f

17 Erich Eyck beschreibt die Wirkung der Caligula-Schrift auf die Öffentlichkeit ein wenig anders: »die ‹Kreuzzeitung‹« brachte »selbst einen mit monarchischer Entrüstung geladenen Artikel, in dem sie leidenschaftlich nach dem Staatsanwalt rief. Die Folge war, daß sich alles um den ›Caligula‹ riß, der in kurzer Zeit dreißig Auflagen erlebte. Die abgesetzten Exemplare zählten nach Hunderttausenden. Auch der Staatsanwalt studierte die Broschüre eifrig, aber er zog es vor, sich die Finger nicht an diesem heißen Eisen zu verbrennen. Er fand, daß der demokratische Historiker seine Sache gar zu geschickt gemacht hätte. Ihm, dem Staatsanwalt, wäre die brenzlige Aufgabe zugefallen, dem Gericht zu beweisen, daß all das Böse, das Quidde von dem toten Caligula erzählte, in Wahrheit auch auf den lebenden und regierenden Kaiser zutraf.« (Erich Eyck, Das persönliche Regiment Wilhelms II., Zürich, 1948, S. 83 f) Wenn man John C. G. Röhls Buch ›Kaiser, Hof und Staat/Wilhelm II. und die deutsche Politik‹, München, 1987 (ein Sammelband der bisher aus seiner Feder erschienenen Aufsätze zur Welt Wilhelms II.) als Vorläufer der von ihm geplanten Biographie Wilhelms II. betrachtet, so wird erkennbar, wie sehr Quiddes Kaiserbild bei ihm nachwirkt. Röhls Aufsatz ›Kaiser Wilhelm II/Eine Charakterskizze‹ (a. a. O., S. 17 ff) läßt die Grundzüge seiner Auffassungen deutlich hervortreten.

18 Walter Müller-Seidel hat in seinem Aufsatz ›Fontane und Bismarck‹ aus dem Jahre 1966 die Bedeutung des Reichskanzlers für den Dichter nuanciert dargestellt. (in: Nationalismus in Germanistik und Dichtung/Dokumentation des Germanistentags in München; hg. von Benno von Wiese und Rudolf Henß, Berlin, 1967, S. 170 ff) In seinem Buch ›Theodor Fontane/Soziale Romankunst in Deutschland‹, Stuttgart, 1975, hat Müller-Seidel das Thema in einem der Einleitungskapitel noch einmal aufgenommen. (S. 42 ff)

19 Zitiert nach Erich Eyck, Das persönliche Regiment Wilhelms II./Politische Geschichte des Deutschen Kaiserreiches von 1890 bis 1914, Erlenbach-Zürich, 1948, S. 13

20 Fontane sah im Abgang Bismarcks keine Gefahr. Dagegen meint Rüdiger vom Bruch in seinem Aufsatz ›Krieg und Frieden‹ (in Bereit zum Krieg, hg. von Jost Dülffer und Karl Holl, Göttingen, 1986, S. 76 f), daß die Entlassung Bismarcks weitreichende Wirkung auf das geistige Leben in Deutschland gehabt habe: »Eine spätestens seit den 1880er Jahren offensichtliche, in den modernistischen Kunstbewegungen und einem popularisierten Kulturpessimismus zum Ausdruck kommende Kulturkrise erfaßte nach 1890 die politische Kultur des Reiches

insgesamt. Nach Bismarcks erzwungenem Rücktritt, im unsteten Schwanken des Neuen Kurses, in der Suche nach neuen Zielen des jungen Nationalstaats und in der rapide beschleunigten klassenpolitischen Zerklüftung der Gesellschaft mehrten sich Verunsicherungen im deutschen Bürgertum, wurde ratlos nach dem Woher und Wohin der Entwicklung gefragt. In dieser Situation vermochten sich deutsche Gelehrte, deren wissenschaftliche Autorität ungebrochen war und die von ihrem früheren Beitrag zur Entwicklung der deutschen Kulturnation zehrten, als neue Werteelite zu etablieren, als politische Wegweiser und kulturelle Sinnproduzenten für die innere und äußere Fortentwicklung des Reiches.« Der politische Aufstieg des deutschen Professors… Es ist gewiß, daß Fontane zu seiner Orientierung der deutschen Gelehrten nicht bedurfte. Das Gelehrtentum hat in ihm immer nur zwiespältige Gefühle ausgelöst. Man braucht nicht nur an die Historiker zu denken (denen war er als Autodidakt ohnehin nicht gewogen), deren einen er in ›Cécile‹ so impertinent breit karikierte, daß ihm hinterher selber Bedenken kamen, ob er seinem Roman damit einen Dienst erwiesen habe. (vgl. Ha Br III/559) Sonst überschnitten sich seine Interessen selten mit denen der Gelehrten, so daß Konflikte ausblieben.

21 Die oft wiederholten Urteile Fontanes über Bismarck, in denen er den Kanzler unter moralischen Aspekten beurteilt, können zu dem sich gelegentlich andeutenden Irrtum verführen, Fontane habe an der gegen moralische Prinzipien verstoßenden Realpolitik Bismarcks Anstoß genommen. Es verdient festgehalten zu werden, daß Fontane kein politischer Utopist war, sondern das politische Alltagsgeschäft mit großer Nüchternheit betrachtete. So schreibt er in einem Brief an Lazarus, in dem es um die Berücksichtigung sittlicher Grundsätze in der Politik geht: »Ich bin davon *so* durchdrungen,… daß mir … das Politikmachenwollen nach Sittlichkeitsgesetzen, also auf dem Fundament göttlicher Gerechtigkeit, als etwas nicht blos Unfruchtbares, sondern, in Erwägung der Umstände, als etwas geradezu zu Bekämpfendes erscheint. Der Mensch ist eine Bestie und seiner Niedertracht muß mit Mitteln aus demselben Arsenal begegnet werden … vielleicht daß mit lauterster, reinster Liebe der Teufel zu bezwingen wäre; aber diese lauterste, reinste Liebe gibt es nicht, es liegt in der Natur des Menschen, daß sich dies Lauterste und Reinste beständig verzerrt, in dieser Verzerrung unecht wird … und in dieser Unechtheit mehr Elend stiftet, tiefer durch Blut watet, als die naive, von allen Hoheitsbestrebungen unangekränkelte Sündhaftigkeit.« (Ha Br IV/394 f) Man kann das Verhältnis von Politik und Sittlichkeit kaum realistischer sehen.

22 Daß Fontane hier wirklich nur ausspricht, was viele seiner Zeitgenossen bewegte, bestätigt die historische Forschung. So schreibt John C. G. Röhl »Mit jeder Quellenedition aus der nachbismarckischen Ära wird klarer, wie weit verbreitet und tief verwurzelt in den führenden poltischen Kreisen solche Ängste vor einer Wiederauflösung des Reiches waren. Ob sie auf nüchterner Beurteilung objektiver Gegebenheiten beruhten oder letztlich nur psychologisch zu erklären sind: für die politische Kultur des wilhelminischen Zeitalters sind diese Angstkomplexe von geradezu schlüsselhaftem Erklärungswert.« (John C. G. Röhl, Kaiser, Hof und Staat/Wilhelm II. und die deutsche Politik, München, 1987, S. 123)

23 Helmuth Nürnberger hat den politischen Reifungsprozeß Fontanes in seinem Buch ›Der frühe Fontane‹ ausführlich dargestellt, vor allem im fünften Kapitel ›Jahre in England (1885–1859)‹, a. a. O., S. 209 ff.

24 Deutsche Militärgeschichte 1648–1939, Bd. 5, Abschnitt VIII, Deutsche Marinegeschichte der Neuzeit, von Wolfgang Petter, S. 101 (Zitiert nach seinem Text)

25 Theodor Fontane, Briefe II, Schreinert/Jolles, S. 130

26 Hans-Heinrich Reuter, Fontane, Berlin, 1968, Bd. I, S. 416

27 Über die Machteinbußen, die der Adel unter Friedrich Wilhelm I. hatte hinnehmen müssen, berichtet ebenso kurz wie einleuchtend Ingrid Mittenzwei in ihrer Biographie Friedrichs II. (Ingrid Mittenzwei, Friedrich II. von Preußen/Eine Biographie, Köln, 1983, S. 41 f, 3. Auflage)

28 Am eindrucksvollsten in einer Theaterkritik von 1875: »Wenn dieses Interesse (an den Gestalten des Stücks – G.F.) … ein von widerstrebenden Empfindungen durchkreuztes war, so liegt das … darin, daß uns diese ganze martialische Herrlichkeit des ‹Soldatenkönigs›, ja die Epoche überhaupt, mit einem geheimen Schauder oder, was schlimmer ist, mit einem unsagbar elenden, an Seekrankheit gemahnenden Gefühl erfüllt. Die Vorstellung, daß aus dieser unsagbaren Prosa heraus … der friderizianische Staat … geboren wurde, hat etwas verstimmend Niederdrückendes… Der Rückblick in *kleine* Verhältnisse ist unendlich beglückend, der Rückblick in *häßliche* tut weh. Zu den Völkern, deren Jugend ihnen selbst und andern eine freundlich wohltuende Empfindung wecken darf, gehört das preußische *nicht;* seine Geburt fällt in unpoetische Tage.« (NFA 22,1/424 f)

29 Welchen Weg hat Fontane zurückgelegt von den zwei Balladenzeilen:
   Da liegt er, der in Trachten
   Und Dichten nie mein Mann (NFA 20/472)
bis zu dem Wunsch, Wilhelm II. möge nach diesem Vorbild verfahren.

30 Man muß die Frage wenigstens stellen, warum Fontane sich hier auf drei große Epochen der preußischen Geschichte beschränkt. Was sich Generationen von Deutschen gewünscht hatten, die Schaffung eines einigen deutschen Reichs, 1870/71 war dieses Ziel, das manchmal so nahe geschienen hatte, manchmal in unendlich scheinenden Weiten verdämmert war, erreicht worden. Was Preußen seit 1740 mühsam durchzusetzen versucht hatte, wofür Friedrich der Große drei Kriege geführt und Preußen dabei gelegentlich an den Rand des Abgrunds gebracht hatte: nämlich die Gleichstellung Preußens mit Österreich in Deutschland, dann seine Vor-

machtstellung, Bismarck hatte es vollbracht. Und jetzt ist seine Zeit, seine Leistung keiner Erwähnung wert? Tritt er hinter den Freiheitskriegen, Friedrich dem Großen und dem Soldatenkönig zurück? Weshalb das? Vertrug sich ein Lobpreis der Zeit nicht mit Lorenzens Kritik an derselben Zeit? Sollte die Beinahe-Gegenwart ausgegrenzt werden, um den Blick auf die große Vergangenheit nicht zu verstellen? Wollte Fontane vor sich selber nicht als liebedienerisch erscheinen einem preußischen König gegenüber, der ihn in seinen Erwartungen so tief enttäuscht hatte? Wollte er Bismarcks Leistung nicht herausstreichen, um dem jungen Kaiser nicht zu nahe treten zu müssen? Oder hielt er es insgeheim doch mit Frau von Wangenheims prophetischem Wort: »Preußen-Deutschland hat keine Verheißung.« (Ha Br IV/273)

31 Erich Eyck, Das persönliche Regiment Wilhelms II., Erlenbach-Zürich, 1948, S. 172

32 Das wird vor allem dann einleuchten, wenn man die Äußerung Wilhelms II. neben einen der Briefe seines Großvaters stellt, wo Bismarcks Bedeutung ganz anders eingeschätzt wird: »Sie, mein lieber Fürst, wissen, wie in mir jederzeit das vollste Vertrauen, die aufrichtigste Zuneigung und das wärmste Dankgefühl für Sie leben wird! ... ich denke, daß dieses Bild noch Ihren späten Nachkommen vor Augen stellen wird, daß Ihr Kaiser und König und sein Haus sich dessen wohl bewußt waren, was wir Ihnen zu danken haben.« (Briefe Kaiser Wilhelms des Ersten, Leipzig, 1911, S. 324)

33 Helmuth von Moltke, Gesammelte Schriften und Denkwürdigkeiten, Berlin, 1891, Bd. 7, S. 109

34 Eberhard Kessel, Moltke, Stuttgart, 1957, S. 533

35 Rudolf Stadelmann, Moltke und der Staat, Krefeld 1950, S. 304

36 ebd., S. 392

37 vgl. Eberhard Kessel, Moltke, Stuttgart, 1957, S. 289 ff

38 Fontane ist Storms prinzipienfester Haltung nähergerückt. Sein Brief, auf den noch einmal in anderem Zusammenhang eingegangen wird, formuliert indessen manches vergrämter und mißmutiger als er es (bei einem anderen Empfänger? zu einer anderen Zeit?) normalerweise getan hätte. Fontane schreibt: »Allem was Sie über Storm sagen, kann ich gern zustimmen, besonders auch dem, was Sie hinsichtlich des Heirathens in der durch Geburt vorgeschriebenen Sphäre bemerken. Als ich den Storm-Aufsatz schrieb, (schon vor ungefähr 10 Jahren) dachte ich über Umgang, Verkehr, Heiratherei, ganz anders, und zwar besser, freier als jetzt. Ich ärgerte mich über die Spießbürgerlichkeiten, über den ewigen Soupçon und das allzu niedrige sich selbst einschätzen der außeradligen Kreise. Jetzt – aber erst in meinen ganz alten Tagen – bin ich im Gegensatz dazu, zu zwei traurigen Ueberzeugungen gekommen: man muß jeden Versuch, sich unsren Adel (denn es paßt nur auf unsren) sich durch Freimuth erobern zu wollen, aufgeben und man darf zweitens von keinem Menschen in der Welt etwas annehmen.« (Ha Br IV, S. 733)

39 Fontanes Anschauungen entwickelten sich im Gegensatz zu denen Friedrich Engels'. Während Fontane gegen Ende seines Lebens nach der Lektüre der ›Denkwürdigkeiten aus dem Leben Leopold von Gerlachs‹ (Berlin, 1891/92) zu glauben begann, daß revolutionäre Volksmassen einer straff organisierten Armee gegenüber im Bürgerkrieg überlegen seien, gelangte Engels angesichts der modernen Waffentechnik einerseits und der Erfahrungen von 1871 (Gambettas Armeen, Pariser Kommune) andererseits zu der Überzeugung, daß das revolutionäre Proletariat sich nicht verführen lassen dürfe, dort zu erscheinen,» ‹wo die Flinte schießt und der Säbel haut›. Er begründete diese Warnung mit den grundlegend veränderten Faktoren der Kriegführung und der Verschiebung aller Gewichte zugunsten des Militärs und zuungunsten der Revolutionäre.« (Joachim Hoffmann, Der Volkskrieg in der Sicht von Marx und Engels. In: Entscheidung 1870/Der deutsch-französische Krieg, Stuttgart, 1970, S. 237) Hoffmann weist auch auf den Widerspruch hin, in dem sich Engels damit zur Miliztheorie der damaligen Sozialdemokratie befand.

40 Aber solche Radikalismen sind die Ausnahme und für seine Diktion wie für seine Denkart untypisch. Es trägt zu seiner Vieldeutigkeit bei, daß sie möglich sind, aber normalerweise zieht er die Linien nicht aus bis zu jenen Punkten, wo nur noch Exzesse Lösungen verheißen. Er bleibt ein Mann des Tatsächlichen mit einem feinen Gespür für nur Denkbares einerseits und wirklich Machbares andererseits. Und wenn er (man denke nur an die Auseinandersetzungen im ›Stechlin‹) auf der ihm vertrauteren Ebene argumentiert, bestimmt er das wünschenswerte Verhältnis von Denkbarem und Machbarem in viel humanerer und philanthropischerer Weise.

41 Briefwechsel Ferdinand Tönnies – Friedrich Paulsen 1876–1908, Kiel, 1961, S. 322

42 ebd., S. 327 f

43 Es handelte sich um den Berliner Physiker Arons, der entlassen werden sollte, weil er der sozialdemokratischen Partei angehörte. Paulsen war für ihn eingetreten, indem er dem Versuch entgegentrat, »die Fakultät zur Kontrollinstanz für die politische Zuverlässigkeit der Dozenten zu machen.« (Ferdinand Tönnies/Friedrich Paulsen, Briefwechsel, 1876–1908, Kiel, 1961, S. 333)

44 Daß Fontane die Verdienste Treitschkes kannte und anerkannte, zeigen seine Briefe an Friedlaender (Ha Br IV/177) und Sternfeld (Ha Br IV/466)

45 Fontanes Briefe in zwei Bänden, Berlin, 1968, hg. von Gotthard Erler, Bd. II, S. 423

46 Charlotte Jolles, Fontane und die Politik/Ein Beitrag zur Wesensbestimmung Theodor Fontanes, Berlin, 1983, S. 48

47 Helmut Ahrens, Das Leben des Romanautors, Dichters und Journalisten Theodor Fontane, Düsseldorf, 1985, S. 103

48 Die offenkundigen ›Gesinnungs‹-unterschiede zwischen Briefen und Romanwerk sind in der Forschung des öfteren konstatiert worden, am sachlichsten bei Helmuth Nürnberger, Der frühe Fontane, S. 16 ff.

49 Robert Minder, Dichter in der Gesellschaft, Frankfurt, 1966, S. 152

50 Man wird an dieser Stelle – der Eigenheiten Fontanes eingedenk, denen man gerecht werden muß – in leichter Abwandlung hinzufügen: aber auch die Briefe.

51 Theodor Fontane, Briefe I, Schreinert/Jolles, S. 199

52 Es mag dahingestellt bleiben, ob Gustav Radbruch recht hat, wenn er das Interesse Fontanes an den Likedeelern in Zusammenhang bringt mit der Gestalt des Magisters der Theologie Wigbold, der in dem zunächst geplanten Roman gewisse christlichsoziale Tendenzen hätte vertreten können. (Gustav Radbruch, Gestalten und Gedanken, darin: Skepsis und Glaube, Stuttgart, 1954 S. 178)

53 Ohne Zweifel identifiziert sich Fontane mit Lorenzens Auffassungen vom Christentum (nicht mit denen Stökkers). In gewohnter Weise geht er dabei allen Formeln aus dem Wege, betont vielmehr ausdrücklich, daß »dieser Lorenzen« »eigentlich gar kein richtiger Pastor« sei. »Er spricht nicht von Erlösung und auch nicht von der Unsterblichkeit, und is beinah als ob ihm so was für alltags wie zu schade sei.« (NFA 8/339) Johannes Ester hat in seiner Dissertation ›Der selbstverständliche Geistliche/Untersuchungen zu Gestaltung und Funktion des Geistlichen im Erzählwerk Th. Fontanes‹ (Leiden, 1975) die religiösen Vorstellungen Lorenzens richtig herausgearbeitet. (Im großen und ganzen legt die Arbeit zu großes Gewicht auf die Abhängigkeit der Geistlichen von dem adligen Gutsbesitzer und seinem Patronatsrecht. Das stimmt zwar in der Theorie, Fontane zeigt ja aber in seinen Romanen, daß die Praxis ganz anders aussah. War der Geistliche erst einmal berufen, hatte er durchaus seine Freiheit und konnte auf seinen Rechten bestehen. Wie wären sonst die vielen Streitigkeiten zwischen Gutsbesitzern und Pfarrern verständlich zu machen? Das stillschweigend gute Verhältnis zwischen Pfarrhaus und Herrenhaus ist die Regel. Man stand in einer von gemeinsamen Interessen bestimmten sozialen Ordnung. Fontane betont die Wichtigkeit des Ethos der Bergpredigt und hebt Lorenzens Würdigung Dubslavs in der Grabrede heraus: »...die Frage nach seinem Bekenntnis. Er hatte davon weniger das Wort als das Tun. Er hielt es mit den guten Werken und war recht eigentlich das, was wir überhaupt einen Christen nennen sollten. Denn er hatte die Liebe.« (NFA 8/351) Das Bekenntnis zum Glauben tritt hinter den guten Werken zurück.

54 Robert Minder, Dichter in der Gesellschaft, Frankfurt, 1966, S. 152

55 Gottfried Benn hat das alles aus anderer Sicht betrachtet. Wenn er meint, Fontanes Werk werde vom »Pläsierlichen« beherrscht und dieses »Pläsierliche« entziehe ihm den Rang (Gottfried Benn, Gesammelte Werke, Bd. 4, S. 272), so räumt er doch ein, daß Fontane »innerhalb der deutschen Romaninferiorität eine große Leuchte« sei. Richtig versteht man Benns Äußerungen erst, wenn man hinzusetzt, daß er nicht nur das Vorhandensein des Pläsierlichen beklagt, sondern die gleichzeitige Abwesenheit des Unpläsierlichen, »dem Fontane durchgehends causierend und vielfach redensartlich sich entzieht.« (a. a. O., S. 273) Damit ist aber klar, daß es nicht um eine Rang-, sondern um eine Gschmacksfrage geht. Und Fontane war ganz einfach nicht gewillt, seinen Romanen auch nur andeutungsweise einen Hintergrund zu geben, der seine lebenslängliche Vertrautheit mit Häßlichkeit, Gemeinheit und Perversionen beweist. Er war Großstadtkind genug (wir wissen inzwischen, daß man auch auf dem Lande aufgeklärt ist), um zu begreifen, daß alles möglich ist und daß Menschen ›in a questionable shape‹ erscheinen. Aber er produzierte nach ›dem Maße seiner Erkenntnis‹; und diese Erkenntnis ließ das Unpläsierliche bei ihm nur ausnahmsweise zu, wobei hinzuzufügen bleibt, daß natürlich auch umgekehrt das Vorhandensein des Unpläsierlichen keinen Rang zu begründen vermag.

56 Friedrich Wendel, Wilhelm II. in der Karikatur, Dresden, 1928, S. 33

57 Über die allgemeinen Bedingungen im politischen Umfeld, die allen Zeitgenossen den Krieg als immer denkbare Möglichkeit erscheinen ließen, unterrichtet Julien Freund in seinem Aufsatz ›Die neue Bewertung des Krieges nach 1870‹ in: Entscheidung 1870/Der deutsch-französische Krieg, Stuttgart, 1970, S. 316 ff

58 Konrad Burdach, Theodor Fontane/Rede bei der Enthüllung seines Denkmals im Berliner Tiergarten am 7. Mai 1910, Deutsche Rundschau, 1910 (Juli), S. 64

59 Wenn man sich mit der Regierungszeit Wilhelms II. beschäftigt und dabei verfolgt, wie sehr ihm zunächst die Entwicklung einer neuen Sozialpolitik am Herzen lag und wie er durch die Berufung des Freiherrn Hans Hermann von Berlepsch zum preußischen Handelsminister (1. Februar 1890) (er war für die Sozialpolitik zuständig) eine neue Phase der Sozialpolitik inaugurierte, so könnte man, da Berlepsch 1896 wieder zurücktrat, weil er sich mit seiner Politik nicht durchsetzen konnte (vgl. Drei deutsche Kaiser, hg. von Wilhelm Treue, Freiburg etc., 1987, S. 221 ff) zu der Annahme neigen, daß Fontanes Freundlichkeit gegenüber Wilhelm II. mit dessen neuer Sozialpolitik zusammenhing und einer schärferen Beurteilung wich, als Wilhelm diese Linie wieder aufgab. Aber diese Auffassung läßt sich nicht halten. Fontanes Äußerungen über den Kaiser sind nirgends sozialpolitisch orientiert, ja, man wird sagen dürfen, daß er für sozialpolitische Fragen kein größeres Interesse hatte als für alle anderen politischen Fragen auch. Natürlich wußte er, daß es für die Zukunft entscheidend sein würde, ob sich der vierte Stand ›stabilierte‹, doch die sozialpolitischen Details interessierten ihn wenig.

Anmerkungen zum 21. Kapitel

1 Gustav Sichelschmidt geht also von völlig falschen Vorstellungen aus, wenn er in seiner Fontane-Biographie meint (bei der Darstellung der Geschehnisse von 1848), daß der »im Grunde so unsoldatische Theodor Fontane« sich aller Aktionen besser enthalten hätte. (Gustav Sichelschmidt, Theodor Fontane, München, 1986, S. 94) Wenn man den Begriff des Soldatischen so verengt, daß nur das Kommißmäßige übrigbleibt, dann läßt sich eine solche Aussage vielleicht rechtfertigen. Fast alle Lebenszeugnisse Fontanes sprechen aber dagegen, daß Fontane einer solchen Verengung zugestimmt hätte. Freilich gilt es heute nicht mehr als zeitgemäß, soldatisch zu sein.

2 Doris Rüegg hat in ihrer Dissertation ›Theodor Fontane und Theodor Storm/Dokumentation einer kritischen Begegnung‹, die das Material gewissenhaft aufarbeitet, die Szene zwar besprochen, aber ohne das rechte Verständnis; wie denn überhaupt an ihrer Arbeit die fehlende Kenntnis von außerhalb ihres Themas liegenden Werken Fontanes auffällt. Wenn sie dann einen besonderen Abschnitt ihrer Arbeit Fontanes ›Effi Briest‹ widmet und auf einer Seite ›Innstetten‹ sechsmal falsch schreibt, so verdirbt das selbst dem gutwilligsten Leser das Vergnügen an der Lektüre. (Zürich, 1981, S. 121)

3 Julius Rodenberg, Bilder aus dem Berliner Leben, Berlin, 1891, 3. Auflage, Bd. III, S. 143 f

4 Hermann Fricke, Erinnerungen an Theodor Storm von Theodor Fontane. Ein nicht vollendeter Nekrolog; Jahrbuch für Brandenburgische Landesgeschichte, IX, 1958, S. 30 f

5 Theodor Fontane, Briefe an die Freunde, Letzte Auslese, Berlin, 1943, hg. von Friedrich Fontane und Hermann Fricke, Bd. II, S. 490

6 Max Scheler, Krieg und Aufbau, Leipzig, 1916, S. 167 ff

7 a. a. O., S. 171. Es scheint, daß diese Vorstellungen vom deutschen Volkscharakter sich bei unseren europäischen Nachbarn bis heute gehalten haben. Da sie sich einen zweckfreien Militarismus im Sinne Schelers nicht vorstellen können (sie werden zweifeln, daß es ihn je gegeben hat), wird ihnen jede Rüstung Deutschlands als bedrohlich für ihre eigene Sicherheit erscheinen. Daß zwei verlorene Kriege im Selbstgefühl eines Volkes so tiefe Verwüstungen hinterlassen können, daß in weiten Teilen der Bevölkerung der zweckfreie Militarismus (der vor allem den selbstlosen Dienst am Staate will) durch das Gefühl, jeder Dienst am Staat sei zwecklos, ersetzt worden ist, ist Fremden nur schwer begreiflich zu machen.

8 Wie weit man sich von dieser Idee des preußischen Militarismus entfernen kann, erkennt man, wenn man der Formulierung von Ingeborg Schrader in ihrer Dissertation von 1943 folgt: »Es lag nun (vom 18. Jahrhundert an – G.F.) in den äußeren Gesetzlichkeiten, denen dieser Staat unterworfen war – nicht nur jetzt, sondern von seiner Begründung an –, daß das Schwergewicht des inneren Lebens in den militärischen Einrichtungen und allem, was damit zusammenhing, lag.« (Ingeborg Schrader, Das Geschichtsbild Fontanes und seine Bedeutung für die Maßstäbe der Zeitkritik in den Romanen, Göttingen, 1943, S. 27) Natürlich hat sie nicht einfach unrecht, aber wie sehr reduziert sie den Geist der preußischen Wehrverfassung auf das Gebot der Notwendigkeit. Militärische Strukturen sind hier Antworten auf äußere Zwänge, nicht Organisationsformen des Geistes.

9 Thomas Mann greift in den ›Betrachtungen eines Unpolitischen‹ Schelers Begriff des ›Gesinnungsmilitarismus‹ auf. Wie in dieser Schrift zu erwarten, nimmt er den Gesinnungsmilitarismus für Deutschland in Anspruch, ohne ihn indessen den anderen Nationen einfach abzusprechen. Dem geistigen Gegner seiner Position wirft er dabei vor, daß er den Sieg des Zweckmilitarismus über den deutschen Gesinnungsmilitarismus gewollt habe. Nur so lange Thomas Mann diese Auffassung vertritt, ist ein Satz denkbar wie dieser: »Nicht geahnt hatten wir, daß unter der Decke des friedsam internationalen Verkehrs, in Gottes weiter Welt der Haß, der unauslöschliche Todhaß der politischen Demokratie, des freimaurerisch-republikanischen Rhetor-Bourgeois von 1789 gegen uns, gegen unsere Staatseinrichtung, unseren seelischen Militarismus, den Geist der Ordnung, Autorität und Pflicht am verfluchten Werke war.« (Thomas Mann, Gesammelte Werke, Frankfurt, 1974, Bd. XII, S. 36)

Anmerkungen zum 22. Kapitel

1 Schon Conrad Wandrey hat darauf hingewiesen, welche Charakterisierungskunst Fontane in den ›Poggenpuhls‹ entfaltete. (Conrad Wandrey, Theodor Fontane, München, 1919, S. 294 f) Es bleibt indessen bedauerlich, daß er, der zu seiner Zeit so Bedeutsames geleistet hat für die Interpretation Fontanes, im Falle der ›Poggenpuhls‹ so schwach urteilte. Für ihn waren die ›Poggenpuhls‹ und ›Der Stechlin‹ Werke, denen man die nachlassende Schaffenskraft des Dichters anmerkte: »In den ›Poggenpuhls‹ *will* Fontane nicht mehr, im ›Stechlin‹ *kann* er nicht mehr formen.« (S. 294) Wer sich von solchem Vorurteil nicht lösen kann, wird auch dann, wenn manche Detailbeobachtungen ihm glücken, zu keinem befriedigenden Gesamtbild kommen.

2 Man bedarf also zur Erklärung von Leos Gefühlen noch nicht einmal des militärkritischen Satzes von Fontane aus dem Jahr 1869: »namentlich beim Militär hält jeder den andern für einen bis zum Staatsverbrecherischen gesteigerten Schafskopf.« (Theodor Fontane, Briefe II, Schreinert/Jolles, S. 130)

3 Heinrich Heine, Säkularausgabe, Berlin, 1986, Bd. 3, S. 105

4 Bettina Plett, Die Kunst der Allusion/Formen literarischer Anspielungen in den Romanen Theodor Fontanes, Kölner Germanistische Studien. Bd. 23, Köln etc., 1986, S. 304

5 Theodor Fontane, Romane und Erzählungen in acht Bänden, hg. von Peter Goldammer, Gotthard Erler, Anita Golz und Jürgen Jahn, Berlin, 1969, Bd. VII, S. 587 f (Bearbeiter des Bandes Gotthard Erler)

6 ebd., S. 588 f

7 ebd., S. 591

8 Wenn Rose Aggeler schreibt: »Die ›Poggenpuhls‹ werden von der Redaktion der Zeitschrift ›Daheim‹ abgelehnt, weil ein großer Teil der Leser keinen Gefallen daran finden würde« (Rose Aggeler, Die großen Klassiker/Theodor Fontane, Salzburg, 1983, S. 80), so geht dieser Satz am Sinn der Ablehnungsbegründung von Pantenius vorbei. ›Daheim‹ war keine Zeitschrift für den Adel.

9 Dem Begriff ›Hoffnung‹ bei Fontane hat Elisabeth Moltmann-Wendel eine aufschlußreiche Studie gewidmet. (Hoffnung – jenseits von Glaube und Skepsis, München, 1964) Zu den ›Poggenpuhls‹ a. a. O., S. 14

10 Es spricht sich darin auch ein gesunder Realismus der Töchter aus, die sich über die Möglichkeiten armer Mädchen von Adel vermutlich keine Illusionen machten. In ›Ut mine Stromtid‹ beschreibt Fritz Reuter die Lage solcher Kinder: »en armes Eddelfrölen! t'is en sworen Fluch, de up den Stand liggt, wenn de Middel nich dor sünd, den Stand uprecht tau hollen. – En arme Junker sleiht sick woll dörch, hei ward Soldat; äwer so'n armes Frölen? Un wenn uns' Herrgott von'n Himmel kamen wir un hadd sei utstat't mit al de Leiwlichkeit von sine Engels, un ehre Öllern hadden an ehr dahn, wat Minschen an ehr Leiwstes dauhn känen, de Welt geiht an ehr vörbi, un de Junker seggt: ‹Sie ist arm›, un de Börger seggt: ‹Sie macht Ansprüche.›« (Fritz Reuter, Gesammelte Werke und Briefe, hg. von Kurt Batt, Rostock, 1967, Bd. V, S. 661)

11 Hugo Aust in seiner gründlichen, facetten- und nuancenreichen, kaum einen Aspekt des Romans außer acht lassenden Interpretation der ›Poggenpuhls‹ schreibt: »Das Schmeichelhafte für den Adel läge demnach in dem Vermögen, den aristokratischen Geltungsanspruch vor allem im unöffentlichen und niedrigen Bereich erfolgreich zu vertreten. Was historisch als bloßer Abstieg erscheinen könnte, erweist sich im epochalen Augenblicksbild als angemessene Ausrichtung auf fundamentale Prinzipien des modernen Lebens: Tätigsein und Arbeit«; man kann ihm nur zustimmen. Seine Vorsicht, die sich in dem ›läge‹ ausspricht, scheint unnötig. (Hugo Aust, ›Theodor Fontane: ‹Die Poggenpuhls›. Zu Gehalt und Funktion einer Romanform‹, in: Fontane aus heutiger Sicht, München, 1980, S. 225)

12 Die Adelsfreundlichkeit der ›Poggenpuhls‹ betont, im Gegensatz zu den meisten anderen Interpreten, gerechterweise Kurt Schober in seinem Buch ›Theodor Fontane/In Freiheit dienen, Herford, 1980, S. 276 ff

13 Theodor Fontane, Romane und Erzählungen in acht Bänden, hg. von Peter Goldammer, Gotthard Erler, Anita Golz und Jürgen Jahn, Berlin, 1969, Bd. VII, S. 596 (Bearbeiter des Bandes Gotthard Erler)

14 Hans-Heinrich Reuter in: Die Poggenpuhls, Roman für Alle, Bd. 148, Berlin o. J., S. 138; Gustav Sichelschmidt, Theodor Fontane/Lebensstationen eines großen Realisten, München, 1986, hat die Formulierung wiederholt, ohne die Quelle zu nennen. (S. 290) Auch Robert Minder greift Reuters Formulierung auf in: Dichter in der Gesellschaft, Frankfurt, 1966, S. 152.

15 Die ›fehlende Liebesgeschichte‹ hat schon Paul von Szczepański moniert: »Ein moderner deutscher Roman ohne Liebesgeschichte ist bisher kaum dagewesen. In dem bisher feststehenden Rezept für die Anfertigung von Romanen stand eine starke Dosis Liebe – verschiedenster Art freilich – immer an erster Stelle.« (Paul von Szczepański, ›Neues vom Büchertisch‹, in ›Über Land und Meer‹, 1896/97, Bd. 2, S. 311)

16 Es läßt sich nicht mit Sicherheit sagen, daß Fontane die kleine Jüdin mit ihrer romantischen Vorliebe für die preußische Garde nicht ernst nimmt. Der Gedanke liegt natürlich nahe, daß er sich über sie mokiert, aber es ist schon merkwürdig, daß er in seiner Besprechung von Julius Rodenbergs Buch ›Unter den Linden‹ (die Rezen-

sion erschien wie das Buch 1888, fand jedoch nicht Rodenbergs Beifall, vgl. NFA 18 a/1129) versichert, daß er das Thema anders angefaßt und dabei erzählt hätte »vom alten General Rohdich und seinen Grenadierblechmützen« und in Parenthese hinzusetzt: »die das 1. Garderegiment z. T. noch trägt.« (NFA 18/646) Welches Interesse an scheinbaren militärischen Belanglosigkeiten verrät sich in dieser Parenthese, die übrigens ganz unironisch ist. Warum sollte sich der romantische Sinn des Mädchens also nicht an den alten Blechmützen entzünden können. Der Antimilitarismus der letzten Jahre hat Fontane in dieser Hinsicht immer ein wenig vorschnell festlegen wollen. Sehr aufschlußreich ist dazu eine Bemerkung von Kenneth Attwood, der Armgard und Woldemar von Stechlin als »preußisch-konventionell« bezeichnet, weil Armgard an einer Stelle des Romans versichert: »Nein, Woldemar, nicht jetzt schon Abschied; ich bin sehr für Freiheit, aber doch beinah mehr noch für Major.« (NFA 8/269) Attwood interpretiert den Satz so: »Wenn man Fontanes Unwillen über das Überhandnehmen des Militärischen im Zweiten Reich in Betracht zieht, so muß (!!) die Schilderung dieses Verhaltens – und das gar einer Frau – eine versteckte Kritik enthalten.« (Kenneth Attwood, Fontane und das Preußentum, Berlin, 1970, S. 216) Es läßt sich kaum bezweifeln, daß Armgard nicht kritisiert wird wegen ihrer Liebe zur Armee, so wenig wie Fontane auf eine innere Entwicklung deuten will, wenn Armgard schließlich doch »die Scholle ... die dir Freiheit gibt« vorzieht. (NFA 8/360 f) Andere Umstände verlangen andere Entscheidungen.

17 Walter Müller-Seidel, Theodor Fontane/Soziale Romankunst in Deutschland, Stuttgart, 1975, S. 426

18 Es geht überhaupt nicht an, jeden Adligen in Fontanes Romanen so zu interpretieren, als müsse er notwendigerweise immer auch für das Ganze der Adelsgesellschaft stehen. Ein Musterbeispiel bietet Gustav Sichelschmidt in seiner Fontane-Biographie bei der Interpretation des jungen Grafen Haldern in ›Stine‹: »Dieser Dekadent, der die nachlassende Lebenskraft des einst so vitalen märkischen Adels verkörpert, erliegt dann schließlich auch seiner müden Empfindsamkeit ... Die Flucht des labilen Grafen in den freiwillig gewählten Tod ist nur eine letzte Konsequenz einer degenerativen Entwicklung, die ihn für das Leben in einem ungleich härteren Säkulum kaum noch disponiert erscheinen läßt. Selbst dieser Liebesaffäre, die ihn wie das Schicksal selbst überfällt und überwältigt, ist er wegen mangelnder seelischer Robustheit nicht mehr gewachsen.« (Gustav Sichelschmidt, a. a. O., S. 279) Es bleibt hier völlig unberücksichtigt, daß der junge Graf ein Sonderfall ist, psychisch wie physisch. Er hat im Kriege seine Pflicht so mutig getan wie tausend andere. Eine schwere Verwundung hat ihm seine Vitalität genommen. Aus seiner Haltung und seinem Verhalten läßt sich also schlechterdings nichts an allgemeinen Aussagen über den preußischen Adel ableiten – es sei denn, daß er auf den Schlachtfeldern geblutet hat. Diese interpretatorischen ›Versehen‹ sind dort, wo Adelsfiguren betroffen sind, besonders häufig. So schlicht läßt sich Fontane einfach nicht interpretieren.

19 Hermann Fricke, Theodor Fontane, Chronik seines Lebens, Berlin, 1960, S. 80

20 Der Verfasser weiß, daß ein Major kein Leutnant ist und umgekehrt. Aber es sollte in der Sekundärliteratur vielleicht doch möglich sein, mit Rangerhöhungen und Degradierungen etwas vorsichtiger zu verfahren. Es gibt hier nämlich alles: ein General von Poggenpuhl verteidigt den Friedhof von Hochkirch und ein Leutnant von Stechlin geht in militärischer Mission nach England. Fontane hat die Dienstgrade seiner Helden alle wohl erwogen, und Genauigkeit ist da alles andere als Pedanterie.

21 Auf den redensartlichen Charakter der Wendung ›zum Klappen kommen‹ sei ausdrücklich hingewiesen. Es geht hier nicht um eine Ausdrucksweise, die allein dem General von Poggenpuhl eigen gewesen wäre. So schreibt Peter Winzen in seinem Aufsatz ›Der Krieg in Bülows Kalkül‹ (in ›Bereit zum Krieg‹, hg. von Jost Dülffer und Karl Holl, Göttingen, 1986): »vielmehr hielt er (Bülow) ein Eingreifen Rußlands ... für ziemlich unwahrscheinlich, wenn es, wie es im damaligen Diplomaten-Jargon hieß, ‹in der montenegrinisch-serbischen Ecke ... zum Klappen› kam.« (a. a. O., S. 186)

22 Eberhard Lämmert, Bauformen des Erzählens, Stuttgart, 1955, S. 232

23 Harry E. Cartland, ›The Prussian Officer in Fontane's Novels: A Historical Perspective‹ in The Germanic Review 52, 1977. Die Arbeit verrät leider eine bedenkliche Unvertrautheit mit den deutschen Verhältnissen zur Zeit Fontanes. Der Autor schadet sich aber auch sonst durch eher merkwürdige Behauptungen. So heißt es über Wendelin von Poggenpuhl: »Wendelin is able to adapt to the changing times; he has the intellect and the ambition, but also many disagreeable traits; despite his inheritance he will probably have to leave the army and marry a Jewish heiress.« (S. 184)

24 Alan Bance, Theodor Fontane, The major novels, Cambridge, 1982, S. 185

Anmerkungen zum Schluß-Kapitel

1 Die Photographie erscheint auf dem Umschlag dieses Buches.

2 Helmuth von Moltke, Gesammelte Schriften und Denkwürdigkeiten, Berlin, 1891, Bd. 4, S. 237

3 ebd., S. 238

4 Eberhard Kessel, Moltke, Stuttgart, 1957, S. 238

5 Moltke selbst hat die Haltung des Königs bei der Befehlsausgabe geschildert: »Der König, der bekanntlich von allen meinen Plänen vor deren Ausführung genaue Kenntnis nahm, hatte, weit mehr als im Volk und in der Armee bekannt, ein merkwürdig scharfes Auge für jede etwa darin vorhandene Schwäche und verlangte zuzeiten mit großer Zähigkeit, daß seiner an sich berechtigten Kritik Rechnung getragen werde. – Dies war nun nicht immer möglich, wenigstens mir nicht. Es gibt eben im Kriege viele Lagen, in denen sich ein Plan ohne schwachen Punkt, ohne Vertrauen auf Glück und Tapferkeit der Truppe überhaupt nicht fassen läßt. Da mußte ich denn, wenn der König zum theoretischen Nachgeben nicht zu bewegen war, in wiederholten Fällen erklären: ‹Dann müssen Ew. Majestät die Gnade haben, selbst zu befehlen. Meine Weisheit ist zu Ende, ich kann keinen anderen Vorschlag machen.› Nach solcher Erklärung ist es dann immer bei meinem Vorschlag verblieben.« (Zitiert nach ›Moltke – Gespräche‹, hg. von Eberhard Kessel, Hamburg, 1940/41, S. 206)

6 Rudolf Stadelmann, Moltke und der Staat, Krefeld, 1950, S. 37

7 vgl. Eberhard Kessel, Moltke, Stuttgart, 1957, S. 602

8 Hermann Fricke, in: Der Bär von Berlin, 23, 1974, S. 70 ff

9 ebd., S. 73

10 ebd.

11 ebd.

12 Eberhard Kessel, Moltke, Stuttgart, 1957, S. 751

13 Moltke/Gespräche, hg. von Eberhard Kessel, Hamburg, 1940/41, S. 227

Literaturverzeichnis

Werke und Briefe Theodor Fontanes

Theodor Fontane: Sämtliche Werke, hg. von Edgar Groß, Kurt Schreinert, Rainer Bachmann, Charlotte Jolles, Jutta Neuendorff-Fürstenau, Peter Bramböck, München, 1959–1975 (Nymphenburger Verlagshandlung)

Theodor Fontane: Werke, Schriften und Briefe (anfangs: Sämtliche Werke), hg. von Walter Keitel, Helmuth Nürnberger, München, 1962 ff (Hanser-Ausgabe)

Theodor Fontane: Romane und Erzählungen, hg. von Peter Goldammer, Gotthard Erler, Anita Golz und Jürgen Jahn, Berlin, 1969

Theodor Fontane: Wanderungen durch die Mark Brandenburg, hg. von Gotthard Erler und Rudolf Mingau, Bd. 1–4, Berlin/Weimar, 1976–1979

Theodor Fontane: Autobiographische Schriften, hg. von Gotthard Erler, Peter Goldammer und Joachim Krueger, Berlin/Weimar, 1982

Theodor Fontane: Der Schleswig-Holsteinsche Krieg im Jahre 1864, Berlin, 1866 (Faksimile-Ausgabe, München, 1971)

Theodor Fontane: Der deutsche Krieg von 1866, Berlin, 1870–1871, (Faksimile-Ausgabe, München, 1971)

Theodor Fontane: Reisebriefe vom Kriegsschauplatz Böhmen 1866, hg. von Christian Andree, Frankfurt etc., 1973, S. 43

Theodor Fontane: Der Krieg gegen Frankreich 1870–1871, Berlin, 1873–1876 (Faksimile-Ausgabe, München, 1971)

Theodor Fontane: Dichter über ihre Dichtungen, hg. von Richard Brinkmann in Zusammenarbeit mit Waltraud Wiethölter, 2 Bde, München, 1973

Theodor Fontane's Briefe an seine Familie, hg. von K. E. O. Fritsch, 2 Bde., Berlin, 1905

Theodor Fontane: Heiteres Darüberstehen, Familienbriefe/Neue Folge, hg. von Friedrich Fontane, Berlin, 1937

Briefe Theodor Fontanes, Zweite Sammlung, hg. von Otto Pniower und Paul Schlenther, 2 Bde., Berlin, 1910

Theodor Fontane: Briefe an die Freunde, Letzte Auslese, hg. von Friedrich Fontane und Hermann Fricke, 2 Bde., Berlin, 1943

Theodor Fontane: Briefe, Eine Auswahl, hg. von Christfried Coler, 2 Bde., Berlin, 1963

Fontanes Briefe in zwei Bänden, hg. von Gotthard Erler, Berlin/Weimar, 1968

Theodor Fontane: Briefe, hg. von Kurt Schreinert/Zu Ende geführt und mit einem Nachwort versehen von Charlotte Jolles, 4 Bde., Frankfurt am Main/Berlin, 1968–1971

Theodor Fontane: Von Dreißig bis Achtzig/Sein Leben in Briefen, hg. von Hans-Heinrich Reuter, München, 1970

Neunundachtzig bisher ungedruckte Briefe und Handschriften von Theodor Fontane, hg. von Richard von Kehler, Berlin, 1936

Theodor Fontane: Briefwechsel mit Wilhelm Wolfsohn, hg. von Wilhelm Wolters, Berlin, 1910

Theodor Fontane und Bernhard von Lepel/Ein Freundschaftsbriefwechsel, hg. von Julius Petersen, 2 Bde., München, 1940

Theodor Fontane: Briefe an Georg Friedlaender, hg. und erläutert von Kurt Schreinert, Heidelberg, 1954

Theodor Fontane: Briefe an Hermann Kletke, hg. von Helmuth Nürnberger, München, 1969

Theodor Fontane: Briefe an Julius Rodenberg/Eine Dokumentation, hg. von Hans-Heinrich Reuter, Berlin/Weimar, 1969

Der Briefwechsel zwischen Theodor Fontane und Paul Heyse, hg. von Gotthard Erler, Berlin/Weimar, 1972

Theodor Fontane: Briefe an Wilhelm und Hans Hertz 1859–1898, hg. von Kurt Schreinert/Vollendet und mit einer Einführung versehen von Gerhard Hay, Stuttgart, 1972

Theodor Storm – Theodor Fontane: Briefwechsel/Kritische Ausgabe, in Verbindung mit der Theodor-Storm-Gesellschaft herausgegeben von Jacob Steiner, Berlin, 1981

Verzeichnis der Sekundärliteratur

Abrahamsson, B., Elements of Military Conservatism, in: On Military Ideology, Rotterdam, 1971

Aggeler, Rose, Die großen Klassiker/Theodor Fontane, Salzburg, 1983

Ahrens, Helmut, Das Leben des Romanautors, Dichters und Journalisten Theodor Fontane, Düsseldorf, 1985

Aron, Raymond, Clausewitz/Den Krieg denken, Frankfurt/M. etc., 1980, Orginalausgabe Paris, 1976

Attwood, Kenneth, Fontane und das Preußentum, Berlin, 1970

Aust, Hugo, Theodor Fontane: ‹Die Poggenpuhls›, Zu Gehalt und Funktion einer Romanform, in: Fontane aus heutiger Sicht, München, 1980

Bance, Alan, The Heroic and the Unheroic in Fontane, in: Formen realistischer Erzählkunst/Festschrift for Charlotte Jolles, Nottingham, 1979

Bance, Alan, Theodor Fontane, The major novels, Cambridge, 1982

Bange, Pierre, Zwischen Mythos und Kritik. Eine Skizze über Fontanes Entwicklung bis zu den Romanen, in: Fontane aus heutiger Sicht, hg. von Hugo Aust, München, 1980

Barkeley, Richard, Die Kaiserin Friedrich, Dordrecht-Holland, 1959

Brandenburg, Erich (Hg.), Briefe Kaiser Wilhelms des Ersten, Leipzig, 1911

Brinkmann, Richard, Theodor Fontane, Über die Verbindlichkeit des Unverbindlichen, München, 1967

Buchner, Rudolf, Der Krieg und das europäische Gleichgewicht, in: Entscheidung 1870/Der deutsch-französische Krieg, Stuttgart, 1970

Buchner, Rudolf, Deutsche Geschichte im europäischen Rahmen, Göttingen, 1975

Burdach, Konrad, Theodor Fontane/Rede bei der Enthüllung seines Denkmals im Berliner Tiergartem am 7. Mai 1910, Deutsche Rundschau, 1910

Cartland, Harry, E., The Prussian Officer in Fontane's Novels: A Historical Perspective, in: The Germanic Review 52, 1977

Cheval, René, Fontane und der französische Kardinal, in: Jahrbuch der deutschen Schillergesellschaft, 1983, Bd. 27

Conrady, E. von, Leben und Wirken des Generals der Infanterie und kommandirenden Generals des V. Armeekorps Carl von Grolman, 3 Bde., Berlin, 1894–1896

Craig, Gordon A., Die preußisch-deutsche Armee 1640–1945/Staat im Staate, Düsseldorf, 1960

Demetz, Peter, Formen des Realismus: Theodor Fontane/Kritische Untersuchungen, München, 1964

Der Deutsch-Französische Krieg 1870–1871. Redigiert von der Kriegsgeschichtlichen Abteilung des Großen Generalstabs, 5 Bde., Berlin, 1874–1881

Deutsche Militärgeschichte in 6 Bänden 1648–1939, begründet von Hans Meier-Welcker; hg. vom Militärgeschichtlichen Forschungsamt, München, 1983

Droysen, Johann Gustav, Das Leben des Feldmarschalls Grafen York von Wartenburg, Leipzig, 1897, 10. Auflage

Düding, Dieter, Die Kriegervereine im wilhelminischen Reich und ihr Beitrag zur Militarisierung der deutschen Gesellschaft, in: Bereit zum Krieg, hg. von Jost Dülffer und Karl Holl, Göttingen, 1986

Dülffer, Jost (Hg.), Bereit zum Krieg, Göttingen, 1986 (siehe auch Karl Holl)

Engelberg, Ernst, Bismarck/Urpreuße und Reichsgründer, Berlin, 1985

Engels, Friedrich, Der deutsch-französische Krieg 1870/71, Bücherei des Marxismus-Leninismus, Bd. 49, Berlin, 1957

Ester, Johannes, Der selbstverständliche Geistliche/Untersuchungen zu Gestaltung und Funktion des Geistlichen im Erzählwerk Th. Fontanes, Leiden, 1975

Eyck, Erich, Bismarck, 3 Bde., Erlenbach-Zürich, 1943

Eyck, Erich, Das persönliche Regiment Wilhelms II./Politische Geschichte des Deutschen Kaiserreiches von 1890–1914, Erlenbach-Zürich, 1948

Faure, Alexander, Eine Predigt Schleiermachers in Fontanes Roman ›Vor dem Sturm‹, Zeitschrift für systematische Theologie 17, 1940

Fontane, George, Feldpostbriefe, 1870/71, Berlin, 1914

Fontane, Mete, Briefe an die Eltern, 1880–1882, hg. von Edgar R. Rosen, Frankfurt am Main etc., 1974

Förster, Stig, Alter und neuer Militarismus im Kaiserreich, in: Bereit zum Krieg, hg. von Jost Dülffer und Karl Holl, Göttingen, 1986

Freund, Julien, Die neue Bewertung des Krieges nach 1870, in: Entscheidung 1870/Der deutsch-französische Krieg, Stuttgart, 1970

Freund, Michael, Das Drama der 99 Tage/Krankheit und Tod Friedrichs III., Köln/Berlin, 1960

Freytag, Gustav, Der Kronprinz und die deutsche Kaiserkrone, Leipzig, 1889

Fricke, Hermann, Theodor Fontane/Chronik seines Lebens, Berlin, 1960

Fricke, Hermann, Fontanes Historik, in: Jahrbuch für Brandenburgische Landesgeschichte, V, 1954

Fricke, Hermann, Erinnerungen an Theodor Storm von Theodor Fontane/Ein nicht vollendeter Nekrolog, in: Jahrbuch für Brandenburgische Landesgeschichte, IX, 1958

Fricke, Hermann, Theodor Fontanes Parole d'honneur, in: Der Bär von Berlin, 1965

Fricke, Hermann, Theodor Fontanes ‹Der deutsche Krieg 1866› und seine militärgeschichtlichen Helfer, in: Jahrbuch für die Geschichte Mittel- und Ostdeutschlands, 15, 1966

Fricke, Hermann, Der Meditationsstuhl und eine Bronzehand, in: Der Bär von Berlin, 23, 1974

Friedlaender, Georg, Aus den Kriegstagen 1870, Berlin, 1886

Gall, Lothar, Zur Frage der Annexion von Elsaß und Lothringen 1870, Historische Zeitschrift, 206, 1968

Gerlach, Leopold von, Denkwürdigkeiten aus dem Leben Leopold von Gerlachs, 2 Bde., Berlin, 1891/92

Goldammer, Peter, Einleitung zu Theodor Fontanes Autobiographischen Schriften, Berlin/Weimar, 1982, Bd. 1, S. V bis XCV

Goldammer, Peter, (Hg.) ‹1848› Augenzeugen der Revolution/Briefe – Tagebücher – Reden – Berichte, Berlin, 1973

Goltz, Colmar Freiherr von der, Léon Gambetta und seine Armeen, Berlin, 1877

Goltz, Colmar Freiherr von der, Denkwürdigkeiten, Berlin, 1929

Greschat, Martin, Krieg und Kriegsbereitschaft im deutschen Protestantismus, in: Bereit zum Krieg, hg. von Jost Dülffer und Karl Holl, Göttingen, 1986

Guttmann, Bernhard, Schattenriß einer Generation, 1950

Haffner, Sebastian, Preußen ohne Legende, Hamburg, o.J.

Hahn, Anselm, Theodor Fontanes ›Wanderungen durch die Mark Brandenburg‹ und ihre Bedeutung für das Romanwerk des Dichters, Breslau, 1935

Helmert, Heinz, Preußischdeutsche Kriege von 1864–1871/Militärischer Verlauf, Berlin, 1984, 5. Auflage, siehe auch Usczeck, Hansjürgen

Hiltl, Georg, Von der Elbe bis zur Tauber/Der Feldzug der preußischen Main-Armee im Sommer 1866, Bielefeld etc., 1867

Hiltl, Georg, Der Böhmische Krieg, Bielefeld etc., 1867

Höhn, Reinhard, Scharnhorsts Vermächtnis, Bonn, 1952

Höhn, Reinhard, Sozialismus und Heer, 3 Bde., Hamburg, 1959–1969

Hoffmann, Joachim, Der Volkskrieg in der Sicht von Marx und Engels, in: Entscheidung 1870/Der deutsch-französische Krieg, Stuttgart, 1970

Holl, Karl (Hg.), Bereit zum Krieg, Göttingen, 1986 (siehe auch Jost Dülffer)

Holtze, Friedrich, Louis Schneider, in: Mitteilungen des Vereins für die Geschichte Berlins, 45. Jahrgang, 1928

Huder, Walther, Theodor Fontane und die preußische Akademie der Künste, Berlin, 1971

Jähns, Max, Theodor Fontanes ›Krieg gegen Frankreich‹ in: Die Gegenwart, Nr. 24, XI, 1877

Jolles, Charlotte, Theodor Fontane, Sammlung Metzler, Bd. 114, Stuttgart, 1983, 3. Auflage

Jolles, Charlotte, Fontane und die Politik, Ein Beitrag zur Wesensbestimmung Theodor Fontanes, Berlin/Weimar, 1983

Kaulbach, Eberhard, Der Feldzug 1870 bis zum Fall von Sedan, in: Entscheidung 1870/Der deutsch-französische Krieg, Stuttgart, 1970, hg. vom Militärgeschichtlichen Forschungsamt durch Wolfgang von Groote und Ursula von Gersdorff

Kessel, Eberhard, Moltke, Stuttgart, 1957

Kessel, Eberhard (Hg.), Moltke/Gespräche, Hamburg, 1940/41

Knick, Bernhard, Das grüne Cache-Nez – Psychophysische Empfindlichkeit und Krankheitsanfälligkeit/Beschreibungen und Selbstbeobachtungen im erzählerischen Werk und in den Briefen Theodor Fontanes, in: Medizinhistorisches Journal, Bd. 21, 1986, Heft 1/2

Kohler, Ernst, Die Balladendichtung im Berliner ‹Tunnel über der Spree›, Berlin, 1940

Krammer, Mario, Aus Theodor Fontanes Jugendland, in: Jahrbuch für Brandenburgische Landesgeschichte, 1951

Krammer, Mario, Theodor Fontane, Berlin, 1922

Kürenberg, Joachim von, War alles falsch?/Das Leben Kaiser Wilhelms II., Bonn, 1952, 2. Auflage

Kugler, Franz, Geschichte Friedrichs des Großen, in: Historische Hausbibliothek, 1. Bd., Leipzig 1848

Kunstmann, Johannes, ›Mußhelden‹ Theodor Fontanes, Fontane Blätter, Heft 18 der Gesamtreihe, Bd. III, Heft 2

Lange, Annemarie, Berlin zur Zeit Bebels und Bismarcks, Berlin, 1976

Lämmert, Eberhard, Bauformen des Erzählens, Stuttgart, 1955

Lehmann, Max, Scharnhorst, 2 Bde., Leipzig, 1886/87

Lipgens, Walter, Bismarck und die Frage der Annexion 1870, Historische Zeitschrift, 206, 1968

Lipgens, Walter, Bismarck, Die öffentliche Meinung und die Annexion von Elsaß und Lothringen 1870, Historische Zeitschrift, 199, 1964

Lübke, Wilhelm, Theodor Fontane, in: Über Land und Meer, 41. Bd., 1879

Lucius Robert (später nobilitiert als Freiherr Lucius von Ballhausen), Selbstbiographie, Berlin, 1921

Lukács, Georg, Deutsche Realisten des 19. Jahrhunderts, Berlin, 1951, darin: Der alte Fontane

Mann, Thomas, Der alte Fontane, in: Gesammelte Werke in 13 Bänden, Frankfurt, 1974, Bd. IX

Mann, Thomas, Noch einmal der alte Fontane, in: Gesammelte Werke in 13 Bänden, Frankfurt, 1974, Bd. IX

Marcks, Erich, Der Aufstieg des Reiches, Stuttgart/Berlin, 1936, 2 Bde.

Marcks, Erich, Kaiser Wilhelm I., Leipzig, 1900, 4. Auflage

Marwitz, Friedrich August Ludwig von der, Aus dem Nachlasse, 2 Bde., Berlin, 1852

Marx, Karl – Engels, Friedrich – Briefwechsel, 1949

Maync, Harry, Theodor Fontane 1819/1919, Leipzig, 1920

Mehring, Franz, Die Pariser Commune 1871, in: Preußische Jahrbücher 1879 und 1880

Meinecke, Friedrich, Preußisch-deutsche Gestalten und Probleme, Leipzig, 1940

Meinecke, Friedrich, Das Zeitalter der deutschen Erhebung, Leipzig, o.J., S. 192

Messerschmidt, Manfred, Die politische Geschichte der preußisch-deutschen Armee, in: Deutsche Militärgeschichte in 6 Bänden 1648–1939, Bd. 2, Abschnitt IV, München, 1983

Meusel, Friedrich (Hg.), Friedrich August Ludwig von der Marwitz, 4 Bde., Berlin, 1908–1913

Minder, Robert, Dichter in der Gesellschaft, Frankfurt, 1966

Mittenzwei, Ingrid, Friedrich II. von Preußen/Eine Biographie, Köln, 1983, 3. Auflage

Moltke, Helmuth von, Gesammelte Schriften und Denkwürdigkeiten, 8 Bde., Berlin, 1891–1893

Moltmann-Wendel, Elisabeth, Hoffnung – jenseits von Glaube und Skepsis, München, 1964

Müller-Seidel, Walter, Theodor Fontane/Soziale Romankunst in Deutschland, Stuttgart, 1975

Müller-Seidel, Walter, Fontanes Preußenlieder. Anläßlich eines unveröffentlichten Briefes vom 18. Mai 1847, in: Deutsche Weltliteratur. Von Goethe bis Ingeborg Bachmann. Festgabe für J. Alan Pfeffer, hg. von Klaus W. Jonas, Tübingen, 1972

Müller-Seidel, Walter, Fontane und Bismarck, in: Nationalismus in Germanistik und Dichtung/Dokumentation des Germanistentags in München, hg. von Benno von Wiese und Rudolf Henß, Berlin, 1967

Muralt, Leonhard von, Die diplomatisch-politische Vorgeschichte, in: Entscheidung 1870/Der deutsch-französische Krieg, Stuttgart, 1970

Nippold, F., Erinnerungen aus dem Leben des Generalfeldmarschalls Hermann von Boyen, 3 Bde., 1889/90

Nürnberger, Helmuth, Der frühe Fontane/1840–1860/Politik – Poesie – Geschichte, Hamburg, 1967

Nürnbrger, Helmuth, Theodor Fontane/In Selbstzeugnissen und Bilddokumenten, rowohlts monographien, Hamburg, 1968

Ohl, Hubert, Bild und Wirklichkeit/Studien zur Romankunst Raabes und Fontanes, Heidelberg, 1968

Oncken, Hermann, Napoleon III. und der Rhein, Stuttgart, 1926, (Einleitung zu: Die Rheinpolitik Kaiser Napoleons III. von 1863–1870 und der Ursprung des Krieges von 1870/71)

Oncken, Wilhelm, Unser Heldenkaiser, Berlin, 1897

Oncken, Wilhelm, Das Zeitalter des Kaisers Wilhelm, 2 Bde., Berlin, 1890

Osborne, John, Theodor Fontane und die Mobilmachung der Kultur: Der Krieg gegen Frankreich 1870/71, Fontane Blätter, Heft 37 der Gesamtreihe, Bd. 5, Heft 5

Osborne, John, Meyer or Fontane?/German Literature after the Franco-Prussian War 1870/71, Abhandlungen zur Kunst-, Musik- und Literaturwissenschaft, Bd. 341, Bonn, 1983

Palmer, Alan, Kaiser Wilhelm II., (englischer Titel: The Kaiser – Warlord of the Second Reich), München, 1982 (1. deutsche Ausgabe)

Paulsen, Wolfgang, Theodor Fontane, The Philosemitic Antisemite, Publications of the Leo Baeck Institute, Year Book XXVI, 1981

Petter, Wolfgang, Deutsche Marinegeschichte der Neuzeit, in: Deutsche Militärgeschichte in 6 Bänden 1648–1939, Bd. 5, Abschnitt VIII, München, 1983

Pistor, Gunther, Die Fontanes und die Wittes, Ergänzungen zur Freundschaft zwischen beiden Familien nach Materialien aus dem Rostocker Stadtarchiv, Fontane Blätter, Heft 42 der Gesamtreihe, Bd. 6, Heft 4

Plett, Bettina, Die Kunst der Allusion/Formen literarischer Anspielungen in den Romanen Theodor Fontanes, Kölner Germanistische Studien, Bd. 23, Köln/Wien, 1986

Quidde, Ludwig, Caligula. Eine Studie über den römischen Cäsarenwahnsinn, Leipzig, 1894

Radbruch, Gustav, Gestalten und Gedanken, darin: Skepsis und Glaube, Stuttgart, 1954

Reuter, Hans-Heinrich, Fontane, 2 Bde., Berlin, 1968

Reuter, Hans-Heinrich, Unveröffentlichte Aufzeichnungen und Briefe, in: Sinn und Form 13, Heft 5/6, 1961

Reuter, Hans-Heinrich (hg.) Theodor Fontane/Briefe an Julius Rodenberg, Eine Dokumentation, Berlin/Weimar, 1969

Reuter, Hans-Heinrich (Hg.), Die Poggenpuhls, Roman für Alle, Bd. 148 (Schlußbemerkung), Berlin, o.J.

Richter, Helmut (Hg.), Der junge Fontane/Dichtung Briefe Publizistik, Berlin, 1969

Ritscher, Helga, Fontane/Seine politische Gedankenwelt, Göttingen, 1953

Ritter, Gerhard, Staatskunst und Kriegshandwerk/Das Problem des ‹Militarismus› in Deutschland, 4 Bde., München, 1954–1968

Rodenberg, Julius, Bilder aus dem Berliner Leben, 3 Bde., Berlin, 1891, 3. Auflage

Roon, W. von (Hg.), Denkwürdigkeiten aus dem Leben des Generalfeldmarschalls Kriegsminister Graf von Roon, 3 Bde., Berlin, 1905

Rossè, J. (Hg.), Das Elsass von 1870–1932, Colmar, 1936

Rost, Wolfgang, (Hg.), Allerlei Gereimtes (Vorwort und Anmerkungen), Dresden, 1932

Rüegg, Doris, Theodor Fontane und Theodor Storm/Dokumentation einer kritischen Begegnung, Zürich, 1981

Sagarra, Eda, Theodor Fontane: ‹Der Stechlin›, München, 1986

Sagave, Pierre-Paul, Theodor Fontane, Schach von Wuthenow/Dichtung und Wirklichkeit, Deutung und Dokumentation, Frankfurt/Berlin, 1966

Sagave, Pierre-Paul, Krieg und Bürgerkrieg in Frankreich, in: Fontane Blätter, Heft 30 der Gesamtreihe, Bd. 4, Heft 6

Scheler, Max, Krieg und Aufbau, Leipzig, 1916

Schieder, Theodor, Friedrich der Große/Ein Königtum der Widersprüche, Frankfurt/Berlin/Wien, 1983

Schillemeit, Jost, Theodor Fontane/Geist und Kunst seines Alterswerkes, Zürich, 1961

Schillemeit, Jost, Der späte Fontane, in: Deutsche Literatur/Eine Sozialgeschichte, hg. von Horst Albert Glaser, Bd. 8, Hamburg, 1982

Schneider, Fernand Thiébaut, Der Krieg in französischer Sicht, in: Entscheidung 1870/Der deutsch-französische Krieg, Stuttgart, 1970

Schneider, Louis, Aus meinem Leben, 3 Bde., Berlin, 1880

Schneider, Louis, Aus dem Leben Kaiser Wilhelms, 3 Bde., Berlin, 1888

Schnitter, Helmut, Preußen und seine Armee im 18. und 19. Jahrhundert – Reaktion und Fortschritt in: Preußen/Legende und Wirklichkeit, Berlin, 1984

Schober, Kurt, Theodor Fontane/In Freiheit dienen, Herford, 1980

Schoeps, Hans-Joachim, Preußen/Geschichte eines Staates, Frankfurt/Berlin, 1966

Schrader, Ingeborg, Das Geschichtsbild Fontanes und seine Bedeutung für die Maßstäbe der Zeitkritik in den Romanen, Göttingen, 1943

Schreinert, Kurt, Allerlei Ungedrucktes über und von Theodor Fontane, in: Jahrbuch der deutschen Schillergesellschaft, 1960

Sichelschmidt, Gustav, Theodor Fontane/Lebensstationen eines großen Realisten, München, 1986

Stadelmann, Rudolf, Moltke und der Staat, Krefeld, 1950

Stählin, Karl, Die Briefe Louis Schneiders an den russischen Domänenminister Waluew, Historische Zeitschrift 155, 1937

Storch, Dietmar, Theodor Fontane, Hannover und Niedersachsen, Hildesheim, 1981

Streckfuß, Adolf, 500 Jahre Berliner Geschichte/Vom Fischerdorf zur Weltstadt, 2 Bde., Berlin, 1886, 4. Auflage

Sybel, Heinrich von, Die Begründung des Deutschen Reiches durch Wilhelm I., 3 Bde., Leipzig, 1930 (Erste Ausgabe 7 Bde., 1889–1894)

Szczepański, Paul von, Neues vom Büchertisch, in: Über Land und Meer, 1896/97, Bd. 2

Tönnies, Ferdinand – Paulsen, Friedrich, Briefwechsel 1876–1908, Kiel, 1961

Treue, Wilhelm (Hg.), Drei deutsche Kaiser/Wilhelm I. – Friedrich III. – Wilhelm II./Ihr Leben und ihre Zeit 1858–1918, Freiburg/Würzburg, 1987

Usczeck, Hansjürgen, Preußischdeutsche Kriege von 1864–1871/Militärischer Verlauf, Berlin, 1984, 5. Auflage (siehe auch Helmert, Heinz)

Varnhagen von Ense, Karl August, Denkwürdigkeiten des eignen Lebens, Frankfurt, 1987

Verchau, Ekkhard, Theodor Fontane/Individuum und Gesellschaft, Frankfurt/Berlin/Wien, 1983

Wahl, Hans, Prinz Louis Ferdinand von Preußen/Ein Bild seines Lebens in Briefen, Tagebuchblättern und zeitgenössischen Zeugnissen, Weimar, 1917

Wandrey, Conrad, Theodor Fontane, München, 1919

Wehler, Hans Ulrich, Das Deutsche Kaiserreich 1871–1918, Göttingen, 1983

Wendel, Friedrich, Wilhelm II. in der Karikatur, Dresden, 1928

Weniger, Erich, Goethe und die Generale, Leipzig, 1942

Winzen, Peter, Der Krieg in Bülows Kalkül, in: Bereit zum Krieg, hg. von Jost Dülffer und Karl Holl, Göttingen, 1986

Wohlfeil, Rainer, Vom Stehenden Heer des Absolutismus zur Allgemeinen Wehrpflicht, in: Deutsche Militärgeschichte in 6 Bänden 1648–1939, Bd. 1, Abschnitt II, München, 1983

Wruck, Peter, Fontanes Berlin, in: Fontane Blätter Heft 41 und 42 der Gesamtreihe, Bd. 6, Heft 3 und 4

Wruck, Peter, Fontanes Entwurf ‹Die preußische Idee›, Fontane Blätter, Heft 34 der Gesamtreihe, Bd. 5, Heft 2

Wruck, Peter, Zum Zeitgeschichtsverständnis in Theodor Fontanes Roman ›Vor dem Sturm‹, in: Fontane Blätter, Heft 1 der Gesamtreihe, Bd. 1, Heft 1, 1965

Zernack, Klaus, Preußen-Mythos und preußisch-deutsche Wirklichkeit/Bemerkungen zu Fontane, in: Ostmitteleuropa/Berichte und Forschungen, hg. von Ulrich Haustein, Georg W. Strobel und Gerhard Wagner, Stuttgart, 1981

Zwarzlik, Hans-Günter, Bethmann Hollweg als Reichskanzler 1909–1914, Düsseldorf, 1957

Personenregister